변리사 1차 전과목
최종점검 FINAL 모의고사

끝까지 책임진다! 시대에듀!
QR코드를 통해 도서 출간 이후 발견된 오류나 개정법령, 변경된 시험 정보, 최신기출문제, 도서 업데이트 자료 등이 있는지 확인해 보세요.
시대에듀 합격 스마트 앱을 통해서도 알려 드리고 있으니 구글 플레이나 앱 스토어에서 다운받아 사용하세요.
또한, 파본 도서인 경우에는 구입하신 곳에서 교환해 드립니다.

편집진행 심정은 | **표지디자인** 박종우 | **본문디자인** 임창규 · 윤준호

2026 시대에듀
변리사 1차
전과목 최종점검
FINAL 모의고사

머리말

변리사는 지식재산전문가로서 산업재산권에 관한 상담, 권리취득 및 분쟁해결 등에 관련된 제반 업무를 수행합니다. 첨단기술의 발달과 함께 변리사의 역할과 중요성은 나날이 커지고 있으며 그 수요 역시 꾸준히 증가하고 있으나, 고도로 기술적인 전문분야의 업무를 수행하는 만큼, 변리사가 되기 위해서는 관련 법규는 물론 특허 대상 분야에 대한 이해와 전문지식까지 요구되므로, 수험생들의 부담감 역시 상당한 것이 현실입니다.

자격시험의 첫 관문인 변리사 1차 시험은 전과목 평균 60점 이상(각 과목 40점 이상)을 취득한 사람들 중 고득점자 순으로 합격자를 정하며, 최근 5년간의 합격률은 약 20% 정도를 보이고 있습니다. 1차 시험의 내용은 단순 암기가 아닌 종합적인 이해력과 문제해결능력을 요구하여 난이도가 높으며, 특히 특허분야에 대한 전문지식의 양은 방대합니다. 따라서 시험 과목별로 방향을 잘 설정하여 효율적으로 학습하고 실전과 유사한 환경에서 연습을 해보는 것이 필요합니다.

Always with you

사람의 인연은 길에서 우연하게 만나거나 함께 살아가는 것만을 의미하지는 않습니다.
책을 펴내는 출판사와 그 책을 읽는 독자의 만남도 소중한 인연입니다.
시대에듀는 항상 독자의 마음을 헤아리기 위해 노력하고 있습니다. 늘 독자와 함께하겠습니다.

「2026 시대에듀 변리사 1차 전과목 최종점검 FINAL 모의고사」는 이러한 현실 속에서 변리사 1차 시험을 준비하는 수험생들이 실제 시험에 가장 가깝게 대비할 수 있도록 기획되었습니다. 최근 기출문제와 출제경향을 면밀히 분석하여 실제 시험과 유사한 난이도와 구성을 구현하였으며, 변리사 1차 시험의 산업재산권법・민법개론・자연과학개론 전 과목을 아우르는 문제를 수록함으로써 종합적인 실전 점검이 가능하도록 하였습니다. 또한 각 문제별 상세한 해설과 관련법령 및 판례를 함께 제시하여 단순한 정답 확인을 넘어 깊이 있는 이해를 도울 수 있도록 하였습니다.

본서의 특징은 다음과 같습니다.

❶ 최신 개정법령과 최근 기출문제의 출제경향을 완벽하게 반영하여 수록하였습니다.
❷ 실제 시험과 유사한 환경에서 문제해결능력과 시간관리능력을 점검할 수 있습니다.
❸ 문제편과 정답 및 해설편을 분리하여 학습의 편리성을 증진하였습니다.
❹ 정답뿐만 아니라 오답의 해설 또한 서술하여 문제의 지문을 효율적으로 학습할 수 있습니다.

본서가 수험생들에게 합격의 지름길을 제시하는 안내서가 될 것을 확신하며, 학습하는 모든 수험생 여러분에게 뜻하는 목표가 이루어지기를 진심으로 기원합니다.

편저자 드림

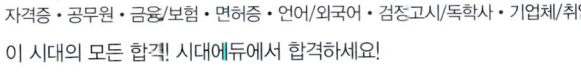

이 책의 구성과 특징

문제편

최신 개정법령 · 최근 출제경향 완벽 반영

최신 개정법령과 최근 기출문제의 출제경향을 완벽하게 반영하여 수록한 2회분의 변리사 1차 전과목 모의고사를 통해 실제 시험장에서 요구되는 문제해결능력과 시간관리능력을 점검할 수 있습니다.

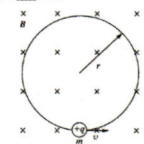

문제편과 정답 및 해설편 분리

문제편과 정답 및 해설편을 분리하여 학습의 편의성을 도모하였습니다.

정답 및 해설편

상세한 해설 수록

문제별 핵심을 짚어낼 수 있도록 상세한 해설을 수록하였습니다. 정답뿐만 아니라 오답에 대한 해설도 함께 제시하여 문제의 각 지문을 깊이 있게 이해할 수 있도록 하였습니다.

보충 자료를 통한 심화학습

반복 출제된 기출 지문의 체계적인 학습을 위해 문제에 적용된 법령과 비교 판례 등의 보충 자료를 덧붙였습니다.

시험안내

📁 변리사란?
산업재산권에 관한 상담 및 권리취득이나 분쟁해결에 관련된 제반 업무를 수행하는 산업재산권에 관한 전문자격사로서, 산업재산권의 출원에서 등록까지의 모든 절차를 대리하는 역할을 하는 사람

📁 수행직무
- 산업재산권 분쟁사건 대리[무효심판 · 취소심판 · 권리범위확인심판 · 정정심판 · 통상실시권허여심판 · 거절(취소)결정불복심판 등]
- 심판의 심결에 대해 특허법원 및 대법원에 소를 제기하는 경우 그 대리
- 권리의 이전 · 명의변경 · 실시권 · 사용권 설정 대리
- 기업 등에 대한 산업재산권 자문 또는 관리업무 등 담당

📁 시행기관
한국산업인력공단

📁 시험일정
변리사 시험은 1차와 2차 각각 연 1회 실시됩니다. 1차 시험은 그 해의 상반기(2월)에 실시하고, 2차 시험은 그 해의 하반기(7월)에 실시합니다. 매해 시험일정이 상이하므로 상세한 시험일정은 한국산업인력공단 홈페이지(www.q-net.or.kr)를 통하여 확인하시기 바랍니다.

📁 시험과목

구 분		시험과목	시험시간	문항수	시험방법
1차 시험	1교시	산업재산권법(특허법, 실용신안법, 상표법, 디자인보호법 및 조약 포함)	70분	과목당 40문항	객관식 (필기)
	2교시	민법개론(친족편 및 상속편 제외)	70분		
	3교시	자연과학개론 (물리, 화학, 생물 및 지구과학 포함)	60분		

합격기준

구분	합격기준
1차 시험	영어능력검정시험의 해당 기준점수 이상 취득자로서, 영어과목을 제외한 나머지 과목에 대하여 매 과목 100점을 만점으로 하여 매 과목 40점 이상, 전 과목 평균 60점 이상을 득점한 자 중에서 전 과목 총 득점에 의한 고득점자 순으로 결정
2차 시험	• 일반응시자 : 과목당 100점을 만점으로 하여 선택과목에서 50점 이상을 받고, 필수과목의 각 과목 40점 이상, 필수과목 평균 60점 이상을 받은 사람을 합격자로 결정 • 지식재산처 경력자 – 특허법을 포함하여 필수과목 2과목을 응시하는 경우 : 과목당 100점을 만점으로 하여 각 과목 40점 이상을 받은 사람으로서 응시과목 평균점수가 60점(변리사법 시행령 제4조 제2항 단서에 따라 합격자를 결정하는 경우에는 합격자 중 최종 순위 합격자의 필수과목 평균점수) 이상인 사람을 합격자로 결정 – 특허법과 선택과목 1과목을 응시하는 경우 : 과목당 100점을 만점으로 하여 선택과목에서 50점 이상을 받은 사람으로서 특허법 점수가 60점(변리사법 시행령 제4조 제2항 단서에 따라 합격자를 결정하는 경우에는 합격자 중 최종 순위 합격자의 필수과목 평균점수) 이상인 사람을 합격자로 결정

공인어학성적 기준점수

시험명	TOEFL		TOEIC	TEPS	G-TELP	FLEX	IELTS
	PBT	IBT					
일반 응시자	560	83	775	385	77(level-2)	700	5
청각 장애인	373	41	387	245	51(level-2)	350	-

1차 시험 응시현황

구분	대상(명)	응시(명)	합격(명)	합격률(%)
2025년	3,974	3,541	661	18.66
2024년	3,465	3,071	607	19.76
2023년	3,640	3,312	665	20.07
2022년	3,713	3,349	602	17.97
2021년	3,380	3,035	613	20.20
2020년	3,055	2,724	647	23.75

이 책의 차례

문제편

변리사 1차 전과목 최종점검 FINAL 모의고사 제1회
- 1교시 산업재산권법 ··· 004
- 2교시 민법개론 ·· 025
- 3교시 자연과학개론 ·· 047

변리사 1차 전과목 최종점검 FINAL 모의고사 제2회
- 1교시 산업재산권법 ··· 068
- 2교시 민법개론 ·· 091
- 3교시 자연과학개론 ·· 113

정답 및 해설편

변리사 1차 전과목 최종점검 FINAL 모의고사 제1회 정답 및 해설
- 1교시 산업재산권법 ··· 004
- 2교시 민법개론 ·· 051
- 3교시 자연과학개론 ·· 092

변리사 1차 전과목 최종점검 FINAL 모의고사 제2회 정답 및 해설
- 1교시 산업재산권법 ··· 104
- 2교시 민법개론 ·· 147
- 3교시 자연과학개론 ·· 190

문제편

2026 시대에듀 뿌리사 1차 전과목 최종점검 FINAL 모의고사

전과목 최종점검 FINAL 모의고사 제1회
전과목 최종점검 FINAL 모의고사 제2회

 자격증·공무원·금융/보험·면허증·언어/외국어·검정고시/독학사·기업체/취업
이 시대의 모든 합격! 시대에듀에서 합격하세요!
www.youtube.com ➜ 시대에듀 ➜ 구독

전과목 최종점검
FINAL 모의고사 제1회

1교시   산업재산권법

2교시   민법개론

3교시   자연과학개론

1교시 산업재산권법

01 기간에 관한 설명으로 옳지 <u>않은</u> 것은?

① 우선권주장의 기초가 된 선출원은 그 선출원이 특허출원인 경우에는 그 출원일로부터 1년 3개월이 경과한 때에 취하된 것으로 본다.

② 특허심판원장은 청구에 따라 또는 직권으로 특허법 제132조의17(특허거절결정 등에 대한 심판)에 따른 심판의 청구기간을 30일 이내에서 한 차례만 연장할 수 있다.

③ 출원서비스표의 등록을 거절하는 심결의 등본을 송달받은 대리인이 이를 당사자에게 전달하거나 알려주지 아니하여 심결취소소송의 제소기간이 도과하였다 하더라도, 당사자가 책임질 수 없는 사유로 말미암아 제소기간을 지키지 못한 경우에 해당한다고 할 수 없어 소 제기의 추후보완이 허용되지 않는다.

④ 지식재산처장 또는 특허심판원장은 특허법 제46조에 따른 보정명령을 받은 자가 지정된 기간에 그 보정을 하지 아니하면 특허에 관한 절차를 무효로 할 수 있다.

⑤ 특허발명의 우선권 인정을 위한 실체적 요건은 최초 출원과 제2국 출원 사이의 발명의 동일성을 기준으로 판단하여야 하고, 이 경우 법정기간 내에 제출된 우선권 증명서류에 의하여 최초 출원의 내용을 파악하기 어려운 경우에는 법정기간이 지난 이후라도 제출된 우선권 증명서류의 범위 내에서 그 불명료한 내용을 보완하는 자료를 추가로 제출하여 최초 출원의 내용을 확인함으로써 발명의 동일성 여부를 판단할 수 있다.

02 특허요건 중 '산업상 이용 가능성'에 관한 설명으로 옳지 않은 것은? (다툼이 있으면 판례에 따름)

① 동물용 의약이나 치료방법 등의 발명은 산업상 이용할 수 있는 발명으로서 특허의 대상이 될 수 있으나, 인간의 질병을 치료하는 방법이거나 적어도 치료를 위한 예비적 처치방법 또는 건강 상태를 유지하기 위한 처치방법에 관한 발명은 산업에 이용할 수 있는 발명이라 할 수 없다.
② 산업상 이용가능성에서 말하는 실시가능성은 그 발명의 통해서 경제적으로 이익을 얻을 수 있어야 한다든지 어떠한 기술적 문제점도 수반하여서는 안된다는 것까지 요구하는 것은 아니다.
③ '모발의 웨이브방법'에 관한 출원발명은 인체를 필수 구성요건으로 하고는 있지만, 특허법 제29조 제1항 본문에 규정된 '산업상 이용할 수 있는 발명'에 속한다.
④ 특허출원된 발명이 특허법이 요구하는 산업상 이용가능성의 요건을 충족한다고 하는 법리는 해당 발명의 산업적 실시화가 장래에 있어도 좋다는 의미일 뿐만 아니라 장래 관련 기술의 발전에 따라 기술적으로 보완되어 장래에 비로소 산업상 이용가능성이 생겨나는 경우까지 포함한다.
⑤ 에너지보존법칙은 자연계에서 어떠한 현상이 일어날 때 에너지의 형태는 변하지만 에너지의 총량은 언제나 일정하게 보존된다는 자연법칙의 하나이므로 에너지보존법칙에 어긋나는 발명은 발명의 요건을 충족시키지 못한다.

03 의약발명에 관한 설명으로 옳은 것은? (다툼이 있으면 판례에 따름)

① 의약용도발명에서는 통상의 기술자가 선행발명들로부터 특정 물질의 특정 질병에 대한 치료효과를 쉽게 예측할 수 있더라도, 선행발명들에서 임상시험 등에 의한 치료효과가 확인되어야 그 진보성이 비로소 부정될 수 있다.
② 의약의 용도발명에서 투여용법과 투여용량은 의료행위 자체이므로 의약이라는 물건에 새로운 의미를 부여하는 구성요소가 될 수 있다 할지라도, 이와 같은 투여용법과 투여용량이라는 새로운 의약용도가 부가되어 신규성과 진보성 등의 특허요건을 갖춘 의약에 대해서 새롭게 특허권이 부여될 수 있는 것은 아니다.
③ 청구범위에 기재되어 있는 약리기전은 그 자체가 청구범위를 한정하는 구성요소가 된다.
④ 약사법에 따라 품목허가를 받은 의약품과 특허침해 의약품이 약학적으로 허용 가능한 염 등에서 차이가 있다면, 통상의 기술자가 이를 쉽게 선택할 수 있는 정도에 불과하고 그 치료효과나 용도가 실질적으로 동일하더라도 존속기간이 연장된 특허권의 효력은 침해제품에 미치지 아니한다.
⑤ 의약의 용도발명에 있어서는 특정 물질이 가지고 있는 의약의 용도가 발명의 구성요건에 해당하므로, 발명의 특허청구범위에는 특정 물질의 의약용도를 대상질병 또는 약효로 명확히 기재하여야 한다.

04 특허법 제30조의 공지 등이 되지 아니한 발명으로 보는 경우(이하 '공지예외적용'이라 함)에 관한 설명으로 옳은 것은?

① 공지예외 규정을 적용받아 특허를 받은 특허발명의 경우 확인대상 발명이 그 특허권의 권리범위에 속하는지를 판단할 때에는 자유실시기술 주장 즉, '발명이 속하는 기술분야에서 통상의 지식을 가진 사람이 공지예외 규정의 적용 근거가 된 공지기술로부터 확인대상 발명을 쉽게 실시할 수 있어 확인대상 발명이 특허권의 권리범위에 속하지 않는다.'는 주장은 허용된다고 보아야 한다.
② 특허를 받을 수 있는 권리를 가진 자가 특허법 제30조 제1항에서 정한 12개월의 기간 이내에 여러 번의 공개행위를 하고 그중 가장 먼저 공지된 발명에 대해서만 절차에 따라 공지예외 주장을 한 경우, 가장 먼저 공지된 발명과 동일성이 인정되는 범위에 있는 공지된 나머지 발명들에까지 공지예외의 효과가 미치는 것은 아니다.
③ 특허법 제30조 제1항 제1호의 자기공지 예외 규정에 해당한다는 취지가 특허출원서에 기재되어 있지 아니한 채 출원된 경우, 출원자는 그 절차의 보정에 의하여 위 제1호의 적용을 받을 수 있다.
④ 공지예외 규정이 적용되기 위해서 반드시 자기공지된 발명이 특허출원된 발명과 동일해야 한다거나 자기공지된 발명 그 자체가 특허출원되어야만 한다.
⑤ 특허출원인이 조기공개신청을 하여 자기의 발명이 특허법 제64조(출원공개)에 따라 출원공개된 경우라면, 동일한 발명을 출원공개일부터 12개월 이내에 출원하더라도 특허법 제30조의 규정을 적용받을 수 없다.

05 특허법상 신규성에 관한 설명으로 옳지 않은 것은? (다툼이 있으면 판례에 따름)

① 제조방법이 기재된 물건발명의 신규성을 판단하는 경우, 그 기술적 구성을 제조방법의 기재를 포함하여 청구범위의 모든 기재에 의하여 특정되는 구조나 성질 등을 가지는 물건으로 파악하여 선행기술과 비교하여 살펴야 한다.
② 특허발명의 청구범위에 기재된 청구항이 복수의 구성요소로 되어 있는 경우에는 각 구성요소가 독립하여 진보성 판단의 대상이 되는 것이지 각 구성요소가 유기적으로 결합한 전체로서의 기술사상이 진보성 판단의 대상이 되는 것은 아니다.
③ 이른바 선택발명의 신규성을 부정하기 위해서는 선행발명이 선택발명을 구성하는 하위개념을 구체적으로 개시하고 있어야 하고, 이에는 선행발명을 기재한 선행문헌에 선택발명에 대한 문언적인 기재가 존재하는 경우 외에도 그 발명이 속하는 기술분야에서 통상의 지식을 가진 자가 선행문헌의 기재 내용과 출원시의 기술 상식에 기초하여 선행문헌으로부터 직접적으로 선택발명의 존재를 인식할 수 있는 경우도 포함된다.
④ 특허출원 전에 특정 제조방법에 의해 제작된 물건에 관한 공지된 문헌이 존재하는 경우, 위 제조방법에 따른 결과물이 필연적으로 특허발명과 동일한 구성 또는 속성을 가진다는 점이 증명되었다면 신규성이 부정될 수 있다.
⑤ 특허발명의 신규성 또는 진보성 판단과 관련하여 특허발명의 구성요소가 출원 전에 공지된 것인지는 사실인정의 문제이고, 공지사실에 관한 증명책임은 신규성 또는 진보성이 부정된다고 주장하는 당사자에게 있다. 권리자가 자백하거나 법원에 현저한 사실로서 증명을 필요로 하지 않는 경우가 아니라면, 공지사실은 증거에 의하여 증명되어야 하는 것이 원칙이다.

06 특허법상 진보성에 관한 설명으로 옳지 않은 것은? (다툼이 있으면 판례에 따름)

① 발명의 진보성 부정 여부를 판단할 때 진보성 판단의 대상이 된 발명의 명세서에 개시되어 있는 기술을 알고 있음을 전제로 사후적으로 통상의 기술자가 쉽게 발명할 수 있는지를 판단해서는 안 된다.

② 발명의 진보성 여부 판단에 있어서는 그 출원당시의 기술수준, 대비되는 발명의 유무 등에 따라 나라다다 사정을 달리할 수 있으므로, 당해 발명이 외국에서 특허등록되어 있다고 하더라도 그러한 사정만으로 국내에서 그 발명의 진보성이 부정될 수 없는 것은 아니다.

③ 특허등록된 발명이 공지공용의 기존 기술과 주지관용의 기술을 수집 종합하여 이루어진 데 그 특징이 있는 경우에는, 이를 종합하는 데 각별한 곤란성이 있다거나 이로 인한 작용효과가 공지된 선행기술로부터 예측되는 효과 이상의 새로운 상승효과가 있다고 볼 수 있는 경우가 아니면 그 발명의 진보성은 인정될 수 없다.

④ 청구항에 기재된 발명(AB)의 진보성을 판단함에 있어서 발명(AB)이 선행의 인용발명에 기재된 A와 본 특허출원 명세서의 실시예에 기재된 구성요소 B를 전제로 결합하여 통상의 기술자가 쉽게 발명할 수 있는 경우에는 진보성이 없다.

⑤ 이른바 '결정형 발명'은 특별한 사정이 없는 한 선행발명에 공지된 화합물이 갖는 효과와 질적으로 다른 효과를 갖고 있거나 질적인 차이가 없더라도 양적으로 현저한 차이가 있는 경우에 한하여 진보성이 부정되지 않는다.

07 특허를 받을 수 있는 권리에 관한 설명으로 옳지 않은 것은? (다툼이 있으면 판례에 따름)

① 청구인 적격이 없는 자가 제기한 특허의 무효심판청구는 부적법하므로 무효사유에 대하여 판단할 필요 없이 심판청구를 각하하여야 한다. 심판청구인이 무권리자의 출원을 무효사유로 한 특허무효심판을 청구할 수 있는 특허를 받을 수 있는 권리를 가지는 정당한 권리자에 해당하는지는 심결 당시를 기준으로 판단하여야 한다.

② 특허를 받을 수 있는 권리의 공유자가 특허거절결정 등에 대한 불복심판에서 기각 심결을 받은 경우, 공유자 중 1인은 단독으로 심결의 취소를 구할 수 있다.

③ 특허를 받을 수 있는 권리는 발명의 완성과 동시에 발명자에게 원시적으로 귀속되지만, 이는 재산권으로 양도성을 가지므로 계약 또는 상속 등을 통하여 전부 또는 일부 지분을 이전할 수 있고, 특허를 받을 수 있는 권리를 이전하기로 하는 계약은 명시적으로는 하여야 한다.

④ 특허권이 공유인 경우에는 각 공유자는 다른 공유자 모두의 동의를 받아야만 그 지분을 목적으로 하는 질권을 설정할 수 있다.

⑤ 전용실시권 설정계약상 특별한 제한을 등록하지 않은 경우에 그 제한을 넘어 특허발명을 실시한 전용실시권자는 특허권자에 대하여 채무불이행 책임을 지게 됨은 별론으로 하고 특허권 침해가 성립하는 것은 아니다.

08 특허법상 분할출원에 관한 설명으로 옳지 않은 것은?

① 둘 이상의 발명을 하나로 한 원특허출원 시에 공지예외주장을 하지 않은 경우, 분할출원에서 공지예외주장을 하여도 공지예외의 효과를 인정받을 수 있는 것은 아니다.
② 2이상의 발명을 포함한 1특허출원을 2이상의 출원으로 분할하는 경우라도 분할출원에 포함된 발명과 동일한 발명이 원출원의 특허청구의 범위에 기재되어 있지 아니하고 발명의 상세한 설명이나 도면에 기재된 경우에는 원출원을 정정할 필요가 없다 할 것이므로 원출원을 정정함이 없이 신규출원을 하더라도 분할출원으로서 적법하다.
③ 원출원 발명과 분할출원 발명이 기술적 구성에 차이가 있더라도 그 차이가 주지 관용기술의 부가, 삭제, 변경 등으로 새로운 효과의 발생이 없는 정도에 불과하다면 양 발명은 서로 동일하다.
④ 분할출원은 특허결정등본을 송달받은 날부터 3개월 이내의 기간에 가능하며, 설정등록을 받으려는 날이 3개월보다 짧은 경우에는 그날까지의 기간에 분할출원이 가능하다.
⑤ 분할출원을 할 수 있는 권리를 가진 자는 원출원을 한 자 또는 그 승계인이고, 공동출원의 경우에는 원출원과 분할출원의 출원인 전원이 완전히 일치하여야 한다.

09 우선권주장 출원에 관한 설명으로 옳지 않은 것은? (다툼이 있으면 판례에 따름)

① '우선권 주장의 기초가 된 선출원의 최초 명세서 등에 기재된 사항'이란, 우선권 주장의 기초가 된 선출원의 최초 명세서 등에 명시적으로 기재되어 있는 사항이거나 또는 명시적인 기재가 없더라도 그 발명이 속하는 기술분야에서 통상의 지식을 가진 사람이라면 우선권 주장일 당시의 기술상식에 비추어 보아 우선권 주장을 수반하는 특허출원된 발명이 선출원의 최초 명세서 등에 기재되어 있는 것과 마찬가지라고 이해할 수 있는 사항이어야 한다.
② 우선권 주장을 수반한 후출원 발명 중 출원일의 소급 효과가 인정되는 것은 선출원의 명세서 또는 도면에 기재되어 있는 발명에 한한다. 요지가 변경되었거나 신규사항이 추가된 경우에는 우선권이 인정되지 아니한다.
③ 국내우선권주장을 수반하는 특허출원이 선출원의 출원일부터 1년 3월 이내에 취하된 때에는 그 우선권 주장도 동시에 취하된 것으로 본다.
④ 국내우선권주장 출원에 있어서 선출원이 둘 이상인 경우에는 최선출원일부터 1년 4월 이내에 우선권주장을 보정하거나 추가할 수 있다.
⑤ '우선권의 주장'이란 내국인인 출원인이 선행의장출원 이후 그와 동일 유사한 의장에 대하여 재차 의장출원을 한 경우에 후원출원을 한 날을 선행의장출원일로 소급한다는 취지이다.

10 특허출원심사에 관한 설명으로 옳은 것은?

① 지식재산처 심사관의 분할출원 불인정 통지는 항고소송의 대상이 되는 행정처분이 아니다.
② 특허출원 공개 후 특허법 제132조의13(특허취소신청에 대한 결정) 제1항에 따른 특허취소결정이 확정된 경우에는 그 특허취소결정이 확정된 때부터 보상금청구권의 효력은 발생하지 않는다.
③ 심사관은 특허결정되어 특허권 설정등록된 특허출원에 명백한 거절이유를 발견한 경우에는 직권으로 특허결정을 취소하고 다시 심사하여야 한다.
④ 심사관이 특허출원서에 첨부된 명세서, 도면의 일부를 직권보정하면서 특허등록결정을 하였으나, 특허출원인에 의하여 의견서가 제출되면 특허결정은 유지되나 직권 보정사항은 처음부터 없었던 것으로 본다.
⑤ 특허거절결정등본을 송달받은 특허출원인은 해당 특허출원에 관한 재심사를 청구할 수 있으며, 재심사의 청구는 청구일로부터 30일 이내에 취하할 수 있다.

11 특허권의 존속기간연장제도에 관한 설명으로 옳은 것은?

① 의약품 등의 발명을 실시하기 위해 약사법 등에 따라 허가 또는 등록 등을 받은 자의 귀책사유로 허가 등의 절차가 지연된 경우에는 그러한 귀책사유가 인정되는 기간은 특허권 존속기간 연장의 범위에 포함되어서는 안 된다.
② 청구범위의 독립 청구항이 2개가 있는 경우, 그 독립항 각각 별도로 의약품 제조허가를 받기 위하여 소요된 기간이 각 독립항별로 2년 및 3년이 걸린 때에는 5년간 존속기간 연장등록이 가능하다.
③ 특허권의 존속기간 연장등록출원은 허가를 받은 날부터 6개월 이내에 출원하여야 하며, 특허권의 존속기간의 만료 전 6개월 후에는 그 특허권의 존속기간 연장등록출원을 할 수 없다.
④ 존속기간이 연장된 의약품 특허권의 효력이 미치는 범위는 연장등록된 특허권의 청구범위만을 기준으로 엄격히 판단하여야 하고, 특허발명을 실시하기 위하여「약사법」에 따라 품목허가를 받은 의약품과 특정 질병에 대한 치료효과를 나타낼 것으로 기대되는 특정한 유효성분, 치료효과 및 용도가 동일한지 여부를 고려해서는 안 된다.
⑤ 식품의약품안전처의 다른 심사부서에서 그 의약품의 제조판매·수입품목 허가를 위한 심사 등의 절차가 계속 진행되고 있었고, 식품의약품안전처 내 어느 심사부서에서 보완요구가 이루어지고 그 결과 보완자료를 제출할 때까지 그 보완요구 사항에 대한 심사가 진행되지 못하였다면 이는 허가 등을 받은 자의 귀책사유로 인하여 허가 등의 절차가 지연된 기간이라고 보아야 한다.

12 특허권의 효력 등에 관한 설명으로 옳지 <u>않은</u> 것은? (다툼이 있으면 판례에 따름)

① 방법발명에 대한 특허권자 등이 우리나라에서 그 특허방법의 사용에 쓰이는 물건을 적법하게 양도한 경우로서 그 물건이 방법발명을 실질적으로 구현한 것이라면, 양수인 등이 그 물건을 이용하여 방법발명을 실시하는 행위에 대하여 특허권의 효력이 미치지 않는다.
② 특허권은 특허권설정등록이 있는 날에 발생하고 출원일로부터 20년이 되는 날까지 존속하며, 특허권의 존속기간의 말일이 공휴일(근로자의 날 및 토요일을 포함한다)이더라도 그날로 만료한다.
③ 특허권이 무효심판에 의하여 무효 되면 그 특허권은 처음부터 없던 것으로 보게 되므로 특허권자가 이미 받은 특허실시료는 특허발명 실시계약이 유효하게 존재하는 기간에 상응하는 부분을 실시권자에게 부당이득으로 반환하여야 한다.
④ 허가 등에 따른 특허권의 존속기간의 연장등록출원이 다른 법령의 규정에 의한 허가를 위하여 그 특허발명을 실시할 수 없었던 기간을 초과하는 경우에는 그 출원에 대하여 존속기간의 연장등록출원을 거절하여야 한다.
⑤ 무권리자의 특허출원 후 정당한 권리자의 특허출원이 있고 무권리자가 특허출원한 때에 정당한 권리자가 특허출원한 것으로 보는 경우, 특허권의 존속기간은 무권리자의 특허출원일의 다음 날부터 기산한다.

13 특허권의 간접침해를 규정한 특허법 제127조(침해로 보는 행위)에 관한 설명으로 옳지 <u>않은</u> 것은? (다툼이 있으면 판례에 따름)

① 방법의 발명에 관한 특허권자로부터 허락을 받은 실시권자가 제3자에게 그 방법의 실시에만 사용하는 물건의 제작을 의뢰한 다음 이를 공급받아 방법의 발명을 실시하는 경우, 제3자의 위 물건 생산·양도 등의 행위는 특허권의 간접침해에 해당하지 않는다.
② 레이저 프린터에 사용되는 소모부품인 토너 카트리지는 '특허 물건의 생산에만 사용하는 물건'에 해당하므로 그 제조·판매는 특허권의 간접침해에 해당한다.
③ 간접침해에서 말하는 '특허 물건의 생산에만 사용하는 물건'에 해당하는 점은 특허권자가 주장·입증하여야 한다.
④ '특허 물건의 생산에만 사용하는 물건'에 해당하기 위하여는 사회통념상 통용되고 승인될 수 있는 경제적, 상업적 내지 실용적인 다른 용도가 없어야 하고, 이와 달리 단순히 특허 물건 이외의 물건에 사용될 이론적, 실험적 또는 일시적인 사용가능성이 있는 정도에 불과한 경우에는 간접침해의 성립을 부정할 만한 다른 용도가 있다고 할 수 없다.
⑤ 간접침해행위에 대하여 특허권 침해의 민사책임을 부과하는 외에 같은 특허법 제222조 제1항에 의한 형사처벌까지 가능하다.

14 특허심판에 관한 설명으로 옳지 않은 것은? (다툼이 있으면 판례에 따름)

① 특허출원에 대한 심사 단계에서 거절결정을 하려면 그에 앞서 출원인에게 거절이유를 통지하여 의견제출의 기회를 주어야 하고, 거절결정에 대한 특허심판원의 심판절차에서 그와 다른 사유로 거절결정이 정당하다고 하려면 먼저 그 사유에 더해 의견제출의 기회를 주어야만 이를 심결의 이유로 할 수 있다.
② 심판청구서의 보정의 정도가 확인대상발명에 관하여 심판청구서에 첨부된 설명서 및 도면에 표현된 구조의 불명확한 부분을 구체화한 것에 지나지 아니하여 심판청구의 전체 취지에 비추어 볼 때 그 발명의 동일성이 유지된다고 인정되는 경우에는 요지의 변경에 해당하지 않는다.
③ 특허권자 甲과 그로부터 특허권 침해의 고소를 당한 乙 사이에 '乙이 그 특허권을 인정하고 그 권리에 위반되는 행위를 하지 않는다.'는 내용의 약정을 하였다면, 그 약정으로 인하여 乙이 무효심판을 청구할 이익이 상실되었다고 보아야 한다.
④ 권리범위 확인심판청구의 대상이 되는 확인대상발명이 이른바 자유실시기술에 해당하는지 여부를 판단할 때에는, 심판청구인이 특정한 확인대상발명의 구성 전체를 가지고 그 해당 여부를 판단하여야 한다.
⑤ 거절결정불복심판청구 기각 심결의 취소소송절차에서도 지식재산처장은 심사 또는 심판단계에서 의견제출의 기회를 부여한 바 없는 새로운 거절이유를 주장할 수 없다고 보아야 한다. 다만 거절결정불복심판청구 기각 심결의 취소소송절차에서 지식재산처장이 비로소 주장하는 사유라고 하더라도 심사 또는 심판 단계에서 의견제출의 기회를 부여한 거절이유와 주요한 취지가 부합하여 이미 통지된 거절이유를 보충하는 데 지나지 아니하는 것이면 이를 심결의 당부를 판단하는 근거로 할 수 있다.

15 권리범위확인심판에 관한 설명으로 옳은 것은? (다툼이 있으면 판례에 따름)

① 특허권 침해에 관한 민사소송이 계속 중이어서 그 소송에서 특허권의 효력이 미치는 범위를 확정할 수 있다면 이를 이유로 특허권 침해에 관한 민사소송과 별개로 청구된 권리범위확인심판의 심판청구의 이익은 부정된다.
② 소극적 권리범위확인심판에서는 현재 실시하는 것만 대상이지, 장래 실시 예정인 것을 심판대상으로 삼을 수 있는 것은 아니다.
③ 특허권의 권리범위확인은 등록된 특허권을 중심으로 어떠한 확인대상발명이 적극적으로 등록 특허발명의 권리범위에 속한다거나 소극적으로 이에 속하지 아니함을 확인하는 것이다. 선등록 특허권자가 후등록 특허권자를 상대로 제기하는 적극적 권리범위확인심판은 적법하다.
④ 후등록 특허권자가 선등록 특허권자를 상대로 제기하는 소극적 권리범위확인심판은 적법하다.
⑤ 확인대상발명의 일부 구성이 불명확하여 다른 것과 구별될 수 있는 정도로 구체적으로 특정되어 있지 않다면, 특허심판원은 요지변경이 되지 아니하는 범위 내에서 확인대상발명의 설명서 및 도면에 대한 보정을 명하는 등 조치를 취해야 한다.

16 특허법상 재심에 관한 설명으로 옳지 않은 것은? (다툼이 있으면 판례에 따름)

① 재심대상인 항고심심결의 관할심판소인 지식재산처 항고심판소에 제기하여야 할 재심의 소를 대법원에 잘못 제기한 경우 대법원은 지식재산처 항고심판소로 민사소송법상의 이송규정에 의하여 이송하여야 한다.
② 확정심결에 대하여 판단유탈이 있음을 이유로 한 재심청구의 제기기간은 대리인이 심결의 송달을 받은 때에 안 것으로 하여 계산하여야 한다.
③ 민사소송법 제422조 제1항 단서 소정의 '이를 알고 주장하지 아니한 때'라 함은 당사자가 재심사유의 존재를 알았음에도 불구하고 상소를 제기하면서 이를 상소심에서 주장하지 아니한 경우 뿐만 아니라, 상소를 제기하지 아니하여 판결을 확정시킨 경우도 포함한다.
④ 당사자는 확정된 특허취소결정 또는 확정된 심결에 대하여 재심을 청구할 수 있다.
⑤ 취소된 특허권이 재심에 의하여 회복된 경우 특허권의 효력은 해당 특허취소결정 또는 심결이 확정된 후 재심청구 등록 전에 선의로 수입하거나 국내에서 생산 또는 취득한 물건에는 미치지 아니한다.

17 특허소송에 관한 설명으로 옳은 것은? (다툼이 있으면 판례에 따름)

① 특허심판원의 심결에 대한 소의 제소기간 경과 전에 부가기간지정신청을 하였다면 당연히 제소기간이 연장된다.
② 소송대리인이 당사자의 의사를 확인하지 않은 상태에서 상고기간이 도과될 것을 우려하여 상고를 제기하였으나, 그 후 당사자가 상고를 제기하지 않겠다는 의사를 밝힌 경우 상고는 적법하다.
③ 고유필수적 공동소송이 아닌 사건에서 소송 도중에 당사자를 추가하는 것은 허용될 수 없으나, 동일한 특허권에 관하여 2명 이상의 자가 공동으로 특허의 무효심판을 청구하여 승소한 경우 그 특허권자가 제기할 심결취소소송은 심판청구인 모두를 상대로 제기하여야만 하는 고유필수적 공동소송이라고 할 수 있으므로 해당 소송에서 당사자의 변경을 가져오는 당사자 추가신청은 예외적으로 허용될 수 있다.
④ 지식재산처가 출원발명에 대한 최초의 거절이유 통지부터 출원거절의 심결을 내릴 때까지 출원발명의 진보성을 문제삼았을 뿐이고 출원인에게 출원발명의 신규성이 없다는 이유로 의견서 제출통지를 하여 그로 하여금 명세서를 보정할 기회를 부여하지 않았더라면 법원은 출원발명의 요지가 신규성이 없다는 이유로 심결을 유지할 수 없다.
⑤ 거절결정 불복심판 청구를 기각하는 심결의 취소소송에서 지식재산처장은 거절결정의 이유와 다른 새로운 거절이유에 해당하지 않고 심결에서 판단되지 않은 것이라도 심결의 결론을 정당하게 하는 사유를 주장·입증할 수 없다.

18 특허법상 심결취소소송에 관한 설명으로 옳은 것은? (다툼이 있으면 판례에 따름)

① 지식재산처 심사관이 특허출원의 보정에 대한 각하결정을 한 후 '보정 전의 특허출원'에 대하여 거절결정을 하였고, 그에 대한 불복심판 절차에서 위 보정각하결정 및 거절결정이 적법하다는 이유로 심판청구를 기각하는 특허심판원의 심결이 있었는데 보정각하결정이 위법한 경우, 심결취소소송에서 법원은 그것만을 이유로 곧바로 심결을 취소할 수 없다.
② 당사자는 심결에서 판단되지 않은 처분의 위법사유도 심결취소소송단계에서 주장·입증할 수 있고, 심결취소소송의 법원은 특별한 사정이 없는 한 심급의 이익을 해할 우려 때문에 제한 없이 이를 심리·판단하여 판결의 기초로 삼을 수 없다.
③ 적극적 권리범위 확인심판에서 피청구인이 확인대상발명의 불실시를 주장하지 아니한 결과 청구가 인용된 경우라면 그 심결취소소송에서는 확인대상발명의 불실시를 이유로 심판청구에 위법이 있었음을 주장·입증할 수 없다.
④ 심결의 위법을 들어 그 취소를 청구할 때에는 그 취소를 구하는 자가 위법사유에 해당하는 구체적 사실을 먼저 주장하여야 하고, 법원은 당사자가 주장한 법률요건에 관한 사항과 직권조사사항에 한하여 판단하여야 한다.
⑤ 통지된 거절이유가 비교대상발명에 의하여 출원발명의 진보성이 부정된 경우, 위 비교대상발명을 보충하여 특허출원 당시 그 기술분야의 주지·관용기술이라는 점을 증명하기 위한 자료는 이미 통지된 거절이유와 주요한 취지가 부합하지 아니하는 새로운 거절이유이므로 지식재산처장은 거절결정불복심판청구 기각 심결의 취소소송절차에서 거절이유로 주장할 수 없다.

19 특허협력조약(PCT)에 따른 국제특허출원에 관한 설명으로 옳지 않은 것은?

① 국제특허출원의 출원인이 제203조(서면의 제출) 제3항에 따른 보정명령을 받고 지정된 기간에 보정을 하지 아니하면 지식재산처장은 해당 국제특허출원을 무효로 할 수 있다.
② 국어번역문을 제출한 재외자는 기준일부터 2개월 이내 특허관리인을 선임하여 지식재산처장에게 신고하여야 한다. 기간 내 선임신고가 없는 경우 그 국제특허출원은 취하한 것으로 본다.
③ 국제특허출원을 외국어로 출원한 출원인이 국내서면제출기간(제201조 제1항 단서에 따라 취지를 적은 서면이 제출된 경우에는 연장된 국어번역문 제출기간을 말한다)에 발명의 설명 및 청구범위의 국어번역문을 제출하지 아니하면 그 국제특허출원을 취하한 것으로 본다.
④ 특허법 제201조(국제특허출원의 번역문) 제1항에 따라 국어번역문을 제출한 출원인은 국내서면제출기간(제1항 단서에 따라 취지를 적은 서면이 제출된 경우에는 연장된 국어번역문 제출기간을 말한다)에 그 국어번역문을 갈음하여 새로운 국어번역문을 제출할 수 있으나, 출원인이 출원심사의 청구를 한 후에는 그러하지 아니하다.
⑤ 지식재산처장은 국제특허출원에 청구범위가 기재되어 있지 않은 경우, 기간을 정하여 서면으로 청구범위를 제출하도록 보정명령을 해야 한다.

20 특허법상 벌칙에 관한 설명으로 옳지 않은 것은?

① 무효심결 확정 전의 고소는 당해 고소가 무효심결이 확정되더라도 고소권자에 의한 적법한 고소로 볼 수 있다 할 것이고, 이러한 고소를 기초로 한 공소는 유효하게 유지된다.
② 특허권침해죄는 피해자의 명시적 의사에 반하여 공소를 제기할 수 없고, 비밀유지명령을 국내외에서 정당한 사유 없이 위반한 행위에 대해서는 비밀유지명령을 신청한 자의 고소가 없으면 공소를 제기할 수 없다.
③ 특허권침해죄의 성립요소 중 과제의 해결원리가 동일하다는 것은 침해대상제품 등에서 치환된 구성이 특허발명의 비본질적인 부분이어서 침해대상제품 등이 특허발명의 특징적 구성을 가지는 것을 의미하며, 특허발명의 특징적 구성을 파악함에 있어서는 명세서의 발명의 상세한 설명의 기재와 출원 당시의 공지기술 등을 참작하여 선행기술과 대비하여 볼 때 특허발명에 특유한 해결수단이 기초하고 있는 과제의 해결원리가 무엇인가를 실질적으로 탐구하여 판단하여야 한다.
④ 지식재산처 소속 직원이거나 직원이었던 사람이 특허출원 중인 발명에 관하여 직무상 알게 된 비밀을 누설하거나 도용한 경우에는 5년 이하의 징역 또는 5천만원 이하의 벌금에 처한다.
⑤ 특허청구범위에 기재불비의 하자가 있어 권리범위를 인정할 수 없었던 특허발명에 대하여 그 특허청구범위를 정정하는 심결이 확정된 경우, 정정 전에 행하여진 피고인의 제품 제조, 판매행위가 특허권침해죄에 해당하는지 여부를 판단함에 있어 정정 전의 특허청구범위를 침해대상 특허발명으로 삼아야 한다.

21 상표법상 상표의 사용에 관한 설명으로 옳지 않은 것은? (다툼이 있으면 판례에 따름)

① 상표 사용으로 인하여 시장에서 형성된 일반 수요자들의 인식만을 근거로 하여 그 상표 사용자를 상대로 한 등록상표의 상표권에 기초한 침해금지 또는 손해배상 등의 청구는 권리남용에 해당한다.
② 타인의 등록상표와 유사한 표장을 이용한 경우라고 하더라도 그것이 상표의 본질적인 기능이라고 할 수 있는 출처 표시를 위한 것이 아니어서 상표의 사용으로 인식될 수 없는 경우에는 등록상표의 상표권을 침해하였다고 할 수 없다.
③ 지식재산처장이 일단 등록신청을 수리하여 상표사용권설정등록을 완료하여 버린 경우에는, 상표권자는 민사소송절차를 통하여 사용권자를 상대로 위와 같은 사유를 들어 상표사용권설정등록 말소등록절차의 이행을 청구할 수 있을 뿐, 행정소송절차를 통하여 지식재산처장을 상대로 그 등록처분의 취소를 청구할 수는 없다.
④ 이른바 '광고매체가 되는 물품'은 비록 그 물품에 상표가 표시되어 있다고 하더라도, 특별한 사정이 없는 한, 상표의 사용이라고 할 수 없다.
⑤ 등록상표를 그 지정상품에 사용한다고 함은 등록상표와 물리적으로 동일한 상표를 사용하여야 한다는 것을 의미하는 것은 아니고 거래사회의 통념상 이와 동일하게 볼 수 있는 형태의 사용도 포함된다.

22 상표법령에 관한 설명으로 옳지 않은 것은? (다툼이 있으면 판례에 따름)

① 지정상품의 입체적 형상으로 된 상표의 경우에, 그 입체적 형상이 해당 지정상품이 거래되는 시장에서 그 상품 등의 통상적·기본적인 형태에 해당하여 수요자가 상품의 출처 표시로 인식할 수 있는 정도에 이르지 못하였다면 상표법 제33조(상표등록의 요건) 제1항 제3호에 해당한다.
② 위치상표란 '기호·문자·도형 각각 또는 그 결합이 일정한 형상이나 모양을 이루고, 이러한 일정한 형상이나 모양이 지정상품의 특정 위치에 부착되는 것에 의하여 자타상품을 식별하게 되는 표장'을 말한다.
③ 소관부처로부터 등록상표의 지정상품인 의약품의 제조나 수입에 관한 품목별허가를 받지 아니한 상태에서 신문에 1년 못미처 한 차례씩 그 상표를 광고하였거나 국내의 일부 특정지역에서 해당 상표를 부착한 지정상품이 판매된 경우라면 불사용으로 인한 상표등록취소심판에서의 정당한 사용이 있었다고 볼 수 없다.
④ 제과점업에 대하여 상표등록을 받은 乙가 해당 등록상표가 표시된 나무상자에 즉석으로 구운 빵을 담아 판매한 행위는 빵에 대한 상표로 사용한 것이어서 제과점업에 대한 상표의 사용행위에 해당하지 아니한다.
⑤ 타인의 등록상표와 동일 또는 유사한 표장을 순전히 디자인적으로만 사용하여 상표의 사용으로 인식될 수 없는 경우에는 상표권 침해로 볼 수 없다.

23 상표의 식별력에 관한 설명으로 옳지 않은 것은? (다툼이 있으면 판례에 따름)

① 둘 이상의 문자 또는 도형의 조합으로 이루어진 결합상표는 구성 부분 전체의 외관, 호칭, 관념을 기준으로 상표의 유사 여부를 판단하는 것이 원칙이나, 상표 중에서 일반 수요자에게 그 상표에 관한 인상을 심어주거나 기억·연상을 하게 함으로써 그 부분만으로 독립하여 상품의 출처표시기능을 수행하는 부분, 즉 요부가 있는 경우 적절한 전체관찰의 결론을 유도하기 위해서는 요부를 가지고 상표의 유사 여부를 대비·판단하는 것이 필요하다.
② 등록상표의 구성에서 식별력이 없는 부분은 등록 후 사용에 의해 비로소 식별력을 취득하더라도 중심적 식별력을 인정할 수 없어 요부가 될 수 없다.
③ 디자인과 상표는 배타적·선택적인 관계에 있는 것이 아니므로 디자인이 될 수 있는 형상이나 모양이라고 하더라도 그것이 상표의 본질적인 기능이라고 할 수 있는 자타 상품의 출처표시를 위하여 사용되는 것으로 볼 수 있는 경우에는 상표로서의 사용이라고 보아야 한다.
④ 상표등록여부결정을 한 때에 식별력이 없어 등록을 받을 수 없었음에도 불구하고 잘못하여 상표등록이 이루어진 경우에는 비록 그 등록 후의 사용에 의하여 식별력을 취득하였더라도 등록무효의 하자가 치유되지 아니한다.
⑤ 결합상표의 구성 부분 전부가 식별력이 없거나 미약한 경우에는 그중 일부만이 요부가 된다고 할 수 없으므로 상표 전체를 기준으로 유사 여부를 판단하여야 한다.

24 상표등록요건에 관한 설명으로 옳지 않은 것은? (다툼이 있으면 판례에 따름)

① 기존의 상표사용자가 그 상표와 동일 또는 유사한 제3자의 상표가 이미 등록되어 있는 사실을 알면서 기존의 상표를 사용하여 특정인의 출처표시로 인식된 경우에는 상표법 제34조(상표등록을 받을 수 없는 상표) 제1항 제12호 적용 시의 인용상표가 될 수 있다.
② 알파벳 두 글자를 결합한 상표는 그 구성이 특별히 사람의 주의를 끌 정도이거나 새로운 관념이 형성되는 경우에는 그 상표를 구성하는 문자를 직감할 수 있다고 하더라도 간단하고 흔히 있는 표장만으로 된 상표에 해당한다고 할 수 없다.
③ 장미를 지정상품으로 하는 'Red Sandra'는 상표등록을 받을 수 있는 것에 해당한다.
④ 보통명칭의 경우 일반소비자들이 지정상품의 보통명칭으로 인식할 우려가 있다는 것만으로는 부족하고, 실제 거래계에서 그 명칭이 특정 상품의 일반명칭으로서 현실적으로 사용되고 있어야 한다.
⑤ '간단하고 흔히 있는 표장만으로 된 상표'에 해당하여 등록을 받을 수 없는지 여부는 거래의 실정, 그 표장에 대한 독점적인 사용이 허용되어도 좋은가 등의 사정을 참작하여 구체적으로 판단하여야 한다.

25 다음 상표법에 관한 설명 중 옳은 것은? (다툼이 있으면 판례에 따름)

① 사용에 의한 식별력을 취득하는 출원상표는 실제로 사용한 상표 뿐만 아니라 그와 유사한 상표에 대하여 식별력 취득을 인정할 수 있다.
② 상표원부에 상표권자인 법인에 대한 청산종결등기가 되었음을 이유로 상표권의 말소등록이 이루어진 경우 그 상표권의 말소등록행위는 항고소송의 대상이 될 수 있다.
③ 출원인은 출원공고가 있은 후에야 해당 상표등록출원에 관한 지정상품과 동일·유사한 상품에 대하여 해당 상표등록출원에 관한 상표와 동일·유사한 상표를 사용하는 자에게 서면으로 경고할 수 있다.
④ 상표등록출원이 포기·취하·무효가 되거나 상표등록거절결정이 확정된 경우, 손실보상청구권은 처음부터 발생하지 않는 것으로 추정한다.
⑤ 거절사정의 이유는 거절이유통지서의 기재이유와 그 주된 취지가 부합하면 족하고, 항고심판에서 그 거절사정의 이유와 다른 거절이유를 발견한 경우가 아니라면 거절이유의 통지는 필요하지 아니하다.

26 상표권에 관한 설명 중 옳은 것은? (다툼이 있으면 판례에 따름)

① 甲이 등록상표의 상표권자 乙 주식회사가 아닌 제3자를 상대로 상표등록취소심판을 제기하였는데 특허심판원이 이를 간과한 채 상표등록을 취소하는 심결을 하였고, 지식재산처장은 위 상표권의 소멸등록을 하였는데, 이후 취소심결의 문제를 깨달은 주심 심판관의 부적절한 제안으로 인하여 乙 회사가 위 상표권의 존속기간갱신등록 신청기한이 경과한 후에 상표권의 회복등록과 존속기간갱신등록을 신청하자, 지식재산처장이 상표권의 회복등록을 한 다음 다시 존속기간 만료를 이유로 상표권의 소멸등록을 하고 상표권의 존속기간갱신등록을 거부한 사안에서, 위 상표권은 회복등록을 한 이상 이미 소멸등록한 상표권이 다시 살아난다.
② 존속기간갱신등록신청에 대해서는 실체심사를 하지 아니하므로 1상표 1출원(제38조), 절차의 보정(제39조) 등 상표등록출원의 심사에 다른 규정이 준용되지 아니한다.
③ 출원공고가 있는 경우에는 누구든지 출원공고일부터 3개월 내에 거절이유 등에 해당한다는 것을 이유로 지식재산처장에게 이의신청을 할 수 있다.
④ 심판에서 심판관의 제척 또는 기피의 원인은 신청한 날부터 30일 이내에 소명하여야 한다.
⑤ 상표권이 부적법하게 소멸등록된 때에는 상표권자는 특허권 등의 등록령 제27조의 절차에 따라 그 회복을 신청할 수 있고, 그에 따라 회복등록이 되었다고 해도 상표권의 존속기간에 영향이 있다고 볼 수 없다.

27 상표권의 전용사용권과 통상사용권에 관한 설명으로 옳지 않은 것은? (다툼이 있으면 판례에 따름)

① 상표권자와 사이에 전용사용권 설정계약을 체결하고 나아가 상표권자로부터 통상사용권 설정에 관한 사전 동의를 얻은 자라고 하더라도 전용사용권 설정등록을 마치지 아니하였다면 등록상표의 전용사용권자로서 다른 사람에게 통상사용권을 설정하여 줄 수 없다.
② 상표권자 내지 정당한 사용권자에 의해 등록상표가 표시된 상품을 양수 또는 수입한 자가 임의로 상품을 소량으로 나누어 새로운 용기에 담는 방식으로 포장을 하였으나 등록상표를 표시하거나 등록상표를 표시한 것을 양도하였다면 상표권 내지 전용사용권을 침해하는 행위에 해당하지 않는다.
③ 甲은 상표권자인 乙로부터 이 사건 상표권의 전용사용권을 설정받은 전용사용권자이다. 丙은 상표권자인 乙로부터 이 사건 상표권의 통상사용권을 설정받은 통상사용권자이지만 그 설정을 등록하지 않았다. 이 경우 丙은 甲에게 대항할 수 없다.
④ 통상사용권을 목적으로 하는 질권을 상속하는 경우에는 지체없이 그 취지를 지식재산처장에게 신고해야 한다.
⑤ 전용사용권자는 그 상품에 자기의 성명 또는 명칭을 반드시 표시하여야 하며, 법정사용권자인 선사용권자에게 자기의 상품과 출처의 오인이나 혼동을 방지하는데 필요한 표시를 할 것을 청구할 수 있다.

28 상표권자의 보호에 관한 설명 중 옳지 않은 것은? (다툼이 있으면 판례에 따름)

① 甲 회사가 乙 회사를 상대로 특허심판원에 상표권에 관한 소극적 권리범위확인심판을 제기하였으나 특허심판원이 확인대상표장이 등록상표의 권리범위에 속한다는 이유로 청구를 기각하는 심결을 하였는데, 이후 乙 회사가 위 등록상표의 상표권 침해와 관련하여 제기한 민사소송에서 甲 회사 승소판결이 선고되었고, 심결취소소송의 상고심 계속 중 위 민사판결이 그대로 확정된 사안에서, 甲 회사에 위 민사판결이 확정되었으므로 위 심결의 취소를 구할 소의 이익이 없다.
② 불법행위가 계속적으로 행하여지는 결과 손해도 역시 계속적으로 발생하는 경우에는 특별한 사정이 없는 한 손해배상청구권의 소멸시효는 그 각 손해를 안 때부터 각별로 진행된다.
③ 등록상표에 대한 등록무효심결이 확정되기 전이라고 하더라도 상표등록이 무효심판에 의하여 무효로 될 것임이 명백한 경우에는 상표권에 기초한 침해금지 또는 손해배상 등의 청구는 특별한 사정이 없는 한 권리남용에 해당하여 허용되지 아니한다.
④ 상표권자에 대하여 상표권에 관한 이전약정에 기하여 이전등록절차의 이행을 청구할 권리를 가지는 사람이 이미 그 상표를 실제로 사용하고 있더라도 상표권에 관한 이전등록절차 이행청구권의 소멸시효는 진행된다.
⑤ 상표권 사용료 상당액은 상표권자가 그 상표를 영업 등에 실제 사용하고 있었음에도 불구하고 상표권 침해행위가 있었다는 등 구체적 피해 발생이 전제되어야 인정될 수 있다. 따라서 상표권자가 해당 상표를 등록만 해두고 실제 사용하지는 않았다는 등 손해발생을 부정할 수 있는 사정을 침해자가 증명한 경우에는 손해배상책임을 인정할 수 없다.

29 상표등록취소심판에 관한 설명 중 옳은 것은? (다툼이 있으면 판례에 따름)

① 상표법 제119조 제1항 제3호의 불사용을 이유로 하는 상표등록취소심판에 있어 지정상품이 둘 이상 있는 경우 일부 지정상품에 관하여 청구할 수는 있지만 유사범위에 속하는 지정상품은 모두 포함하여 청구하여야 한다.
② 상표법 제119조 제1항 제3호의 불사용을 이유로 하는 상표등록취소심판은 누구든지 청구할 수 있지만, 등록상표권의 침해자가 청구하는 것은 부당한 이익을 얻기 위한 것이므로 침해자에 의한 등록취소심판 청구는 심판청구권의 남용에 해당하여 부적법하다.
③ 타인의 상표가 당해 등록상표의 권리범위에 속하거나 상표법상의 등록상표가 아니라고 하더라도 그 혼동의 대상이 되는 상표로 삼을 수 있다.
④ 지정상품이 의약품인 경우 그 등록상표를 지정상품에 법률상 정당히 사용하기 위하여는 그 제조나 수입에 관하여 보건복지부장관의 품목별 허가를 받아야 하지만 그러한 허가를 받지 아니하고 신문지상을 통하여 1년에 못 미쳐 한 차례씩 그 상표를 광고하였다거나 국내의 일부 특수지역에서 판매되었다면 상표의 정당한 사용이라고 볼 수 없는 것은 아니다.
⑤ 등록상표가 반드시 독자적으로만 사용되어야 할 이유는 없으나 다른 상표나 표지와 함께 등록상표가 사용되었다면 등록상표가 상표로서의 '동일성과 독립성'을 지니고 있어 다른 표장과 구별되는 식별력이 있다 하더라도 등록상표의 사용이라 할 수 없다.

30 마드리드 의정서에 의한 국제출원에 관한 설명으로 옳지 않은 것은? (다툼이 있으면 판례에 따름)

① 출원서비스표 "OLYMPIC"은 그 출원인이 비록 국제올림픽 경기대회를 운영·주관하는 국제올림픽조직위원회(IOC)라 하더라도 등록을 받을 수 없다.
② 상표를 등록·사용하는 행위가 특정한 당사자 사이에 이루어진 계약을 위반하거나 특정인에 대한 관계에서 신의성실의 원칙에 위배된 것으로 보인다고 하더라도 그러한 사정만을 들어 '공공의 질서 또는 선량한 풍속을 문란하게 할 염려가 있는' 상표에 해당한다고 할 수 없다.
③ 국제등록은 기초출원(등록)에 종속적이므로 기초출원일로부터 5년이 경과하기 전까지 기초출원(등록)이 실효되면 취소된다.
④ 인용상표가 주지·저명하지 아니하다면 이를 모방하여 지정상품을 달리하여 출원한 것 자체만으로는 상표법 제7조 제1항 제4호에 해당한다고 할 수는 없으며, 여기서 인용상표가 주지·저명하다는 것은 국내에서 주지·저명한 것을 말한다.
⑤ 상표법 제7조 제1항 제1호의 저명한 국제기관이라 함은 원칙적으로 상표등록 사정 당시 존재하는 기관으로서 그 조직이나 활동상황 등에 의해 국제적으로 널리 알려질 것을 요하고, 이미 오래 전에 폐지되어 위 사정 당시에 활동을 하지 않는 경우에는 이에 해당하지 않는다.

31 디자인에 관한 설명으로 옳은 것은? (다툼이 있으면 판례에 따름)

① 하나의 물품 중 물리적으로 떨어져 있는 둘 이상의 부분에 관한 디자인이라면, 그들 사이에 형태적으로나 기능적으로 일체성이 있어서 보는 사람으로 하여금 그 전체가 일체로서 시각을 통한 미감(美感)을 일으키게 한다 하더라도, 그 디자인은 물리적으로 떨어져 있어서 1디자인등록출원으로 디자인등록을 받을 수 없다.
② 등록디자인과 대비되는 디자인이 등록디자인의 출원 전에 디자인이 속하는 분야에서 통상의 지식을 가진 사람이 공지디자인 또는 이들의 결합에 따라 쉽게 실시할 수 있는 것인 때에는 등록디자인과 대비할 것도 없이 등록디자인의 권리범위에 속하지 않는다.
③ 등록디자인이 신규성이 있는 부분과 함께 공지의 형상과 모양을 포함하고 있는 경우 신규성이 있는 부분뿐만 아니라 그 공지 부분에까지 독점적이고 배타적인 권리를 인정하여야 한다.
④ 부분디자인에 있어 물리적으로 분리된 부분들이 일체적 심미감을 가졌는지 여부는 디자인 창작자의 주관적인 창작 모티브를 기준으로 판단하여야 한다.
⑤ 글자체는 다양하게 개발되어 왔고 문자의 기본형태와 가독성을 필수적인 요소로 고려하여 디자인하여야 하는 관계상 구조적으로 그 디자인을 크게 변화시키기 어려운 특성을 참작하여야 하므로, 일반 디자인과는 유사판단의 기본 법리를 달리 적용하여야 한다.

32 디자인보호법상 신규성에 관한 설명으로 옳지 <u>않은</u> 것은? (다툼이 있으면 판례에 따름)

① 디자인등록출원 전 공공의 영역에 있던 디자인이라고 하더라도 신규성 상실 예외 규정의 적용을 받아 등록된 디자인과 동일 또는 유사한 디자인이라면 등록디자인의 독점·배타권의 범위에 포함되게 된다.
② 확인대상디자인이 등록디자인의 권리범위에 속하는지를 판단할 때, 신규성 상실 예외 규정의 적용근거가 된 공지디자인 또는 이들의 결합에 따라 쉽게 실시할 수 있는 디자인이 누구나 이용할 수 있는 공공의 영역에 있음을 전제로 한 자유실시디자인 주장도 허용된다.
③ 등록디자인의 등록이 무효로 될 수 있는 유일한 증거자료인 비교대상디자인이 게재된 카탈로그의 진정성립을 인정하기 어려울 때는 비교대상디자인은 등록디자인의 출원 전에 공지되었다고 볼 수 없다.
④ 디자인등록을 받을 수 있는 권리를 가진 자가 6개월의 기간 이내에 여러 번의 공개행위를 하고 그 중 가장 먼저 공지된 디자인에 대해서만 절차에 따라 신규성 상실의 예외 주장을 하였더라도 공지된 나머지 디자인들이 가장 먼저 공지된 디자인과 동일성이 인정되는 범위 내에 있다면 공지된 나머지 디자인들에까지 신규성 상실 예외의 효과가 미친다.
⑤ 동일성이 인정되는 범위 내에 있는 디자인이란 형상, 모양, 색채 또는 이들의 결합이 동일하거나 극히 미세한 차이만 있어 전체적 심미감이 동일한 디자인을 말하고, 전체적 심미감이 유사한 정도의 경우는 동일성이 인정되는 범위 내에 포함되지 아니한다.

33 디자인보호법상 '창작비용이성'에 관한 설명으로 옳지 <u>않은</u> 것은? (다툼이 있으면 판례에 따름)

① 공지형태나 주지형태를 서로 결합하거나 결합된 형태를 변형·변경 또는 전용한 경우 디자인의 창작수준을 판단할 때는 공지디자인의 대상 물품이나 주지형태의 알려진 분야, 공지디자인이나 주지형태의 외관적 특징들의 관련성, 해당 디자인 분야의 일반적 경향 등에 비추어 통상의 디자이너가 용이하게 그와 같은 결합에 이를 수 있는지를 함께 살펴보아야 한다.
② 주지의 형상·모양 등에 의한 용이 창작은 기본적 형상이나 모양 등에 의해 물품 디자인의 형태를 구성하는 것이 그 디자인이 속한 분야에서 통상 행해짐을 전제로 하는 것이므로, 그 분야에서 그러한 기본적 형상·모양에 의하여 구성하는 것이 과거에 전혀 없었던 경우에는 창작이 용이하다고 볼 수 없다.
③ 디자인보호법 제33조 제2항에 따라 등록을 받을 수 없는 디자인에는 그 디자인이 속하는 분야에서 통상의 지식을 가진 자가 제1항 제1호 또는 제2호에 해당하는 디자인 각각에 의하여 용이하게 창작할 수 있는 디자인뿐만 아니라 각 호의 디자인의 결합에 의하여 용이하게 창작할 수 있는 디자인도 포함된다.
④ 공지디자인의 형상·모양·색채 또는 이들의 결합이나 국내에서 널리 알려진 형상·모양·색채 또는 이들의 결합을 거의 그대로 모방 또는 전용하였거나, 이를 부분적으로 변형하였다면 디자인등록을 받을 수 없다.
⑤ 유명 디자인의 모방을 방지하기 위하여 주지의 형상·모양 등의 범위를 국외까지 확대하여 용이 창작 판단의 기초자료로 인정한다.

34 디자인등록을 받을 수 없는 디자인에 대한 설명 중 옳지 않은 것은? (다툼이 있으면 판례에 따름)

① 국기, 국장(國章), 군기(軍旗), 훈장, 포장, 기장(記章)과 동일하거나 유사한 디자인이더라도 국가 또는 기관의 존엄을 해할 우려가 없는 경우 디자인등록을 받을 수 있다.
② 디자인의 대상이 되는 물품 또는 그와 관련된 물품의 규격이나 품질 등에 대한 인증을 나타내는 표지를 전체디자인의 일부 구성요소로 포함하고 있는 경우에는 디자인등록을 받을 수 있다.
③ 디자인이 상표적 기능을 발휘하기 위하여 타인의 업무상 물품과 혼동을 일으킬 우려가 있는 디자인에 대하여 본 호가 적용될 수 있다.
④ 디자인의 공통되는 부분이 그 물품으로서 당연히 있어야 할 부분 내지 디자인의 기본적 또는 기능적 형태인 경우에는 그 중요도를 낮게 평가하여야 하므로, 이러한 부분들이 동일·유사하다는 사정만으로는 곧바로 양 디자인이 서로 동일·유사하다고 할 수는 없다.
⑤ 타인의 업무상 물품과 혼동을 일으킬 우려가 있는 디자인에 있어서의 혼동이란 문자 그대로 물품의 혼동을 의미한다.

35 다음 설명 중 옳지 않은 것은? (다툼이 있으면 판례에 따름)

① 확인대상디자인이 유사디자인의 권리범위에 속한다고 할 수 있으려면 유사디자인과 유사하다는 사정만으로는 부족하고 기본디자인과도 유사하여야 할 것이다. 이 경우 기본디자인의 권리범위는 유사디자인의 유사범위까지 확장된다.
② 2 이상의 물품이 한 벌의 물품으로 동시에 사용되는 경우 그 한 벌의 물품의 디자인이 한 벌 전체로서 통일성이 있을 때에는 1디자인으로 디자인등록을 받을 수 있다. 이 경우 한 벌의 물품의 구분은 총리령으로 정한다.
③ 2 이상의 물품(동종의 물품 포함)이 한 벌로 동시에 사용된다는 의미는 관념적으로 하나의 사용이 다른 것의 사용을 예상하게 하거나, 상거래 관행상 동시에 사용하는 것으로 인정되는 것을 말한다.
④ 한 벌의 물품의 각 구성물품이 상호 집합되어 하나의 통일된 형상·모양 또는 관념을 표현하는 경우에는 구성물품이 조합된 상태의 1조의 도면과 각 구성물품에 대한 1조씩의 도면을 제출하여야 한다.
⑤ 둘 이상의 물품(동종의 물품 포함)이 한 벌로 동시에 사용되어야 하며, 이는 언제든지 반드시 동시에 사용되어야 한다는 것이 아니라 관념적으로 하나의 사용이 다른 것의 사용을 예상하게 하는 것을 말한다.

36 디자인보호법상 이의신청에 관한 설명 중 옳은 것은?

① 디자인등록취소결정이 확정된 때에는 그 디자인권은 디자인등록취소결정이 확정된 때부터 없었던 것으로 본다.
② 디자인일부심사등록 이의신청에 관한 심사를 할 때에는 이의신청인이 신청하지 아니한 등록디자인에 관하여도 직권심사할 수 있다.
③ 공업상 이용할 수 없는 디자인이 일부심사등록된 경우에는 디자인일부심사등록 이의신청의 대상이 될 수 있다.
④ 제68조(디자인일부심사등록 이의신청)에 따른 디자인일부심사등록 이의신청을 하는 경우 복수디자인등록출원된 디자인등록에 대하여는 각 디자인마다 이의신청을 하여야 하는 것은 아니다.
⑤ 비밀디자인으로 등록된 디자인일부심사등록에 대한 이의신청은 디자인권이 설정등록된 날부터 당해 디자인에 대한 비밀이 해제되어 비밀디자인의 도면 또는 사진 등이 게재된 등록디자인공보발행일 후 6개월 이내에 할 수 있다.

37 디자인보호법상 디자인권에 관한 설명으로 옳지 않은 것은? (다툼이 있으면 판례에 따름)

① 글자체가 디자인권으로 설정등록된 경우 그 디자인권의 효력은 타자·조판 또는 인쇄 등의 통상적인 과정에서 글자체의 사용으로 생산된 결과물인 경우에는 미치지 아니한다.
② 정당한 권리자의 디자인등록출원이 디자인보호법 제44조 및 제45조에 따라 디자인권이 설정등록된 경우 에는 디자인권의 존속기간의 무권리자의 디자인등록출원일 다음 날부터 기산한다.
③ 디자인등록출원인은 디자인권의 설정등록일부터 3년 이내의 기간을 정하여 그 디자인을 비밀로 할 것을 청구할 수 있다.
④ 기본디자인의 디자인권이 취소, 포기 또는 무효심결 등으로 소멸한 경우, 그 기본디자인의 관련디자인으로 등록된 디자인권은 관련디자인의 등록출원일 후 20년이 되는 날까지 존속한다.
⑤ 일반적으로 디자인권은 신규성이 있는 디자인에 부여되는 것이므로 공지·공용의 사유를 포함한 출원에 의하여 디자인등록이 되었다 하더라도 공지·공용부분까지 독점이고 배타적인 권리를 인정할 수는 없다.

38 디자인보호법에 관한 설명으로 옳은 것은? (다툼이 있으면 판례에 따름)

① 디자인권자·전용실시권자 또는 통상실시권자는 등록디자인 또는 이와 유사한 디자인이 그 디자인 등록출원일 전에 등록되지 않은 타인의 저작물을 이용하는 경우에는 저작권자의 허락을 받지 아니하더라도 자기의 등록디자인 또는 이와 유사한 디자인을 업으로서 실시할 수 있다.
② 디자인권이 공유인 경우에는 각 공유자는 계약으로 특별히 약정한 경우를 제외하고는 다른 공유자의 동의를 받지 아니하면 그 등록디자인 또는 이와 유사한 디자인을 단독으로 실시할 수 없다.
③ 디자인권이 공유인 경우에 민법상 공유물분할청구에 관한 규정이 적용되고 현물분할이 허용된다.
④ 타인의 디자인권 또는 전용실시권을 침해한 자는 그 침해행위에 대하여 과실이 있는 것으로 추정하되, 비밀디자인권으로 설정등록된 디자인권 또는 전용실시권의 침해에 대하여는 그러하지 아니하다.
⑤ 관련디자인으로 등록된 디자인권의 존속기간 만료일은 그 기본디자인의 디자인권존속기간 만료일로 한다.

39 디자인보호법상 심판에 관한 설명으로 옳은 것은? (다툼이 있으면 판례에 따름)

① 디자인권자는 디자인권이 소멸된 후에도 심판청구의 이익이 있는 경우에는 권리범위확인심판을 청구할 수 있다.
② 피심판청구인이 실시하지 않고 있는 물품을 대상으로 한 적극적 권리범위확인 심판청구는 확인의 이익이 없어 부적법하고 각하되어야 한다.
③ 등록디자인에 대한 등록무효심결이 확정되기 전이라고 하더라도 등록디자인이 공지디자인 등에 의하여 용이하게 창작될 수 있어 그 디자인등록이 무효심판에 의하여 무효로 될 것이 명백한 경우에는 디자인권에 기초한 침해금지 또는 손해배상 등의 청구는 특별한 사정이 없는 한 권리남용에 해당하지 아니한다.
④ 특허심판원은 확인대상디자인의 일부 구성요소가 불명확하여 다른 것과 구별될 수 있을 정도로 구체적으로 특정되어 있지 아니하더라도 확인대상디자인이 등록디자인의 구성요소들의 일부만을 갖추고 있고 나머지 구성요소가 결여되어 있어 등록디자인의 권리범위에 속하지 않음이 명백한 경우라면 등록디자인의 권리범위에 속하지 않는다는 판단을 하여야 한다.
⑤ 등록디자인의 등록을 무효로 하는 특허심판원의 심결에 대한 심결취소소송에서 당사자가 주장하지도 않은 사유에 기초하여 등록디자인이 비교대상디자인과 유사한 디자인에 해당하여 등록무효사유가 있다고 판단하더라도 변론주의 원칙에 위배되지는 않는다

40 국제출원 및 국제디자인등록출원에 관한 설명으로 옳지 않은 것은? (다툼이 있으면 판례에 따름)

① 국제등록디자인권의 존속기간 갱신은 국제등록부에 등재하지 아니하면 제3자에게 대항할 수 없다.
② 디자인등록출원인은 국제디자인등록출원에 대하여는 디자인보호법 제52조에 따른 출원공개를 신청할 수 없다.
③ 국제디자인등록출원서에 첨부되는 도면에는 창작내용의 요점의 기재까지 필요한 것은 아니다.
④ 지식재산처장은 국제출원서의 기재사항이 영어로 기재되어 있지 않은 경우에 국제출원인에게 상당한 기간을 정하여 보완에 필요한 대체서류의 제출을 명하여야 한다.
⑤ 국제등록디자인권은 원칙적으로 헤이그협정 제10조(2)에 따른 설정등록일로부터 발생하여 국제등록일 후 5년이 되는 날까지 존속한다.

2교시 민법개론

01 채권의 목적에 관한 설명으로 옳은 것은? (다툼이 있으면 판례에 따름)

① 채권의 목적을 종류로만 지정한 경우에 법률행위의 성질이나 당사자의 의사에 의하여 품질을 정할 수 없는 때에는 채무자는 중등품질의 물건으로 이행할 수 있다.
② 당사자 사이에 지정권의 부여 및 지정의 방법에 관한 합의가 없고, 채무자가 이행에 필요한 행위를 하지 아니하거나 지정권자로 된 채무자가 이행할 물건을 지정하지 아니하는 경우 채권의 기한이 도래한 후 채권자가 상당한 기간을 정하여 지정권이 있는 채무자에게 그 지정을 최고하여도 채무자가 이행할 물건을 지정하지 않는다면 채무자가 지정할 때까지 기다려야 한다.
③ 특정물매매의 경우, 매수인이 매매대금을 지급하지 않더라도 인도받지 않은 목적물로부터 생긴 과실에 대한 수취권은 특별한 사정이 없는 한 매수인에게 귀속된다.
④ 특정물채권에서 채무자의 목적물에 대한 선관주의의무의 존속기간은 특정물채무의 성립시부터 이행기까지이다.
⑤ 선택권이 있는 제3자가 선택할 수 있는데도 선택하지 않은 경우, 채권자나 채무자는 상당 기간을 정하여 그 선택을 최고할 수 있고, 제3자가 그 기간 내에 선택하지 않으면 선택권은 채무자에게 이전한다.

02 이행불능에 관한 설명으로 옳지 않은 것은? (다툼이 있으면 판례에 따름)

① 채무의 이행불능이란 단순히 절대적·물리적으로 불능인 경우가 아니라, 사회생활의 경험법칙 또는 거래상의 관념에 비추어 채권자가 채무자의 이행의 실현을 기대할 수 없는 경우를 말하므로, 매매목적물이 가압류되었다면 특별한 사정이 없는 한 매도인의 소유권이전등기의무는 이행불능이 된다.
② 매도인의 매매목적물에 관한 소유권이전의무가 이행불능이 되었다고 할지라도, 그 이행불능이 매수인의 귀책사유에 의한 경우에는 매수인은 매도인의 이행불능을 이유로 계약을 해제할 수 없다.
③ 매매 목적 부동산에 관하여 매도인이 이중으로 제3자와 매매계약을 체결하였다는 사실만 가지고는 선행 매매계약이 이행불능이라고 할 수 없다.
④ 매도인의 소유권이전등기의무가 이행불능이 되어 이를 이유로 매수인이 매매계약을 해제함에 있어서는 매수인의 잔대금지급의무가 매도인의 소유권이전등기의무와 동시이행관계에 있다고 하더라도 그 이행의 제공을 필요로 하지 않는다.
⑤ 임대인이 임차목적물에 대한 소유권을 상실하였다는 이유만으로 임대인의 임대차계약상의 의무가 이행불능이 되는 것은 아니다.

03 다음 채무불이행에 대한 설명 중 옳은 것은? (다툼이 있으면 판례에 따름)

① 채권자지체가 성립하는 경우 그 효과로서 원칙적으로 채권자에게 민법 규정에 따른 일정한 책임이 인정되는 것 외에, 채무자가 채권자에 대하여 일반적인 채무불이행책임과 마찬가지로 손해배상이나 계약해제를 주장할 수 있다.
② 원금채권과 금전채무불이행의 경우에 발생하는 지연손해금채권은 별개의 소송물이다. 따라서 판결이 확정된 채권자가 시효중단을 위한 신소를 제기하면서 확정 판결에 따른 원금과 함께 원금에 대한 확정 지연손해금 및 이에 대한 지연손해금을 청구하는 경우, 확정 지연손해금에 대한 지연손해금채권은 채권자가 신소로써 확정 지연손해금을 청구함에 따라 비로소 발생하는 채권으로서 전소의 소송물인 원금채권이나 확정 지연손해금채권과는 별개의 소송물이므로, 채무자는 확정 지연손해금에 대하여도 이행청구를 받은 다음 날부터 지연손해금을 별도로 지급하여야 하되 그 이율은 신소에 적용되는 법률이 정한 이율을 적용하여야 한다.
③ 계약의 일방 당사자는 신의성실의 원칙상 상대방에게 계약의 효력에 영향을 미치거나 상대방의 권리 확보에 위험을 가져올 수 있는 사정 등을 미리 고지할 의무가 있다. 이러한 의무는 계약을 체결할 때 필수적이나, 계약 체결 이후 이를 이행하는 과정에서는 임의적이다.
④ 원본채권이 상행위로 인한 채권일 경우 그 지연손해금도 상행위로 인한 채권이고 판결에 의해 권리의 실체적인 내용이 바뀌는 것은 아니며 이행판결이 확정된 지연손해금에 대해서도 채권자의 이행청구에 의해 지체책임이 생기므로, 지연손해금에 대한 채권자의 이행청구에 의해 채무자가 지체책임을 지는 경우 그 지연손해금에 대하여는 민사법정이율인 연 5%의 비율을 적용하여야 할 것이다.
⑤ 매매계약의 이행불능으로 인한 전보배상책임의 범위는 매매계약 당시의 매매목적물의 시가이고, 이행불능 당시의 시가가 계약 당시의 시가보다 현저하게 상승되었다면 이행불능 당시 시가는 특별손해이다.

04 채무불이행으로 인한 손해배상책임에 관한 설명으로 옳은 것은? (다툼이 있으면 판례에 따름)

① 불법행위로 인하여 건물이 훼손되었으나 수리가 가능한 경우에는 그 수리비가 통상의 손해이므로, 수리비가 교환가치를 초과한다고 하더라도 수리비 전액이 손해배상액이 된다.
② 불법행위로 영업용 선박, 자동차, 건물 등의 물건이 멸실된 경우에 그 물건의 교환가격 상당액의 배상 이외에 그 물건을 대체할 다른 물건의 제조 또는 구입시까지의 기간 동안 그 멸실된 물건을 사용 수익하지 못하여 입은 손해의 배상을 별도로 구할 수는 없다.
③ 수급인이 제공한 하자 있는 목적물을 도급인이 사용함에 따라 발생하는 도급인의 정신적 고통으로 인한 손해는 수급인이 그러한 사정을 알았을 경우 특별손해로서 도급인이 배상받을 수 있다
④ 숙박업자가 숙박계약상의 고객보호의무를 다하지 못하여 투숙객이 사망한 경우, 그 투숙객의 근친자가 그 사고로 인하여 정신적 고통을 받았다면, 숙박계약의 당사자가 아닌 그 근친자는 숙박업자의 그 망인에 대한 숙박계약상의 채무불이행을 이유로 위자료를 청구할 수 있다.
⑤ 손해발생으로 인하여 피해자에게 이득이 생겼다면 손해액을 산정할 때 먼저 손익상계를 한 후에 과실상계를 하여야 한다.

05 다음 채권자취소권에 대한 설명 중 옳지 않은 것은? (다툼이 있으면 판례에 따름)

① 채권자가 채무자의 부동산에 관한 사해행위를 이유로 수익자를 상대로 그 사해행위의 취소 및 원상회복을 구하는 소송을 제기한 후 소송계속중에 그 사해행위가 해제 또는 해지되고 채권자가 그 사해행위의 취소로 복귀를 구하는 재산이 벌써 채무자에게 복귀한 경우에는, 특별한 사정이 없는 한 그 사해행위 취소소송의 목적은 이미 실현되어 더 이상 그 소에 의해 확보할 권리보호의 이익이 없어진다.

② 사해행위로 주장되는 토지나 건물의 양도 자체에 대한 양도소득세와 지방소득세 채무는 통상적으로 토지나 건물의 양도에 대한 대금이 모두 지급된 이후에 비로소 성립하므로 사해행위로 주장하는 행위 당시에는 아직 발생하지 않는다.

③ 여러 채권자가 사해행위취소 및 원상회복청구의 소를 제기하여 여러 개의 소송이 계속중인 경우에는 각 소송에서 채권자의 청구에 따라 사해행위의 취소 및 원상회복을 명하는 판결을 선고하여야 하고, 수익자가 가액배상을 하여야 할 경우에도 수익자가 반환하여야 할 가액 범위 내에서 각 채권자의 피보전채권액 전액의 반환을 명하여야 한다.

④ 수익자가 어느 채권자에게 자신이 배상할 가액의 일부 또는 전부를 반환한 때에는 다른 채권자에 대하여 각 사해행위취소 판결에서 가장 다액으로 산정된 공동담보가액에서 자신이 반환한 가액을 공제한 금액을 초과하는 범위에서 청구이의의 방법으로 집행권원의 집행력의 배제를 구할 수 있을 뿐이다.

⑤ 채권압류명령 등 당시 피압류채권이 이미 제3자에 대한 대항요건을 갖추어 양도되어 그 명령이 효력이 없는 것이 되었더라도, 그 후의 사해행위 취소소송에서 위 채권양도계약이 취소되어 채권이 원채권자에게 복귀하였다면 이미 무효로 된 채권압류명령 등은 다시 유효로 된다.

06 다음 채권자대위권에 대한 설명 중 옳지 않은 것은? (다툼이 있으면 판례에 따름)

① 피보험자가 임의 비급여 진료행위에 따라 요양기관에 진료비를 지급한 다음 실손의료보험계약상의 보험자에게 청구하여 그 진료비와 관련한 보험금을 지급받았는데, 그 진료행위가 위법한 임의 비급여 진료행위로서 무효이고, 동시에 보험자와 피보험자가 체결한 실손의료보험계약상 그 진료행위가 보험금 지급사유에 해당하지 아니하여 보험자가 피보험자에 대하여 보험금 상당의 부당이득반환채권을 갖게 된 경우, 채권자인 보험자가 금전채권인 부당이득반환채권을 보전하기 위하여 채무자인 피보험자를 대위하여 제3채무자인 요양기관을 상대로 진료비 상당의 부당이득반환채권을 행사하는 형태의 채권자대위소송에서 채무자가 자력이 있는 때에도 보전의 필요성이 인정된다고 볼 수 있다.

② 채권자대위소송에서 제3채무자로 하여금 직접 대위채권자에게 금전의 지급을 명하는 판결이 확정된 경우, 피대위채권이 변제 등으로 소멸하기 전이라면 채무자의 다른 채권자가 이를 압류 또는 가압류할 수 있다.

③ 임차인 丙으로부터 건물임대차보증금반환채권을 양수한 甲이 그 이행을 청구하기 위하여 丙의 건물명도가 선이행되어야 할 필요가 있는 경우, 임대인 乙의 丙에 대한 명도청구권은 채권자 甲이 乙에 대한 채권을 보전하기 위하여 대위행사할 수 있는 권리이다.

④ 채무자가 채권자대위권 행사의 통지를 받은 후에 채무를 불이행함으로써 통지 전에 체결된 약정에 따라 매매계약이 자동적으로 해제되거나, 채권자대위권 행사의 통지를 받은 후에 채무자의 채무불이행을 이유로 제3채무자가 매매계약을 해제한 경우 제3채무자는 계약해제로써 대위권을 행사하는 채권자에게 대항할 수 있다.

⑤ 취득시효 완성 후 제3자 앞으로 경료된 소유권이전등기가 원인무효인 경우, 취득시효 완성으로 인한 소유권이전등기청구권을 가진 자는 취득시효 완성 당시의 소유자를 대위하여 제3자 명의의 등기말소를 청구할 수 있다.

07 甲과 乙은 甲 소유의 X토지를 乙이 매수하는 계약을 체결하면서 매매대금은 X토지의 인도 및 소유권이전등기의 경료와 동시에 지급하기로 약정하였다. 丙은 위 매매계약에 따른 乙의 甲에 대한 매매대금지급채무를 연대보증하였다. 이에 관한 설명 중 옳지 않은 것을 모두 고른 것은? (각 지문은 독립적이며, 다툼이 있으면 판례에 따름)

> ㄱ. 乙이 甲에게 매매대금 전액을 지급한 후에 소유권이전등기청구권을 丁에게 양도하고 乙이 이를 甲에게 통지하면 丁은 甲에 대하여 직접 소유권이전등기절차의 이행을 청구할 수 있다.
> ㄴ. 甲은 丁에게 乙에 대한 매매대금채권을 양도하면서 위 계약 내용 및 X토지에 관하여 아직 소유권이전등기를 마쳐 주지 아니한 사실을 설명하였고, 같은 날 乙은 채권양도에 대하여 이의 보류 없는 승낙을 하였다. 이후 丁이 乙에게 양수금의 지급을 청구할 경우 乙은 甲으로부터 소유권이전등기의무의 이행제공이 없었음을 이유로 丁의 청구를 거절할 수 없다.
> ㄷ. 甲이 乙에 대한 매매대금채권을 丁에게 양도하고 확정일자 있는 증서에 의하여 乙에게 이를 통지하였더라도, 甲이 乙에 대한 채권을 다시 戊에게 양도한 후에 甲과 丁 사이의 채권양도계약을 합의해지하고 합의해지사실을 丁이 乙에게 통지하였다면 특별한 사정이 없는 한 戊는 乙에 대한 매매대금채권을 취득한다.
> ㄹ. 甲이 乙에 대한 매매대금채권을 丁에게 양도하고 이를 乙에게 통지하면 특별한 사정이 없는 한 乙에 대한 채권뿐만 아니라 丙에 대한 채권도 丁에게 함께 이전된다.
> ㅁ. 甲과 乙은 매매계약상 채권의 양도를 하지 않기로 약정하였지만 甲은 그러한 약정을 알고 있던 丁에게 매매대금채권을 양도하고 이를 乙에게 통지하였고 이후 丁이 다시 甲과 乙 사이의 약정 사실을 알지 못하는 戊에게 매매대금채권을 양도하고 乙에게 이를 통지한 경우, 乙은 채권양도금지특약이 있음을 이유로 戊에게 대항할 수 없다.

① ㄱ, ㄴ, ㄷ
② ㄴ, ㄷ, ㄹ
③ ㄴ, ㄹ, ㅁ
④ ㄱ, ㄴ, ㄷ, ㄹ
⑤ ㄱ, ㄷ, ㄹ, ㅁ

08 채무인수와 관련한 설명 중 옳은 것은? (다툼이 있으면 판례에 따름)

① 채무자와 인수인의 합의에 의한 '중첩적 채무인수'의 경우 '채권자의 수익의 의사표시'는 그 계약의 성립요건이나 효력발생요건이다.
② 민법 제459조 단서는 보증인이나 제3자가 채무인수에 동의한 경우에는 전 채무자의 채무에 대한 보증이나 제3자가 제공한 담보는 채무인수로 인하여 소멸하지 아니하는 것으로 규정하고 있으므로, 위 조항에 규정된 채무인수에 대한 동의는 인수인을 위하여 새로운 담보를 설정하도록 하는 의사표시를 의미하는 것이다.
③ 면책적 채무인수의 경우, 종래의 채무자는 채무관계에서 탈퇴하여 면책되고 채무인수로 종래의 채무가 소멸하므로 저당권의 부종성으로 인하여 당연히 위 소멸한 채무를 담보하는 저당권도 소멸한다.
④ 토지의 매수인이 그 토지의 임대차보증금 반환채무를 인수하는 한편 그 채무액을 매매대금에서 공제하기로 약정하고 임차인으로부터 그 약정에 관한 승낙을 받았다면, 이는 면책적 채무인수로 본다.
⑤ 부동산의 매수인이 매매목적물에 관한 근저당권의 피담보채무를 인수하는 한편 그 채무액을 매매대금에서 공제하기로 약정한 경우, 다른 특별한 약정이 없는 한 이는 채무인수로 보아야 한다.

09 동시이행에 관한 설명 중 옳은 것은? (다툼이 있으면 판례에 따름)

① 공사도급계약상 도급인의 지체상금채권과 수급인의 공사대금채권은 특별한 사정이 없는 한 동시이행의 관계에 있다.
② 하수급인에 대한 수급인의 공사대금채무를 인수한 도급인은 하수급인의 공사대금청구에 대하여 하수급인에 대한 수급인의 하자보수청구권에 기한 동시이행항변으로 대항할 수 있다.
③ 쌍무계약의 당사자 일방이 이행의 제공을 하여 상대방을 수령지체에 빠지게 하였다면 비록 이행의 제공이 계속되지 않는다고 하더라도 상대방이 가지는 동시이행의 항변권은 소멸한다.
④ 쌍방의 채무가 동시이행관계에 있는 경우, 상대방채무의 이행제공이 없더라도 채무자가 이행기에 채무를 이행하지 않으면 이행지체의 책임을 진다.
⑤ 채무자에게 민법 제536조 제2항의 불안의 항변권이 인정되기 위해서는 채권자 측에 발생한 사정이 신용불안이나 재산상태 악화와 같이 객관적·일반적인 것이어야 한다.

10 다음 계약과 해제에 대한 설명 중 옳은 것은? (다툼이 있는 경우에는 판례에 의함)

① 당사자 중 일방이 계약의 성립을 기대하고 이행을 위하여 지출하였거나 지출할 것이 확실한 비용은 계약체결을 신뢰하여 발생한 손해로서 계약교섭의 부당파기로 인한 손해배상의 범위에 해당할 수 있다.
② 매수인이 매도인의 채무불이행을 이유로 계약금 반환을 구하는 소를 제기함으로써 계약해제권을 행사하고 그 소장이 송달된 후, 그 소를 취하하고 본래의 매매계약의 이행을 구하는 소를 제기하면 매도인은 매매계약상의 의무를 이행하여야 한다.
③ 채무자의 급부불이행 사정을 들어 계약을 해제하겠다는 통지를 한 때에는 특별히 그 급부의 수령을 거부하는 취지가 포함되어 있지 아니하는 한 그로써 이행의 최고가 있었다고 볼 수 있으며, 그로부터 상당한 기간이 경과하도록 이행되지 아니하였다면 채권자는 계약을 해제할 수 있다고 보았다. 이 경우 동시이행관계에 있는 반대급부의무를 지고 있는 채권자는 스스로의 채무의 변제제공을 할 필요는 없다.
④ 수탁보증인이 주채무자의 담보제공청구에 응하여 구상금액에 상당한 담보를 특정하여 제공할 의사를 표시한다면 법원은 주채무자가 수탁보증인으로부터 그 특정한 담보를 제공받은 후에 사전구상의무를 이행하여야 한다고 판결하여야 하지만, 수탁보증인이 주채무자의 담보제공청구를 거절하거나 구상금액에 상당한 담보를 제공하려는 의사를 표시하지 않는다면 법원은 수탁보증인의 사전구상금 청구를 기각하는 판결을 하여야 한다.
⑤ 채권자대위권 행사의 통지를 받은 후 채무자의 채무불이행을 이유로 제3채무자가 매매계약을 해제한 경우, 특별한 사정이 없는 한 그 제3채무자는 계약해제로써 대위권을 행사하는 채권자에게 대항할 수 없다.

11 매도인의 담보책임에 관한 설명 중 옳지 않은 것은? (다툼이 있으면 판례에 따름)

① 하자담보에 기한 매수인의 손해배상청구권은 다른 특별한 사정이 없는 한 매수인이 매매목적물을 인도받은 때부터 소멸시효가 진행한다.
② 매매의 목적인 재산권의 일부가 타인에게 속하고 매도인이 이를 취득하여 매수인에게 이전할 수 없는 경우, 선의의 매수인이 민법 제572조에 기하여 매도인에게 청구할 수 있는 손해액은 매도인이 매매의 목적이 된 권리의 일부를 취득하여 매수인에게 이전할 수 없게 된 때의 이행불능이 된 권리의 시가, 즉 이행이익 상당액만큼이다.
③ 부동산을 매수하고 소유권이전등기까지 넘겨받았지만 진정한 소유자가 제기한 등기말소청구소송에서 매도인과 매수인 앞으로 된 소유권이전등기의 말소를 명한 판결이 확정됨으로써 매도인의 소유권이전의무가 이행불능된 경우, 그 손해배상액 산정의 기준시점은 위 판결이 선고된 때이다.
④ 매수인 乙이 매도인 甲으로부터 취득한 목적물에 대한 소유권을 제3자의 저당권의 실행으로 잃게 된 경우, 乙은 매매의 목적물에 저당권이 설정되어 있다는 사실을 계약체결 당시에 알고 있었더라도 甲과의 계약을 해제할 수 있다.
⑤ 하자담보책임에 따른 손해배상에 있어서 하자발생 및 그 확대에 가공한 매수인의 잘못을 참작하여 손해배상의 범위를 정할 수 있다.

12 다음 임대차에 대한 설명 중 옳지 않은 것은? (다툼이 있으면 판례에 따름)

① 건물의 소유를 목적으로 하는 토지 임차인의 지상물매수청구권 행사의 상대방은 원칙적으로 임차권 소멸 당시의 토지소유자인 임대인이다. 토지 소유자가 아닌 제3자가 토지를 임대한 경우에 임대인은 특별한 사정이 없는 한 지상물매수청구권의 상대방이 될 수 없다.
② 임차인이 동시이행항변권을 상실하였는데도 목적물의 반환을 계속 거부하면서 점유하고 있다면, 달리 점유에 관한 적법한 권원이 인정될 수 있는 특별한 사정이 없는 한 이러한 점유는 적어도 과실에 의한 점유로서 불법행위를 구성한다.
③ 주택의 공동임차인 중 1인이라도 주택임대차보호법 제3조 제1항에서 정한 대항력 요건을 갖추게 되더라도 그 대항력은 임대차 전체에 미치지 아니하므로, 임차 건물이 양도되는 경우 특별한 사정이 없는 한 공동임차인에 대한 보증금반환채무 전부가 임대인 지위를 승계한 양수인에게 이전되는 것이 아니므로 양도인의 채무는 소멸하지 아니한다.
④ 주택임대차보호법 제3조 제1항에서 정한 대항요건인 주택의 인도는 임차목적물인 주택에 대한 점유의 이전을 말한다. 이때 점유는 사회통념상 어떤 사람의 사실적 지배에 있다고 할 수 있는 객관적 관계를 가리키는 것으로서, 사실상의 지배가 있다고 하기 위해서는 반드시 물건을 물리적·현실적으로 지배할 필요는 없다.
⑤ 보증금반환채권에 대해 전부명령이 있은 후, 임대인의 임차인에 대한 연체차임채권이 발생하였다면 그 전부명령은 임차목적물을 반환할 때까지 임대인의 임차인에 대한 그 채권을 보증금에서 공제한 잔액에 대해서만 효력을 가진다.

13 다음 도급에 대한 설명 중 옳지 않은 것은? (다툼이 있으면 판례에 따름)

① 민법 제666조에 따른 저당권설정청구권은 공사대금채권을 담보하기 위하여 저당권설정등기절차의 이행을 구하는 채권적 청구권으로서 공사에 부수되는 채권에 해당하므로 소멸시효기간 역시 3년이다.
② 도급인이 하자의 보수에 갈음하여 손해배상을 청구하는 경우에는 수급인이 그 손해배상청구에 관하여 채무이행을 제공할 때까지 그 손해배상의 액에 상응하는 보수의 액에 관하여만 자기의 채무이행을 거절할 수 있을 뿐, 그 나머지 액의 보수에 관하여는 지급을 거절할 수 없다.
③ 수급인은 담보책임이 없음을 약정한 경우에도 알고 고지하지 아니한 사실에 대하여는 그 책임을 면하지 못한다.
④ 선급금이 지급된 후 계약의 해제 또는 해지 등의 사유로 수급인이 도중에 선급금을 반환하게 되었다면 특별한 사정이 없는 한 별도의 상계 의사표시를 해야 선급금이 그때까지 기성고에 해당하는 공사대금 중 미지급액에 충당된다.
⑤ 수급인이 재료의 전부 또는 주요부분을 제공한 경우 특약이나 기타 특별한 사정이 없으면 완성된 건물의 소유권은 수급인에게 속한다.

14 조합에 관한 판례의 내용 중 옳지 <u>않은</u> 것은? (다툼이 있으면 판례에 따름)

① 조합원이 다른 조합원 전원의 동의하에 자신의 지분을 양도하면 그로써 조합원의 지위를 상실하게 되며, 이와 같은 조합원의 지위의 변동은 조합지분의 양도양수에 관한 약정으로써 바로 효력이 생긴다.
② 조합에 관한 민법의 규정은 임의규정이므로, 탈퇴사유에 대해 조합계약에서 정한 바가 있으면, 그 규정이 우선 적용된다.
③ 조합재산상태의 악화나 영업부진 등으로 조합의 목적달성이 매우 곤란하다고 인정되는 객관적인 사정이 있거나 조합원 간의 불화·대립으로 인하여 신뢰관계가 파괴됨으로써 조합업무의 원활한 운영을 기대할 수 없는 경우에는 조합원은 조합의 해산을 청구할 수 있다.
④ 조합이 해산된 경우 조합의 잔무로서 처리할 일이 없고 다만 잔여재산의 분배만이 남아 있는 경우에는 별도로 청산절차를 밟을 필요가 없다.
⑤ 조합원 중 1인의 채권자가 그 조합원 개인을 집행채무자로 하여 조합의 채권에 대하여 강제집행하는 경우, 다른 조합원으로서는 보존행위로서 제3자이의의 소를 제기하여 그 강제집행의 불허를 구할 수 없다.

15 불법행위에 관한 설명으로 옳지 <u>않은</u> 것은? (다툼이 있으면 판례에 따름)

① 불법행위의 성립요건으로서 위법성은 문제가 되는 행위마다 개별적·상대적으로 판단하는 것이 아니고, 관련 행위 전체를 일체로 보아 판단하여 결정해야 한다.
② 친권자나 법정대리인에게 설명하더라도 미성년자에게 전달되지 않아 의료행위 결정과 시행에 미성년자의 의사(意思)가 배제될 것이 명백한 경우, 의사는 친권자나 법정대리인에 대한 설명만으로 설명의무를 다하였다고 볼 수 없다.
③ 민법 제756조에 규정된 사용자책임의 요건인 '사무집행에 관하여'라 함은 피용자의 불법행위가 외형상 객관적으로 사용자의 사업활동, 사무집행행위 또는 그와 관련된 것이라고 보일 때에는 행위자의 주관적 사정을 고려하지 않고 사무집행에 관하여 한 행위로 본다는 것이다.
④ 제3자가 채권을 침해하였다는 사실만으로 곧바로 불법행위가 성립하지는 않지만, 제3자가 채권자를 해친다는 사정을 알면서도 법규를 위반하거나 선량한 풍속 그 밖의 사회질서를 위반하는 등 위법한 행위를 하여 채권자의 이익을 침해하였다면 불법행위가 성립한다.
⑤ 미성년자가 책임능력이 있는 경우에도 피해자가 미성년자의 감독의무자가 감독의무를 위반하였다는 사실 및 손해발생과의 상당인과관계를 주장·입증하면 감독의무자는 민법 제750조의 일반불법행위자로서 손해배상책임을 부담하게 된다.

16 다음 신의성실의 원칙에 관한 설명 중 옳은 것은? (다툼이 있으면 판례에 따름)

① 계약의 성립에 기초가 되지 아니한 사정이 그 후 변경되어 일방 당사자가 계약 당시 의도한 계약 목적을 달성할 수 없게 됨으로써 손해를 입게 되었다면 그 계약 내용의 효력을 그대로 유지하는 것은 신의칙에 반하지 않는다.
② 어떤 토지가 그 개설경위를 불문하고 일반 공중의 통행에 공용되는 도로, 즉 공로가 되면 그 부지의 소유권 행사는 제약을 받게 되며, 이는 소유자가 수인하여야만 하는 재산권의 사회적 제약에 해당하나 공로 부지의 소유자가 이를 점유·관리하는 지방자치단체를 상대로 공로로 제공된 도로의 철거, 점유이전 또는 통행금지를 청구하는 것은 '권리남용'이라고 볼 수 없다.
③ 채권자는 물상보증인이 되려는 자에게 주채무자의 신용상태를 조사해서 고지할 신의칙상 의무를 부담한다.
④ 법령에 위반되어 무효임을 알면서도 법률행위를 한 자가 강행법규 위반을 이유로 그 무효를 주장하는 것은 신의칙에 반한다.
⑤ 법정대리인의 동의 없이 신용구매계약을 체결한 미성년자가 나중에 법정대리인의 동의 없음을 사유로 들어 이를 취소하는 것은 신의성실의 원칙에 반한다.

17 甲(34세, '정신지체'의 범주에 속하는 지적능력을 가지고 있는 자로서 피성년후견심판을 받지 않았다)은 丙 조합으로부터 4천만원을 차용하면서 이를 담보하기 위해 甲 자신의 소유 토지에 대해 근저당권을 설정해주었다. 甲은 위 대출금 4천만원을 다시 乙에게 빌려주었다. 그 후 丙은 甲에게 4천만원의 부당이득의 반환청구를 하였다. 다음 중 옳지 <u>않은</u> 것을 모두 고른 것은? (다툼이 있으면 판례에 따름)

ㄱ. 甲이 의사무능력을 이유로 소비대차계약의 무효를 주장하여 丙에게 근저당권설정등기 말소의 소를 제기한 경우 丙은 대출금 4천만원 반환청구와 동시이행항변을 할 수 있다.
ㄴ. 甲은 제한능력자가 아니므로 민법 제141조 단서가 적용되지 아니하여 선의·악의를 불문하고 현존이익의 범위 내에서만 부당이득반환의무를 부담하는 것은 아니다.
ㄷ. 丙이 甲에게 부당이득의 반환을 청구하는 경우, 甲은 이익이 현존하지 아니함을 증명하여야 한다.
ㄹ. 甲의 乙에 대한 대여금채권양도 방식으로 丙은 甲에 대해서 부당이득반환청구를 할 수는 없다.

① ㄱ, ㄴ, ㄹ
② ㄴ, ㄷ
③ ㄱ, ㄴ, ㄷ
④ ㄴ, ㄹ
⑤ ㄴ, ㄷ, ㄹ

18 미성년자가 체결한 계약의 효력에 관한 설명 중 옳지 않은 것은? (다툼이 있으면 판례에 따름)

① 미성년자가 매매계약을 체결한 후여 미성년인 상태에서 매매대금의 이행을 청구하고 대금을 모두 지급 받았더라도 법정대리인은 매매계약을 취소할 수 있다.
② 법정대리인이 미성년자에게 일정 범위 내에서 재산을 임의로 처분할 수 있도록 하는 허락은 반드시 명시적으로 행해져야 하는 것은 아니다.
③ 의사능력 있는 미성년자가 타인으로부터 대리권을 수여받아 부모의 동의 없이 매매계약을 체결한 경우에는 제한능력을 이유로 그 대리행위를 취소할 수 있다.
④ 성전환자에게 미성년자인 자녀가 있는 경우라도 성전환자의 성별정정은 허용된다.
⑤ 미성년자 甲이 법정대리인의 동의 없이 자신이 소유한 토지를 매도한 후 사망함으로써 乙이 甲을 단독으로 상속하였다면 乙은 매매계약을 취소할 수 있다.

19 권리능력 없는 사단에 관한 설명으로 옳은 것은? (다툼이 있으면 판례에 따름)

① 공동선조의 후손 중 특정 범위 내의 자들만으로 구성된 종중이란 있을 수 없으므로, 만일 공동선조의 후손 중 특정 범위 내의 종원만으로 조직체를 구성하여 활동하고 있다면 이는 본래 의미의 종중으로는 볼 수 없고, 종중 유사의 권리능력 없는 사단이 될 수 있을 뿐이다.
② 권리능력 없는 사단의 사원이 집합체로서 물건을 소유한 경우에는 합유로 한다.
③ 고유 의미의 종중이란 공동선조의 분묘 수호 등을 목적으로 하는 자연발생적인 관습상 종족집단체로서 특별한 조직행위를 필요로 하는 것이 아니므로, 구성원 중 일부 종원을 임의로 그 종원에서 배제할 수 있다.
④ 비법인사단의 대표자가 행한 타인에 대한 업무의 포괄적 위임과 그에 따른 포괄적 수임인의 대행행위는 비법인사단에 대하여 그 효력이 있다.
⑤ 대표자가 있는 비법인사단이 소유하는 부동산의 등기는 그 대표자를 등기권리자 또는 등기의무자로 하여야 한다.

20 물건에 관한 설명으로 옳지 않은 것은? (다툼이 있으면 판례에 따름)

① 물건이 주물의 소유자의 상용에 공여되고 있다면, 주물 그 자체의 효용과 직접 관계가 없는 당해 물건도 종물이다.
② 저당권이 설정된 후에 저당목적물의 소유자가 저당목적물에 부속시킨 종물에도 그 저당권의 효력이 미친다.
③ 수확되지 아니한 성숙한 쪽파와 같은 농작물 매매에 있어서 매수인이 그 소유권을 취득하기 위해서는 명인방법을 갖추어야 한다.
④ 부동산에 부속된 동산을 분리하면 그 동산의 경제적 가치가 없는 경우에는 타인이 권원에 의하여 동산을 부속시킨 경우라도 그 동산은 부동산소유자에게 귀속된다.
⑤ 집합물에 대한 양도담보권자가 점유개정의 방법으로 양도담보권설정계약 당시 존재하는 집합물의 점유를 취득한 후 양도담보권설정자가 자기 소유의 집합물을 이루는 물건을 반입한 경우, 나중에 반입된 물건에도 양도담보권의 효력이 미친다.

21 반사회질서행위의 효과에 관한 설명으로 옳은 것은? (다툼이 있으면 판례에 따름)

① 부동산 실권리자명의 등기에 관한 법률이 부동산등기제도를 악용한 반사회적 행위를 방지하는 것 등을 목적으로 제정되었으므로, 무효인 명의신탁약정에 기하여 타인 명의로 등기를 마친 것만으로도 선량한 풍속 기타 사회질서에 위반된다고 볼 수 있다.
② 반사회질서 법률행위를 원인으로 하여 부동산에 관한 소유권이전등기를 마친 경우 그 등기는 원인무효로서 말소될 운명에 있기 때문에 등기명의자가 소유권에 기한 물권적 청구권을 행사하는 경우 권리행사의 상대방은 법률행위의 무효를 항변으로서 주장할 수 없다.
③ 어떠한 위임계약이 행정청의 허가 등을 목적으로 하는 신청행위를 대상으로 하는 경우에 수임인이 허가를 얻기 위하여 공무원의 직무 관련 사항에 관하여 특별한 청탁을 하면서 뇌물공여 등 로비를 하는 자금이 보수액에 포함되어 있다고 볼 만한 특수한 사정이 있더라도 그 위임계약 자체는 민법 제103조에 따라 무효라고 볼 수 없다.
④ 제103조에 의하여 무효로 되는 반사회질서행위는 '표시'되었거나 '상대방에게 알려진' 법률행위의 동기가 반사회질서적인 경우를 포함하고, 보험계약자가 다수의 보험계약을 통하여 보험금을 부정취득할 목적으로 체결한 보험계약은 민법 제103조 소정의 선량한 풍속 기타 사회질서에 반하여 무효이다.
⑤ 공동상속인 중 1인이 제3자에게 상속 부동산을 매도한 뒤 그 매도인과 다른 공동상속인들 간에 그 부동산을 매도인외의 다른 상속인 1인의 소유로 하는 내용의 상속재산 협의분할이 이루어져 그 앞으로 소유권이전등기를 한 경우에, 상속재산 협의분할로 부동산을 단독으로 상속한 자가 협의분할 이전에 공동상속인 중 1인이 그 부동산을 제3자에게 매도한 사실을 알면서도 매도인의 배임행위에 적극적으로 가담한 경우에는 상속재산 협의분할은 전부 반사회질서의 법률행위로 무효이다.

22 불공정한 법률행위에 관한 설명으로 옳지 않은 것은? (다툼이 있으면 판례에 따름)

① 폭리행위의 악의가 없거나 급부와 반대급부 사이에 현저한 불균형이 존재하지 않으면 불공정한 법률행위가 인정되지 않는다.
② 재건축사업부지에 포함된 토지에 대하여 재건축사업조합과 토지 소유자가 체결한 매매계약이 매매대금의 과다로 말미암아 불공정한 법률행위에 해당하지만, 그 매매대금을 적정한 금액으로 감액하여 다시 매매계약을 체결할 의사가 있다면 무효행위의 전환에 의해서 유효해진다.
③ 제104조의 요건을 완전히 갖추고 있지 못한 행위라도 제103조에 위반하는 반사회적 행위가 될 수 있다.
④ 무경험은 생활체험의 부족을 의미하는 것으로, 거래 일반에 대한 경험부족이 아니라 특정영역에 있어서의 경험부족을 의미한다.
⑤ 대리인에 의한 법률행위에 있어 경솔과 무경험은 대리인을 기준으로 판단하고, 궁박상태에 있었는지의 여부는 본인을 기준으로 판단한다.

23 다음 통정허위표시에 관한 설명 중 옳은 것은? (다툼이 있으면 판례에 따름)

① 허위표시의 당사자로부터 계약상 지위를 이전받은 자는 민법 제108조 제2항의 제3자에 해당한다.
② 甲이 소유한 X부동산에 甲과 乙이 통정하여 허위의 표시로서 乙 명의의 가등기를 한 이후 甲이 丙에게 X부동산을 양도하고 소유권이전등기를 마쳐주었으나 乙이 가등기에 기한 본등기를 마치고 다시 선의의 丁에게 부동산을 양도하여 丁명의의 소유권이전등기를 마쳤다 하더라도, 丙은 丁에게 乙명의의 가등기 및 본등기가 통정허위표시에 기초하여 무효임을 주장할 수 있다.
③ 파산관재인은 파산채권자 전체의 공동의 이익을 위하여 선량한 관리자의 주의로써 직무를 행하여야 하는 지위에 있기 때문에 제108조 제2항의 제3자에 해당하므로, 그 선의·악의도 파산관재인 개인의 선의·악의를 기준으로 할 수는 없고 총파산채권자를 기준으로 하여 파산채권자 모두가 선의로 되지 않는 한 파산관재인은 선의의 제3자라고 할 수 없다.
④ 甲은 실제로는 전세권설정계약을 체결하지 아니하였으면서도 임대차계약에 기한 임차보증금반환채권을 담보할 목적으로 임대인 乙과 통정하여 甲 명의의 전세권설정등기를 마쳤다. 만약 丙이 이에 대하여 전세권부채권가압류 등기를 마친 경우 丙이 선의라도 甲은 위 통정허위표시의 무효를 丙에게 주장할 수 있다.
⑤ 허위의 전세권설정계약에 기한 가장전세권 위에 저당권을 취득한 자는 허위표시에 기초하여 새로이 법률상 이해관계를 가지게 된 제3자에 해당한다.

24 착오에 관한 설명 중 옳지 않은 것은? (다툼이 있으면 판례에 따름)

① 상대방이 표의자의 착오를 알고 이를 이용한 경우에도 착오가 표의자의 중대한 과실로 인한 것이라면 표의자는 의사표시를 취소할 수 없다.
② 화해계약에서 화해당사자의 자격 또는 화해의 목적인 분쟁 이외의 사항에 착오가 있는 경우 착오를 이유로 취소할 수 있다.
③ 착오로 인하여 표의자가 어떠한 경제적인 불이익을 입은 것이 아니라면 이를 법률행위 내용의 중요부분의 착오라고 할 수 없다.
④ 소취하합의 의사표시 역시 민법 제109조에 따라 법률행위의 내용의 중요 부분에 착오가 있는 때에는 취소할 수 있다.
⑤ 매매목적물의 하자가 매매계약 내용의 중요부분의 착오로 인정되는 경우, 매수인은 매도인의 하자담보책임이 성립하는 지와 상관없이 착오를 이유로 매매계약을 취소할 수 있다.

25 해외출장 중에 있는 甲의 처 乙은 자신의 친정 오빠의 사업자금을 조달해 줄 목적으로 甲 몰래 甲의 X토지를 팔 계획을 세웠다. 그러한 계획에 따라 乙은 甲이 해외출장을 가면서 자신에게 맡겨둔 甲의 인감도장을 이용하여 위임장을 만들고 인감증명서를 발급받아 甲의 X토지를 甲의 대리인 자격으로 丙에게 팔고 소유권이전등기까지 해 주었다. 당연히 甲과 전혀 의논하지 아니하였다. 다음 설명 중 옳지 않은 것은? (다툼이 있으면 판례에 따름)

① 乙이 甲 소유의 부동산을 처분한 것은 일상가사에 관한 행위에 해당하지 아니한다.
② 丙은 乙에게 제135조 무권대리인 책임을 물을 수 있으나 乙의 무권대리행위가 제3자의 기망이나 문서위조 등 위법행위로 야기된 경우에는 위 제135조의 책임은 부정된다.
③ 丙은 乙에게 제135조 무권대리인 책임을 물어 '이행책임'을 선택한 경우 무권대리인 乙이 계약에서 정한 채무를 이행하지 않으면 乙에게 채무불이행에 따른 손해를 배상할 책임을 지며, 위 계약에서 손해배상액의 예정을 한 경우 손해배상액의 예정에 관한 민법 제398조가 적용된다.
④ 甲이 사망하고 乙이 甲의 유일한 상속인으로서 甲을 상속한 경우, 乙이 무권대리인으로서 위 부동산을 매매하였음을 이유로 丙을 상대로 소유권이전등기의 말소를 청구하는 것은 신의칙에 위반된다.
⑤ 乙이 甲의 인감도장과 등기권리증을 가지고 있다는 것만으로는 乙의 부동산 처분행위가 표현대리에 해당한다고 할 수 없다.

26 대리권과 대리행위에 관한 설명으로 옳지 않은 것은? (다툼이 있으면 판례에 따름)

① 부동산의 소유자로부터 매매계약을 체결할 대리권을 수여받은 대리인은 특별한 다른 사정이 없는 한 그 매매계약에서 약정한 바에 따라 중도금이나 잔금을 수령할 수도 있다.
② 본인으로부터 아파트에 관한 임대 등 일체의 관리권한을 위임받아 본인으로 가장하여 아파트를 임대한 자가 다시 자신을 본인으로 가장하여 그 임차인에게 아파트를 매도한 경우, 그 매매계약은 본인에게 효력이 있다.
③ 乙이 甲으로부터 예금인출의 대리권을 부여받았는데, 乙의 甲에 대한 금전채권의 기한이 도래한 경우, 乙은 甲의 예금을 인출하여 자신의 채권변제에 충당할 수 있다.
④ 대리인이 대리권 소멸 후 선임한 복대리인과 상대방 사이의 법률행위에도 상대방이 대리권 소멸 사실을 알지 못하여 복대리인에게 적법한 대리권이 있는 것으로 믿었고 그와 같이 믿은 데 과실이 없다 하더라도 복대리행위에는 대리권 소멸 후의 표현대리(민법 제129조)가 성립할 수 없다.
⑤ 부동산에 관하여 계약체결의 대리권을 수여받은 자는 특별한 사정이 없는 한 계약을 해제할 권한이 없다.

27 토지거래허가구역 내 토지거래계약에 관한 다음 설명 중 옳지 않은 것은? (다툼이 있으면 판례에 따름)

① 매매계약 체결 당시 일정한 기간 안에 토지거래허가를 받기로 약정하였다고 하더라도, 특별한 사정이 없는 한 그 약정기간이 경과하였다는 사정만으로 곧바로 매매계약이 확정적으로 무효가 된다고 할 수 없다.
② 토지거래허가구역 내의 토지의 매도인은 거래허가 전에는 매수인의 대금지급의무 불이행을 이유로 계약을 해제할 수 없다.
③ 토지거래허가구역 내의 토지에 관한 매매계약의 당사자가 토지거래허가신청절차의 협력의무를 이행하여 관할관청으로부터 거래허가를 받았더라도, 그러한 사정만으로는 아직 이행의 착수가 있다고 볼 수 없다.
④ 토지거래허가제도가 폐지되지 않고 존치되어 있는 이상, 토지거래허가구역 지정기간 중에 허가구역 안의 토지에 관하여 체결된 매매계약은 허가구역 지정해제 등이 된 이후에도 여전히 허가를 받아야 유효로 된다.
⑤ 토지거래허가구역 내의 토지에 관한 매매계약에서 매수인이 매도인에 대하여 가지는 토지거래허가신청절차의 협력의무의 이행청구권은 채권자대위권의 피보전채권에 해당한다.

28 무효와 취소에 관한 다음 설명 중 옳은 것은? (다툼이 있으면 판례에 따름)

① 권리자가 무권리자의 처분을 추인하면 무권대리에 대해 본인이 추인을 한 경우와 당사자들 사이의 이익 상황이 유사하지만, 무권대리의 추인에 관한 민법 제130조, 제133조 등을 무권리자의 추인에 유추 적용할 수 없고, 사적 자치의 원칙에 따라 허용된다.
② 피고와 원고 사이에 체결된 주채무 5천만원 중 3천만원 한도에서 한 연대보증계약이 제3자의 기망행위에 의하여 체결되어 적법하게 취소된 경우 연대보증계약의 취소는 3천만원을 초과하는 범위 내에서만 그 효력이 생긴다.
③ 무효인 가등기를 유효한 등기로 전용할 것을 약정하였다면, 무효행위의 전환이론에 따라 무효인 가등기는 그 등기시로 소급하여 유효로 전환된다.
④ 미성년을 이유로 취소할 수 있다는 사실을 알고 법정대리인의 동의 없이 법률행위를 한 미성년자가 그 법률행위를 적법하게 취소한 경우, 미성년자는 그 행위로 받은 이익에 이자를 붙여서 반환하여야 한다.
⑤ 강박에 의하여 의사표시를 한 자가 그것을 이유로 그 의사표시를 취소하였는데, 그 후에 여전히 강박상태가 계속되고 있는 동안에 취소된 법률행위를 추인한 경우 취소할 수 있는 법률행위의 추인에 의하여 유효하게 할 수는 있다.

29 법률행위의 부관에 관한 설명으로 옳은 것은? (다툼이 있으면 판례에 따름)

① 기한이익 상실의 약정이 있는 경우 특별한 사정이 없는 이상, '형성권적 기한이익 상실의 특약으로 추정'하며, 약정에 정한 기한이익 상실사유가 발생함과 동시에 이행기 도래의 효과가 발생하고, 그때부터 이행지체의 상태에 놓이게 된다.
② 법정기한이익상실 사유가 발생한 경우, 채무자는 기한이익을 주장할 수 없기 때문에 바로 이행지체에 빠지게 된다.
③ 부관에 표시된 사실이 발생하지 않으면 채무를 이행하지 않아도 된다고 보는 것이 합리적인 경우에는 조건으로 보아야 하나, 부관에 표시된 사실이 발생한 때에는 물론이고 반대로 발생하지 않는 것이 확정된 때에도 채무를 이행하여야 한다고 보는 것이 합리적인 경우에는 불확정기한으로 정한 것으로 본다.
④ 조건의 성취로 불이익을 받을 자가 신의성실에 반하여 조건의 성취를 방해한 경우에는 고의에 의한 방해를 말하고, 과실에 의한 경우는 여기에 포함되지 않는다.
⑤ 조건을 붙이는 것이 허용되지 않는 법률행위에 조건을 붙인 경우 그 법률행위는 조건 없는 법률행위로서 유효하다.

30 소멸시효의 중단에 관한 다음 설명 중 옳지 않은 것은? (다툼이 있으면 판례에 따름)

① 채권자대위소송에서 피대위채권을 양수하여 양수금청구로 교환적 변경을 한 경우 구소는 취하되나 당초의 채권자대위소송으로 인한 시효중단의 효력이 소멸하지 않는다.
② 기존 채권의 존재를 전제로 이를 포함하는 새로운 약정을 하고 그에 따른 권리를 재판상 청구의 방법으로 행사한 경우에, 새로운 약정이 무효로 되는 등의 사정으로 그에 근거한 권리행사가 저지됨에 따라 다시 기존 채권을 행사하게 되었다면, 기존 채권의 소멸시효는 새로운 약정에 의한 권리를 행사한 때에 중단된다.
③ 채무이행을 최고받은 채무자가 그 채무의 존부 등에 대하여 조사를 해보겠다는 이유로 채권자에 대하여 그 이행의 유예를 구하였다면 채권자가 그 회답을 받을 때까지는 민법 제174조에 규정된 6월의 기간이 진행되지 않는다.
④ 권리자인 피고가 응소하여 권리를 주장하였으나 그 소가 취하되어 본안에서 그 권리주장에 관한 판단 없이 소송이 종료된 후 종료된 때부터 6월 내에 가압류를 하면, 권리자가 가압류를 한 때부터 시효중단의 효력이 인정된다.
⑤ 채권자가 채무자를 고소하여 형사재판이 개시되어도 이를 소멸시효의 중단사유인 재판상 청구로 볼 수 없다.

31 등기의 추정력에 관한 다음 설명 중 옳지 않은 것은? (다툼이 있으면 판례에 따름)

① 전 등기명의인이 미성년자이고 당해 부동산을 친권자에게 증여하는 행위가 이해상반행위라 하더라도 일단 친권자에게 이전등기가 마쳐진 이상, 특별한 사정이 없다면 그 이전등기에 관하여 필요한 절차를 적법하게 거친 것으로 추정된다.
② 소유권보존등기 명의인을 상대로 소유권보존등기 말소청구 소송을 제기하여 승소판결을 받은 원고가 그 판결에 기하여 기존의 소유권보존등기를 말소한 후 자신의 명의로 소유권보존등기를 마친 경우, 위 판결이 공시송달절차에 의하여 선고되었다 하더라도 적법한 등기로 추정된다.
③ 甲이 X건물을 신축하였으나 그 건물이 乙 명의로 소유권보존등기가 된 경우, 乙 명의의 보존등기에 대한 권리추정력은 부정된다.
④ 소유권이전등기는 그 효력을 다투는 측에서 그 무효사유를 주장·증명하지 않는 한, 등기명의자가 등기원인사실에 관해 충분히 증명하지 못하였다는 이유만으로 그 등기를 무효라고 단정할 수 없다.
⑤ 사망자 명의로 신청하여 이루어진 이전등기도 특별한 사정이 없는 한 등기의 추정력이 인정되므로, 등기의 무효를 주장하는 자가 현재의 실체관계에 부합하지 않음을 증명하여야 한다.

32 부동산등기에 관한 다음 설명 중 옳지 않은 것은? (다툼이 있으면 판례에 따름)

① 부동산가압류의 기입등기가 법원의 촉탁에 의하여 말소된 경우 가압류 채권자가 말소된 가압류기입등기의 회복등기를 소구할 수 없지만, 말소 당시 그 부동산에 관하여 소유권이전등기를 경료하고 있는 자를 상대로 말소된 가압류기입등기의 회복절차에 대한 승낙청구의 소를 제기할 수는 있다.
② 부동산 매매로 인한 소유권이전등기청구권은 특별한 사정이 없는 한 그 권리의 성질상 양도가 제한되고 그 양도에 채무자의 승낙이나 동의를 요한다.
③ 소유권이전등기를 받지 않은 부동산의 매수인이 그 부동산을 인도받아 이를 사용·수익하다가 다른 사람에게 그 부동산을 처분하고 그 점유를 승계하여 준 경우, 매수인의 매도인을 상대로 한 이전등기청구권의 소멸시효는 진행되지 않는다.
④ 선등기명의자의 소유권이전등기가 원인무효라고 하더라도 그 이후의 최종 등기명의자가 등기부시효취득의 항변을 제출하여 법원에서 그것이 받아들여진 경우라면, 그 전의 등기명의자들이 최종 등기명의자의 시효취득 사실을 원용하여 원소유자의 소유권 상실을 주장하더라도 원소유자의 소유권에 기한 등기말소청구는 인용될 수 있다.
⑤ 부동산의 공유자 중 한 사람은 공유물에 경료된 원인무효의 등기에 관하여 각 공유자에게 해당 지분별로 진정명의회복을 원인으로 한 소유권이전등기를 이행할 것을 단독으로 청구할 수 있다.

33 점유에 관한 설명으로 옳지 않은 것은? (다툼이 있으면 판례에 따름)

① 점유의 승계가 있는 경우 전 점유자의 점유가 타주점유라 하여도 점유자의 승계인이 자기의 점유만을 주장하는 경우에는 현 점유자의 점유는 자주점유로 추정된다.
② 직접점유자가 임의로 점유를 타에 양도한 경우 점유이전이 간접점유자의 의사에 반한다 하더라도 간접점유자는 점유침탈을 원인으로 점유회수를 청구할 수 없다.
③ 점유자가 유익비를 지출할 당시 계약관계 등 적법한 점유권원을 가진 경우, 계약관계 등의 상대방이 아닌 점유회복 당시의 소유자에 대하여 민법 제203조 제2항에 따른 비용의 상환을 구할 수 없다.
④ 물건의 소유자는 적법한 점유 권한 없는 점유자를 상대로 물권적 청구권을 행사하여 반환을 청구할 수 있지만, 적법한 점유 권한 없는 점유자는 점유물을 반환하거나 그 반환을 청구받은 때에 회복자에 대하여 자기가 거기에 지출한 필요비나 유익비의 상환을 청구할 수 없다.
⑤ 상대방으로부터 점유를 위법하게 침탈당한 점유자가 상대방으로부터 점유를 탈환하였을 경우(이른바 '점유의 상호침탈'), 점유자의 점유탈환행위가 민법 제209조 제2항의 자력구제에 해당하지 않는다고 하더라도 특별한 사정이 없는 한 상대방은 자신의 점유가 침탈당하였음을 이유로 점유자를 상대로 민법 제204조 제1항에 따른 점유의 회수를 청구할 수 없다.

34 진정등기명의회복을 원인으로 하는 소유권이전등기청구권에 관한 다음 설명 중 타당한 것은? (다툼이 있으면 판례에 따름)

① 가등기담보등에관한법률 시행 전의 가등기에 기하여 본등기가 경료됨으로써 그 가등기 후 경료된 제3취득자의 소유권이전등기가 직권말소 된 경우 제3취득자는 피담보채무의 변제를 이유로 진정한 등기명의의 회복을 원인으로 한 소유권이전등기청구를 할 수 있다.

② 소유권에 기한 물권적 방해배제청구로서 소유권등기의 말소를 구하는 소송이나 진정명의 회복을 원인으로 한 소유권이전등기절차의 이행을 구하는 소송 중에 그 소송물에 대하여 화해권고결정이 확정되면, 화해권고결정에 창설적 효력이 있으므로 그 청구권의 법적 성질은 채권적 청구권으로 된다.

③ 원고인 甲이 소외 망인으로부터 그 소유인 토지를 매수하고 이미 망인 명의로 소유권이전등기가 경료되어 있던 위 토지에 관하여 원고 명의의 소유권보존등기를 경료한 경우 특별한 사정이 없는 한 매매를 원인으로 한 소유권이전등기를 망인의 상속인들을 상대방으로 하여 청구할 이익이 있다.

④ 주유소 건물에 대한 매매계약을 하면서 명의신탁 약정에 따라 매도인에게서 수탁자 앞으로 소유권이전등기가 경료되었는데 수탁자 명의의 주유소 건물에 대한 소유권이전등기가 부동산 실권리자명의 등기에 관한 법률에 의해 무효인 명의신탁약정에 따른 것이므로, 신탁자는 수탁자를 상대로 신탁자 자신에게 직접 진정명의회복을 원인으로 한 소유권이전등기절차의 이행을 청구할 수 있다.

⑤ 특정유증을 받은 자는 유증의무자에게 유증을 이행할 것을 청구할 수 있고, 유증받은 부동산의 소유권을 취득할 수 있으므로 직접 진정한 등기명의의 회복을 원인으로 한 소유권이전등기를 구할 수 있다.

35 취득시효에 관한 다음 설명 중 옳지 <u>않은</u> 것은? (다툼이 있으면 판례에 따름)

① 민법 제247조 제2항은 '소멸시효의 중단에 관한 규정은 점유로 인한 부동산소유권의 시효취득기간에 준용한다.'고 규정하고, 민법 제168조 제2호는 소멸시효 중단사유로 '압류 또는 가압류, 가처분'을 규정하고 있다. 따라서 취득시효기간의 완성 전에 부동산에 압류 조치가 이루어진 경우에는 취득시효의 중단사유가 될 수 있다.

② 점유로 인한 부동산소유권의 시효취득이 완성된 경우에는 등기함으로써 그 소유권을 취득하는 것인바, 등기 없이 그 취득기간이 경과하였다는 사유만으로 소유권의 확인을 구할 수 없다.

③ 신탁법상 甲에게 신탁된 X부동산에 관하여 점유취득시효가 완성된 후, X부동산이 제3자에게 처분되어 그 명의로 소유권이전등기가 마쳐졌다가, 제3자와의 별개의 신탁계약에 의하여 다시 甲 명의로 소유권이전등기 및 신탁등기가 경료된 경우, 점유자는 甲에 대하여 취득시효 완성을 주장할 수 없다.

④ 부동산에 관하여 적법·유효한 등기를 마치고 소유권을 취득한 사람이 자기 소유의 부동산을 점유하는 경우 그러한 점유는 취득시효의 기초가 되는 점유라고 할 수 없다.

⑤ 부동산 소유자가 취득시효가 완성된 사실을 알고 그 부동산을 제3자에게 처분하여 소유권이전등기를 넘겨줌으로써 취득시효 완성을 원인으로 한 소유권이전등기의무가 이행불능에 빠지게 되어 시효취득을 주장하는 자가 손해를 입었다면 불법행위를 구성하며, 부동산을 취득한 제3자가 부동산 소유자의 이와 같은 불법행위에 적극 가담하였다면 이는 사회질서에 반하는 행위로서 무효이다.

36 공동소유에 관한 설명으로 옳은 것은? (다툼이 있으면 판례에 따름)

① 특별한 사정이 없는 한 공유물의 과반수 지분권자로부터 공유부동산의 특정 부분에 대한 사용·수익을 허락받은 제3자는 소수지분권자에 대해 그 점유로 인하여 법률상 원인 없이 이득을 얻은 것으로 볼 수 있다.
② 공유물의 소수지분권자가 다른 공유자와 협의 없이 공유물의 전부를 독점적으로 점유·사용하고 있는 경우, 다른 소수지분권자도 보존행위로서 공유물의 인도를 청구할 수 있다.
③ 특별한 사정이 없는 한 공유물의 과반수 지분권자가 그 공유물의 특정 부분을 배타적으로 사용·수익하기로 정하는 것은 공유물의 처분방법이지 관리방법으로 볼 수 없다.
④ 총유물에 대한 보존행위는 달리 정함이 없는 한 비법인사단을 구성하는 각 사원이 할 수 있다.
⑤ 수인이 부동산을 공동으로 매수한 경우, 공동매수인들이 전매차익을 얻으려는 공동의 목적 달성을 위하여 상호 협력한 것에 불과하고 이를 넘어 공동사업을 경영할 목적이 있었다고 인정되지 않는다면, 이들 사이의 법률관계는 공유관계에 해당한다.

37 지상권에 관한 설명으로 옳은 것은? (다툼이 있으면 판례에 따름)

① 토지소유자가 지상권자의 지료연체를 이유로 지상권소멸청구를 하여 지상권이 소멸된 경우 지상권자는 토지소유자를 상대로 현존하는 건물 기타 공작물이나 수목의 매수를 청구할 수 있다.
② 법정지상권에 관한 지료가 결정된 바 없다면, 법정지상권자가 2년 이상의 지료를 지급하지 아니하였더라도 토지소유자는 지료지급 연체를 이유로 지상권의 소멸을 청구할 수 없다.
③ 취득시효형 분묘기지권은 당사자의 합의에 의하지 않고 성립하는 지상권 유사의 권리이고, 그로 인하여 토지 소유권이 사실상 영구적으로 제한될 수 있다. 따라서 시효로 분묘기지권을 취득한 사람은 일정한 범위에서 토지소유자에게 토지 사용의 대가를 지급할 의무를 부담한다고 보는 것이 형평에 부합하며, 시효로 분묘기지권을 취득한 사람은 분묘기지권이 성립한 때부터 토지소유자에게 지료를 지급하여야 한다.
④ 승낙에 의하여 성립하는 분묘기지권의 경우 성립 당시 토지 소유자와 분묘의 수호·관리자가 지료 지급 의무의 존부나 범위 등에 관하여 약정을 하였다 하더라도 그 약정의 효력은 분묘 기지의 승계인에 대하여 미치지 않는다.
⑤ 지상권자가 토지소유권의 양도 전후에 걸쳐서 지료지급을 지체한 경우, 양도인과 양수인에 대하여 연체된 지료의 합이 2년분에 이르면 양수인은 지상권의 소멸을 청구할 수 있다.

38 전세권에 관한 다음 설명 중 옳지 <u>않은</u> 것은? (다툼이 있으면 판례에 따름)

① 전세권의 존속 기간이 만료되면 전세권자는 피담보채권과 함께 전세권을 제3자에게 양도할 수 있다.
② 전세권설정계약의 당사자가 주로 채권담보 목적으로 전세권을 설정하고 설정과 동시에 목적물을 인도하지 않는다고 하더라도, 장차 전세권자가 목적물을 사용·수익하는 것을 배제하지 않는다면, 그 전세권의 효력이 부정되지 않는다.
③ 전세권설정자가 전세권저당권설정 이후에 전세권자에 대하여 대여금채권을 취득한 경우, 이를 가지고 전세금반환채권에 대하여 물상대위권을 행사한 전세권저당권자에게 상계로 대항할 수 있다.
④ 전세권에 대하여 저당권이 설정된 상태에서 전세권이 기간만료로 소멸된 경우, 전세권설정자는 전세금반환채권에 대한 제3자의 압류 등이 없는 한 전세권자에 대하여만 전세금반환의무를 부담한다.
⑤ 임대차계약에 따른 임대차보증금반환채권을 담보할 목적에서 임차인 명의로 전세권설정등기를 마치기 위하여 임대인과 임차인이 전세권설정계약을 체결한 경우, 그 전세권설정계약은 임대차계약과 양립할 수 없는 범위에서 통정허위표시에 해당하여 무효이다.

39 민법상 질권에 관한 설명으로 옳지 <u>않은</u> 것은? (다툼이 있으면 판례에 따름)

① 근질권이 설정된 금전채권에 대하여 제3자의 압류로 강제집행절차가 개시된 경우, 근질권의 피담보채권은 근질권자가 그 강제집행이 개시된 사실을 알게 된 때에 확정된다.
② 담보가 없는 채권에 질권을 설정한 다음 그 채권을 담보하기 위해 저당권이 설정되었더라도, 민법 제348조가 유추적용되어 저당권설정등기에 질권의 부기등기를 하지 않으면 질권의 효력이 저당권에 미친다고 볼 수 없다.
③ 乙이 X동산에 대한 처분권 없이 질권을 설정한 경우, 채권자인 甲이 X동산의 선의취득에 필요한 요건을 갖추었더라도 甲은 질권을 취득할 수 없다.
④ 질권은 다른 약정이 없는 한 원본, 이자, 위약금, 질권실행의 비용, 질물보존의 비용 및 채무불이행 또는 질물의 하자로 인한 손해배상의 채권을 담보한다.
⑤ 乙이 丁에게 X아파트를 양도한 경우, 질권이 설정되어 있더라도 특별한 사정이 없는 한 丁이 임대차보증금반환채무를 면책적으로 인수한다.

40 근저당권에 관한 설명으로 옳은 것은? (다툼이 있으면 판례에 따름)

① 물상보증인이 근저당권 채무자의 채무를 면책적으로 인수하고 이를 원인으로 하여 근저당권 변경의 부기등기가 경료된 경우라면, 그 후 물상보증인이 다른 원인으로 근저당권자에 대하여 부담하게 된 새로운 채무까지 담보하게 된다.
② 근저당권자의 경매신청으로 그 피담보채권이 확정된 경우, 확정 전에 발생한 원본채권에 관하여 확정 후에 발생하는 지연손해금채권은 근저당권으로 담보되지 않는다.
③ 동일한 당사자가 동일 부동산에 관하여 동일 거래관계로 발생하는 채무를 담보하기 위하여 순위가 다른 여러 개의 근저당권을 설정한 경우, 그 담보물의 경매대금이 채무 전액을 만족시키지 못할 때에는 경매대금을 선순위근저당 설정시에 발생한 채무에 우선적으로 변제충당하여야 한다.
④ 동일한 사람이 동일 채무의 담보를 위하여 연대보증계약과 물상보증계약을 체결한 경우, 다른 사정이 없으면 연대보증채무의 범위는 담보물 가액의 범위로 제한된다.
⑤ 존속기간이나 결산기의 정함이 없는 때에는 특별한 사정이 없으면 근저당권설정자가 근저당권자를 상대로 언제든지 해지의 의사표시를 함으로써 피담보채무를 확정시킬 수 있다.

자연과학개론

01 균일한 자기장 B에 수직한 방향으로 속력 v로 입사한 질량 m인 전하 $+q$는 반지름 r인 원운동을 한다. 전하의 운동을 설명한 것으로 옳지 <u>않은</u> 것은?

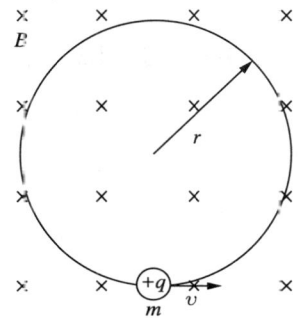

① 전하의 가속도 크기는 $\dfrac{qvB}{m}$이다.

② 원운동의 주기는 $\dfrac{2\pi m}{qB}$이다.

③ 원운동의 반지름은 $\dfrac{mv}{qB}$이다.

④ 전하의 운동에너지는 $\dfrac{1}{2}mv^2$이다.

⑤ 전하가 받는 힘의 크기는 qv이다.

02 그림과 같이 곡선과 반지름 R인 원으로 구성되어있는 궤도의 높이 h인 곳에 구슬을 가만히 놓으면 구슬은 궤도를 따라 미끄러지며 운동하여 원궤도의 두 지점 A와 B를 지난다. A, B에서 원궤도가 구슬에 작용하는 수직항력은 각각 n_A, n_B이다.

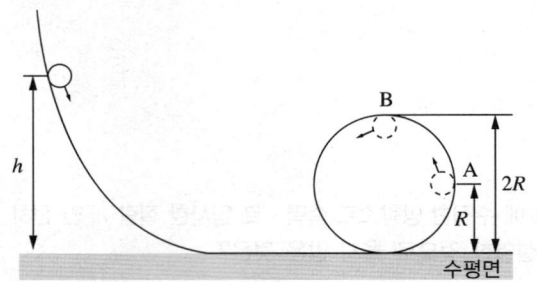

$\dfrac{n_A}{n_B}=3$일 때, h는? (단, 중력 가속도는 일정하고, 구슬의 크기, 공기 저항과 모든 마찰은 무시한다)

① $\dfrac{7}{4}R$

② $3R$

③ $\dfrac{11}{4}R$

④ $\dfrac{13}{4}R$

⑤ $4R$

03 정지해 있던 물체가 폭발하여 각각의 질량이 1.2kg인 두 개로 쪼개져서 각각 $0.6c$의 속력으로 움직인다. 쪼개지기 전 물체의 정지질량은?

① 2kg

② 1.2kg

③ 1.8kg

④ 2.4kg

⑤ 3kg

04 관측자 A에 대한 관측자 B의 상대속도는 $\frac{12}{13}c$다. 이에 관한 설명으로 옳지 않은 것은? (단, Lorentz 인자는 $\frac{13}{5}$이고, c는 진공에서의 빛의 속력이다)

① A와 B가 관측하는 물리현상에 적용되는 물리법칙은 동일하다.

② B가 측정한 시간 t가 고유시간일 때, A가 측정한 시간은 $\frac{13}{5}t$이다.

③ 상대속도 방향의 길이만을 고려하면 A가 측정한 길이 L이 고유길이일 때, B가 측정한 길이는 $\frac{13}{5}L$이다.

④ A와 B가 각각 측정한 물체의 속력은 c보다 클 수 없다.

⑤ A와 B가 진공에서 각각 측정한 빛의 속력은 같다.

05 그림과 같이 유도 리액턴스가 X_L인 코일, 용량 리액턴스가 X_C인 축전기, 저항값이 $40\,\Omega$인 저항을 전압의 최댓값이 50V이고 진동수가 일정한 교류 전원에 연결하였다. 저항 양단과 축전기 양단에 걸리는 전압의 최댓값이 각각 40V와 15V일 때, X_L은?

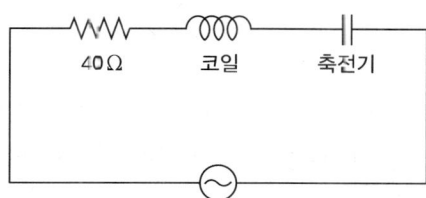

① $15\sqrt{3}\,\Omega$
② $15\sqrt{5}\,\Omega$
③ $15\sqrt{6}\,\Omega$
④ $15\sqrt{7}\,\Omega$
⑤ $45\,\Omega$

06 그림 (가)와 같이 실에 매달린 물체 A는 수평면에서 반지름 $\frac{l}{2}$인 등속 원운동을 하고, 물체 B는 수평면에서 정지해 있다. (가)의 실이 끊어져 그림 (나)와 같이 A가 B와 충돌한 후 한 덩어리가 되어 속력 v로 운동한다. A와 B의 질량은 각각 $2m$과 $2m$이고, (가)에서 실과 수직축 사이의 각도는 30°이다. (가)에서 A에 작용하는 수직항력의 크기는? (단, 중력 가속도는 g이고, 실의 질량과 모든 마찰은 무시한다)

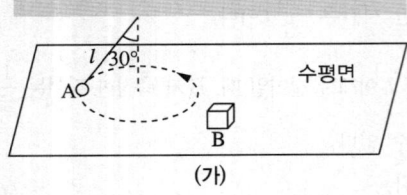
(가)

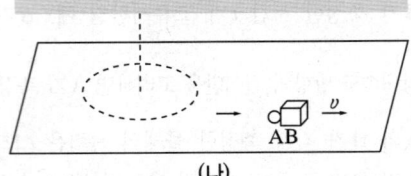
(나)

① $mg - 16\sqrt{3}\dfrac{mv^2}{l}$

② $mg - 32\dfrac{mv^2}{l}$

③ $mg - 16\sqrt{2}\dfrac{mv^2}{l}$

④ $2mg - 16\sqrt{3}\dfrac{mv^2}{l}$

⑤ $2mg - 16\sqrt{2}\dfrac{mv^2}{l}$

07 문턱 진동수가 각각 f_a과 f_x인 금속판 A와 X에 진동수가 $4f_a$인 빛을 비추었더니 A와 X에서 모두 광전자가 방출되었다. A에서 방출된 광전자의 최대 운동 에너지가 X에서 방출된 광전자의 최대 운동 에너지의 1.5배일 때, f_x는?

① $1f_a$

② $1.5f_a$

③ $2f_a$

④ $2.5f_a$

⑤ $3f_a$

08 그림 (가)는 질량이 M이고 반지름이 R인 속이 꽉 찬 균일한 강체 구를, (나)는 질량이 m이고 반지름이 R인 가늘고 균일한 고리를 (가)의 구에 수평으로 끼워 고정한 강체를 나타낸 것이다. 정지해 있던 (가)와 (나)의 강체에 동일한 토크를 동일한 각도까지 각각 가했더니, (가)와 (나)의 강체는 제자리에서 각각 각속도 2ω와 ω로 회전한다.

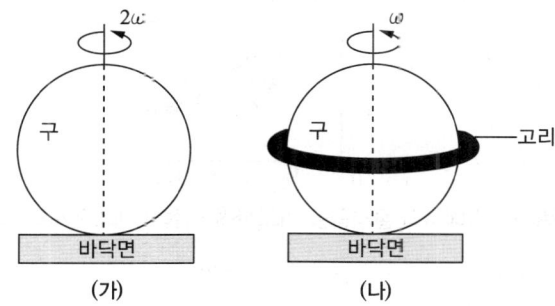

질량비 $\dfrac{M}{m}$은? (단, 구의 관성모멘트는 $\dfrac{1}{2}MR^2$이고, 고리는 수평을 유지하며 회전하고, 고리의 두께, 강체와 바닥면 사이의 마찰, 공기 마찰은 무시한다)

① $\dfrac{1}{4}$

② $\dfrac{1}{3}$

③ 1

④ $\dfrac{2}{3}$

⑤ $\dfrac{3}{4}$

09 원자핵에 갇힌 전자를 무한 퍼텐셜에 갇힌 자유 전자로 가정하여 공간에 갇힌 자유 입자의 양자화 현상을 정성적으로 이해할 수 있다. 폭이 1.24nm인 1차원 무한 퍼텐셜 장벽에 갇힌 자유 전자가 세 번째 에너지 준위의 들뜬 상태에서 첫 번째 에너지 준위(바닥상태)로 전이할 때 방출하는 광자의 에너지는? (단, m_e는 전자의 질량, h는 플랑크 상수, c는 빛의 속도일 때 $m_e c^2 = 0.5$MeV이며, $hc = 1.24 \times 10^3$eV·nm이다)

① 2eV

② 4eV

③ 6eV

④ 8eV

⑤ 9eV

10 그림은 일정량의 단원자 분자 이상기체가 압력 $3p_0$, 부피 V_0인 상태 A에서 압력 p_0, 부피 $3V_0$인 상태 B로 변하는 두 과정 (가)와 (나)를 나타낸 것이다.

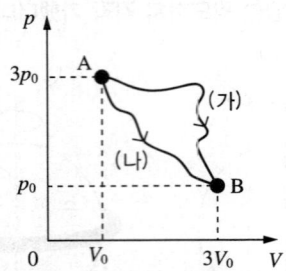

(가)에서의 물리량과 (나)에서의 물리량을 비교하여 적절한 대소관계를 〈보기〉에서 있는 대로 고른 것은?

———— | 보기 | ————
ㄱ. 한 일의 양 : (가) < (나)
ㄴ. 흡수한 열량 : (가) > (나)
ㄷ. 내부에너지의 변화량 : (가) = (나)

① ㄱ
② ㄴ
③ ㄷ
④ ㄴ, ㄷ
⑤ ㄱ, ㄴ, ㄷ

11 다음은 $A(g)$로부터 $B(g)$와 $C(g)$가 생성되는 반응의 화학 반응식이다.

$$2A(g) \rightarrow 3B(g) + C(g)$$

표는 20L의 용기에 $A(g)$를 넣고 온도 T에서 반응시켰을 때 반응 시간(t)에 따른 용기 속 기체의 압력(p)을 나타낸 것이다.

t(min)	0	6	12	24
p(atm)	1.60	2.40	2.80	3.0

$t=3$min일 때 $B(g)$의 양(mol)은? (단, 용기의 부피와 온도는 일정하고, 기체는 이상기체와 같은 거동을 하며, $RT=20$atm L mol^{-1}이다)

① 0.2
② 0.3
③ 0.6
④ 0.8
⑤ 1.0

12 다음은 A(g) 분해 반응의 화학 반응식과 압력으로 정의되는 평형 상수(K_p)이다.

$$A(g) \rightleftarrows 3B(g) \quad K_p$$

이 반응이 일어나 300 K에서 평형에 도달하였을 때 A(g)의 부분 압력은 1 atm이고, 전체 기체의 압력은 1.5 atm이다. 온도를 올려 400 K에서 도달한 평형에서 전체 기체의 압력은 $\frac{7}{3}$ atm이다. 400 K에서 K_p는? (단, 반응 용기의 부피는 일정하고 기체는 이상기체로 가정한다)

① $\frac{1}{4}$

② $\frac{1}{9}$

③ $\frac{25}{16}$

④ $\frac{49}{36}$

⑤ 1

13 표는 바닥상태의 2주기, 3주기의 원자 (가)~(다)에 관한 자료이다.

원자	오비탈에 들어 있는 전자 수		홀전자 수
	3s	2p	
(가)	0	a	3
(나)	1	6	1
(다)	0	6	b

이에 관한 설명으로 옳은 것만을 〈보기〉에서 있는 대로 고른 것은?

── 보기 ──
ㄱ. $a+b=3$이다.
ㄴ. (나)의 원자번호는 11번이다.
ㄷ. (가)와 (다)는 전자가 들어있는 오비탈의 수가 같다.

① ㄱ
② ㄱ, ㄴ
③ ㄱ, ㄷ
④ ㄴ, ㄷ
⑤ ㄱ, ㄴ, ㄷ

14. 다음은 분자 궤도함수 이론에 근거한 바닥상태의 3가지 화학종 XZ, XY⁻, Z_2에 관한 자료이다. X~Z는 각각 C, N, O 중 하나이다.

> XZ의 전자 배치는 $(\sigma_{1s})^2(\sigma_{1s}^*)^2(\sigma_{2s})^2(\sigma_{2s}^*)^2(\pi_{2p})^4(\sigma_{2p})^1$이다.
> XY⁻의 결합 차수는 2이다.
> Z_2은 반자기성이다.

분자 궤도함수 이론에 근거하여 다음 화학종에 관한 설명으로 옳은 것만을 〈보기〉에서 있는 대로 고른 것은? (단, X~Z는 임의의 원소기호이고, 모든 화학종은 바닥상태이다)

―| 보기 |―
ㄱ. X_2와 YZ의 홀전자수는 모두 0이다.
ㄴ. Y_2는 반자기성이다.
ㄷ. X_2^+의 결합차수는 2.5이다.

① ㄱ
② ㄴ
③ ㄷ
④ ㄱ, ㄷ
⑤ ㄴ, ㄷ

15. 다음은 산화-환원 반응에서 불균형 알짜 이온 반응식이다.

$$a\mathrm{Fe}^{2+}(aq) + b\mathrm{H}_2\mathrm{O}_2(aq) \rightarrow c\mathrm{Fe}^{3+}(aq)$$

산성 수용액에서 이 반응의 균형을 맞추었을 때, 1mol의 $\mathrm{Fe}^{2+}(aq)$가 모두 반응하는데 요구되는 H⁺의 양(mol)은?

① 0.25
② 0.33
③ 0.5
④ 0.75
⑤ 1

16 다음 중 분자식이 C_6H_{12}이 아닌 것은?

① Cyclohexane
② 1-Hexene
③ Dimethylcyclobutane
④ Methylcyclopentane
⑤ Hexane

17 다음은 바닥상태 착이온에 대한 정보이다. 금속 M은 Fe, Co, Ni 중 하나이다. (Cl^-, H_2O는 약한 리간드로 정사면체는 고스핀, Δ_o는 정팔면체, Δ_t는 정사면체의 결정장 분열에너지)

착이온	$[MCl_4]^{2-}$	$[M(H_2O)_6]^{3+}$
구조	정사면체	정팔면체
홀전자 수	2	0

옳은 것만을 〈보기〉에서 있는 대로 고른 것은?

| 보기 |

ㄱ. M은 Ni이다.
ㄴ. $[M(H_2O)_6]^{3+}$는 반자성이다.
ㄷ. $[MCl_4]^{2-}$의 CFSE 절댓값은 $0.8\Delta_t$이다.

① ㄱ
② ㄱ, ㄴ
③ ㄱ, ㄷ
④ ㄴ, ㄷ
⑤ ㄱ, ㄴ, ㄷ

18 그림은 피라미딘($C_4H_4N_2$)의 구조식이다.

이 구조의 피라미딘 한 분자에 포함된 비공유전자쌍과 시그마 결합의 수를 합하면?

① 2
② 6
③ 10
④ 12
⑤ 16

19 다음은 $T\,°C$에서 $YCl_2(s)$와 $HCl(aq)$에 대한 수용액에서의 평형 반응식과 용해도 곱 상수(K_{sp}) 및 산 해리 상수(K_a)이다.

$$YCl_2(s) \leftrightarrow Y^{2+} + 2Cl^- \quad (K_{sp} = 5.0 \times 10^{-9})$$
$$HCl(aq) \leftrightarrow H^+ + Cl^- \quad (K_a = 5.0 \times 10^{-4})$$

표는 $T\,°C$에서 $YCl_2(s)$를 순수한 물과 산성 완충 용액에서 녹여 도달한 평형 Ⅰ과 Ⅱ에 대한 자료이다.

상태	$[H^+]$(M)	$\dfrac{[HCl]}{[Cl^-]}$	$[Y^{2+}]$(M)
평형 Ⅰ	1.0×10^{-7}		v
평형 Ⅱ	3.5×10^{-3}	w	t

$\dfrac{w \times t}{v}$는? (단, 온도는 $T\,°C$로 일정하고, 평형 Ⅰ에서의 Cl^-이 염기로 작용하는 것은 무시한다. 평형 Ⅱ에서 $YCl_2(s)$의 용해는 주어진 평형 반응들만을 고려한다. Y는 임의의 금속이다.)

① 16
② 20
③ 24
④ 28
⑤ 32

20 다음은 A(g)와 B(g)가 반응하여 C(g)가 생성되는 반응의 평형 반응식과 압력으로 정의되는 평형상수(K_p)이다.

$$A(g)+B(g) \leftrightarrow 2C(g) \quad K_p$$

표는 반응 전 A 1.0 mol과 B 1.0 mol만이 들어 있는 피스톤이 달린 실린더에서 반응이 일어날 때, 서로 다른 온도에서 도달한 평형에 대한 자료이다.

상태	온도(K)	몰분율	K_p
평형 I	T	x	9
평형 II	$2T$	$y_C = \dfrac{2}{3}$	a

$x \times a$의 값은?

① 12
② 14
③ 16
④ 18
⑤ 20

21 젖산발효와 알코올발효에 관한 다음 설명 중 옳은 것은?

① 젖산발효에서는 피루브산이 아세트알데하이드로 전환된 후 NADH가 산화된다.
② 알코올발효에서는 피루브산이 직접 젖산으로 환원되며, 이 과정에서 NAD^+가 생성된다.
③ 젖산발효는 탈탄산반응을 거치지 않으며, 최종 전자수용체는 피루브산이다.
④ 알코올발효는 기질수준 인산화가 일어나지 않는다.
⑤ 젖산발효와 알코올발효 모두 산소를 필요로 하며, 해당과정에서만 ATP가 생성된다.

22 대장균의 번역 과정에 관한 다음 설명 중 옳은 것은?

① 대장균에서 사용되는 tRNA의 종류는 61종이다.
② 아미노산은 tRNA의 3′ 말단에 결합한다.
③ mRNA와 결합하는 리보솜의 소단위체는 큰 소단위체이다.
④ 펩타이드 결합을 촉매하는 리보자임은 리보솜의 작은 소단위체에 있다.
⑤ 번역에서 첫 번째 펩타이드 결합은 신장 단계에서 형성된다.

23 식물 세포는 세포벽 합성을 위해 셀룰로오스를 세포 밖으로 분비한다. 이때 셀룰로오스 합성 효소 단백질이 이동하는 올바른 경로는?

① 조면소포체 → 수송 소낭(vesicle) → 골지체 → 분비 소낭(vesicle) → 세포막
② 활면소포체 → 수송 소낭(vesicle) → 리소좀 → 분비 소낭(vesicle) → 세포막
③ 조면소포체 → 수송 소낭(vesicle) → 리소좀 → 식포 → 세포막
④ 조면소포체 → 수송 소낭(vesicle) → 골지체 → 리소좀 → 세포막
⑤ 자유리보솜 → 수송 소낭(vesicle) → 골지체 → 식포 → 세포막

24 겉씨식물과 속씨식물의 특징에 관한 설명으로 옳지 않은 것은?

① 속씨식물은 씨앗이 자방 속에 들어 있으며, 겉씨식물은 씨앗이 자방에 싸여 있지 않다.
② 속씨식물은 꽃이라는 생식기관을 가지지만, 겉씨식물은 그렇지 않다.
③ 속씨식물과 겉씨식물 모두 배젖을 형성하며, 이때 속씨식물의 배젖은 3배체인 경우가 많다.
④ 겉씨식물은 속씨식물보다 종 수가 훨씬 많고, 전 세계에 널리 분포한다.
⑤ 속씨식물은 이중수정을 하며, 겉씨식물은 이중수정을 하지 않는다.

25 세균의 DNA 복제에 관한 설명으로 옳은 것만을 〈보기〉에서 있는 대로 고른 것은?

| 보기 |

ㄱ. DNA 복제는 반보존적 복제 방식을 따른다.
ㄴ. 프라이머는 DNA가 아닌 RNA로 만들어진다.
ㄷ. 지연가닥(lagging strand)에서는 여러 개의 오카자키 절편이 형성된다.

① ㄱ
② ㄴ
③ ㄱ, ㄴ
④ ㄴ, ㄷ
⑤ ㄱ, ㄴ, ㄷ

26 동물 대장에서의 흡수에 관한 설명으로 옳지 않은 것은?
① 대장은 주로 물과 무기염류를 흡수한다.
② 대장에서 흡수된 수분은 혈관망을 통해 온몸으로 운반된다.
③ 장내 세균이 합성한 비타민 K와 일부 비타민 B군이 대장에서 흡수된다.
④ 대장은 소장에서 흡수되지 않은 단백질을 주로 흡수한다.
⑤ 대장에서 흡수되는 수분량은 하루 섭취 수분량의 절반 이상일 수 있다.

27 동물 줄기세포에 관한 설명으로 옳지 않은 것은?
① 배아줄기세포(embryonic stem cell)는 모든 종류의 세포로 분화할 수 있는 전능성을 가진다.
② 성체줄기세포(adult stem cell)는 특정 조직의 세포로만 분화할 수 있는 경향이 있다.
③ 전능성 줄기세포는 수정란에서만 발견된다.
④ 역분화 줄기세포(iPS cell)는 체세포에 특정 유전자를 도입하여 줄기세포처럼 만든 것이다.
⑤ 성체줄기세포는 항상 모든 세포 유형으로 분화할 수 있다.

28 식물 D종의 꽃색은 한 유전자 좌위의 대립유전자 R, r에 의해 결정된다. RR=빨간 꽃, Rr=분홍 꽃, rr=흰 꽃이며 R은 r에 대해 불완전 우성이다. 현재 세대(생존율을 적용하기 전)의 빨간 꽃(RR)의 비율은 0.25이다. 이 집단의 상대적 생존율(적합도)은 다음과 같다.

$RR : 0.4$, $Rr : 1.0$, $rr : 0.6$

현재 세대의 생존율 차이를 반영하여 다음 세대의 유전자 빈도가 하디-바인베르크 평형에 도달했다고 할 때, 다음세대의 분홍 꽃(Rr)비율은?

① $\frac{14}{25}$
② $\frac{2}{3}$
③ $\frac{112}{225}$
④ $\frac{7}{15}$
⑤ $\frac{16}{25}$

29 다음 중 양서류에 대한 설명으로 옳은 것만을 〈보기〉에서 있는 대로 고른 것은?

| 보기 |
ㄱ. 양서류는 생활사에서 보통 한 번의 탈바꿈(변태)을 거친다.
ㄴ. 양서류의 피부는 습하고, 일부는 피부를 통해 호흡한다.
ㄷ. 양서류에는 개구리, 도롱뇽, 맹꽁이 등이 포함된다.

① ㄱ
② ㄴ
③ ㄱ, ㄴ
④ ㄴ, ㄷ
⑤ ㄱ, ㄴ, ㄷ

30 전기영동을 이용한 Western blot 실험에 관한 설명으로 옳은 것만을 〈보기〉에서 있는 대로 고른 것은?

| 보기 |
ㄱ. 단백질의 발현 여부와 발현량을 알 수 있다.
ㄴ. 단백질의 크기에 관한 상대적 정보를 알 수 있다.
ㄷ. 특정 DNA 염기서열을 검출하는 데 이용된다.

① ㄱ
② ㄴ
③ ㄱ, ㄴ
④ ㄴ, ㄷ
⑤ ㄱ, ㄴ, ㄷ

31 다음은 지진과 지진파에 대한 설명이다. 옳은 것만을 〈보기〉에서 있는 대로 고른 것은?

| 보기 |
ㄱ. P파는 종파로서 매질의 진동 방향이 파의 진행 방향과 평행하며, 고체와 액체를 모두 통과한다.
ㄴ. S파는 전단파로서 액체에서는 전파되지 않으며, 속도는 일반적으로 P파보다 느리다.
ㄷ. 진원(震源)에서 멀어질수록 P파와 S파의 도달 시각 차이(PS시)는 감소한다.

① ㄱ
② ㄴ
③ ㄱ, ㄴ
④ ㄱ, ㄷ
⑤ ㄱ, ㄴ, ㄷ

32 다음은 에라토스테네스의 지구 크기 측정과 관련한 문제이다. 지구의 둘레를 계산하기 위해 직접 필요로 하는 값의 최소 조합으로 옳은 것을 고르시오.

① 같은 시각(정오)에 관측한 지역 A와 지역 B의 태양 고도 차, 지역 A-B 사이의 거리
② 지역 A와 지역 B의 경도 차, 지역 A-B 사이의 거리
③ 지역 A와 지역 B의 태양 고도 차, 두 지역의 경도 차
④ 지역 A와 지역 B의 위도 차, 지역 A-B 사이의 거리
⑤ 지역 A와 지역 B의 태양 고도 각각의 절대값, 두 지역의 경도 차

33 다음은 퇴적구조에 관한 설명이다. 옳은 것만을 〈보기〉에서 있는 대로 고른 것은? (단, 지층의 역전은 고려하지 않는다)

| 보기 |
ㄱ. 점이층리는 한 단위층 안에서 아래가 조립질, 위로 갈수록 세립질로 변하는 상향 세립화 구조이며, 저탁류에 의해 흔히 형성된다.
ㄴ. 건열은 일시적으로 노출된 세립질 퇴적물이 건조되며 만들어지고, 단면은 위쪽이 더 벌어진 V자 모양을 보인다.
ㄷ. 사층리는 파랑의 왕복 작용에 의해서만 형성되며, 하천 환경에서는 거의 나타나지 않는다.

① ㄱ
② ㄴ
③ ㄱ, ㄴ
④ ㄱ, ㄷ
⑤ ㄱ, ㄴ, ㄷ

34 다음은 북반구의 상층(마찰 없음)에서 서로 평행한 등압선이 동-서로 놓여 있고, 북쪽이 저기압인 상황을 모식적으로 나타낸 것이다. 점 P에서의 바람은 동쪽(→)으로 분다. 이에 관한 설명으로 옳은 것만을 〈보기〉에서 있는 대로 고른 것은?

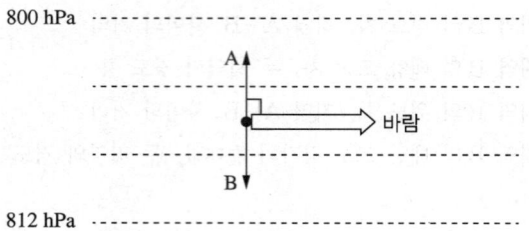

| 보기 |

ㄱ. 점 P에서 AAA는 저기압 쪽(북쪽)으로 향하는 기압경도력, BBB는 전향력이다.
ㄴ. 등압선 간격이 넓어질수록(기압경도 약화) 지균풍 속도는 감소한다.
ㄷ. 같은 등압선 간격이라면 위도가 높아질수록 지균풍 속도는 커진다.

① ㄱ
② ㄴ
③ ㄱ, ㄴ
④ ㄱ, ㄷ
⑤ ㄱ, ㄴ, ㄷ

35 다음 표는 별 A, B, C의 겉보기 등급과 연주시차를 나타낸 것이다. 이에 관한 설명으로 옳은 것만을 〈보기〉에서 있는 대로 고른 것은?

별	겉보기 등급	연주시차(″)
A	2	1.0
B	7	0.1
C	3	0.01

| 보기 |

ㄱ. A~C중 가장 가까운 별은 A이다.
ㄴ. A의 절대 등급은 -3이다.
ㄷ. C의 절대 등급은 -2이다.

① ㄱ
② ㄷ
③ ㄱ, ㄴ
④ ㄱ, ㄷ
⑤ ㄱ, ㄴ, ㄷ

36 다음은 어느 날 지구에서 본 금성과 달의 위치를 공전 궤도에 모식적으로 나타낸 것이다(점선은 지구-태양을 잇는 선, 화살표는 공전 방향). 이에 관한 설명으로 옳은 것만을 〈보기〉에서 있는 대로 고른 것은?

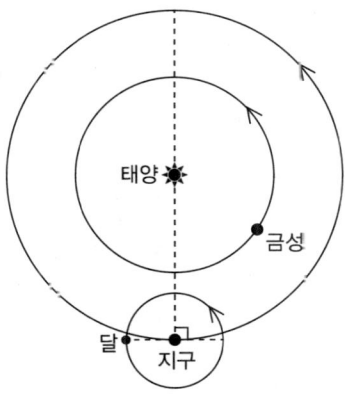

―| 보기 |―
ㄱ. 그림의 날 금성은 동방이각 상태이므로 초저녁 서쪽 하늘에서 관측된다.
ㄴ. 그림의 달은 합삭(삭) 부근이어서 밤에 관측하기 어렵다.
ㄷ. 이 날 자정 무렵에도 금성을 관측할 수 있다.

① ㄱ
② ㄴ
③ ㄱ, ㄴ
④ ㄱ, ㄷ
⑤ ㄱ, ㄴ, ㄷ

37 다음 중 베게너가 대륙 이동설의 증거로 사용한 것으로 옳지 <u>않은</u> 것은?

① 남아메리카 동부와 아프리카 서부의 해안선 모양이 퍼즐처럼 잘 맞물린다.
② 고생대 말의 빙하 흔적이 남미·아프리카·인도·호주 등 남반구 대륙에 분포하며 이동 방향이 공통 중심을 가리킨다.
③ 메소사우루스 같은 육상·담수 생물 화석이 대서양 양안에서 발견된다.
④ 북미의 애팔래치아 산맥과 유럽의 칼레도니아 산맥이 지질 구조상 연속적이다.
⑤ 대서양 중앙해령에서 관측되는 대칭적인 해저 자기 줄무늬가 발견된다.

38 다음 중 대양의 '반시계 방향' 환류에 속하지 않는 해류는?

① 페루 해류
② 브라질 해류
③ 벵겔라 해류
④ 서오스트레일리아 해류
⑤ 쿠로시오 해류

39 어느 날 서울에서 저녁 7시경에 관측자가 초승달을 보았다. 이 달이 떠 있는 하늘의 방향과 그림 속 달의 위치로 옳은 것은?

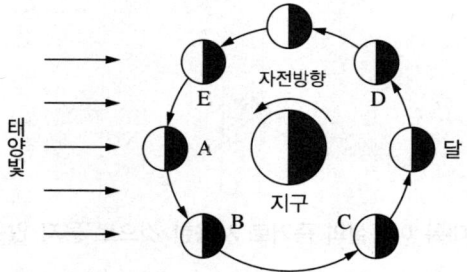

① 남서쪽, C
② 남동쪽, D
③ 북서쪽, E
④ 남서쪽, A
⑤ 남동쪽, B

40. 다음은 온도 변화에 따른 대기의 연직 구조를 나타낸 그림이다.

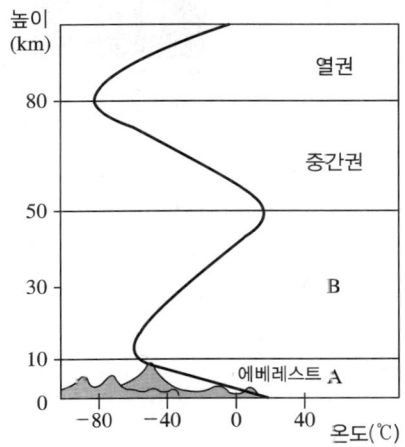

이에 관한 설명으로 옳은 것만을 〈보기〉에서 있는 대로 고른 것은?

―| 보기 |―
ㄱ. A에서는 고도가 높아질수록 기온이 대체로 감소한다.
ㄴ. B에서는 대류가 활발하여 오존이 균길하게 섞인다.
ㄷ. 중간권에서는 고도가 높아질수록 기온이 다시 낮아진다.

① ㄱ
② ㄴ
③ ㄱ, ㄷ
④ ㄴ, ㄷ
⑤ ㄱ, ㄴ, ㄷ

전과목 최종점검
FINAL 모의고사 제2회

1교시   산업재산권법

2교시   민법개론

3교시   자연과학개론

산업재산권법

01 발명의 성립성에 관한 설명으로 옳은 것은? (다툼이 있으면 판례에 따름)
① 새 종균을 이용하여 제조하는 경우라도 후출원특허의 기술방법이 선출원특허의 그것과 동일한 경우에는 신규의 발명이 될 수 없다.
② 선행발명과 후발명이 이용관계에 있는 경우에는 후발명은 선행발명특허의 권리범위에 속하게 되고, 이러한 이용관계는 후발명이 선행발명의 특허요지에 새로운 기술적 요소를 가하는 것으로서 후발명이 선행발명의 요지를 전부 포함하고 이를 그대로 이용하게 되면 성립된다.
③ 선택발명의 진보성이 부정되지 않기 위해서는, 선택발명에 포함되는 하위개념들 모두가 선행발명이 갖는 효과와 질적으로 다른 효과를 갖고 있어야 하거나, 질적인 차이가 없으면서 양적으로 차이가 있다는 것만으로도 가능하다.
④ 특허청구의 범위나 상세한 설명에 그 촉매의 사용에 관한 언급이 없었던 이상 촉매의 사용이 특허출원 당시 이미 공지된 것이어서 그 기술분야에 종사하는 자라면 용이하게 예측할 수 있는 것이었다면 그 특허는 촉매의 사용을 당연한 전제로 하고 있었던 것이라고 할 수 있다.
⑤ 출원발명이 자연법칙을 이용한 것인지 여부는 청구항 전체로서 판단하여야 하지만, 청구항에 기재된 발명의 일부에 자연법칙을 이용하고 있는 부분이 있다면 청구항 전체로서 자연법칙을 이용하고 있지 않다고 판단될 때에라도 특허법상의 발명에 해당한다.

02 특허법상 기간 또는 기일에 관한 설명으로 옳지 <u>않은</u> 것은?
① 특허법상 최초의 공시송달의 효력은 특허공보에 게재한 날부터 2주일이 지나면 그 효력이 발생하며, 같은 당사자에 대한 이후의 공시송달은 특허공보에 게재한 날부터 효력이 발생한다.
② 법정기간은 단축할 수 없으나 지정기간은 당사자의 청구에 따라 단축할 수 있다.
③ 지식재산처장 또는 특허심판원장은 특허법 제46조(절차의 보정)에 따른 보정명령을 받은 자가 지정된 기간에 그 보정을 하지 아니하면 특허에 관한 절차를 무효로 할 수 있다.
④ 국내우선권주장에 있어서 선출원의 취하로 보는 시점은 기간의 말일이 공휴일이라 하더라도 기간의 말일이 그 다음 날로 연장되지는 않는다.
⑤ 특허법에 따른 명령에 따라 지식재산처장 또는 특허심판원장에게 제출하는 출원서, 청구서, 그 밖의 서류는 지식재산처장 또는 특허심판원장에게 도달한 날부터 제출의 효력이 발생한다.

03 진보성에 관한 설명으로 옳지 않은 것은? (다툼이 있으면 판례에 따름)

① 특허발명의 진보성 여부를 판단함에 있어서는 청구항에 기재된 복수의 구성을 분해한 후 각각 분해된 개별 구성요소들이 공지된 것인지 여부만을 따져서는 안 되고, 특유의 과제 해결원리에 기초하여 유기적으로 결합된 전체로서의 구성의 곤란성을 따져 보아야 할 것이며, 이때 결합된 전체 구성으로서의 발명이 갖는 특유한 효과도 함께 고려하여야 한다.

② 특허발명의 진보성을 판단할 때는 당해 특허발명의 출원 당시의 기술수준, 기술상식, 해당 기술분야의 기술적 과제, 발전경향, 해당 업계의 요구 등에 비추어 보아 그 기술분야에서 통상의 지식을 가진 자(이하 '통상의 기술자'라 한다)가 용이하게 당해 특허발명에 이를 수 있다면 비교대상발명에 그 인용되는 기술을 결합하여 당해 특허발명에 이를 수 있다는 암시·동기 등이 나타나 있지 않다고 하더라도 그 진보성이 부정된다.

③ 제시된 선행문헌을 근거로 어떤 발명의 진보성이 부정되는지를 판단하기 위해서는 진보성 부정의 근거가 될 수 있는 일부 기재만이 아니라 선행문헌 전체에 의하여 통상의 기술자가 합리적으로 인식할 수 있는 사항을 기초로 대비·판단하여야 한다.

④ 통상의 기술자가 특허출원 당시의 기술수준에 비추어 진보성 판단의 대상이 된 발명이 선행 기술과 차이가 있는데도 그러한 차이를 극복하고 선행 기술로부터 쉽게 발명할 수 있는지를 살펴보아야 한다. 이 경우 진보성 판단의 대상이 된 발명의 명세서에 개시되어 있는 기술을 알고 있음을 전제로 사후적으로 통상의 기술자가 쉽게 발명할 수 있는지도 판단할 수 있다.

⑤ 특허법이 규정하고 있는 권리범위확인심판에서는 특허발명의 진보성 여부를 심리·판단할 수 없다.

04 확대된 선출원에 관한 설명으로 옳지 않은 것은? (다툼이 있으면 판례에 따름)

① 확대된 선출원에서 규정하는 발명의 동일성은 두 발명의 기술적 구성이 동일한가 여부에 의하되 발명의 효과도 참작하여 판단할 것인데, 기술적 구성에 차이가 있더라도 그 차이가 새로운 효과가 발생하지 않는 정도의 미세한 차이에 불과하다면 두 발명은 서로 실질적으로 동일하다고 할 것이나, 두 발명의 기술적 구성의 차이가 위와 같은 정도를 벗어난다면 설사 그 차이가 해당 발명이 속하는 기술분야에서 통상의 지식을 가진 사람이 쉽게 도출할 수 있는 범위 내라고 하더라도 두 발명을 동일하다고 할 수 없다.

② 확대된 선출원은 특허청구범위, 명세서 또는 도면에 기재된 사항에 대하여 선출원의 지위를 인정한다.

③ 확대된 선출원은 다른 출원이 출원공개·등록공고된 경우에만 선출원의 지위를 인정한다.

④ 선출원이 국제특허출원인 경우 "출원서에 최초로 첨부된 명세서 또는 도면"은 "국제출원일까지 제출된 국제출원의 발명의 설명, 청구범위 또는 도면"으로 본다.

⑤ 미완성 발명이란 통상의 기술자가 반복 실시하여 목적하는 기술적 효과를 얻을 수 있을 정도까지 구체적·객관적으로 구성되어 있지 아니한 발명이긴 하나 특허법 제29조 제3항 규정에 의한 확대된 선원의 지위를 가질 수 있다.

05 뒷받침요건에 관한 설명으로 옳지 <u>않은</u> 것은? (다툼이 있으면 판례에 따름)

① 특허출원서에 첨부하는 발명의 청구범위에는 보호받으려는 사항을 적은 항(이하 "청구항"이라 한다)이 하나 이상 있어야 하며, 그 청구항은 발명의 설명에 의하여 뒷받침될 것만 충족하여서는 아니된다.
② 출원 시의 기술상식에 비추어 보더라도 발명의 설명에 개시된 내용을 청구범위에 기재된 발명의 범위까지 확장 내지 일반화할 수 없는 경우에는 그 청구범위는 발명의 설명에 의하여 뒷받침된다고 볼 수 없다.
③ 특허법 제42조 제4항 제1호가 규정하고 있는 특허청구범위에 보호받고자 하는 사항을 기재한 청구항이 발명의 상세한 설명에 의하여 뒷받침될 것이란 발명의 상세한 설명에 통상의 기술자가 그 발명을 쉽게 실시할 수 있도록 명확하고 상세하게 기재되어 있는지 여부에 의하여 판단하는 것을 말한다.
④ 특허법 제42조 제4항 제1호는 특허출원서에 첨부된 명세서의 발명의 설명에 기재되지 아니한 사항이 청구항에 기재됨으로써 출원자가 공개하지 아니한 발명에 대하여 특허권이 부여되는 부당한 결과를 막기 위한 것이다.
⑤ 발명이 명확하게 적혀 있는지는 그 발명이 속하는 기술분야에서 통상의 지식을 가진 사람이 발명의 설명이나 도면 등의 기재와 출원 당시의 기술상식을 고려하여 청구범위에 기재된 사항으로부터 특허를 받고자 하는 발명을 명확하게 파악할 수 있는지에 따라 개별적으로 판단하여야 하고, 단순히 청구범위에 사용된 용어만을 기준으로 하여 일률적으로 판단하여서는 안 된다.

06 명확성에 관한 설명으로 옳지 <u>않은</u> 것은? (다툼이 있으면 판례에 따름)

① 특허청구범위의 해석은 명세서를 참조하여 이루어지는 것에 비추어 특허청구범위에는 발명의 상세한 설명에서 정의하고 있는 용어의 정의와 다른 의미로 용어를 사용하는 등 결과적으로 청구범위를 불명료하게 만드는 것은 허용되지 않는다.
② 동일한 발명사상의 내용이 청구항을 달리하여 중복하여 기재되어 있다고 하더라도 특허청구의 범위가 명확하고 간결하게 기재되어 있어 당해 기술분야에서 통상의 지식을 가진 자가 그 내용을 명확하게 이해하고 인식하여 재현할 수 있다면 그 명세서의 기재는 적법하다.
③ 독립항과 이를 한정하는 종속항 등 여러 항으로 이루어진 특허발명 청구항의 기술내용을 파악함에 있어서, 특별한 사정이 없는 한 광범위하게 규정된 독립항의 기술내용을 독립항보다 구체적으로 한정하고 있는 종속항의 기술구성이나 발명의 상세한 설명에 나오는 특정의 실시례로 제한하여 해석할 수는 없다.
④ 명칭을 "원적외선 훈열제 및 그 제조방법"으로 하는 특허발명의 일부 청구항과 상세한 설명에는 조성물의 조성비를 기재하였고, 그 구성 성분 중 최대성분량과 나머지 성분들의 최저성분량의 합이 100중량%를 초과하게 기재하고 있고, 다른 청구항에는 "소정의 비율로 혼합한다."고 기재하고 있는 등록발명은 그 청구항들 모두가 명확하게 기재되어 있다고 본다.
⑤ 특정 물질의 의약용도가 약리기전만으로 기재되어 있다 하더라도 발명의 상세한 설명 등 명세서의 다른 기재나 기술상식에 의하여 의약으로서의 구체적인 용도를 명확하게 파악할 수 있는 경우에는 특허법 제42조 제4항 제2호가 정한 청구항의 명확성 요건을 충족하는 것으로 볼 수 있다.

07 불특허발명에 관한 설명으로 옳지 않은 것은? (다툼이 있으면 판례에 따름)

① 특허발명이 대상인 물건이 노골적으로 사람의 특정부위 등을 적나라하게 표현 또는 묘사하는 음란한 물건에 해당하거나, 발명의 실시가 공연한 음란 행위를 필연적으로 수반할 것이 예상되거나, 이에 준할 정도로 성적 도의관념에 반하는 발명은 당연히 특허를 받을 수 없다.
② 어떤 기구가 부정행위에 제공될 수도 있지만 순수한 오락용으로 제공될 수도 있을 때, 본래 목적 이외의 부당한 사용으로 인하여 공서양속을 문란하게 하는 경우는 공서양속을 해칠 염려가 있는 경우에 포함되는 것은 아니다.
③ 해당 발명이 학술서에 유해하다고 되어 있는 경우라도 국내외 관청으로부터 제조 또는 사용허가를 받은 경우 학술서의 기재만으로 공중의 위생을 해칠 우려가 있는 경우에 해당한다고 보지 않는다.
④ 특허법은 공공의 질서 또는 선량한 풍속을 문란하게 하거나 공중의 위생을 해할 염려가 있는 발명 즉, 공서양속에 반하는 발명은 신규성과 진보성이 인정되더라도 특허거절사유로 하고 있고, 만약 등록되더라도 등록무효사유로 하고 있다.
⑤ 발명 본래의 유익한 목적은 달성되지만 그 사용방법에 따라 공중의 위생을 해칠 우려가 있는 경우 그 목적의 유익성 및 사용방법의 위해성을 비교형량하여 그 실시로 인한 부작용이 본래의 유익한 목적에서 허용될 수 있는 수준이라면 공중의 위생을 해칠 우려가 있는 것으로 보지 않는다.

08 특허법상 명세서 기재 및 해석에 관한 설명으로 옳지 않은 것은? (다툼이 있으면 판례에 따름)

① 청구항에는 명확한 기재만이 허용되는 것으로서 발명의 구성을 불명료하게 표현하는 용어는 원칙적으로 허용되지 아니하며, 나아가 청구범위의 해석은 명세서를 참조하여 이루어진다.
② 명세서 기재의 정도는 통상의 기술자가 출원 시의 기술수준으로 보아 과도한 실험이나 특수한 지식을 부가하지 아니하고서도 명세서의 기재에 의하여 당해 발명을 정확하게 이해할 수 있고 동시에 재현할 수 있는 정도를 말한다.
③ 특허출원 당시의 기술수준에 비추어 발명의 상세한 설명에 개시된 내용을 청구범위에 기재된 발명의 범위까지 확장 또는 일반화할 수 있다면 청구범위는 발명의 상세한 설명에 의하여 뒷받침된다.
④ 특허법 제42조 제4항 제1호가 정한 위와 같은 명세서 기재요건을 충족하는지 여부는 특허법 제42조 제3항 제1호가 정한 것처럼 발명의 상세한 설명에 통상의 기술자가 그 발명을 쉽게 실시할 수 있도록 명확하고 상세하게 기재되어 있는지 여부에 의하여 판단하여야 한다.
⑤ 출원발명의 내용이 통상의 기술자에 의하여 정확하게 이해되고 쉽게 재현될 수 있다면 그 발명이 부분적으로 불명확한 부분이 있다고 하더라도 이를 특허법 제42조 제4항 제2호의 기재불비라고 할 수 없다.

09 특허법상 보정에 관한 설명으로 옳지 않은 것은? (다툼이 있으면 판례에 따름)

① 보정에 의하여 특허청구범위의 기술적 사항에 실질적 변화를 가져왔다면 그 명세서의 보정은 그 요지를 변경한 경우에 해당한다.
② 보정이 명세서 또는 도면의 요지를 변경하는 것으로 특허권의 설정등록이 있은 후에 인정된 때에는 그 특허출원 전체의 출원일이 그 보정서를 제출한 때로 늦추어지게 된다.
③ 최후거절이유통지에 따른 의견서 제출기간 내에 한 보정에 의하여 특허법 제47조 제2항에 위반되게 된 때에는 심사관은 원칙적으로 보정각하결정을 하여야 한다.
④ 심사관이 기재불비가 있다는 거절이유를 통지함에 따라 이를 해소하기 위한 보정이 이루어진 이후 발명에 대한 심사 결과 신규성이나 진보성 부정의 거절이유가 발견된다고 하더라도 특별한 사정이 없는 한 심사관으로서는 보정에 대한 각하결정을 하여서는 아니 되고 위와 같은 신규성이나 진보성 부정의 거절이유를 출원인에게 통지하여 의견제출 및 보정의 기회를 부여하여야 한다.
⑤ 특허거절결정에 대한 불복심판청구를 기각한 심결의 취소소송에서 심사관이 특허출원의 보정에 대한 각하결정을 한 후 '보정 전의 특허출원'에 대하여 거절결정을 하였고, 그에 대한 불복심판 절차에서 위 보정각하결정 및 거절결정이 적법하다는 이유로 심판청구를 기각하는 특허심판원의 심결이 있었던 경우, 심결취소소송에서 법원은 위 보정각하결정이 위법하다는 것만을 이유로 곧바로 심결을 취소하여야 하여서는 아니 되고, '보정 이후의 특허출원'에 대한 거절결정의 위법성 여부까지 스스로 심리하여 이 역시 위법한 경우에만 심결을 취소할 것이다.

10 특허료 및 특허등록에 관한 설명으로 옳지 않은 것은? (다툼이 있으면 판례에 따름)

① 특허출원인이 아닌 자가 출원심사의 청구를 한 후 그 특허출원서에 첨부한 명세서를 보정하여 청구범위에 적은 청구항의 수가 증가한 경우에는 그 증가한 청구항에 관하여 내야 할 심사청구료는 특허출원인이 내야 한다.
② 특허권의 존속기간의 연장등록을 무효로 한다는 심결이 확정된 경우에 심결이 확정된 해부터의 특허료는 납부한 자의 청구에 의하여 반환한다.
③ 특허료 및 수수료의 반환청구는 반환사유발생에 따른 통지를 받은 날부터 5년이 지나면 할 수 없다.
④ 이해관계인은 특허료를 내야 할 자의 의사와 관계없이 특허료를 낼 수 있다.
⑤ 잘못 납부된 특허료 및 수수료는 납부한 자의 청구에 의하여 반환한다.

11 특허권의 존속기간과 존속기간의 연장에 대한 설명 중 옳지 <u>않은</u> 것은? (다툼이 있으면 판례에 따름)

① 존속기간이 연장된 의약품 특허권의 효력이 미치는 범위는 연장등록된 특허권의 청구범위만을 기준으로 엄격히 판단하여야 하고, 특허발명을 실시하기 위하여 「약사법」에 따라 품목허가를 받은 의약품과 특정 질병에 대한 치료효과를 나타낼 것으로 기대되는 특정한 유효성분, 치료효과 및 용도가 동일한지 여부를 고려해서는 안 된다.

② 해당 관청의 심사부서 중 어느 한 부서의 보완요구로 인하여 보완기간이 소요되었다 하더라도, 다른 부서에서 허가를 위한 심사 등의 절차가 계속 진행되고 있었던 경우에는 그 보완기간 중 다른 부서에서 심사가 진행되고 있는 기간과 중첩되는 기간에 관한 한 허가 등을 받은 자의 책임있는 사유로 인하여 허가가 지연되었다고 볼 수 없으므로 위 중첩되는 기간은 그 특허발명을 실시할 수 없었던 기간에서 제외할 수 없다.

③ 허가 신청 당시 통상실시권자의 지위에 있었지만 통상실시권의 등록을 마치지 않았던 자가 허가를 받았더라도, 지식재산처 심사관의 연장등록결정의 등본이 송달되기 전에 통상실시권 등록 및 그에 대한 증명자료 제출이 모두 이루어진 경우 그 연장등록결정은 적법하다.

④ 특허권이 공유인 경우 각 공유자는 단독으로도 특허권의 존속기간의 연장등록출원을 할 수 없다.

⑤ 특허권의 존속기간의 연장등록출원에 대하여 연장등록거절사유를 발견할 수 없어 심사관이 연장등록결정을 한 경우 지식재산처장은 존속기간의 연장을 특허원부에 등록하여야 한다.

12 특허법상 재심에 관한 설명으로 옳지 <u>않은</u> 것은? (다툼이 있으면 판례에 따름)

① 화학관련 사건에 있어서 화학분야를 전공하지 아니한 심판관이 심판에 관여하였다는 재심주장 사유는 특허법에 의하여 준용되는 민사소송법상 재심사유에 해당하지 아니하므로 이 사건 재심청구는 부적법한 것이어서 각하되어야 한다.

② 대리권의 흠을 이유로 재심을 청구하는 경우에 재심청구기간은 청구인 또는 법정대리인이 특허취소결정등본 또는 심결등본의 송달에 의하여 특허취소결정 또는 심결이 있는 것을 안 날의 다음 날부터 기산한다.

③ 통상실시권을 허락한다는 심결이 확정된 후 재심에서 그 심결과 상반되는 심결이 확정된 경우에는 재심청구 등록 전에 선의로 국내에서 그 발명의 실시사업을 하고 있는 자 또는 그 사업을 준비하고 있는 자는 원(原)통상실시권의 사업목적 및 발명의 범위에서 그 특허권 또는 재심의 심결이 확정된 당시에 존재하는 전용실시권에 대하여 통상실시권을 가진다. 이 경우 통상실시권을 가진 자는 특허권자 또는 전용실시권자에게 상당한 대가를 지급하여야 한다.

④ 취소된 특허권이 재심에 의하여 회복된 경우 특허권의 효력은 해당 특허취소결정 또는 심결이 확정된 후 재심청구 등록 전에 선의로 수입하거나 국내에서 생산 또는 취득한 물건에는 미치지 아니한다.

⑤ 특허무효심판이 상고심에 계속 중 당해 특허의 정정심결이 이루어지고 확정되어 특허발명의 명세서가 정정되었다면, 정정된 사항이 특허무효사유의 유무를 판단하는 전제가 된 사실인정에 영향을 미치는 것이 아니라도 민사소송법 제451조 제1항 제8호 소정의 재심사유가 있다.

13 특허권의 침해 및 구제에 관한 설명으로 옳지 않은 것은? (다툼이 있으면 판례에 따름)

① 특허발명의 출원과정에서 어떤 구성이 청구범위에서 의식적으로 제외된 것인지 여부는 출원과정에서 청구범위의 감축이 이루어졌다는 사정만으로 감축 전의 구성과 감축 후의 구성을 비교하여 그 사이에 존재하는 모든 구성이 청구범위에서 의식적으로 제외되었다고 단정할 것은 아니고, 보정이유를 포함하여 출원과정에 드러난 여러 사정을 종합하여 볼 때 출원인이 어떤 구성을 권리범위에서 제외하려는 의사가 존재한다고 볼 수 있을 때에 이를 인정할 수 있다.

② 침해제품 등이 특허발명을 이용하는 경우에는 특허발명에 대한 특허권 침해에 해당하는데, 이러한 이용관계는 침해제품 등이 특허발명의 구성에 새로운 기술적 요소를 부가하는 것으로서 침해제품 등이 특허발명의 요지를 전부 포함하고 이를 그대로 이용하면서 침해제품 등 내에 특허발명이 발명으로서의 일체성을 유지하는 경우에 성립한다.

③ 침해제품 등에 특허발명의 청구범위에 기재된 구성 중 변경된 부분이 있는 경우에는 침해제품 등은 특허발명의 청구범위에 기재된 구성과 달라지게 되고 일체성을 유지하지 아니하므로 특허권을 침해한다고 보이지 않는다.

④ 특허발명의 보호범위는 청구범위에 기재된 사항에 의하여 정하여지는 것이 원칙이고, 다만 그 기재만으로 특허발명의 기술적 구성을 알 수 없거나 알 수는 있더라도 기술적 범위를 확정할 수 없는 경우에는 명세서의 다른 기재에 의한 보충을 할 수는 있으나, 그 경우에도 명세서의 다른 기재에 의하여 청구범위의 확장 해석은 허용되지 아니함은 물론 청구범위의 기재만으로 기술적 범위가 명백한 경우에는 명세서의 다른 기재에 의하여 청구범위의 기재를 제한 해석할 수 없다.

⑤ 작용효과가 실질적으로 동일한지 여부는 기술사상의 핵심이 특허발명의 출원 당시에 이미 공지되었거나 그와 다름없는 것에 불과한 경우 특허발명의 기술사상의 핵심이 침해제품 등에서 구현되어 있는지를 가지고 작용효과가 실질적으로 동일한지 여부를 판단할 수 없고, 균등 여부가 문제 되는 구성요소의 개별적 기능이나 역할 등을 비교하여 판단하여야 한다.

14 특허심판에 관한 설명으로 옳지 않은 것은? (다툼이 있으면 판례에 따름)

① 특허등록의 무효심판을 청구할 수 있는 이해관계인이라 함은 당해 특허발명의 권리존속으로 인하여 그 권리자로부터 권리의 대항을 받거나 받을 염려가 있어 그 피해를 받는 직접적이고도 현실적인 이해관계가 있는 사람을 말하고, 이해관계인에 해당하는지 여부는 특허등록무효심판청구 당시를 기준으로 판단하여야 한다.
② 특허무효심판절차 또는 특허이의신청절차에서 정정청구가 있는 경우 정정의 인정 여부는 무효심판절차 또는 이의신청에 대한 결정절차에서 함께 심리되는 것이다.
③ 권리범위확인심판청구의 대상이 되는 확인대상발명은 특허청구범위에 대응하여 구체적으로 구성을 기재한 확인대상발명의 설명 부분을 기준으로 파악하여야 하고, 확인대상발명의 설명서에 첨부된 도면에 의하여 위 설명 부분을 변경하여 파악하는 것은 허용되지 아니한다.
④ 이전에 확정된 심결의 증거를 그 심결에서 판단하지 아니하였던 사항에 관한 증거로 들어 판단하거나, 이전에 확정된 심결에서 증거로 들었던 선행기술을 확정된 심결의 결론을 번복할 만한 유력한 증거의 선행기술에 추가적, 보충적으로 결합하여 판단하는 경우, 확정된 심결과 그 결론이 결과적으로 달라졌다고 하더라도 일사부재리 원칙에 반한다고 할 수 없다.
⑤ 확인대상 발명과 피심판청구인이 실시하고 있는 발명의 동일성은 피심판청구인이 확인대상발명을 실시하고 있는지 여부라는 사실 확정에 관한 것이므로 이들 발명이 사실적 관점에서 같다고 보이는 경우에는 그 동일성을 인정할 수 있다.

15 특허심판에 관한 설명으로 옳지 않은 것은? (다툼이 있으면 판례에 따름)

① 특정의 이해관계인이 특허권리자와 간에 특허에 관한 분쟁을 일체 아니하기로 화해한 후 청구한 무효확인심판은 부적법하다.
② 침해소송이 계속 중이어서 그 소송에서 특허권의 효력이 미치는 범위를 확정할 수 있더라도 이를 이유로 침해소송과 별개로 청구된 권리범위확인심판의 심판청구의 이익이 부정된다고 볼 수는 없다.
③ 특허권자가 특허무효심판절차 내에서 정정청구를 하여 특허권 침해를 원인으로 하는 민사소송의 사실심 변론종결 이후에 위 정정청구에 대한 심결이 확정되더라도, 정정 전 명세서 등으로 판단한 원심판결에 '판결의 기초가 된 행정처분이 다른 행정처분에 따라 바뀐 때'라는 재심사유가 있다고 볼 수 없다.
④ 심판 계속중에 등록의장의 의장권자 甲과 그로부터 의장권 침해의 고소를 당한 乙 사이에 乙이 의장등록 제품을 제작한 것에 대하여 사과하고, 추후 의장등록 제품을 제작하지 않겠으며, 기존 의장등록 제품을 폐기하겠다는 내용으로 이루어진 합의서에 의한 합의는 당해 의장등록 무효심판을 유지할 이해관계를 소멸시킨다.
⑤ 특허의 등록무효심판청구에 관하여 종전에 확정된 심결이 있더라도 종전 심판에서 청구원인이 된 무효사유 외에 다른 무효사유가 추가된 경우에 새로운 심판청구는 그 자체로 동일사실에 의한 것이 아니어서 일사부재리의 원칙에 위배되지 아니한다.

16 특허심판에 관한 설명으로 옳지 않은 것은? (다툼이 있으면 판례에 따름)

① 정정을 구하고 있는 특허발명의 특허청구범위의 일부 항에 대하여 등록무효가 확정되어 각하하여야 하는 경우 정정의 소 전부를 각하하여야 한다고 볼 수는 없다.
② 정정 전의 명세서 등에 따른 특허의 무효 여부는 여전히 특허권자와 제3자 사이에는 계속하여 특허무효 분쟁의 대상으로 남아 있는 것이므로, 정정을 인정하는 내용의 심결이 확정되었다고 하여, 정정 전의 명세서 등에 따른 특허발명의 내용이 그에 따라 확정적으로 변경되었다고 단정할 수는 없다.
③ 특허취소신청절차가 진행 중인 특허에 대한 특허권자는 특허법 제136조(정정심판) 제1항 각 호의 어느 하나에 해당하는 경우에만 제132조의13(특허취소신청에 대한 결정) 제2항에 따라 지정된 기간에 특허발명의 명세서 또는 도면에 대하여 정정청구를 할 수 있다.
④ 특허취소결정 또는 심결의 증거가 된 문서나 그 밖의 물건이 위조 또는 변조된 것인 경우에는, 처벌받을 행위에 대하여 유죄의 판결이나 과태료부과의 재판이 확정된 때 또는 증거부족 외의 이유로 유죄의 확정판결이나 과태료부과의 확정재판을 할 수 없을 때에만 재심의 소를 제기할 수 있다.
⑤ 부적법한 특허취소신청으로서 그 흠을 보정할 수 없을 때에는 특허취소신청의 합의체는 특허권자에게 특허취소신청의 부본을 송달하지 아니하고, 결정으로 그 특허취소신청을 각하할 수 있으며, 각하결정에 대해서는 결정등본송달일로부터 1주일 이내에 불복할 수 있다.

17 특허소송에 관한 설명으로 옳지 않은 것은? (다툼이 있으면 판례에 따름)

① 심결취소소송은 특허권의 공유자 중 1인이 당해 권리를 무효로 하거나 권리행사를 제한·방해하는 심결이 있는 때에는 그 권리의 소멸을 방지하거나 그 권리행사방해배제를 위하여 단독으로 그 심결의 취소를 구할 수 있지만, 당사자계심판 또는 그 재심의 심결에 대한 소를 제기하는 경우 특허권의 공유자 중 1인을 상대로 할 수는 없다.
② 거절결정에 대한 심결취소소송에서 지식재산처가 보정각하결정에서와 다른 이유를 들어 보정의 부적법을 주장하게 되면 출원인의 방어권 또는 절차적 이익이 침해된다.
③ 적극적 권리범위확인심판의 기각심결에 대한 심결취소소송 진행중 별도의 무효심판에 의해 특허발명을 무효로 한다는 심결이 확정된다면 적극적 권리범위확인심판의 기각심결에 대한 심결취소소송을 각하한다.
④ 당사자는 심결에서 판단되지 않은 처분의 위법사유도 심결취소소송단계에서 주장·입증할 수 있고 심결취소소송의 법원은 특별한 사정이 없는 한 제한 없이 이를 심리·판단하여 판결의 기초로 삼을 수 있는 것이다.
⑤ 특허출원인으로부터 특허를 받을 수 있는 권리를 양수한 특정승계인은 특허출원인변경신고를 하지 않은 상태에서는 그 양수의 효력이 발생하지 않아서 특허심판원의 거절결정불복심판심결에 대하여 취소의 소를 제기할 수 있는 당사자 등에 해당하지 아니하므로 그가 제기한 취소의 소는 부적법하다.

18 특허소송에 관한 설명으로 옳은 것은? (다툼이 있으면 판례에 따름)

① 출원인이 원출원의 일부를 2개의 특허출원(분할출원 1, 분할출원 2)으로 분할하는 과정에서 출원인의 착오로 2개의 출원이 동일한 출원이 되었으나, 출원인의 보정 등에 의하여 결국 원출원과 보정된 분할출원 1, 그리고 분할출원 2에 대하여 각각 특허사정이 이루어졌다면, 출원인은 분할출원 2에 대한 특허사정의 취소를 구할 법률상 이익이 있다.
② 특허발명의 신규성 또는 진보성 판단과 관련하여 공지사실에 관한 증명책임은 신규성 또는 진보성이 부정된다고 주장하는 당사자에게 있다. 따라서 권리자가 자백하거나 법원에 현저한 사실로서 증명을 필요로 하지 않는 경우가 아니라면, 공지사실은 증거에 의하여 증명되어야 하는 것이 원칙이다.
③ 전부 승소한 원심판결에 대한 상고는 그 판결의 이유에 불만이 있다면 특별한 사정이 없는 한 상고의 이익이 있다.
④ 당사자는 심결에서 판단되지 않은 처분의 위법사유도 심결취소소송단계에서 주장·입증할 수 있고, 심결취소소송의 법원은 특별한 사정이 없는 한 제한 없이 이를 심리·판단하여 판결의 기초로 삼을 수 없다.
⑤ 침해소송이 계속 중이어서 그 소송에서 특허권의 효력이 미치는 범위를 확정할 수 있는 경우에는 이를 이유로 침해소송과 별개로 청구된 권리범위확인심판의 심판청구의 이익이 부정된다.

19 특허협력조약(PCT)에 따른 국제출원 또는 국제특허출원에 관한 설명으로 옳지 않은 것은? (다툼이 있으면 판례에 따름)

① 우리나라에서 먼저 특허출원을 한 후 이를 우선권 주장의 기초로 하여 그로부터 1년 이내에 특허협력조약이 정한 국제출원을 할 때 지정국을 우리나라로 할 수 있다. 이 경우 우선권 주장의 조건 및 효과는 우리나라의 법령이 정하는 바에 의한다.
② 특허를 받으려는 사람은 자신이 특허를 받을 수 있는 권리를 가진 특허출원으로 먼저 한 출원의 출원서에 최초로 첨부된 명세서 또는 도면에 기재된 발명을 기초로 그 특허출원한 발명에 관하여 우선권을 주장할 수 있다. 우선권 주장을 수반하는 특허출원된 발명 중 해당 우선권 주장의 기초가 된 선출원의 최초 명세서 등에 기재된 발명과 같은 발명에 관하여 신규성, 진보성 등의 일정한 특허요건을 적용할 때에는 그 특허출원은 그 선출원을 한 때에 한 것으로 본다.
③ 후 출원의 출원인이 선출원의 출원인과 다르다면 특허를 받을 수 있는 권리를 승계받았다 하더라도 우선권 주장을 할 수 없다고 보아야 한다.
④ 국제특허출원의 외국어 명세서에 기재된 발명도 공개된 경우 확대된 선출원의 지위를 가진다.
⑤ 국제특허출원에 있어서 특허법 제203조(서면의 제출) 제1항 전단에 따른 서면에는 발명자의 성명 및 주소를 기재하여야 한다.

20 특허법상 다음 설명 중 옳지 않은 것은? (다툼이 있으면 판례에 따름)

① 공동출원인에 대하여 특허법 제219조 제1항에 의한 공시송달을 실시하기 위해서는 '공동출원인 전원의 주소 또는 영업소가 불분명하여 송달받을 수 없는 때'에 해당하여야 하고, 이러한 공시송달 요건이 구비되지 않은 상태에서 공동출원인 중 1인에 대하여 이루어진 공시송달은 부적법하고 그 효력이 발생하지 않는다.

② 특허거절결정을 받은 자가 불복이 있는 때에는 그 결정등본을 송달받은 날로부터 30일 이내에 심판을 청구할 수 있고, 특허를 받을 수 있는 권리가 공유인 경우에는 공유자 전원이 공동으로 특허출원을 하여야 하고, 특허를 받을 수 있는 권리의 공유자가 그 공유인 권리에 관하여 심판을 청구하는 때에는 공유자 전원이 공동으로 청구하여야 하며, 심판청구서의 보정은 청구의 이유를 제외하고는 요지를 변경할 수 없다.

③ 비밀유지명령을 취소하는 재판을 한 법원은 즉시 그 결정서를 그 신청을 한 자 및 상대방에게 송달하여야 한다.

④ 산업기술보호법 제2조 제1호 각 목의 어느 하나의 요건을 갖춘 산업기술은 특별한 사정이 없는 한 비밀유지의무의 대상이 되고, 그 산업기술과 관련하여 특허등록이 이루어져 산업기술의 내용 일부가 공개되었다고 하더라도 그 산업기술이 전부 공개된 것이 아닌 이상 비밀유지의무의 대상에서 제외되는 것은 아니다.

⑤ 지식재산처장은 특허관리인에 의하지 아니한 채 제출된 서류를 반려하지 아니하고 이를 수리하여 특허에 관한 절차를 진행한 이후라도 특허법 제5조 제1항에 위반된다는 이유로 제출된 서류의 절차상 하자를 주장할 수 있다.

21 상표의 유사판단에 관한 설명으로 옳지 <u>않은</u> 것은? (다툼이 있으면 판례에 따름)

① 상표에서 요부는 다른 구성 부분과 상관없이 그 부분만으로 일반 수요자에게 두드러지게 인식되는 독자적인 식별력 때문에 다른 상표와 유사 여부를 판단할 때 대비의 대상이 되는 것이므로, 상표에서 요부가 존재하는 경우에는 그 부분이 분리관찰이 되는 경우라면 요부만으로 대비함으로써 상표의 유사 여부를 판단할 수 있다.
② 상표의 유사 여부는 상표의 외관·호칭·관념을 일반 수요자의 입장에서 전체적, 객관적, 이격적으로 관찰하여 상품의 출처에 관하여 오인·혼동을 일으킬 우려가 있는지 여부에 의하여 판단하여야 하므로, 외관·호칭·관념 중에서 어느 하나가 유사하다 하더라도 전체로서의 상표가 일반 수요자가 상표에 대하여 느끼는 직관적 인식을 기준으로 하여 명확히 출처의 오인·혼동을 피할 수 있는 경우에는 유사한 것이라고 할 수 없다.
③ 등록상표의 구성 중 식별력 없는 일부분이 등록 전 사용에 의한 식별력을 취득한 경우에는 그 부분은 사용상품과 유사한 상품에 관하여 상표유사 판단의 요부가 될 수 있는 것은 아니다.
④ 도형상표들에서 상표의 유사 여부 판단은 때와 장소를 달리하여 두 개의 상표를 대하는 일반 수요자에게 상품 출처에 관하여 오인·혼동을 일으킬 우려가 있는지의 관점에서 이루어져야 한다.
⑤ 상표의 유사 판단에 있어서 외국어로 이루어진 상표의 호칭은 우리나라의 거래자나 수요자의 대부분이 그 외국어를 보고 특별한 어려움 없이 자연스럽게 하는 발음에 의하여 정하여짐이 원칙이고, 우리나라의 거래자나 수요자가 그 외국어 상표를 특정한 한국어로 표기하고 있는 등의 구체적인 사용실태가 인정되는 경우에는 그와 같은 구체적인 사용실태를 고려하여 외국어 상표의 호칭을 정하여야 한다.

22 상표법 제34조(상표등록을 받을 수 없는 상표)에 관한 설명으로 옳은 것은? (다툼이 있으면 판례에 따름)

① 저명한 연예인 이름, 연예인 그룹 명칭, 스포츠선수 이름, 기타 국내외 유명 인사 등의 이름이나 이들의 약칭을 포함하는 상표를 출원한 경우에는 지정 상품과 관계가 있어야 제34조 제1항 제6호를 적용한다.
② 동일한 지정상품에 사용할 동일한 상표에 대하여 먼저 출원한 자로부터 상표등록에 대한 동의를 받은 경우에는 나중에 출원한 자도 상표를 등록받을 수 있다.
③ 지리적 명칭이라 함은 단순히 지리적, 지역적 명칭을 말하는 것일 뿐 특정상품과 지리적인 명칭을 연관하여 그 지방의 특산물의 산지표시로서의 지리적 명칭임을 요하지 않는다.
④ 어떤 출원상표가 상표법 제7조 제1항 제11호의 '수요자를 기만할 염려가 있는 상표'에 해당한다고 하기 위하여는 출원상표와 대비되는 선사용상표의 권리자는 출원인 이외의 타인이어야 한다. 여기서 선사용상표의 권리자가 누구인지는 선사용상표의 선택과 사용을 둘러싼 관련 당사자 사이의 구체적인 내부관계 등을 종합적으로 살펴 판단하여야 하고, 선사용상표 사용자도 권리자로 보아야 한다.
⑤ 상표법 제34조(상표등록을 받을 수 없는 상표) 제1항 제13호에 해당하려면 출원 당시에 선사용상표가 국내 또는 외국의 수요자들에게 특정인의 상품을 표시하는 것이라고 인식되어 있으면 족하다.

23 상표법 제34조 제1항 제6호에 관한 설명으로 옳지 <u>않은</u> 것은? (다툼이 있으면 판례에 따름)

① 이 규정은 저명한 타인의 인격권을 보호하기 위한 규정으로서 타인이 저명할 것을 요하는 것이 아니라, 타인의 성명 등이 저명할 것을 요한다.
② 상표법 제34조 제1항 제6호 소정의 상호의 저명성은 동조항 제9호 소정의 주지성, 현저성보다도 훨씬 당해 상호의 주지도가 높을 뿐 아니라 나아가 오랜 전통 내지 명성을 지닌 경우를 가리킨다.
③ 등록 전에 제34조 제1항 제6호를 위반하면 거절이유, 정보제공이유, 이의신청이유에 해당하지만, 등록 후에 제34조 제1항 제6호를 위반하면 무효사유에 해당한다.
④ 상표법 제34조 제1항 제6호 소정의 상호의 저명성은 그 사용기간, 방법, 태양, 사용량 및 거래의 범위와 상품거래의 실정을 고려하여 사회통념상 또는 지정상품과 관련한 거래사회에서 타인의 명칭 등이 널리 인식될 수 있는 정도에 이르렀는지 여부에 따라 판단해야 한다.
⑤ 타인은 생존하는 자연인, 현존하는 법인, 법인격 없는 단체는 포함하나 외국인은 포함하지 아니한다.

24 다음의 상표법 제90조에 관한 설명 중 옳은 것은? (다툼이 있으면 판례에 따름)

① 상표법 제33조 제1항 제5호·제6호·제7호에 해당하는 상표들을 상표법 제33조 제1항 다른 각 호의 상표들과 구분하여 취급할 만한 특별한 사정이 없다고 보여지므로, 상표법 제90조 제1항 제2호 내지 제4호는 식별력 없는 상표들을 예시적으로 규정한 것이라고 봄이 상당하고, 상표법 제33조 제1항 제5호 내지 제7호의 상표에도 등록상표권의 효력이 미치지 아니한다.
② 전체뿐만 아니라 그중 분리 인식될 수 있는 일부만이 상표법 제90조 제1항 각 호에 해당하면 거기에 상표권의 효력은 미치므로 결합상표의 일부분에 대해서는 상표법 제90조가 적용될 수 없다.
③ 동조 제3항 위반이 있는지 판단함에 있어서 객관적 사정까지 고려할 것은 아니나 등록상표를 알고 있었다는 사실만으로 부족하며, 침해자의 상표 선정의 동기, 피침해상표를 알고 있었는지 여부 등 주관적 사정은 있어야 한다.
④ 현저한 지리적 명칭과 관용표장을 보통으로 사용하는 방법과 달리 도안화되거나 다른 문자 또는 도형과 결합된 것이라면 제90조 제1항 제4호에 해당하지 않는다.
⑤ 사용상표의 전체적인 구성 혹은 그 사용태양에 비추어 보아 그 부분이 '품질 등을 나타내는 기술적 표장'으로 사용되었음을 직감할 수 있다 하더라도 수요자가 그 부분의 구체적 의미(기술적 의미)를 직감하기 어렵다면 제90조 제1항 제2호에 해당하지 않는다.

25 다음의 상표권의 남용에 관한 설명 중 옳은 것은? (다툼이 있으면 판례에 따름)

① 상표의 등록이 자타상품식별 목적으로 한 것이 아니고, 국내에서 널리 인식된 타인의 상표가 등록되어 있지 않음을 알고, 일반 수요자로 하여금 타인의 상품과 혼동을 일으키게 하여 이익을 얻을 목적일지라도 형식상 상표권을 취득한 경우에는 권리행사의 외형을 갖춘 한 적법한 권리의 행사라고 인정할 수 있다.
② 상표권의 행사가 권리행사의 외형을 갖추었다 하더라도 권리를 남용하는 것으로서 허용될 수 없으려면, 상표권 행사의 목적이 오직 상대방에게 고통을 주고 손해를 입히려는 데 있을 뿐 이를 행사하는 사람에게는 아무런 이익이 없어야 한다는 주관적 요건이 있어야 한다.
③ 국내에서 등록되지 않는 외국상표에 관한 지위를 양도한 자가 스스로 그와 동일·유사한 상표를 먼저 출원·등록하는 것은 적법한 권리의 행사이다.
④ 등록취소사유가 있다 하더라도 그 상표권에 기한 금지청구는 권리남용 또는 신의칙 위반에 해당된다고 볼 수 없다.
⑤ 상표권의 유사 범위를 정당한 이유 없이 사용한 결과 그 사용상표가 국내의 일반 수요자들에게 알려지게 되었다면, 당해 상표 사용으로 시장에서 형성된 일반수요자들의 인식만을 근거로 하여 상표사용자를 상대로 한 등록상표의 상표권에 기초한 침해금지 또는 손해배상 등의 청구는 권리남용에 해당하게 된다.

26 상표권자의 민사상 조치 중 손해배상청구에 관한 설명 중 옳지 않은 것은? (다툼이 있으면 판례에 따름)

① 상표권 침해 시 상표권을 침해한 자에게는 침해행위에 대하여 과실이 있는 것으로 추정된다.
② 상표권을 침해한 자에게 과실이 없다고 하기 위해서는, 상표권을 침해한 자가 반드시 상표권의 존재를 알지 못하였다는 점을 정당화할 수 있는 사정이 있다는 것을 주장·증명해야 한다.
③ 상표권에 관한 무효심결이 확정된 경우 침해 당시 자신의 상표권에 기해 상표를 사용하는 것이라 믿었더라도 상표권의 효력이 사용상표에 미치지 아니한다고 믿었던 점을 정당화할 수 있는 사정에 해당한다고 할 수 없다.
④ 침해자가 침해행위에 의해 얻은 이익액을 상표권자 등의 손해액으로 추정하므로 상표권자는 스스로 업으로 등록상표를 사용하고 있고 상표권 침해행위에 의해 실제로 영업상 손해를 입은 것을 주장·입증할 필요가 있다.
⑤ 상표권자는 상표권 침해자가 취득한 이익을 입증하면 되고 그 밖에 침해행위와 손해 발생 간의 인과관계에 대하여는 이를 입증할 필요가 없다.

27 상표등록취소심판(상표법 제119조 제1항 제1호)에 관한 설명 중 옳지 않은 것은? (다툼이 있으면 판례에 따름)

① 제119조 제1항 제1호가 적용되려면 상표권자가 자신의 등록상표가 타인의 상표와 동일·유사하게 변형 사용되는 것을 적극적으로 희망하여 의도적으로 그 변형이 용이하도록 상표를 제작·부착하고, 그 상표가 부착된 상품의 판매자나 수요자에게 그 상표의 변형 방법을 주지시키고, 이로 말미암아 실제로 등록상표가 상표권자의 의도대로 상품의 판매자나 수요자들에 의하여 인용상표들과 동일·유사하게 변형되어 유통·사용되었다면, 이는 상표권자가 직접 등록상표에 변형을 가한 경우와 마찬가지이다.

② 상표권자가 오인·혼동을 일으킬 만한 대상상표의 존재를 알면서 그 대상상표와 동일·유사한 실사용상표를 사용하면 상표 부정사용의 고의가 있다 할 것이고, 특히 그 대상상표가 주지·저명한 상표인 경우에는 그 대상상표나 그 상품의 존재를 인식하지 못하였다는 등의 특별한 사정이 없는 한 고의의 존재를 추정할 수 있다.

③ 복수의 유사상표를 사용하다가 그중 일부만 등록한 상표권자가 미등록의 사용상표를 계속 사용하고 그로 인하여 타인의 상표와의 관계에서 등록상표만 사용한 경우에 비하여 수요자가 상품 출처를 오인·혼동할 우려가 더 커지게 되었다 하더라도, 이러한 사용은 제119조 제1항 제1호에 규정된 등록상표와 유사한 상표의 사용으로 볼 수 없다.

④ 대상상표가 되기 위해서는 구체적인 출처의 오인·혼동 염려가 있어야 하므로 대상상표는 실제로 사용되어 수요자에게 어느 정도 알려져(국내에서 특정인의 상표로 인식) 있어야 한다.

⑤ 실사용상표와 타인의 대상상표 사이의 혼동 유무를 판단함에 있어, 각 상표의 외관·칭호·관념등을 객관적·전체적으로 관찰하되, 그 궁극적 판단 기준은 실사용상표가 등록상표로부터 변형된 정도 및 대상상표와 근사한 정도, 실사용상표와 대상상표가 상품에 사용되는 형태 및 사용상품 간의 관련성, 각 상표의 기간과 실적 및 주지도 등에 비추어 출처오인·혼동 염려가 객관적으로 존재하는지 판단한다.

28 상표등록취소심판(상표법 제119조 제1항 제3호)에 관한 설명 중 옳지 않은 것은? (다툼이 있으면 판례에 따름)

① 상표권자가 외국에서 등록상표를 표시했을 뿐 국내에서 직접 대리인을 통하여 등록상표를 사용한 적이 없다고 하더라도, 그 상품이 제3자에 의해 우리나라로 수입되어 상표권자가 등록상표를 표시한 그대로 국내의 정상적인 거래에서 양도, 전시되는 등의 방법으로 유통되고, 그에 따라 국내 수요자에게 그 상표가 상표권자의 업무에 관련된 상품을 표시하는 것으로 사회 통념상 인식되는 경우에는 특단의 사정이 없는 한 상표권자가 국내에서 상표를 사용한 것으로 보아야 한다.
② 상표의 불사용에 정당한 이유가 없을 것의 '정당한 이유'란 법률 규제, 판매금지 또는 국가의 수입제한 조치 등에 의해 부득이 등록상표의 지정상품이 국내에서 일반적, 정상적으로 거래할 수 없는 경우와 같이 상표권자의 귀책사유로 인하지 아니한 불사용의 경우도 포함된다.
③ 불사용 상태가 상당기간 계속된 등록상표의 이전이 있는 경우, 불사용에 대한 '정당한 이유'를 판단함에 있어서 그 이전등록의 이전의 불사용에 대한 정당한 이유를 고려하여야 한다.
④ 지정상품이 국내에서 정상적으로 유통되고 있거나 유통될 것을 예정하고 있지 아니한 상태에서 단순히 등록상표에 대한 불사용취소를 면하기 위하여 명목상으로 등록상표에 대한 광고행위를 한 데에 그친 경우라면 등록상표를 정당하게 사용하였다고 할 수 있다.
⑤ 영문과 단순 음역이 결합된 상표를 등록받은 뒤 그 중 어느 한 부분을 생략한 채 사용한 경우, 영문과 단순 음역의 결합으로 인해 어느 한 부분과는 다른 새로운 관념이 형성되지 않고, 영문과 단순 음역이 결합된 표장과 어느 한 부분으로만 이루어진 표장을 보았을 때, 수요자들은 동일하게 호칭할 것이라는 점을 근거로 등록상표와 실사용상표 간의 동일성을 인정한 바 있다.

29 상표법상 재심과 소송에 관한 설명으로 옳지 않은 것은? (다툼이 있으면 판례에 따름)

① 甲은 이 사건 등록상표의 지정상품과 동일 또는 유사상품에 해당하는 가방류에 관하여 미국, 유럽, 일본 등 60여 개국에서 비교대상상표를 등록하였고, 지갑 등 상품에 관하여 미국, 유럽, 호주의 업체들에게 비교대상상표를 사용하도록 하는 라이선스 계약을 체결하였으며, 또한 국내에서도 비교대상상표를 부착한 배낭, 여행용 소형 가방, 장지갑, 서류가방, 여권지갑 등 판촉물을 배포하였으므로, 甲은 이 사건 등록상표의 지정상품과 동일 또는 유사상품에 동일 또는 유사상표를 사용하리라고 추측이 갈 수 있는 관계에 있는 자로서 이 사건 등록상표에 대한 등록무효심판을 청구할 수 있는 이해관계인에 해당한다.

② 어떤 상표가 국내 또는 외국의 수요자간에 특정인의 상품을 표시하는 것이라고 현저하게 인식되어 있는 상표(지리적 표시를 제외한다)와 동일 또는 유사한 상표로서 부당한 이익을 얻으려 하거나 그 특정인에게 손해를 가하려고 하는 등 부정한 목적을 가지고 사용하는 상표에 해당하기 위해서는 그 대상상표가 국내 또는 외국의 수요자 간에 특정인의 상표라고 현저하게 인식되어 있는 주지상표이어야 하고, 대상상표가 주지상표인가의 여부는 그 등록상표의 출원 당시를 기준으로 판단하여야 한다.

③ 상표등록의 무효심판을 청구할 수 있는 이해관계인에는 등록상표와 동일 또는 유사한 상표를 사용한 바 있거나 현재 사용하고 있는 자, 그와 같은 상표를 사용한 일이 없더라도 동일 또는 유사상표를 먼저 등록한 자 등이 포함된다.

④ 거절결정불복심판청구 기각 심결의 취소소송에서 지식재산처장은 거절결정의 이유 외에 심사나 심판 단계에서 의견서 제출의 기회를 부여한 사유 및 이와 주요한 취지가 부합하는 사유는 해당 심결의 결론을 정당하게 하는 사유로 주장할 수 있다.

⑤ 甲이 청구한 심결청구에 대하여 대상심결이 이루어졌는데, 그 당시 乙은 이 사건 등록상표나 기본상표에 관하여 어떠한 이해관계도 없었고, 대상심결이 나온 날로부터 3년여가 지나서야 소외 제3자인 丙으로부터 기본상표에 대한 질권을 양도받고 같은 달 17. 위 질권에 대한 이전등록절차를 마쳤으며, 같은 해 기본상표를 낙찰받아 같은 해 7.9. 상표권자명의변경등록을 마쳤다. 乙은 재심대상심결에 대하여 재심을 청구할 수 있는 제3자에 해당한다

30 다음은 상표법상의 벌칙에 관련한 설명으로 옳지 않은 것은? (다툼이 있으면 판례에 따름)

① 수 개의 등록상표에 대하여 상표법 제230조의 상표권 침해행위가 계속하여 이루어진 경우에는 등록상표마다 포괄하여 1개의 범죄가 성립한다. 그러나 하나의 유사상표 사용행위로 수 개의 등록상표를 동시에 침해하였다면 각각의 상표법 위반죄는 상상적 경합의 관계에 있다.

② 상표권자 또는 그의 동의를 얻은 자가 국내에서 등록상표가 표시된 상품을 양도한 경우에는 해당 상품에 대한 상표권은 그 목적을 달성한 것으로서 소진되고, 그로써 상표권의 효력은 해당 상품을 사용, 양도 또는 대여한 행위 등에는 미치지 않는다.

③ 5년 이하의 징역 또는 5천만원 이하의 벌금에 처하는 국내외에서 정당한 사유 없이 비밀유지명령을 위반한 자에게 성립하는 비밀유지명령 위반죄에 대해서는 비밀유지명령을 신청한 자의 고소가 있어야 공소를 제기할 수 있다.

④ 통상사용권자가 계약상 부수적인 조건을 위반하여 상품을 양도한 경우 상표권자의 동의를 받지 않은 양도행위이므로 권리소진의 원칙이 배제된다고 볼 수 있다.

⑤ 상품과 서비스 사이의 동종·유사성은 서비스와 상품 간의 밀접한 관계 유무, 상품의 제조·판매와 서비스의 제공이 동일 사업자에 의하여 이루어지는 것이 일반적인가, 그리고 일반인이 그와 같이 생각하는 것이 당연하다고 인정되는가, 상품과 서비스의 용도가 일치하는가, 상품의 판매장소와 서비스의 제공장소가 일치하는가, 수요자의 범위가 일치하는가, 유사한 표장을 사용할 경우 출처의 혼동을 초래할 우려가 있는가 하는 점 등을 따져 보아 거래 사회의 통념에 따라 이를 인정하여야 한다.

31 디자인보호법령상 관련디자인제도에 관한 설명으로 옳은 것은? (다툼이 있으면 판례에 따름)

① 디자인등록출원인이 자기의 기본디자인에만 유사한 디자인에 대하여 유사디자인이 아닌 단독의 디자인으로 디자인등록을 받은 경우에는 그 디자인등록은 무효로 되어야 한다.

② 같은 출원인이 유사한 2개의 디자인을 각각 단독의 디자인으로 디자인등록을 받은 경우 그 중 어느 하나의 등록이 무효로 되었다는 사정이 존재한다면 다른 하나의 디자인권에 대하여 그 하자가 치유된다.

③ 기본디자인의 디자인권에 전용실시권이 설정되어 있는 경우에도 그 기본디자인에 관한 관련디자인에 대하여 디자인등록을 받을 수 있다.

④ 관련디자인으로 등록된 디자인권은 독자적으로 무효심판의 대상이 되고, 포기될 수도 있으며, 그 디자인권에 관한 권리범위확인심판의 청구도 가능하므로 기본디자인의 디자인권과 관련디자인의 디자인권은 각각 다른 사람에게 분리하여 이전할 수 있다.

⑤ 관련디자인등록출원의 물품명칭이 기본디자인의 물품명칭보다 정당하거나 적합하더라도 기본디자인의 물품명칭에 일치시켜야 한다.

32 디자인보호법상의 복수디자인등록출원에 관한 설명으로 옳지 <u>않은</u> 것은?

① 복수디자인등록출원의 성립요건을 위반하더라도 등록 후에는 이의신청이유(디자인보호법 제68조 제1항)나 무효사유(디자인보호법 제121조 제1항)에 해당하지 않는다.
② 복수디자인등록출원된 디자인 중 보완이 필요한 일부 디자인이 보완되지 아니한 경우 해당 디자인만을 반려하고, 나머지 디자인에 대해서 출원일을 인정한다.
③ 복수디자인출원된 디자인이 설정등록되면 권리별 처분·소멸이 가능하다. 따라서 각 디자인권마다 분리하여 이전할 수 있고, 각 디자인마다 이의신청 또는 무효심판청구의 대상이 될 수 있다.
④ 복수디자인등록출원된 디자인에 대하여는 출원된 디자인의 전부 또는 일부에 대하여 비밀디자인 지정을 청구할 수 있다.
⑤ 지식재산처장은 복수디자인등록출원에 대하여 우선심사를 하는 경우 대통령령으로 정하는 디자인등록출원으로서 긴급하게 처리할 필요가 있다고 인정되는 경우에 해당하는 일부 디자인만 우선하여 심사하게 할 수 있다.

33 디자인보호법상의 요지변경에 관련한 설명으로 옳지 <u>않은</u> 것은? (다툼이 있으면 판례에 따름)

① 적극적 권리범위확인심판에서 확인대상디자인의 도면에 대하여 피청구인이 자신이 실제로 실시하고 있는 디자인과 다르다고 주장하는 경우에 청구인이 피청구인의 실시 디자인과 같게 하기 위하여 심판청구서의 확인대상디자인의 도면을 보정하는 것은 요지변경에 해당하지 않는다.
② 복수디자인등록출원을 한 경우(국제디자인등록출원은 제외) 도면의 보정에 있어, 디자인의 일부를 취하하기 위하여 출원디자인의 일부를 삭제 보정하는 경우에는 요지변경이 아닌 것으로 보지만, 출원서에 적힌 디자인의 수에 맞춰 도면을 추가로 제출하는 경우에는 요지변경으로 본다.
③ 디자인등록출원인이 디자인등록출원의 요지변경으로 인하여 보정각하결정을 받은 경우, 그 결정에 불복할 때에는 그 결정등본을 송달받은 날부터 3개월 이내에 심판을 청구할 수 있다.
④ 디자인등록출원인은 관련디자인등록출원을 단독의 디자인등록출원으로, 단독의 디자인등록출원을 관련디자인등록출원으로 변경하는 보정이 최초 디자인등록출원의 요지를 변경하는 것으로 디자인권의 설정등록 후에 인정된 경우에는 그 디자인등록출원은 그 보정서를 제출한 때에 디자인등록출원을 한 것으로 본다.
⑤ 심판청구서의 보정의 정도가 청구인의 발명에 관하여 심판청구서에 첨부된 도면 및 설명서의 구조의 불명확한 부분을 구체화하는 것이라면 요지변경이라고 하여야 한다.

34 디자인보호법상의 조약에 의한 우선권주장에 관련한 설명으로 옳지 않은 것은?

① 조약에 따라 대한민국 국민에게 출원에 대한 우선권을 인정하는 당사국의 국민이 그 당사국 또는 다른 당사국에 출원한 후 동일한 디자인을 대한민국에 디자인등록출원하여 우선권을 주장하는 경우에는 제33조 및 제46조를 적용할 때 그 당사국 또는 다른 당사국에 출원한 날을 대한민국에 디자인등록출원한 날로 본다.
② 조약에 따른 우선권을 주장하려는 자는 우선권주장의 기초가 되는 최초의 출원일부터 6개월 이내에 디자인등록출원을 하지 아니하면 우선권을 주장할 수 없다.
③ 조약에 따른 우선권을 주장하려는 자는 디자인등록출원 시 디자인등록출원서에 그 취지와 최초로 출원한 국명 및 출원연월일을 적어야 한다.
④ 디자인등록출원시 우선권 주장을 하지 않았다면, 출원일로부터 3개월 이내에 우선권 주장을 추가하는 보정을 하여야 한다.
⑤ 조약에 따른 우선권을 주장하려는 자가 정당한 사유로 디자인등록출원일부터 3개월 이내에 증명서류 등을 제출할 수 없었던 경우에는 그 기간의 만료일부터 2개월 이내에 증명서류 등을 지식재산처장에게 제출할 수 있다.

35 디자인보호법상의 출원의 취하와 포기에 관련한 설명으로 옳지 않은 것은? (다툼이 있으면 판례에 따름)

① 출원의 포기란 출원절차를 종료시키는 법률효과를 발생시키는 것으로서 포기하면 그 출원은 처음부터 없었던 것으로 취급된다.
② 출원의 취하와 포기는 디자인등록출원인과 그 권한을 위임받은 대리인이 할 수 있다.
③ 취하와 포기가 가능한 출원이란 출원 계속 중인 디자인등록출원만을 말한다.
④ 특허출원인이 출원의 일부 취하라는 이름의 서류를 제출하였다고 하더라도 특허출원서의 보정기간 경과 후에 특허출원의 일부 취하라면 특허법상 보정이라고 보아야 한다.
⑤ 출원공개 등이 있은 후에 취하·포기를 하더라도 확대된 선출원의 지위가 인정된다.

36 디자인보호법상의 출원공개 및 보상금청구권에 관련한 설명으로 옳지 않은 것은?

① 디자인등록출원인은 제1항에 따라 경고를 받거나 제52조에 따라 출원공개된 디자인임을 알고 그 디자인등록출원된 디자인 또는 이와 유사한 디자인을 업으로서 실시한 자에게 그 경고를 받거나 제52조에 따라 출원공개된 디자인임을 안 때부터 디자인권의 설정등록 시까지의 기간 동안 그 등록디자인 또는 이와 유사한 디자인의 실시에 대하여 합리적으로 받을 수 있는 금액에 상당하는 보상금의 지급을 청구할 수 있다.
② 출원공개의 효과로서 보상금청구권은 그 디자인등록출원된 디자인에 대한 디자인권이 설정등록된 후가 아니면 행사할 수 없다.
③ 출원공개된 후 디자인등록출원이 포기·무효 또는 취하된 경우 출원공개의 효과로서 보상금청구권은 처음부터 발생하지 아니한 것으로 추정한다.
④ 출원공개의 효과로서 보상금청구권의 행사는 디자인권의 행사에 영향을 미치지 아니한다.
⑤ 지식재산처장은 디자인등록출원인이 총리령으로 정하는 바에 따라 자기의 디자인등록출원에 대한 공개를 신청하는 경우에는 그 디자인등록출원에 관하여 디자인공보에 게재하여 출원공개를 하여야 한다.

37 디자인등록출원 심사 절차에 관한 설명으로 옳지 않은 것은? (다툼이 있으면 판례에 따름)

① 디자인일부심사등록 이의신청이 이유 있다고 인정될 때에는 그 등록디자인을 취소한다는 취지의 결정을 하여야 하며, 그 결정에는 불복할 수 없다.
② 심결시를 기준으로 볼 때 단독디자인 출원에서 유사디자인 출원으로 변경된 것으로 봄이 상당한 경우 특허심판원은 출원인의 출원이 단독디자인 출원에서 유사디자인 출원으로 변경된 것으로 보고 이 출원디자인이 유사디자인으로서 등록을 받을 수 있는지 여부에 대하여 심리하여 판단하여야 한다.
③ 디자인일부심사등록 이의신청에 대한 각하결정 및 이의신청기각결정에 대하여는 불복할 수 없다.
④ 복수디자인등록출원에 대하여 일부 디자인에만 거절이유가 있으면 출원된 디자인 전부가 아니라 그 일부 디자인에 대하여만 디자인등록거절결정을 할 수 있다.
⑤ 심사관은 디자인등록결정을 할 때에 디자인등록출원서 또는 도면에 적힌 사항이 명백히 잘못된 경우에는 직권으로 보정을 할 수 있다. 이 경우에는 디자인등록결정 등본의 송달과 함께 그 직권보정사항을 디자인등록출원인에게 알려야한다.

38 디자인권에 관한 설명으로 옳지 <u>않은</u> 것은? (다툼이 있으면 판례에 따름)

① 디자인권의 권리범위 확인심판을 청구할 때에는 등록디자인과 대비할 수 있는 도면을 첨부하여야 한다.
② 디자인의 유사 여부는 이를 구성하는 각 요소를 분리하여 개별적으로 대비할 것이 아니라 그 외관을 전체적으로 대비 관찰하여 보는 사람으로 하여금 상이한 심미감을 느끼게 하는지의 여부에 따라 판단하여야 하므로, 그 지배적인 특징이 유사하다면 세부적인 점에 다소 차이가 있을지라도 유사하다고 보아야 한다.
③ 일단 적법하게 발생한 디자인권이라 할지라도 그 권리가 소멸된 이후에는 그에 대한 권리범위확인을 구할 이익이 없어진다.
④ 디자인권은 물품의 신규성이 있는 형상, 모양, 색채의 결합에 부여되는 것으로서 공지의 형상과 모양을 포함한 출원에 의하여 디자인등록이 되었다면 공지부분에도 독점적이고 배타적인 권리를 인정하여야 한다.
⑤ 글자체디자인에서 타자·조판 또는 인쇄 등의 통상적인 과정에서 글자체를 사용하는 경우에는 디자인권의 효력이 미치지 않는다.

39 디자인보호법상 디자인권자의 보호에 관한 설명으로 옳지 <u>않은</u> 것은? (다툼이 있으면 판례에 따름)

① 디자인보호법 제114조의 간접침해 규정은 디자인권자 등을 보호하기 위하여 디자인권의 간접침해자에게도 민사책임을 부과시키는 정책적 규정일 뿐, 이를 디자인권 침해행위를 처벌하는 형벌법규의 구성요건으로서까지 규정한 취지는 아니다.
② 타인의 디자인권 또는 전용실시권을 침해한 자는 그 침해행위에 대하여 과실이 있는 것으로 추정한다. 다만, 비밀디자인으로 설정등록된 디자인권 또는 전용실시권의 침해에 대하여는 그러하지 아니하다.
③ 디자인권자는 고의나 과실로 인하여 자기의 디자인권을 침해한 자에 대하여 그 침해에 의하여 자기가 입은 손해의 배상을 청구하는 경우 그 권리를 침해한 자가 그 침해행위를 하게 한 물건을 양도하였을 때에는 그 물건의 양도수량에 디자인권자가 그 침해행위가 없었다면 판매할 수 있었던 물건의 단위수량당 이익액을 곱한 금액을 디자인권자가 입은 손해액으로 할 수 있다.
④ 디자인등록을 출원하여 등록받은 사람이 그 디자인을 창작한 사람 또는 그 승계인에 해당하지 않는다는 점에 대한 증명책임은 그 디자인등록의 무효를 주장하는 사람에게 있다.
⑤ 국내에 등록된 상표와 동일·유사한 상표가 부착된 그 지정상품과 동일·유사한 상품을 수입하는 행위는 그 등록상표권의 침해 등을 구성하지 않는다.

40 국제출원 및 국제디자인등록출원에 관한 설명으로 옳지 않은 것은?

① 국제출원서, 그 출원에 필요한 서류 및 대체서류 제출명령에 따른 서류는 지식재산처장에게 도달한 날부터 그 효력이 발생한다. 우편으로 제출된 경우에도 또한 같다.
② 지식재산처를 통한 국제출원을 할 수 있는 자는 반드시 대한민국 국민이거나 대한민국에 주소(법인인 경우에는 영업소를 말한다)가 있는 자 중 어느 하나에 해당하여야 한다. 2인 이상이 공동으로 출원하는 경우에는 각자 모두가 대한민국 국민이거나 대한민국에 주소(법인인 경우에는 영업소를 말한다)가 있는 자에 해당하여야 한다.
③ 국제출원서의 기재사항에 대하여 대체서류 제출명령을 받은 자가 지정기간 내에 대체서류를 제출한 경우에는 그 대체서류가 지식재산처장에게 도달한 날을 국제출원서가 도달한 날로 본다.
④ 지식재산처를 통한 국제출원시에 납부하여야 할 송달료, 그 납부방법·납부기간, 그 밖에 필요한 사항은 총리령으로 정한다.
⑤ 지식재산처장은 지식재산처를 통한 국제출원을 하려는 자가 송달료를 내지 아니한 경우에는 상당한 기간을 정하여 보정을 명하여야 하고, 그 보정명령을 받은 자가 지정된 기간에 송달료를 내지 아니한 경우에는 해당 절차를 무효로 할 수 있다.

2교시 민법개론

01 신의성실의 원칙에 관한 설명으로 옳은 것은? (다툼이 있으면 판례에 따름)

① 「국토의 계획 및 이용에 관한 법률」이 정하는 거래허가를 받지 않고 토지매매계약을 체결한 당사자가 스스로 그 계약의 무효를 주장하는 것은, 특별한 사정이 없으면, 신의성실의 원칙에 위반하는 권리행사로 허용되지 않는다.
② 권리의 행사가 신의성실원칙 위반으로 권리남용으로 인정되는 경우, 남용의 구체적 효과는 권리의 종류와 남용의 결과에 관계없이 권리의 박탈이라는 점에서는 동일하다.
③ 甲이 乙로부터 乙의 丙에 대한 공사대금채권을 양도받아 丙을 상대로 양수금 청구소송을 제기하여 일부 승소판결이 확정되었는데, 丙이 건물 소유권을 취득하여 丁 등에게 근저당권을 설정하여 주자 甲이 판결금 채권을 피보전채권으로 하여 丁 등을 상대로 채권자취소소송을 제기한 경우, 甲과 乙의 채권양도가 소송신탁에 해당하여 무효이므로 甲의 채권자취소권 행사가 허용될 수 없다.
④ 회사의 이사가 채무액과 변제기가 특정되어 있는 회사채무에 대하여 보증계약을 체결한 경우, 이사직 사임이라는 사정변경을 이유로 일방적으로 보증계약을 해지할 수 있다.
⑤ 채권자가 유효하게 성립한 계약에 따른 급부의 이행을 청구하는 때에 공평의 이념 또는 신의칙과 같은 일반원칙에 의하여 법원이 급부의 일부를 감축하는 것은 원칙적으로 허용되지 않는다.

02 부재와 실종에 관한 설명으로 옳지 않은 것은? (다툼이 있으면 판례에 따름)

① 민법 제27조 제2항에서 정하는 "사망의 원인이 될 위난"의 의미는 화재·홍수·지진·화산 폭발 등과 같이 일반적·객관적으로 사람의 생명에 명백한 위험을 야기하여 사망의 결과를 발생시킬 가능성이 현저히 높은 외부적 사태 또는 상황을 가리킨다는 점에서 甲이 잠수장비를 착용한 채 바다에 입수하였다가 부상하지 아니한 채 행방불명되었다면, 이는 "사망의 원인이 될 위난"이라고 할 수 있다.
② 호적상 이미 사망한 것으로 기재되어 있는 자는 실종선고를 할 수 없다.
③ 부재자의 제1순위 재산상속인이 있는 경우에 제4순위의 재산상속인은 위 부재자에 대한 실종선고를 청구할 이해관계인이 될 수 없다.
④ 상속이 개시된 이상 설사 이후 실종선고가 취소되어야 할 사유가 생겼다고 하더라도 실제로 실종선고가 취소되지 아니하는 한, 임의로 실종기간이 만료하여 사망한 때로 간주되는 시점과는 달리 사망시점을 정하여 이미 개시된 상속을 부정하고 이와 다른 상속관계를 인정할 수는 없다.
⑤ 부재자의 재산관리인에 의하여 소송절차가 진행되던 중 부재자 본인에 대한 실종선고가 확정되면 그 재산관리인으로서의 지위는 종료되는 것이므로 상속인등에 의한 적법한 소송수계가 있을 때까지는 소송절차가 중단된다.

03 다음 법인의 능력에 대한 설명 중 옳은 것은? (다툼이 있으면 판례에 따름)

① 乙이 甲 법인을 실질적으로 운영하고 사실상 대표하여 사무를 집행하지만 대표이사로 등기되어 있지 않은 경우, 乙의 불법행위에 대해 甲 법인은 손해배상책임이 없다.
② 甲 법인의 대표이사 乙의 행위가 乙 자신의 사익을 도모하기 위한 것이라도 甲 법인은 불법행위책임을 진다.
③ 법인의 불법행위책임을 인정하기 위해서는 외형상 대표기관의 직무행위라고 판단되는 행위가 있으면 족하고 일반불법행위의 요건까지 갖추어야 하는 것은 아니다.
④ 대표기관이 법인의 목적과 관계없이 대표기관 자신이나 제3자의 이익을 도모할 목적으로 그 권한을 남용한 것이라면 상대방이 이를 알았더라도 법인의 불법행위책임을 물을 수 있다.
⑤ 甲이 비법인사단이라면 대표이사 乙이 직무수행에 관해 丙에 대하여 불법행위를 하였어도, 丙에 대하여 甲의 불법행위책임은 성립하지 않는다.

04 주물과 종물에 관한 설명으로 옳은 것은? (다툼이 있으면 판례에 따름)

① 신폐수처리시설과 구폐수처리시설은 그 기능면에 있어서는 전체적으로 결합하여 유기적으로 작용함으로써 하나의 폐수처리장을 형성하고 그 기능을 수행하므로 신폐수처리시설은 구폐수처리시설의 종물이라고 할 것이다.
② 甲 소유의 축사 건물 및 그 부지를 임의경매절차에서 매수한 사람이 위 부지 밖에 설치된 甲 소유 소독시설을 통로로 삼아 위 축사건물에 출입한 사안에서, 위 소독시설은 축사출입차량의 소독을 위하여 설치한 것이므로 별개의 토지 위에 존재하는 독립한 건조물이기는 하나 축사 자체의 효용에 제공된 종물이라 할 것이다.
③ 백화점 건물의 지하 2층 기계실에 설치되어 있는 전화교환설비는 독립한 물건이기는 하나, 위 건물에 연결되거나 부착하는 방법으로 설치되어 위 건물인 10층 백화점의 효용과 기능을 다하기에 필요불가결한 시설들로서, 위 건물의 상용에 제공된 종물이라 할 것이다.
④ 당사자는 주물을 처분할 때에 특약으로 종물을 제외할 수 없다
⑤ 원본채권이 양도되는 경우, 특별한 의사표시가 없으면 이미 변제기에 도달한 이자채권도 함께 양도된다.

05 다음 원물과 과실에 대한 설명 중 옳은 것은? (다툼이 있으면 판례에 따름)

① 저당부동산에 대한 압류가 있으면 압류 이후의 저당권설정자의 저당부동산에 관한 차임채권 등에도 저당권의 효력이 미치므로, 저당권의 효력이 미치는 차임채권 등에 대한 저당권의 실행은 저당부동산에 대한 경매절차에 의하여 이루어질 수 있다.
② 법정과실은 수취할 권리의 존속기간일수의 비율로 취득할 수 있는 것으로 당사자가 그와 다르게 약정할 수는 없다.
③ 피인지자에 대한 인지 이전에 상속재산을 분할한 공동상속인이 그 분할받은 상속재산으로부터 발생한 과실을 취득하는 것은 피인지자에 대한 관계에서 부당이득이 된다.
④ 종물이 제3자의 소유임에도 민법 제100조 제2항에 따라 주물과 종물이 법률적 운명을 같이한다면 주물의 소유자 아닌 사람의 소유에 속하는 물건은 종물이 될 수 있다.
⑤ 돼지를 양도담보의 목적물로 하여 소유권을 양도하되 점유개정의 방법으로 양도담보설정자가 계속하여 점유·관리하면서 무상으로 사용·수익하기로 약정한 경우 다른 특별한 약정이 없는 한 새끼 돼지에 대하여는 양도담보의 효력이 미치지 않는다.

06 법률행위의 대리에 관한 설명으로 옳지 않은 것은?

① 민법상 대리는 행위자 아닌 자에게 법률행위의 효력을 귀속시키는 제도로서 의사표시를 요소로 하는 법률행위에서 인정되는 것이므로, '의사 또는 관념의 통지'와 같은 준법률행위에 대하여는 대리에 관한 규정이 적용되지 않는다.
② 대리인이 본인을 위한 대리행위라는 의사의 표시(현명)는 방식을 불문할 뿐만 아니라 반드시 명시적으로만 할 필요가 없이 묵시적으로도 할 수 있는 것이고, 현명을 하지 아니한 경우라도 그 행위를 둘러싼 여러 사정에 비추어 대리행위로서 이루어진 것임을 상대방이 알았거나 알 수 있었을 때에는 적법한 대리행위로서 효력이 인정된다.
③ 계약을 대리하여 체결하였던 대리인이 체결된 계약의 해제 등 일체의 처분권과 상대방의 의사를 수령할 권한까지 가지고 있다고 볼 수는 없다.
④ 본인을 대리하여 금전소비대차 내지 그를 위한 담보권설정계약을 체결할 권한을 수여받은 대리인에게 본래의 계약관계를 해제할 대리권까지 있다고 볼 수 없다.
⑤ 법원에 의하여 선임된 부재자재산관리인은 법원의 허가없이 부동산 소유권이전등기 말소등기절차 이행청구나 인도청구를 할 수 있다.

07 복대리에 관한 설명으로 옳지 않은 것은? (다툼이 있으면 판례에 따름)

① 오피스텔의 분양업무는 본인이 복대리 금지의 의사를 명시하지 아니하는 한 복대리인의 선임에 관하여 묵시적인 승낙이 있는 것으로 보는 것이 타당하다.
② 甲이 채권자를 특정하지 아니한 채 부동산을 담보로 제공하여 금원을 차용해 줄 것을 乙에게 위임하였고, 乙은 이를 다시 丙에게 위임하였으며, 丙은 丁에게 위 부동산을 담보로 제공하고 금원을 차용하여 乙에게 교부하였다면, 乙에게 위 사무를 위임한 甲의 의사에는 '복대리인 선임에 관한 승낙'이 포함되어 있다고 봄이 타당하다.
③ 대리인이 사자 내지 임의로 선임한 복대리인을 통하여 권한 외의 법률행위를 한 경우, 상대방이 그 행위자를 대리권을 가진 대리인으로 믿었고 또한 그렇게 믿는 데에 정당한 이유가 있는 때에는, 복대리인 선임권이 없는 대리인에 의하여 선임된 복대리인의 권한도 기본대리권이 될 수 있을 뿐만 아니라, 그 행위자가 사자라고 하더라도 대리행위의 주체가 되는 대리인이 별도로 있고 그들에게 본인으로부터 기본대리권이 수여된 이상, 민법 제126조를 적용함에 있어서 기본대리권의 흠결 문제는 생기지 않는다.
④ 임의대리인이 본인의 승낙을 얻어 복대리인을 선임한 경우, 임의대리인은 그 선임감독에 관한 책임이 있다.
⑤ 甲이 이 사건 부동산에 관한 소유권이전등기 소요서류를 원고 乙을 위하여 보관하고 있었고 또 乙로부터 이 사건 부동산의 관리권을 수여받았다 하더라도 다른 특별한 사정이 없는 이상 이러한 사실만 가지고서는 甲이 乙로부터 이 사건 부동산의 처분에 관한 대리권을 수여받는 것이라고 볼 수 없다.

08 법률행위의 무효와 취소에 관한 설명으로 옳지 <u>않은</u> 것은? (다툼이 있으면 판례에 따름)

① 허가를 받을 것을 전제로 한 거래계약은 허가 받기 전의 상태에서는 거래계약의 채권적 효력도 전혀 발생하지 않으므로 권리의 이전 또는 설정에 관한 어떠한 내용의 이행청구도 할 수 없고, 그러한 거래계약의 당사자로서는 허가받기 전의 상태에서 상대방의 거래계약상 채무불이행을 이유로 거래계약을 해제하거나 그로 인한 손해배상을 청구할 수 없다.
② 허가받을 것을 전제로 하는 거래계약은 관할 관청의 불허가처분이 있을 때뿐만 아니라 당사자 쌍방이 허가신청협력의무의 이행거절 의사를 명백히 표시한 경우에도 계약관계는 확정적으로 무효가 된다고 할 것이고, 거래계약이 확정적으로 무효로 됨에 있어서 귀책사유가 있는 자라고 하더라도 그 계약의 무효를 주장할 수 있다.
③ 착오가 의사표시자의 중대한 과실로 인한 경우일지라도 상대방이 그 착오를 알고 이를 이용하였다면 의사표시자는 착오를 이유로 의사표시를 취소할 수 있다.
④ 추인은 취소의 원인이 소멸된 후에 하여야만 효력이 있으므로, 제한능력자의 법률행위에 대한 법정대리인의 추인은 취소의 원인이 소멸된 후에 하여야 그 효력이 있다.
⑤ 법률행위의 취소를 당연한 전제로 한 소송상의 이행청구나 이를 전제로 한 이행거절 가운데는 취소의 의사표시가 포함되어 있다.

09 소멸시효에 관한 다음 설명 중 옳은 것은? (다툼이 있으면 판례에 따름)

① 후소가 전소 판결이 확정된 후 10년이 지나 제기된 경우 법원은 채무자인 피고의 항변에 따라 원고의 채권이 소멸시효 완성으로 소멸하였는지에 관한 본안판단을 할 수 없고 소의 이익이 없으므로 소각하판결을 하여야 한다.
② 동일한 채권자와 채무자 사이에 다수의 채권이 존재하는 경우 채무자가 변제를 충당하여야 할 채무를 지정하지 않고 모든 채무를 변제하기에 부족한 금액을 변제한 때에는 특별한 사정이 없는 한 그 변제는 모든 채무에 대한 승인으로서 소멸시효를 중단하는 효력을 가진다.
③ 시효의 중단은 당사자 및 그 승계인 간에만 효력이 있다는 규정(민법 제169조)에서 승계인에는 특정승계인이 포함되지 아니한다.
④ 건물에 관한 소유권이전등기청구권에 있어서 그 목적물인 건물이 완공되지 아니하여 이를 행사할 수 없었다는 사유는 사실상의 장애사유에 해당한다.
⑤ 단기의 소멸시효에 해당하는 주채무의 소멸시효기간이 확정판결에 의하여 10년으로 연장되면 주채무에 부종성을 가진 보증채무의 소멸시효기간도 10년으로 연장된다.

10 다음 부동산물권변동에 대한 설명 중 옳은 것은? (다툼이 있으면 판례에 따름)

① 명의수탁자 명의로 소유권이전등기를 해주었지만, 명의신탁자가 명의신탁된 토지를 20년 이상 점유한 경우 명의신탁자가 명의수탁자를 상대로 점유취득시효 완성을 원인으로 하는 소유권이전등기청구를 할 수 있다.
② 부동산점유취득시효는 원시취득에 해당하더라도 부동산에 설정되어 있던 '근저당권설정등기 등의 제한은 저당권자의 보호를 위하여 소멸'하지 않고, 소유권에 가하여진 제한에 의하여 영향을 받는 내용의 소유권을 취득한다.
③ 건축주의 사정으로 건축공사가 중단되었던 미완성의 건물을 인도받아 나머지 공사를 마치고 완공한 경우, 그 건물이 공사가 중단된 시점에서 아직 사회통념상 독립한 건물이라고 볼 수 있는 형태와 구조를 갖추고 있지 않았더라도 원래의 건축주가 그 건물의 소유권을 원시취득한다.
④ 부동산에 관하여 적법·유효한 등기를 마치고 소유권을 취득한 사람이 자기 소유의 부동산을 점유하는 경우, 물권의 대세적인 효력을 고려하면 원칙적으로 그러한 점유 역시 취득시효의 기초가 되는 점유라고 할 수 있다.
⑤ 시효취득자가 원소유자에 의하여 그 토지에 설정된 근저당권의 피담보채무를 변제한 경우, 시효취득자는 원소유자에게 대위변제를 이유로 구상권을 행사하거나 부당이득을 이유로 그 반환청구권을 행사할 수 있다.

11 선의취득에 관한 설명으로 옳지 <u>않은</u> 것은? (다툼이 있으면 판례에 따름)

① 선의취득자가 임의로 선의취득 효과를 거부하고 종전 소유자에게 동산을 반환받아 갈 것을 요구할 수 없다.
② 甲 소유의 발전기를 임차하여 공장에서 사용 중인 乙이 발전기의 소유자를 乙로 오신한 丙에게 그 발전기를 매도함과 동시에 이를 丙으로부터 임차하여 점유의 이전 없이 공장에서 계속 사용하고 있는 경우, 丙은 발전기의 소유권을 선의취득 할 수 없다.
③ 물권적 합의가 동산의 인도보다 먼저 행해지면, 선의취득자의 선의·무과실 여부는 물권적 합의가 이루어진 때를 기준으로 판단한다.
④ 특별한 사정이 없는 한 선의취득이 성립되면 무권리자인 양도인은 양수인과의 거래행위에 의해 취득한 이익을 부당이득으로 종전 소유자에게 반환해야 한다.
⑤ 양도인이 소유자로부터 보관을 위탁받은 동산을 제3자에게 보관시킨 경우에 양도인이 그 제3자에 대한 반환청구권을 양수인에게 양도하고 지명채권양도의 대항요건을 갖추었을 때에는 양수인은 동산의 선의취득에 필요한 점유의 취득 요건을 충족한다.

12 다음 물권의 소멸에 대한 설명 중 옳지 않은 것은? (다툼이 있으면 판례에 따름)

① 부동산공유자의 공유지분 포기의 의사표시가 다른 공유자에게 도달하더라도 그 공유지분이 바로 소멸하는 것은 아니고, 다른 공유자는 자신에게 귀속될 공유지분에 관하여 소유권이전등기를 청구할 수 있을 뿐이다.
② 부동산에 부합된 물건이 사실상 분리복구가 불가능하여 거래상 독립한 권리의 객체성을 상실하고 그 부동산과 일체를 이루는 부동산의 구성부분이 된 경우에는 타인이 권원에 의하여 이를 부합시켰더라도 그 물건의 소유권은 부동산의 소유자에게 귀속되어 부동산의 소유자는 방해배제청구권에 기하여 부합물의 철거를 청구할 수 없다.
③ 부동산근저당권자가 그 소유권을 취득하여 근저당권이 혼동으로 소멸한 경우 그 소유권 취득이 무효인 것이 밝혀졌더라도 소멸하였던 근저당권은 부활하지 않는다.
④ 특별한 사정이 없는 한, 토지의 소유자는 토지 위에 식재된 입목의 소유권을 취득한다.
⑤ 어떠한 물건에 대한 소유권과 다른 물권이 동일한 사람에게 귀속한 경우 그 제한물권은 혼동에 의하여 소멸하는 것이 원칙이지만, 본인 또는 제3자의 이익을 위하여 그 제한물권을 존속시킬 필요가 있다고 인정되는 경우에는 혼동으로 소멸하지 않는다.

13 다음 乙 소유 토지에 대한 甲의 주위토지통행권에 관한 설명으로 옳지 않은 것은? (다툼이 있으면 판례에 따름)

① 주위토지통행권은 현재의 토지의 용법에 따른 이용의 범위에서 인정되는 것이지 더 나아가 장차의 이용상황까지 미리 대비하여 통행로를 정할 것은 아니다.
② 주위토지통행권확인청구는 변론종결시에 있어서의 민법 제219조에 정해진 요건에 해당하는 토지가 어느 토지인가를 확정하는 것이므로, 주위토지 소유자가 그 용법에 따라 기존 통행로로 이용되던 토지의 사용방법을 바꾸었을 때에는 대지 소유자는 그 주위토지 소유자를 위하여 보다 손해가 적은 다른 장소로 옮겨 통행할 수밖에 없는 경우도 있다.
③ 동일인 소유 토지의 일부가 양도되어 공로에 통하지 못하는 토지가 생긴 경우에 포위된 토지를 위한 주위토지통행권은 일부 양도 전의 양도인 소유의 종전 토지에 대하여만 생기고 다른 사람 소유의 토지에 대하여는 인정되지 아니한다.
④ 이미 기존의 통로가 있는 甲에게는 乙 소유 토지에 대하여 주위토지통행권을 인정하면 타인의 재산권에 대한 심각한 침해가 되므로 인정하여서는 아니된다.
⑤ 토지소유자인 乙은 주위토지통행권자인 甲의 허락을 얻어 사실상 통행하고 있는 자에게는 그 손해의 보상을 청구할 수 없다.

14 다음 소유권에 기한 물권적 청구권에 관한 설명 중 옳지 않은 것은? (다툼이 있으면 판례에 따름)

① 소유자에 대하여 임차권 등과 같이 점유를 수반하는 채권을 갖는 자가 소유자의 승낙이나 소유자와의 약정 등에 기초하여 제3자에게 점유할 권리를 수여할 수 있는 경우에는 그로부터 점유할 권리를 취득한 제3자는 특별한 사정이 없는 한 자신에게도 점유할 권리가 있음을 들어 소유자의 소유물반환청구를 거부할 수 있다.
② 소유자가 제3자에게 그 소유 물건에 대한 처분권한을 유효하게 수여하면 제3자의 처분이 없으면 소유자는 그 제3자 이외의 자에 대해 소유권에 기한 물권적 청구권을 행사할 수 있다.
③ 乙은 甲 소유의 X토지를 매수하고 대금을 지급한 후 X토지를 인도받았으나 소유권이전등기는 마치지 않았다. 乙의 甲에 대한 소유권이전등기청구권의 소멸시효는 진행되지 않는다.
④ 甲 명의로 등기된 甲 소유 토지에 관해 乙이 관계서류를 위조하여 자기명의로 이전등기를 한 뒤 丙에게 임대하였고, 丙은 그 토지 위에 주택을 완성하여 보존등기를 하고 현재까지 그 주택에 거주하고 있다. 甲은 丙을 상대로 주택의 철거를 청구할 수 있다.
⑤ 甲 소유의 X토지에 대한 취득시효를 완성한 乙이 아직 이를 원인으로 하는 소유권이전등기를 마치지 못한 상태에서 X토지 위에 Y건물을 신축한 경우, 甲은 불법점유를 이유로 乙에게 X토지의 인도와 Y건물의 철거를 청구할 수 있다.

15 다음 중 명의신탁에 관한 설명으로 옳지 않은 것은? (다툼이 있으면 판례에 따름)

① 명의수탁자가 명의신탁토지 위에 건물을 신축한 경우에 명의신탁 해지시 그 건물의 소유를 위한 관습법상 법정지상권이 인정되지 않으므로, 상호명의신탁, 즉 구분소유적 공유에서도 공유자 A가 배타적인 점유부분에 건물을 신축하여 소유하던 중 강제경매에 의하여 다른 공유자 B가 대지지분을 취득하였다면, 건물소유자 A는 관습법상 법정지상권을 취득하지 못한다.
② 수인을 수탁자로 하는 부동산의 명의신탁약정이 유효한 경우 수탁자 상호 간의 소유형태는 단순한 공유관계라고 할 것이다.
③ 甲은 농지법상 처분명령을 회피하기 위하여 친구인 乙과 2020.3.19. 양자 간 명의신탁약정을 체결한 후에 약정에 따라 乙은 甲으로부터 甲 소유 X토지의 소유권이전등기를 넘겨받았다. 이 경우 甲은 명의신탁해지를 원인으로 하여 乙을 상대로 소유권이전등기를 청구할 수 없다.
④ 甲은 2010년 2월 11일에 조세포탈의 목적으로 乙과 명의신탁약정을 맺었고, 이에 따라 乙은 甲으로부터 받은 매수자금을 가지고 계약의 당사자로서 丙 소유의 부동산을 매수하고 丙으로부터 소유권이전등기를 경료받았다. 丙이 계약체결 이후에 甲과 乙의 명의신탁약정사실을 알게 된 경우, 乙과의 매매계약은 확정적으로 유효가 된다.
⑤ 甲은 X토지의 소유자인 丙과 매매계약을 체결하고 그 대금을 지급한 후, 소유권이전등기는 자신과 명의신탁약정을 한 친구 乙에게 이전해 줄 것을 요청하여 乙 앞으로 그 등기가 경료되었다. 乙에게로의 이전등기에도 불구하고 甲은 丙에 대하여 소유권이전등기청구권을 상실하지 않는다.

16 지역권에 관한 설명으로 옳지 않은 것은? (다툼이 있으면 판례에 따름)

① 지역권자 甲이 그 소유 토지를 乙에게 매도하고 이전등기한 경우, 특별한 사정이 없는 한 乙은 지역권의 이전등기 없이는 지역권을 취득하지 못한다.
② 甲이 자신의 소유 토지에 도로를 개설하여 乙로 하여금 영구히 사용케 한다고 약정하고 그 대금을 수령한 경우 위 약정은 지역권 설정에 관한 합의라고 봄이 상당하다.
③ 토지의 분할이나 일부 양도의 경우에는 지역권은 요역지의 각 부분을 위하여 또는 그 승역지의 각 부분에 존속하나, 지역권이 토지의 일부분에만 관한 것인 때에는 다른 부분에 대하여는 그러하지 아니하다.
④ 민법 제294조에 의하여 지역권을 취득하려면 그 지역권이 있다고 인정할 수 있는 행위가 계속되고 표현된 것에 한하여 민법 제245조의 규정이 준용된다 할 것이므로 요역지의 소유자가 타인의 토지를 20년간 통행하였다는 사실만으로서는 부족하고 요역지의 소유자가 승역지상에 통로를 개설하여 승역지를 항시 사용하고 있는 상태가 민법 제245조에 규정된 기간 계속한 사실이 있어야 할 것이다.
⑤ 요역지의 불법점유자는 지역권을 시효취득할 수 없다.

17 다음 권리질권에 대한 설명 중 옳은 것은? (다툼이 있으면 판례에 따름)

① 담보가 없는 채권에 질권을 설정한 다음 그 채권을 담보하기 위해 저당권이 설정된 경우, 저당권등기에 질권의 부기등기 없이도 저당권의 부종성으로 인해 질권의 효력은 저당권에 미친다.
② 채권질권 설정 후 채권질권설정자인 채권자가 질권자의 동의 없이 입질채권의 채무자와 상계합의를 하였다면 질권자는 그 입질채권의 채무자에게 자신의 질권을 주장할 수 없다.
③ 저당권부 채권에 질권을 설정하면서 그 저당권의 피담보채권만을 질권의 목적으로 하고 저당권은 질권의 목적으로 하지 않는 것은 저당권의 부종성에 반하여 허용되지 않는다.
④ 채무자 甲은 채권자 乙을 위하여 자신의 丙에 대한 금전채권에 대하여 질권을 설정하였다. 甲과 丙이 질권의 목적된 권리를 소멸하게 하는 행위를 하였더라도 이는 乙에 대한 관계에 있어 무효일 뿐이어서 특별한 사정이 없는 한 乙 아닌 제3자가 그 무효의 주장을 할 수는 없다.
⑤ 제3채무자가 질권설정사실을 승낙한 후 질권설정계약이 합의해지된 경우, 질권설정자가 해지를 이유로 제3채무자에게 원래의 채권으로 대항하려면 질권설정자가 제3채무자에게 해지사실을 통지하여야 한다.

18 다음 저당권에 관한 설명으로 옳지 않은 것은? (다툼이 있으면 판례에 따름)

① 피담보채권을 저당권과 함께 양수한 자는 저당권 이전의 부기등기를 마치고 저당권 실행의 요건을 갖추고 있는 한 채권양도의 대항요건을 갖추고 있지 아니하더라도 경매신청을 할 수 있다.
② 저당권부 채권을 양도하는 경우, 피담보채권 양도의 시기와 저당권이전등기의 시기가 반드시 일치할 필요는 없으므로, 일시적으로 피담보채권과 저당권의 귀속이 달라진다고 하여 저당권이 무효로 되는 것은 아니다.
③ 공동저당권이 설정되어 있는 수개의 부동산 중 일부는 채무자 소유이고 일부는 물상보증인의 소유인 경우, 위 각 부동산의 매각대금을 동시에 배당하는 때에는 각 부동산의 경매대가에 비례하여 그 채권의 분담을 정한다.
④ 부동산소유자가 이미 채무가 변제되어 말소되어야 할 저당권설정등기를 유용하기로 다른 채권자와 합의하고 저당권 이전의 부기등기를 마친 경우, 다른 사정이 없으면 이 등기는 유효하다.
⑤ 피담보채권이 저당권과 분리되어 양도된 경우, 채권의 처분에 따르지 않는 저당권은 소멸한다.

19 다음 유치권에 관한 설명으로 옳은 것은? (다툼이 있으면 판례에 따름)

① 건물임차인은 임대인에게 지급한 보증금의 반환을 위하여 그 임차목적물에 대해 유치권을 주장할 수 없다.
② 수급인은 공사대금을 지급받을 때까지 건축되어 독립한 건물에 해당되는 기성부분에 대하여 유치권을 가질 수 있다.
③ 유치권에 의한 경매절차가 정지된 상태에서 목적물에 대한 강제경매 또는 담보권 실행을 위한 경매절차가 진행되어 매각이 이루어진 경우, 유치권은 소멸한다.
④ 유치권의 피담보채권의 소멸시효기간이 확정판결에 의하여 10년으로 연장된 경우, 유치권이 성립된 부동산을 그 판결확정 이후 매수한 매수인은 그 채권의 소멸시효기간이 연장된 효과를 부정하고 종전의 단기소멸시효기간을 원용할 수 있다.
⑤ 채무자 소유의 건물에 관하여 리모델링 공사를 도급받아 공사를 완료한 수급인이 경매개시결정의 기입등기가 마쳐진 후에 채무자로부터 그 건물의 점유를 이전받았다면 수급인은 경매절차에서 건물을 경락받은 매수인에게 유치권으로 대항할 수 있다.

20 가등기담보에 관한 설명으로 옳은 것은? (다툼이 있으면 판례에 따름)

① 「가등기담보 등에 관한 법률」(이하 '가등기담보법'이라고 한다)에 따라 담보가등기를 마친 부동산에 대하여 강제경매개시결정이 있는 경우, 그 경매신청이 청산금을 지급하기 전(청산금이 없는 경우에는 청산기간이 지나기 전)에 행하여졌다면 담보가등기권리자는 그 가등기에 따른 본등기를 청구할 수 없다.
② 가등기담보권의 사적 실행에서 채권자가 청산금 지급 이전에 본등기와 담보목적물의 인도를 받을 수 있다거나 청산기간이나 동시이행관계를 인정하지 아니하는 방식의 담보권실행이 가등기담보법상 허용된다.
③ 매매대금의 지급을 담보하기 위하여 부동산의 소유권이전등기를 경료해 준 경우 가등기담보법은 적용된다.
④ 가등기담보권자인 채권자가 청산기간이 경과하기 전에 채무자에게 청산금을 지급한 경우, 후순위권리자에게 대항할 수 있다.
⑤ 채권자가 담보권을 실행하기 위하여 담보부동산의 객관적 가액에 미치지 못하는 청산금의 평가액을 채무자 등에게 통지한 경우, 이는 담보권 실행의 통지로서 효력이 없다.

21 양도담보에 관한 설명으로 옳은 것은? (다툼이 있으면 판례에 따름)

① 양도담보 설정자가 채권을 담보하기 위하여 그 소유의 동산을 채권자에게 양도한 경우 담보목적물을 누가 사용·수익할 수 있는지는 당사자의 합의로 정할 수 있지만 반대의 특약이 없는 한 양도담보권자가 동산에 대한 사용·수익권을 가진다.
② 동산 양도담보권자는 양도담보 목적물이 소실되어 양도담보 설정자가 보험회사에 대하여 화재보험계약에 따른 보금청구권을 취득한 경우, 그 화재보험금청구권에 대하여 양도담보권에 기한 물상대위권을 행사할 수 없다.
③ 채무자가 피담보채무의 이행지체에 빠진 경우, 양도담보권자는 채무자로부터 적법하게 목적 부동산의 점유를 이전받은 제3자에 대하여 직접 소유권에 기한 인도청구를 할 수 있다.
④ 유동집합물에 대한 양도담보계약의 목적물을 선의취득하지 못한 양수인이 그 목적물에 자기 소유인 동종의 물건을 섞어 관리한 경우, 양도담보의 효력이 미치지 않는 물건의 존재와 범위에 대한 증명책임은 양수인에게 있다.
⑤ 점유개정의 방법으로 동산에 대한 이중의 양도담보설정계약이 체결된 경우, 나중에 설정계약을 체결한 채권자라도 양도담보권을 취득한다.

22 다음 채무불이행에 대한 설명 중 옳은 것은? (다툼이 있으면 판례에 따름)
① 채권자지체가 성립하는 경우 그 효과로서 원칙적으로 채권자에게 민법 규정에 따른 일정한 책임이 인정되는 것 외에, 채무자가 채권자에 대하여 일반적인 채무불이행책임과 마찬가지로 손해배상이나 계약해제를 주장할 수 있다.
② 채권자지체의 경우 채권자에게 계약상 의무로서 수령의무나 협력의무가 인정되는 경우, 그 수령의무나 협력의무가 이행되지 않으면 계약 목적을 달성할 수 없거나 채무자에게 계약의 유지를 더 이상 기대할 수 없다고 볼 수 있는 때에는 채무자는 수령의무나 협력의무 위반을 이유로 계약을 해제할 수 없다.
③ 지연손해금은 금전채무의 이행지체에 따른 손해배상으로서 기한이 없는 채무에 해당하므로, 확정된 지연손해금에 대하여 채권자가 이행청구를 하면 채무자는 그에 대한 지체책임을 부담하게 되지만, 이행판결이 확정된 지연손해금의 경우에는 채권자의 이행청구에 의해 지체책임이 생기는 것은 아니다.
④ 소송촉진법 제3조에 의하면 금전채무 원본의 이행청구가 소송물일 때 그 이행을 명하면서 동시에 그에 덧붙는 지연손해금에 관하여 적용되는 규정임을 알 수 있다. 그러므로 당해 사건에서 지연손해금 발생의 원인이 된 원본에 관하여 이행판결을 선고하지 않는 경우에는 소송촉진법 제3조에 따른 법정이율을 적용할 수 없다.
⑤ 특별한 사정이 없으면, 수령지체에 빠진 쌍무계약의 채권자는 채무자에게 선이행의무를 부담한다.

23 다음 채권자취소권에 관한 설명으로 옳은 것은? (다툼이 있으면 판례에 따름)
① 채무자의 부동산에 관하여 증여 등 사해행위로 수익자에게 그 소유권이 이전된 후 경매의 실행으로 배당절차가 진행된 경우에는, 그 부동산 가액 중 수익자의 채권자가 배당절차에 참여하여 취득한 배당액 상당은 사해행위 당시 채무자의 일반 채권자들의 공동담보였으므로 가액배상 등 원상회복의 범위에서 공제하여 산정할 것이다.
② 채권압류명령 등 당시 피압류채권이 이미 제3자에 대한 대항요건을 갖추어 양도되어 그 명령이 효력이 없는 것이 되었더라도, 그 후의 사해행위취소소송에서 위 채권양도계약이 취소되어 채권이 원채권자에게 복귀하였다면 이미 무효로 된 채권압류명령 등이 다시 유효로 된다.
③ 채무자의 영업양도가 사해행위에 해당하고, 이때 영업양수인이 제3자의 명의를 차용하여 영업재산의 일부인 상가 임차인 명의, 영업수입계좌 명의 등 채권적 권리의 명의를 그 제3자의 명의로 한 경우, 채권자는 명의대여자인 위 제3자에 대하여 사해행위취소소송을 제기할 수 있다.
④ 부동산이 이중(二重)으로 매도되고 제2매수인에게 소유권이전등기가 이루어진 경우, 제1매수인은 자신의 소유권이전등기청구권을 보전하기 위하여, 매도인과 제2매수인 사이에 이루어진 양도행위에 대하여 채권자취소권을 행사할 수 있다.
⑤ 甲이 乙의 사해행위를 이유로 채권자취소권을 행사하는 경우, 乙은 甲에게 5천만원, 丙에게 1억원 등 총 3억원 이상의 채무를 부담하고 있다. 乙의 재산은 시가 2억원 상당의 X아파트가 유일한데, 乙은 이 아파트를 丙에게 대물변제로 소유권이전등기를 마쳐 주었다. 이 경우 특별한 사정이 없는 한 乙이 丙에게 한 대물변제는 사해행위에 해당한다.

24 다음의 다수당사자 채권관계에 관한 설명 중 옳지 <u>않은</u> 것은? (다툼이 있으면 판례에 따름)

① 甲, 乙, 丙이 공동의 불법행위로 丁에게 9,000만원의 부진정연대채무를 부담하고 있고 과실비율은 균등하다. 이 경우 甲의 보증인 戊가 6,000만원을 변제하였다면 戊는 乙과 丙에 대해 각 2,000만원의 구상권을 취득한다.
② 甲은 주채무자, 戊는 채권자인 상황에서 乙, 丙, 丁이 戊에 대해 주채무금액 9,000만원에 관한 연대보증을 하였고 그 비율이 균등하다. 이 경우 丙이 3,000만원을 변제한 후 丁이 6,000만원을 변제하였다면 丁은 다른 연대보증인 중 乙에 대해서만 3,000만원의 구상권을 취득한다.
③ 丙에 대해 불가분채권을 가지고 있는 甲과 乙 중 甲이 丙에게 이행을 청구하여 丙이 이행지체에 빠진 경우, 丙은 乙에게도 이행지체 책임을 진다.
④ 주채무자인 甲의 부탁을 받은 乙은 채권자 丙에 대해 주채무금액 5,000만원에 관한 보증을 하였다. 이후 주채무의 변제기한인 2022.8.31.이 도래하고 甲이 변제를 하지 않아 2022.9.30.자로 약정이자 1,000만원, 지연손해금 50만원이 발생하게 되면 2022.9.30. 乙은 甲에게 6,050만원의 사전구상금액을 청구할 수 있다.
⑤ 甲의 채권자 丁이 甲의 연대채무자 乙, 丙에 대한 채권 중 甲의 乙에 대한 채권에 대해 압류 및 추심명령을 발령받았더라도 甲은 丙에 대해 이행을 청구할 수 있다.

25 보증채무에 관한 설명으로 옳은 것은? (다툼이 있으면 판례에 따름)

① 보증채무에서 선급금 반환사유가 발생하였을 경우 선급금 잔액에 대하여 선급금 지급시부터 이자를 가산하여 반환하여야 한다.
② 임대차보증금반환채무에 관한 보증계약 후에 임대인과 임차인 간에 임대차계약과 관계없는 다른 채권으로써 연체차임을 상계하기로 약정하더라도 보증인에 대하여는 그 효력을 주장할 수 없다.
③ 채권자가 보증인과의 보증계약 체결 후 주채무자가 이행기에 이행할 수 없음을 미리 알게 되었음에도 지체 없이 보증인에게 그 사실을 알리지 않아 보증인에게 손해가 발생한 경우 그 손해액만큼 보증채무액이 감경된다.
④ 주채무자에 대한 채권이 이전되면 채권양도의 대항요건은 주채권의 이전에 관하여 구비하는 것에 더하여 별도로 보증채권에 관하여도 대항요건을 갖추어야 한다.
⑤ 甲이 주채무자 乙 주식회사의 채권자 丙 주식회사에 대한 채무를 연대보증하였는데, 乙 회사의 주채무가 소멸시효 완성으로 소멸한 상태에서 丙 회사가 甲의 보증채무에 기초하여 甲 소유 부동산에 관한 강제경매를 신청하여 경매절차에서 배당금을 수령하는 것에 대하여 甲이 아무런 이의를 제기하지 않은 사안에서 甲은 주채무의 소멸시효 완성을 이유로 보증채무의 소멸을 주장할 수 없다.

26. 甲과 乙은 甲 소유의 X토지를 乙이 매수하는 계약을 체결하면서 매매대금은 X토지의 인도 및 소유권이전등기의 경료와 동시에 지급하기로 약정하였다. 丙은 위 매매계약에 따른 乙의 甲에 대한 매매대금 지급채무를 연대보증하였다. 이에 관한 설명 중 옳지 않은 것을 모두 고른 것은? (각 지문은 독립적이며, 다툼이 있으면 판례에 따름)

> ㄱ. 乙이 甲에게 매매대금 전액을 지급한 후에 소유권이전등기청구권을 丁에게 양도하고 乙이 이를 甲에게 통지하면 丁은 甲에 대하여 직접 소유권이전등기절차의 이행을 청구할 수 있다.
> ㄴ. 甲은 丁에게 乙에 대한 매매대금채권을 양도하면서 위 계약 내용 및 X토지에 관하여 아직 소유권이전등기를 마쳐 주지 아니한 사실을 설명하였고, 같은 날 乙은 채권양도에 대하여 이의 보류 없는 승낙을 하였다. 이후 丁이 乙에게 양수금의 지급을 청구할 경우 乙은 甲으로부터 소유권이전등기의무의 이행제공이 없었음을 이유로 丁의 청구를 거절할 수 없다.
> ㄷ. 甲이 乙에 대한 매매대금채권을 丁에게 양도하고 확정일자 있는 증서에 의하여 乙에게 이를 통지하였더라도, 甲이 乙에 대한 채권을 다시 戊에게 양도한 후에 甲과 丁 사이의 채권양도계약을 합의해지하고 합의해지 사실을 丁이 乙에게 통지하였다면 특별한 사정이 없는 한 戊는 乙에 대한 매매대금채권을 취득한다.
> ㄹ. 甲이 乙에 대한 매매대금채권을 丁에게 양도하고 이를 乙에게 통지하면 특별한 사정이 없는 한 乙에 대한 채권뿐만 아니라 丙에 대한 채권도 丁에게 함께 이전된다.
> ㅁ. 甲과 乙은 매매계약상 채권의 양도를 하지 않기로 약정하였지만 甲은 그러한 약정을 알고 있던 丁에게 매매대금채권을 양도하고 이를 乙에게 통지하였고 이후 丁이 다시 甲과 乙 사이의 약정 사실을 알지 못하는 戊에게 매매대금채권을 양도하고 乙에게 이를 통지한 경우, 乙은 채권양도금지특약이 있었음을 이유로 戊에게 대항할 수 없다.

① ㄱ, ㄴ, ㄷ
② ㄴ, ㄷ, ㄹ
③ ㄴ, ㄹ, ㅁ
④ ㄱ, ㄴ, ㄷ, ㄹ
⑤ ㄱ, ㄷ, ㄹ, ㅁ

27 변제자대위에 관한 설명으로 옳지 않은 것은? (다툼이 있으면 판례에 따름)

① 채권자가 제3자에 대하여 자신의 채권이나 담보권을 성실하게 행사하여야 할 의무를 부담하는 특단의 사정이 없는 한 채권자가 자신의 채권이나 담보권을 행사하지 않거나 포기하였다고 하여 이를 불법행위에 해당한다고 할 수는 없는 것이다.
② 대위변제는 구상권의 실현을 확보하는 것을 목적으로 하는 제도이므로, 구상권이 없다면 대위가 인정되지 않는다.
③ 근저당권의 피담보채권의 일부를 대위변제한 경우, 피담보채권이 확정되기 전이라면 대위변제자는 채권자를 대위할 수 없다.
④ 저당부동산에 대하여 후순위 근저당권을 취득한 제3자는 민법 제364조에서 정한 저당권소멸청구권을 행사할 수 있는 제3취득자에 해당한다.
⑤ 구상권과 변제자 대위권은 그 원본, 변제기, 이자, 지연손해금의 유무 등에 있어서 그 내용이 다른 별개의 권리이므로, 대위변제자와 채무자 사이에 구상금에 관한 지연손해금 약정이 있더라도 이 약정은 변제자대위권을 행사하는 경우에는 적용될 수 없다.

28 다음 상계에 관한 설명 중 옳지 않은 것은? (다툼이 있으면 판례에 따름)

① 제3채무자의 압류채무자에 대한 자동채권이 수동채권인 피압류채권과 동시이행의 관계에 있는 경우, 압류명령이 제3채무자에게 송달되어 압류의 효력이 생긴 후에 자동채권이 발생하였다고 하더라도 제3채무자는 그 자동채권에 의한 상계로 압류채권자에게 대항할 수 있다.
② 고의에 의한 불법행위가 동시에 채무불이행에 해당하여 불법행위로 인한 손해배상채권과 채무불이행으로 인한 손해배상채권이 경합하는 경우, 채무자는 고의의 채무불이행으로 인한 손해배상채권을 수동채권으로 한 상계로써 채권자에게 대항할 수 있다.
③ 채권의 일부가 양도되면 특별한 사정이 없는 한 각 분할된 부분에 대하여 독립한 분할채권이 성립하므로, 채권양도의 대항요건을 갖추기 전에 채무자가 양도인에 대한 반대채권을 취득하였다면 채무자는 양도인을 비롯한 각 분할채권자 중 어느 누구도 상계의 상대방으로 지정하여 상계할 수 있다.
④ 여러 개의 자동채권이 있고 수동채권의 원리금이 자동채권의 원리금 합계에 미치지 못하는 경우에는 우선 자동채권의 채권자가 상계의 대상이 되는 자동채권을 지정할 수 있고, 다음으로 자동채권의 채무자가 이를 지정할 수 있으며, 양 당사자가 모두 지정하지 아니한 때에는 법정변제충당의 방법으로 상계충당이 이루어진다.
⑤ 상계의 의사표시는 구속력이 있으므로 철회할 수 없으나, 상계의 의사표시 후에 상계가 없었던 것으로 하는 상계자와 그의 상대방 간의 약정은 제3자에게 손해를 미치지 않으면 유효하다.

29 다음 계약에 관한 설명 중 옳지 않은 것은? (다툼이 있으면 판례에 따름)

① 계약의 내용이 된 채무를 이행하는 것이 계약 당시부터 이미 사실상·법률상 불가능한 상태였다면 그 계약은 원시적으로 불능이어서 무효이다. 채무의 이행이 불가능하다는 것은 절대적·물리적으로 불가능한 경우만이 아니라 사회생활상 경험칙이나 거래상의 관념에 비추어 볼 때 채권자가 채무자의 이행실현을 기대할 수 없는 경우도 포함한다. 계약이 원시적으로 불능인 경우 무효라는 이러한 법리는 불능인 급부의무가 계약 내용에 편입되어 있음을 전제로 한다.

② 쌍무계약 당시에 이미 채무의 이행이 불가능했다면 특별한 사정이 없는 한 채권자가 그 이행을 구하는 것은 허용되지 않고, 이미 이행한 급부는 법률상 원인 없는 급부가 되어 부당이득의 법리에 따라 반환청구할 수 있으며, 나아가 계약체결상의 과실책임을 추궁하는 등으로 권리를 구제받을 수 있다.

③ 상대방이 계약이 성립되지 아니할 수 있다는 것을 알았거나 알 수 있었다면, 민법 제535조를 유추적용하여 계약체결상의 과실로 인한 손해배상청구를 할 수 있다.

④ 박물관을 건립한 甲 주식회사가 乙 주식회사와, 乙 회사가 박물관을 위탁관리하면서 통일전망대와 박물관 입장이 모두 가능한 단일입장권을 발행하여 입장료를 통합 징수한 다음 박물관 입장료에 해당하는 부분에서 박물관 관리운영비를 공제한 나머지를 甲 회사에 지급하기로 하는 내용의 위탁관리계약을 체결한 사안에서, 乙 회사는 계약 체결 당시 그 불능을 알았거나 알 수 있었으므로 甲회사에 신뢰이익 상당의 손해를 배상하여야 한다.

⑤ 신뢰이익 상당의 손해배상청구는 계약이 유효함으로 인하여 생기는 이익인 이행이익 상당의 손해배상청구와는 성립 요건이나 산정방법을 달리한다. 중복배상은 허용되지 않으나 신뢰이익의 배상과 별도로 제반 비용을 공제한 순이익에 한하여 일실이익, 즉 이행이익의 배상이 허용될 수 있다.

30 다음 쌍무계약에 관한 설명으로 옳지 않은 것은? (다툼이 있으면 판례에 따름)

① 쌍무계약에서 당사자 쌍방의 귀책사유 없이 채무를 이행할 수 없게 된 경우 채무자는 자신의 채무를 이행할 의무를 면함과 더불어 상대방의 이행도 청구하지 못한다. 쌍방 채무의 이행이 없었던 경우에는 계약상 의무의 이행을 청구하지 못하고 이미 이행한 급부는 법률상 원인 없는 급부가 되어 부당이득 법리에 따라 반환을 청구할 수 있다.
② 매매 목적물이 경매절차에서 매각됨으로써 당사자 쌍방의 귀책사유 없이 이행불능에 이르러 매매계약이 종료되었다면, 위험부담의 법리에 따라 매도인은 이미 지급받은 계약금을 반환하여야 하고 매수인은 목적물을 점유·사용함으로써 취득한 임료 상당의 부당이득을 반환할 의무가 있다.
③ 채권자가 변제를 받지 아니할 의사가 확고한 경우 구두제공 없이도 채권자지체에 해당하지만, 민법 제538조 제1항 제2문의 '채권자의 수령지체 중에 당사자 쌍방의 책임 없는 사유로 이행할 수 없게 된 때'에 해당하기 위해서는 현실제공이나 구두제공이 필요하다.
④ 계약상의 급부가 계약의 상대방뿐만 아니라 제3자의 이익으로 된 경우에 급부를 한 계약당사자가 계약상대방에 대하여 계약상의 반대급부를 청구할 수 있는 이외에 그 제3자에 대하여 직접 부당이득반환청구는 할 수 있다.
⑤ 甲은 자기 소유의 주택에 대하여 乙과 매매계약을 체결하고 계약금과 중도금만 받은 상태이다. 그런데 제3자 丙의 방화로 甲과 乙의 과실 없이 그 주택이 소실된 경우 甲은 이미 지급받은 계약금과 중도금을 乙에게 반환하여야 한다.

31 다음 제3자를 위한 계약에 대한 설명으로 옳지 않은 것은? (다툼이 있으면 판례에 의함)

① 제3자를 위한 계약에서, 제3자가 민법 제539조 제2항에 따라 수익의 의사표시를 함으로써 제3자에게 권리가 확정적으로 귀속된 경우 계약의 당사자가 제3자의 권리를 임의로 변경·소멸시키는 행위를 한 경우 이는 제3자에 대하여 효력이 없다.
② 낙약자와 요약자 사이의 법률관계(기본관계)에 기초하여 수익자가 요약자와 원인관계(대가관계)를 맺음으로써 해제 전에 새로운 이해관계를 갖고 그에 따라 등기, 인도 등을 마쳐 권리를 취득하였다면, 수익자는 계약해제의 소급효가 제한되는 제3자에 해당한다.
③ 甲이 乙과의 사이에 乙이 戊의 甲에 대한 채무를 대위변제하는 것을 조건으로 주택에 대한 전세권을 乙에게 양도하기로 하는 약정을 체결하면서 乙의 요구에 따라 그 수취인을 丙으로 하는 전세권양도확인서를 작성하여 준 사안에서, 丙은 甲과 乙 사이에 체결한 '조건부 제3자를 위한 계약'의 수익자에 불과하다.
④ 제3자를 위한 계약에 있어서 낙약자가 제3자에 대하여 가지는 청구권을 행사하지 않도록 하는 것도 낙약자의 제3자에 대한 급부의 내용에 포함된다.
⑤ 수익자는 제3자를 위한 계약의 당사자가 아니므로 낙약자에 대하여 채무불이행을 원인으로 한 손해배상을 직접 청구할 수는 없다.

32 다음 증여에 대한 설명으로 옳지 않은 것은? (다툼이 있으면 판례에 의함)

① 수증자가 증여자에 대하여 범죄행위를 한 경우에 증여자는 그 증여를 해제할 수 있지만, 그 해제는 이미 이행한 부분에는 효력을 미치지 않는다.
② 재단법인의 설립을 위하여 서면에 의해 출연하였더라도 착오취소를 위한 요건이 갖춰진 경우, 출연자는 착오를 이유로 출연의 의사표시를 취소할 수 있다.
③ 증여의 의사가 서면으로 표시되지 않았음을 이유로 한 증여의 해제는 형성권의 제척기간의 적용을 받지 않는다.
④ 부담부증여계약에서 증여자의 증여 이행이 완료되지 않았더라도 수증자가 부담의 이행을 완료한 경우, 각 당사자는 서면에 의하지 않은 증여임을 이유로 증여계약의 전부 또는 일부를 해제할 수 있다.
⑤ 증여의 의사가 서면으로 표시되지 아니한 경우에는 각 당사자는 이를 해제할 수 있고, 이러한 계약의 해제는 이미 이행한 부분에 대하여는 영향을 미치지 아니한다. 여기서 부동산 증여의 경우에 이행이 되었다고 함은 그 부동산의 인도만으로써는 부족하다.

33 다음 매매계약의 성립과 관련한 설명 중 옳지 않은 것은? (다툼이 있으면 판례에 따름)

① 매매당사자 사이에 수수된 계약금에 대하여 매수인이 위약하였을 때에는 이를 무효로 하고 매도인이 위약하였을 때에는 그 배액을 상환할 뜻의 약정이 있는 경우에는 특별한 사정이 없는 한 그 계약금은 민법 제398조 제1항 소정의 손해배상액의 예정의 성질을 가질 뿐 아니라 민법 제565조 소정의 해약금의 성질도 가진다.
② 당사자가 계약금 전부를 나중에 지급하기로 약정한 경우, 교부자가 계약금의 전부를 약정대로 지급하지 않으면 상대방은 계약금 지급의무의 이행을 청구하거나, 채무불이행을 이유로 계약금약정을 해제할 수 있다.
③ 계약금 일부만 지급된 경우 수령자가 매매계약을 해제할 수 있다고 하더라도 해약금의 기준이 되는 금원은 '실제 교부받은 계약금'이 아니라 '약정 계약금'이라고 봄이 타당하므로, 매도인이 계약금의 일부로서 지급받은 금원의 배액을 상환하는 것으로는 매매계약을 해제할 수 없다.
④ 계약금을 지급하기로 약정만 한 단계에서도 계약의 당사자는 매매계약을 민법 제565조 제1항의 규정에 따라 임의로 해제할 수 있다.
⑤ 계약금 전부를 지급한 경우에 특별한 사정이 없다면 이행기 전에 이행에 착수하더라도 계약의 당사자는 더 이상 계약금의 배액을 지급하거나 계약금을 포기하고 계약을 해제할 수 없다.

34 다음 소비대차에 관한 설명 중 타당한 것은? (다툼이 있으면 판례에 따름)

① 가장소비대차의 계약상 지위를 선의로 이전받은 자는 선의의 제3자로 보호될 수 있다.
② 무상임치와 무이자 소비대차의 경우, 채무자만이 기한이익을 갖는다.
③ 甲은 乙에 대하여 1년간 대출해 준 금2억원 대출금채권을 丁에게 양도하고 확정일자를 갖추어 乙에게 서면으로 양도통지를 하였고, 이 통지는 乙에게 도달하였다. 甲과 乙 사이의 금전소비대차계약에서 채권양도금지특약을 한 경우, 丁이 그러한 특약의 존재를 알지 못한 데 대하여 중대한 과실이 있다면 丁은 위 대출금채권을 취득할 수 없다.
④ 이자제한법의 최고이자율을 초과하는 이자에 대하여 당사자가 준소비대차계약을 체결하면, 그 초과부분은 유효하다.
⑤ 채무자가 채무담보를 위해 대물변제의 예약을 한 후 같은 채권자로부터 추가로 채무를 지는 경우에는 특별한 사정이 없는 한 추가되는 채무는 대물변제 예약의 대상이 되는 채무범위에 포함되지 않는다.

35 다음 위임에 관한 설명 중 옳지 않은 것은? (다툼이 있으면 판례에 따름)

① 甲이 乙과 공유하는 상가와 아파트에 관하여 상가의 임대 등 관리와 아파트의 매도를 乙에게 위임하였고, 이후 乙이 아파트의 매도를 완료하였는데, 甲이 상가의 임대 등 관리에 관한 위임을 해지하고, 乙을 상대로 甲의 지분 비율에 따른 상가의 임대수익금과 아파트에 대한 매도대금 및 각각에 관한 위임 종료시부터 다 갚는 날까지 지연손해금의 지급을 구한 사안에서, 乙은 甲으로부터 이행청구를 받은 때로부터 임대수익금, 매매대금 인도의무에 대한 지체책임을 부담한다.
② 변호사에게 소송사건의 처리를 위임함에 있어서 그 보수지급 및 액수에 관하여 명시적인 약정을 하지 않은 경우, 특별한 사정이 없는 한 응분의 보수를 지급할 묵시의 약정이 있는 것이다.
③ 위임 등의 계약에 수반하여 그에 따른 사무처리 등에 '사용'할 목적으로 금전이나 물건이 교부된 경우에는 '보관'을 주된 목적으로 하는 것이 아니므로, 해당 금전 등에 관한 임치계약이 별도로 성립한다고 할 수 없다.
④ 아파트 입주자대표회의가 아파트를 건축·분양한 사업주체 등을 상대로 하자보수에 관한 소송을 제기하기 위하여 변호사 甲과 소송위임계약을 체결하였는데, 위임사무 처리 도중 입주자대표회의가 세대전수하자조사 미흡 및 하자조사보고서 부실 작성 등 甲의 귀책사유를 이유로 甲에게 위임계약의 해지를 통보하여 위임계약이 종료되었다 하더라도, 甲이 그때까지 지출한 소송비용과 하자진단비는 입주자대표회의가 지급할 의무가 있다.
⑤ 수임인이 위임계약상의 채무를 제대로 이행하지 아니하였다 하더라도 아직도 수임인이 위임계약상의 채무를 이행하는 것이 가능하다면 위임인은 수임인에 대하여 상당한 기간을 정하여 그 이행을 최고하고, 수임인이 그 기간 내에 이를 이행하지 아니할 때에 한하여 계약을 해제할 수 있다.

36 민법상 화해계약에 관한 설명으로 옳지 않은 것은? (다툼이 있으면 판례에 따름)

① 상대방의 사기로 인하여 화해의 목적인 분쟁에 관한 사항을 착오하여 화해계약을 체결한 경우, 사기를 이유로 계약을 취소할 수 있다.
② 의사의 치료행위 직후 환자가 사망하여 의사의 치료행위상의 과실이 있었음을 전제로 의사가 환자의 유족에게 거액의 손해배상금을 지급하기로 합의하였으나 그 후 환자의 사망원인이 의사의 치료행위와는 전혀 무관한 것으로 밝혀진 경우, 착오를 이유로 화해계약을 취소할 수 있다.
③ 계약의 합의해제는 명시적인 경우뿐만 아니라 묵시적으로도 이루어질 수 있는 것이므로 계약 후 당사자 쌍방의 계약 실현 의사의 결여 또는 포기가 쌍방 당사자의 표시행위에 나타난 의사의 내용에 의하여 객관적으로 일치하는 경우에는, 그 계약은 계약을 실현하지 아니할 당사자 쌍방의 의사가 일치됨으로써 묵시적으로 해제되었다고 해석함이 상당하다.
④ 도로건설공사의 현장책임자가 공사로 인한 양계장의 피해보상을 요구하는 양계업자와 사이에 민사상의 소를 취하하는 대신 환경분쟁조정위원회의 결정에 승복하기로 합의한 경우, 그 합의는 화해계약에 해당한다.
⑤ 乙이 화해계약에서 약정한 금원을 甲에게 지불할 의사가 없음에도 불구하고 그 의사가 있은 것 같이 甲을 기망하였고, 甲이 乙의 기망을 오신하고 화해계약을 체결한 사안에서 乙의 기망으로 인한 오신은 화해계약의 취소사유에 해당된다.

37 대물변제에 관한 설명으로 옳은 것은? (다툼이 있으면 판례에 따름)

① 제3자가 채무자를 위하여 채무를 변제함으로써 채무자에 대하여 구상권을 취득하는 경우, 그 구상권의 범위 내에서 종래 채권자가 가지고 있던 채권은 법률상 당연히 변제자에게 이전하나, 그 담보에 관한 권리는 별도로 등기부에 기재하지 않는 한 변제자에게 이전하는 것은 아니다.
② 甲 주식회사가 다세대주택 신축공사의 전기공사를 乙 합자회사에 하도급 주면서 공사대금을 다세대주택 구분건물로 대물변제하기로 약정하고, 이후 乙 회사가 구분건물에 관하여 소유권이전등기를 넘겨받은 사안에서, 乙 회사가 당초의 약정대로 하도급 공사대금에 대한 대물변제를 원인으로 구분건물에 관하여 소유권이전등기를 마친 이상 甲 회사는 본래 채무에 갈음하여 이행하기로 한 다른 급여를 현실적으로 한 것으로 보아야 한다.
③ 채무자가 채권자에게 채무변제에 갈음하여 다른 채권을 양도하기로 한 경우, 양도인은 양도된 채권의 채무자의 변제자력까지 담보하는 것으로 보아야 한다.
④ 대물변제의 예약이 무효인지 여부는 예약당시 대물의 가액과 차용물의 변제기까지의 원리금, 그리고 변제기 이후의 지연손해금을 비교하여 정할 것이다.
⑤ 채무자가 채무담보를 위해 대물변제의 예약을 한 후 같은 채권자로부터 추가로 채무를 지는 경우에는 특별한 사정이 없는 한 추가되는 채무는 대물변제 예약의 대상이 되는 채무범위에 포함되는 것은 아니다.

38 공탁에 관한 설명으로 옳지 않은 것은? (다툼이 있으면 판례에 따름)

① 채무의 일부변제공탁은 그 채무를 변제함에 있어서 일부의 제공이 유효한 제공이라고 시인할 수 있는 특별한 사정이 있는 경우를 제외하고는 채권자가 이를 수락하지 아니하는 한 유효한 변제공탁이라고 할 수 없다.
② 변제공탁의 목적인 채무는 현존하는 확정채무여야 하지만, 그 의미는 장래의 채무나 불확정채무는 원칙적으로 변제공탁의 목적이 되지 못한다는 것일 뿐, 채무자에 대한 각 채권자의 채권이 동일한 채권이어야 한다는 의미는 아니다.
③ 채무자가 그 부동산의 소유자 겸 근저당설정자인 경우에는 채무자로서는 채권최고액을 변제공탁하지 않는 한 적법한 변제공탁이 될 수 없다.
④ 甲이 공탁금 수령시에 별단의 의사표시를 하였다는 등 특별한 사정이 있음을 주장·입증한 바 없으므로 설사 乙이 채무전액에 대한 변제를 공탁원인으로 하여 공탁한 금액이 甲이 주장하는 채권액에 부족하는 경우라 하여도, 甲이 공탁서의 교부를 받아 그 공탁금을 수령한 이상은 그 채권전액에 대한 변제공탁의 효력을 인정함이 상당할 것이다.
⑤ 변제의 목적물이 공탁에 적당하지 않은 경우, 변제자는 법원의 허가를 얻어 그 물건을 경매하여 대금을 공탁할 수 있다.

39 사무관리에 관한 설명으로 옳지 않은 것은? (다툼이 있으면 판례에 따름)

① 채권자가 자신의 채권을 보전하기 위하여 채무자가 다른 상속인과 공동으로 상속받은 부동산에 관하여 공동상속등기를 대위신청하여 등기가 행하여진 경우, 채권자는 채무자가 아닌 제3자에 대하여 등기에 소요된 비용의 상환을 청구할 수 있다.
② 계약상 급부가 계약 상대방뿐 아니라 제3자에게 이익이 된 경우에 급부를 한 계약당사자는 사실상 이익을 얻은 다른 제3자에 대하여 직접 부당이득반환을 청구할 수는 없다.
③ 사무관리의 목적이었던 사무를 본인이 직접 관리하려면 사무관리자에게 그 관리를 종료하여 줄 것을 내용으로 하는 의사표시를 하여야 할 뿐만 아니라 본인 자신이 직접 관리하겠다는 의사가 외부적으로 명백히 표현되어야 한다.
④ 제3자가 유효하게 채무자가 부담하는 채무를 변제한 경우에 채무자와 계약관계가 있으면 그에 따라 구상권을 취득하고, 그러한 계약관계가 없으면 특별한 사정이 없는 한 사무관리비용의 상환청구권에 따라 구상권을 취득한다.
⑤ 사무관리의사, 즉 타인을 위하여 사무를 처리하는 의사는 관리자 자신의 이익을 위한 의사와 병존할 수 있고, 반드시 외부적으로 표시될 필요가 없으며, 사무를 관리할 당시에 확정되어 있을 필요도 없는 것이다.

40 부당이득에 관한 설명으로 옳은 것은? (다툼이 있으면 판례에 따름)

① 미등기건물을 양수하여 건물에 관한 사실상의 처분권을 보유하게 됨으로써 그 양수인이 건물 부지 역시 아울러 점유하고 있다고 볼 수 있는 경우에는 미등기건물에 관한 사실상의 처분권자도 건물 부지의 점유·사용에 따른 부당이득반환의무를 부담한다. 이러한 경우 미등기건물의 원시취득자와 사실상의 처분권자가 토지 소유자에 대하여 부담하는 부당이득반환의무는 동일한 경제적 목적을 가진 채무로서 불가분채무관계에 있다.

② 취득시효가 완성되었지만 점유자가 아직 소유권이전등기를 마치지 않았다면 소유자는 점유자에게 무단사용으로 인한 부당이득의 반환을 청구할 수 있다.

③ 채권질권자가 제3채무자에게 자기채권의 범위 내에서 직접 청구권을 행사하여 변제받은 경우에 입질채권이 부존재하더라도 제3채무자는 채권질권자에게 지급한 금전을 부당이득으로 반환청구할 수 있다.

④ 구분소유자 아닌 대지 공유자는 그 대지 공유지분권에 기초하여 적정 대지지분을 가진 구분소유자를 상대로도 대지의 사용·수익에 따른 부당이득반환을 청구할 수 있다.

⑤ 수익자가 취득한 것이 금전상의 이득인 때에는 그 금전은 이를 취득한 자가 소비하였는지 여부를 불문하고 현존하는 것으로 추정되나, 수익자가 급부자의 지시나 급부자와의 합의에 따라 그 금전을 사용하거나 지출하는 등의 사정이 있다면 위 추정은 번복될 수 있다.

3교시 자연과학개론

01 팽팽한 두 줄에서 진행하는 가로파 P, Q의 변위가 $y_P(x, t) = a\sin(bx - ct)$, $y_Q(x, t) = 2a\sin(3bx - 2ct)$로 주어져 있다. 다음 중 옳은 것만을 〈보기〉에서 있는 대로 고른 것은?

───── | 보기 | ─────

ㄱ. 임의의 고정된 위치 $x = x_0$에서 관측할 때, Q의 주기는 P의 $\frac{1}{2}$이다.

ㄴ. $x = 0$에서 두 파가 동시에 평형(변위 0)을 처음 통과하는 시각은 $t = \frac{\pi}{c}$이다.

ㄷ. $t = 0$에서 두 파가 동시에 평형(변위 0)인 최소 양의 위치는 $x = \frac{\pi}{b}$이다.

① ㄱ
② ㄱ, ㄴ
③ ㄱ, ㄷ
④ ㄴ, ㄷ
⑤ ㄱ, ㄴ, ㄷ

02 그림에서 왼쪽 전압 2.0V 부분에 흐르는 전류와 오른쪽 전압 4.0V 부분에 흐르는 전류를 각각 I_1, I_2라 하자. I_1, I_2의 값을 구하시오.

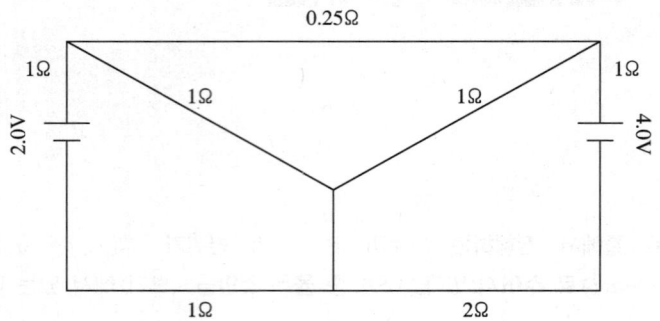

① $I_1 = 0.4\text{A}$, $I_2 = 1.2\text{A}$
② $I_1 = 0.4\text{A}$, $I_2 = 1.05\text{A}$
③ $I_1 = 0.6\text{A}$, $I_2 = 1.2\text{A}$
④ $I_1 = 0.6\text{A}$, $I_2 = 1.05\text{A}$
⑤ $I_1 = 0.6\text{A}$, $I_2 = 1.25A$

03 반도체 소자의 선폭이 $6.2\,\text{nm}$ 일 때, 이 선폭과 동일한 파장을 가진 광자의 에너지는 E_γ이다. 진공상태에서 앞의 선폭과 동일한 파장의 드브로이(de Broglie) 물질파로 구현된 전자의 운동에너지는 E_e이다. E_γ, E_e의 값으로 옳은 것은? (단, h는 플랑크 상수, c는 빛의 속도, λ는 파장이다. 상수는 $hc = 1.24 \times 10^3 \text{eV} \cdot \text{nm}$ 이며, $m_e c^2 = 0.40 \text{MeV}$ 이다)

① $E_\gamma = 2.0 \times 10^2 \text{eV}$, $E_e = 5.0 \times 10^2 \text{eV}$
② $E_\gamma = 1.0 \times 10^2 \text{eV}$, $E_e = 5.0 \times 10^{-2} \text{eV}$
③ $E_\gamma = 2.0 \times 10^2 \text{eV}$, $E_e = 4.0 \times 10^{-2} \text{eV}$
④ $E_\gamma = 4.0 \times 10^2 \text{eV}$, $E_e = 5.0 \times 10^{-2} \text{eV}$
⑤ $E_\gamma = 2.0 \times 10^2 \text{eV}$, $E_e = 2.5 \times 10^{-2} \text{eV}$

04 그림과 같이 학생 A가 진동수 f_0으로 진동하는 소리굽쇠를 가지고 v_A의 속력으로 벽을 향해 움직이고 있다. A의 뒤쪽에 정지해 있는 학생 B는 소리굽쇠로부터 나는 소리와 벽에서 반사되어 오는 메아리의 맥놀이를 측정한다. $v_A = \frac{1}{3}v_0$일 때, B가 측정한 맥놀이의 진동수는? (단, v_0는 공기 중 소리의 속력이다)

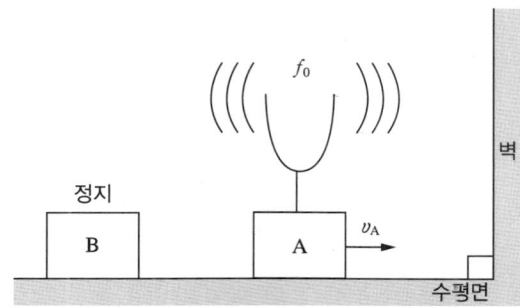

① $\frac{1}{3}f_0$

② $\frac{1}{2}f_0$

③ $\frac{2}{3}f_0$

④ $\frac{3}{4}f_0$

⑤ $\frac{5}{6}f_0$

05 밀도가 일정한 원통형 막대를 밀도가 ρ_1인 유체에 넣었더니 막대 부피가 완전히 잠긴 채 평형을 유지했다. 이 막대를 밀도가 ρ_2인 유체에 넣었더니 막대 부피의 $\frac{3}{4}$배가 유체에 잠긴 채 평형을 유지했을 때, $\frac{\rho_1}{\rho_2}$는? (단, 중력가속도는 일정하고, 막대는 유체를 흡수하지 않는다)

① $\frac{9}{16}$

② 1

③ $\frac{3}{4}$

④ $\frac{4}{3}$

⑤ $\frac{16}{9}$

06 파장이 $552\,\text{nm}$인 단색광이 공기 중에서 굴절률 $n_f = 1.38$인 박막에 수직 입사한다. 박막 아래에는 굴절률 $n_s = 1.20$인 기판이 놓여 있다. 공기-박막 경계에서 반사된 빛과 박막-기판 경계에서 반사된 빛이 소멸간섭을 일으키기 위한 박막의 최소 두께 d는?

① $100\,\text{nm}$
② $138\,\text{nm}$
③ $150\,\text{nm}$
④ $200\,\text{nm}$
⑤ $276\,\text{nm}$

07 그림과 같이 전지(기전력 $\varepsilon = 3.0\,V$, 내부 저항 $r = 4.0\,\Omega$)에 부하가 연결되어 있다. 부하 저항은 $R_1 = 5.0\,\Omega$와 R'가 병렬 연결된 구조이다.

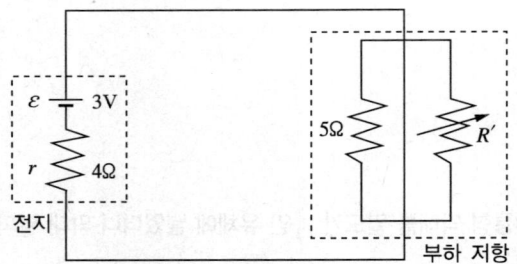

부하에 최대 전력이 전달되도록 하는 R'의 값은 얼마인가? 그리고 이때 부하가 전달받는 최대 전력은 얼마인가?

① $R' = 10\,\Omega$, $P = \dfrac{9}{25}\,W$

② $R' = 15\,\Omega$, $P = \dfrac{9}{20}\,W$

③ $R' = 20\,\Omega$, $P = \dfrac{9}{16}\,W$

④ $R' = 25\,\Omega$, $P = \dfrac{9}{15}\,W$

⑤ $R' = 30\,\Omega$, $P = \dfrac{9}{13}\,W$

08 파장이 λ인 광자가 정지해 있는 전자와 충돌하여, 산란각 θ방향으로 파장 λ'을 가진 산란광자가 나온다. 전자는 충돌 후 운동량 p와 운동에너지 K를 가진다. 전자의 운동에너지 K를 올바르게 표현하면? (단, 콤프턴 파장은 $\lambda_c = \dfrac{h}{mc}$, 광자의 에너지는 $E = \dfrac{hc}{\lambda}$로 주어진다)

① $K = hc\left(\dfrac{1}{\lambda} - \dfrac{1}{\lambda'}\right)$

② $K = hc\left(\dfrac{1}{\lambda'} - \dfrac{1}{\lambda}\right)$

③ $K = \dfrac{h^2}{2m}\left(\dfrac{1}{\lambda'^2} - \dfrac{1}{\lambda^2}\right)$

④ $K = \dfrac{h^2}{2m}\left(\dfrac{1}{\lambda^2} - \dfrac{1}{\lambda'^2}\right)$

⑤ $K = \dfrac{h^2}{2m}\left(\dfrac{1}{\lambda\lambda'}\right)$

09 전기용량이 C_A, C_B인 두 축전기에 각각 전하 Q_{A0}, Q_{B0}가 저장되어 있다. 이후 두 축전기의 같은 극판을 서로 연결하고, 기전력 ε인 전지에 병렬로 연결하였다. 이때 충분히 시간이 지난 후, 전기용량 C_A인 축전기에 저장된 전하 Q_A는 얼마인가?

① $C_A \varepsilon + (Q_{A0} - Q_{B0})$

② $C_A \varepsilon$

③ $\dfrac{C_A C_B}{C_A + C_B} \varepsilon$

④ $\dfrac{C_A C_B}{C_A + C_B}(Q_{A0} + Q_{B0})$

⑤ $\dfrac{C_A C_B}{C_A + C_B}(Q_{A0} - Q_{B0})$

10 폭이 L인 무한 퍼텐셜 우물 내에 갇힌 질량 m인 입자에 대해, 정지상태 $\Psi_n(x) = \sqrt{\dfrac{2}{L}} \sin\left(\dfrac{n\pi x}{L}\right)$ $(0 < x < L)$와 에너지 $E_n = \dfrac{n^2 h^2}{8mL^2}$이다. 다음 설명 중 옳지 <u>않은</u> 것은?

① 파동함수의 파장은 $n=2$ 상태가 $n=4$ 상태보다 더 길다.

② $n=2$ 상태에서 구간 $0 < x < \dfrac{L}{2}$ 과 $\dfrac{L}{2} < x < L$에서 입자를 발견할 확률은 서로 같다.

③ $n=3$ 상태에서 $x = \dfrac{L}{2}$에서 입자를 발견할 확률은 0이다.

④ 에너지 간격 $E_{n+1} - E_n$는 n이 커질수록 커진다.

⑤ $x=0$, L에서 파동함수는 0이므로 그 지점의 확률밀도는 0이다.

11 온도 T에서 $0.010\,\text{M}$ NaF 수용액에 대한 CaF_2의 용해도는 $3.2 \times 10^{-7}\,\text{M}$이다. 같은 온도 T에서 물에 대한 CaF_2의 용해도(M)는?

① 8.0×10^{-6}

② 2.0×10^{-4}

③ 8.0×10^{-8}

④ 3.2×10^{-9}

⑤ 8.0×10^{-10}

12 그림 (가)는 온도 T_1 K, 외부압력 1 atm 에서 실린더에 1 mol He(g)와 1 mol H₂O를 넣어 도달한 평형을 나타낸 것이다. 이때 (가)의 기체부피는 $2V$이고, He(g)의 부분압은 0.6 atm 이다. 그림(나)는 (가)에서 외부압력을 0.5 atm 으로 바꾸고 온도를 T_2 K로 맞춘 뒤, 피스톤이 부피 $3V$에서 정지하여 도달한 새로운 평형을 나타낸 것이다. 그림 (나)에서는 H₂O가 전부 기체상태이다(피스톤의 질량, 마찰과 H₂O(l)의 부피는 무시하며 모든 기체는 이상기체로 거동한다).

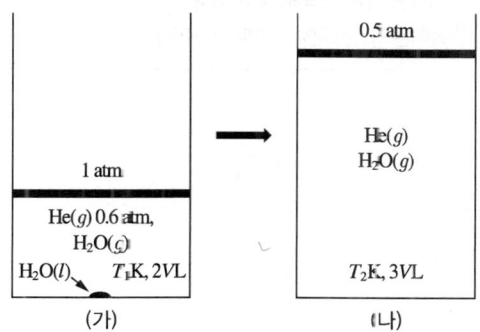

다음 중 옳은 것만을 〈보기〉에서 있는 대로 고른 것은?

| 보기 |

ㄱ. (가)에서 H₂O(g)의 몰수는 $\frac{2}{3}$ mol 이다.

ㄴ. (나)에서 He(g)의 부분압은 0.25 atm 이다.

ㄷ. $\frac{T_1}{T_2}$ = 0.625 이다.

ㄹ. (나)에서 H₂O(g)의 부분압은 0.3 atm 이다.

① ㄱ
② ㄱ, ㄴ
③ ㄱ, ㄷ
④ ㄱ, ㄴ, ㄷ
⑤ ㄱ, ㄴ, ㄷ, ㄹ

13 착이온 $[Co(CN)_6]^{3-}$와 $[Co(H_2O)_6]^{3+}$에 대한 설명으로 옳은 것만을 〈보기〉에서 있는 대로 고른 것은? (단, 모든 착이온은 바닥상태에서 존재한다고 가정한다)

─────── | 보기 | ───────
ㄱ. $[Co(CN)_6]^{3-}$은 저스핀 착이온으로 반자성을 가진다.
ㄴ. $[Co(H_2O)_6]^{3+}$은 고스핀 착이온으로 상자성을 가진다.
ㄷ. 두 착이온에서 금속이온의 산화수는 모두 +3이다.

① ㄱ
② ㄴ
③ ㄱ, ㄴ
④ ㄴ, ㄷ
⑤ ㄱ, ㄴ, ㄷ

14 다음은 금속 A를 이용한 갈바니 전지이고, 이 전지의 전위는 25℃에서 0.82V이다.

$$A(s) | A^{3+}(0.001\,M) \| H^+(0.1M) | H_2(0.1\,atm)$$

이에 관한 설명으로 옳지 <u>않은</u> 것만을 〈보기〉에서 있는 대로 고른 것은? (단, 25℃에서 네른스트식 상수는 0.06으로 근사하여 계산한다)

─────── | 보기 | ───────
ㄱ. 전지반응에서 H^+가 환원되어 H_2가 되므로, H^+는 산화제이다.
ㄴ. $A^{3+}(aq) + 3e^- \rightarrow A(s)$ 반응의 표준 환원 전위는 약 $-0.79\,V$이다.
ㄷ. 용액의 pH가 2로 높아지면 전지 전위는 0.82V보다 커진다.

① ㄱ
② ㄴ
③ ㄷ
④ ㄱ, ㄴ
⑤ ㄱ, ㄴ, ㄷ

15 표는 분자 궤도함수 이론에 근거한 두 가지 분자종의 자료이다. X와 Y는 N과 O 중 하나이다.

구 분	XY	Y_2^+
결합 차수	(가)	2.5
자기적 성질	상자기성	(나)

분자 궤도함수 이론에 근거하여 다음에 관한 설명으로 옳지 <u>않은</u> 것만을 〈보기〉에서 있는 대로 고른 것은? (단, 모든 분자종은 바닥상태이다)

─────── | 보기 | ───────

ㄱ. XY의 결합차수는 3이다.
ㄴ. (나)는 반자기성이다.
ㄷ. XY와 Y_2^+는 모두 등전자수를 가진다.

① ㄱ
② ㄴ
③ ㄷ
④ ㄱ, ㄴ
⑤ ㄱ, ㄷ

16 그림은 1기압에서 1 mol H₂O의 가열곡선이다.

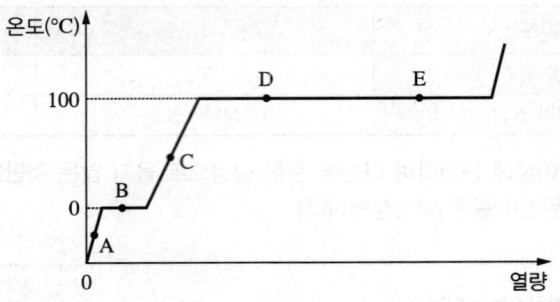

상태가 A~E일 때, 1 mol H₂O에 관한 설명으로 옳은 것만을 〈보기〉에서 있는 대로 고른 것은?

| 보기 |
ㄱ. 구간 B → C에서 흡수된 열은 모두 분자 간 수소결합을 끊는데 사용된다.
ㄴ. 상태 C에서 D로 갈수록 엔트로피는 증가한다.
ㄷ. 액체상태(C)의 mol 열용량은 기체상태(E)보다 작다.

① ㄱ
② ㄴ
③ ㄱ, ㄴ
④ ㄱ, ㄷ
⑤ ㄱ, ㄴ, ㄷ

17 다음은 H_2O, Br^- 두 자리 리간드 phen이 배위 결합한 정팔면체 Co(Ⅲ) 착이온 화합물 (가)와 (나)의 화학식이다.

(가) $[Co(H_2O)_3(phen)Br]^{2+}$
(나) $[Co(H_2O)_2(phen)Br_2]^+$

이에 관한 설명으로 옳은 것은?

① (가)는 cis/trans형 이성질체를 모두 가진다.
② (나)의 cis형은 광학활성이고, trans형은 광학비활성이다.
③ (나)는 광학이성질체를 전혀 만들 수 없다.
④ (가)와 (나)는 모두 광학활성을 가진 이성질체를 갖는다.
⑤ (가)는 광학활성 이성질체가 존재한다.

18 25℃에서 1.0×10^{-8}M 수산화나트륨(NaOH(aq)) 용액에 들어있는 [H$^+$], [OH$^-$], [Na$^+$]의 농도를 비교한 것으로 옳은 것은? (단, 25℃에서 H$_2$O의 이온곱 상수(K_w)는 1.0×10^{-14}이다)

① [H$^+$] < [Na$^+$] < [OH$^-$]
② [Na$^+$] < [OH$^-$] < [H$^+$]
③ [OH$^-$] < [H$^+$] < [Na$^+$]
④ [Na$^+$] < [H$^+$] < [OH$^-$]
⑤ [H$^+$] = [Na$^+$] < [OH$^-$]

19 다음은 3가지 탄화수소의 구조식이다.

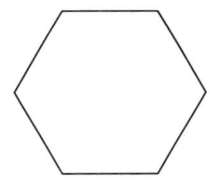 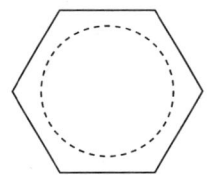

사이클로헥산   벤젠   1, 3-부타디엔

이에 관한 설명으로 옳은 것만을 〈보기〉에서 있는 대로 고른 것은?

―| 보기 |―
ㄱ. 공액 이중결합을 가진 탄화수소는 벤젠과 1,3-부타디엔이다.
ㄴ. 평면구조를 가진 탄화수소는 벤젠이다.
ㄷ. 사이클로헥산은 모든 탄소가 sp^3 혼성궤도를 가진다.

① ㄱ
② ㄴ
③ ㄱ, ㄴ
④ ㄱ, ㄷ
⑤ ㄱ, ㄴ, ㄷ

20 다음은 기체 A가 분해되는 반응의 화학 반응식이다.

$$A(g) \rightarrow D(g)$$

그림은 강철 용기에서 온도를 달리하면서 이 반응을 진행시킬 때 반응시간에 따른 A의 농도에 대한 역수 $\left(\dfrac{1}{[A]}\right)$를 나타낸 것이다. (가)와 (나)의 온도는 TK와 $1.5TK$를 순서 없이 나타낸 것이다.

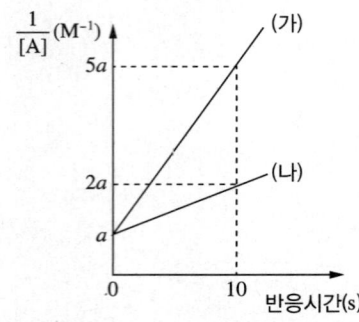

이에 관한 설명으로 옳은 것만을 〈보기〉에서 있는 대로 고른 것은? (단, 기체상수(R)는 bJ/K·mol이다)

─── 보기 ───
ㄱ. 이 반응의 반응차수는 2차 반응이다.
ㄴ. 반응속도상수의 비 $\dfrac{k_{(가)}}{k_{(나)}}$는 직선기울기의 비와 같다.
ㄷ. (가)의 활성화 에너지가 $4b T\ln 2$ J/mol이라면, (나)에서 반응속도는 (가)보다 두배 크다.

① ㄱ
② ㄴ
③ ㄱ, ㄴ
④ ㄴ, ㄷ
⑤ ㄱ, ㄴ, ㄷ

21 식물의 광합성에 작용하는 광계 Ⅰ과 광계 Ⅱ에 대한 설명으로 옳은 것은?
① 광계 Ⅰ의 반응 중심 엽록소는 P700, 광계 Ⅱ의 반응중심 엽록소는 P680이다.
② 광계 Ⅰ은 물 분해를 통해 산소를 발생시킨다.
③ 광계 Ⅱ에서 들뜬 전자는 최종적으로 NADPH 합성에 직접 이용된다.
④ 광계 Ⅱ의 광계열 반응은 순환적 전자 흐름에만 관여한다.
⑤ 광계 Ⅰ과 광계 Ⅱ는 모두 엽록체의 기질에서만 발견된다.

22 세균의 유전자 전달방식에 관한 설명으로 옳지 <u>않은</u> 것은?

① 형질전환은 외부 DNA 조각이 세포 내부로 들어와 새로운 형질을 나타내는 과정이다.
② 형질도입은 박테리오파지가 매개하여 한 세포의 유전자가 다른 세포로 전달되는 현상이다.
③ 접합은 성선모(필리)를 통해 한 세포의 플라스미드가 다른 세포로 직접 전달되는 과정이다.
④ 세균의 유전자 전달은 모두 무성생식과 별도로 일어나며, 생식세포 형성과는 무관하다.
⑤ 세균의 유전자 전달은 반드시 생식세포 형성과정을 거쳐야 한다.

23 항체가 결합된 세포가 용해 또는 제거되는 과정으로 옳은 것은?

① 동형전환
② 세포괴사
③ 양성선택
④ 보체활성화
⑤ 세포자멸사

24 〈보기〉 중 겉씨식물에 해당하는 설명과 속씨식물에 해당하는 설명을 옳게 짝지은 것은?

보기
ㄱ. 꽃이라는 생식기관을 가진 종자식물이다. ㄴ. 씨방이 발달하지 않아 밑씨가 겉으로 드러난다. ㄷ. 타가수분을 통해 유전적 다양성을 증가시킨다. ㄹ. 중복수정이 일어난다.

	속씨식물	겉씨식물
①	ㄱ, ㄷ	ㄴ, ㄹ
②	ㄴ, ㄷ	ㄱ, ㄹ
③	ㄱ, ㄷ, ㄹ	ㄴ
④	ㄴ	ㄱ, ㄷ, ㄹ
⑤	ㄱ, ㄹ	ㄴ, ㄷ

25 원핵세포에서 포도당이 피루브산으로 분해되는 과정에 대한 설명으로 옳은 것은?

① 세포질이 아니라 미토콘드리아 기질에서 일어난다.
② 산소가 반드시 있어야 한다.
③ 사용되는 ATP 분자보다 더 많은 ATP 분자가 생성된다.
④ 원핵세포에서는 해당과정이 일어나지 않는다.
⑤ 해당 과정에서 생성된 NADH는 바로 전자전달계로 들어갈 수 없다.

26 (가)는 미토콘드리아의 산화적 인산화 과정에서 전자전달계에 전자를 제공하는 주요 전자 공여체이고, (나)는 광합성의 명반응에서 전자전달계에 전자를 제공하는 주요 전자공여체이다. (가)와 (나)로 옳은 것은?

① (가) : NADH, (나) : H_2O
② (가) : FAD, (나) : O_2
③ (가) : NADPH, (나) : H_2O
④ (가) : NADH, (나) : O_2
⑤ (가) : H_2O, (나) : NADH

27 다음 중 자연선택에 관한 설명으로 옳지 않은 것은?

① 개체의 생존과 번식에 유리한 형질이 다음 세대에 더 많이 전달되는 과정을 말한다.
② 무작위적 요인에 의해 일어나며, 개체군의 적응과는 무관하다.
③ 환경에 따라 특정형질이 선택되므로 방향성이 존재한다.
④ 세대를 거듭할수록 집단의 유전적 구성을 변화시킨다.
⑤ 집단 내 적응도를 증가시키는 주요 진화 요인이 된다.

28 CAM 식물에 관한 설명으로 옳은 것만을 〈보기〉에서 있는 대로 고른 것은?

| 보기 |
ㄱ. 선인장, 파인애플은 CAM 식물에 속한다.
ㄴ. CAM 식물은 주로 밤에 기공을 열어 이산화탄소를 흡수한다.
ㄷ. 흡수된 이산화탄소는 말산형태로 저장되었다가 낮에 칼빈회로에서 사용된다.

① ㄱ
② ㄴ
③ ㄷ
④ ㄱ, ㄴ
⑤ ㄱ, ㄴ, ㄷ

29 어떤 식물의 유전자형은 AaBbCcDd이다. 이때 A와 B는 같은 염색체에 있으며, C와 D는 서로 다른 염색체에 존재한다. (단, 생식세포 형성시 교차는 고려하지 않는다) 이 식물을 자가교배하여 얻은 자손 중 유전자형이 AaBbCcDd일 확률은?

① $\frac{1}{2}$
② $\frac{1}{4}$
③ $\frac{1}{8}$
④ $\frac{1}{16}$
⑤ $\frac{1}{32}$

30 후구동물에 관한 설명으로 옳은 것은?

① 원구에서 입이 먼저 형성된다.
② 극피동물과 척삭동물이 대표적인 후구동물이다.
③ 후구동물은 모두 방사대칭이고, 배엽은 두 층으로만 이루어진다.
④ 후구동물은 체강이 없다.
⑤ 후구동물에서는 항상 외골격이 발달한다.

31 판의 경계 중 수렴형 경계에 대한 설명으로 옳은 것만을 〈보기〉에서 있는 대로 고른 것은?

―――――― | 보기 | ――――――
ㄱ. 알프스 산맥과 히말라야 산맥은 대륙판끼리 충돌하여 형성되었다.
ㄴ. 마리아나 해구는 해양판과 해양판이 수렴하여 한쪽 판이 섭입하면서 생성된 해구이다.
ㄷ. 안데스 산맥은 대륙판과 대륙판의 충돌로 형성된 조산대이다.

① ㄱ
② ㄴ
③ ㄱ, ㄴ
④ ㄱ, ㄷ
⑤ ㄱ, ㄴ, ㄷ

32 다음 중 대양에서 나타나는 시계방향 환류에 속하는 해류로 옳은 것만을 〈보기〉에서 있는 대로 고른 것은?

―――――― | 보기 | ――――――
ㄱ. 브라질 해류
ㄴ. 벵겔라 해류
ㄷ. 북적도 해류

① ㄱ
② ㄴ
③ ㄷ
④ ㄱ, ㄴ
⑤ ㄱ, ㄷ

33 다음 중 우리은하에 관한 설명으로 옳지 <u>않은</u> 것만을 〈보기〉에서 있는 대로 고른 것은?

| 보기 |
ㄱ. 우리은하는 나선은하이다.
ㄴ. 헤일로에는 주로 젊은 별로 구성되어 있다.
ㄷ. 나선 팔에는 나이 많은 별로 구성된 구상성단이 주로 분포한다.

① ㄴ
② ㄱ, ㄴ
③ ㄷ
④ ㄴ, ㄷ
⑤ ㄱ, ㄴ, ㄷ

34 그림 (가)는 어느 지역의 지질 단면도를, (나)는 방사성 원소 Y의 붕괴곡선을 나타낸 것이다. A와 B 지층에 들어 있는 방사성원소 Y의 양은 붕괴 후 각각 처음 함량의 50%, 25%이다. (가) 지질 단면도에서의 지층은 사암, 응회암, 반려암, 현무암이다.

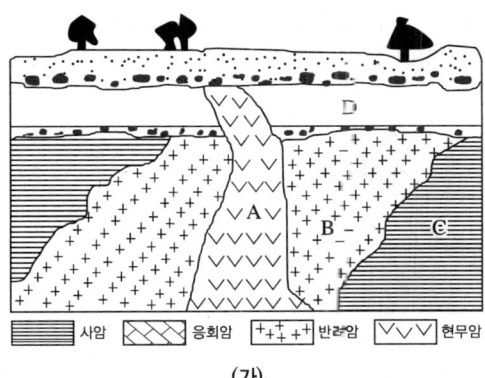
(가)

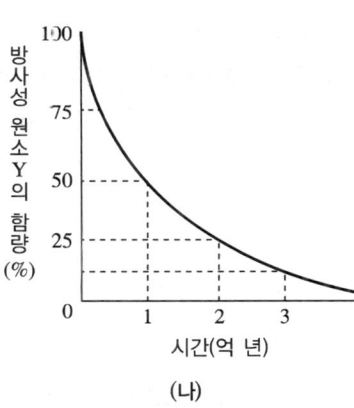
(나)

지층 A~D에 관한 설명으로 옳은 것만을 〈보기〉에서 있는 대로 고른 것은?

| 보기 |
ㄱ. A의 절대 연령은 약 1억년이다.
ㄴ. D는 응회암 지층으로, 화산활동과 관련된 퇴적물로 형성되었다.
ㄷ. 지층의 생성순서는 C → B → A → D이다.

① ㄱ
② ㄴ
③ ㄱ, ㄴ
④ ㄴ, ㄷ
⑤ ㄱ, ㄴ, ㄷ

35 지구 내부의 구성물질에 관한 설명으로 옳은 것은?

① 내핵은 액체 상태로 존재하며 지구 자기장의 주요 발생원인이다.
② 외핵은 고체 상태로 존재하며 맨틀의 대류를 일으킨다.
③ 하부 맨틀은 주로 감람석으로 구성되어 있다.
④ 해양 지각은 주로 유문암으로 구성되어 있다.
⑤ 대륙지각의 평균 SiO_2 함량은 해양지각보다 많다.

36 그림은 A 지점에서 기온이 22℃, 이슬점이 14℃인 공기 덩어리가 산을 타고 올라가다 B에서 구름이 생기고, 정상 C(고도 1.6km)를 넘어 하강하여 D에 이르는 과정을 나타낸 것이다.

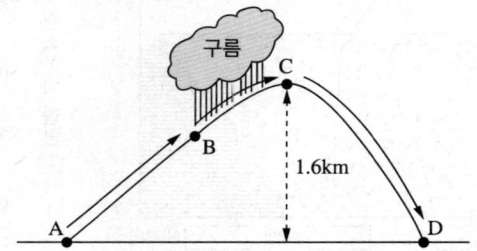

이에 관한 설명으로 옳은 것만을 〈보기〉에서 있는 대로 고른 것은? (단, 건조단열감률 10℃/km, 습윤단열감률 6℃/km, 이슬점 감률 2℃/km, A와 D의 해발고도는 0km이다)

―――――― | 보기 | ――――――
ㄱ. B 지점의 고도는 1.0km이다.
ㄴ. C 지점의 기온은 약 12℃이다.
ㄷ. D 지점의 기온은 A지점 보다 낮다.

① ㄱ
② ㄴ
③ ㄷ
④ ㄱ, ㄴ
⑤ ㄱ, ㄴ, ㄷ

37 현재 관측되는 우주의 팽창속도가 일정하다고 가정하자. 이를 활용하여 우주의 나이를 년단위로 도출하면? (단, 허블상수 $H_0 = 70 \text{km} \cdot \text{s}^{-1} \cdot \text{Mpc}^{-1}$로 가정한다. $1\text{Mpc} = 3 \times 10^{19}\text{km}$, 1년 $= 3 \times 10^7 \text{s}$ 이다)

① 7×10^9년
② 1.0×10^{10}년
③ 1.4×10^{10}년
④ 2.0×10^{10}년
⑤ 7×10^{10}년

38 다음은 지구 대기권에 관한 설명이다. 〈보기〉 중 옳은 것만을 있는 대로 고른 것은?

| 보기 |
ㄱ. 대류권에서는 기상현상이 나타난다.
ㄴ. 성층권에서는 오존층 때문에 자외선이 흡수되어 기온이 높아진다.
ㄷ. 중간권은 고도가 높아질수록 기온이 낮아진다.
ㄹ. 열권에서는 고도 상승에 따라 기온이 급격이 하락한다.

① ㄱ
② ㄴ
③ ㄱ, ㄴ
④ ㄱ, ㄴ, ㄷ
⑤ ㄱ, ㄴ, ㄷ, ㄹ

39 보웬의 반응계열에 따른 광물의 정출 및 화성암에 관한 설명으로 옳지 않은 것은?

① 불연속 반응계열에서는 온도가 내려가면서 감람석 → 휘석 → 각섬석 → 흑운모 순으로 광물이 정출된다.
② 연속 반응계열에서는 사장석이 고온에서는 Ca 성분이 풍부하다가, 온도가 낮아질수록 Na 성분이 풍부해진다.
③ 낮은 온도에서 정출되는 광물들은 주로 색이 밝고, 규산(SiO_2)함량이 높다.
④ 화강암은 고온에서 정출된 감람석과 휘석을 주된 조암 광물로 가진다.
⑤ 고온에서 정출되는 광물일수록 Mg과 Fe 성분이 많고, 낮은 온도에서 정출되는 광물일수록 K, Na, Si 성분이 많다.

40 그림은 현생이언 동안 일어난 5대 대량멸종(mass extinction) 사건을 시기 순으로 나타낸 것이다. 이에 관한 설명으로 옳은 것만을 〈보기〉에서 있는 대로 고른 것은?

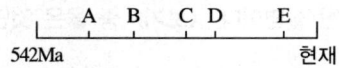

─────── | 보기 | ───────
ㄱ. A 시기는 오르도비스기로 기후 냉각과 해수면 하강이 멸종의 주요원인이다.
ㄴ. B 시기는 데본기로 운석충돌에 의해 일어났으며, 주요 대형 파충류가 멸종하였다.
ㄷ. E 시기는 백악기로 칙술루브 운석 충돌과 대규모 화산활동으로 인해 공룡이 멸종하였다.

① ㄱ
② ㄱ, ㄴ
③ ㄱ, ㄷ
④ ㄴ, ㄷ
⑤ ㄱ, ㄴ, ㄷ

시대에듀 회원만을 위한 **특별한 혜택**

회원 가입만 해도 누릴 수 있는 다양한 프리미엄 혜택!

01 무료 회원 혜택
- 전문가와 1:1 무료 상담 서비스 제공
- 자격증/공무원/취업 관련 무료 특강 제공
- 월별 이슈 & 상식 특강 제공
- 인적성 검사 및 면접 특강 지원

02 유료 회원 혜택
- 750명 교수진의 고품질 명품 강의 제공
- 무제한 반복 수강 가능
- 모바일 강의 다운로드 및 스트리밍
- Full HD 고화질 강의 시청

03 추가 제공 서비스
- 교재 및 동영상 구매 시 적립금 3,000원 제공
- 강의 수강료 5% 할인 쿠폰 제공
- 원격지원 서비스를 통한 빠른 문제 해결

※ 모의고사 및 무료특강은 일부 상품에 한해 제공되며, 상품에 따라 제공 여부가 달라질 수 있습니다. 또한, 상품 정책에 따라 서비스 내용은 사전 예고 없이 변경될 수 있습니다.

합격을 위한 최고의 선택!  회원 혜택!
합격을 위한 첫 걸음, 지금 바로 QR코드로 확인하세요!

앞선 교육을 실천하는 시대에듀의 목표는 오직 수험생의 합격입니다.

변리사
대표브랜드
시대에듀

2026 개정판

변리사 1차 시험 완벽 대비
1교시 산업재산권법 / 2교시 민법개론 / 3교시 자연과학개론

변리사 1차
전과목

산업재산권법 / 민법개론 / 자연과학개론

최종점검
FINAL
모의고사

편저 시대지적재산연구소

정답 및 해설편

시대에듀

정답 및 해설편

2026 시대에듀 변리사 1차 전과목 최종점검 FINAL 모의고사

전과목 최종점검 FINAL 모의고사 제1회 정답 및 해설
전과목 최종점검 FINAL 모의고사 제2회 정답 및 해설

자격증·공무원·금융/보험·면허증·언어/외국어·검정고시/독학사·기업체/취업
이 시대의 모든 합격! 시대에듀에서 합격하세요!
www.youtube.com → 시대에듀 → 구독

전과목 최종점검 FINAL 모의고사
제1회 정답 및 해설

1교시   산업재산권법

2교시   민법개론

3교시   자연과학개론

1교시 산업재산권법

01	02	03	04	05	06	07	08	09	10	11	12	13	14	15	16	17	18	19	20
②	④	⑤	⑤	②	④	③	①	⑤	①	①	③	⑤	③	⑤	①	④	④	⑤	①
21	22	23	24	25	26	27	28	29	30	31	32	33	34	35	36	37	38	39	40
①	④	②	③	⑤	⑤	②	①	③	③	②	②	④	⑤	①	③	④	⑤	②	①

01

답 ②

해설

① (O) 특허법 제56조 제1항 본문에 의하면 제55조 제1항에 따른 우선권 주장의 기초가 된 선출원은 <u>그 출원일부터 1년 3개월이 지난 때에 취하된 것으로 본다</u>.

> **특허법 제56조(선출원의 취하 등)**
> ① 제55조 제1항에 따른 우선권 주장의 기초가 된 선출원은 그 출원일부터 1년 3개월이 지난 때에 취하된 것으로 본다. 다만, 그 선출원이 다음 각 호의 어느 하나에 해당하는 경우에는 그러하지 아니하다.
> 1. 포기, 무효 또는 취하된 경우
> 2. 설정등록되었거나 특허거절결정, 실용신안등록거절결정 또는 거절한다는 취지의 심결이 확정된 경우
> 3. 해당 선출원을 기초로 한 우선권 주장이 취하된 경우

② (×) 특허법 제15조 제1항 본문에 의하면 <u>지식재산처장</u>은 청구에 따라 또는 직권으로 제132조의17에 따른 <u>심판의 청구기간을 30일 이내에서</u> 한 차례만 연장할 수 있다.

> **특허법 제15조(기간의 연장 등)**
> ① 지식재산처장은 청구에 따라 또는 직권으로 제132조의17에 따른 심판의 청구기간을 30일 이내에서 한 차례만 연장할 수 있다. 다만, 도서·벽지 등 교통이 불편한 지역에 있는 자의 경우에는 총리령으로 정하는 바에 따라 그 횟수 및 기간을 추가로 연장할 수 있다.

③ (O) 상표법 제86조에 의하여 상표권에 관한 심결의 취소소송에 준용되는 특허법 제186조 제1항·제3항의 규정에 의하면 특허심판원의 심결의 취소를 구하는 소는 심결의 등본을 송달받은 날로부터 30일 이내에 제기하여야 한다. / 소송대리인이 판결 정본의 송달을 받고도 당사자에게 그 사실을 알려주지 아니하여 당사자가 그 판결 정본의 송달사실을 모르고 있다가 상소제기기간이 경과 된 후에 비로소 그 사실을 알게 되었다 하더라도 이를 가리켜 당사자가 책임질 수 없는 사유로 인하여 불변기간을 준수할 수 없었던 경우에 해당한다고는 볼 수 없다(대판 1984.6.14. 84다카744).

> **특허법 제186조(심결 등에 대한 소)**
> ① 특허취소결정 또는 심결에 대한 소 및 특허취소신청서·심판청구서·재심청구서의 각하결정에 대한 소는 특허법원의 전속관할로 한다.
> ③ 제1항에 따른 소는 심결 또는 결정의 등본을 송달받은 날부터 30일 이내에 제기하여야 한다.

④ (○) 특허법 제16조 제1항에 의하면 지식재산처장 또는 특허심판원장은 제46조에 따른 보정명령을 받은 자가 지정된 기간에 그 보정을 하지 아니하면 특허에 관한 절차를 무효로 할 수 있다.

> **특허법 제16조(절차의 무효)**
> ① 지식재산처장 또는 특허심판원장은 제46조에 따른 보정명령을 받은 자가 지정된 기간에 그 보정을 하지 아니하면 특허에 관한 절차를 무효로 할 수 있다. 다만, 제82조 제2항에 따른 심사청구료를 내지 아니하여 보정명령을 받은 자가 지정된 기간에 그 심사청구료를 내지 아니하면 특허출원서에 첨부한 명세서에 관한 보정을 무효로 할 수 있다.

⑤ (○) 특허발명의 우선권 인정을 위한 실체적 요건은 최초 출원과 제2국 출원 사이의 발명의 동일성을 기준으로 판단하여야 하고, / 이 경우 법정기간 내에 제출된 우선권 증명서류에 의하여 최초 출원의 내용을 파악하기 어려운 경우에는 법정기간이 지난 이후라도 제출된 우선권 증명서류의 범위 내에서 그 불명료한 내용을 보완하는 자료를 추가로 제출하여 최초 출원의 내용을 확인함으로써 발명의 동일성 여부를 판단할 수 있다고 하여야 할 것이며, / 특히, 특허권자가 최초 출원국에서 발급하여 준 우선권 증명서류를 그대로 우리나라 지식재산처에 제출하였는데, 그 서류의 등본 또는 사본의 복사 상태가 불량하거나 복사의 크기가 작아서 그 일부 내용을 확인하기가 어려운 경우 특허권자가 최초 출원국으로부터 당초 발급받은 증명서류에 대하여 복사배율을 달리하거나 명료하게 복사된 서류를 다시 발급받았다면 이는 법정기간 내에 제출된 우선권 증명서류와 동일한 것으로 봄이 상당하고, / 따라서 이를 기초로 발명의 동일성 여부를 판단하여야 한다(대판 2002.9.6. 2000후2248).

02

답

│해설│

① (○) 사람의 질병을 진단, 치료, 경감하고 예방하거나 건강을 증진시키는 의약이나 의약의 조제방법 및 의약을 사용한 의료행위에 관한 발명은 산업에 이용할 수 있는 발명이라 할 수 없으므로 특허를 받을 수 없는 것이나, / 다만 동물용 의약이나 치료방법 등의 발명은 산업상 이용할 수 있는 발명으로서 특허의 대상이 될 수 있는바, / 출원발명이 동물의 질병만이 아니라 사람의 질병에도 사용할 수 있는 의약이나 의료행위에 관한 발명에 해당하는 경우에도 그 특허청구범위의 기재에서 동물에만 한정하여 특허청구함을 명시하고 있다면 이는 산업상 이용할 수 있는 발명으로서 특허의 대상이 된다(대판 1991.3.12. 90후250).

② (○) 특허법 제29조 제1항 본문의 산업상 이용가능성이 있기 위해서는 그 발명의 성질에 따라 기술적 의미에서 생산 또는 사용할 수 있는 것이어야 하고 만일 그 실시가 기술적으로 전혀 불가능한 것은 산업상 이용가능성이 없다고 할 것이나, / 여기서 말하는 실시 가능성은 그 발명의 성질에 따라 당해 특허발명이 속하는 기술분야에서 통상의 지식을 가진 자가 특허출원의 명세서에 기재된 발명의 목적, 구성 및 작용효과 등을 전체적으로 고려하여 기술적 의미에서 생산 또는 사용할 수 있다는 것을 의미하는 것일 뿐 그 발명의 통해서 경제적으로 이익을 얻을 수 있어야 한다든지 어떠한 기술적 문제점도 수반하여서는 안된다는 것까지 요구하는 것은 아니라 할 것이다(특허법원 2009.7.10. 2008허13930).

> **특허법 제29조(특허요건)**
> ① 산업상 이용할 수 있는 발명으로서 다음 각 호의 어느 하나에 해당하는 것을 제외하고는 그 발명에 대하여 특허를 받을 수 있다.
>   1. 특허출원 전에 국내 또는 국외에서 공지(公知)되었거나 공연(公然)히 실시된 발명
>   2. 특허출원 전에 국내 또는 국외에서 반포된 간행물에 게재되었거나 전기통신회선을 통하여 공중(公衆)이 이용할 수 있는 발명

③ (○) 모발의 웨이브방법에 관한 발명은 인체를 필수 구성요건으로 하고는 있지만, 의료행위가 아니라 미용행위에 해당한다 할 것이고, / 그 발명을 실행할 때 반드시 신체를 손상하거나 신체의 자유를 비인도적으로 구속하는 것이라고도 볼 수 없으므로 공공의 질서 또는 선량한 풍속을 문란하게 하거나 공중의 위생을 해할 염려가 있는 발명이라고도 할 수 없다 할 것이다. / 따라서 모발의 웨이브방법에 관한 이 사건 출원발명은 특허법 제29조 제1항 본문 소정의 산업상 이용할 수 있는 발명에 속한다 할 것이다(특허법원 2004.7.15. 2003허6104).

④ (×) 특허출원된 발명이 출원일 당시가 아니라 장래에 산업적으로 이용될 가능성이 있다 하더라도 특허법이 요구하는 산업상 이용가능성의 요건을 충족한다고 / 하는 법리는 해당 발명의 산업적 실시화가 장래에 있어도 좋다는 의미일 뿐 장래 관련 기술의 발전에 따라 기술적으로 보완되어 장래에 비로소 산업상 이용가능성이 생겨나는 경우까지 포함하는 것은 아니다(대판 2003.3.14. 2001후2801).

⑤ (○) 특허법 제29조 제1항 본문의 산업상 이용할 수 있는 발명에서 말하는 발명은 자연법칙을 이용한 기술적 사상의 창작으로서 고도한 것을 말한다. / 따라서 자연법칙에 어긋나는 발명은 특허법 제29조 제1항 본문에서 규정하고 있는 발명의 요건을 충족하지 못한다. / 에너지보존법칙은 자연계에서 어떠한 현상이 일어날 때 에너지의 형태는 변하지만 에너지의 총량은 언제나 일정하게 보존된다는 자연법칙의 하나이므로 에너지보존법칙에 어긋나는 발명은 발명의 요건을 충족시키지 못한다(특허법원 2006.6.29. 2005허5068).

03

답 ⑤

해설

① (×) 의약용도발명에서는 통상의 기술자가 선행발명들로부터 특정 물질의 특정 질병에 대한 치료효과를 쉽게 예측할 수 있는 정도에 불과하다면 그 진보성이 부정되고, / 이러한 경우 선행발명들에서 임상시험 등에 의한 치료효과가 확인될 것까지 요구된다고 볼 수 없다(대판 2019.1.31. 2016후502).

② (×) 의약이라는 물건의 발명에서 대상 질병 또는 약효와 함께 투여용법과 투여용량을 부가하는 경우, 투여용법과 투여용량이 발명의 구성요소가 될 수 있으며 / 투여용법과 투여용량이라는 새로운 의약용도가 부가되어 신규성과 진보성 등의 특허요건을 갖춘 의약에 대해서 새롭게 특허권이 부여될 수 있다(대판[전합] 2015.5.21. 2014후768).

③ (×) 의약용도발명에서는 특정 물질과 그것이 가지고 있는 의약용도가 발명을 구성하는 것이고, 약리기전은 특정 물질에 불가분적으로 내재된 속성으로서 특정 물질과 의약용도와의 결합을 도출해내는 계기에 불과하다. / 따라서 의약용도발명의 특허청구범위에 기재되어 있는 약리기전은 특정 물질이 가지고 있는 의약용도를 특정하는 한도 내에서만 발명의 구성요소로서 의미를 가질 뿐 / 약리기전 자체가 특허청구범위를 한정하는 구성요소라고 보아서는 아니 된다(대판 2014.5.16. 2012후3664).

④ (×) 특허권자가 약사법에 따라 품목허가를 받은 의약품과 특허침해소송에서 상대방이 생산 등을 한 의약품(이하 '침해제품'이라 한다)이 약학적으로 허용 가능한 염 등에서 차이가 있더라도 / 발명이 속하는 기술분야에서 통상의 지식을 가진 사람(이하 '통상의 기술자'라 한다)이라면 쉽게 이를 선택할 수 있는 정도에 불과하고, 인체에 흡수되는 유효성분의 약리작용에 의해 나타나는 치료효과나 용도가 실질적으로 동일하다면 존속기간이 연장된 특허권의 효력이 침해제품에 미치는 것으로 보아야 한다(대판 2019.1.17. 2017다245798).

⑤ (○) 의약의 용도발명에서는 특정 물질이 가지고 있는 의약의 용도가 발명의 구성요건에 해당하므로, 발명의 특허청구범위에는 특정 물질의 의약용도를 대상 질병 또는 약효로 명확히 기재하는 것이 원칙이나, 특정 물질의 의약용도가 약리기전만으로 기재되어 있다 하더라도 발명의 상세한 설명 등 명세서의 다른 기재나 기술상식에 의하여 의약으로서의 구체적인 용도를 명확하게 파악할 수 있는 경우에는 특허법 제42조 제4항 제2호에 정해진 청구항의 명확성 요건을 충족하는 것으로 볼 수 있다(대판 2009.1.30. 2006후3564).

04 답 ⑤

해설

① (×) 공지예외 규정의 문언과 내용, 입법 취지, 자유실시기술 법리의 본질 및 기능 등을 종합하여 보면, 공지예외 규정을 적용받아 특허를 받은 특허발명의 경우 확인대상 발명이 그 특허권의 권리범위에 속하는지를 판단할 때에는 자유실시기술 주장 즉, '발명이 속하는 기술분야에서 통상의 지식을 가진 사람이 공지예외 규정의 적용 근거가 된 공지기술로부터 확인대상 발명을 쉽게 실시할 수 있어 확인대상 발명이 특허권의 권리범위에 속하지 않는다.'는 주장은 허용되지 않는다고 보아야 한다. / 특허발명의 보호범위는 청구범위에 적혀 있는 사항에 의하여 정하여지고(특허법 제97조), 발명의 설명이나 도면 등에 의하여 그 보호범위를 제한하거나 확장하는 것은 원칙적으로 허용되지 않는다. / 다만 청구범위에 적혀 있는 사항은 발명의 설명이나 도면 등을 참작해야 그 기술적인 의미를 정확하게 이해할 수 있으므로, 청구범위에 적혀 있는 사항의 해석은 문언의 일반적인 의미 내용을 기초로 하면서도 발명의 설명이나 도면 등을 참작하여 문언에 의하여 표현하고자 하는 기술적 의의를 고찰한 다음 객관적·합리적으로 하여야 한다. / 그러나 발명의 설명과 도면 등을 참작한다고 하더라도 발명의 설명이나 도면 등 다른 기재에 따라 청구범위를 제한하거나 확장하여 해석하는 것은 허용되지 않는다(대판 2025.6.26. 2023후11562).

> **특허법 제97조(특허발명의 보호범위)**
> 특허발명의 보호범위는 청구범위에 적혀 있는 사항에 의하여 정하여진다.

② (×) 특허법 제30조 제1항 제1호는, 특허법 제29조 제1항 각호의 어느 하나에 해당하게 된 경우, 그날부터 12개월 이내에 특허출원을 하면 그 특허출원된 발명에 대하여 특허법 제29조 제1항 또는 제2항(신규성 또는 진보성 요건)을 적용할 때 그 발명은 제29조 제1항 각호의 공지된 발명에 해당하지 않는 것으로 본다고 하여 공지예외 규정을 두고 있다. / 그리고 특허법 제30조 제2항은 같은 조 제1항 제1호의 적용을 받고자 하는 자는 특허출원서에 그 취지를 적어 출원하여야 하고, 이를 증명할 수 있는 서류를 특허출원일부터 30일 이내에 지식재산처장에게 제출하여야 한다고 하여, 공지예외 주장의 제출 시기, 증명서류 제출 기한 등의 절차에 관하여 규정하고 있다. / 이는 특허법이 원칙적으로 출원 전에 공지·공용된 발명 또는 그 발명이 속하는 기술분야에서 통상의 지식을 가진 사람(이하 '통상의 기술자'라 한다)이 공지·공용된 발명에 의하여 쉽게 발명할 수 있는 발명은 특허를 받을 수 없도록 하고 있는 것(특허법 제29조 제1항·제2항)에 더한 예외를 규정한 것이다. 신규성 또는 진보성 요건에 관한 원칙을 너무 엄격하게 적용하면 특허를 받을 수 있는 권리를 가진 자에게 지나치게 가혹하여 형평성을 잃게 되거나 산업의 발전을 도모하는 특허법의 취지에 맞지 않게 되는 경우가 생길 수 있으므로, 예외적으로 일정한 요건과 절차를 갖춘 경우에는 특허를 받을 수 있는 권리를 가진 자의 발명이 특허출원 전에 공개되었다고 하더라도 그 발명은 공지 등이 되지 않은 것으로 취급하기 위하여 공지예외 규정을 둔 것이다. / 이러한 공지예외 규정의 문언과 취지에 비추어 보면, 특허를 받을 수 있는 권리를 가진 자가 특허법 제30조 제1항에서 정한 12개월의 기간 이내에 여러 번의 공개행위를 하고 그중 가장 먼저 공지된 발명에 대해서만 절차에 따라 공지예외 주장을 하였더라도, 공지된 나머지 발명들이 가장 먼저 공지된 발명과 동일성이 인정되는 범위에 있다면 공지된 나머지 발명들에까지 공지예외의 효과가 미친다고 보아야 한다(대판 2025.5.29. 2023후10712).

> **특허법 제29조(특허요건)**
> ① 산업상 이용할 수 있는 발명으로서 다음 각 호의 어느 하나에 해당하는 것을 제외하고는 그 발명에 대하여 특허를 받을 수 있다.
>   1. 특허출원 전에 국내 또는 국외에서 공지(公知)되었거나 공연(公然)히 실시된 발명
>   2. 특허출원 전에 국내 또는 국외에서 반포된 간행물에 게재되었거나 전기통신회선을 통하여 공중(公衆)이 이용할 수 있는 발명
> ② 특허출원 전에 그 발명이 속하는 기술분야에서 통상의 지식을 가진 사람이 제1항 각 호의 어느 하나에 해당하는 발명에 의하여 쉽게 발명할 수 있으면 그 발명에 대해서는 제1항에도 불구하고 특허를 받을 수 없다.
>
> **특허법 제30조(공지 등이 되지 아니한 발명으로 보는 경우)**
> ① 특허를 받을 수 있는 권리를 가진 자의 발명이 다음 각 호의 어느 하나에 해당하게 된 경우 그 날부터 12개월 이내에 특허출원을 하면 그 특허출원된 발명에 대하여 제29조 제1항 또는 제2항을 적용할 때에는 그 발명은 같은 조 제1항 각 호의 어느 하나에 해당하지 아니한 것으로 본다.
>   1. 특허를 받을 수 있는 권리를 가진 자에 의하여 그 발명이 제29조 제1항 각 호의 어느 하나에 해당하게 된 경우. 다만, 조약 또는 법률에 따라 국내 또는 국외에서 출원공개되거나 등록공고된 경우는 제외한다.
>   2. 특허를 받을 수 있는 권리를 가진 자의 의사에 반하여 그 발명이 제29조 제1항 각 호의 어느 하나에 해당하게 된 경우
> ② 제1항 제1호를 적용받으려는 자는 특허출원서에 그 취지를 적어 출원하여야 하고, 이를 증명할 수 있는 서류를 총리령으로 정하는 방법에 따라 특허출원일부터 30일 이내에 지식재산처장에게 제출하여야 한다.

③ (×) 특허법 제30조 제1항 및 그 제1호는 "특허를 받을 수 있는 권리를 가진 자에 의하여 그 발명이 제29조 제1항 각 호의 어느 하나에 해당하게 된 경우"(이하 '자기공지'라고 한다)에는 "그날부터 6월 이내에 특허출원을 하면 그 발명은 제29조 제1항 각 호의 어느 하나에 해당하지 아니한다"라고 정하고, 같은 조 제2항 전단은 "제1항 제1호의 규정을 적용받고자 하는 자는 특허출원서에 그 취지를 기재하여 출원하여야 한다"는 뜻을 정하고 있다. 특허법 제30조 제2항 규정의 내용 및 취지, 특허법 제30조에서 정하는 공지 예외 적용의 주장은 출원과는 별개의 절차이므로 특허출원서에 그 취지의 기재가 없으면 그 주장이 없는 통상의 출원에 해당하고 따라서 그 주장에 관한 절차 자체가 존재하지 아니하여서 출원 후 그에 관한 보정은 허용될 수 없는 점 등에 비추어 보면, 특허법 제30조 제1항 제1호의 자기공지 예외 규정에 해당한다는 취지가 특허출원서에 기재되어 있지 아니한 채 출원된 경우에는 자기공지 예외 규정의 효과를 받을 수 없는 것이고, 같은 조 제2항 전단에 규정된 절차를 아예 이행하지 아니하였음에도 불구하고 그 절차의 보정에 의하여 위 제1호의 적용을 받게 될 수는 없다고 할 것이다(대법원 2011.6.9. 선고 2010후2353).

④ (×) 특허법 제30조 제1항 제1호의 공지예외 규정은 특허출원된 발명에 대하여 신규성 요건인 특허법 제29조 제1항뿐만 아니라 진보성 요건인 특허법 제29조 제2항을 적용할 때에도 자기공지된 발명이 공지 등이 되지 않은 것으로 본다고 정하고 있다. 그리고 그 규정의 문언상 공지예외의 효과가 미치는 '자기공지된 발명'과 출원의 대상인 '특허출원된 발명'을 분명하게 구별하고 있다. / 이는 특허출원된 발명이 자기공지된 발명의 공지 이후 추가적인 연구개발이나 개량 등을 통하여 자기공지되었던 발명과 구성이나 효과에 차이가 생길 수 있음을 고려한 것이다. / 따라서 공지예외 규정이 적용되기 위해서 반드시 자기공지된 발명이 특허출원된 발명과 동일해야 한다거나 자기공지된 발명 그 자체가 특허출원되어야만 한다고 볼 수는 없다(대판 2025.5.29. 2023후10712).

⑤ (○) 특허법 제30조 제1항 제1호 단서에 의하면 조약 또는 법률에 따라 국내 또는 국외에서 출원공개되거나 등록공고된 경우는 제외한다.

05

답 ②

■ 해설 ■

① (○) 특허법 제2조 제3호는 발명을 '물건의 발명', '방법의 발명', '물건을 생산하는 방법의 발명'으로 구분하고 있는바, / 특허청구범위가 전체적으로 물건으로 기재되어 있으면서 그 제조방법의 기재를 포함하고 있는 발명(이하 '제조방법이 기재된 물건발명'이라고 한다)의 경우 제조방법이 기재되어 있다고 하더라도 발명의 대상은 그 제조방법이 아니라 최종적으로 얻어지는 물건 자체이므로 위와 같은 발명의 유형 중 '물건의 발명'에 해당한다. / 물건의 발명에 관한 특허청구범위는 발명의 대상인 물건의 구성을 특정하는 방식으로 기재되어야 하는 것이므로, 물건의 발명의 특허청구범위에 기재된 제조방법은 최종 생산물인 물건의 구조나 성질 등을 특정하는 하나의 수단으로서 그 의미를 가질 뿐이다. / 따라서 제조방법이 기재된 물건발명의 특허요건을 판단함에 있어서 그 기술적 구성을 제조방법 자체로 한정하여 파악할 것이 아니라 제조방법의 기재를 포함하여 특허청구범위의 모든 기재에 의하여 특정되는 구조나 성질 등을 가지는 물건으로 파악하여 출원 전에 공지된 선행기술과 비교하여 신규성, 진보성 등이 있는지 여부를 살펴야 한다. / 한편 생명공학 분야나 고분자, 혼합물, 금속 등의 화학 분야 등에서의 물건의 발명 중에는 어떠한 제조방법에 의하여 얻어진 물건을 구조나 성질 등으로 직접적으로 특정하는 것이 불가능하거나 곤란하여 제조방법에 의해서만 물건을 특정할 수밖에 없는 사정이 있을 수 있지만, 이러한 사정에 의하여 제조방법이 기재된 물건발명이라고 하더라도 그 본질이 '물건의 발명'이라는 점과 특허청구범위에 기재된 제조방법이 물건의 구조나 성질 등을 특정하는 수단에 불과하다는 점은 마찬가지이므로, / 이러한 발명과 그와 같은 사정은 없지만 제조방법이 기재된 물건발명을 구분하여 그 기재된 제조방법의 의미를 달리 해석할 것은 아니다(대판[전합] 2015.1.22. 2011후927).

> **특허법 제2조(정의)**
> 이 법에서 사용하는 용어의 뜻은 다음과 같다.
> 1. "발명"이란 자연법칙을 이용한 기술적 사상의 창작으로서 고도(高度)한 것을 말한다.
> 2. "특허발명"이란 특허를 받은 발명을 말한다.
> 3. "실시"란 다음 각 목의 구분에 따른 행위를 말한다.
>   가. 물건의 발명인 경우 : 그 물건을 생산·사용·양도·대여·수출 또는 수입하거나 그 물건의 양도 또는 대여의 청약(양도 또는 대여를 위한 전시를 포함한다. 이하 같다)을 하는 행위
>   나. 방법의 발명인 경우 : 그 방법을 사용하는 행위 또는 그 방법의 사용을 청약하는 행위
>   다. 물건을 생산하는 방법의 발명인 경우 : 나목의 행위 외에 그 방법에 의하여 생산한 물건을 사용·양도·대여·수출 또는 수입하거나 그 물건의 양도 또는 대여의 청약을 하는 행위

② (×) 특허발명의 청구범위에 기재된 청구항이 복수의 구성요소로 되어 있는 경우에는 각 구성요소가 유기적으로 결합한 전체로서의 기술사상이 진보성 판단의 대상이 되는 것이지 각 구성요소가 독립하여 진보성 판단의 대상이 되는 것은 아니므로, / 그 특허발명의 진보성을 판단할 때에는 청구항에 기재된 복수의 구성을 분해한 후 각각 분해된 개별 구성요소들이 공지된 것인지 여부만을 따져서는 안 되고, 특유의 과제 해결원리에 기초하여 유기적으로 결합된 전체로서의 구성의 곤란성을 따져 보아야 하며, 이때 결합된 전체 구성으로서의 발명이 갖는 특유한 효과도 함께 고려하여야 한다. / 여러 선행기술문헌을 인용하여 특허발명의 진보성이 부정된다고 하기 위해서는 그 인용되는 기술을 조합 또는 결합하면 해당 특허발명에 이를 수 있다는 암시·동기 등이 선행기술문헌에 제시되어 있거나 그렇지 않더라도 해당 특허발명의 출원 당시의 기술수준, 기술상식, 해당 기술분야의 기본적 과제, 발전경향, 해당 업계의 요구 등에 비추어 보아 통상의 기술자가 용이하게 그와 같은 결합에 이를 수 있다고 인정할 수 있는 경우이어야 한다(대판 2007.9.6. 2005후3284).

③ (○) 선행 또는 공지의 발명에 구성요건이 상위개념으로 기재되어 있고 위 상위개념에 포함되는 하위개념만을 구성요건 중의 전부 또는 일부로 하는 / 이른바 선택발명의 신규성을 부정하기 위해서는 선행발명이 선택발명을 구성하는 하위개념을 구체적으로 개시하고 있어야 하고, 이에는 선행발명을 기재한 선행문헌에 선택발명에 대한 문언적인 기재가 존재하는 경우 외에도 그 발명이 속하는 기술분야에서 통상의 지식을 가진 자가 선행문헌의 기재 내용과 출원시의 기술 상식에 기초하여 선행문헌으로부터 직접적으로 선택발명의 존재를 인식할 수 있는 경우도 포함된다(대판 2009.10.15. 2008후736).

④ (○) 물건의 발명에서 이와 동일한 발명이 그 출원 전에 공지되었거나 공연히 실시되었음이 인정되면 그 발명의 신규성은 부정된다. / 특허발명에서 구성요소로 특정된 물건의 구성이나 속성이 선행발명에 명시적으로 개시되어 있지 않은 경우라도 선행발명에 개시된 물건이 특허발명과 동일한 구성이나 속성을 갖는다는 점이 인정된다면, 이는 선행발명에 내재된 구성 또는 속성으로 볼 수 있다. 이와 같은 경우 특허발명이 해당 구성 또는 속성으로 인한 물질의 새로운 용도를 특허의 대상으로 한다는 등의 특별한 사정이 없는 한 공지된 물건에 원래부터 존재하였던 내재된 구성 또는 속성을 발견한 것에 불과하므로 신규성이 부정된다. / 이는 그 발명이 속하는 기술분야에서 통상의 지식을 가진 사람이 출원 당시에 그 구성이나 속성을 인식할 수 없었던 경우에도 마찬가지이다. / 또한 공지된 물건의 내재된 구성 또는 속성을 파악하기 위하여 출원일 이후 공지된 자료를 증거로 사용할 수 있다(대판 2021. 12. 30. 2017후1304).

⑤ (○) 특허발명의 신규성 또는 진보성 판단과 관련하여 특허발명의 구성요소가 출원 전에 공지된 것인지는 사실인정의 문제이고, / 공지사실에 관한 증명책임은 신규성 또는 진보성이 부정된다고 주장하는 당사자에게 있다. / 따라서 권리자가 자백하거나 법원에 현저한 사실로서 증명을 필요로 하지 않는 경우가 아니라면, 공지사실은 증거에 의하여 증명되어야 하는 것이 원칙이다(대판[전합] 2017. 1. 19. 2013후37).

06

답 ④

해설

① (○) 발명의 진보성 부정 여부를 판단할 때에는 적어도 선행 기술의 범위와 내용, 진보성 판단의 대상이 된 발명과 선행 기술의 차이, 그 발명이 속하는 기술분야에서 통상의 지식을 가진 사람(이하 '통상의 기술자'라 한다)의 기술수준에 대하여 증거 등 기록에 나타난 자료에 기초하여 파악한 다음, 통상의 기술자가 특허출원 당시의 기술수준에 비추어 진보성 판단의 대상이 된 발명이 선행 기술과 차이가 있는데도 그러한 차이를 극복하고 선행 기술로부터 쉽게 발명할 수 있는지를 살펴보아야 한다. / 이 경우 진보성 판단의 대상이 된 발명의 명세서에 개시되어 있는 기술을 알고 있음을 전제로 사후적으로 통상의 기술자가 쉽게 발명할 수 있는지를 판단해서는 안 된다(대판 2025. 7. 16. 2022후10524).

② (○) 발명의 진보성 여부 판단에 있어서는 그 출원 당시의 기술 수준, 대비되는 발명의 유무 등에 따라 나라마다 사정을 달리할 수 있으므로, / 당해 발명이 외국에서 특허등록되어 있다고 하더라도 그러한 사정만으로 국내에서 그 발명의 진보성이 부정될 수 없는 것은 아니다(대판 2001. 2. 13. 97후1351 · 1368).

③ (○) 특허등록된 발명이 공지공용의 기존 기술과 주지관용의 기술을 수집 종합하여 이루어진 데 그 특징이 있는 경우에는, 이를 종합하는 데 각별한 곤란성이 있다거나 이로 인한 작용효과가 공지된 선행기술로부터 예측되는 효과 이상의 새로운 상승효과가 있다고 볼 수 있는 경우가 아니면 그 발명의 진보성은 인정될 수 없다(대판 2008. 5. 29. 2006후3052).

④ (×) 특허발명의 청구범위에 기재된 청구항이 복수의 구성요소로 되어 있는 경우에는 각 구성요소가 유기적으로 결합한 전체로서의 기술사상이 진보성 판단의 대상이 되는 것이지 각 구성요소가 독립하여 진보성 판단의 대상이 되는 것은 아니므로, / 그 특허발명의 진보성을 판단할 때에는 청구항에 기재된 복수의 구성을 분해한 후 각각 분해된 개별 구성요소들이 공지된 것인지 여부만을 따져서는 안 되고, 특유의 과제 해결원리에 기초하여 유기적으로 결합된 전체로서의 구성의 곤란성을 따져 보아야 하며, 이때 결합된 전체 구성으로서의 발명이 갖는 특유한 효과도 함께 고려하여야 한다. / 여러 선행기술문헌을 인용하여 특허발명의 진보성이 부정된다고 하기 위해서는 그 인용되는 기술을 조합 또는 결합하면 해당 특허발명에 이를 수 있다는 암시 · 동기 등이 선행기술문헌에 제시되어 있거나 그렇지 않더라도 해당 특허발명의 출원 당시의 기술수준, 기술상식, 해당 기술분야의 기본적 과제, 발전경향, 해당 업계의 요구 등에 비추어 보아 통상의 기술자가 용이하게 그와 같은 결합에 이를 수 있다고 인정할 수 있는 경우이어야 한다(대판 2024. 12. 12. 2021후10367). 따라서 결합하여 통상의 기술자가 쉽게 발명할 수 있는 경우에는 진보성이 없다는 표현은 발명의 명세서에 개시되어 있는 기술을 알고 있음을 전제로 하여 사후적으로 통상의 기술자가 그 발명을 용이하게 발명할 수 있는지를 판단해서는 안 된다(사후적 고찰 금지)는 원칙에 반하므로 옳지 않다.

⑤ (○) 동일한 화합물이 여러 결정 형태를 가질 수 있고 결정 형태에 따라서 용해도, 안정성 등의 약제학적 특성이 다를 수 있다는 것은 의약화합물 기술분야에서 널리 알려져 있어 의약화합물의 제제설계(製劑設計)를 위하여 결정다형(結晶多形)의 존재를 검토하는 것은 통상 행해지는 일이므로, 의약화합물 분야에서 선행발명에 공지된 화합물과 결정 형태만을 달리하는 특정 결정형의 화합물을 특허청구범위로 하는 이른바 '결정형 발명'은 특별한 사정이 없는 한 선행발명에 공지된 화합물이 갖는 효과와 질적으로 다른 효과를 갖고 있거나 질적인 차이가 없더라도 양적으로 현저한 차이가 있는 경우에 한하여 진보성이 부정되지 않고, / 이때 결정형 발명의 상세한 설명에는 선행발명과의 비교실험자료까지는 아니라고 하더라도 위와 같은 효과가 있다는 것이 명확히 기재되어 있어야만 진보성 판단에 고려될 수 있으며, 만일 그 효과가 의심스러울 때에는 출원일 이후에 출원인 또는 특허권자가 신뢰할 수 있는 비교실험자료를 제출하는 등의 방법에 의하여 효과를 구체적으로 주장·증명하여야 한다(대판 2011.7.14. 2010후2865).

07

답 ③

|해설|

① (○) 발명을 한 사람 또는 그 승계인은 특허법에서 정하는 바에 따라 특허를 받을 수 있는 권리를 가진다(특허법 제33조 제1항 본문). / 이러한 정당한 권리자 아닌 사람(이하 '무권리자'라 한다)이 한 특허출원에 대하여 특허권의 설정등록이 이루어지면 특허무효사유에 해당한다(특허법 제133조 제1항 제2호 본문). / 특허법 제133조 제1항 전문은 "이해관계인(제2호 본문의 경우에는 특허를 받을 수 있는 권리를 가진 자만 해당한다) 또는 심사관은 특허가 다음 각호의 어느 하나에 해당하는 경우에는 무효심판을 청구할 수 있다."라고 규정하고 있으므로, 특허를 받을 수 있는 권리를 가지는 정당한 권리자 또는 심사관만이 무권리자의 출원을 무효사유로 한 특허무효심판의 청구인 적격이 있다. / 청구인 적격이 없는 자가 제기한 특허의 무효심판청구는 부적법하므로 무효사유에 대하여 판단할 필요 없이 심판청구를 각하하여야 한다. / 심판청구인이 무권리자의 출원을 무효사유로 한 특허무효심판을 청구할 수 있는 특허를 받을 수 있는 권리를 가지는 정당한 권리자에 해당하는지는 심결 당시를 기준으로 판단하여야 한다(대판 2025.1.9. 2022후10814).

특허법 제33조(특허를 받을 수 있는 자)
① 발명을 한 사람 또는 그 승계인은 이 법에서 정하는 바에 따라 특허를 받을 수 있는 권리를 가진다. 다만, 지식재산처 직원 및 특허심판원 직원은 상속이나 유증(遺贈)의 경우를 제외하고는 재직 중 특허를 받을 수 없다.
② 2명 이상이 공동으로 발명한 경우에는 특허를 받을 수 있는 권리를 공유한다.

특허법 133조(특허의 무효심판)
① 이해관계인(제2호 본문의 경우에는 특허를 받을 수 있는 권리를 가진 자만 해당한다) 또는 심사관은 특허가 다음 각 호의 어느 하나에 해당하는 경우에는 무효심판을 청구할 수 있다. 이 경우 청구범위의 청구항이 둘 이상인 경우에는 청구항마다 청구할 수 있다.
 1. 제25조, 제29조, 제32조, 제36조 제1항부터 제3항까지, 제42조 제3항 제1호 또는 같은 조 제4항을 위반한 경우
 2. 제33조 제1항 본문에 따른 특허를 받을 수 있는 권리를 가지지 아니하거나 제44조를 위반한 경우. 다만, 제99조의2 제2항에 따라 이전등록된 경우에는 제외한다.
 3. 제33조 제1항 단서에 따라 특허를 받을 수 없는 경우
 4. 특허된 후 그 특허권자가 제25조에 따라 특허권을 누릴 수 없는 자로 되거나 그 특허가 조약을 위반한 경우
 5. 조약을 위반하여 특허를 받을 수 없는 경우
 6. 제47조 제2항 전단에 따른 범위를 벗어난 보정인 경우
 7. 제52조 제1항에 따른 범위를 벗어난 분할출원 또는 제52조의2 제1항 각 호 외의 부분 전단에 따른 범위를 벗어난 분리출원인 경우
 8. 제53조 제1항에 따른 범위를 벗어난 변경출원인 경우

② (O) 2명 이상이 공동으로 발명한 경우에는 특허를 받을 수 있는 권리를 공유한다(특허법 제33조 제2항). 특허를 받을 수 있는 권리의 공유에는 특허법의 다른 규정이나 그 본질에 반하지 아니하는 범위 내에서 민법상 공유의 규정이 적용된다. / 특허법은 특허를 받을 수 있는 권리가 공유인 경우에는 합일적으로 확정되어야 할 필요성에서 특허출원 및 지식재산처 심사관의 특허거절결정 등에 대한 심판청구를 공유자 모두가 공동으로 하도록 규정하고 있으나(특허법 제44조, 제139조 제3항), 특허거절결정 등에 따른 심결취소의 소를 공유자 모두가 공동으로 제기하여야 하는지에 관하여는 아무런 규정을 두고 있지 않다. / 특허를 받을 수 있는 권리의 공유자 중 1인이 단독으로 특허거절결정 등에 대한 심결의 취소를 구하는 소를 제기하더라도 그 소송에서 심결을 취소하는 판결이 확정되면 취소의 효력이 다른 공유자에게도 미쳐 특허심판원에서 공유자 모두와의 관계에서 심판절차가 재개되고(행정소송법 제29조 제1항), 심결취소청구를 기각한 판결이 확정되어 심결이 유지된 경우에는 심결에 불복하지 않은 다른 공유자의 권리에 영향을 미치지 않는다. 그런데 특허를 받을 수 있는 권리의 공유자 모두가 공동으로 특허거절결정 등에 대한 심결의 취소를 구하는 소를 제기하여야 한다고 볼 경우 공유자 중 1인이라도 소의 제기에 협력할 수 없는 경우 나머지 공유자가 권리행사에 장애를 받거나 그 권리가 소멸되어 버리는 부당한 결과에 이르게 된다. 따라서 특허를 받을 수 있는 권리의 공유자가 특허거절결정 등에 대한 불복심판에서 기각 심결을 받은 경우에 제기하는 심결취소의 소는 심판청구인인 공유자 모두가 공동으로 제기하여야 하는 고유필수적 공동소송이라고 할 수 없고, 특허를 받을 수 있는 권리의 공유자 중 1인이라도 그 권리를 방해하는 심결이 있는 때에는 권리의 소멸을 방지하기 위해 단독으로 심결의 취소를 구할 수 있다(대판 2024.12.26. 2024후10825).

> **특허법 제44조(공동출원)**
> 특허를 받을 수 있는 권리가 공유인 경우에는 공유자 모두가 공동으로 특허출원을 하여야 한다.
>
> **특허법 제139조(공동심판의 청구 등)**
> ③ 특허권 또는 특허를 받을 수 있는 권리의 공유자가 그 공유인 권리에 관하여 심판을 청구할 때에는 공유자 모두가 공동으로 청구하여야 한다.
>
> **행정소송법 제29조(취소판결등의 효력)**
> ① 처분등을 취소하는 확정판결은 제3자에 대하여도 효력이 있다.

③ (×) 특허를 받을 수 있는 권리는 발명의 완성과 동시에 발명자에게 원시적으로 귀속되지만, / 이는 재산권으로 양도성을 가지므로 계약 또는 상속 등을 통하여 전부 또는 일부 지분을 이전할 수 있고(특허법 제37조 제1항), / 그 권리를 이전하기로 하는 계약은 명시적으로는 물론 묵시적으로도 이루어질 수 있고, / 그러한 계약에 따라 특허등록을 공동출원한 경우에는 출원인이 발명자가 아니라도 등록된 특허권의 공유지분을 가진다(대판 2012.12.27. 2011다67705·67712).

> **특허법 제37조(특허를 받을 수 있는 권리의 이전 등)**
> ① 특허를 받을 수 있는 권리는 이전할 수 있다.

④ (○) 특허법 제99조 제2항에 의하면 특허권이 공유인 경우에는 각 공유자는 다른 공유자 모두의 동의를 받아야만 그 지분을 양도하거나 그 지분을 목적으로 하는 질권을 설정할 수 있다.

> **특허법 제99조(특허권의 이전 및 공유 등)**
> ① 특허권은 이전할 수 있다.
> ② 특허권이 공유인 경우에는 각 공유자는 다른 공유자 모두의 동의를 받아야만 그 지분을 양도하거나 그 지분을 목적으로 하는 질권을 설정할 수 있다.

⑤ (○) 특허법 제101조 제1항은 "다음 각 호에 해당하는 사항은 이를 등록하지 아니하면 그 효력이 발생하지 아니한다."고 하면서, 제2호에 "전용실시권의 설정·이전(상속 기타 일반승계에 의한 경우를 제외한다)·변경·소멸(혼동에 의한 경우를 제외한다) 또는 처분의 제한"을 규정하고 있다. 따라서 설정계약으로 전용실시권의 범위에 관하여 특별한 제한을 두고도 이를 등록하지 않으면 그 효력이 발생하지 않는 것이므로, / 전용실시권자가 등록되어 있지 않은 제한을 넘어 특허발명을 실시하더라도, 특허권자에 대하여 채무불이행 책임을 지게 됨은 별론으로 하고 특허권 침해가 성립하는 것은 아니다(대판 2013.1.24. 2011도4645).

> **특허법 제101조(특허권 및 전용실시권의 등록의 효력)**
> ① 다음 각 호의 어느 하나에 해당하는 사항은 등록하여야만 효력이 발생한다.
> 1. 특허권의 이전(상속이나 그 밖의 일반승계에 의한 경우는 제외한다), 포기에 의한 소멸 또는 처분의 제한
> 2. 전용실시권의 설정·이전(상속이나 그 밖의 일반승계에 의한 경우는 제외한다)·변경·소멸(혼동에 의한 경우는 제외한다) 또는 처분의 제한
> 3. 특허권 또는 전용실시권을 목적으로 하는 질권의 설정·이전(상속이나 그 밖의 일반승계에 의한 경우는 제외한다)·변경·소멸(혼동에 의한 경우는 제외한다) 또는 처분의 제한

08 답 ①

해설

① (×) 특허법 제52조 제2항은 적법한 분할출원이 있을 경우 원출원일에 출원한 것으로 본다는 원칙과 그 예외로서 특허법 제30조 제2항의 공지예외주장의 제출 시기, 증명서류의 제출 기간에 관하여는 분할출원일을 기준으로 한다고 정하고 있을 뿐(이는 공지예외주장의 시기 및 증명서류 제출 기한을 원출원일로 소급하여 산정하면 분할출원 시 이미 기한이 지나 있는 경우가 많기 때문이다), 원출원에서 공지예외주장을 하지 않고 분할출원에서만 공지예외주장을 한 경우에는 분할출원일을 기준으로 공지예외주장의 요건 충족 여부를 판단하여야 한다거나 원출원에서의 공지예외주장을 분할출원에서의 공지예외주장을 통한 원출원일을 기준으로 한 공지예외의 효과 인정 요건으로 정하고 있지 않다. / 결국 위 규정들의 문언상으로는 원출원 시 공지예외주장을 하지 않았더라도 분할출원이 적법하게 이루어지면 특허법 제52조 제2항 본문에 따라 원출원일에 출원한 것으로 보게 되므로, 자기공지일로부터 12개월 이내에 원출원이 이루어지고, 분할출원일을 기준으로 공지예외주장의 절차 요건을 충족하였다면, 분할출원이 자기공지일로부터 12개월을 도과하여 이루어졌다 하더라도 공지예외의 효과가 발생하는 것으로 해석함이 타당하다(대판 2022.8.31. 2020후11479).

> **특허법 제52조(분할출원)**
> ② 제1항에 따라 분할된 특허출원(이하 "분할출원"이라 한다)이 있는 경우 그 분할출원은 특허출원한 때에 출원한 것으로 본다. 다만, 그 분할출원에 대하여 다음 각 호의 규정을 적용할 경우에는 해당 분할출원을 한 때에 출원한 것으로 본다.
> 1. 분할출원이 제29조 제3항에 따른 다른 특허출원 또는 「실용신안법」 제4조 제4항에 따른 특허출원에 해당하여 이 법 제29조 제3항 또는 「실용신안법」 제4조 제4항을 적용하는 경우
> 2. 제30조 제2항을 적용하는 경우
> 3. 제54조 제3항을 적용하는 경우
> 4. 제55조 제2항을 적용하는 경우

② (○) 분할출원을 하는 경우에 있어서 분할출원에 포함된 발명과 동일한 발명이 원출원의 특히 청구의 범위에 기재되어 있는 때에는 원출원을 하나의 발명으로 정정하여 특허청구의 범위를 명확하게 할 필요가 있다 하겠으나, / 분할출원에 포함된 발명과 동일한 발명이 원출원의 특허청구의 범위에 기재되어 있지 아니하고 발명의 상세한 설명이나 도면에 기재된 경우에는 원출원을 정정할 필요가 없다 할 것이므로 / 뒤의 경우에는 원출원을 정정함이 없이 신규출원을 하더라도 분할출원으로서 적법하다고 보아야 할 것이다(대판 1983.10.25. 83후21).

③ (○) 원출원 중 일부 발명이 실시례 등의 상세한 설명에 기저된 것으로서 원출원 발명과 다른 하나의 발명으로 볼 수 있는 경우에는 그 일부를 분할출원할 수 있으며, / 이 경우 그 동일성 여부의 판단은 특허청구범위에 기재된 양 발명의 기술적 구성이 동일한가 여부에 의하여 판단하되 그 효과도 참작하여야 할 것인바, 기술적 구성에 차이가 있더라도 그 차이가 주지 관용기술의 부가, 삭제, 변경 등으로 새로운 효과의 발생이 없는 정도에 불과하다면 양 발명은 서로 동일하다고 하여야 한다(대판 2004.3.12. 2002후2778).

④ (○) 특허법 제52조 제1항 제3호 단서에 의하면 제79조에 따른 설정등록을 받으려는 날이 3개월보다 짧은 경우에는 그 날까지의 기간에 분할할 수 있다.

> **특허법 제52조(분할출원)**
> ① 특허출원인은 둘 이상의 발명을 하나의 특허출원으로 한 경우에는 그 특허출원의 출원서에 최초로 첨부된 명세서 또는 도면에 기재된 사항의 범위에서 다음 각 호의 어느 하나에 해당하는 기간에 그 일부를 하나 이상의 특허출원으로 분할할 수 있다. 다만, 그 특허출원이 외국어특허출원인 경우에는 그 특허출원에 대한 제42조의3 제2항에 따른 국어번역문이 제출된 경우에만 분할할 수 있다.
>   1. 제47조 제1항에 따라 보정을 할 수 있는 기간
>   2. 특허거절결정등본을 송달받은 날부터 3개월(제15조 제1항에 따라 제132조의17에 따른 기간이 연장된 경우 그 연장된 기간을 말한다) 이내의 기간
>   3. 제66조에 따른 특허결정 또는 제176조 제1항에 따른 특허거절결정 취소심결(특허등록을 결정한 심결에 한정하되, 재심심결을 포함한다)의 등본을 송달받은 날부터 3개월 이내의 기간. 다만, 제79조에 따른 설정등록을 받으려는 날이 3개월보다 짧은 경우에는 그 날까지의 기간
>
> **특허법 제79조(특허료)**
> ① 제87조 제1항에 따른 특허권의 설정등록을 받으려는 자는 설정등록을 받으려는 날(이하 "설정등록일"이라 한다)부터 3년분의 특허료를 내야 하고, 특허권자는 그 다음 해부터의 특허료를 해당 권리의 설정등록일에 해당하는 날을 기준으로 매년 1년분씩 내야 한다.
> ② 제1항에도 불구하고 특허권자는 그 다음 해부터의 특허료는 그 납부연도 순서에 따라 수년분 또는 모든 연도분을 함께 낼 수 있다.
> ③ 제1항 및 제2항에 따른 특허료, 그 납부방법 및 납부기간, 그 밖에 필요한 사항은 총리령으로 정한다.

⑤ (○) 특허법 제52조 제1항은 "특허출원인은 … 분할할 수 있다"고 하여 분할출원을 할 수 있는 자는 특허출원인으로 규정하고 있다. 따라서 <u>분할출원을 할 수 있는 권리를 가진 자는 원출원을 한 자 또는 그 승계인(원출원인)이다. 공동출원의 경우에는 원출원과 분할출원의 출원인 전원이 완전히 일치하여야 한다</u>[특허·실용신안 심사기준(2025.02.25.) 3. 분할요건 3.1 주체적 요건 6103쪽 참고].

09 답 ⑤

해설

① (○) 조약우선권 제도에 의하여 대한민국에 특허를 출원한 날보다 앞서 우선권 주장일에 특허출원된 것으로 보아 그 특허요건을 심사하게 되면, 우선권 주장일과 우선권 주장을 수반하는 특허출원일 사이에 특허출원을 한 사람 등 제3자의 이익을 부당하게 침해할 우려가 있다. 따라서 특허법 제55조 제1항의 국내우선권 규정의 경우와 같이, 2001년 개정 전 특허법 제54조 제1항에 따라 특허요건 적용의 기준일이 우선권 주장일로 소급하는 발명은, 조약우선권 주장을 수반하는 특허출원된 발명 가운데 조약우선권 주장의 기초가 된 특허출원서에 최초로 첨부된 명세서 또는 도면(이하 '우선권 주장의 기초가 된 선출원의 최초 명세서 등'이라고 한다)에 기재된 사항의 범위 안에 있는 것으로 한정된다고 봄이 타당하다. / 여기서 '<u>우선권 주장의 기초가 된 선출원의 최초 명세서 등에 기재된 사항</u>'이란, 우선권 주장의 기초가 된 선출원의 최초 명세서 등에 명시적으로 기재되어 있는 사항이거나 또는 명시적인 기재가 없더라도 그 발명이 속하는 기술분야에서 통상의 지식을 가진 사람이라면 우선권 주장일 당시의 기술상식에 비추어 보아 우선권 주장을 수반하는 특허출원된 발명이 선출원의 최초 명세서 등에 기재되어 있는 것과 마찬가지라고 이해할 수 있는 사항이어야 한다(대판 2021.2.25. 2019후10265).

② (○) 특허법 제55조의 우선권 주장을 수반한 후출원 발명 중 출원일의 소급 효과가 인정되는 것은 <u>선출원의 명세서 또는 도면에 기재되어 있는 발명에 한한다</u>. / 즉 선출원 명세서와 도면에 기재된 발명과 동일하다고 인정되는 발명에 대하여는 우선권이 인정되어 선출원의 출원일에 출원한 것으로 보고, / <u>요지가 변경되었거나 신규사항이 추가된 경우에는 우선권이 인정되지 아니한다</u>(특허법원 2009.7.1. 2008허7706).

③ (○) 특허법 제56조 제3항에 의하면 제55조제1항에 따른 우선권 주장을 수반하는 특허출원이 선출원의 출원일부터 1년 3개월 이내에 취하된 때에는 그 우선권 주장도 동시에 취하된 것으로 본다.
④ (○) 특허법 제55조 제7항에 의하면 제1항에 따른 요건을 갖추어 우선권 주장을 한 자는 선출원일(선출원이 둘 이상인 경우에는 최선출원일을 말한다)부터 1년 4개월 이내에 그 우선권 주장을 보정하거나 추가할 수 있다.
⑤ (×) '우선권의 주장'이란 조약, 법률에 의하여 대한민국 국민에게 의장출원에 대한 우선권을 인정하는 당사국 국민이 그 당사국 또는 다른 당사국에 의장출원을 한 후 동일 의장을 대한민국에 의장 출원한 경우에 있어서 대한민국에 의장출원한 날을 최초의 의장출원을 한 날로 소급한다는 취지일 뿐, / 내국인인 출원인이 선행의장출원 이후 그와 동일 유사한 의장에 대하여 재차 의장출원을 한 경우에 후원출원을 한 날을 선행의장출원일로 소급한다는 취지는 아니다(대판 1992.1.17. 91후806).

10

답 ①

해설

① (○) 분할출원 불인정은 출원인의 구체적인 공법상의 권리의무관계나 법률상의 이익에 직접적, 현실적인 변동을 생기게 하는 것이 아니므로 지식재산처 심사관의 분할출원 불인정 통지는 항고소송의 대상이 되는 행정처분이 아니라고 한 원심의 판단을 수긍한 사례(대판 1996.4.9. 95누13098).
② (×) 특허법 제65조 제6항 제3호에 의하면 처음부터 발생하지 아니한 것으로 본다.

> **특허법 제65조(출원공개의 효과)**
> ⑥ 제64조에 따른 출원공개 후 다음 각 호의 어느 하나에 해당하는 경우에는 제2항에 따른 청구권은 처음부터 발생하지 아니한 것으로 본다.
> 1. 특허출원이 포기·무효 또는 취하된 경우
> 2. 특허출원에 대하여 제62조에 따른 특허거절결정이 확정된 경우
> 3. 제132조의13 제1항에 따른 특허취소결정이 확정된 경우
> 4. 제133조에 따른 특허를 무효로 한다는 심결(같은 조 제1항 제4호에 따른 경우는 제외한다)이 확정된 경우

③ (×) 특허법 제66조의3 제1항 제2호에 의하면 심사관의 직권재심사는 특허결정에 따라 특허권이 설정등록된 경우에는 할 수 없다.

> **특허법 제66조의3(특허결정 이후 직권 재심사)**
> ① 심사관은 특허결정된 특허출원에 관하여 명백한 거절이유를 발견한 경우에는 직권으로 특허결정을 취소하고, 그 특허출원을 다시 심사(이하 "직권 재심사"라 한다)할 수 있다. 다만, 다음 각 호의 어느 하나에 해당하는 경우에는 그러하지 아니하다.
> 1. 거절이유가 제42조 제3항 제2호, 같은 조 제8항 및 제45조에 따른 요건에 관한 것인 경우
> 2. 그 특허결정에 따라 특허권이 설정등록된 경우
> 3. 그 특허출원이 취하되거나 포기된 경우

④ (×) 특허법 제66조의2 제4항에 의하면 심사관의 직권보정 사항에 대해 특허출원인이 의견서를 제출한 경우 해당 직권보정 사항의 전부 또는 일부는 처음부터 없었던 것으로 본다. 이 경우 그 특허결정도 함께 취소된 것으로 본다.

특허법 제66조의2(직권보정 등)
④ 특허출원인이 제3항에 따라 의견서를 제출한 경우 해당 직권보정 사항의 전부 또는 일부는 처음부터 없었던 것으로 본다. 이 경우 그 특허결정도 함께 취소된 것으로 본다. 다만, 특허출원서에 첨부된 요약서에 관한 직권보정 사항의 전부 또는 일부만 처음부터 없었던 것으로 보는 경우에는 그러하지 아니하다.

⑤ (×) 특허법 제67조의2 제4항에 의하면 재심사의 청구는 취하할 수 없다.

11 답 ①

해설

① (○) 의약품 등의 발명을 실시하기 위해서는 국민의 보건위생을 증진하고 안전성 및 유효성을 확보하기 위해 약사법 등에 따라 허가 등을 받아야 하는데, 특허권자는 이러한 허가 등을 받는 과정에서 특허발명을 실시하지 못하는 불이익을 받게 된다. / 따라서 위와 같은 불이익을 구제하고 의약품 등의 발명을 보호·장려하기 위해 구 특허법(2014.6.11. 법률 제12753호로 개정되기 전의 것, 이하 같다) 제89조 제1항은 "특허발명을 실시하기 위하여 다른 법령의 규정에 의하여 허가를 받거나 등록 등을 하여야 하고, 그 허가 또는 등록 등(이하 '허가 등'이라 한다)을 위하여 필요한 활성·안전성 등의 시험으로 인하여 장기간이 소요되는 대통령령이 정하는 발명인 경우에는 제88조 제1항의 규정에 불구하고 그 실시할 수 없었던 기간에 대하여 5년의 기간 내에서 당해 특허권의 존속기간을 연장할 수 있다."라고 규정하여 약사법 등에 의한 허가 등을 받기 위하여 특허발명을 실시할 수 없었던 기간만큼 특허권의 존속기간을 연장해 주는 제도를 마련하였다. / 다만 구 특허법 제89조 제2항은 "제1항을 적용함에 있어서, 특허권자에게 책임 있는 사유로 소요된 기간은 제1항의 '실시할 수 없었던 기간'에 포함되지 아니한다."라고 규정하고 있으므로, 허가 등을 받은 자의 귀책사유로 약사법 등에 따라 허가 등의 절차가 지연된 경우에는 그러한 귀책사유가 인정되는 기간은 특허권 존속기간 연장의 범위에 포함되어서는 안 된다(대판 2017.11.29. 2017후844·2017후851[병합]·2017후868[병합]·2017후875[병합]).

특허법 제89조(허가등에 따른 특허권의 존속기간의 연장)
① 특허발명을 실시하기 위하여 다른 법령에 따라 허가를 받거나 등록 등을 하여야 하고, 그 허가 또는 등록 등(이하 "허가등"이라 한다)을 위하여 필요한 유효성·안전성 등의 시험으로 인하여 장기간이 소요되는 대통령령으로 정하는 발명인 경우에는 제88조 제1항에도 불구하고 그 실시할 수 없었던 기간에 대하여 5년의 기간까지 그 특허권의 존속기간(제92조의5 제2항에 따라 특허권의 존속기간의 연장이 등록된 경우에는 그 연장된 날까지를 말한다)을 한 차례만 연장할 수 있다. 다만, 허가등을 받은 날부터 14년을 초과하여 연장할 수 없다.
② 제1항을 적용할 때 허가등을 받은 자에게 책임있는 사유로 소요된 기간은 제1항의 "실시할 수 없었던 기간"에 포함되지 아니한다.

② (×) 특허법 제90조 제7항에 의하면 하나의 허가등에 대하여 둘 이상의 특허권이 있는 경우에는 연장등록출원인은 그 중 하나의 특허권에 대해서만 존속기간의 연장등록출원을 하여야 하고, 하나의 허가등에 대하여 둘 이상의 특허권에 대한 존속기간의 연장등록출원이 있는 경우에는 어느 특허권의 존속기간도 연장할 수 없다. 즉, 심사기준에 의하면 하나의 특허에 포함된 복수의 유효성분에 대하여 복수의 허가가 있는 경우 복수의 허가 중에서 하나를 선택하여 1회에 한해 존속기간 연장이 가능하다.

> 특허법 제90조(허가등에 따른 특허권의 존속기간의 연장등록출원)
> ⑦ 하나의 허가등에 대하여 둘 이상의 특허권이 있는 경우에는 연장등록출원인은 그 중 하나의 특허권에 대해서만 존속기간의 연장등록출원을 하여야 하고, 하나의 허가등에 대하여 둘 이상의 특허권에 대한 존속기간의 연장등록출원이 있는 경우에는 어느 특허권의 존속기간도 연장할 수 없다.

③ (×) 특허법 제90조 제2항에 의하면 제1항에 따른 특허권의 존속기간의 연장등록출원은 제89조 제1항에 따른 허가등을 받은 날부터 3개월 이내에 출원하여야 한다. 다만, 제88조에 따른 특허권의 존속기간의 만료 전 6개월 이후에는 그 특허권의 존속기간의 연장등록출원을 할 수 없다. 즉, 허가등을 받은 날로부터 3개월 이내에 출원하여야 한다.

④ (×) 존속기간이 연장된 특허권의 효력에 대해 구 특허법 제95조는 '그 연장등록의 이유가 된 허가 등의 대상물건(그 허가 등에 있어 물건이 특정의 용도가 정하여져 있는 경우에 있어서는 그 용도에 사용되는 물건)에 관한 그 특허발명의 실시 외의 행위에는 미치지 아니한다'라고 규정하고 있다. 특허법은 이와 같이 존속기간이 연장된 특허권의 효력이 미치는 범위를 규정하면서 청구범위를 기준으로 하지 않고 '그 연장등록의 이유가 된 허가 등의 대상물건에 관한 특허발명의 실시'로 규정하고 있을 뿐, 허가 등의 대상 '품목'의 실시로 제한하지는 않았다. / 이러한 법령의 규정과 제도의 취지 등에 비추어 보면, 존속기간이 연장된 의약품 특허권의 효력이 미치는 범위는 특허발명을 실시하기 위하여 약사법에 따라 품목허가를 받은 의약품과 특정 질병에 대한 치료효과를 나타낼 것으로 기대되는 특정 유효성분, 치료효과 및 용도가 동일한지 여부를 중심으로 판단해야 한다(대판 2019.1.17. 2017다245798).

⑤ (×) 식품의약품안전처 내 어느 심사부서에서 보완요구가 이루어지고 그 결과 보완자료를 제출할 때까지 그 보완요구 사항에 대한 심사가 진행되지 못하였다 하더라도, / 그동안 식품의약품안전처의 다른 심사부서에서 그 의약품의 제조판매·수입품목 허가를 위한 심사 등의 절차가 계속 진행되고 있었던 경우에는 / 다른 특별한 사정이 없는 한 그 기간 역시 허가를 위하여 소요된 기간으로 볼 수 있으므로, 이를 가지고 허가 등을 받은 자의 귀책사유로 인하여 허가 등의 절차가 지연된 기간이라고 단정할 수 없다(대판 2017.11.29. 2017후844·2017후851[병합]·2017후868[병합]·2017후875[병합]).

12

답 ③

해설

① (○) '물건을 생산하는 방법의 발명'을 포함한 '방법의 발명'(이하 통틀어 '방법발명'이라고 한다)에 대한 특허권자 등이 우리나라에서 그 특허방법의 사용에 쓰이는 물건을 적법하게 양도한 경우로서 / 그 물건이 방법발명을 실질적으로 구현한 것이라면, 방법발명의 특허권은 이미 목적을 달성하여 소진되었으므로, / 양수인 등이 그 물건을 이용하여 방법발명을 실시하는 행위에 대하여 특허권의 효력이 미치지 않는다(대판 2019.1.31. 2017다289903).

② (○) 특허법 제88조 제1항에 의하면 특허권의 존속기간은 제87조 제1항에 따라 특허권을 설정등록한 날부터 특허출원일 후 20년이 되는 날까지로 한다.

③ (×) 특허발명 실시계약이 체결된 이후에 계약 대상인 특허가 무효로 확정되면 특허권은 특허법 제133조 제3항의 규정에 따라 같은 조 제1항 제4호의 경우를 제외하고는 처음부터 없었던 것으로 간주된다. / 그러나 특허발명 실시계약에 의하여 특허권자는 실시권자의 특허발명 실시에 대하여 특허권 침해로 인한 손해배상이나 금지 등을 청구할 수 없게 될 뿐만 아니라 특허가 무효로 확정되기 이전에 존재하는 특허권의 독점적·배타적 효력에 의하여 제3자의 특허발명 실시가 금지되는 점에 비추어 보면, / 특허발명 실시계약의 목적이 된 특허발명의 실시가 불가능한 경우가 아닌 한 특허무효의 소급효에도 불구하고 그와 같은 특허를 대상으로 하여 체결된 특허발명 실시계약이 계약 체결 당시부터 원시적으로 이행불능 상태에 있었다고 볼 수는 없고, / 다만 특허무효가 확정되면 그때부터 특허발명 실시계약은 이행불능 상태에 빠지게 된다고 보아야 한다. 따라서 특허발명 실시계약 체결 이후에 특허가 무효로 확정되었더라도 특허발명 실시계약이 원시적으로 이행불능 상태에 있었다거나 그 밖에 특허발명 실시계약 자체에 별도의 무효사유가 없는 한 특허권자가 특허발명 실시계약에 따라 실시권자로부터 이미 지급받은 특허실시료 중 특허발명 실시계약이 유효하게 존재하는 기간에 상응하는 부분을 실시권자에게 부당이득으로 반환할 의무가 있다고 할 수 없다(대판 2014.11.13. 2012다42666·42673).

> **특허법 제133조(특허의 무효심판)**
> ① 이해관계인(제2호 본문의 경우에는 특허를 받을 수 있는 권리를 가진 자만 해당한다) 또는 심사관은 특허가 다음 각 호의 어느 하나에 해당하는 경우에는 무효심판을 청구할 수 있다. 이 경우 청구범위의 청구항이 둘 이상인 경우에는 청구항마다 청구할 수 있다.
>   1. 제25조, 제29조, 제32조, 제36조 제1항부터 제3항까지, 제42조 제3항 제1호 또는 같은 조 제4항을 위반한 경우
>   2. 제33조 제1항 본문에 따른 특허를 받을 수 있는 권리를 가지지 아니하거나 제44조를 위반한 경우. 다만, 제99조의2 제2항에 따라 이전등록된 경우에는 제외한다.
>   3. 제33조 제1항 단서에 따라 특허를 받을 수 없는 경우
>   4. 특허된 후 그 특허권자가 제25조에 따라 특허권을 누릴 수 없는 자로 되거나 그 특허가 조약을 위반한 경우
>   5. 조약을 위반하여 특허를 받을 수 없는 경우
>   6. 제47조 제2항 전단에 따른 범위를 벗어난 보정인 경우
>   7. 제52조 제1항에 따른 범위를 벗어난 분할출원 또는 제52조의2 제1항 각 호 외의 부분 전단에 따른 범위를 벗어난 분리출원인 경우
>   8. 제53조 제1항에 따른 범위를 벗어난 변경출원인 경우
> ② 제1항에 따른 심판은 특허권이 소멸된 후에도 청구할 수 있다.
> ③ 특허를 무효로 한다는 심결이 확정된 경우에는 그 특허권은 처음부터 없었던 것으로 본다. 다만, 제1항 제4호에 따라 특허를 무효로 한다는 심결이 확정된 경우에는 특허권은 그 특허가 같은 호에 해당하게 된 때부터 없었던 것으로 본다.
> ④ 심판장은 제1항에 따른 심판이 청구된 경우에는 그 취지를 해당 특허권의 전용실시권자나 그 밖에 특허에 관하여 등록을 한 권리를 가지는 자에게 알려야 한다.

④ (○) 특허법 제92조의4 제1호에 의하면 심사관은 제92조의3에 따른 <U>특허권의 존속기간의 연장등록출원이 연장신청의 기간이 제92조의2에 따라 인정되는 연장의 기간을 초과한 경우에는</U> 그 출원에 대하여 연장등록거절결정을 하여야 한다.

⑤ (○) 특허법 제88조 제2항에 의하면 정당한 권리자의 특허출원이 제34조 또는 제35조에 따라 특허된 경우에는 제1항의 특허권의 존속기간은 <U>무권리자의 특허출원일의</U> 다음 날부터 기산한다.

13

답 ⑤

해설

① (○) 방법의 발명(이하 '방법발명'이라고 한다)에 관한 특허권자로부터 허락을 받은 실시권자가 제3자에게 그 방법의 실시에만 사용하는 물건(이하 '전용품'이라고 한다)의 제작을 의뢰하여 그로부터 전용품을 공급받아 방법발명을 실시하는 경우에 있어서 그러한 제3자의 전용품 생산·양도 등의 행위를 특허권의 간접침해로 인정하면, 실시권자의 실시권에 부당한 제약을 가하게 되고, 특허권이 부당하게 확장되는 결과를 초래한다. / 또한, 특허권자는 실시권을 설정할 때 제3자로부터 전용품을 공급받아 방법발명을 실시할 것까지 예상하여 실시료를 책정하는 등의 방법으로 당해 특허권의 가치에 상응하는 이윤을 회수할 수 있으므로, 실시권자가 제3자로부터 전용품을 공급받는다고 하여 특허권자의 독점적 이익이 새롭게 침해된다고 보기도 어렵다. / 따라서 <U>방법발명에 관한 특허권자로부터 허락을 받은 실시권자가 제3자에게 전용품의 제작을 의뢰하여 그로부터 전용품을 공급받아 방법발명을 실시하는 경우에 있어서 그러한 제3자의 전용품 생산·양도 등의 행위는 특허권의 간접침해에 해당한다고 볼 수 없다</U>(대판 2019.2.28. 2017다290095).

② (○) 특허발명의 대상이거나 그와 관련된 물건을 사용함에 따라 마모되거나 소진되어 자주 교체해 주어야 하는 소모부품일지라도, 특허발명의 본질적인 구성요소에 해당하고 다른 용도로는 사용되지 아니하며 일반적으로 널리 쉽게 구할 수 없는 물품으로서, 당해 발명에 관한 물건의 구입시에 이미 그러한 교체가 예정되어 있었고, 특허권자측에 의하여 그러한 부품을 따로 제조·판매하고 있다면, 그러한 물건은 특허권의 간접침해에서 말하는 특허 물건의 생산에만 사용하는 물건에 해당한다. / 이 사건 토너 카트리지는 본건 발명에만 사용되는 물건으로서 다른 용도로는 사용되지 아니하는 사실을 알 수 있는바, / 따라서 본건 특허발명의 목적에 비추어 보면 위 토너 카트리지는 그 모양과 형태가 현상유니트와 감광드럼유니트와의 결합 방법 등에 있어서 중요한 요소가 되므로 본건 특허발명의 본질적인 구성요소라 할 것이고, / 다른 용도로는 사용되지도 아니하며, 일반적으로 널리 쉽게 구입할 수도 없는 물품일 뿐만 아니라, 본건 레이저프린터의 구입시에 위 토너 카트리지의 교체가 예정되어 있었고, 특허권자인 신청인측에서 그러한 토너 카트리지를 따로 제조·판매하고 있으므로, / 결국 위 토너 카트리지는 본건 특허 물건의 생산에만 사용하는 물건에 해당한다(대결 1996.11.27.자 96마365).

③ (○) 특허발명의 대상이거나 그와 관련된 물건을 사용함에 따라 마모되거나 소진되어 자주 교체해 주어야 하는 소모부품일지라도, 특허발명의 본질적인 구성요소에 해당하고 다른 용도로는 사용되지 아니하며 일반적으로 널리 쉽게 구할 수 없는 물품으로서 당해 발명에 관한 물건의 구입시에 이미 그러한 교체가 예정되어 있었고 특허권자측에 의하여 그러한 부품이 따로 제조·판매되고 있다면, 그러한 물건은 특허권에 대한 이른바 간접침해에서 말하는 '특허 물건의 생산에만 사용하는 물건'에 해당하고, / 위 '특허 물건의 생산에만 사용하는 물건'에 해당한다는 점은 특허권자가 주장·입증하여야 한다.(대판 2002.11.8. 2000다27602).

④ (○) 간접침해에 관하여 규정하고 있는 특허법 제127조 제1호 규정은 발명의 모든 구성요소를 가진 물건을 실시한 것이 아니고 그 전 단계에 있는 행위를 하였더라도 발명의 모든 구성요소를 가진 물건을 실시하게 될 개연성이 큰 경우에는 장래의 특허권 침해에 대한 권리 구제의 실효성을 높이기 위하여 일정한 요건 아래 이를 특허권의 침해로 간주하더라도 특허권이 부당하게 확장되지 않는다고 본 것이라고 이해된다. 위 조항의 문언과 그 취지에 비추어 볼 때, 여기서 말하는 '생산'이란 발명의 구성요소 일부를 결여한 물건을 사용하여 발명의 모든 구성요소를 가진 물건을 새로 만들어내는 모든 행위를 의미하므로, 공업적 생산에 한하지 않고 가공, 조립 등의 행위도 포함된다. / 나아가 '특허 물건의 생산에만 사용하는 물건'에 해당하기 위하여는 사회통념상 통용되고 승인될 수 있는 경제적, 상업적 내지 실용적인 다른 용도가 없어야 하고, / 이와 달리 단순히 특허 물건 이외의 물건에 사용될 이론적, 실험적 또는 일시적인 사용가능성이 있는 정도에 불과한 경우에는 간접침해의 성립을 부정할 만한 다른 용도가 있다고 할 수 없다(대판 2009.9.10. 2007후3356).

> **특허법 제127조(침해로 보는 행위)**
> 다음 각 호의 구분에 따른 행위를 업으로서 하는 경우에는 특허권 또는 전용실시권을 침해한 것으로 본다.
> 1. 특허가 물건의 발명인 경우 : 그 물건의 생산에만 사용하는 물건을 생산·양도·대여·수출 또는 수입하거나 그 물건의 양도 또는 대여의 청약을 하는 행위
> 2. 특허가 방법의 발명인 경우 : 그 방법의 실시에만 사용하는 물건을 생산·양도·대여·수출 또는 수입하거나 그 물건의 양도 또는 대여의 청약을 하는 행위

⑤ (×) 구 특허법(1990.1.13. 법률 제4207호로 개정되기 전의 것)은 제64조에서 '침해로 보는 행위'(강학상의 간접침해행위)라 하여 현실로 특허권 또는 전용실시권(이하 '특허권'등이라 약칭한다)의 침해로 보기 어려운 예비단계의 행위를 침해행위로 의제하는 규정을 두고 있는 바, / 여기에서 위 제64조에 해당하는 간접침해행위에 대하여 특허권등 침해의 민사책임을 부과하는 외에 위 법 제158조 제1항 제1호(특허권등을 침해한 자에 대한 처벌규정)에 의한 형사처벌까지 가능한가가 문제될 수 있는데, / 확장해석을 금하는 죄형법정주의의 원칙에 비추어, 또한 특허권등 침해의 미수범에 대한 처벌규정이 없어 특허권등 직접침해의 미수범은 처벌되지 아니함에도 / 특허권등 직접침해의 예비단계 행위에 불과한 간접침해행위를 위 벌칙조항에 의하여 특허권등 직접침해의 기수범과 같은 벌칙에 의하여 처벌할 때 초래되는 형별의 불균형성등에 비추어 볼 때, 위 제64조의 규정은 특허권자 등을 보호하기 위하여 특허권 등의 간접침해자에게도 민사책임을 부과시킴으로써 특허권자 등을 보호하기 위한 취지의 정책적 규정일 뿐 이를 특허권등의 침해행위를 처벌하는 형벌법규의 구성요건으로서까지 규정한 취지는 아닌 것으로 봄이 옳을 것이다(대판 1993.2.23. 92도3350).

14 　　답 ③

해설

① (○) 구 상표법(2016. 2. 29. 법률 제14033호로 전부 개정되기 전의 것, 이하 같다) 제23조, 제81조에 의하면, 상표출원에 대한 심사 단계에서 거절결정을 하려면 그에 앞서 출원인에게 거절이유를 통지하여야 하고, 거절결정에 대한 특허심판원의 심판절차에서 거절결정의 이유와 다른 사유로 거절결정이 정당하다고 하려면 먼저 그 사유에 대해 거절이유를 통지하도록 하고 있다. / 위 규정에 따른 거절이유 통지를 받은 출원인 또는 심판청구인은 의견서 제출기간 내에 통지된 거절이유에 대한 의견서를 제출할 수 있고, 거절이유에 나타난 사항에 대하여 보정을 하여 거절이유를 해소할 수도 있다. / 심사 단계에서 미리 거절이유를 통지한 사유라고 하더라도 그 사유를 거절결정에서 거절이유로 삼지 않았다면 이와 같은 사유는 거절결정에 대한 심판절차에서는 '거절결정의 이유와 다른 거절이유'에 해당하므로, 심판 단계에서 심판청구인이 위 사유에 대해 실질적으로 의견서 제출 및 보정의 기회를 부여받았다고 볼 만한 특별한 사정이 없는 한 이를 심결의 이유로 하기 위해서는 구 상표법 제81조, 제23조에 따라 다시 그 사유에 대해 거절이유를 통지하여야 한다. / 위 규정은 거절이유를 미리 통지함으로써 그에 대한 의견서 제출 및 보정의 기회를 부여하여 출원인 또는 심판청구인의 절차적 권리를 보호하고, 심사 및 심판의 적정을 기하여 심사 및 심판 제도의 신용을 유지하기 위한 공익상의 요구에 따른 강행규정이다. 따라서 위 규정에 따라 거절이유 통지를 하지 아니한 채 거절결정의 이유와 다른 거절이유를 들어서 거절결정이 결과에 있어 정당하다는 이유로 거절결정불복심판청구를 기각한 심결은 위법하다(대판 2020. 11. 12. 2017후1779).

② (○) 구 실용신안법(2006. 3. 3. 법률 제7872호로 전부 개정되기 전의 것, 이하 같다) 제55조 제2항(註: 현행 특허법 제140조 제2항) 본문에 의하면, '심판청구서의 보정은 그 요지를 변경할 수 없다'고 규정되어 있으나, / 그 규정의 취지는 요지의 변경을 쉽게 인정할 경우 심판절차의 지연을 초래하거나 피청구인의 방어권행사를 곤란케 할 우려가 있다는 데에 있으므로, / 그 보정의 정도가 청구인의 고안에 관하여 심판청구서에 첨부된 도면 및 설명서에 표현된 구조의 불명확한 부분을 구체화한 것이거나 처음부터 당연히 있어야 할 구성부분을 부가한 것에 지나지 아니하여 심판청구의 전체적 취지에 비추어 볼 때 그 고안의 동일성이 유지된다고 인정되는 경우에는 위 규정에서 말하는 요지의 변경에 해당하지 않는다(대판 2012. 5. 24. 2012후344).

> **특허법 제140조(심판청구방식)**
> ② 제1항에 따라 제출된 심판청구서의 보정은 그 요지를 변경할 수 없다. 다만, 다음 각 호의 어느 하나에 해당하는 경우에는 그러하지 아니하다.
>   1. 제1항 제1호에 따른 당사자 중 특허권자의 기재를 바로잡기 위하여 보정(특허권자를 추가하는 것을 포함하되, 청구인이 특허권자인 경우에는 추가되는 특허권자의 동의가 있는 경우로 한정한다)하는 경우
>   2. 제1항 제4호에 따른 청구의 이유를 보정하는 경우
>   3. 제135조 제1항에 따른 권리범위 확인심판에서 심판청구서의 확인대상 발명(청구인이 주장하는 피청구인의 발명을 말한다)의 설명서 또는 도면에 대하여 피청구인이 자신이 실제로 실시하고 있는 발명과 비교하여 다르다고 주장하는 경우에 청구인이 피청구인의 실시 발명과 동일하게 하기 위하여 심판청구서의 확인대상 발명의 설명서 또는 도면을 보정하는 경우

③ (×) 등록고안의 실용신안권자 甲과 그로부터 실용신안권 침해의 고소를 당한 乙 사이에 乙이 그 등록고안의 권리를 인정하고 그 권리에 위반되는 행위를 하지 않는다는 내용의 약정을 하였다 하더라도, / 문언상으로는 그 합의의 취지를 乙이 甲의 등록고안에 대한 정당한 권리를 인정하고 그 권리에 위반되는 행위를 하지 아니하기로 한 것으로 볼 수 있을 뿐이어서, 그 합의로써 곧바로 乙이 자신이 실시했던 특정 고안이 그 등록고안의 권리범위에 속함을 인정하였다거나 그 등록고안의 권리범위를 확인하는 심판청구권까지를 포기하기로 한 것으로 볼 수 없으므로, / 그와 같은 합의가 있었다는 사정만으로 심판청구인의 권리범위확인심판에 관한 이해관계가 소멸하였다고 할 수는 없다(대법원 1996. 12. 6. 95후1050).

④ (○) 확인대상발명이 공지의 기술만으로 이루어지거나 통상의 기술자가 공지기술로부터 용이하게 실시할 수 있는 경우에는 특허발명과 대비할 필요 없이 특허발명의 권리범위에 속하지 않게 된다. / 이때 권리범위확인심판청구의 대상이 되는 확인대상발명이 공지의 기술만으로 이루어지거나 그 기술분야에서 통상의 기술자가 공지기술로부터 쉽게 실시할 수 있는지 여부를 판단할 때에는, 확인대상발명을 특허발명의 특허청구범위에 기재된 구성과 대응되는 구성으로 한정하여 파악할 것은 아니고, 심판청구인이 특정한 확인대상발명의 구성 전체를 가지고 그 해당 여부를 판단하여야 한다(대판 2008. 7. 10. 2008후64).

⑤ (○) 특허출원에 대한 심사 단계에서 거절결정을 하려면 그에 앞서 출원인에게 거절이유를 통지하여 의견제출의 기회를 주어야 하고, 거절결정에 대한 특허심판원의 심판절차에서 그와 다른 사유로 거절결정이 정당하다고 하려면 먼저 그 사유에 대해 의견제출의 기회를 주어야만 이를 심결의 이유로 할 수 있다(특허법 제62조, 제63조, 제170조 참조). 위와 같은 절차적 권리를 보장하는 특허법의 규정은 강행규정이므로 / 의견제출의 기회를 부여한 바 없는 새로운 거절이유를 들어서 거절결정이 결과에 있어 정당하다는 이유로 거절결정불복심판청구를 기각한 심결은 위법하다. / 같은 취지에서 거절결정불복심판청구 기각 심결의 취소소송절차에서도 지식재산처장은 심사 또는 심판 단계에서 의견제출의 기회를 부여한 바 없는 새로운 거절이유를 주장할 수 없다고 보아야 한다. / 다만 거절결정불복심판청구 기각 심결의 취소소송절차에서 지식재산처장이 비로소 주장하는 사유라고 하더라도 심사 또는 심판 단계에서 의견제출의 기회를 부여한 거절이유와 주요한 취지가 부합하여 이미 통지된 거절이유를 보충하는 데 지나지 아니하는 것이면 이를 심결의 당부를 판단하는 근거로 할 수 있다 할 것이다. / 특히 이미 통지된 거절이유가 비교대상발명에 의하여 출원발명의 진보성이 부정된다는 취지인 경우에, 위 비교대상발명을 보충하여 특허출원 당시 그 기술분야에 널리 알려진 주지관용기술의 존재를 증명하기 위한 자료는 새로운 공지기술에 관한 것에 해당하지 아니하므로, / 심결취소소송의 법원이 이를 진보성을 부정하는 판단의 근거로 채택하였다고 하더라도 이미 통지된 거절이유와 주요한 취지가 부합하지 아니하는 새로운 거절이유를 판결의 기초로 삼은 것이라고 할 수 없다(대판 2013.9.26. 2013후1054).

15

답 ⑤

┃해설┃

① (×) 특허법 제135조가 규정하고 있는 권리범위확인심판은 특허권 침해에 관한 민사소송(이하 '침해소송'이라 한다)과 같이 침해금지청구권이나 손해배상청구권의 존부와 같은 분쟁 당사자 사이의 권리관계를 최종적으로 확정하는 절차가 아니고, 그 절차에서의 판단이 침해소송에 기속력을 미치는 것도 아니지만, 간이하고 신속하게 확인대상발명이 특허권의 객관적인 효력범위에 포함되는지를 판단함으로써 당사자 사이의 분쟁을 사전에 예방하거나 조속히 종결시키는 데에 이바지한다는 점에서 고유한 기능을 가진다. / 특허법 제164조 제1항은 심판장이 소송절차가 완결될 때까지 심판절차를 중지할 수 있다고 규정하고, 제2항은 법원은 특허에 관한 심결이 확정될 때까지 소송절차를 중지할 수 있다고 규정하며, 제3항은 법원은 침해소송이 제기되거나 종료되었을 때에 그 취지를 특허심판원장에게 통보하도록 규정하고, 제4항은 특허심판원장은 제3항에 따른 특허권 또는 전용실시권의 침해에 관한 소에 대응하여 그 특허권에 관한 무효심판 등이 청구된 경우에는 그 취지를 제3항에 해당하는 법원에 통보하여야 한다고 규정하고 있다. 이와 같이 특허법이 권리범위확인심판과 소송절차를 각 절차의 개시 선후나 진행경과 등과 무관하게 별개의 독립된 절차로 인정됨을 전제로 규정하고 있는 것도 앞서 본 권리범위확인심판 제도의 기능을 존중하는 취지로 이해할 수 있다. / 이와 같은 권리범위확인심판 제도의 성질과 기능, 특허법의 규정 내용과 취지 등에 비추어 보면, <u>침해소송이 계속 중이어서 그 소송에서 특허권의 효력이 미치는 범위를 확정할 수 있더라도 이를 이유로 침해소송과 별개로 청구된 권리범위확인심판의 심판청구의 이익이 부정된다고 볼 수는 없다</u>(대판 2018.2.8. 2016후328).

> **특허법 제135조(권리범위 확인심판)**
> ① 특허권자 또는 전용실시권자는 자신의 특허발명의 보호범위를 확인하기 위하여 특허권의 권리범위 확인심판을 청구할 수 있다.
> ② 이해관계인은 타인의 특허발명의 보호범위를 확인하기 위하여 특허권의 권리범위 확인심판을 청구할 수 있다.
> ③ 제1항 또는 제2항에 따른 특허권의 권리범위 확인심판을 청구하는 경우에 청구범위의 청구항이 둘 이상인 경우에는 청구항마다 청구할 수 있다.

② (×) 소극적 권리범위확인심판에서는 현재 실시하는 것만이 아니라 장래 실시 예정인 것도 심판대상으로 삼을 수 있다. / 그러나 당사자 사이에 심판청구인이 현재 실시하고 있는 기술이 특허권의 권리범위에 속하는지에 관하여만 다툼이 있을 뿐이고, 심판청구인이 장래 실시할 예정이라고 주장하면서 심판대상으로 특정한 확인대상발명이 특허권의 권리범위에 속하지 않는다는 점에 관하여는 아무런 다툼이 없는 경우라면, / 그러한 <u>확인대상발명을 심판대상으로 하는 소극적 권리범위확인심판은 심판청구의 이익이 없어 허용되지 않는다</u>(대판 2016.9.30. 2014후2849).

③ (×) 특허권의 권리범위확인은 등록된 특허권을 중심으로 어떠한 확인대상발명이 적극적으로 등록 특허발명의 권리범위에 속한다거나 소극적으로 이에 속하지 아니함을 확인하는 것인데, / 선등록 특허권자가 후등록 특허권자를 상대로 제기하는 적극적 권리범위확인심판은 등록무효절차 이외에서 등록된 권리의 효력을 부인하는 결과가 되어 부적법하다. / 이와 같이 <u>선등록 특허권자가 후등록 특허권자를 상대로 제기하는 적극적 권리범위확인심판이 허용되지 아니하는 이유에 비추어 볼 때 이러한 법리는 후등록 특허발명의 신규성 인정 여부에 따라 그 적용 여부가 달라지는 것은 아니다</u>(대판 2016.4.28. 2013후2965).

④ (×) 특허권의 권리범위확인은 등록된 특허권을 중심으로 어떠한 확인대상발명이 적극적으로 등록 특허발명의 권리범위에 속한다거나 소극적으로 이에 속하지 아니함을 확인하는 것인바, / 선등록 특허권자가 후등록 특허권자를 상대로 제기하는 적극적 권리범위확인심판은 등록무효절차 이외에서 등록된 권리의 효력을 부인하는 결과가 되어 부적법하나, <u>후등록 특허권자가 선등록 특허권자를 상대로 제기하는 소극적 권리범위확인심판은 후등록 특허권자 스스로가 자신의 등록된 권리의 효력이 부인되는 위험을 감수하면서 타인의 등록된 권리의 범위에 속하는지 여부에 대한 판단을 구하는 것이어서 적법하다고 할 것이다</u>(대판 2007.10.11. 2007후2766).

⑤ (○) 특허권의 권리범위확인심판을 청구할 때 심판청구의 대상이 되는 확인대상발명은 당해 특허발명과 서로 대비할 수 있을 만큼 구체적으로 특정되어야 할 뿐만 아니라, 그에 앞서 사회통념상 특허발명의 권리범위에 속하는지를 확인하는 대상으로서 다른 것과 구별될 수 있는 정도로 구체적으로 특정되어야 한다. / 만약 확인대상발명의 일부 구성이 불명확하여 다른 것과 구별될 수 있는 정도로 구체적으로 특정되어 있지 않다면, 특허심판원은 요지변경이 되지 아니하는 범위 내에서 확인대상발명의 설명서 및 도면에 대한 보정을 명하는 등 조치를 취해야 하며, / 그럼에도 그와 같은 특정의 미흡함이 있다면 심판의 심결이 확정되더라도 일사부재리의 효력이 미치는 범위가 명확하다고 할 수 없으므로, 나머지 구성만으로 확인대상발명이 특허발명의 권리범위에 속하는지를 판단할 수 있는 경우라 하더라도 심판청구를 각하하여야 한다(대판 2011.9.8. 2010후3356).

16

답 ①

해설

① (×) 특허법 제178조, 민사소송법 제424조[(註) 현행법 제453조] 등에 의하면 당사자는 확정된 심결에 대하여 재심을 청구할 수 있고 재심은 재심을 제기할 심결을 한 심판소의 전속관할에 속하므로, <u>재심대상인 항고심심결의 관할심판소인 지식재산처 항고심판소에 제기하여야 할 재심의 소를 대법원에 잘못 제기한 경우</u>, 특허법 제8장 재심에 관한 규정에는 민사소송법 제31조가 준용되어 있지 않을 뿐 아니라, 특허법상의 심판제도는 대법원을 최종심을 전제로 행정관청이 그 전심으로서 특허법상의 쟁송을 심리 결정하는 제도로서 지식재산처심판소는 외연상은 특허사건에 관한 특별법원에 해당하는 것처럼 보이지만 그 기구의 조직 및 심판의 성질상 어디까지나 행정부에 속하는 행정기관이라 할 것이므로 / <u>법원 간의 이송을 전제로 한 민사소송법상의 이송규정을 유추적용할 수도 없어 결국 그 재심의 소는 부적법하여 각하를 면치 못한다</u>(대판 1994.10.21. 94재후57).

> **특허법 제178조(재심의 청구)**
> ① 당사자는 확정된 특허취소결정 또는 확정된 심결에 대하여 재심을 청구할 수 있다.
> ② 제1항의 재심청구에 관하여는「민사소송법」제451조 및 제453조를 준용한다.
>
> **민사소송법 제453조(재심관할법원)**
> ① 재심은 재심을 제기할 판결을 한 법원의 전속관할로 한다.
> ② 심급을 달리하는 법원이 같은 사건에 대하여 내린 판결에 대한 재심의 소는 상급법원이 관할한다. 다만, 항소심판결과 상고심판결에 각각 독립된 재심사유가 있는 때에는 그러하지 아니하다.

② (O) 심결이 대리인에게 송달되었을 때에는 그 대리인은 특별한 사정이 없는 한 그 송달을 받을 당시에 그 심결에 판단유탈이 있는 여부를 알았다고 할 것이고 / 그 대리인이 판단유탈유무를 안 경우에는 특별한 사정이 없는 한 당사자도 그 판단유탈의 유무를 알았던 것이라고 보아야 할 것이므로 / 확정심결에 대하여 판단유탈이 있음을 이유로 한 재심청구의 제기기간은 대리인이 심결의 송달을 받은 때에 안 것으로 하여 계산하여야 한다(대판 1987.7.21. 87후55).

③ (O) 민사소송법 제422조 제1항(註) 현행법 제451조] 단서에서 '이를 알고 주장하지 아니한 때'라 함은 당사자가 재심사유의 존재를 알았음에도 불구하고 상소를 제기하면서 이를 상소심에서 주장하지 아니한 경우뿐만 아니라, 상소를 제기하지 아니하여 판결(이 사건에서는 심결)을 확정시킨 경우도 포함하는 것이라고 풀이하여야 할 것이고, / 판단유탈과 같은 재심사유는 심결이유를 읽어봄으로서 쉽게 알 수 있는 것이므로 당사자는 특별한 사정이 없는 한 심결정본의 송달에 의하여 이를 안 것이라고 봄이 상당하다. / 그렇다면 항고심판청구인이 이 사건에서 재심사유로 내세운 판단유탈은 특별한 사정의 주장, 입증이 없으므로 재심대상 심결정본의 송달에 의하여 알았던 것이고, 이를 알고도 상소에 의하여 주장하지 아니한 경우에 해당되어 그 사유를 이유로 한 재심청구는 할 수 없다(대판 1985.10.22. 84후68).

> **민사소송법 제451조(재심사유)**
> ① 다음 각 호 가운데 어느 하나에 해당하면 확정된 종국판결에 대하여 재심의 소를 제기할 수 있다. 다만, 당사자가 상소에 의하여 그 사유를 주장하였거나, 이를 알고도 주장하지 아니한 때에는 그러하지 아니하다.
>   1. 법률에 따라 판결법원을 구성하지 아니한 때
>   2. 법률상 그 재판에 관여할 수 없는 법관이 관여한 때
>   3. 법정대리권·소송대리권 또는 대리인이 소송행위를 하는 데에 필요한 권한의 수여에 흠이 있는 때. 다만, 제60조 또는 제97조의 규정에 따라 추인한 때에는 그러하지 아니하다.
>   4. 재판에 관여한 법관이 그 사건에 관하여 직무에 관한 죄를 범한 때
>   5. 형사상 처벌을 받을 다른 사람의 행위로 말미암아 자백을 하였거나 판결에 영향을 미칠 공격 또는 방어방법의 제출에 방해를 받은 때
>   6. 판결의 증거가 된 문서, 그 밖의 물건이 위조되거나 변조된 것인 때
>   7. 증인·감정인·통역인의 거짓 진술 또는 당사자신문에 따른 당사자나 법정대리인의 거짓 진술이 판결의 증거가 된 때
>   8. 판결의 기초가 된 민사나 형사의 판결, 그 밖의 재판 또는 행정처분이 다른 재판이나 행정처분에 따라 바뀐 때
>   9. 판결에 영향을 미칠 중요한 사항에 관하여 판단을 누락한 때
>   10. 재심을 제기할 판결이 전에 선고한 확정판결에 어긋나는 때
>   11. 당사자가 상대방의 주소 또는 거소를 알고 있었음에도 있는 곳을 잘 모른다고 하거나 주소나 거소를 거짓으로 하여 소를 제기한 때
> ② 제1항 제4호 내지 제7호의 경우에는 처벌받을 행위에 대하여 유죄의 판결이나 과태료부과의 재판이 확정된 때 또는 증거부족 외의 이유로 유죄의 확정판결이나 과태료부과의 확정재판을 할 수 없을 때에만 재심의 소를 제기할 수 있다.
> ③ 항소심에서 사건에 대하여 본안판결을 하였을 때에는 제1심 판결에 대하여 재심의 소를 제기하지 못한다.

④ (O) 특허법 제178조 제1항에 의하면 당사자는 확정된 특허취소결정 또는 확정된 심결에 대하여 재심을 청구할 수 있다.

⑤ (○) 특허법 제181조 제1항 제4호에 의하면 취소된 특허권이 재심에 의하여 회복된 경우 특허권의 효력은 해당 특허취소결정 또는 심결이 확정된 후 재심청구 등록 전에 선의로 수출 또는 수입하거나 국내에서 생산 또는 취득한 물건에는 미치지 아니한다.

> **특허법 제181조(재심에 의하여 회복된 특허권의 효력 제한)**
> ① 다음 각 호의 어느 하나에 해당하는 경우에 특허권의 효력은 해당 특허취소결정 또는 심결이 확정된 후 재심청구 등록 전에 선의로 수출 또는 수입하거나 국내에서 생산 또는 취득한 물건에는 미치지 아니한다.
> 1. 무효가 된 특허권(존속기간이 연장등록된 특허권을 포함한다)이 재심에 의하여 회복된 경우
> 2. 특허권의 권리범위에 속하지 아니한다는 심결이 확정된 후 재심에 의하여 그 심결과 상반되는 심결이 확정된 경우
> 3. 거절한다는 취지의 심결이 있었던 특허출원 또는 특허권의 존속기간의 연장등록출원이 재심에 의하여 특허권의 설정등록 또는 특허권의 존속기간의 연장등록이 된 경우
> 4. 취소된 특허권이 재심에 의하여 회복된 경우

17

답 ④

|해설|

① (×) 구 상표법(2007.1.3. 법률 제8190호로 개정되기 전의 것) 제86조 제2항에 의하여 준용되는 특허법 제186조 제5항에 의하면 심판장은 원격 또는 교통이 불편한 지역에 있는 자를 위하여 직권으로 심결취소소송을 제기할 수 있는 기간에 대하여 부가기간을 정할 수 있으나, / 같은 조 제4항이 심결취소소송의 제소기간은 불변기간으로 한다고 규정하고 있는 점에 비추어 / 제소기간의 연장을 위한 부가기간의 지정은 제소기간 내에 이루어져야만 효력이 있고, 단순히 부가기간지정신청이 제소기간 내에 있었다는 점만으로는 불변기간인 제소기간이 당연히 연장되는 것이라고 할 수 없다(대판 2008.9.11. 2007후4649).
② (×) 소송대리인이 당사자의 의사를 확인하지 않은 상태에서 상고기간이 도과될 것을 우려하여 상고를 제기하였으나, 그 후 당사자가 상고를 제기하지 않겠다는 의사를 밝힌 경우 / 상고는 원고로부터 적법하게 소송대리권을 수여받은 바가 없는 무권대리인에 의하여 제기된 것으로서 부적법하다(대판 2006.11.9. 2006후1841).
③ (×) 이른바 고유필수적 공동소송이 아닌 사건에서 소송 도중에 당사자를 추가하는 것은 허용될 수 없고, / 동일한 특허권에 관하여 2인 이상의 자가 공동으로 특허의 무효심판을 청구하여 승소한 경우에 그 특허권자가 제기할 심결취소소송은 심판청구인 전원을 상대로 제기하여야만 하는 고유필수적 공동소송이라고 할 수 없으므로, / 위 소송에서 당사자의 변경을 가져오는 당사자추가신청은 명목이 어떻든 간에 부적법하여 허용될 수 없다. / 특허를 무효로 한다는 심결이 확정된 때에는 당해 특허는 제3자와의 관계에서도 무효로 되므로, 동일한 특허권에 관하여 2인 이상의 자가 공동으로 특허의 무효심판을 청구하는 경우 그 심판은 심판청구인들 사이에 합일확정을 필요로 하는 이른바 유사필수적 공동심판에 해당한다. / 위 법리에 비추어 보면, 당초 청구인들이 공동으로 특허발명의 무효심판을 청구한 이상 청구인들은 유사필수적 공동심판관계에 있으므로, / 비록 위 심판사건에서 패소한 특허권자가 공동심판청구인 중 일부만을 상대로 심결취소소송을 제기하였다 하더라도 그 심결은 청구인 전부에 대하여 모두 확정이 차단되며, / 이 경우 심결취소소송이 제기되지 않은 나머지 청구인에 대한 제소기간의 도과로 심결 중 그 나머지 청구인의 심판청구에 대한 부분만이 그대로 분리·확정되었다고 할 수 없다(대판 2009.5.28. 2007후1510).

④ (○) 특단의 사정이 없는 한 발명에 신규성이 없다는 것과 진보성이 없다는 것은 원칙적으로 특허를 받을 수 없는 사유로서 독립되어 있는 것이라고 할 것인데, / 출원발명에 대한 최초의 거절이유통지부터 심결이 내려질 때까지 지식재산처가 출원인에게 출원발명이 신규성이 없다는 이유로 의견서제출통지를 하여 그로 하여금 명세서를 보정할 기회를 부여한 바 없고, 심결에 이르기까지 지식재산처가 일관하여 출원발명의 요지로 인정하고 있는 부분에 관하여는 진보성이 있다고 여겨지는바, / 법원이 출원발명의 요지를 제대로 파악한 결과 신규성이 없다고 인정되는 부분이 있다고 하더라도, 출원인에게 그 발명의 요지를 보정할 기회도 주지 않은 채 곧바로 이와 다른 이유로 출원발명의 출원을 거절한 심결의 결론이 그 결과에 있어서는 정당하다고 하여 심결을 그대로 유지하는 것은 당사자에게 불측의 손해를 가하는 것으로 부당하다고 보여지므로, / 출원발명의 요지를 잘못 인정하고 그에 따른 진보성 판단도 잘못된 심결을 취소함이 상당하다(대판 2002.11.26. 2000후1177).

⑤ (×) 심판은 특허심판원에서의 행정절차이고 심결은 행정처분이며, 그에 대한 불복의 소송인 심결취소소송은 항고소송에 해당하여 그 소송물은 심결의 실체적·절차적 위법 여부이므로, / 당사자는 심결에서 판단되지 아니한 것이라도 그 심결의 결론을 정당하게 하거나 위법하게 하는 사유를 심결취소소송 단계에서 주장·입증할 수 있고, / 따라서 거절결정 불복심판청구를 기각하는 심결의 취소소송에서 지식재산처장은 거절결정의 이유와 다른 새로운 거절이유에 해당하지 않는 한 심결에서 판단되지 않은 것이라고 하더라도 심결의 결론을 정당하게 하는 사유를 주장·입증할 수 있다(대판 2003.2.26. 2001후1617).

18 답 ④

해설

① (×) 특허거절결정에 대한 불복심판청구를 기각한 심결의 취소소송에서 법원은 특허거절결정을 유지한 심결의 위법성 여부를 판단하는 것일 뿐 특허출원에 대하여 직접 특허결정 또는 특허거절결정을 하는 것은 아니다. / 따라서 심사관이 특허출원의 보정에 대한 각하결정을 한 후 '보정 전의 특허출원'에 대하여 거절결정을 하였고, 그에 대한 불복심판 절차에서 위 보정각하결정 및 거절결정이 적법하다는 이유로 심판청구를 기각하는 특허심판원의 심결이 있었던 경우, 심결취소소송에서 법원은 위 보정각하결정이 위법하다면 그것만을 이유로 곧바로 심결을 취소하여야 하는 것이지, / 심사관 또는 특허심판원이 하지도 아니한 '보정 이후의 특허출원'에 대한 거절결정의 위법성 여부까지 스스로 심리하여 이 역시 위법한 경우에만 심결을 취소할 것은 아니다(대판 2014.7.10. 2012후3121).

② (×) 심판은 특허심판원에서의 행정절차이며 심결은 행정처분에 해당하고, 그에 대한 불복의 소송인 심결취소소송은 항고소송에 해당하여 / 그 소송물은 심결의 실체적·절차적 위법성 여부라 할 것이므로, / 당사자는 심결에서 판단되지 않은 처분의 위법사유도 심결취소소송단계에서 주장·입증할 수 있고 심결취소소송의 법원은 특별한 사정이 없는 한 제한 없이 이를 심리·판단하여 판결의 기초로 삼을 수 있는 것이며 / 이와 같이 본다고 하여 심급의 이익을 해한다거나 당사자에게 예측하지 못한 불의의 손해를 입히는 것이 아니다(대판 2002.6.25. 2000후1290).

③ (×) 심판은 특허심판원에서의 행정절차이며 심결은 행정처분에 해당하고, 그에 대한 불복의 소송인 심결취소소송은 항고소송에 해당하여 / 그 소송물은 심결의 실체적·절차적 위법 여부이므로, / 당사자는 심결에서 판단되지 않은 처분의 위법사유도 심결취소소송단계에서 주장·입증할 수 있고, / 심결취소소송의 법원은 특별한 사정이 없는 한 제한 없이 이를 심리·판단하여 판결의 기초로 삼을 수 있으며, 이와 같이 본다고 하여 심급의 이익을 해한다거나 당사자에게 예측하지 못한 불의의 손해를 입히는 것이 아니다. / 특허심판단계에서 소극적으로 하지 않았던 주장을 심결취소소송단계에서 하였다는 사정만으로 금반언 내지 신의칙에 위반된다고 볼 수 없으므로, / 특허심판단계에서 확인대상발명을 실시하고 있지 않다는 주장을 하지 않았다고 하더라도 심결취소소송단계에서 이를 심결의 위법사유로 주장할 수 있다(대판 2009.5.28. 2007후4410).

④ (○) 행정소송의 일종인 심결취소소송에 있어서 직권주의가 가미되어 있다고 하더라도 / 여전히 변론주의를 기본 구조로 하는 이상 심결의 위법을 들어 그 취소를 청구함에 있어서는 <u>직권조사사항을 제외하고는 그 취소를 구하는 자가 위법사유에 해당하는 구체적 사실을 먼저 주장하여야 하고</u>, / 따라서 <u>법원이 당사자가 주장하지도 아니한 법률요건에 대하여 판단하는 것은 변론주의 원칙에 위배되는 것이다</u>(대판 2011.3.24. 2010후3509).

⑤ (×) <u>이미 통지된 거절이유가 비교대상발명에 의하여 출원발명의 진보성이 부정된다는 취지인 경우에, 위 비교대상발명을 보충하여 특허출원 당시 그 기술분야에 널리 알려진 주지관용기술의 존재를 증명하기 위한 자료는 새로운 공지기술에 관한 것에 해당하지 아니하므로</u>, / 심결취소소송의 법원이 이를 진보성을 부정하는 판단의 근거로 채택하였다고 하더라도 이미 통지된 거절이유와 주요한 취지가 부합하지 아니하는 새로운 거절이유를 판결의 기초로 삼은 것이라고 할 수 없다(대판 2013.9.26. 2013후1054).

19

답 ⑤

해설

① (○) 특허법 제203조 제4항에 의하면 보정명령을 받은 자가 지정된 기간에 보정을 하지 아니하면 해당 국제특허출원을 무효로 할 수 있다.

② (○) 특허법 제206조 제2항에 의하면 제201조 제1항에 따라 국어번역문을 제출한 재외자는 총리령으로 정하는 기간에 특허관리인을 선임하여 지식재산처장에게 신고하여야 한다. 그리고 제3항에 의하면 제2항에 따른 선임신고가 없으면 그 국제특허출원은 취하된 것으로 본다.

③ (○) 특허법 제201조 제4항에 의하면 제1항에 따른 출원인이 국내서면제출기간에 제1항에 따른 발명의 설명 및 청구범위의 국어번역문을 제출하지 아니하면 그 국제특허출원을 취하한 것으로 본다.

④ (○) 특허법 제201조 제3항에 의하면 제1항에 따라 국어번역문을 제출한 출원인은 국내서면제출기간(제1항 단서에 따라 취지를 적은 서면이 제출된 경우에는 연장된 국어번역문 제출 기간을 말한다. 이하 이 조에서 같다)에 그 국어번역문을 갈음하여 새로운 국어번역문을 제출할 수 있다. 다만, 출원인이 출원심사의 청구를 한 후에는 그러하지 아니하다.

⑤ (×) 특허법 제194조 제2항에 의하면 지식재산처장은 국제특허출원에서 청구범위가 기재되어 있지 않은 경우, 기간을 정하여 서면으로 절차를 <u>보완</u>할 것을 명하여야 한다.

20　답 ①

해설

① (×) 특허법 제225조 제1항 소정의 특허권침해죄는 피해자의 고소가 있어야 논할 수 있는 죄인바, / 특허를 무효로 하는 심결이 확정된 때에는 특허법 제133조 제1항 제4호의 경우에 해당되지 아니하는 한 그 특허권은 처음부터 없었던 것으로 보게 되므로(특허법 제133조 제3항 참조), / 무효심결 확정 전의 고소라 하더라도 그러한 특허권에 기한 고소는 무효심결이 확정되면 고소권자에 의한 적법한 고소로 볼 수 없다 할 것이고, / 이러한 고소를 기초로 한 공소는 형사소송법 제327조 제2호 소정의 공소제기의 절차가 법률의 규정에 위반되어 무효인 때에 해당한다고 할 수 있다(대판 2008.4.10. 2007도6325).

> **특허법 제133조(특허의 무효심판)**
> ① 이해관계인(제2호 본문의 경우에는 특허를 받을 수 있는 권리를 가진 자만 해당한다) 또는 심사관은 특허가 다음 각 호의 어느 하나에 해당하는 경우에는 무효심판을 청구할 수 있다. 이 경우 청구범위의 청구항이 둘 이상인 경우에는 청구항마다 청구할 수 있다.
> 　1. 제25조, 제29조, 제32조, 제36조 제1항부터 제3항까지, 제42조 제3항 제1호 또는 같은 조 제4항을 위반한 경우
> 　2. 제33조 제1항 본문에 따른 특허를 받을 수 있는 권리를 가지지 아니하거나 제44조를 위반한 경우. 다만, 제99조의2 제2항에 따라 이전등록된 경우에는 제외한다.
> 　3. 제33조 제1항 단서에 따라 특허를 받을 수 없는 경우
> 　4. 특허된 후 그 특허권자가 제25조에 따라 특허권을 누릴 수 없는 자로 되거나 그 특허가 조약을 위반한 경우
> 　5. 조약을 위반하여 특허를 받을 수 없는 경우
> 　6. 제47조 제2항 전단에 따른 범위를 벗어난 보정인 경우
> 　7. 제52조 제1항에 따른 범위를 벗어난 분할출원 또는 제52조의2 제1항 각 호 외의 부분 전단에 따른 범위를 벗어난 분리출원인 경우
> 　8. 제53조 제1항에 따른 범위를 벗어난 변경출원인 경우
> ② 제1항에 따른 심판은 특허권이 소멸된 후에도 청구할 수 있다.
> ③ 특허를 무효로 한다는 심결이 확정된 경우에는 그 특허권은 처음부터 없었던 것으로 본다. 다만, 제1항 제4호에 따라 특허를 무효로 한다는 심결이 확정된 경우에는 특허권은 그 특허가 같은 호에 해당하게 된 때부터 없었던 것으로 본다.
> ④ 심판장은 제1항에 따른 심판이 청구된 경우에는 그 취지를 해당 특허권의 전용실시권자나 그 밖에 특허에 관하여 등록을 한 권리를 가지는 자에게 알려야 한다.
>
> **특허법 제225조(침해죄)**
> ① 특허권 또는 전용실시권을 침해한 자는 7년 이하의 징역 또는 1억원 이하의 벌금에 처한다.
> ② 제1항의 죄는 피해자의 명시적인 의사에 반하여 공소(公訴)를 제기할 수 없다.
>
> **형사소송법 제327조(공소기각의 판결)**
> 다음 각 호의 경우에는 판결로써 공소기각의 선고를 하여야 한다.
> 　2. 공소제기의 절차가 법률의 규정을 위반하여 무효일 때

② (○) 특허법 제225조 제2항에 의하면 침해죄는 피해자의 명시적인 의사에 반하여 공소(公訴)를 제기할 수 없다. 특허법 제229조의2 제2항에 의하면 비밀유지명령 위반죄는 비밀유지명령을 신청한 자의 고소가 없으면 공소를 제기할 수 없다.

> **특허법 제229조의2(비밀유지명령 위반죄)**
> ① 국내외에서 정당한 사유 없이 제224조의3 제1항에 따른 비밀유지명령을 위반한 자는 5년 이하의 징역 또는 5천만원 이하의 벌금에 처한다.
> ② 제1항의 죄는 비밀유지명령을 신청한 자의 고소가 없으면 공소를 제기할 수 없다.

③ (O) 특허권침해죄를 구성하기 위해서는 특허발명의 각 구성요소와 구성요소 간의 유기적 결합관계가 그대로 포함되어 있는 동일한 발명을 실시하거나, 피고인이 실시한 물건 또는 방법에 구성요소의 치환 내지 변경이 있더라도, 특허발명과 그 과제의 해결원리가 동일하며 그러한 치환에 의하더라도 특허발명에서와 같은 목적을 달성할 수 있고 실질적으로 동일한 작용효과를 나타내며, 그와 같이 치환하는 것을 그 발명이 속하는 기술분야에서 통상의 지식을 가진 자가 용이하게 생각해 낼 수 있을 정도로 자명하여 균등한 관계에 있는 발명을 실시하여야 한다. / 그리고 여기서 말하는 과제의 해결원리가 동일하다는 것은 침해대상제품 등에서 치환된 구성이 특허발명의 비본질적인 부분이어서 침해대상제품 등이 특허발명의 특징적 구성을 가지는 것을 의미하며, / 특허발명의 특징적 구성을 파악함에 있어서는 특허청구범위에 기재된 구성의 일부를 형식적으로 추출할 것이 아니라 명세서의 발명의 상세한 설명의 기재와 출원 당시의 공지기술 등을 참작하여 선행기술과 대비하여 볼 때 특허발명에 특유한 해결수단이 기초하고 있는 과제의 해결원리가 무엇인가를 실질적으로 탐구하여 판단하여야 한다(대판 2012.6.28. 2012도3583).

④ (O) 특허법 제226조 제1항에 의하면 지식재산처 또는 특허심판원 소속 직원이거나 직원이었던 사람이 특허출원 중인 발명(국제출원 중인 발명을 포함한다)에 관하여 직무상 알게 된 비밀을 누설하거나 도용한 경우에는 5년 이하의 징역 또는 5천만원 이하의 벌금에 처한다.

⑤ (O) 특허청구범위에 기재불비의 하자가 있어 권리 범위를 인정할 수 없었던 특허발명에 대하여 그 특허청구범위를 정정하는 심결이 확정된 경우, / 정정 전에 행하여진 피고인의 제품 제조, 판매행위가 특허권침해죄에 해당하는지 여부를 판단함에 있어 정정 전의 특허청구범위를 침해대상 특허발명으로 삼아야 한다(대판 2005.10.14. 2005도1262).

21 답 ①

해설

① (×) 어떤 상표가 정당하게 출원·등록된 이후에 그 등록상표와 동일·유사한 상표를 그 지정상품과 동일·유사한 상품에 정당한 이유 없이 사용한 결과 그 사용상표가 국내의 일반 수요자들에게 알려지게 되었다고 하더라도, / 그 사용상표와 관련하여 얻은 신용과 고객흡인력은 그 등록상표의 상표권을 침해하는 행위에 의한 것으로서 보호받을 만한 가치가 없고 / 그러한 상표의 사용을 용인한다면 우리 상표법이 취하고 있는 등록주의 원칙의 근간을 훼손하게 되므로, 위와 같은 상표 사용으로 인하여 시장에서 형성된 일반 수요자들의 인식만을 근거로 하여 그 상표 사용자를 상대로 한 등록상표의 상표권에 기초한 침해금지 또는 손해배상 등의 청구가 권리남용에 해당한다고 볼 수는 없다(대판 2014.8.20. 2012다6059).

② (O) 타인의 등록상표와 유사한 표장을 이용한 경우라고 하더라도 / 그것이 상표의 본질적인 기능이라고 할 수 있는 출처 표시를 위한 것이 아니어서 상표의 사용으로 인식될 수 없는 경우에는 / 등록상표의 상표권을 침해하였다고 할 수 없다(대판 2003.6.13. 2001다79068).

③ (O) 행정청의 어떤 행위가 행정소송의 대상이 되는 행정처분에 해당하는지의 여부는 그 행위의 성질·효과 이외에 행정소송제도의 목적이나 사법권에 의한 국민의 권익보호의 기능도 충분히 고려하여 합목적적으로 판단하여야 할 것인바, 행정소송제도는 행정청의 위법한 처분, 그 밖에 공권력의 행사·불행사 등으로 인한 국민의 권리 또는 이익의 침해를 구제하고, 공법상의 권리관계 또는 법 적용에 관한 다툼을 적정하게 해결함을 목적으로 하는 것이므로, 행정처분이 단지 사인간의 법률관계의 존부를 공적으로 증명하는 공증행위에 불과하여 그 효력을 둘러싼 분쟁의 해결이 사법원리에 맡겨져 있고, 위법한 행정처분의 취소가 국민의 권익구제나 분쟁의 근본적인 해결을 위한 적절한 수단이 되지 못하는 경우에는, 취소소송의 대상이 되지 아니한다고 보아야 할 것이다. / 상표사용권설정등록신청서가 제출된 경우 지식재산처장은 신청서와 그 첨부서류만을 자료로 형식적으로 심사하여 그 등록신청을 수리할 것인지의 여부를 결정하여야 되는 것으로서, 지식재산처장의 상표사용권설정등록행위는 사인간의 법률관계의 존부를 공적으로 증명하는 준법률행위적행정행위임이 분명하다. / <u>지식재산처장이 상표사용권설정등록을 거부한 처분에 대하여는 달리 특별한 불복절차가 마련되어 있지 아니하므로 원칙적으로 행정소송절차를 통하여 그 거부처분의 취소를 청구할 수 있다</u>고 할 것이지만, / <u>지식재산처장이 일단 등록신청을 수리하여 상표사용권설정등록을 완료하여 버린 경우</u>에는, 설사 등록상표를 사용할 자인 등록권리자가 구 특허등록령 제15조 제1항을 위반하여 단독으로 상표사용권설정등록을 신청하는 등 등록신청절차에 하자가 있어, 구 특허등록령 제34조 제1항 제2 내지 제9 각 호의 1에 해당하는 등록신청의 불수리 사유가 있었다고 하더라도(제1호에 해당하는 사유가 있어 등록이 당연히 그리고 절대적으로 무효임이 그 등록 자체에 의하여 명백한 경우는 별론으로 하고), <u>상표권자가 민사소송절차를 통하여 사용권자를 상대로 위와 같은 사유를 들어 상표사용권설정등록 말소등록절차의 이행을 청구할 수 있을 뿐, 행정소송절차를 통하여 지식재산처장을 상대로 그 등록처분의 취소를 청구할 수는 없다</u>고 보아야 할 것이다(대판 1991. 8. 13. 90누9414).
④ (O) 상품의 선전광고나 판매촉진 또는 고객에 대한 서비스 제공 등의 목적으로 그 상품과 함께 또는 이와 별도로 고객에게 무상으로 배부되어 거래시장에서 유통될 가능성이 없는 이른바 '<u>광고매체가 되는 물품</u>'은 / 비록 그 물품에 상표가 표시되어 있다고 하더라도, 물품에 표시된 상표 이외의 다른 문자나 도형 등에 의하여 광고하고자 하는 상품의 출처 표시로 사용된 것으로 인식할 수 있는 등의 특별한 사정이 없는 한, 그 자체가 교환가치를 가지고 독립된 상거래의 목적물이 되는 물품이라고 볼 수 없고, / 따라서 <u>이러한 물품에 상표를 표시한 것은 상표의 사용이라고 할 수 없다</u>(대판 1999. 6. 25. 98후58).
⑤ (O) 상표법 제73조 제1항 제3호에서 규정하는 '등록상표의 사용'이라 함은 등록상표와 동일한 상표를 사용한 경우를 말하고, / 동일한 상표라고 함은 등록상표 그 자체뿐만 아니라 거래 사회통념상 등록상표와 동일하게 볼 수 있는 형태의 상표를 포함하나, / <u>유사상표를 사용한 경우는 포함되지 않으며, 등록상표가 결합상표이고 결합상표를 이루는 기호나 문자 또는 도형들이 각기 상표의 요부를 구성하고 있는 경우에는 그 중 어느 한 부분만을 상표로 사용하였다 하더라도 이를 들어 등록상표를 정당하게 사용한 것이라고는 할 수 없다</u>(대판 1996. 4. 26. 95후1555).

22

 ④

| 해설 |

① (O) 상품 등의 입체적 형상으로 된 상표의 경우, 그 입체적 형상이 당해 지정상품이 거래되는 시장에서 그 상품 등의 통상적·기본적인 형태에 해당하거나, 거래분야에서 채용할 수 있는 범위 내에서 이를 변형한 형태에 불과하거나 또는 당해 상품 유형에 일반적으로 잘 알려진 장식적 형태를 단순히 도입하여 이루어진 형상으로서 그 상품의 장식 또는 외장으로만 인식되는 데에 그칠 뿐, 이례적이거나 독특한 형태상의 특징을 가지고 있는 등으로 수요자가 상품의 출처 표시로 인식할 수 있는 정도의 것이 아니라면, / 위 규정의 '<u>상품 등의 형상을 보통으로 사용하는 방법으로 표시한 표장만으로 된 상표</u>'에 해당한다고 보아야 한다(대판 2015. 10. 15. 2013다84568).
② (O) '<u>기호·문자·도형 각각 또는 그 결합이 일정한 형상이나 모양을 이루고, 이러한 일정한 형상이나 모양이 지정상품의 특정 위치에 부착되는 것에 의하여 자타상품을 식별하게 되는 표장</u>'도 상표의 한 가지로서 인정될 수 있다(이러한 표장을 이하 '위치상표'라고 한다). / 위치상표에서는 지정상품에 일정한 형상이나 모양 등이 부착되는 특정 위치를 설명하기 위하여 지정상품의 형상을 표시하는 부분을 필요로 하게 된다. / 위치상표는 비록 일정한 형상이나 모양 등이 그 자체로는 식별력을 가지지 아니하더라도 지정상품의 특정 위치에 부착되어 사용됨으로써 당해 상품에 대한 거래자 및 수요자 대다수에게 특정인의 상품을 표시하는 것으로 인식되기에 이르렀다면, 사용에 의한 식별력을 취득한 것으로 인정받아 상표로서 등록될 수 있다(대판[전합] 2012. 12. 20. 2010후2339).

③ (○) 상표권자가 정당한 이유없이 국내에서 등록된 상표를 지정상품에 사용하지 아니한 경우에 그 상표등록을 취소하여야 하도록 규정한 구 상표법(1990.1.13. 법률 제4210호로 개정되기 전의 것) 제45조 제1항 제3호의 규정은 상표의 사용을 촉진하는 한편 불사용상표에 대한 제재적 의미도 포함되는 것으로 해석된다고 할 것인바, / 이와 같은 취지에 비추어 볼 때 상표에 대한 선전, 광고행위가 있었다고 하더라도 그 지정상품이 국내에서 일반적, 정상적으로 유통되는 것을 전제로 하여(현실적으로 유통되고 있거나 적어도 유통을 예정, 준비하고 있어야 한다) 선전, 광고행위가 있어야 상표의 사용이 있었던 것으로 볼 수 있는 것이고, / 또한 지정상품이 의약품인 경우 그 등록상표를 지정상품에 법률상 정당히 사용하기 위하여는 그 제조나 수입에 관하여 보건사회부장관의 품목별 허가를 받아야하므로 그러한 허가를 받지 아니하였다면 신문지상을 통하여 1년 못미처에 한 차례씩 그 상표를 광고하였다거나 국내의 일부 특정지역에서 그 등록상표를 부착한 지정상품이 판매되었다고 하더라도 상표의 정당한 사용이 있었다고 볼 수 없다(대판 1990.7.10. 89후1240·89후1257).

④ (×) 상표법 제2조 제1항 제6호는, 상표의 사용이라 함은 상품 또는 상품의 포장에 상표를 표시하는 행위, 상품 또는 상품의 포장에 상표를 표시한 것을 양도 또는 인도하거나 그 목적으로 전시·수출 또는 수입하는 행위, 상품에 관한 광고·정가표·거래서류·간판 또는 표찰에 상표를 표시하고 전시 또는 반포하는 행위를 말한다고 규정하고 있고, / 같은 조 제3항은 서비스표에 관하여는 특별한 규정이 없는 한 상표에 관한 규정을 적용한다고 규정하고 있다. / 그런데 서비스표는 통상 유형물인 상품과 달리 수요자에게 제공되는 무형의 서비스를 표장(標章)의 대상으로 하는 것이므로 그 서비스 자체에 서비스표를 직접 사용할 수는 없다. / 이러한 상품과 서비스의 차이를 고려할 때, 서비스표의 사용에는 서비스업에 관한 광고·정가표·거래서류·간판 또는 표찰에 서비스표를 표시하고 이를 전시 또는 반포하는 행위는 물론, 서비스의 제공시 수요자의 이용에 공여되는 물건 또는 당해 서비스의 제공에 관한 수요자의 물건에 서비스표를 표시하는 행위, 서비스의 제공시 수요자의 이용에 공여되는 물건에 서비스표를 표시한 것을 이용하여 서비스를 제공하는 행위 또는 서비스의 제공에 이용하는 물건에 서비스표를 표시한 것을 서비스의 제공을 위하여 전시하는 행위 등이 포함된다고 할 것이다. / 식품매장에서 즉석으로 빵을 구워 판매하는 등 제과점업을 영위하였는데, 그 판매대 위에는 위와 같이 즉석에서 구운 빵들이 담겨져 있는 나무상자들이 놓여 있었고, 위 나무상자 앞쪽분에는 이 사건 등록서비스표가 표시되어 있는 사실, 위 나무상자들 주변에는 위 매장에서 판매되는 빵의 종류·가격 등이 표시되어 있는 나무판들이 놓여 있었는데, 위 나무판들에도 이 사건 등록서비스표가 표시되어 있는 사실 등을 인정하였다. 나아가 원심은 이 사건 등록서비스표가 표시된 위 나무상자들은 제과점업이라는 그 서비스의 제공시 수요자의 이용에 제공되는 물건에 해당할 뿐만 아니라 위 나무상자들의 전면은 간판으로서의 기능도 수행하고 있고, 위 나무판들은 서비스업에 대한 정가표라고 볼 수 있으므로, 이 사건 등록서비스표가 위 나무상자들 및 나무판들에 표시되어 서비스의 제공이 이루어진 이상 이 사건 등록서비스표는 이 사건 심판청구일 전 3년 이내에 국내에서 정당하게 사용되었다(대판 2011.7.28. 2010후3080).

⑤ (○) 타인의 등록상표와 유사한 표장을 이용한 경우라고 하더라도 / 그것이 상표의 본질적인 기능이라고 할 수 있는 출처표시를 위한 것이 아니라 순전히 의장적으로만 사용되는 등으로 상표의 사용으로 인식될 수 없는 경우에는 / 등록상표의 권리범위에 속하지 않는다(대판 2004.10.28. 2003후2027).

23

답 ②

해설

① (○) 둘 이상의 문자 또는 도형의 조합으로 이루어진 결합상표는 그 구성 부분 전체의 외관, 호칭, 관념을 기준으로 상표의 유사 여부를 판단하는 것이 원칙이나, / 상표 중에서 일반 수요자에게 그 상표에 관한 인상을 심어주거나 기억·연상을 하게 함으로써 그 부분만으로 독립하여 상품의 출처표시기능을 수행하는 부분, 즉 요부가 있는 경우 적절한 전체관찰의 결론을 유도하기 위해서는 요부를 가지고 상표의 유사 여부를 대비·판단하는 것이 필요하다. / 상표에서 요부는 다른 구성 부분과 상관없이 그 부분만으로 일반 수요자에게 두드러지게 인식되는 독자적인 식별력 때문에 다른 상표와 유사 여부를 판단할 때 대비의 대상이 되는 것이므로, 상표에서 요부가 존재하는 경우에는 그 부분이 분리관찰이 되는지를 따질 필요 없이 요부만으로 대비함으로써 상표의 유사 여부를 판단할 수 있다. / 그리고 상표의 구성 부분이 요부인지는 그 부분이 주지·저명하거나 일반 수요자에게 강한 인상을 주는 부분인지, 전체 상표에서 높은 비중을 차지하는 부분인지 등의 요소를 따져 보되, 여기에 다른 구성 부분과 비교한 상대적인 식별력 수준이나 그와의 결합상태와 정도, 지정상품과의 관계, 거래실정 등까지 종합적으로 고려하여 판단하여야 한다(대판 2017.2.9. 2015후1690).

② (×) 상표권의 권리범위확인심판에서 심판청구의 대상이 되는 확인대상표장은 그 표장의 구성과 그 표장이 사용된 상품을 등록상표와 대비할 수 있을 정도로 특정하면 충분하고, / 나아가 확인대상표장의 구체적 사용 실태나 확인대상표장을 부착하여 사용하는 상품의 형태까지 특정하여야 하는 것은 아니다. / 등록상표의 전부 또는 일부 구성이 등록결정 당시에는 식별력이 없거나 미약하였다 하더라도 그 등록상표를 전체로서 또는 일부 구성 부분을 분리하여 사용함으로써 권리범위확인심판의 심결 시점에 이르러서는 수요자 사이에 누구의 상품을 표시하는 것인지 현저하게 인식될 정도가 되어 중심적 식별력을 가지게 된 경우에는 이를 기초로 상표의 유사 여부를 판단하여야 한다. / 상표의 유사 여부는 그 외관, 호칭 및 관념을 객관적, 전체적, 이격적으로 관찰하여 그 지정상품의 거래에서 일반 수요자들이 상표에 대하여 느끼는 직관적 인식을 기준으로 그 상품의 출처에 관하여 오인·혼동을 일으키게 할 우려가 있는지에 따라 판단하여야 한다. / 상표권의 권리범위확인심판 및 그 심결취소청구 사건에서 등록상표와 확인대상표장의 유사 여부를 판단하기 위한 요소가 되는 등록상표의 식별력은 상표의 유사 여부를 판단하는 기준시인 심결 시를 기준으로 판단하여야 한다. / 그러므로 등록상표의 전부 또는 일부 구성이 등록결정 당시에는 식별력이 없거나 미약하였다고 하더라도 그 등록상표를 전체로서 또는 일부 구성 부분을 분리하여 사용함으로써 권리범위확인심판의 심결 시점에 이르러서는 수요자 사이에 누구의 상품을 표시하는 것인지 현저하게 인식될 정도가 되어 중심적 식별력을 가지게 된 경우에는, 이를 기초로 상표의 유사 여부를 판단하여야 한다(대판 2014.4.10. 2012후2296).

③ (O) 디자인과 상표는 배타적·선택적 관계에 있지 아니하므로, / 디자인이 될 수 있는 형상이나 모양이라고 하더라도 그것이 상표의 본질적 기능인 자타상품의 출처표시로서 기능하는 경우에는 상표로서 사용된 것으로 보아야 한다(대판 2013.2.14. 2011도13441).

④ (O) 상표권의 권리범위확인심판 및 그 심결취소청구 사건에서 등록상표와 확인대상표장의 유사 여부를 판단하기 위한 요소가 되는 등록상표의 식별력은 상표의 유사 여부를 판단하는 기준시인 심결 시를 기준으로 판단하여야 한다. / 그러므로 등록상표의 전부 또는 일부 구성이 등록결정 당시에는 식별력이 없거나 미약하였다고 하더라도 그 등록상표를 전체로서 또는 일부 구성 부분을 분리하여 사용함으로써 권리범위확인심판의 심결 시점에 이르러서는 수요자 사이에 누구의 상품을 표시하는 것인지 현저하게 인식될 정도가 되어 중심적 식별력을 가지게 된 경우에는, 이를 기초로 상표의 유사 여부를 판단하여야 한다(대판[전합] 2014.3.20. 2011후3698).

⑤ (O) 둘 이상의 문자 또는 도형의 조합으로 이루어진 결합상표 중 어느 부분이 사회통념상 자타상품의 식별력을 인정하기 곤란하거나 공익상으로 보아 특정인에게 독점시키는 것이 적당하지 않다고 인정되는 경우에는 독립하여 상품의 출처표시기능을 수행하는 요부에 해당한다고 볼 수 없다. / 만일 상표의 구성 부분 전부가 식별력이 없거나 미약한 경우에는 그중 일부만이 요부가 된다고 할 수 없으므로 상표 전체를 기준으로 유사 여부를 판단하여야 한다(대판 2018.7.24. 2017후2208).

24

 ③

해설

① (O) 상표법 제34조 제1항 제11호 규정의 취지는 기존의 상표를 보호하기 위한 것이 아니라 이미 특정인의 상표라고 인식된 상표를 사용하는 상품의 출처 등에 관한 일반수요자의 오인·혼동을 방지하여 이에 대한 신뢰를 보호하고자 하는 데 있고, / 기존의 상표나 그 사용상품이 국내의 일반거래에서 수요자 등에게 어느 정도로 알려져 있는지에 관한 사항은 일반수요자를 표준으로 하여 거래의 실정에 따라 인정하여야 하는 객관적인 상태를 말하는 것이며, / 위 규정을 적용한 결과 기존의 상표가 사실상 보호받는 것처럼 보인다고 할지라도 그것은 일반수요자의 이익을 보호함에 따른 간접적, 반사적 효과에 지나지 아니하므로, / 기존의 상표의 사용자가 그 상표와 동일 또는 유사한 제3의 상표가 이미 등록되어 있는 사실을 알면서 기존의 상표를 사용하였다고 하더라도 그 사정을 들어 위 규정의 적용을 배제할 수는 없다(대판 2004.3.11. 2001후3187).

> **상표법 제34조(상표등록을 받을 수 없는 상표)**
> ① 제33조에도 불구하고 다음 각 호의 어느 하나에 해당하는 상표에 대해서는 상표등록을 받을 수 없다.
>   11. 수요자들에게 현저하게 인식되어 있는 타인의 상품이나 영업과 혼동을 일으키게 하거나 그 식별력 또는 명성을 손상시킬 염려가 있는 상표

② (○) 알파벳 두 글자를 결합한 상표는 그 구성이 특별히 사람의 주의를 끌 정도이거나 새로운 관념이 형성되는 경우에는 그 상표를 구성하는 문자를 직감할 수 있다고 하더라도 간단하고 흔히 있는 표장만으로 된 상표에 해당한다고 할 수 없는 것인바, / 이 사건 출원상표는 그 도장이 'C'와 'P'를 가로로 붙여 놓은 것으로 인식될 수도 있기는 하지만, 위 표장은 글자의 크기를 동일하게 하고 글자 사이에는 일정한 간격을 두는 알파벳의 일반적인 표기방법과 달리, 왼쪽의 곡선을 강조하기 위하여 'C'자의 폭을 'P'자보다 훨씬 넓게 표현하고 있으며, 오른쪽의 'P'는 세로선과 곡선부의 끝이 떨어지도록 하고 그 부위에 따라 선의 굵기를 달리하는 등으로 구성되어 있기 때문에 그 표장의 외관상 크기가 서로 다른 반원을 세로로 된 직선에 의하여 연결한 추상적인 도안으로 여겨질 정도이므로 위 표장은 그 구성 자체가 거래상 자타상품의 식별력이 있는 것이라고 할 것이다(대판 2003.5.27. 2002후291).

③ (×) 상표법 제6조 제1항 제1호[註: 현행법 제33조 제1항 제1호]에서 규정하는 '상품의 보통명칭'이라 함은 그 지정상품을 취급하는 거래계에서 그 상품을 지칭하는 것으로 실제로 사용되고 인식되어져 있는 일반적인 명칭, 약칭, 속칭 등을 뜻하고, / 상품의 보통명칭에 해당하는지 여부는 상표의 등록사정 시를 기준으로 판단하여야 한다. / 등록상표 "Red Sandra"의 등록사정일인 1997.1.29.경에는 등록상표의 지정상품을 취급하는 거래계 즉, 그 상품의 생산자, 도매상, 소매상, 품종을 구별하여 장미를 구입하는 수요자 사이에서 등록상표가 특정인의 상품의 출처를 표시하는 식별력이 있는 상표로서가 아니라 장미의 한 품종의 일반적 명칭으로 사용되고 인식되어져 있어 / 결국 등록상표는 그 지정상품의 보통명칭을 보통으로 사용하는 방법으로 표시한 표장만으로 된 상표에 해당한다(대판 2002.11.23. 2001후2283).

> **상표법 제33조(상표등록의 요건)**
> ① 다음 각 호의 어느 하나에 해당하는 상표를 제외하고는 상표등록을 받을 수 있다.
>   1. 그 상품의 보통명칭을 보통으로 사용하는 방법으로 표시한 표장만으로 된 상표
>   2. 그 상품에 대하여 관용(慣用)하는 상표
>   3. 그 상품의 산지(産地)·품질·원재료·효능·용도·수량·형상·가격·생산방법·가공방법·사용방법 또는 시기를 보통으로 사용하는 방법으로 표시한 표장만으로 된 상표
>   4. 현저한 지리적 명칭이나 그 약어(略語) 또는 지도만으로 된 상표
>   5. 흔히 있는 성(姓) 또는 명칭을 보통으로 사용하는 방법으로 표시한 표장만으로 된 상표
>   6. 간단하고 흔히 있는 표장만으로 된 상표
>   7. 제1호부터 제6호까지에 해당하는 상표 외에 수요자가 누구의 업무에 관련된 상품을 표시하는 것인가를 식별할 수 없는 상표

④ (○) 상표법 제8조 제1항 제1호[註: 현행법 제33조 제1항 제1호] 소정의 상표 및 서비스표 등록거절요건에 해당하기 위하여서는 상표나 서비스표의 명칭이 가지는 관념으로부터 유추하여 일반 소비자들이 지정상품의 보통명칭으로 인식할 우려가 있는 것만으로는 부족하고 실제거래에 있어서 일반 소비자들이 지정상품의 보통명칭으로서 그와 같은 명칭을 보통으로 사용하고 있는 사실이 인정되어야 한다. / 본원 서비스표 "RELAY"의 RELAY이라는 용어가 통신업계의 거래당사자나 일반수요자 등에 의하여 "중계, 중계하다"는 의미로 일반적으로 사용되고 있다는 점만으로 곧바로 본원 서비스표가 그 지정 서비스업의 보통명칭을 보통으로 사용하는 방법으로 표시한 표장에 불과한 것이라고 볼 수는 없다(대판 1937.2.24 86후42).

⑤ (○) 등록출원한 상표가 상표법 제6조 제1항 제6호[註: 현행법 제33조 제1항 제6호]의 '간단하고 흔히 있는 표장만으로 된 상표'에 해당하여 등록을 받을 수 없는지 여부는 거래의 실정, 그 표장에 대한 독점적인 사용이 허용되어도 좋은가 등의 사정을 참작하여 구체적으로 판단하여야 한다(대판 2004.11.26. 2003후2942).

25

답 ⑤

해설

① (×) 사용에 의한 식별력을 취득하는 출원상표는 실제로 사용한 상표 그 자체에 한하고 그와 유사한 상표에 대하여 식별력 취득을 인정할 수는 없지만, / 출원상표와 동일성이 인정되는 상표의 장기간 사용은 위 식별력 취득에 도움이 되는 요소이다. / 한편 출원상표와 동일하거나 동일성이 인정되는 부분이 그 부분만으로 독립성을 유지하면서 분리 인식될 수 있다면 다른 표장과 함께 사용되었더라도 그 사용실적을 출원상표가 사용에 의한 식별력을 취득하였는지 판단하는 자료로 삼을 수 있다(대판 2024.10.31. 2023후10453).

② (×) 상표원부에 상표권자인 법인에 대한 청산종결등기가 되었음을 이유로 상표권의 말소등록이 이루어졌다고 해도 이는 상표권이 소멸하였음을 확인하는 사실적·확인적 행위에 지나지 않고, / 말소등록으로 비로소 상표권 소멸의 효력이 발생하는 것이 아니어서, 상표권의 말소등록은 국민의 권리의무에 직접적으로 영향을 미치는 행위라고 할 수 없다. / 한편 상표법 제39조 제3항의 위임에 따른 특허권 등의 등록령(이하 '등록령'이라 한다) 제27조는 "말소한 등록의 회복을 신청하는 경우에 등록에 대한 이해관계가 있는 제3자가 있을 때에는 신청서에 그 승낙서나 그에 대항할 수 있는 재판의 등본을 첨부하여야 한다."고 규정하고 있는데, 상표권 설정등록이 말소된 경우에도 등록령 제27조에 따른 회복등록의 신청이 가능하고, 회복신청이 거부된 경우에는 거부처분에 대한 항고소송이 가능하다. / 이러한 점들을 종합하면, 상표권자인 법인에 대한 청산종결등기가 되었음을 이유로 한 상표권의 말소등록행위는 항고소송의 대상이 될 수 없다(대판 2015.10.29. 2014두2362).

③ (×) 상표법 제58조 제1항에 의하면 출원인은 제57조 제2항(제88조 제2항 및 제123조 제1항에 따라 준용되는 경우를 포함한다)에 따른 출원공고가 있은 후 해당 상표등록출원에 관한 지정상품과 동일·유사한 상품에 대하여 해당 상표등록출원에 관한 상표와 동일·유사한 상표를 사용하는 자에게 서면으로 경고할 수 있다. 다만, 출원인이 해당 상표등록출원의 사본을 제시하는 경우에는 출원공고 전이라도 서면으로 경고할 수 있다.

> **상표법 제58조(손실보상청구권)**
> ① 출원인은 제57조 제2항(제88조 제2항 및 제123조 제1항에 따라 준용되는 경우를 포함한다)에 따른 출원공고가 있은 후 해당 상표등록출원에 관한 지정상품과 동일·유사한 상품에 대하여 해당 상표등록출원에 관한 상표와 동일·유사한 상표를 사용하는 자에게 서면으로 경고할 수 있다. 다만, 출원인이 해당 상표등록출원의 사본을 제시하는 경우에는 출원공고 전이라도 서면으로 경고할 수 있다.
> ② 제1항에 따라 경고를 한 출원인은 경고 후 상표권을 설정등록할 때까지의 기간에 발생한 해당 상표의 사용에 관한 업무상 손실에 상당하는 보상금의 지급을 청구할 수 있다.
> ③ 제2항에 따른 청구권은 해당 상표등록출원에 대한 상표권의 설정등록 전까지는 행사할 수 없다.
> ④ 제2항에 따른 청구권의 행사는 상표권의 행사에 영향을 미치지 아니한다.
> ⑤ 제2항에 따른 청구권을 행사하는 경우의 등록상표 보호범위 등에 관하여는 제91조, 제108조, 제113조 및 제114조와 「민법」 제760조 및 제766조를 준용한다. 이 경우 「민법」 제766조 제1항 중 "피해자나 그 법정대리인이 그 손해 및 가해자를 안 날"은 "해당 상표권의 설정등록일"로 본다.
> ⑥ 상표등록출원이 다음 각 호의 어느 하나에 해당하는 경우에는 제2항에 따른 청구권은 처음부터 발생하지 아니한 것으로 본다.
>   1. 상표등록출원이 포기·취하 또는 무효가 된 경우
>   2. 상표등록출원에 대한 제54조에 따른 상표등록거절결정이 확정된 경우
>   3. 제117조에 따라 상표등록을 무효로 한다는 심결(같은 조 제1항 제5호부터 제7호까지의 규정에 따른 경우는 제외한다)이 확정된 경우

④ (×) 상표법 제58조 제6항 제1호에 의하면 상표등록출원이 상표등록출원이 포기·취하 또는 무효가 된 경우에는 제2항에 따른 청구권은 처음부터 발생하지 아니한 것으로 본다.

⑤ (○) 구 상표법(1995.1.5. 법률 제4895호로 개정되기 전의 것) 제23조 제2항에 의하면, 심사관은 거절사정을 하고자 할 때에는 그 출원인에게 거절이유를 통지하고 기간을 정하여 의견서를 제출할 수 있는 기회를 주도록 되어 있고, / 같은 법 제81조 제1항, 제3항에 의하면, 거절사정에 대한 항고심판에서 그 거절사정의 이유와 다른 거절이유를 발견한 경우에 위의 규정을 준용하도록 되어 있는바, / 이들 규정은 심판의 적정을 기하고 심판제도의 신용을 유지하기 위하여 확보하지 아니하면 안된다는 공익상의 요구에 기인하는 이른바 강행규정이므로, / 거절사정에 대한 항고심판에서 종래의 거절사정의 이유와는 다른 새로운 거절이유를 들어 심결하면서 출원인에게 의견서 제출의 기회를 주지 아니하였다면 이는 위법하지만, / 거절사정의 이유는 거절이유통지서의 기재이유와 그 주된 취지가 부합하면 족하고, 항고심판에서 그 거절사정의 이유와 다른 거절이유를 발견한 경우가 아니라면 거절이유의 통지는 필요하지 아니하다(대판 1999.11.12. 98후300).

26

답 ⑤

│해설│

① (×) 甲이 등록상표의 상표권자 乙 주식회사가 아닌 제3자를 상대로 상표등록취소심판을 제기하였는데 특허심판원이 이를 간과한 채 상표등록을 취소하는 심결을 하였고, 지식재산처장은 위 상표권의 소멸등록을 하였는데, 이후 취소심결의 문제를 깨달은 주심 심판관의 부적절한 제안으로 인하여 乙 회사가 위 상표권의 존속기간갱신등록 신청기한이 경과한 후에 상표권의 회복등록과 존속기간갱신등록을 신청하자, 지식재산처장이 상표권의 회복등록을 한 다음 다시 존속기간 만료를 이유로 상표권의 소멸등록을 하고 상표권의 존속기간갱신등록을 거부한 사안에서, 취소심결의 효력은 당사자가 아닌 乙 회사에게는 미치지 않으므로 乙 회사의 상표권은 소멸되지 아니한 채 그대로 존속하고 존속기간도 계속 진행한다고 보아야 하고, / 그 존속기간갱신등록 신청기한까지 존속기간갱신등록신청이 없었으므로 위 상표권은 존속기간 만료로 소멸하였으며, / 이미 존속기간 만료로 소멸한 이상 회복등록을 하였더라도 이미 소멸한 상표권이 다시 살아나는 것은 아니며, / 상표권에는 다수의 이해관계가 복잡하게 얽힐 수 있으므로 상표권의 존속기간 만료 및 갱신 여부는 상표법의 규정에 따라 획일적으로 정해져야 하고, 위 심판관의 부적절한 제안은 지식재산처장의 공적인 견해표명으로 보기 어려워, 이를 이유로 상표권의 존속기간 및 존속기간갱신등록 신청기간이 달라진다고 할 수는 없다는 등의 이유로 위 처분이 신의칙에 반하지 않는다(대판 2018.8.30. 2016두36000).
② (×) 상표법 제88조 제1항에 의하면 존속기간갱신등록신청 절차의 보정에 관하여는 제39조를 준용한다.
③ (×) 상표법 제60조 제1항에 의하면 출원공고가 있는 경우에는 누구든지 출원공고일부터 30일 이내에 거절이유 등에 해당한다는 것을 이유로 지식재산처장에게 이의신청을 할 수 있다.
④ (×) 상표법 제137조 제2항에 의하면 제척 또는 기피의 원인은 신청한 날부터 3일 이내에 소명(疎明)하여야 한다.
⑤ (○) 상표권 등록은 상표권 발생의 요건이지만 존속요건은 아니다. / 따라서 상표권이 부적법하게 소멸등록되었다 하더라도 상표권의 효력에는 아무런 영향이 없고, 상표권의 존속기간도 그대로 진행한다. / 상표권이 부적법하게 소멸등록된 때에는 상표권자는 특허권 등의 등록령 제27조의 절차에 따라 그 회복을 신청할 수 있다. 이러한 회복등록은 부적법하게 말소된 등록을 회복하여 처음부터 그러한 말소가 없었던 것과 같은 효력을 보유하게 하는 등록에 불과하므로, / 회복등록이 되었다고 해도 상표권의 존속기간에 영향이 있다고 볼 수 없다(대판 2018.8.30. 2016두36000).

27   답 ②

해설

① (○) 상표법 제56조 제1항에 의하면 전용사용권의 설정은 이를 등록하지 아니하면 그 효력이 발생하지 아니하는 것이어서, / 설령 상표권자와 사이에 전용사용권 설정계약을 체결한 자라고 하더라도 그 설정등록을 하지 않았다면 상표법상의 전용사용권을 취득할 수 없는 것이고, / 상표법 제57조 제1항 및 제55조 제6항에 의하면 통상사용권은 상표권자 혹은 상표권자의 동의를 얻은 전용사용권자만이 설정하여 줄 수 있는 것이므로, / 설령 상표권자와 사이에 전용사용권 설정계약을 체결하고 나아가 상표권자로부터 통상사용권 설정에 관한 사전 동의를 얻은 자라고 하더라도 전용사용권 설정등록을 마치지 아니하였다면 등록상표의 전용사용권자로서 다른 사람에게 통상사용권을 설정하여 줄 수 없다(대판 2006.5.12. 2004후2529).

② (×) 상표권자 내지 정당한 사용권자(이하 '상표권자 등'이라고 한다)에 의해 등록상표가 표시된 상품을 양수 또는 수입한 자가 임의로 상품을 소량으로 나누어 새로운 용기에 담는 방식으로 포장한 후 등록상표를 표시하거나 위와 같이 등록상표를 표시한 것을 양도하였다면, / 비록 그 내용물이 상표권자 등의 제품이라 하더라도 상품의 출처표시 기능이나 품질보증 기능을 해칠 염려가 있으므로, / 이러한 행위는 특별한 사정이 없는 한 상표권 내지 전용사용권을 침해하는 행위에 해당한다(대판 2012.4.26. 2011도17524).

③ (○) 전용사용권의 설정을 받은 전용사용권자는 그 설정행위로 정한 범위에서 지정상품에 관하여 등록상표를 사용할 권리를 독점한다(상표법 제95조 제3항). / 통상사용권의 설정을 받은 통상사용권자는 그 설정행위로 정한 범위에서 지정상품에 관하여 등록상표를 사용할 권리를 가지는데(상표법 제97조 제2항), / 통상사용권의 설정은 등록하지 아니하면 제3자에게 대항할 수 없다(상표법 제100조 제1항 제1호). / 여기서 제3자는 통상사용권의 설정에 관하여 통상사용권자의 지위와 양립할 수 없는 법률상 지위를 취득한 사람을 말한다. / 원고 2(甲)는 상표권자인 원고 1(乙)로부터 이 사건 상표권의 전용사용권을 설정받은 전용사용권자로서 설정행위로 정한 범위에서 지정상품에 관하여 이 사건 등록상표를 사용할 권리를 독점한다. 한편 피고(丙)는 상표권자인 원고 1(乙)로부터 이 사건 상표권의 통상사용권을 설정받은 통상사용권자에 해당하지만 그 설정을 등록하지 않았으므로, 통상사용권의 설정에 관하여 피고(丙)의 지위와 양립할 수 없는 법률상 지위를 취득한 전용사용권자인 원고 2(甲)에게 대항할 수 없다(대판 2025.3.27. 2024다306691).

④ (○) 상표법 제100조 제3항에 의하면 제1항 각 호에 따른 전용사용권·통상사용권 및 질권의 상속이나 그 밖의 일반승계의 경우에는 지체 없이 그 취지를 지식재산처장에게 신고하여야 한다.

⑤ (○) 상표법 제98조 제4항에 의하면 해당 상표권자 또는 전용사용권자는 제1항 또는 제2항에 따라 상표를 사용할 권리를 가진 자에게 그 자의 업무에 관한 상품과 자기의 업무에 관한 상품 간에 혼동을 방지하는 데 필요한 표시를 하도록 청구할 수 있다.

28　답 ①

┃해설┃

① (×) 상표에 관한 권리범위확인심판의 심결이 확정된 경우 그 심결이 민사·형사 등 침해소송을 담당하는 법원을 기속하지는 못한다고 하더라도, / 상표법이 권리범위확인심판과 그 심결취소소송을 명문으로 인정하고 있는 이상, 상표에 관한 권리범위확인심판절차에서 불리한 심결을 받은 당사자가 유효하게 존속하고 있는 심결에 불복하여 심결의 취소를 구하는 것은 위 상표법의 규정에 근거한 것으로서, / 상표권이 소멸되거나 당사자 사이의 합의로 이해관계가 소멸하는 등 심결 이후의 사정에 의하여 심결을 취소할 법률상 이익이 소멸되는 특별한 사정이 없는 한 심결의 취소를 구할 소의 이익이 있다. / 甲 회사가 乙 회사를 상대로 특허심판원에 상표권에 관한 소극적 권리범위확인심판을 제기하였으나 특허심판원이 확인대상표장이 등록상표의 권리범위에 속한다는 이유로 청구를 기각하는 심결을 하였는데, 이후 乙 회사가 위 등록상표의 상표권 침해와 관련하여 제기한 민사소송에서 甲 회사 승소판결이 선고되었고, 심결취소소송의 상고심 계속 중 위 민사판결이 그대로 확정된 사안에서, 확정된 위 민사판결은 위 심결취소소송을 담당하는 법원에 대하여 법적 기속력이 없으므로 甲 회사에 위 민사판결이 확정되었음에도 불구하고 자신에게 불리한 위 심결을 취소할 법률상 이익이 있고, 달리 위 심결 이후 위 등록상표의 상표권이 소멸되었다거나 당사자 사이의 합의로 이해관계가 소멸되었다는 등 위 심결 이후 심결을 취소할 법률상 이익이 소멸되었다는 사정도 보이지 아니하므로, 甲 회사에 위 심결의 취소를 구할 소의 이익이 있다(대판 2011.2.24. 2008후4486).

② (○) 불법행위가 계속적으로 행하여지는 결과 손해도 역시 계속적으로 발생하는 경우에는 특별한 사정이 없는 한 그 손해는 날마다 새로운 불법행위에 기하여 발생하는 손해이므로, / 민법 제766조 제1항에서 정한 불법행위로 인한 손해배상청구권의 소멸시효는 그 각 손해를 안 때부터 각별로 진행된다고 보아야 한다(대판 2014.8.20. 2012다6035).

> **민법 제766조(손해배상청구권의 소멸시효)**
> ① 불법행위로 인한 손해배상의 청구권은 피해자나 그 법정대리인이 그 손해 및 가해자를 안 날로부터 3년간 이를 행사하지 아니하면 시효로 인하여 소멸한다.
> ② 불법행위를 한 날로부터 10년을 경과한 때에도 전항과 같다.
> ③ 미성년자가 성폭력, 성추행, 성희롱, 그 밖의 성적(性的) 침해를 당한 경우에 이로 인한 손해배상청구권의 소멸시효는 그가 성년이 될 때까지는 진행되지 아니한다.

③ (○) 상표법은 등록상표가 일정한 사유에 해당하는 경우 별도로 마련한 상표등록의 무효심판절차를 거쳐 등록을 무효로 할 수 있도록 규정하고 있으므로, 상표는 일단 등록된 이상 비록 등록무효사유가 있다고 하더라도 이와 같은 심판에 의하여 무효로 한다는 심결이 확정되지 않는 한 대세적(對世的)으로 무효가 되는 것은 아니다. / 그런데 상표등록에 관한 상표법의 제반 규정을 만족하지 못하여 등록을 받을 수 없는 상표에 대해 잘못하여 상표등록이 이루어져 있거나 상표등록이 된 후에 상표법이 규정하고 있는 등록무효사유가 발생하였으나 상표등록만은 형식적으로 유지되고 있을 뿐임에도 그에 관한 상표권을 별다른 제한 없이 독점·배타적으로 행사할 수 있도록 하는 것은 상표의 사용과 관련된 공공의 이익을 부당하게 훼손할 뿐만 아니라 상표를 보호함으로써 상표사용자의 업무상 신용유지를 도모하여 산업발전에 이바지함과 아울러 수요자의 이익을 보호하고자 하는 상표법의 목적에도 배치되는 것이다. / 또한 상표권도 사적 재산권의 하나인 이상 그 실질적 가치에 부응하여 정의와 공평의 이념에 맞게 행사되어야 할 것인데, 상표등록이 무효로 될 것임이 명백하여 법적으로 보호받을 만한 가치가 없음에도 형식적으로 상표등록이 되어 있음을 기화로 그 상표를 사용하는 자를 상대로 침해금지 또는 손해배상 등을 청구할 수 있도록 용인하는 것은 상표권자에게 부당한 이익을 주고 그 상표를 사용하는 자에게는 불합리한 고통이나 손해를 줄 뿐이므로 실질적 정의와 당사자들 사이의 형평에도 어긋난다. / 이러한 점들에 비추어 보면, 등록상표에 대한 등록무효심결이 확정되기 전이라고 하더라도 상표등록이 무효심판에 의하여 무효로 될 것임이 명백한 경우에는 상표권에 기초한 침해금지 또는 손해배상 등의 청구는 특별한 사정이 없는 한 권리남용에 해당하여 허용되지 아니한다고 보아야 하고, / 상표권침해소송을 담당하는 법원으로서도 상표권자의 그러한 청구가 권리남용에 해당한다는 항변이 있는 경우 그 당부를 살피기 위한 전제로서 상표등록의 무효 여부에 대하여 심리·판단할 수 있다고 할 것이며, 이러한 법리는 서비스표권의 경우에도 마찬가지로 적용된다(대판[전합] 2012.10.18. 2010다103000).

④ (○) 상표권 또는 서비스표권(이하 상표권, 나아가 상표권자 또는 상표만을 들어 설시하기로 한다)의 양도는 상표권에 관한 이전등록으로 그 효력이 발생하는 점(상표법 제56조 제1항 제1호[(註) 현행법 제96조 제1항 제1호] 참조), / 상표권 매매 기타 그 양도의무 발생의 원인이 되는 계약으로부터 통상 부동산 매매에서의 목적물 인도의무와 같은 의무가 발생하지 아니하여 매도인 등 상표권 양도의무자가 상표권의 이전등록 외에 적극적으로 하여야 할 '주된 급부'의 의무를 상정하기 어려운 점, / 나아가 상표권 양도 거래의 실제 태양 등에 비추어 보면, <u>상표권자에 대하여 상표권에 관한 이전약정에 기하여 이전등록절차의 이행을 청구할 권리를 가지는 사람이 이미 그 상표를 실제로 사용하고 있다는 것만으로 상표권에 관한 이전등록절차 이행청구권의 소멸시효가 진행되지 아니한다고 할 수는 없다</u>(대판 2013.5.9. 2011다64102).

> **상표법 제96조(상표권 등의 등록의 효력)**
> ① 다음 각 호에 해당하는 사항은 등록하지 아니하면 그 효력이 발생하지 아니한다.
>   1. 상표권의 이전(상속이나 그 밖의 일반승계에 의한 경우는 제외한다)·변경·포기에 의한 소멸, 존속기간의 갱신, 상품분류전환, 지정상품의 추가 또는 처분의 제한
>   2. 상표권을 목적으로 하는 질권의 설정·이전(상속이나 그 밖의 일반승계에 의한 경우는 제외한다)·변경·소멸(권리의 혼동에 의한 경우는 제외한다) 또는 처분의 제한
> ② 제1항 각 호에 따른 상표권 및 질권의 상속이나 그 밖의 일반승계의 경우에는 지체 없이 그 취지를 지식재산처장에게 신고하여야 한다.

⑤ (○) 상표권은 특허권 등과 달리 등록되어 있는 상표를 타인이 사용하였다는 것만으로 당연히 통상 받을 수 있는 상표권 사용료 상당액이 손해로 인정되는 것은 아니고, / <u>상표권자가 그 상표를 영업 등에 실제 사용하고 있었음에도 불구하고 상표권 침해행위가 있었다는 등 구체적 피해 발생이 전제되어야 인정될 수 있다.</u> / 따라서 <u>상표권자가 해당 상표를 등록만 해두고 실제 사용하지는 않았다는 등 손해발생을 부정할 수 있는 사정을 침해자가 증명한 경우에는 손해배상책임을 인정할 수 없다</u>(대판 2016.9.30. 2014다59712·59729).

29 답 ③

해설

① (×) 상표법 제73조 제3항[(註) 현행법 제119조 제3항]은 제1항 제3호[(註) 현행법 제119조 제1항 제3호]에 해당하는 것을 사유로 하여 취소심판을 청구하는 경우 등록상표의 지정상품이 2 이상 있는 경우에는 일부 지정상품에 관하여 취소심판을 청구할 수 있다고 규정하고 있을 뿐, 동일·유사 지정상품군 단위로 등록취소심판을 청구하여야 한다는 규정을 별도로 두고 있지 아니하다. / 이러한 규정 내용에, 상품류 구분은 상표등록사무의 편의를 위해 구분한 것으로서 상품의 유사범위를 정한 것은 아니므로 상품구분표의 같은 유별에 속한다고 하여 바로 유사상품이라고 단정할 수 없는 점, 불사용으로 인한 상표등록취소심판 제도는 등록상표의 사용을 촉진하는 한편 그 불사용에 대한 제재를 가하려는 데에 입법 목적이 있고 이러한 불사용에 대한 제재의 실효성을 강화하기 위해 일부 지정상품에 대한 취소심판제도가 도입된 점 등을 아울러 고려해 보면, <u>등록상표의 지정상품이 2 이상 있는 경우 이해관계인은 취소를 필요로 하는 지정상품의 범위를 임의로 정하여 상표등록의 취소심판을 청구할 수 있고</u>, / 등록상표의 지정상품 중 유사범위에 속하는 지정상품을 모두 포함하여 취소심판을 청구하지 않으면 심판청구가 인용되어도 심판청구인이 후에 유사상품에 관하여 등록상표와 동일·유사한 상표를 사용하거나 그 상표등록을 받을 수 없다는 사정을 들어 유사범위에 속하는 일부 지정상품만에 대한 등록취소심판을 청구할 이익이 없다고 할 수 없다(대판 2013.2.15. 2012후3220).

② (×) 권리의 남용이 되기 위하여는 그 권리의 행사가 형식만 가질 뿐이지 실질에는 부당한 이익을 얻기 위한 방편에 지나지 않거나 권리의 행사로 사회질서에 어긋나는 결과를 초래하여야 할 것이라고 전제한 다음, / 불사용으로 인한 상표등록취소심판은 이해관계인에 해당되기만 하면 누구나 청구할 수 있는 것이고, / 등록상표권의 침해자라고 하나 3년 이상 사용하지 않은 이 사건 등록상표의 등록을 취소시키고 또 그로 인하여 이 사건 등록상표와 유사한 상표를 사용하고자 하는 것이 부당한 이익을 얻기 위한 것이라고 할 수 없으므로, / 등록취소심판청구가 심판청구권의 남용이라고 볼 수 없다(대판 2001.4.24. 2001후188).

③ (○) 상표법 제73조 제1항 제2호[(註) 현행법 제119조 제1항 제1호]에 정한 실사용 상표와 타인의 상표 사이의 혼동 유무는 당해 실사용 상표의 사용으로 인하여 수요자로 하여금 그 타인의 상표의 상품과의 사이에 상품 출처의 혼동을 생기게 할 우려가 객관적으로 존재하는가의 여부에 따라 결정하면 충분하므로, / 그 타인의 상표가 당해 등록상표의 권리범위에 속하거나 상표법상의 등록상표가 아니라고 하더라도 그 혼동의 대상이 되는 상표로 삼을 수 있다(대판[전합] 2005.6.16. 2002후1225).

> **상표법 제119조(상표등록의 취소심판)**
> ① 등록상표가 다음 각 호의 어느 하나에 해당하는 경우에는 그 상표등록의 취소심판을 청구할 수 있다.
>   1. 상표권자가 고의로 지정상품에 등록상표와 유사한 상표를 사용하거나 지정상품과 유사한 상품에 등록상표 또는 이와 유사한 상표를 사용함으로써 수요자에게 상품의 품질을 오인하게 하거나 타인의 업무와 관련된 상품과 혼동을 불러일으키게 한 경우

④ (×) 지정상품이 의약품인 경우 그 등록상표를 지정상품에 법률상 정당히 사용하기 위하여는 그 제조나 수입에 관하여 보건사회부장관의 품목별 허가를 받아야 하므로 / 그러한 허가를 받지 아니하였다면 신문지상을 통하여 1년 못미처에 한 차례씩 그 상표를 광고하였다거나 국내의 일부 특정지역에서 그 등록상표를 부착한 지정상품이 판매되었다고 하더라도 상표의 정당한 사용이 있었다고 볼 수 없다(대판 1990.7.10. 89후1240·89후1257).

⑤ (×) 등록상표가 반드시 독자적으로만 사용되어야 할 이유는 없으므로 / 다른 상표나 표지와 함께 등록상표가 사용되었다고 하더라도 등록상표가 상표로서의 '동일성과 독립성'을 지니고 있어 다른 표장과 구별되는 식별력이 있는 한 등록상표의 사용이라 할 수 있다(대판 1996.10.11. 96후92).

30

답 ③

해설

① (○) 상표법 제7조 제1항 제1호[(註) 현행법 제34조 제1항 제1호]에서 규정하는 표장들은 공익적 측면에서 존엄성의 정도가 높아, 그 권위훼손 여부를 기준으로 하는 상표법 제7조 제1항 제3호[(註) 현행법 제34조 제1항 제3호]의 규정과는 달리, 상표등록출원의 주체가 누구인가를 가리지 아니하고 이에 해당할 경우에는 상표로서 등록받을 수 없는 것으로 규정한 것인데, / 이 사건 출원서비스표 "OLYMPIC"은 상표법 제7조 제1항 제1호[(註) 현행법 제34조 제1항 제1호], 제2조 제2항에서 규정하고 있는 올림픽 대회, 올림픽 경기, 국제올림픽 경기대회를 의미하는 '올림픽(OLYMPIC)'과 동일하므로, 그 출원인이 비록 국제올림픽 경기대회를 운영·주관하는 국제올림픽조직위원회라 하더라도 등록을 받을 수 없다(대판 1997.6.13. 96후1774).

> **상표법 제34조(상표등록을 받을 수 없는 상표)**
> ① 제33조에도 불구하고 다음 각 호의 어느 하나에 해당하는 상표에 대해서는 상표등록을 받을 수 없다.
>   1. 국가의 국기(國旗) 및 국제기구의 기장(記章) 등으로서 다음 각 목의 어느 하나에 해당하는 상표
>   가. 대한민국의 국기, 국장(國章), 군기(軍旗), 훈장, 포장(褒章), 기장, 대한민국이나 공공기관의 감독용 또는 증명용 인장(印章)·기호와 동일·유사한 상표
>   나. 「공업소유권의 보호를 위한 파리 협약」(이하 "파리협약"이라 한다) 동맹국, 세계무역기구 회원국 또는 「상표법조약」 체약국(이하 이 항에서 "동맹국등"이라 한다)의 국기와 동일·유사한 상표
>   다. 국제적십자, 국제올림픽위원회 또는 저명(著名)한 국제기관의 명칭, 약칭, 표장과 동일·유사한 상표. 다만, 그 기관이 자기의 명칭, 약칭 또는 표장을 상표등록출원한 경우에는 상표등록을 받을 수 있다.
>   라. 파리협약 제6조의3에 따라 세계지식재산기구로부터 통지받아 지식재산처장이 지정한 동맹국등의 문장(紋章), 기(旗), 훈장, 포장 또는 기장이나 동맹국등이 가입한 정부 간 국제기구의 명칭, 약칭, 문장, 기, 훈장, 포장 또는 기장과 동일·유사한 상표. 다만, 그 동맹국등이 가입한 정부 간 국제기구가 자기의 명칭·약칭, 표장을 상표등록출원한 경우에는 상표등록을 받을 수 있다.
>   마. 파리협약 제6조의3에 따라 세계지식재산기구로부터 통지받아 지식재산처장이 지정한 동맹국등이나 그 공공기관의 감독용 또는 증명용 인장·기호와 동일·유사한 상표로서 그 인장 또는 기호가 사용되고 있는 상품과 동일·유사한 상품에 대하여 사용하는 상표
>   3. 국가·공공단체 또는 이들의 기관과 공익법인의 비영리 업무나 공익사업을 표시하는 표장으로서 저명한 것과 동일·유사한 상표. 다만, 그 국가 등이 자기의 표장을 상표등록출원한 경우에는 상표등록을 받을 수 있다.
>   4. 상표 그 자체 또는 상표가 상품에 사용되는 경우 수요자에게 주는 의미와 내용 등이 일반인의 통상적인 도덕관념인 선량한 풍속에 어긋나는 등 공공의 질서를 해칠 우려가 있는 상표

② (○) 상표법 제7조 제1항 제4호에서 규정한 '공공의 질서 또는 선량한 풍속을 문란하게 할 염려가 있는' 상표라 함은 상표의 구성 자체 또는 그 상표가 지정상품에 사용되는 경우 일반 수요자에게 주는 의미나 내용이 <u>사회공공의 질서에 위반하거나 사회 일반의 통상적인 도덕관념인 선량한 풍속에 반하는 경우 또는 고의로 저명한 타인의 상표 또는 서비스표나 상호 등의 명성에 편승하기 위하여 무단으로 타인의 표장을 모방한 상표를 등록 사용하는 것처럼 그 상표를 등록하여 사용하는 행위가 일반적으로 공정한 상품유통질서나 국제적 신의와 상도덕 등 선량한 풍속에 위배되는 경우를 말한다.</u> / <u>상표를 등록·사용하는 행위가 특정한 당사자 사이에 이루어진 계약을 위반하거나 특정인에 대한 관계에서 신의성실의 원칙에 위배된 것으로 보인다고 하더라도 그러한 사정만을 들어 상표법 제7조 제1항 제4호에서 규정한 '공공의 질서 또는 선량한 풍속을 문란하게 할 염려가 있는' 상표에 해당한다고 할 수 없다</u>(대판 2006.2.24. 2004후1267).

③ (×) 국제등록의 효력은 기초출원(등록)에 의존하게 되는데 이를 국제등록의 종속성이라 한다. 그 종속기간은 '기초출원일로부터 5년'이 아니라 '<u>국제등록일로부터 5년</u>'이다.

④ (○) 상표법 제7조 제1항 제4호[註] 현행법 제34조 제1항 제4호]에서 '공공의 질서 또는 선량한 풍속을 문란하게 할 염려가 있는 상표'라 함은 상표의 구성 자체 또는 그 상표가 그 지정상품에 사용하는 경우에 일반 수요자에게 주는 의미나 내용이 사회공공의 질서에 위반하거나, 사회일반의 통상적인 도덕관념인 선량한 풍속에 반하는 경우를 말한다고 할 것인바, / <u>인용상표가 주지·저명하지 아니하다면 이를 모방하여 지정상품을 달리하여 출원한 것 자체만으로는 상표법 제7조 제1항 제4호[註] 현행법 제34조 제1항 제4호]에 해당한다고 할 수는 없으며,</u> / 여기서 <u>인용상표가 주지·저명하다는 것은 국내에서 주지·저명한 것을 말한다</u>(대판 2002.7.9. 99후451).

⑤ (○) 상표법 제7조 제1항 제1호[註] 현행법 제34조 제1항 제1호]가 저명한 국제기관의 칭호나 표장과 동일 또는 유사한 <u>상표를 등록받을 수 없는 상표의 하나로 규정한 취지는</u> 그 칭호나 표장과 동일·유사한 상표의 등록을 인정하게 되면 마치 그 지정상품이 이들 기관과 특수한 관계에 있는 것처럼 오인·혼동을 일으킬 염려가 있어 그 권위를 해치게 되므로 <u>공익적인 견지에서 국제기관의 존엄을 유지하고 국제적인 신의를 지키고자 하려는 데 있다고 할 것인바,</u> / 이러한 입법 취지에 비추어 볼 때 여기서 말하는 저명한 국제기관이라 함은 원칙적으로 <u>상표등록 사정 당시 존재하는 기관으로서 그 조직이나 활동상황 등에 의해 국제적으로 널리 알려질 것을 요하고, 이미 오래 전에 폐지되어 위 사정 당시에 활동을 하지 않는 경우에는 이에 해당하지 않는다</u>(대판 1998.6.26. 97후1443).

31 답 ②

┃해설┃

① (×) 하나의 물품 중 물리적으로 떨어져 있는 둘 이상의 부분에 관한 디자인이더라도 그들 사이에 형태적으로나 기능적으로 일체성이 있어서 보는 사람으로 하여금 그 전체가 일체로서 시각을 통한 미감(美感)을 일으키게 한다면, 그 디자인은 디자인보호법 제11조 제1항[(註) 현행법 제40조 제1항]에서 규정한 '1디자인'에 해당한다고 할 것이므로, / 1디자인등록출원으로 디자인등록을 받을 수 있다(대판 2013.2.15. 2012후3343).

> **디자인보호법 제40조(1디자인 1디자인등록출원)**
> ① 디자인등록출원은 1디자인마다 1디자인등록출원으로 한다.
> ② 디자인등록출원을 하려는 자는 총리령으로 정하는 물품류 구분에 따라야 한다.

② (○) 등록디자인과 대비되는 디자인이 등록디자인의 출원 전에 그 디자인이 속하는 분야에서 통상의 지식을 가진 사람이 공지디자인 또는 이들의 결합에 따라 쉽게 실시할 수 있는 것인 때에는 / 등록디자인과 대비할 것도 없이 그 등록디자인의 권리범위에 속하지 않는다(대판 2016.8.29. 2016후878).

③ (×) 등록디자인의 보호범위는 디자인등록출원서의 기재사항 및 그 출원서에 첨부한 도면·사진 또는 견본과 도면에 기재된 디자인의 설명에 표현된 디자인에 의하여 정하여지고(디자인보호법 제43조)[(註) 현행법 제93조], / 디자인권자는 업으로서 등록디자인 또는 이와 유사한 디자인을 실시할 권리를 독점한다(디자인보호법 제41조)[(註) 현행법 제92조]. / 여기서 디자인의 유사 여부는, 디자인을 구성하는 요소들을 각 부분으로 분리하여 대비할 것이 아니라 전체와 전체를 대비·관찰하여, 보는 사람의 마음에 환기될 미적 느낌과 인상이 유사한지 여부에 따라 판단하되, / 그 물품의 성질, 용도, 사용형태 등에 비추어 보는 사람의 시선과 주의를 가장 끌기 쉬운 부분을 중심으로 대비·관찰하여 일반 수요자의 심미감에 차이가 생기게 하는지 여부의 관점에서 판단하여야 한다. / 그리고 등록디자인이 신규성이 있는 부분과 함께 공지의 형상과 모양을 포함하고 있는 경우 그 공지 부분에까지 독점적이고 배타적인 권리를 인정할 수는 없으므로 / 디자인권의 권리범위를 정함에 있어서는 공지 부분의 중요도를 낮게 평가하여야 한다. / 따라서 등록디자인과 그에 대비되는 디자인이 공지 부분에서는 동일·유사하다고 하더라도 나머지 특징적인 부분에서 서로 유사하지 않다면 대비되는 디자인은 등록디자인의 권리범위에 속한다고 할 수 없다(대판 2013.12.26. 2013다202939).

> **디자인보호법 제92조(디자인권의 효력)**
> 디자인권자는 업으로서 등록디자인 또는 이와 유사한 디자인을 실시할 권리를 독점한다. 다만, 그 디자인권에 관하여 전용실시권을 설정하였을 때에는 제97조 제2항에 따라 전용실시권자가 그 등록디자인 또는 이와 유사한 디자인을 실시할 권리를 독점하는 범위에서는 그러하지 아니하다.
>
> **디자인보호법 제93조(등록디자인의 보호범위)**
> 등록디자인의 보호범위는 디자인등록출원서의 기재사항 및 그 출원서에 첨부된 도면·사진 또는 견본과 도면에 적힌 디자인의 설명에 따라 표현된 디자인에 의하여 정하여진다.

④ (×) 디자인은 물품의 형상·모양·색채 또는 이들을 결합한 것으로서 시각을 통하여 미감을 일으키게 하는 것이므로, / 하나의 물품 중에 물리적으로 분리된 2 이상의 부분에 대한 디자인을 대상으로 하나의 디자인등록출원이 되었더라도 그 물리적으로 분리된 부분들이 형태적 일체성 또는 기능적 일체성을 가져 전체로서 일체적 심미감을 일으키게 하는 것이라면 디자인보호법 제11조 제1항[(註) 현행법 제40조 제1항]의 '1디자인'으로서 등록받을 수 있다(특허법원 2012.9.14. 2012허4872). 따라서 물리적으로 분리된 부분들이 일체적 심미감을 가졌는지 여부는 주관적인 창작 모티브보다는 형태적 일체성 또는 기능적 일체성이라는 객관적인 창작 모티브를 기준으로 판단하여야 한다.

⑤ (×) 디자인의 등록요건을 판단할 때 디자인의 유사 여부는 이를 구성하는 각 요소를 분리하여 개별적으로 대비할 것이 아니라 외관을 전체적으로 대비·관찰하여 보는 사람으로 하여금 다른 심미감을 느끼게 하는지에 따라 판단해야 하므로, / 지배적인 특징이 유사하다면 세부적인 점에 다소 차이가 있을지라도 유사하다고 보아야 하고, 이러한 법리는 디자인보호법 제2조 제1호의2[(註) 현행법 제2조 제2호]에서 정한 글자체에 대한 디자인의 경우에도 마찬가지로 적용된다. / 한편 글자체 디자인은 물품성을 요구하지 않고, 인류가 문자생활을 영위한 이래 다수의 글자체가 다양하게 개발되어 왔고 문자의 기본형태와 가독성을 필수적인 요소로 고려하여 디자인하여야 하는 관계상 구조적으로 디자인을 크게 변화시키기 어려운 특성이 있으므로, / 이와 같은 글자체 디자인의 고유한 특성을 충분히 참작하여 유사 여부를 판단하여야 한다(대판 2012.6.14. 2012후597).

> **디자인보호법 제2조(정의)**
> 이 법에서 사용하는 용어의 뜻은 다음과 같다.
> 2. "글자체"란 기록이나 표시 또는 인쇄 등에 사용하기 위하여 공통적인 특징을 가진 형태로 만들어진 한 벌의 글자꼴(숫자, 문장부호 및 기호 등의 형태를 포함한다)을 말한다.

32

│해설│

① (○) 자유실시디자인 법리는 기본적으로 등록디자인의 출원 전에 그 디자인이 속하는 분야에서 통상의 지식을 가진 사람이 공지디자인 또는 이들의 결합에 따라 쉽게 실시할 수 있는 디자인은 공공의 영역에 있는 것으로 누구나 이용할 수 있어야 한다는 생각에 기초하고 있다. / 그런데 디자인등록출원 전 공공의 영역에 있던 디자인이라고 하더라도 신규성 상실 예외 규정의 적용을 받아 등록된 디자인과 동일 또는 유사한 디자인이라면 등록디자인의 독점·배타권의 범위에 포함되게 된다. / 그렇다면 이와 같이 신규성 상실 예외 규정의 적용 근거가 된 공지디자인 또는 이들의 결합에 따라 쉽게 실시할 수 있는 디자인이 누구나 이용할 수 있는 공공의 영역에 있다고 단정할 수 없으므로, 신규성 상실 예외 규정의 적용 근거가 된 공지디자인을 기초로 한 자유실시디자인 주장은 허용되지 않는다(대판 2023.2.23. 2022후10012).

② (×) 디자인보호법의 신규성 상실 예외규정 등 관련규정의 문언과 내용, 그 입법 취지, 자유실시디자인 법리의 본질 및 기능 등을 종합하여 보면, 확인대상디자인이 등록디자인의 권리범위에 속하는지를 판단할 때 신규성 상실 예외 규정의 적용 근거가 된 공지디자인 또는 이들의 결합에 따라 쉽게 실시할 수 있는 디자인이 누구나 이용할 수 있는 공공의 영역에 있음을 전제로 한 자유실시디자인 주장은 허용되지 않고, / 확인대상디자인과 등록디자인을 대비하는 방법에 의하여야 한다(대판 2023.2.23. 2022후10012).

③ (○) 카탈로그는 제작되었으면 배부·반포되는 것이 사회통념이고, 제작한 카탈로그를 배부·반포하지 아니하고 사장하고 있다는 것은 경험칙상 수긍할 수 없는 것이므로 / 카탈로그의 배부범위, 비치장소 등에 관하여 구체적인 증거가 없다고 하더라도 그 카탈로그가 배부·반포되었음을 부인할 수 없다 할 것이고, / 한편 의장법 제5조 제1항 제2호 또는 제3호[(註) 현행 디자인보호법 제33조 제1항 제2호 또는 제3호]의 해당 여부를 판단함에 있어서 간행물이 국외에서 반포된 사실이 인정된다면 그것으로 족하고 별도로 그 간행물이 국내에 반포되었는지 여부를 판단할 필요가 없음은 규정의 취지상 명백하다(대판 1998.9.4. 98후508).

> **디자인보호법 제33조(디자인등록의 요건)**
> ① 공업상 이용할 수 있는 디자인으로서 다음 각 호의 어느 하나에 해당하는 것을 제외하고는 그 디자인에 대하여 디자인등록을 받을 수 있다.
> 1. 디자인등록출원 전에 국내 또는 국외에서 공지(公知)되었거나 공연(公然)히 실시된 디자인
> 2. 디자인등록출원 전에 국내 또는 국외에서 반포된 간행물에 게재되었거나 전기통신회선을 통하여 공중(公衆)이 이용할 수 있게 된 디자인
> 3. 제1호 또는 제2호에 해당하는 디자인과 유사한 디자인

④ (○) 구 디자인보호법(2013.5.28. 법률 제11848호로 전부 개정되기 전의 것, 이하 같다) 제8조의 문언과 입법 취지에 비추어 보면, 디자인등록을 받을 수 있는 권리를 가진 자가 구 디자인보호법 제8조 제1항의 3개월의 기간 이내에 여러 번의 공개행위를 하고 그 중 가장 먼저 공지된 디자인에 대해서만 절차에 따라 신규성 상실의 예외 주장을 하였더라도 / 공지된 나머지 디자인들이 가장 먼저 공지된 디자인과 동일성이 인정되는 범위 내에 있다면 공지된 나머지 디자인들에까지 신규성 상실 예외의 효과가 미친다(대판 2017.1.12. 2014후1341).

⑤ (○) 여기서 동일성이 인정되는 범위 내에 있는 디자인이란 형상, 모양, 색채 또는 이들의 결합이 동일하거나 극히 미세한 차이만 있어 전체적 심미감이 동일한 디자인을 뜻하고, / 전체적 심미감이 유사한 정도에 불과한 경우는 여기에 포함되지 아니한다(대판 2017.1.12. 2014후1341).

33

답 ④

해설

① (○) 공지형태나 주지형태를 서로 결합하거나 결합된 형태를 변형·변경 또는 전용한 경우에도 창작수준이 낮은 디자인에 해당할 수 있는데, 창작수준을 판단할 때는 공지디자인의 대상 물품이나 주지형태의 알려진 분야, 공지디자인이나 주지형태의 외관적 특징들의 관련성, 해당 디자인 분야의 일반적 경향 등에 비추어 통상의 디자이너가 용이하게 그와 같은 결합에 이를 수 있는지를 함께 살펴보아야 한다(대판 2016.3.10. 2013후2613).

② (○) 기본적인 형상이나 모양 등에 의해 구성된 디자인이라도 그 창작이 용이하다고 할 수 있으려면 그 형상이나 모양 등에 의해 물품 디자인 형태를 구성하는 것이 그 디자인이 속한 분야에서 통상 행해짐을 전제하는 것이므로, 그 분야에서 그러한 기본적 형상, 모양에 의하여 구성하는 것이 과거에 전혀 없었던 경우에는 창작이 용이하다고 볼 수 없다(특허법원 2016.3.31. 2015허8370).

③ (○) 디자인보호법 제5조 제2항[註: 현행법 제33조 제2항]은 그 디자인이 속하는 분야에서 통상의 지식을 가진 자가 제1항 제1호 또는 제2호에 해당하는 디자인의 결합에 의하여 용이하게 창작할 수 있는 것은 디자인등록을 받을 수 없도록 규정하고 있는데, 여기에는 위 각 호에 해당하는 디자인의 결합뿐만 아니라 위 디자인 각각에 의하여 용이하게 창작할 수 있는 디자인도 포함된다고 봄이 타당하다(대판 2010.5.13. 2008후2800).

④ (×) 구 디자인보호법(2013.5.28. 법률 제11848호로 전부 개정되기 전의 것) 제5조 제2항[註: 현행법 제33조 제2항]의 취지는 공지디자인의 형상·모양·색채 또는 이들의 결합(이하 '공지형태'라고 한다)이나 국내에서 널리 알려진 형상·모양·색채 또는 이들의 결합(이하 '주지형태'라고 한다)을 거의 그대로 모방 또는 전용하였거나, 이를 부분적으로 변형하였다고 하더라도 전체적으로 볼 때 다른 미감적 가치가 인정되지 않는 상업적·기능적 변형에 불과하거나, 또는 디자인 분야에서 흔한 창작수법이나 표현방법으로 변경·조합하거나 전용하였음에 불과한 디자인 등과 같이 창작수준이 낮은 디자인은 통상의 디자이너가 용이하게 창작할 수 있는 것이어서 디자인등록을 받을 수 없다는 데 있다(대판 2016.3.10. 2013후2613).

⑤ (○) 디자인보호법 제33조 제2항 제2호

> **디자인보호법 제33조(디자인등록의 요건)**
> ② 디자인등록출원 전에 그 디자인이 속하는 분야에서 통상의 지식을 가진 사람이 다음 각 호의 어느 하나에 따라 쉽게 창작할 수 있는 디자인(제1항 각 호의 어느 하나에 해당하는 디자인은 제외한다)은 제1항에도 불구하고 디자인등록을 받을 수 없다.
> 1. 제1항 제1호·제2호에 해당하는 디자인 또는 이들의 결합
> 2. 국내 또는 국외에서 널리 알려진 형상·모양·색채 또는 이들의 결합

34

답 ⑤

┃해설┃

① (○) 구 상표법 제9조 제1항 제1호[(註) 현행법 제34조 제1항 제1호]에 의하면, 국기·국장·군기·훈장·포장·기장과 동일 또는 유사한 상표는 상표등록을 받을 수 없는바(법문에 대한민국의 것으로 한정되어 있지 아니하나 그 뒷부분에 "외국의 국기 및 국장"을 열거하고 있으므로, 이는 대한민국의 것을 말한다고 할 것이다), / 그 입법취지는 <u>대한민국의 존엄성을 유지</u>하고, 대한민국의 국기 등을 상표로 사용하는 경우 그 상품이 대한민국이나 당해 국가기관과 특수한 관계에 있는 자에 의하여 생산·판매되는 것으로 <u>일반 수요자나 거래자들에게 오인될 염려</u>가 있을 뿐 아니라, 특정인에게 이를 독점적으로 사용하도록 하는 것이 <u>공익상 바람직하지 아니하다</u>는 데에 있다고 할 것이며, / 한편 위 법조에 규정된 '기장'이란 어떤 일을 기념하거나 어떤 집단을 표상하기 위하여 관계있는 사람에게 주는 휘장 또는 표상을 의미한다(특허법원 2008.10.22. 2008허1265).

② (○) 디자인의 대상이 되는 물품 또는 그와 관련된 물품의 규격이나 품질 등에 대한 인증을 나타내는 표지를 전체디자인의 일부 구성요소로 포함하고 있는 경우에는 그 부분은 <u>출처를 나타내는 표시가 아니라 인증에 관한 정보전달만을 위해 사용되는 것으로 보아 제34조 제3호를 적용하지 않는다.</u> 타인의 업무와 관련된 물품과 혼동을 가져올 우려가 있는 디자인에 해당하지 않기 때문이다.

③ (○) 타인의 등록상표와 유사한 표장을 그 지정상품과 동일 또는 유사한 상품에 사용하면 타인의 상표권을 침해하는 행위가 된다고 할 것이나(상표법 제66조 제1호[(註) 현행법 제108조 제1호]), / <u>타인의 등록상표와 유사한 표장을 이용한 경우라고 하더라도 그것이 상표의 본질적인 기능이라고 할 수 있는 출처표시를 위한 것이 아니라 순전히 의장적으로만 사용되는 등으로 상표의 사용으로 인식될 수 없는 경우에는 등록상표의 상표권을 침해한 행위로 볼 수 없다</u>(대판 1997.2.14. 96도1424).

> **상표법 제108조(침해로 보는 행위)**
> ① 다음 각 호의 어느 하나에 해당하는 행위는 상표권(지리적 표시 단체표장권은 제외한다) 또는 전용사용권을 침해한 것으로 본다.
>   1. 타인의 등록상표와 동일한 상표를 그 지정상품과 유사한 상품에 사용하거나 타인의 등록상표와 유사한 상표를 그 지정상품과 동일·유사한 상품에 사용하는 행위

④ (○) 의장의 동일·유사 여부는 의장을 구성하는 각 요소를 부분적으로 분리하여 대비할 것이 아니라 전체와 전체를 대비 관찰하여 보는 사람이 느끼는 심미감 여하에 따라 판단하여야 할 것이지만, / <u>양 의장의 공통되는 부분이 그 물품으로서 당연히 있어야 할 부분 내지 의장의 기본적 또는 기능적 형태인 경우에는 그 중요도를 낮게 평가하여야 하므로, 이러한 부분들이 동일·유사하다는 사정만으로는 곧바로 양 의장이 서로 동일·유사하다고 할 수는 없다</u>(대판 2005.10.14. 2003후1666).

⑤ (×) 타인의 업무에 관련된 상품과의 혼동을 생기게 한 경우에 해당하는지 여부는 상표권자가 실제로 사용한 상표와 혼동의 대상이 되는 타인의 상표의 외관, 호칭, 관념이 객관적, 전체적으로 관찰할 때 서로 유사한지 여부, 혼동이 대상이 되는 타인의 상표가 일반 수요자에게 알려진 정도, 상표권자가 실제로 사용한 상표가 상품에 사용된 구체적인 형태 등의 제반 사정을 고려하되, / <u>그 궁극적인 판단기준은 당해 상표권자가 실제로 사용한 상표의 사용으로 혼동의 대상이 되는 타인의 상표의 상품과의 사이에 상품 출처의 오인·혼동이 야기될 염려가 객관적으로 존재하는지 여부에 두어야 한다</u>(특허법원 2006.4.7. 2005허5907).

35

답 ①

┃해설┃

① (×) 유사디자인이 등록되면 그 디자인권은 최초에 등록을 받은 기본디자인권과 합체하고 유사디자인의 권리범위는 기본디자인의 권리범위를 초과하지 않는다고 할 것이므로, 확인대상디자인이 유사디자인의 권리범위에 속한다고 할 수 있으려면 유사디자인과 유사하다는 사정만으로는 부족하고 기본디자인과도 유사하여야 할 것이다. 이 경우 기본디자인의 권리범위는 유사디자인의 유사범위까지 확장되는 것은 아니다(대판 2008.12.24. 2006후1643).

② (○) 디자인보호법 제42조 제1항·제2항에 의하면 2 이상의 물품이 한 벌의 물품으로 동시에 사용되는 경우 그 한 벌의 물품의 디자인이 한 벌 전체로서 통일성이 있을 때에는 1디자인으로 디자인등록을 받을 수 있고, 제1항에 따른 한 벌의 물품의 구분은 총리령으로 정한다.

> **디자인보호법 제42조(한 벌의 물품의 디자인)**
> ① 2 이상의 물품이 한 벌의 물품으로 동시에 사용되는 경우 그 한 벌의 물품의 디자인이 한 벌 전체로서 통일성이 있을 때에는 1디자인으로 디자인등록을 받을 수 있다.
> ② 제1항에 따른 한 벌의 물품의 구분은 총리령으로 정한다.

③ (○) 구성물품이 동시에 사용될 것이란 반드시 동시에 사용되는 것이 아니라 관념적으로 하나의 사용이 다른 것의 사용을 예상케 하는 것을 말한다. 구성물품 이외의 물품이 포함된 경우에는 한 벌의 물품으로 정해진 물품과 동시에 사용되는 것이 상거래 관행상 당 업계에서 인정될 수 있는 경우에는 정당한 한 벌 물품으로 본다.

④ (○) 각 구성물품이 상호 집합 또는 관념적으로 서로 관련되어 하나의 형태를 표현하는 경우에는 구성물품이 조합된 상태의 1조의 도면과 각 구성물품에 대한 1조씩의 도면을 제출하여야 한다.

⑤ (○) 반드시 동시에 사용되어야 한다는 것이 아니라 관념적으로 하나의 사용이 다른 것의 사용을 예상할 수 있으면 족하다.

36

답 ③

┃해설┃

① (×) 디자인보호법 제73조 제4항에 의하면 디자인등록취소결정이 확정된 때에는 그 디자인권은 <u>처음부터 없었던 것으로</u> 본다.

> **디자인보호법 제73조(디자인일부심사등록 이의신청에 대한 결정)**
> ④ 디자인등록취소결정이 확정된 때에는 그 디자인권은 처음부터 없었던 것으로 본다.

② (×) 디자인보호법 제71조 제2항에 의하면 디자인일부심사등록 이의신청에 관한 심사를 할 때에는 이의신청인이 신청하지 아니한 등록디자인에 관하여는 <u>심사할 수 없다</u>.

> **디자인보호법 제71조(디자인일부심사등록 이의신청 심사에서의 직권심사)**
> ② 디자인일부심사등록 이의신청에 관한 심사를 할 때에는 이의신청인이 신청하지 아니한 등록디자인에 관하여는 심사할 수 없다.

③ (○) 디자인보호법 제68조 제1항 본문 제1호에 의하면 누구든지 제3조 제1항 본문에 따른 디자인등록을 받을 수 있는 권리를 가지지 아니하거나 같은 항 단서에 따라 디자인등록을 받을 수 없는 것을 이유로 지식재산처장에게 디자인일부심사등록 이의신청을 할 수 있다.

디자인보호법 제68조(디자인일부심사등록 이의신청)
① 누구든지 디자인일부심사등록출원에 따라 디자인권이 설정등록된 날부터 디자인일부심사등록 공고일 후 3개월이 되는 날까지 또는 디자인권 침해에 관한 통지를 받은 자는 그 통지를 받은 날부터 3개월이 되는 날까지 그 디자인일부심사등록이 다음 각 호의 어느 하나에 해당하는 것을 이유로 지식재산처장에게 디자인일부심사등록 이의신청을 할 수 있으며, 이 경우 복수디자인등록출원된 디자인등록에 대하여는 각 디자인마다 디자인일부심사등록 이의신청을 하여야 한다. 다만, 그 디자인권 침해에 관한 통지를 받은 것을 이유로 이의신청을 하는 경우에는 디자인일부심사등록 공고일부터 1년이 지나면 이의신청을 할 수 없다.
  1. 제3조 제1항 본문에 따른 디자인등록을 받을 수 있는 권리를 가지지 아니하거나 같은 항 단서에 따라 디자인등록을 받을 수 없는 경우
  2. 제27조, 제33조부터 제35조까지, 제39조 및 제46조제1항·제2항에 위반된 경우
  3. 조약에 위반된 경우

④ (×) 디자인보호법 제68조 제1항 단서에 의하면 이 경우 복수디자인등록출원된 디자인등록에 대하여는 <u>각 디자인마다 디자인일부심사등록 이의신청</u>을 하여야 한다.
⑤ (×) 디자인보호법 제68조 제1항 본문에 의하면 누구든지 디자인일부심사등록출원에 따라 <u>디자인권이 설정등록된 날부터 디자인일부심사등록공고일 후 3개월이 되는 날까지</u> 그 디자인일부심사등록이 다음 각 호의 어느 하나에 해당하는 것을 이유로 지식재산처장에게 디자인일부심사등록 이의신청을 할 수 있다.

37
답 ④

|해설|

① (○) 디자인보호법 제94조 제2항

디자인보호법 제94조(디자인권의 효력이 미치지 아니하는 범위)
② 글자체가 디자인권으로 설정등록된 경우 그 디자인권의 효력은 다음 각 호의 어느 하나에 해당하는 경우에는 미치지 아니한다.
  1. 타자·조판 또는 인쇄 등의 통상적인 과정에서 글자체를 사용하는 경우
  2. 제1호에 따른 글자체의 사용으로 생산된 결과물인 경우

② (○) 디자인보호법 제91조 제2항

디자인보호법 제91조(디자인권의 존속기간)
② 정당한 권리자의 디자인등록출원이 제44조 및 제45조에 따라 디자인권이 설정등록된 경우에는 제1항의 디자인권 존속기간은 무권리자의 디자인등록출원일 다음 날부터 기산한다.

③ (○) 디자인보호법 제43조 제1항

디자인보호법 제43조(비밀디자인)
① 디자인등록출원인은 디자인권의 설정등록일부터 3년 이내의 기간을 정하여 그 디자인을 비밀로 할 것을 청구할 수 있다. 이 경우 복수디자인등록출원된 디자인에 대하여는 출원된 디자인의 전부 또는 일부에 대하여 청구할 수 있다.

④ (×) 관련디자인으로 등록된 디자인권의 존속기간 만료일은 그 기본디자인의 디자인권 존속기간 만료일로 한다(디자인보호법 제91조 제1항 단서).

> **디자인보호법 제91조(디자인권의 존속기간)**
> ① 디자인권은 제90조 제1항에 따라 설정등록한 날부터 발생하여 디자인등록출원일 후 20년이 되는 날까지 존속한다. 다만, 제35조에 따라 관련디자인으로 등록된 디자인권의 존속기간 만료일은 그 기본디자인의 디자인권 존속기간 만료일로 한다.

⑤ (○) 공지공용 사유를 출원에 의하여 디자인 등록이 되었다고 하더라도 공지공용의 부분까지 독점적이고 배타적인 권리를 인정할 수 없으므로 디자인권의 권리범위를 정함에 있어 공지부분의 중요도는 낮게 평가하고, 등록디자인과 대비대상디자인이 서로 공지부분에서 동일·유사하다고 하더라도 등록디자인에서 공지부분을 제외한 나머지 특징적인 부분과 대비대상디자인의 해당부분이 서로 유사하지 않다면 대비되는 디자인은 등록권리의 권리범위에 속한다고 할 수 없다(대판 2004.8.30. 2003후762).

38

답 ⑤

|해설|

① (×) 디자인보호법 제95조 제3항에 의하면 디자인권자·전용실시권자 또는 통상실시권자는 등록디자인 또는 이와 유사한 디자인이 그 디자인등록출원일 전에 발생한 타인의 저작물을 이용하거나 그 저작권에 저촉되는 경우에는 <u>저작권자의 허락을 받지 아니하고는 자기의 등록디자인 또는 이와 유사한 디자인을 업으로서 실시할 수 없다.</u>

> **디자인보호법 제95조(타인의 등록디자인 등과의 관계)**
> ③ 디자인권자·전용실시권자 또는 통상실시권자는 등록디자인 또는 이와 유사한 디자인이 그 디자인등록출원일 전에 발생한 타인의 저작물을 이용하거나 그 저작권에 저촉되는 경우에는 저작권자의 허락을 받지 아니하고는 자기의 등록디자인 또는 이와 유사한 디자인을 업으로서 실시할 수 없다.

② (×) 디자인보호법 제96조 제3항에 의하면 디자인권이 공유인 경우에는 각 공유자는 계약으로 특별히 약정한 경우를 제외하고는 <u>다른 공유자의 동의를 받지 아니하고 그 등록디자인 또는 이와 유사한 디자인을 단독으로 실시할 수 있다.</u>

> **디자인보호법 제96조(디자인권의 이전 및 공유 등)**
> ③ 디자인권이 공유인 경우에는 각 공유자는 계약으로 특별히 약정한 경우를 제외하고는 다른 공유자의 동의를 받지 아니하고 그 등록디자인 또는 이와 유사한 디자인을 단독으로 실시할 수 있다.

③ (×) 특허권의 공유자 상호 간에 이해관계가 대립되는 경우 등에 공유관계를 해소하기 위한 수단으로서 각 공유자에게 민법상의 공유물분할청구권을 인정하더라도 공유자 이외의 제3자에 의하여 다른 공유자 지분의 경제적 가치에 위와 같은 변동이 발생한다고 보기 어려워서 / 특허법 제99조 제2항 및 제4항에 반하지 아니하고, 달리 분할청구를 금지하는 특허법 규정도 없으므로, 특허권의 공유관계에 민법상 공유물분할청구에 관한 규정이 적용될 수 있다. / 다만 특허권은 발명실시에 대한 독점권으로서 그 대상은 형체가 없을 뿐만 아니라 각 공유자에게 특허권을 부여하는 방식의 현물분할을 인정하면 하나의 특허권이 사실상 내용이 동일한 복수의 특허권으로 증가하는 부당한 결과를 초래하게 되므로, 특허권의 성질상 그러한 현물분할은 허용되지 아니한다. / 그리고 위와 같은 법리는 디자인권의 경우에도 마찬가지로 적용된다(대판 2014.8.20. 2013다41578).

> **특허법 제99조(특허권의 이전 및 공유 등)**
> ② 특허권이 공유인 경우에는 각 공유자는 다른 공유자 모두의 동의를 받아야만 그 지분을 양도하거나 그 지분을 목적으로 하는 질권을 설정할 수 있다.
> ④ 특허권이 공유인 경우에는 각 공유자는 다른 공유자 모두의 동의를 받아야만 그 특허권에 대하여 전용실시권을 설정하거나 통상실시권을 허락할 수 있다.

④ (×) 디자인보호법 제116조 제1항에 의하면 타인의 디자인권 또는 전용실시권을 침해한 자는 그 침해행위에 대하여 과실이 있는 것으로 추정한다. 다만, 제43조 제1항에 따라 비밀디자인으로 설정등록된 디자인권 또는 전용실시권의 침해에 대하여는 그러하지 아니하다.

> **디자인보호법 제43조(비밀디자인)**
> ① 디자인등록출원인은 디자인권의 설정등록일부터 3년 이내의 기간을 정하여 그 디자인을 비밀로 할 것을 청구할 수 있다. 이 경우 복수디자인등록출원된 디자인에 대하여는 출원된 디자인의 전부 또는 일부에 대하여 청구할 수 있다.
>
> **디자인보호법 제116조(과실의 추정)**
> ① 타인의 디자인권 또는 전용실시권을 침해한 자는 그 침해행위에 대하여 과실이 있는 것으로 추정한다. 다만, 제43조 제1항에 따라 비밀디자인으로 설정등록된 디자인권 또는 전용실시권의 침해에 대하여는 그러하지 아니하다.

⑤ (○) 디자인보호법 제91조 제1항에 의하면 디자인권은 제90조 제1항에 따라 설정등록한 날부터 발생하여 디자인등록출원일 후 20년이 되는 날까지 존속한다. 다만, 제35조에 따라 관련디자인으로 등록된 디자인권의 존속기간 만료일은 그 기본디자인의 디자인권 존속기간 만료일로 한다.

39　　　답 ②

해설

① (×) 디자인권의 권리범위확인심판의 청구는 현존하는 디자인권의 범위를 확정하려는 데 그 목적이 있으므로, / 일단 적법하게 발생한 디자인권이라 할지라도 그 권리가 소멸된 이후에는 그에 대한 권리범위확인을 구할 이익이 없어진다(대판 2019.9.9. 2019후10746).

② (○) 실용신안권자가 어떤 물품이 자신의 등록실용신안권의 권리범위에 속한다는 내용의 적극적 권리범위확인심판을 청구한 경우, 그 심판청구인이 특정한 물품과 피심판청구인이 실시하고 있는 물품 사이에 동일성이 인정되지 아니하면, 피심판청구인이 실시하지도 않는 물품이 등록고안의 권리범위에 속한다는 심결이 확정된다고 하더라도 그 심결은 심판청구인이 특정한 물품에 대하여만 효력을 미칠 뿐 실제 피심판청구인이 실시하고 있는 물품에 대하여는 아무런 효력이 없으므로, / 피심판청구인이 실시하지 않고 있는 물품을 대상으로 한 적극적 권리범위확인 심판청구는 확인의 이익이 없어 부적법하고 각하되어야 한다(대판 2003.6.10. 2002후2419).

③ (×) 등록디자인에 대한 등록무효심결이 확정되기 전이라고 하더라도 등록디자인이 구 디자인보호법(2013.5.28. 법률 제11848호로 전부 개정되기 전의 것) 제5조 제1항 제1호 또는 제2호[(註) 현행법 제33조 제1항 제1호 또는 제2호]에 해당하는 디자인 등에 의하여 용이하게 창작될 수 있어 디자인등록이 무효심판에 의하여 무효로 될 것이 명백한 경우에는, 디자인권에 기초한 침해금지 또는 손해배상 등의 청구는 특별한 사정이 없는 한 권리남용에 해당하여 허용되지 아니하고, / 디자인권침해소송을 담당하는 법원으로서도 디자인권자의 그러한 청구가 권리남용에 해당한다는 항변이 있는 경우 그 당부를 살피기 위한 전제로서 등록디자인의 용이 창작 여부에 대하여 심리·판단할 수 있다(대판 2018.9.28. 2016다219150).

④ (×) 특허권의 권리범위확인심판을 청구할 때 심판청구의 대상이 되는 확인대상발명은 당해 특허발명과 서로 대비할 수 있을 만큼 구체적으로 특정되어야 할 뿐만 아니라, 그에 앞서 사회통념상 특허발명의 권리범위에 속하는지를 확인하는 대상으로서 다른 것과 구별될 수 있는 정도로 구체적으로 특정되어야 한다. / 만약 확인대상발명의 일부 구성이 불명확하여 다른 것과 구별될 수 있는 정도로 구체적으로 특정되어 있지 않다면, 특허심판원은 요지변경이 되지 아니하는 범위 내에서 확인대상발명의 설명서 및 도면에 대한 보정을 명하는 등 조치를 취해야 하며, 그럼에도 그와 같은 특정에 미흡함이 있다면 심판의 심결이 확정되더라도 일사부재리의 효력이 미치는 범위가 명확하다고 할 수 없으므로, 나머지 구성만으로 확인대상발명이 특허발명의 권리범위에 속하는지를 판단할 수 있는 경우라 하더라도 심판청구를 각하하여야 한다. / 확인대상발명은 일부 구성이 불명확하여 사회통념상 다른 것과 구별될 수 있는 정도로 구체적으로 특정되었다고 할 수 없으므로, 보정을 명하는 등 조치를 취하지 아니한 채 권리범위확인 심판 청구를 인용한 심결은 취소되어야 한다(대판 2011.9.8. 2010후3356).
⑤ (×) 행정소송의 일종인 심결취소소송에 직권주의가 가미되어 있다고 하더라도 여전히 변론주의를 기본 구조로 하는 이상, 심결의 위법을 들어 그 취소를 청구할 때에는 직권조사사항을 제외하고는 그 취소를 구하는 자가 위법사유에 해당하는 구체적 사실을 먼저 주장하여야 하고, / 따라서 법원이 당사자가 주장하지도 않은 법률요건에 관하여 판단하는 것은 변론주의 원칙에 위배되는 것이다(대판 2011.3.24. 2010후3509). / 등록디자인이 비교대상디자인과 유사한 디자인에 해당하여 등록무효사유가 있다는 판단은 당사자가 주장하는 사실에 기초하여 판단하여야 한다는 점에서 변론주의의 적용을 받는 것이다.

40

 답 ①

해설

① (×) 디자인보호법 제201조 제1항에 의하면 국제등록디자인권의 이전, 포기에 의한 소멸 또는 존속기간의 갱신은 국제등록부에 등재함으로써 효력이 발생한다. 다만, 지식재산처장이 국제등록디자인권의 이전이 제96조 제1항 단서 또는 같은 조 제2항에 위반되어 효력이 발생하지 아니한다고 국제사무국에 통지한 경우에는 그러하지 아니하다.
② (○) 디자인보호법 제189조에 의하면 국제디자인등록출원에 대하여는 제52조를 적용하지 아니한다.
③ (○) 디자인보호법 제175조 제2항에 의하면 국제출원서에는 다음 각 호의 사항을 적거나 첨부하여야 한다. 첨부도는 도면에 창작내용의 요점의 기재를 요구하는 규정이 없다.

> **디자인보호법 제175조(국제출원의 절차)**
> ① 지식재산처를 통한 국제출원을 하려는 자는 총리령으로 정하는 방식에 따라 작성된 국제출원서 및 그 출원에 필요한 서류(헤이그협정의 특정 체약당사자가 요구하는 서류 등을 말한다)를 지식재산처장에게 제출하여야 한다.
> ② 국제출원서에는 다음 각 호의 사항을 적거나 첨부하여야 한다.
> 1. 헤이그협정 제1조(vii)에 따른 국제출원의 취지
> 2. 지식재산처를 통한 국제출원을 하려는 자의 성명 및 주소(법인인 경우에는 그 명칭 및 영업소의 소재지를 말한다). 국제출원을 하려는 자가 2인 이상으로서 그 주소가 서로 다르고 대리인이 없는 경우에는 연락을 받을 주소를 추가로 적어야 한다.
> 3. 제174조 각 호에 관한 사항
> 4. 디자인을 보호받으려는 국가(헤이그협정 제1조(xii)에 따른 정부 간 기구를 포함하며, 이하 "지정국"이라 한다)
> 5. 도면(사진을 포함한다. 이하 같다)
> 6. 디자인의 대상이 되는 물품 및 물품류
> 7. 헤이그협정 제5조(1)(vi)에 따른 수수료의 납부방법
> 8. 그 밖에 총리령으로 정하는 사항

④ (O) 디자인보호법 제177조 제2항 제1호에 의하면 제1항에도 불구하고 지식재산처장은 국제출원서의 기재사항이 총리령으로 정하는 언어로 작성되지 아니한 경우에는 국제출원인에게 상당한 기간을 정하여 보완에 필요한 서류(이하 이 장에서 "대체서류"라 한다)의 제출을 명하여야 한다.

> **디자인보호법 제177조(기재사항의 확인 등)**
> ② 제1항에도 불구하고 지식재산처장은 국제출원서의 기재사항이 다음 각 호의 어느 하나에 해당하는 경우에는 국제출원인에게 상당한 기간을 정하여 보완에 필요한 서류(이하 이 장에서 "대체서류"라 한다)의 제출을 명하여야 한다.
> 1. 총리령으로 정하는 언어로 작성되지 아니한 경우
> 2. 국제출원의 취지가 명확하게 표시되지 아니한 경우
> 3. 지식재산처를 통한 국제출원을 한 자의 성명 또는 명칭이 적혀 있지 아니하거나 명확하게 적혀있지 아니하여 국제출원인을 특정할 수 없는 경우
> 4. 국제출원인(대리인이 디자인에 관한 절차를 밟는 경우에는 그 대리인을 말한다)과 연락을 하기 위한 주소 등이 명확하게 적혀있지 아니한 경우
> 5. 도면 또는 견본이 없는 경우
> 6. 지정국 표시가 없는 경우

⑤ (O) 디자인보호법 제199조 제1항에 의하면 국제등록디자인권은 제198조 제2항에 따라 국내에서 설정등록된 날부터 발생하여 헤이그협정 제10조(2)에 따른 국제등록일(이하 "국제등록일"이라 한다) 후 5년이 되는 날까지 존속한다. 다만, 국제등록일 후 5년이 되는 날(이하 이 항에서 "국제등록만료일"이라 한다) 이후에 등록결정이 되어 제198조 제2항에 따라 국내에서 설정등록된 경우에는 설정등록된 날부터 발생하여 국제등록만료일 후 5년이 되는 날까지 존속한다.

> **디자인보호법 제199조(디자인권 존속기간 등의 특례)**
> ① 국제등록디자인권은 제198조 제2항에 따라 국내에서 설정등록된 날부터 발생하여 헤이그협정 제10조(2)에 따른 국제등록일(이하 "국제등록일"이라 한다) 후 5년이 되는 날까지 존속한다. 다만, 국제등록일 후 5년이 되는 날(이하 이 항에서 "국제등록만료일"이라 한다) 이후에 등록결정이 되어 제198조제2항에 따라 국내에서 설정등록된 경우에는 설정등록된 날부터 발생하여 국제등록만료일 후 5년이 되는 날까지 존속한다.
> ② 제1항에 따른 국제등록디자인권의 존속기간은 헤이그협정 제17조(2)에 따라 5년마다 갱신할 수 있다.

2교시 민법개론

문제편 025p

01	02	03	04	05	06	07	08	09	10	11	12	13	14	15	16	17	18	19	20
⑤	①	②	③	⑤	①	①	④	②	①	③	③	④	⑤	①	①	④	③	①	①
21	22	23	24	25	26	27	28	29	30	31	32	33	34	35	36	37	38	39	40
④	④	⑤	①	②	④	④	②	③	④	⑤	④	④	③	①	⑤	②	③	③	⑤

01

답 ⑤

해설

① (×) 민법 제375조 제1항에 의하면 채권의 목적을 종류로만 지정한 경우에 법률행위의 성질이나 당사자의 의사에 의하여 품질을 정할 수 없는 때에는 채무자는 중등품질의 물건으로 이행하여야 한다.
② (×) 제한종류채권에 있어 급부목적물의 특정은, 원칙적으로 종류채권의 급부목적물의 특정에 관하여 민법 제375조 제2항이 적용되므로, 채무자가 이행에 필요한 행위를 완료하거나 채권자의 동의를 얻어 이행할 물건을 지정한 때에는 그 물건이 채권의 목적물이 되는 것이나, / 당사자 사이에 지정권의 부여 및 지정의 방법에 관한 합의가 없고, 채무자가 이행에 필요한 행위를 하지 아니하거나 지정권자로 된 채무자가 이행할 물건을 지정하지 아니하는 경우에는 선택채권의 선택권 이전에 관한 민법 제381조를 준용하여 채권의 기한이 도래한 후 채권자가 상당한 기간을 정하여 지정권이 있는 채무자에게 그 지정을 최고하여도 채무자가 이행할 물건을 지정하지 아니하면 지정권이 채권자에게 이전한다(대판 2003.3.28, 2000다24856).

> **민법 제375조(종류채권)**
> ① 채권의 목적을 종류로만 지정한 경우에 법률행위의 성질이나 당사자의 의사에 의하여 품질을 정할 수 없는 때에는 채무자는 중등품질의 물건으로 이행하여야 한다.
> ② 전항의 경우에 채무자가 이행에 필요한 행위를 완료하거나 채권자의 동의를 얻어 이행할 물건을 지정한 때에는 그때로부터 그 물건을 채권의 목적물로 한다.
>
> **민법 제381조(선택권의 이전)**
> ① 선택권행사의 기간이 있는 경우에 선택권자가 그 기간내에 선택권을 행사하지 아니하는 때에는 상대방은 상당한 기간을 정하여 그 선택을 최고할 수 있고 선택권자가 그 기간내에 선택하지 아니하면 선택권은 상대방에게 있다.
> ② 선택권행사의 기간이 없는 경우에 채권의 기한이 도래한 후 상대방이 상당한 기간을 정하여 그 선택을 최고하여도 선택권자가 그 기간내에 선택하지 아니할 때에도 전항과 같다.

③ (×) 민법 제587조에 의하면 매매계약 있은 후에도 인도하지 아니한 목적물로부터 생긴 과실은 매도인에게 속한다. 매수인은 목적물의 인도를 받은 날로부터 대금의 이자를 지급하여야 한다. 그러나 대금의 지급에 대하여 기한이 있는 때에는 그러하지 아니하다.
④ (×) 민법 제374조에 의하면 특정물의 인도가 채권의 목적인 때에는 채무자는 그 물건을 인도하기까지 선량한 관리자의 주의로 보존하여야 한다.
⑤ (○) 민법 제384조 제1항에 의하면 선택할 제3자가 선택할 수 없는 경우에는 선택권은 채무자에게 있다. 동법 제2항에 의하면 제3자가 선택하지 아니하는 경우에는 채권자나 채무자는 상당한 기간을 정하여 그 선택을 최고할 수 있고 제3자가 그 기간내에 선택하지 아니하면 선택권은 채무자에게 있다.

02

답 ①

┃해설┃

① (×) 매매목적물인 부동산에 근저당권설정등기나 가압류등기가 있는 경우에 매도인으로서는 위 근저당권설정등기나 가압류등기를 말소하여 완전한 소유권이전등기를 해 주어야 할 의무를 부담한다고 할 것이지만(대판 1991.9.10. 91다6368, 대판 1991.11.26. 91다23103 등 참조), / 매매목적물인 부동산에 대한 근저당권설정등기나 가압류등기가 말소되지 아니하였다고 하여 바로 매도인의 소유권이전등기의무가 이행불능으로 되었다고 할 수 없고, / 매도인이 미리 이행하지 아니할 의사를 표시한 경우가 아닌 한, 매수인이 매도인에게 상당한 기간을 정하여 그 이행을 최고하고 그 기간 내에 이행하지 아니한 때에 한하여 계약을 해제할 수 있다(대판 2003.5.13. 2000다50688).

② (○) 이행불능을 이유로 계약을 해제하기 위해서는 그 이행불능이 채무자의 귀책사유에 의한 경우여야만 한다 할 것이므로(민법 제546조), / 매도인의 매매목적물에 관한 소유권이전의무가 이행불능이 되었다고 할지라도, 그 이행불능이 매수인의 귀책사유에 의한 경우에는 매수인은 그 이행불능을 이유로 계약을 해제할 수 없다(대판 2002.4.26. 2000다50497). 그 이유는 매매목적물에 관한 소유권이전의무의 채무자는 매도인이므로 채권자인 매수인의 귀책사유로는 이행불능을 이유로 계약을 해제하지 못한다.

> **민법 제546조(이행불능과 해제)**
> 채무자의 책임있는 사유로 이행이 불능하게 된 때에는 채권자는 계약을 해제할 수 있다.

③ (○) 매매목적물에 관하여 이중으로 제3자와 매매계약을 체결하였다는 사실만 가지고는 매매계약이 법률상 이행불능이라고 할 수 없고, / 채무의 이행이 불능이라는 것은 단순히 절대적, 물리적으로 불능인 경우가 아니라 사회생활에 있어서의 경험법칙 또는 거래상의 관념에 비추어 볼 때 채권자가 채무자의 이행의 실현을 기대할 수 없는 경우를 말한다(대판 1996.7.26. 96다14616).

④ (○) 채무의 이행이 불능이라는 것은 단순히 절대적·물리적으로 불능인 경우가 아니라 사회생활에 있어서의 경험법칙 또는 거래상의 관념에 비추어 볼 때 채권자가 채무자의 이행의 실현을 기대할 수 없는 경우를 말한다. / 매도인의 매매계약상의 소유권이전등기의무가 이행불능이 되어 이를 이유로 매매계약을 해제함에 있어서는 상대방의 잔대금지급의무가 매도인의 소유권이전등기의무와 동시이행관계에 있다고 하더라도 그 이행의 제공을 필요로 하는 것이 아니다(대판 2003.1.24. 2000다22850).

⑤ (○) 계약의 이행불능 여부는 사회통념에 의하여 이를 판정하여야 할 것인바, / 임대차계약상의 임대인의 의무는 목적물을 사용수익케 할 의무로서, / 목적물에 대한 소유권 있음을 성립요건으로 하고 있지 아니하여 임대인이 소유권을 상실하였다는 이유만으로 그 의무가 불능하게 된 것이라고 단정할 수 없다(대판 1994.5.10. 93다37977).

03

답 ②

┃해설┃

① (×) 민법 제400조는 채권자지체에 관하여 "채권자가 이행을 받을 수 없거나 받지 아니한 때에는 이행의 제공 있는 때로부터 지체책임이 있다."라고 정하고 있다. / 채무의 내용인 급부가 실현되기 위하여 채권자의 수령 그 밖의 협력행위가 필요한 경우에, 채무자가 채무의 내용에 따른 이행제공을 하였는데도 채권자가 수령 그 밖의 협력을 할 수 없거나 하지 않아 급부가 실현되지 않는 상태에 놓이면 채권자지체가 성립한다. / 채권자지체의 성립에 채권자의 귀책사유는 요구되지 않는다. … (생략) … / 이와 같은 규정 내용과 체계에 비추어 보면, <u>채권자지체가 성립하는 경우 그 효과로서 원칙적으로 채권자에게 민법 규정에 따른 일정한 책임이 인정되는 것 외에, 채무자가 채권자에 대하여 일반적인 채무불이행책임과 마찬가지로 손해배상이나 계약 해제를 주장할 수는 없다.</u> … (생략) … / 채권자에게 계약상 의무로서 수령의무나 협력의무가 인정되는 경우, 그 수령의무나 협력의무가 이행되지 않으면 계약 목적을 달성할 수 없거나 채무자에게 계약의 유지를 더 이상 기대할 수 없다고 볼 수 있는 때에는 채무자는 수령의무나 협력의무 위반을 이유로 계약을 해제할 수 있다(대판 2021.10.28. 2019다293036).

② (○) 원금채권과 금전채무불이행의 경우에 발생하는 지연손해금채권은 별개의 소송물이다. / 따라서 판결이 확정된 채권자가 시효중단을 위한 신소를 제기하면서 <u>확정판결에 따른 원금과 함께 원금에 대한 확정 지연손해금 및 이에 대한 지연손해금을 청구하는 경우, 확정 지연손해금에 대한 지연손해금채권은 채권자가 신소로써 확정 지연손해금을 청구함에 따라 비로소 발생하는 채권으로서 전소의 소송물인 원금채권이나 확정 지연손해금채권과는 별개의 소송물이므로,</u> / 채무자는 확정 지연손해금에 대하여도 이행청구를 받은 다음 날부터 지연손해금을 별도로 지급하여야 하되 그 이율은 신소에 적용되는 법률이 정한 이율을 적용하여야 한다(대판 2022.4.14. 2020다268760).

③ (×) <u>계약의 일방 당사자는 신의성실의 원칙상 상대방에게 계약의 효력에 영향을 미치거나 상대방의 권리 확보에 위험을 가져올 수 있는 사정 등을 미리 고지할 의무가 있다. 이러한 의무는 계약을 체결할 때뿐만 아니라 계약 체결 이후 이를 이행하는 과정에서도 유지된다.</u> / 당사자 상호 간의 신뢰관계를 기초로 하는 계속적 계약의 일방 당사자가 계약을 이행하는 과정에서 상대방의 생명, 신체, 건강 등의 안전에 위해가 발생할 위험이 있고 계약 당사자에게 그 위험의 발생 방지 등을 위하여 합리적 조치를 할 의무가 있는 경우, 계약 당사자는 그러한 위험이 있음을 상대방에게 미리 고지하여 상대방으로 하여금 그 위험을 회피할 적절한 방법을 선택할 수 있게 하거나 계약 당사자가 위험 발생 방지를 위한 합리적 조치를 함으로써 그 위험을 제거하였는지를 확인할 수 있게 할 의무가 있다. / 특히 계속적 계약의 일방 당사자가 고도의 기술이 집약된 제품을 대량으로 생산하는 제조업자이고 상대방이 소비자라면 정보 불균형으로 인한 부작용을 해소하기 위해 제조업자에 대하여 위와 같은 고지의무를 인정할 필요가 더욱 크다(대판 2022.5.26. 2020다215124).

④ (×) <u>원본채권이 상행위로 인한 채권일 경우 그 지연손해금도 상행위로 인한 채권이고, 판결에 의해 권리의 실체적인 내용이 바뀌는 것은 아니며 이행판결이 확정된 지연손해금에 대해서도 채권자의 이행청구에 의해 지체책임이 생긴다.</u> / 따라서 상행위로 인한 원본채권 및 그에 대한 지연손해금 지급을 명하는 이행판결이 확정된 경우 확정판결에서 지급을 명한 지연손해금도 상행위로 인한 채권이므로, 지연손해금에 대한 채권자의 이행청구에 의해 채무자가 지체책임을 지는 경우 <u>그 지연손해금에 대하여는 상법 제54조에 정한 상사법정이율인 연 6%의 비율을 적용하여야 할 것이다</u>(대판 2022.12.1. 2022다258248).

> **상법 제54조(상사법정이율)**
> 상행위로 인한 채무의 법정이율은 연 6분으로 한다.

⑤ (×) <u>매도인의 매매목적물에 관한 소유권이전등기 의무가 이행불능이 됨으로 말미암아 매수인이 입는 손해액은 원칙적으로 그 이행불능이 될 당시의 목적물의 시가 상당액이고,</u> / 그 이후 목적물의 가격이 등귀하였다 하여도 그로 인한 손해는 특별한 사정으로 인한 것이어서 매도인이 이행불능 당시 그와 같은 특수한 사정을 알았거나 알 수 있었을 때에 한하여 그 등귀한 가격에 의한 손해배상을 청구할 수 있다 함은 대법원의 확립된 판례이고, / 이러한 법리는 이전할 토지가 환지 예정이나 환지확정 후의 특정 토지라고 하여도 다를 바가 없으며, 그 배상금의 지급이 지체되고 있다고 하여도 그 배상금에 대한 법정이자 상당의 지연손해금을 청구하는 외에 사실심 변론종결시의 시가에 의한 손해배상을 청구할 수 있게 되는 것은 아니다(대판 1996.6.14. 94다61359·61366).

04

답 ③

┃해설┃

① (×) 임대차목적물인 건물이 훼손된 경우에 그 수리가 불가능하다면 훼손 당시의 건물의 교환가치가 통상의 손해일 것이고 / 수리가 가능한 경우에는 그 수리비가 통상의 손해일 것이나 / 그것이 건물의 교환가치를 넘는 경우에는 형평의 원칙상 그 손해액은 그 건물의 교환가치 범위 내로 제한되어야 한다(대판 1994.10.14. 94다3964).

② (×) 불법행위로 영업용 물건이 멸실된 경우, 이를 대체할 다른 물건을 마련하기 위하여 필요한 합리적인 기간 동안 그 물건을 이용하여 영업을 계속하였더라면 얻을 수 있었던 이익, 즉 휴업손해는 그에 대한 증명이 가능한 한 통상의 손해로서 / 그 교환가치와는 별도로 배상하여야 하고, / 이는 영업용 물건이 일부 손괴된 경우, 수리를 위하여 필요한 합리적인 기간 동안의 휴업손해와 마찬가지라고 보아야 할 것이다(대판 2004.3.18. 2001다82507).

③ (○) 건물신축도급계약에 있어서 수급인이 신축한 건물의 하자가 중요하지 아니하면서 동시에 그 보수에 과다한 비용을 요하는 경우에는 도급인은 하자보수나 하자보수에 갈음하는 손해배상을 청구할 수 없고 그 하자로 인하여 입은 손해의 배상만을 청구할 수 있다 할 것인데, / 이러한 경우 그 하자로 인하여 입은 통상의 손해는 특별한 사정이 없는 한 도급인이 하자 없이 시공하였을 경우의 목적물의 교환가치와 하자가 있는 현재의 상태대로의 교환가치와의 차액이 되고, / 그 하자 있는 목적물을 사용함으로 인하여 발생하는 정신적 고통으로 인한 손해는 수급인이 그러한 사정을 알았거나 알 수 있었을 경우에 한하여 특별손해로서 배상받을 수 있다(대판 1997.2.25. 96다45436).

④ (×) 공중접객업인 숙박업을 경영하는 자가 투숙객과 체결하는 숙박계약은 숙박업자가 고객에게 숙박을 할 수 있는 객실을 제공하여 고객으로 하여금 이를 사용할 수 있도록 하고 고객으로부터 그 대가를 받는 일종의 일시 사용을 위한 임대차계약으로서 객실 및 관련 시설은 오로지 숙박업자의 지배 아래 놓여 있는 것이므로 숙박업자는 통상의 임대차와 같이 단순히 여관 등의 객실 및 관련 시설을 제공하여 고객으로 하여금 이를 사용·수익하게 할 의무를 부담하는 것에서 한 걸음 더 나아가 고객에게 위험이 없는 안전하고 편안한 객실 및 관련 시설을 제공함으로써 고객의 안전을 배려하여야 할 보호의무를 부담하며 이러한 의무는 숙박계약의 특수성을 고려하여 신의칙상 인정되는 부수적인 의무로서 / 숙박업자가 이를 위반하여 고객의 생명·신체를 침해하여 투숙객에게 손해를 입힌 경우 불완전이행으로 인한 채무불이행책임을 부담하고, 이 경우 피해자로서는 구체적 보호의무의 존재와 그 위반 사실을 주장·입증하여야 하며 숙박업자로서는 통상의 채무불이행에 있어서와 마찬가지로 그 채무불이행에 관하여 자기에게 과실이 없음을 주장·입증하지 못하는 한 그 책임을 면할 수는 없다. / 숙박업자가 숙박계약상의 고객 보호의무를 다하지 못하여 투숙객이 사망한 경우, 숙박계약의 당사자가 아닌 그 투숙객의 근친자가 그 사고로 인하여 정신적 고통을 받았다 하더라도 숙박업자의 그 망인에 대한 숙박계약상의 채무불이행을 이유로 위자료를 청구할 수는 없다(대판 2000.11.24. 2000다38718·38725). 그 이유는 그 투숙객의 근친자는 숙박계약의 당사자가 아니기 때문이다.

⑤ (×) 손해발생으로 인하여 피해자에게 이득이 생기고, 한편 그 손해발생에 피해자의 과실이 경합되어 과실상계를 하여야 할 경우에는 먼저 산정된 손해액에다 과실상계를 한 후에 위 이득을 공제하여야 한다(대판 1981.6.9. 80다3277).

05

답 ⑤

┃해설┃

① (○) 채권자가 채무자의 부동산에 관한 사해행위를 이유로 수익자를 상대로 그 사해행위의 취소 및 원상회복을 구하는 소송을 제기한 후 소송계속 중에 그 사해행위가 해제 또는 해지되고 채권자가 그 사해행위의 취소로 복귀를 구하는 재산이 벌써 채무자에게 복귀한 경우에는, / 특별한 사정이 없는 한 그 사해행위취소소송의 목적은 이미 실현되어 더 이상 그 소에 의해 확보할 권리보호의 이익이 없어진다(대판 2022.4.14. 2021다299549).

② (O) 민법 제406조의 채권자취소권의 대상인 '사해행위'란 채무자가 적극재산을 감소시키거나 소극재산을 증가시킴으로써 채무초과상태에 이르거나 이미 채무초과상태에 있는 것을 심화시킴으로써 채권자를 해치는 행위를 말한다. / 채무초과상태를 판단할 때 소극재산은 원칙적으로 사해행위가 있기 전에 발생되어야 하지만, 사해행위 당시 이미 채무 성립의 기초가 되는 법률관계가 성립되어 있고 가까운 장래에 그 법률관계에 기초하여 채무가 성립되리라는 고도의 개연성이 있으며 실제로 가까운 장래에 그 개연성이 현실화되어 채무가 성립되었다면, 그 채무도 채무자의 소극재산에 포함된다. / 여기에서 채무 성립의 기초가 되는 법률관계에는 당사자 사이의 약정에 의한 법률관계에 한정되지 않고 채무 성립의 개연성이 있는 준법률관계나 사실관계 등도 포함된다. / 따라서 당사자 사이에 채권 발생을 목적으로 하는 계약의 교섭이 상당히 진행되어 계약체결의 개연성이 고도로 높아진 단계도 여기에 포함될 수 있다. / 사해행위로 주장되는 토지나 건물의 양도 자체에 대한 양도소득세와 지방소득세 채무는 통상적으로 토지나 건물의 양도에 대한 대금이 모두 지급된 이후에 비로소 성립하므로 사해행위로 주장하는 행위 당시에는 아직 발생하지 않는다. 양도소득세와 지방소득세 채무 성립의 기초가 되는 법률관계가 사해행위로 주장되는 행위 당시 이미 성립되었다거나 이에 기초하여 이러한 채무가 성립할 고도의 개연성이 있다고 볼 수도 없다. / 토지나 건물에 관하여 소득세법에 따른 양도가 이루어지지 않았을 때에는 양도소득세와 지방소득세 채무 성립의 기초가 되는 법률관계가 존재한다고 보기 어렵고, 토지나 건물의 양도에 관한 계약 등의 교섭이 진행되는 경우라 하더라도 이는 양도소득세와 지방소득세 채무를 성립시키기 위한 교섭이라고 볼 수 없어서 채무 성립의 개연성 있는 준법률관계나 사실관계 등에 해당한다고 볼 수 없다. / 따라서 사해행위로 주장되는 토지나 건물의 양도 자체에 대한 양도소득세와 지방소득세 채무는 사해행위로 주장되는 행위 당시의 채무초과상태를 판단할 때 소극재산으로 고려할 수는 없다(대판 2022.7.14. 2019다281156).

> **민법 제406조(채권자취소권)**
> ① 채무자가 채권자를 해함을 알고 재산권을 목적으로 한 법률행위를 한 때에는 채권자는 그 취소 및 원상회복을 법원에 청구할 수 있다. 그러나 그 행위로 인하여 이익을 받은 자나 전득한 자가 그 행위 또는 전득당시에 채권자를 해함을 알지 못한 경우에는 그러하지 아니하다.
> ② 전항의 소는 채권자가 취소원인을 안 날로부터 1년, 법률행위있은 날로부터 5년내에 제기하여야 한다.

③ (O) 채권자취소권의 요건을 갖춘 각 채권자는 고유의 권리로서 채무자의 재산처분 행위를 취소하고 원상회복을 구할 수 있다. / 그러므로 여러 채권자가 동시에 또는 시기를 달리하여 사해행위취소 및 원상회복청구의 소를 제기한 경우, 어느 한 채권자가 동일한 사해행위에 관하여 사해행위취소 및 원상회복청구를 하여 승소판결을 받아 그 판결이 확정되었다는 것만으로는 그 후에 제기된 다른 채권자의 동일한 청구가 권리보호의 이익이 없게 되는 것은 아니고, 그에 기하여 재산이나 가액의 회복을 마친 경우에 비로소 다른 채권자의 사해행위취소 및 원상회복청구가 그와 중첩되는 범위 내에서 권리보호의 이익이 없게 된다. / 따라서 여러 채권자가 사해행위취소 및 원상회복청구의 소를 제기하여 여러 개의 소송이 계속 중인 경우에는 각 소송에서 채권자의 청구에 따라 사해행위의 취소 및 원상회복을 명하는 판결을 선고하여야 하고, 수익자가 가액배상을 하여야 할 경우에도 수익자가 반환하여야 할 가액 범위 내에서 각 채권자의 피보전채권액 전액의 반환을 명하여야 한다(대판 2022.8.11. 2018다202774).

④ (O) 여러 개의 사해행위취소소송에서 각 가액배상을 명하는 판결이 선고되어 확정된 경우, 각 채권자의 피보전채권액을 합한 금액이 사해행위 목적물의 가액에서 일반채권자들의 공동담보로 되어 있지 않은 부분을 공제한 잔액(이하 '공동담보가액'이라 한다)을 초과한다면 수익자가 채권자들에게 반환하여야 할 가액은 공동담보가액이 될 것인데, 그럼에도 수익자는 공동담보가액을 초과하여 반환하게 되는 범위 내에서 이중으로 가액을 반환하게 될 위험에 처할 수 있다. / 이때 각 사해행위취소 판결에서 산정한 공동담보가액의 액수가 서로 달라 수익자에게 이중지급의 위험이 발생하는지를 판단하는 기준이 되는 공동담보가액은, 그중 다액(多額)의 공동담보가액이 이를 산정한 사해행위취소소송의 사실심 변론종결 당시의 객관적인 사실관계와 명백히 다르고 해당 소송에서의 공동담보가액의 산정 경위 등에 비추어 그 가액을 그대로 인정하는 것이 심히 부당하다고 보이는 등의 특별한 사정이 없는 한 그 다액에 해당하는 금액이라고 보는 것이 채권자취소권의 취지 및 채권자취소소송에서 변론주의 원칙 등에 부합한다. / 따라서 수익자가 어느 채권자에게 자신이 배상할 가액의 일부 또는 전부를 반환한 때에는 다른 채권자에 대하여 각 사해행위취소 판결에서 가장 다액으로 산정된 공동담보가액에서 자신이 반환한 가액을 공제한 금액을 초과하는 범위에서 청구이의의 방법으로 집행권원의 집행력의 배제를 구할 수 있을 뿐이다(대판 2022.8.11. 2018다202774).

⑤ (×) 채권자가 사해행위의 취소와 함께 수익자 또는 전득자로부터 책임재산의 회복을 명하는 사해행위취소의 판결을 받은 경우 그 취소의 효과는 채권자와 수익자 또는 전득자 사이에만 미치므로, / 수익자 또는 전득자가 채권자에 대하여 사해행위의 취소로 인한 원상회복의무를 부담하게 될 뿐, 채무자와 사이에서 그 취소로 인한 법률관계가 형성되거나 취소의 효력이 소급하여 채무자의 책임재산으로 회복되는 것은 아니다. / 따라서 채권압류명령 등 당시 피압류채권이 이미 제3자에 대한 대항요건을 갖추어 양도되어 그 명령이 효력이 없는 것이 되었다면, 그 후의 사해행위취소소송에서 위 채권양도계약이 취소되어 채권이 원채권자에게 복귀하였다고 하더라도 이미 무효로 된 채권압류명령 등이 다시 유효로 되는 것은 아니다(대판 2022.12.1. 2022다247521).

06

답 ①

┃해설┃

① (×) 보전의 필요성이 인정되기 위하여는 우선 적극적 요건으로서 채권자가 채권자대위권을 행사하지 않으면 피보전채권의 완전한 만족을 얻을 수 없게 될 위험의 존재가 인정되어야 하고, 나아가 채권자대위권을 행사하는 것이 그러한 위험을 제거하여 피보전채권의 현실적 이행을 유효·적절하게 확보하여 주어야 하며, 다음으로 소극적 요건으로서 채권자대위권의 행사가 채무자의 자유로운 재산관리행위에 대한 부당한 간섭이 된다는 사정이 없어야 한다. / 피보험자가 임의 비급여 진료행위에 따라 요양기관에 진료비를 지급한 다음 실손의료보험계약상의 보험자에게 청구하여 진료비와 관련한 보험금을 지급받았는데, 진료행위가 위법한 임의 비급여 진료행위로서 무효인 동시에 보험자와 피보험자가 체결한 실손의료보험계약상 진료행위가 보험금 지급사유에 해당하지 아니하여 보험자가 피보험자에 대하여 보험금 상당의 부당이득반환채권을 갖게 된 경우, 채권자인 보험자가 금전채권인 부당이득반환채권을 보전하기 위하여 채무자인 피보험자를 대위하여 제3채무자인 요양기관을 상대로 진료비 상당의 부당이득반환채권을 행사하는 형태의 채권자대위소송에서 채무자가 자력이 있는 때에는 보전의 필요성이 인정된다고 볼 수 없다(대판[전합] 2022.8.25. 2019다229202).

② (○) 채권자가 자기의 금전채권을 보전하기 위하여 채무자의 금전채권을 대위행사하는 경우 제3채무자로 하여금 채무자에게 지급의무를 이행하도록 청구할 수도 있지만, 직접 대위채권자 자신에게 이행하도록 청구할 수도 있다. / 그런데 채권자대위소송에서 제3채무자로 하여금 직접 대위채권자에게 금전의 지급을 명하는 판결이 확정되더라도, 대위의 목적인 권리, 즉 채무자의 제3채무자에 대한 피대위채권이 판결의 집행채권으로서 존재하고 대위채권자는 채무자를 대위하여 피대위채권에 대한 변제를 수령하게 될 뿐 자신의 채권에 대한 변제로서 수령하게 되는 것이 아니므로, / 피대위채권이 변제 등으로 소멸하기 전이라면 채무자의 다른 채권자는 이를 압류·가압류할 수 있다(대판 2016.8.29. 2015다236547).

③ (○) 채권자가 자기채권을 보전하기 위하여 채무자의 권리를 행사하려면 채무자의 무자력을 요건으로 하는 것이 통상이지만 / 임대차보증금반환채권을 양수한 채권자가 그 이행을 청구하기 위하여 임차인의 가옥명도가 선이행되어야 할 필요가 있어서 그 명도를 구하는 경우에는 그 채권의 보전과 채무자인 임대인의 자력 유무는 관계가 없는 일이므로 무자력을 요건으로 한다고 할 수 없다(대판 1989.4.25. 88다카4253·4260).

④ (○) 민법 제405조 제2항은 '채무자가 채권자대위권행사의 통지를 받은 후에는 그 권리를 처분하여도 이로써 채권자에게 대항하지 못한다'고 규정하고 있다. / 위 조항의 취지는 채권자가 채무자에게 대위권 행사사실을 통지하거나 채무자가 채권자의 대위권 행사사실을 안 후에 채무자에게 대위의 목적인 권리의 양도나 포기 등 처분행위를 허용할 경우 채권자에 의한 대위권행사를 방해하는 것이 되므로 이를 금지하는 데에 있다. / 그런데 … (생략) … 채무자가 자신의 채무불이행을 이유로 매매계약이 해제되도록 한 것을 두고 민법 제405조 제2항에서 말하는 '처분'에 해당한다고 할 수 없다. / 따라서 채무자가 채권자대위권행사의 통지를 받은 후에 채무를 불이행함으로써 통지 전에 체결된 약정에 따라 매매계약이 자동적으로 해제되거나, 채권자대위권행사의 통지를 받은 후에 채무자의 채무불이행을 이유로 제3채무자가 매매계약을 해제한 경우 제3채무자는 계약해제로써 대위권을 행사하는 채권자에게 대항할 수 있다. / 다만 형식적으로는 채무자의 채무불이행을 이유로 한 계약해제인 것처럼 보이지만 실질적으로는 채무자와 제3채무자 사이의 합의에 따라 계약을 해제한 것으로 볼 수 있거나, 채무자와 제3채무자가 단지 대위채권자에게 대항할 수 있도록 채무자의 채무불이행을 이유로 하는 계약해제인 것처럼 외관을 갖춘 것이라는 등의 특별한 사정이 있는 경우에는 채무자가 피대위채권을 처분한 것으로 보아 제3채무자는 계약해제로써 대위권을 행사하는 채권자에게 대항할 수 없다(대판[전합] 2012.5.17. 2011다87235).

⑤ (○) 취득시효 완성으로 인한 등기를 하기 전에 먼저 소유권이전등기를 경료하여 그 부동산소유권을 취득한 제3자에 대하여는 시효취득을 주장할 수 없지만 / 이는 어디까지나 그 제3자 명의의 등기가 적법, 유효함을 전제로 하는 것이므로 만일 위 제3자 명의의 등기가 원인무효의 등기라면 취득시효 완성으로 인한 소유권이전등기청구권을 가진 자는 취득시효 완성 당시의 소유자에 대하여 가지는 소유권이전등기청구권으로써 위 소유자를 대위하여 위 제3자 앞으로 경료된 원인무효인 등기의 말소를 구할 수 있다(대판 1990.11.27. 90다6651).

07

답

해설

ㄱ. (×) 부동산의 매매로 인한 소유권이전등기청구권은 물권의 이전을 목적으로 하는 매매의 효과로서 매도인이 부담하는 재산권이전의무의 한 내용을 이루는 것이고, / 매도인이 물권행위의 성립요건을 갖추도록 의무를 부담하는 경우에 발생하는 채권적 청구권으로 그 이행과정에 신뢰관계가 따르므로, / 소유권이전등기청구권을 매수인으로부터 양도받은 양수인은 매도인이 그 양도에 대하여 동의하지 않고 있다면 매도인에 대하여 채권양도를 원인으로 하여 소유권이전등기절차의 이행을 청구할 수 없고, / 따라서 매매로 인한 소유권이전등기청구권은 특별한 사정이 없는 이상 그 권리의 성질상 양도가 제한되고 그 양도에 채무자의 승낙이나 동의를 요한다고 할 것이므로 / 통상의 채권양도와 달리 양도인의 채무자에 대한 통지만으로는 채무자에 대한 대항력이 생기지 않으며 반드시 채무자의 동의나 승낙을 받아야 대항력이 생긴다(대판 2001.10.9. 2000다51216). 따라서 乙이 이를 甲에게 통지한 것만으로는 丁은 甲에 대하여 직접 소유권이전등기절차의 이행을 청구할 수 없다.

ㄴ. (×) 채권양도에 있어서 채무자가 양도인에게 이의를 보류하지 아니하고 승낙을 하였다는 사정이 없거나 또는 이의를 보류하지 아니하고 승낙을 하였더라도 양수인이 악의 또는 중과실의 경우에 해당하는 한, 채무자의 승낙 당시까지 양도인에 대하여 생긴 사유로써 양수인에게 대항할 수 있다고 할 것인데, / 승낙 당시 이미 상계를 할 수 있는 원인이 있었던 경우에는 아직 상계적상에 있지 아니하였다 하더라도 그 후에 상계적상이 생기면 채무자는 양수인에 대하여 상계로 대항할 수 있다(대판 1999.8.20. 99다18039). / 따라서 채권양수인 丁은 매매내용 및 소유권이전등기가 마쳐지지 아니한 사실을 이미 알고 있으므로 채무자 乙은 丁에게 동시이행의 항변을 할 수 있다.

ㄷ. (×) 지명채권의 양도란 채권의 귀속주체가 법률행위에 의하여 변경되는 것으로서 이른바 준물권행위 내지 처분행위의 성질을 가지므로, / 그것이 유효하기 위하여는 양도인이 채권을 처분할 수 있는 권한을 가지고 있어야 한다. 처분권한 없는 자가 지명채권을 양도한 경우 특별한 사정이 없는 한 채권양도로서 효력을 가질 수 없으므로 양수인은 채권을 취득하지 못한다. / 양도인이 지명채권을 제1양수인에게 1차로 양도한 다음 제1양수인이 그에 따라 확정일자 있는 증서에 의한 대항요건을 적법하게 갖추었다면 이로써 채권이 제1양수인에게 이전하고 양도인은 채권에 대한 처분권한을 상실하므로, / 그 후 양도인이 동일한 채권을 제2양수인에게 양도하였더라도 제2양수인은 채권을 취득할 수 없다. 이 경우 양도인이 다른 채무를 담보하기 위하여 제1차 양도계약을 하였더라도 대외적으로 채권이 제1양수인에게 이전되어 제1양수인이 채권을 취득하게 되므로 그 후에 이루어진 제2차 양도계약에 따라 제2양수인이 채권을 취득하지 못하게 됨은 마찬가지이다. / 또한 제2차 양도계약 후 양도인과 제1양수인이 제1차 양도계약을 합의해지한 다음 제1양수인이 그 사실을 채무자에게 통지함으로써 채권이 다시 양도인에게 귀속하게 되었더라도 특별한 사정이 없는 한 양도인이 처분권한 없이 한 제2차 양도계약이 채권양도로서 유효하게 될 수는 없으므로, 그로 인하여 제2양수인이 당연히 채권을 취득하게 된다고 볼 수는 없다(대판 2016.7.14. 2015다46119). / 따라서 戊는 乙에 대한 매매대금채권을 취득하지 못한다.

ㄹ. (○) 보증채무는 주채무에 대한 부종성 또는 수반성이 있어서 주채무자에 대한 채권이 이전되면 당사자 사이에 별도의 특약이 없는 한 보증인에 대한 채권도 함께 이전하고, / 이 경우 채권양도의 대항요건도 주채권의 이전에 관하여 구비하면 족하고, 별도로 보증채권에 관하여 대항요건을 갖출 필요는 없다. / 주채권과 보증인에 대한 채권의 귀속주체를 달리하는 것은, 주채무자의 항변권으로 채권자에게 대항할 수 있는 보증인의 권리가 침해되는 등 보증채무의 부종성에 반하고, / 주채권을 가지지 않는 자에게 보증채권만을 인정할 실익도 없기 때문에 주채권과 분리하여 보증채권만을 양도하기로 하는 약정은 그 효력이 없다(대판 2002.9.10. 2002다21509). / 따라서 甲이 乙에 대한 매매대금채권을 丁에게 양도하고 이를 乙에게 통지하면 乙에 대한 채권뿐만 아니라 丙에 대한 채권도 丁에게 함께 이전된다.

ㅁ. (○) 당사자의 의사표시에 의한 채권양도금지 특약은 제3자가 악의인 경우는 물론 제3자가 채권양도금지 특약을 알지 못한 데에 중대한 과실이 있는 경우에도 채권양도금지 특약으로써 대항할 수 있고, / 제3자의 악의 내지 중과실은 채권양도금지 특약으로 양수인에게 대항하려는 자가 이를 주장·증명하여야 한다. / 그리고 민법 제449조 제2항 단서는 채권양도금지 특약으로써 대항할 수 없는 자를 '선의의 제3자'라고만 규정하고 있어 채권자로부터 직접 양수한 자만을 가리키는 것으로 해석할 이유는 없으므로, / 악의의 양수인으로부터 다시 선의로 양수한 전득자도 위 조항에서의 선의의 제3자에 해당한다. / 또한 선의의 양수인을 보호하고자 하는 위 조항의 입법 취지에 비추어 볼 때, 이러한 선의의 양수인으로부터 다시 채권을 양수한 전득자는 선의·악의를 불문하고 채권을 유효하게 취득한다.(대판 2015.4.9. 2012다118020) / 따라서 乙은 채권양도금지특약이 있었음을 이유로 戊에게 대항할 수 없다.

> **민법 제449조(채권의 양도성)**
> ① 채권은 양도할 수 있다. 그러나 채권의 성질이 양도를 허용하지 아니하는 때에는 그러하지 아니하다.
> ② 채권은 당사자가 반대의 의사를 표시한 경우에는 양도하지 못한다. 그러나 그 의사표시로써 선의의 제3자에게 대항하지 못한다.

08   답 ④

해설

① (×) 채무자와 인수인의 합의에 의한 중첩적 채무인수는 일종의 제3자를 위한 계약이라고 할 것이므로, / 채권자는 인수인에 대하여 채무이행을 청구하거나 기타 채권자로서의 권리를 행사하는 방법으로 수익의 의사표시를 함으로써 인수인에 대하여 직접 청구할 권리를 갖게 된다. / 이러한 점에서 채무자에 대한 채권을 상실시키는 효과가 있는 면책적 채무인수의 경우 채권자의 승낙을 계약의 효력발생요건으로 보아야 하는 것과는 달리, / 채무자와 인수인의 합의에 의한 중첩적 채무인수의 경우 채권자의 수익의 의사표시는 그 계약의 성립요건이나 효력발생요건이 아니라 채권자가 인수인에 대하여 채권을 취득하기 위한 요건이다(대판 2013.9.13. 2011다56033).

② (×), ③ (×) 면책적 채무인수라 함은 채무의 동일성을 유지하면서 이를 종래의 채무자로부터 제3자인 인수인에게 이전하는 것을 목적으로 하는 계약을 말하는바, / 채무인수로 인하여 인수인은 종래의 채무자와 지위를 교체하여 새로이 당사자로서 채무관계에 들어서서 종래의 채무자와 동일한 채무를 부담하고 동시에 종래의 채무자는 채무관계에서 탈퇴하여 면책되는 것일 뿐 / 종래의 채무가 소멸하는 것이 아니므로 채무인수로 종래의 채무가 소멸하였으니 저당권의 부종성으로 인하여 당연히 소멸한 채무를 담보하는 저당권도 소멸한다는 법리는 성립하지 않는다. / 민법 제459조 단서는 보증인이나 제3자가 채무인수에 동의한 경우에는 전 채무자의 채무에 대한 보증이나 제3자가 제공한 담보는 채무인수로 인하여 소멸하지 아니하는 것으로 규정하고 있는바, 위 조항에 규정된 채무인수에 대한 동의는 인수인을 위하여 새로운 담보를 설정하도록 하는 의사표시를 의미하는 것이 아니라 기존의 담보를 인수인을 위하여 계속시키는데 대한 의사표시를 의미하는 것이므로, / 물상보증인이 채무인수에 동의함으로써 소멸하지 아니하는 담보는 당연히 기존의 담보와 동일한 내용을 갖는 것이다(대판 1996.10.11. 96다27476).

④ (○) 부동산의 매수인이 매매목적물에 관한 임대차보증금 반환채무 등을 인수하는 한편, 그 채무액을 매매대금에서 공제하기로 약정한 경우, 그 인수는 매도인을 면책시키는 면책적 채무인수가 아니라 이행인수로 보아야 하고, / 면책적 채무인수로 보기 위하여는 이에 대한 채권자인 임차인의 승낙이 있어야 한다(대판 2001.4.27. 2000다69026).

⑤ (×) 부동산의 매수인이 매매목적물에 관한 채무를 인수하는 한편 그 채무액을 매매대금에서 공제하기로 약정한 경우, 그 인수는 특별한 사정이 없는 한 매도인을 면책시키는 채무인수가 아니라 이행인수로 보아야 하고, / 면책적 채무인수로 보기 위하여는 이에 대한 채권자의 승낙이 있어야 한다(대판 1995.8.11. 94다58599).

09   답 ②

해설

① (×) 공사도급계약상 도급인의 지체상금채권과 수급인의 공사대금채권은 특별한 사정이 없는 한, 동시이행의 관계에 있다고 할 수 없다(대판 2015.8.27. 2013다81224·81231).

② (○) 도급계약에 있어서 완성된 목적물에 하자가 있는 때에는 도급인은 수급인에 대하여 하자의 보수를 청구할 수 있고 그 하자의 보수에 갈음하여 또는 보수와 함께 손해배상을 청구할 수 있는바, / 이들 청구권은 수급인의 공사대금채권과 동시이행관계에 있으므로 / 수급인의 하수급인에 대한 하도급 공사대금채무를 인수한 도급인은 수급인이 하수급인과 사이의 하도급계약상 동시이행의 관계에 있는 수급인의 하수급인에 대한 하자보수청구권 내지 하자에 갈음한 손해배상채권 등에 기한 동시이행의 항변으로써 하수급인에게 대항할 수 있다(대판 2007.10.11. 2007다31914).

③ (×) 쌍무계약의 당사자 일방이 먼저 한번 현실의 제공을 하고 상대방을 수령지체에 빠지게 하였다 하더라도 그 이행의 제공이 계속되지 않는 경우는 과거에 이행의 제공이 있었다는 사실만으로 상대방이 가지는 동시이행의 항변권이 소멸하는 것은 아니므로, / 일시적으로 당사자 일방의 의무의 이행제공이 있었으나 곧 그 이행의 제공이 중지되어 더 이상 그 제공이 계속되지 아니하는 기간 동안에는 상대방의 의무가 이행지체 상태에 빠졌다고 할 수는 없다고 할 것이고, / 따라서 그 이행의 제공이 중지된 이후에 상대방의 의무가 이행지체되었음을 전제로 하는 손해배상청구도 할 수 없다(대판 1999.7.9. 98다13754・13761). 따라서 이행의 제공이 계속되지 않는다면 상대방이 가지는 동시이행의 항변권은 소멸하지 않는다.

④ (×) 당사자 쌍방의 채무가 동시이행관계에 있는 경우 일방 채무의 이행기가 도래하더라도 상대방 채무의 이행제공이 있을 때까지는 채무를 이행하지 않아도 이행지체의 책임을 지지 않는다(대판 2019.10.31. 2019다247651).

⑤ (×) 민법 제536조 제2항은 쌍무계약의 당사자 일방이 상대방에게 먼저 이행을 하여야 하는 의무를 지고 있는 경우에도 "상대방의 이행이 곤란할 현저한 사유가 있는 때"에는 동시이행의 항변권을 가진다고 하여, 이른바 '불안의 항변권'을 규정한다. / 여기서 '상대방의 이행이 곤란할 현저한 사유'란 선이행채무를 지게 된 채무자가 계약 성립 후 채권자의 신용불안이나 재산상태의 악화 등의 사정으로 반대급부를 이행받을 수 없는 사정변경이 생기고 이로 인하여 당초의 계약내용에 따른 선이행의무를 이행하게 하는 것이 공평과 신의칙에 반하게 되는 경우를 말하고, / 이와 같은 사유가 있는지 여부는 당사자 쌍방의 사정을 종합하여 판단되어야 한다. / 한편 위와 같은 불안의 항변권을 발생시키는 사유에 관하여 신용불안이나 재산상태 악화와 같이 채권자 측에 발생한 객관적・일반적 사정만이 이에 해당한다고 제한적으로 해석할 이유는 없다(대판 2012.3.29. 2011다93025).

> **민법 제536조(동시이행의 항변권)**
> ① 쌍무계약의 당사자 일방은 상대방이 그 채무이행을 제공할 때까지 자기의 채무이행을 거절할 수 있다. 그러나 상대방의 채무가 변제기에 있지 아니하는 때에는 그러하지 아니하다.
> ② 당사자 일방이 상대방에게 먼저 이행하여야 할 경우에 상대방의 이행이 곤란할 현저한 사유가 있는 때에는 전항 본문과 같다.

10

답 ①

해설

① (○) 계약 교섭 단계에서는 아직 계약이 성립된 것이 아니므로 당사자 중 일방이 계약의 이행행위를 준비하거나 이를 착수하는 것은 이례적인 일로서, 설령 이행에 착수하였다고 하더라도 이는 자기의 위험 판단과 책임에 따른 것이라고 평가할 수 있다. / 그러나 만일 이행의 착수가 상대방의 적극적인 요구에 따른 것이고 바로 위와 같은 이행에 들인 비용의 지급에 관하여 이미 계약 교섭이 진행되고 있었다는 등의 특별한 사정이 있다면, 당사자 중 일방이 계약의 성립을 기대하고 이행을 위하여 지출하였거나 지출할 것이 확실한 비용은 계약체결을 신뢰하여 발생한 손해로서 / 계약 교섭의 부당파기로 인한 손해배상의 범위에 해당할 수 있다(대판 2022.7.14. 2021다216773).

② (×) 소제기로써 계약해제권을 행사한 후 그 뒤 그 소송을 취하하였다 하여도 / 해제권은 형성권이므로 그 행사의 효력에는 아무런 영향을 미치지 아니한다(대판 1982.5.11. 80다916). 따라서 매수인이 매도인의 채무불이행을 이유로 계약금 반환을 구하는 소를 제기함으로써 계약해제권을 행사하고 그 소장이 송달된 후, 그 소를 취하하고 본래의 매매계약의 이행을 구하는 소를 제기하더라도, 매도인은 매매계약상의 의무를 이행할 필요가 없다.

③ (×) 당사자 일방이 그 채무를 이행하지 아니하는 때에는 상대방은 상당한 기간을 정하여 그 이행을 최고하고 그 기간 내에 이행하지 아니한 때에는 계약을 해제할 수 있다(민법 제544조 본문). 채무자는 변제의 제공으로 채무불이행의 책임을 면하고 변제의 제공은 채무내용에 좇은 현실제공으로 하여야 하는데(민법 제460조, 제461조), 금전채무의 현실제공은 특별한 사정이 없는 한 채권자가 급부를 즉시 수령할 수 있는 상태에 있어야만 인정될 수 있다. / 채권자가 채무자의 급부불이행 사정을 들어 계약을 해제하겠다는 통지를 한 때에는 특별히 그 급부의 수령을 거부하는 취지가 포함되어 있지 아니하는 한 그로써 이행의 최고를 하였다고 볼 수 있으며, / 그로부터 상당한 기간이 경과하도록 이행되지 아니하였다면 <u>채권자는 계약을 해제할 수 있다. 다만 동시이행관계에 있는 반대급부의무를 지고 있는 채권자는 채무자의 변제의 제공에 없음을 이유로 계약해제를 하기 위하여는 스스로의 채무의 변제제공을 하여야 한다</u>(대판 2022.10.27. 2022다238053).

> **민법 제460조(변제제공의 방법)**
> 변제는 채무내용에 좇은 현실제공으로 이를 하여야 한다. 그러나 채권자가 미리 변제받기를 거절하거나 채무의 이행에 채권자의 행위를 요하는 경우에는 변제준비의 완료를 통지하고 그 수령을 최고하면 된다.
>
> **민법 제461조(변제제공의 효과)**
> 변제의 제공은 그때로부터 채무불이행의 책임을 면하게 한다.
>
> **민법 제544조(이행지체와 해제)**
> 당사자 일방이 그 채무를 이행하지 아니하는 때에는 상대방은 상당한 기간을 정하여 그 이행을 최고하고 그 기간 내에 이행하지 아니한 때에는 계약을 해제할 수 있다. 그러나 채무자가 미리 이행하지 아니할 의사를 표시한 경우에는 최고를 요하지 아니한다.

④ (×) 민법 제443조 전단은 '전조의 규정에 의하여 주채무자가 보증인에게 배상하는 경우에 주채무자는 자기에게 담보를 제공할 것을 보증인에게 청구할 수 있다.'고 정한다. 따라서 주채무자는 수탁보증인이 민법 제442조에 정한 바에 따라 주채무자에게 사전구상의무 이행을 구하면 민법 제443조 전단을 근거로 수탁보증인에게 담보의 제공을 구할 수 있고, 그러한 담보제공이 있을 때까지 사전구상의무 이행을 거절할 수 있다(대판 2004.5.28. 2001다81245, 대판 2019.2.14. 2017다274703 등 참조). / 만약 수탁보증인이 주채무자의 담보제공청구에 응하여 구상금액에 상당한 담보를 특정하여 제공할 의사를 표시한다면 법원은 주채무자가 수탁보증인으로부터 <u>그 특정한 담보를 제공받음과 동시에 사전구상의무를 이행하여야 한다고 판결하여야 하지만</u>, / 수탁보증인이 주채무자의 담보제공청구를 거절하거나 구상금액에 상당한 담보를 제공하려는 의사를 표시하지 않는다면 법원은 수탁보증인의 사전구상금 청구를 기각하는 판결을 하여야 한다(대판 2023.2.2. 2020다283578).

> **민법 제442조(수탁보증인의 사전구상권)**
> ① 주채무자의 부탁으로 보증인이 된 자는 다음 각호의 경우에 주채무자에 대하여 미리 구상권을 행사할 수 있다.
>   1. 보증인이 과실없이 채권자에게 변제할 재판을 받은 때
>   2. 주채무자가 파산선고를 받은 경우에 채권자가 파산재단에 가입하지 아니한 때
>   3. 채무의 이행기가 확정되지 아니하고 그 최장기도 확정할 수 없는 경우에 보증계약후 5년을 경과한 때
>   4. 채무의 이행기가 도래한 때
> ② 전항 제4호의 경우에는 보증계약 후에 채권자가 주채무자에게 허여한 기한으로 보증인에게 대항하지 못한다.
>
> **민법 제443조(주채무자의 면책청구)**
> 전조의 규정에 의하여 주채무자가 보증인에게 배상하는 경우에 주채무자는 자기를 면책하게 하거나 자기에게 담보를 제공할 것을 보증인에게 청구할 수 있고 또는 배상할 금액을 공탁하거나 담보를 제공하거나 보증인을 면책하게 함으로써 그 배상의무를 면할 수 있다.

⑤ (×) 민법 제405조 제2항은 '채무자가 채권자대위권 행사의 통지를 받은 후에는 그 권리를 처분하여도 이로써 채권자에게 대항하지 못한다'고 규정하고 있다. 위 조항의 취지는 채권자가 채무자에게 대위권행사사실을 통지하거나 채무자가 채권자의 대위권행사사실을 안 후에 채무자에게 대위의 목적인 권리의 양도나 포기 등 처분행위를 허용할 경우 채권자에 의한 대위권 행사를 방해하는 것이 되므로 이를 금지하는 데에 있다. / 채무자가 자신의 채무불이행을 이유로 매매계약이 해제되도록 한 것을 두고 민법 제405조 제2항에서 말하는 '처분'에 해당한다고 할 수 없다. / 따라서 채무자가 채권자대위권 행사의 통지를 받은 후에 채무를 불이행함으로써 통지 전에 체결된 약정에 따라 매매계약이 자동적으로 해제되거나, 채권자대위권 행사의 통지를 받은 후에 채무자의 채무불이행을 이유로 제3채무자가 매매계약을 해제한 경우 제3채무자는 계약해제로써 대위권을 행사하는 채권자에게 대항할 수 있다. / 다만 형식적으로는 채무자의 채무불이행을 이유로 한 계약해제인 것처럼 보이지만 실질적으로는 채무자와 제3채무자 사이의 합의에 따라 계약을 해제한 것으로 볼 수 있거나, 채무자와 제3채무자가 단지 대위채권자에게 대항할 수 있도록 채무자의 채무불이행을 이유로 하는 계약해제인 것처럼 외관을 갖춘 것이라는 등의 특별한 사정이 있는 경우에는 채무자가 피대위채권을 처분한 것으로 보아 제3채무자는 계약해제로써 대위권을 행사하는 채권자에게 대항할 수 없다(대판[전합] 2012.5.17. 2011다87235).

> **민법 제405조(채권자대위권행사의 통지)**
> ① 채권자가 전조 제1항의 규정에 의하여 보전행위 이외의 권리를 행사한 때에는 채무자에게 통지하여야 한다.
> ② 채무자가 전항의 통지를 받은 후에는 그 권리를 처분하여도 이로써 채권자에게 대항하지 못한다.

11
답 ③

해설

① (○) 매도인에 대한 하자담보에 기한 손해배상청구권에 대하여는 민법 제582조의 제척기간이 적용되고, 이는 법률관계의 조속한 안정을 도모하고자 하는 데에 취지가 있다. / 그런데 하자담보에 기한 매수인의 손해배상청구권은 권리의 내용·성질 및 취지에 비추어 민법 제162조 제1항의 채권 소멸시효의 규정이 적용되고, 민법 제582조의 제척기간 규정으로 인하여 소멸시효 규정의 적용이 배제된다고 볼 수 없으며, / 이때 다른 특별한 사정이 없는 한 무엇보다도 매수인이 매매목적물을 인도받은 때부터 소멸시효가 진행한다고 해석함이 타당하다(대판 2011.10.13. 2011다10266).

> **민법 제162조(채권, 재산권의 소멸시효)**
> ① 채권은 10년간 행사하지 아니하면 소멸시효가 완성한다.
> ② 채권 및 소유권 이외의 재산권은 20년간 행사하지 아니하면 소멸시효가 완성한다.
>
> **민법 제582조(전2조의 권리행사기간)**
> 전2조에 의한 권리는 매수인이 그 사실을 안 날로부터 6월내에 행사하여야 한다.

② (○) 매매의 목적이 된 권리의 일부가 타인에게 속함으로 인하여 매도인이 그 권리를 취득하여 매수인에게 이전할 수 없게 된 때에는 선의의 매수인은 매도인에게 담보책임을 물어 이로 인한 손해배상을 청구할 수 있는바, / 이 경우에 매도인이 매수인에 대하여 배상하여야 할 손해액은 원칙적으로 매도인이 매매의 목적이 된 권리의 일부를 취득하여 매수인에게 이전할 수 없게 된 때의 이행불능이 된 권리의 시가, 즉 이행이익 상당액이라고 할 것이어서, / 불법등기에 대한 불법행위책임을 물어 손해배상청구를 할 경우의 손해의 범위와 같이 볼 수 없다(대판 1993.1.19. 92다37727).

③ (×) 부동산을 매수하고 소유권이전등기까지 넘겨받았지만 진정한 소유자가 제기한 등기말소청구소송에서 매도인과 매수인 앞으로 된 소유권이전등기의 말소를 명한 판결이 확정됨으로써 매도인의 소유권이전의무가 이행불능된 경우, 그 손해배상액 산정의 기준시점은 위 판결이 확정된 때이다(대판 1993.4.9. 92다25946).

④ (○) 민법 제576조 제1항에 의하면 매매의 목적이 된 부동산에 설정된 저당권 또는 전세권의 행사로 인하여 매수인이 그 소유권을 취득할 수 없거나 취득한 소유권을 잃은 때에는 매수인은 계약을 해제할 수 있다. 이 경우 매수인의 선의·악의는 불문하므로, 매수인 乙이 악의이더라도 甲과의 계약을 해제할 수 있다.

> **민법 제576조(저당권, 전세권의 행사와 매도인의 담보책임)**
> ① 매매의 목적이 된 부동산에 설정된 저당권 또는 전세권의 행사로 인하여 매수인이 그 소유권을 취득할 수 없거나 취득한 소유권을 잃은 때에는 매수인은 계약을 해제할 수 있다.
> ② 전항의 경우에 매수인의 출재로 그 소유권을 보존한 때에는 매도인에 대하여 그 상환을 청구할 수 있다.
> ③ 전2항의 경우에 매수인이 손해를 받은 때에는 그 배상을 청구할 수 있다.

⑤ (○) 하자담보책임으로 인한 손해배상사건에 있어서 배상권리자에게 그 하자를 발견하지 못한 잘못으로 손해를 확대시킨 과실이 인정된다면 법원은 손해배상의 범위를 정함에 있어서 이를 참작하여야 하며, / 이 경우 손해배상의 책임을 다투는 배상의무자가 배상권리자의 과실에 따른 상계항변을 하지 않더라도 소송에 나타난 자료에 의하여 그 과실이 인정되던 법원은 직권으로 이를 심리·판단하여야 한다(대판 1995. 6. 30. 94다23920).

12 　답 ③

해설

① (○) 건물의 소유를 목적으로 하는 토지 임차인의 지상물매수청구권 행사의 상대방은 원칙적으로 임차권 소멸 당시의 토지 소유자인 임대인이다. / 토지 소유자가 아닌 제3자가 토지를 임대한 경우에 임대인은 특별한 사정이 없는 한 지상물매수청구권의 상대방이 될 수 없다. / 국가로부터 국유 토지의 관리를 위탁받은 甲 주식회사와 사용수익계약을 체결하여 그 토지 위에 건물을 건축한 乙 주식회사가 계약기간 만료 후 甲 회사를 상대로 지상물매수청구권을 행사한 사안에서, 甲 회사는 국유 토지의 관리를 위탁받아 乙 회사와 사용수익계약을 체결한 자일뿐 토지 소유자가 아니므로 지상물매수청구권의 상대방이 될 수 없다(대판 2022. 4. 14. 2020다254228[본소]·2022다254235[반소]).

② (○) 임대차계약이 종료되면 임차인은 목적물을 반환하고 임대인은 연체차임을 공제한 나머지 보증금을 반환해야 한다. / 이러한 임차인의 목적물반환의무와 임대인의 보증금반환의무는 동시이행관계에 있으므로, 임대인이 임대차보증금의 반환의무를 이행하거나 적법하게 이행제공을 하는 등으로 임차인의 동시이행항변권을 상실시키지 않은 이상, 임대차계약 종료 후 임차인이 목적물을 계속 점유하더라도 그 점유를 불법점유라고 할 수 없고 임차인은 이에 대한 손해배상의무를 지지 않는다. / 그러나 임차인이 그러한 동시이행항변권을 상실하였는데도 목적물의 반환을 계속 거부하면서 점유하고 있다면, 달리 점유에 관한 적법한 권원이 인정될 수 있는 특별한 사정이 없는 한 이러한 점유는 적어도 과실에 의한 점유로서 불법행위를 구성한다(대판 2020. 5. 14. 2019다252042).

③ (×) 주택의 공동임차인 중 1인이라도 주택임대차보호법 제3조 제1항에서 정한 대항력 요건을 갖추게 되면 그 대항력은 임대차 전체에 미치므로, / 임차 건물이 양도되는 경우 특별한 사정이 없는 한 공동임차인에 대한 보증금반환채무 전부가 임대인 지위를 승계한 양수인에게 이전되고 양도인의 채무는 소멸한다(대판 2021. 10. 28. 2021다238650).

④ (○) 주택에 관하여 임대차계약을 체결한 임차인이 주택의 인도와 주민등록을 마친 때에는 그 다음 날부터 제3자에 대하여 대항력이 생긴다. / 여기에서 '주택의 인도'는 임차목적물인 주택에 대한 점유의 이전을 말한다. / 이때 점유는 사회통념상 어떤 사람의 사실적 지배에 있다고 할 수 있는 객관적 관계를 가리키는 것으로서, 사실상의 지배가 있다고 하기 위해서는 반드시 물건을 물리적·현실적으로 지배할 필요는 없고, 물건과 사람의 시간적·공간적 관계, 본권관계, 타인의 간섭가능성 등을 고려해서 사회통념에 따라 합목적적으로 판단하여야 한다. / 임대주택을 인도하는 경우에는 임대인이 임차인에게 현관이나 대문의 열쇠를 넘겨주었는지, 자동문 비밀번호를 알려주었는지, 이사를 할 수 있는지 등도 고려하여야 한다(대판 2017. 8. 29. 2017다212194).

⑤ (O) 건물임대차에 있어서의 임차보증금은 임대차존속중의 임료뿐만 아니라 건물명도의무이행에 이르기까지 발생한 손해배상채권 등 임대차계약에 의하여 임대인이 임차인에 대하여 갖는 일체의 채권을 담보하는 것으로서 임대차종료후에 임대인에게 명도할 때 체불임료 등 모든 피담보채무를 공제한 잔액이 있을 것을 조건으로 하여 그 잔액에 관한 임차인의 보증금반환청구권이 발생한다. / 임차보증금을 피전부채권으로 하여 전부명령이 있을 경우에도 제3채무자인 임대인은 임차인에게 대항할 수 있는 사유로서 전부채권자에게 대항할 수 있는 것이어서 / 건물임대차보증금의 반환채권에 대한 전부명령의 효력이 그 송달에 의하여 발생한다고 하여도 위 보증금반환채권은 임대인의 채권이 발생하는 것을 해제조건으로 하는 것이므로 임대인의 채권을 공제한 잔액에 관하여서만 전부명령이 유효하다(대판 1988.1.19. 87다카1315).

13

답 ④

해설

① (O) 도급받은 공사의 공사대금채권은 민법 제163조 제3호에 따라 3년의 단기소멸시효가 적용되고, / 공사에 부수되는 채권도 마찬가지인데, / 민법 제666조에 따른 저당권설정청구권은 공사대금채권을 담보하기 위하여 저당권설정등기절차의 이행을 구하는 채권적 청구권으로서 공사에 부수되는 채권에 해당하므로 소멸시효기간 역시 3년이다(대판 2016.10.27. 2014다211978).

> **민법 제163조(3년의 단기소멸시효)**
> 다음 각 호의 채권은 3년간 행사하지 아니하면 소멸시효가 완성한다.
>   3. 도급받은 자, 기사 기타 공사의 설계 또는 감독에 종사하는 자의 공사에 관한 채권
>
> **민법 제666조(수급인의 목적부동산에 대한 저당권설정청구권)**
> 부동산공사의 수급인은 전조의 보수에 관한 채권을 담보하기 위하여 그 부동산을 목적으로 한 저당권의 설정을 청구할 수 있다.

② (O) 도급인이 하자의 보수에 갈음하여 손해배상을 청구한 경우 도급인은 그 손해배상의 제공을 받을 때까지 손해배상액에 상당하는 보수액의 지급만을 거절할 수 있는 것이고 그 나머지 보수액의 지급은 이를 거절할 수 없는 것이라고 보아야 할 것이므로 / 도급인의 손해배상채권과 동시이행관계에 있는 수급인의 공사금채권은 공사잔대금채권 중 위 손해배상채권액과 동액의 금원뿐이고 그 나머지 공사잔대금채권은 위 손해배상채권과 동시이행관계에 있다고 할 수 없다(대판 1990.5.22. 90다카230).

③ (O) 민법 제672조에 의하면 수급인은 제667조, 제668조의 담보책임이 없음을 약정한 경우에도 알고 고지하지 아니한 사실에 대하여는 그 책임을 면하지 못한다. 즉, 담보책임면제의 특약이 있으면 수급인은 담보책임이 없으나 수급인이 알면서 고지하지 아니한 사실에 대해서는 그 특약이 무효이다.

> **민법 제667조(수급인의 담보책임)**
> ① 완성된 목적물 또는 완성전의 성취된 부분에 하자가 있는 때에는 도급인은 수급인에 대하여 상당한 기간을 정하여 그 하자의 보수를 청구할 수 있다. 그러나 하자가 중요하지 아니한 경우에 그 보수에 과다한 비용을 요할 때에는 그러하지 아니하다.
> ② 도급인은 하자의 보수에 갈음하여 또는 보수와 함께 손해배상을 청구할 수 있다.
> ③ 전항의 경우에는 제536조의 규정을 준용한다.
>
> **민법 제668조(동전-도급인의 해제권)**
> 도급인이 완성된 목적물의 하자로 인하여 계약의 목적을 달성할 수 없는 때에는 계약을 해제할 수 있다. 그러나 건물 기타 토지의 공작물에 대하여는 그러하지 아니하다.
>
> **민법 제672조(담보책임면제의 특약)**
> 수급인은 제667조, 제668조의 담보책임이 없음을 약정한 경우에도 알고 고지하지 아니한 사실에 대하여는 그 책임을 면하지 못한다.

④ (×) 공사도급계약에 있어서 수수되는 이른바 선급금은 자금 사정이 좋지 않은 수급인이 자재 확보·노임 지급 등의 어려움 없이 공사를 원활하게 진행할 수 있도록 도급인이 수급인에게 장차 지급할 공사대금을 미리 지급하는 것으로서 구체적인 기성고에 대한 공사대금이 아니라 전체 공사에 대한 공사대금이다. / 따라서 <u>선급금이 지급된 후 계약의 해제 또는 해지 등의 사유로 수급인이 도중에 선급금을 반환하게 되었다면 특별한 사정이 없는 한 별도의 상계 의사표시 없이 선급금이 그때까지 기성고에 해당하는 공사대금 중 미지급액에 충당된다. 도급인은 나머지 공사대금이 있는 경우 그 금액에 한하여 지급할 의무를 부담한다.</u> / 이때 선급금의 충당 대상이 되는 기성공사대금의 내역을 어떻게 정할 것인지는 도급계약 당사자 사이의 약정에 따른다. / 도급계약 당사자가 도급인이 하수급인에게 하도급대금을 직접 지급하는 사유가 발생할 경우 이에 해당하는 금원을 선급금 충당의 대상이 되는 기성공사대금의 내역에서 제외하기로 하는 예외적 정산약정을 하였다면, 도급인은 미정산 선급금이 기성공사대금에 충당되었음을 이유로 하수급인에게 부담하는 하도급대금 지급의무를 면할 수 없다(대판 2021.7.8. 2016다267067).

⑤ (○) 일반적으로 자기의 노력과 재료를 들여 건물을 건축한 사람은 그 건물의 소유권을 원시취득하는 것이고, / 다만 도급계약에 있어서 수급인이 자기의 노력과 재료를 들여 건물을 완성하더라도 도급인과 수급인 사이에 도급인 명의로 건축허가를 받아 소유권보존등기를 하기로 하는 등 완성된 건물의 소유권을 도급인에게 귀속시키기로 합의한 것으로 보여질 경우에는 그 건물의 소유권은 도급인에게 원시적으로 귀속된다(대판 1992.8.18. 91다25505). / 특약이나 기타 특별한 사정이 없으면, 완성된 건물의 소유권은 일반으로 돌아가 수급인에게 속한다

14

답 ⑤

해설

① (○) 조합원은 다른 조합원 전원의 동의가 있으면 그 지분을 처분할 수 있으나 조합의 목적과 단체성에 비추어 조합원으로서의 자격과 분리하여 그 지분권만을 처분할 수는 없으므로, <u>조합원이 지분을 양도하면 그로써 조합원의 지위를 상실하게 되며, 이와 같은 조합원 지위의 변동은 조합지분의 양도양수에 관한 약정으로써 바로 효력이 생긴다.</u> / 한편, 당사자 사이에 조합지분의 양도양수에 관한 약정이 있었는지 여부는 법률행위 해석의 일반원칙에 따라야 하고, 당사자 사이에 계약의 해석을 둘러싸고 이견이 있어 처분문서에 나타난 당사자의 의사해석이 문제되는 경우에는 문언의 내용, 그와 같은 약정이 이루어진 동기와 경위, 약정에 의하여 달성하려는 목적, 당사자의 진정한 의사 등을 종합적으로 고찰하여 논리와 경험칙에 따라 합리적으로 해석하여야 한다(대판 2009.3.12. 2006다28454).

② (○) 조합에 관한 민법의 규정은 임의규정이므로 당사자 사이에 특별한 의사표시가 있으면 민법의 규정에 우선하여 당사자 사이의 의사표시에 따라야 하는 것이고 공동광업권자상호간에 탈퇴원인에 관하여도 위와 같은 특약은 허용된다(대판 1988.3.8. 87다카1448).

③ (○) 경제계의 사정변경에 따른 조합재산상태의 악화나 영업부진 등으로 조합의 목적달성이 매우 곤란하다고 인정되는 객관적인 사정이 있거나 조합당사자 간의 불화·대립으로 인하여 신뢰관계가 파괴됨으로써 조합업무의 원활한 운영을 기대할 수 없는 경우 등 부득이한 사유가 있는 때에는 조합원이 조합의 해산을 청구할 수 있다(대판 1997.5.30. 95다4957).

④ (○) 조합이 해산된 경우 조합에 합유적으로 귀속된 채권의 추심이나 채무의 변제 등의 사무가 완료되지 아니한 상황이라면 그 청산절차를 거치지 아니하고 바로 잔여재산의 분배를 구할 수 없음이 원칙이나, / 그 추심이나 변제 등이 완료되지 않은 상태에서도 조합원들 사이에서 공평한 잔여재산의 분배가 가능한 경우라면 그 청산절차를 거치지 아니하더라도 예외적으로 잔여재산의 분배가 허용된다(대판 2009.7.23. 2008다79234). / 더 나아가 조합의 잔무로서 처리할 일이 없고, 다만 잔여재산의 분배만이 남아 있을 때에는 따로 청산절차를 밟을 필요가 없이 각 조합원은 자신의 잔여재산분배비율의 범위 내에서 그 분배비율을 초과하여 잔여재산을 보유하고 있는 조합원에 대하여 바로 잔여재산의 분배를 청구할 수 있다(대판 1998.12.8. 97다31472).

⑤ (×) 조합의 채권은 조합원 전원에게 합유적으로 귀속하는 것이어서, / 특별한 사정이 없는 한 조합원 중 1인이 임의로 조합의 채무자에 대하여 출자지분의 비율에 따른 급부를 청구할 수 없는 것이므로, / 조합원 중 1인의 채권자가 그 조합원 개인을 집행채무자로 하여 조합의 채권에 대하여 강제집행하는 경우, 다른 조합원으로서는 보존행위로서 제3자이의의 소를 제기하여 그 강제집행의 불허를 구할 수 있다(대판 1997.8.26. 97다4401).

15　　　　　　　　　　　　　　　　　　　　　　　　　　　　　답 ①

해설

① (×) 민법 제750조는 "고의 또는 과실로 인한 위법행위로 타인에게 손해를 가한 자는 그 손해를 배상할 책임이 있다."라고 정하고 있다. / 위법행위는 불법행위의 핵심적인 성립요건으로서, 법률을 위반한 경우에 한정되지 않고 전체 법질서의 관점에서 사회통념상 위법하다고 판단되는 경우도 포함할 수 있는 탄력적인 개념이다. / 불법행위의 성립요건으로서 위법성은 관련 행위 전체를 일체로 보아 판단하여 결정해야만 하는 것은 아니고, 문제가 되는 행위마다 개별적·상대적으로 판단하여야 한다. / 소유권을 비롯한 절대권을 침해한 경우뿐만 아니라 법률상 보호할 가치가 있는 이익을 침해하는 경우에도 침해행위의 양태, 피침해이익의 성질과 그 정도에 비추어 그 위법성이 인정되면 불법행위가 성립할 수 있다(대판 2021.6.30. 2019다268061).

② (○) 환자가 미성년자라도 의사결정능력이 있는 이상 자신의 신체에 위험을 가하는 의료행위에 관한 자기결정권을 가질 수 있으므로 원칙적으로 의사는 미성년자인 환자에 대해서 의료행위에 관하여 설명할 의무를 부담한다. / … (생략) … 의사가 미성년자인 환자의 친권자나 법정대리인에게 의료행위에 관하여 설명하였다면, 그러한 설명이 친권자나 법정대리인을 통하여 미성년자인 환자에게 전달됨으로써 의사는 미성년자인 환자에 대한 설명의무를 이행하였다고 볼 수 있다. / 다만 친권자나 법정대리인에게 설명하더라도 미성년자에게 전달되지 않아 의료행위 결정과 시행에 미성년자의 의사가 배제될 것이 명백한 경우나 미성년자인 환자가 의료행위에 대하여 적극적으로 거부 의사를 보이는 경우처럼 의사가 미성년자인 환자에게 직접 의료행위에 관하여 설명하고 승낙을 받을 필요가 있는 특별한 사정이 있으면 의사는 친권자나 법정대리인에 대한 설명만으로 설명의무를 다하였다고 볼 수는 없고, 미성년자인 환자에게 직접 의료행위를 설명하여야 한다. / 이와 같이 의사가 미성년자인 환자에게 직접 설명의무를 부담하는 경우 의사는 미성년자인 환자의 나이, 미성년자인 환자가 자신의 질병에 대하여 갖고 있는 이해 정도에 맞추어 설명을 하여야 한다(대판 2023.3.9. 2020다218925).

③ (○) 민법 제756조에 규정된 사용자책임의 요건인 '사무집행에 관하여'라 함은 피용자의 불법행위가 외형상 객관적으로 사용자의 사업활동, 사무집행행위 또는 그와 관련된 것이라고 보일 때에는 행위자의 주관적 사정을 고려하지 않고 사무집행에 관하여 한 행위로 본다는 것이다. / 피용자가 다른 사람에게 가해행위를 한 경우 그 행위가 피용자의 사무집행 그 자체는 아니더라도 사용자의 사업과 시간적·장소적으로 근접하고 피용자의 사무의 전부 또는 일부를 수행하는 과정에서 이루어지거나 가해행위의 동기가 업무처리와 관련된 것이라면 외형적·객관적으로 사용자의 사무집행행위와 관련된 것이라고 보아 사용자책임이 성립한다. / 이때 사용자가 위험발생을 방지하기 위한 조치를 취하였는지 여부도 손해의 공평한 부담을 위하여 부가적으로 고려할 수 있다(대판 2021.3.11. 2018다285106).

> **민법 제756조(사용자의 배상책임)**
> ① 타인을 사용하여 어느 사무에 종사하게 한 자는 피용자가 그 사무집행에 관하여 제3자에게 가한 손해를 배상할 책임이 있다. 그러나 사용자가 피용자의 선임 및 그 사무감독에 상당한 주의를 한 때 또는 상당한 주의를 하여도 손해가 있을 경우에는 그러하지 아니하다.
> ② 사용자에 갈음하여 그 사무를 감독하는 자도 전항의 책임이 있다.
> ③ 전2항의 경우에 사용자 또는 감독자는 피용자에 대하여 구상권을 행사할 수 있다.

④ (○) 제3자가 채권을 침해하였다는 사실만으로 곧바로 불법행위가 성립하지는 않지만, / 제3자가 채권자를 해친다는 사정을 알면서도 법규를 위반하거나 선량한 풍속 그 밖의 사회질서를 위반하는 등 위법한 행위를 하여 채권자의 이익을 침해하였다면 불법행위가 성립한다. / 채권침해의 위법성은 침해되는 채권 내용, 침해행위의 양태, 침해자의 고의나 해의 등 주관적 사정 등을 참작하여 구체적·개별적으로 판단하되, 거래자유 보장의 필요성, 경제·사회정책적 요인을 포함한 공공의 이익, 당사자 사이의 이익 균형 등을 종합적으로 고려해야 한다(대판 2022.4.28. 2020다284915).

⑤ (○) 미성년자가 책임능력이 있어 그 스스로 불법행위책임을 지는 경우에도 그 손해가 당해 미성년자의 감독의무자의 의무위반과 상당인과관계가 있으면 감독의무자는 일반불법행위자로서 손해배상책임이 있고 / 이 경우에 그러한 감독의무위반사실 및 손해발생과의 상당인과관계의 존재는 이를 주장하는 자가 입증하여야 한다(대판 1994.2.8. 93다13605).

16 답 ①

해설

① (○) 사정변경을 이유로 한 계약해지는 계약 성립 당시 당사자가 예견할 수 없었던 현저한 사정의 변경이 발생하였고 그러한 사정의 변경이 해제권을 취득하는 당사자에게 책임 없는 사유로 생긴 것으로서, 계약 내용대로의 구속력을 인정한다면 신의칙에 현저히 반하는 결과가 생기는 경우에 계약준수 원칙의 예외로서 인정된다. / 그리고 여기서 말하는 사정이라 함은 계약의 기초가 되었던 객관적인 사정으로서, 일방 당사자의 주관적 또는 개인적인 사정을 의미하는 것은 아니다. / 따라서 계약의 성립에 기초가 되지 아니한 사정이 그 후 변경되어 일방당사자가 계약 당시 의도한 계약목적을 달성할 수 없게 됨으로써 손해를 입게 되었다 하더라도 특별한 사정이 없는 한 그 계약 내용의 효력을 그대로 유지하는 것이 신의칙에 반한다고 볼 수 없다. / 이러한 법리는 계속적 계약관계에서 사정변경을 이유로 계약의 해지를 주장하는 경우에도 마찬가지로 적용된다(대판[전합] 2013.9.26. 2013다26746).

② (×) 어떤 토지가 개설경위를 불문하고 일반 공중의 통행에 공용되는 도로, 즉 공로가 되면 그 부지의 소유권 행사는 제약을 받게 되며, 이는 소유자가 수인하여야만 하는 재산권의 사회적 제약에 해당한다. / 따라서 공로 부지의 소유자가 이를 점유·관리하는 지방자치단체를 상대로 공로로 제공된 도로의 철거, 점유 이전 또는 통행금지를 청구하는 것은 법질서상 원칙적으로 허용될 수 없는 '권리남용'이라고 보아야 한다(대판 2021.10.14. 2021다242154).

③ (×) 물상보증인은 채권자가 아니라 채무자를 위해 자기소유의 담보로 제공하는 사람이다. / 물상보증인은 담보권의 실행으로 담보물의 소유권을 잃게 되면 채무자에 대한 구상권을 행사할 수 있다. / 보증제도는 본질적으로 주채무자의 무자력에 따른 채권자의 위험을 인수하는 것이다. / 이러한 사정을 고려하면 물상보증인이 주채무자의 자력에 대하여 조사한 다음 계약을 체결할 것인지 여부를 스스로 결정해야 하고, 채권자가 물상보증인에게 주채무자의 신용 상태를 고지할 신의칙상 의무는 존재하지 않는다(대판 2020.10.15. 2017다254051).

④ (×) 민법상 신의성실의 원칙은 법률관계의 당사자는 상대방의 이익을 배려하여 형평에 어긋나거나, 신뢰를 저버리는 내용 또는 방법으로 권리를 행사하거나 의무를 이행하여서는 아니 된다는 추상적 규범으로서, / 신의성실의 원칙에 위배된다는 이유로 그 권리의 행사를 부정하기 위하여는 상대방에게 신의를 공여하였다거나, 객관적으로 보아 상대방이 신의를 가짐이 정당한 상태에 있어야 하고, 이러한 상대방의 신의에 반하여 권리를 행사하는 것이 정의관념에 비추어 용인될 수 없는 정도의 상태에 이르러야 하며, / 또한 특별한 사정이 없는 한, 법령에 위반되어 무효임을 알고서도 그 법률행위를 한 자가 강행법규 위반을 이유로 무효를 주장한다 하여 신의칙 또는 금반언의 원칙에 반하거나 권리남용에 해당한다고 볼 수는 없다(대판 2001.5.15. 99다53490).

⑤ (×) 미성년자의 법률행위에 법정대리인의 동의를 요하도록 하는 것은 강행규정인데, / 위 규정에 반하여 이루어진 신용구매계약을 미성년자 스스로 취소하는 것을 신의칙 위반을 이유로 배척한다면, 이는 오히려 위 규정에 의해 배제하려는 결과를 실현시키는 셈이 되어 미성년자제도의 입법취지를 몰각시킬 우려가 있으므로, / 법정대리인의 동의 없이 신용구매계약을 체결한 미성년자가 사후에 법정대리인의 동의 없음을 사유로 들어 이를 취소하는 것이 신의칙에 위배된 것이라고 할 수 없다(대판 2007.11.16. 2005다71659·71666·71673).

17

답 ④

해설

ㄱ. (○), ㄴ. (×), ㄷ. (○), ㄹ. (×) 민법 제141조는 "취소한 법률행위는 처음부터 무효인 것으로 본다. 그러나 무능력자는 그 행위로 인하여 받은 이익이 현존하는 한도에서 상환할 책임이 있다."고 규정하고 있는데, / 무능력자의 책임을 제한한 위 조항의 단서는 부당이득에 있어 수익자의 반환범위를 정한 민법 제748조의 특칙으로서 무능력자의 보호를 위해 그 선의·악의를 묻지 아니하고 반환범위를 현존 이익에 한정시키려는 데 그 취지가 있으므로, / 의사능력의 흠결을 이유로 법률행위가 무효가 되는 경우에도 유추적용되어야 할 것이나, / 법률상 원인 없이 타인의 재산 또는 노무로 인하여 이익을 얻고 그로 인하여 타인에게 손해를 가한 경우, 그 취득한 것이 금전상의 이득인 때에는 그 금전은 이를 취득한 자가 소비하였는가의 여부를 불문하고 현존하는 것으로 추정되므로, 위 이익이 현존하지 아니함은 이를 주장하는 자, 즉 의사무능력자측에 입증책임이 있다 할 것이다. / 피고 조합은 이 사건 대출거래약정 등의 무효에 따른 원상회복으로서 위 대출금 자체의 반환을 구할 수는 없다 하더라도 / 현존 이익인 위 채권의 양도를 구할 수는 있다 할 것이고, / 공평의 관념과 신의칙에 비추어 볼 때 원고의 위 채권양도 의무와 피고 조합의 이 사건 근저당권설정등기말소 의무는 동시이행관계에 있다고 보아야 할 것이다(대판 2009.1.15. 2008다58367).

> **민법 제141조(취소의 효과)**
> 취소된 법률행위는 처음부터 무효인 것으로 본다. 다만, 제한능력자는 그 행위로 인하여 받은 이익이 현존하는 한도에서 상환(償還)할 책임이 있다.
>
> **민법 제748조(수익자의 반환범위)**
> ① 선의의 수익자는 그 받은 이익이 현존한 한도에서 전조의 책임이 있다.
> ② 악의의 수익자는 그 받은 이익에 이자를 붙여 반환하고 손해가 있으면 이를 배상하여야 한다.

18

답 ③

|해설|

① (○) 행위무능력자제도는 사적 자치의 원칙이라는 민법의 기본이념, 특히 자기 책임원칙의 구현을 가능케 하는 도구로서 인정되는 것이고, 거래의 안전을 희생시키더라도 행위무능력자를 보호하고자 함에 근본적인 입법취지가 있는 것인바, / 미성년자가 법정대리인의 동의 없이 매매계약을 체결한 후 그 이행을 완료하였다 하더라도 법정대리인은 매매계약을 취소할 수 있다(대판 2007.11.16. 2005다71659·71666·71673).

② (○) 미성년자가 법률행위를 함에 있어서 요구되는 법정대리인의 동의는 언제나 명시적이어야 하는 것은 아니고 묵시적으로도 가능한 것이며, / 미성년자의 행위가 위와 같이 법정대리인의 묵시적 동의가 인정되거나 처분허락이 있는 재산의 처분 등에 해당하는 경우라면, 미성년자로서는 더 이상 행위무능력을 이유로 그 법률행위를 취소할 수 없다(대판 2007.11.16. 2005다71659·71666·71673).

③ (×) 민법 제117조에 의하면 대리인은 행위능력자임을 요하지 아니한다. 따라서 미성년자가 타인의 대리인으로 선임되어 매매계약을 체결한 경우 제한능력을 이유로 그 대리행위를 취소할 수 없다.

④ (○) 미성년 자녀를 둔 성전환자도 부모로서 자녀를 보호하고 교양하며(민법 제913조), 친권을 행사할 때에도 자녀의 복리를 우선해야 할 의무가 있으므로(민법 제912조), / 미성년 자녀가 있는 성전환자의 성별정정 허가 여부를 판단할 때에는 성전환자의 기본권의 보호와 미성년 자녀의 보호 및 복리와의 조화를 이룰 수 있도록 법익의 균형을 위한 여러 사정들을 종합적으로 고려하여 실질적으로 판단하여야 한다. / 따라서 위와 같은 사정들을 고려하여 실질적으로 판단하지 아니한 채 단지 성전환자에게 미성년 자녀가 있다는 사정만을 이유로 성별정정을 불허하여서는 아니 된다(대결[전합] 2022.11.24. 2020스616).

> **민법 제912조(친권 행사와 친권자 지정의 기준)**
> ① 친권을 행사함에 있어서는 자의 복리를 우선적으로 고려하여야 한다.
> ② 가정법원이 친권자를 지정함에 있어서는 자(子)의 복리를 우선적으로 고려하여야 한다. 이를 위하여 가정법원은 관련 분야의 전문가나 사회복지기관으로부터 자문을 받을 수 있다.
>
> **민법 제913조(보호, 교양의 권리의무)**
> 친권자는 자를 보호하고 교양할 권리의무가 있다.

⑤ (○) 민법 제140조에 의하면 취소할 수 있는 법률행위는 제한능력자, 착오로 인하거나 사기·강박에 의하여 의사표시를 한 자, 그의 대리인 또는 승계인만이 취소할 수 있다. 따라서 상속인 乙은 피상속인 미성년자의 법정대리인 또는 포괄승계인으로서 매매계약을 취소할 수 있다.

19

답 ①

|해설|

① (○) 고유 의미의 종중이란 공동선조의 분묘 수호와 제사, 종원 상호 간 친목 등을 목적으로 하는 자연발생적인 관습상 종족집단체로서 특별한 조직행위를 필요로 하는 것이 아니고, / 공동선조의 후손은 그 의사와 관계없이 성년이 되면 당연히 그 구성원(종원)이 되는 것이며 그중 일부 종원을 임의로 그 종원에서 배제할 수 없다. / 따라서 공동선조의 후손 중 특정 범위 내의 자들만으로 구성된 종중이란 있을 수 없으므로, 만일 공동선조의 후손 중 특정 범위 내의 종원만으로 조직체를 구성하여 활동하고 있다면 이는 본래 의미의 종중으로는 볼 수 없고, 종중 유사의 권리능력 없는 사단이 될 수 있을 뿐이다(대판 2020.4.9. 2019다216411).

② (×) 민법 제275조 제1항에 의하면 법인이 아닌 사단의 사원이 집합체로서 물건을 소유할 때에는 <u>총유로 한다</u>. 민법 제278조에 의하면 본절의 규정은 소유권 이외의 재산권에 준용한다. 그러나 다른 법률에 특별한 규정이 있으면 그에 의한다.

> **민법 제275조(물건의 총유)**
> ① 법인이 아닌 사단의 사원이 집합체로서 물건을 소유할 때에는 총유로 한다.
> ② 총유에 관하여는 사단의 정관 기타 계약에 의하는 외에 다음 2조의 규정에 의한다.
>
> **민법 제278조(준공동소유)**
> 본절의 규정은 소유권 이외의 재산권에 준용한다. 그러나 다른 법률에 특별한 규정이 있으면 그에 의한다.

③ (×) 고유 의미의 종중이란 공동선조의 분묘 수호와 제사, 종원 상호 간 친목 등을 목적으로 하는 자연발생적인 관습상 종족집단체로서 특별한 조직행위를 필요로 하는 것이 아니고, / <u>공동선조의 후손은 그 의사와 관계없이 성년이 되면 당연히 그 구성원(종원)이 되는 것이며 그중 일부 종원을 임의로 그 종원에서 배제할 수 없다</u>(대판 2020.4.9. 2019다216411).

④ (×) 비법인사단에 대하여는 사단법인에 관한 민법 규정 가운데서 법인격을 전제로 하는 것을 제외하고는 이를 유추적용하여야 할 것인바, / 민법 제62조의 규정에 비추어 보면 비법인사단의 대표자는 정관 또는 총회의 결의로 금지하지 아니한 사항에 한하여 타인으로 하여금 특정한 행위를 대리하게 할 수 있을 뿐 비법인사단의 제반 업무처리를 포괄적으로 위임할 수는 없다 할 것이므로, / <u>비법인사단 대표자가 행한 타인에 대한 업무의 포괄적 위임과 그에 따른 포괄적 수임인의 대행행위는 민법 제62조의 규정에 위반된 것이어서 비법인사단에 대하여는 그 효력이 미치지 아니한다</u>(대판 1996.9.6. 94다18522).

⑤ (×) 부동산등기법 제26조 제1항에 의하면 종중, 문중, 그 밖에 대표자나 관리인이 있는 법인 아닌 사단이나 재단에 속하는 부동산의 등기에 관하여는 <u>그 사단이나 재단을 등기권리자 또는 등기의무자로 한다</u>.

20

답 ①

해설

① (×) 저당권의 효력이 미치는 저당부동산의 종물이라 함은 민법 제100조가 규정하는 종물과 같은 의미로서 / 어느 건물이 주된 건물의 종물이기 위하여는 주물의 상용에 이바지하는 관계에 있어야 하고, / 주물의 상용에 이바지한다 함은 주물 그 자체의 경제적 효용을 다하게 하는 것을 말하는 것으로서, / <u>주물의 소유자나 이용자의 사용에 공여되고 있더라도 주물 그 자체의 효용과 직접 관계가 없는 물건은 종물이 아니다</u>(대결 2000.11.2. 2000마3530).

> **민법 제100조(주물, 종물)**
> ① 물건의 소유자가 그 물건의 상용에 공하기 위하여 자기소유인 다른 물건을 이에 부속하게 한 때에는 그 부속물은 종물이다.
> ② 종물은 주물의 처분에 따른다.

② (○) 물건의 소유자가 그 물건의 상용에 이바지하기 위하여 자기 소유의 다른 물건을 이에 부속되게 한 경우에, 그 물건을 주물이라 하고, 주물에 부속된 다른 물건을 종물이라고 한다(민법 제100조 제1항). / 민법 제358조 본문은 "저당권의 효력은 저당부동산에 부합된 물건과 종물에 미친다."라고 규정하고 있고, 제372조는 "본장의 규정은 다른 법률에 의하여 설정된 저당권에 준용한다."라고 규정하고 있으므로, / 자동차 등 특정동산 저당법에 의하여 설정된 이 사건 저당권의 효력은 종물에 미친다. 그리고 <u>종물은 저당권 설정 전부터 존재하였던 것뿐만 아니라 설정 후에 새로이 생긴 것도 포함한다</u>(대결 1971.12.10. 71마757).

③ (○) 물권변동에 있어서 형식주의를 채택하고 있는 현행 민법하에서는 소유권을 이전한다는 의사 외에 부동산에 있어서는 등기를, 동산에 있어서는 인도를 필요로 함과 마찬가지로 / 이 사건 쪽파와 같은 수확되지 아니한 농작물에 있어서는 명인방법을 실시함으로써 그 소유권을 취득한다(대판 1996.2.23. 95도2754).

④ (○) 부합물에 관한 소유권 귀속의 예외를 규정한 민법 제256조 단서의 규정은 타인이 그 권원에 의하여 부속시킨 물건이라 할지라도 그 부속된 물건이 분리하여 경제적 가치가 있는 경우에 한하여 부속시킨 타인의 권리에 영향이 없다는 취지이지 분리하여 경제적 가치가 없는 경우에는 원래의 부동산 소유자의 소유에 귀속되는 것이고, / 경제적 가치의 판단은 부속시킨 물건에 대한 일반 사회통념상의 경제적 효용의 독립성 유무를 그 기준으로 하여야 한다(대판 2007.7.27. 2006다39270·39278).

> **민법 제256조(부동산에의 부합)**
> 부동산의 소유자는 그 부동산에 부합한 물건의 소유권을 취득한다. 그러나 타인의 권원에 의하여 부속된 것은 그러하지 아니하다.

⑤ (○) 집합물을 하나의 물건으로 보아 일정 기간 계속하여 채권담보의 목적으로 삼으려는 이른바 집합물에 대한 양도담보권설정계약에서는 담보목적인 집합물을 종류, 장소 또는 수량지정 등의 방법에 의하여 특정할 수 있으면 집합물 전체를 하나의 재산권 객체로 하는 담보권의 설정이 가능하므로, / 그에 대한 양도담보권설정계약이 이루어지면 집합물을 구성하는 개개의 물건이 변동되거나 변형되더라도 한 개의 물건으로서의 동일성을 잃지 아니한 채 양도담보권의 효력은 항상 현재의 집합물 위에 미치고, / 따라서 그러한 경우에 양도담보권자가 점유개정의 방법으로 양도담보권설정계약 당시 존재하는 집합물의 점유를 취득하면 그 후 양도담보권설정자가 집합물을 이루는 개개의 물건을 반입하였더라도 별도의 양도담보권설정계약을 맺거나 점유개정의 표시를 하지 않더라도 양도담보권의 효력이 나중에 반입된 물건에도 미친다. / 다만 양도담보권설정자가 양도담보권설정계약에서 정한 종류·수량에 포함되는 물건을 계약에서 정한 장소에 반입하였더라도 그 물건이 제3자의 소유라면 담보목적인 집합물의 구성부분이 될 수 없고 따라서 그 물건에는 양도담보권의 효력이 미치지 않는다(대판 2016.4.28. 2012다19659).

21

답 ④

| 해설 |

① (×) 부동산 실권리자명의 등기에 관한 법률이 규정하는 명의신탁약정은 부동산에 관한 물권의 실권리자가 타인과의 사이에서 대내적으로는 실권리자가 부동산에 관한 물권을 보유하거나 보유하기로 하고 그에 관한 등기는 그 타인의 명의로 하기로 하는 약정을 말하는 것일 뿐이므로, 그 자체로 선량한 풍속 기타 사회질서에 위반하는 경우에 해당한다고 단정할 수 없을 뿐만 아니라, / 위 법률은 원칙적으로 명의신탁약정과 그 등기에 기한 물권변동만을 무효로 하고 명의신탁자가 다른 법률관계에 기하여 등기회복 등의 권리행사를 하는 것까지 금지하지는 않는 대신, 명의신탁자에 대하여 행정적 제재나 형벌을 부과함으로써 사적자치 및 재산권보장의 본질을 침해하지 않도록 규정하고 있으므로, 위 법률이 비록 부동산등기제도를 악용한 투기·탈세·탈법행위 등 반사회적 행위를 방지하는 것 등을 목적으로 제정되었다고 하더라도, 무효인 명의신탁약정에 기하여 타인 명의의 등기가 마쳐졌다는 이유만으로 그것이 당연히 불법원인급여에 해당한다고 볼 수 없다(대판 2003.11.27. 2003다41722).

② (×) 거래 상대방이 배임행위를 유인·교사하거나 배임행위의 전 과정에 관여하는 등 배임행위에 적극 가담하는 경우에는 실행행위자와 체결한 계약이 반사회적 법률행위에 해당하여 무효로 될 수 있고, / 선량한 풍속 기타 사회질서에 위반한 사항을 내용으로 하는 법률행위의 무효는 이를 주장할 이익이 있는 자는 누구든지 무효를 주장할 수 있다. / 따라서 반사회질서 법률행위를 원인으로 하여 부동산에 관한 소유권이전등기를 마쳤더라도 그 등기는 원인무효로서 말소될 운명에 있으므로 등기명의자가 소유권에 기한 물권적 청구권을 행사하는 경우에, 권리 행사의 상대방은 법률행위의 무효를 항변으로서 주장할 수 있다(대판 2016.3.24. 2015다11281).

③ (×) 어떠한 위임계약이 행정청의 허가 등을 목적으로 하는 신청행위를 대상으로 하는 경우에 신청행위 자체에는 전문성이 크게 요구되지 않고 허가에는 공무원의 재량적 판단이 필요하며, 신청과 관련된 절차에 필수적으로 필요한 비용은 크지 않은 데 반하여 약정보수액은 지나치게 다액으로서, 수임인이 허가를 얻기 위하여 공무원의 직무 관련 사항에 관하여 특별한 청탁을 하면서 뇌물공여 등 로비를 하는 자금이 보수액에 포함되어 있다고 볼 만한 특수한 사정이 있는 때에는 위임계약은 반사회질서적인 조건이 결부됨으로써 반사회질서적 성질을 띠고 있어 민법 제103조에 따라 무효이다(대판 2016. 2. 18. 2015다35560).

④ (○) 보험계약자가 다수의 보험계약을 통하여 보험금을 부정취득할 목적으로 보험계약을 체결한 경우, / 이러한 목적으로 체결된 보험계약에 의하여 보험금을 지급하게 하는 것은 보험계약을 악용하여 부정한 이득을 얻고자 하는 사행심을 조장함으로써 사회적 상당성을 일탈하게 될 뿐만 아니라, / 또한 합리적인 위험의 분산이라는 보험제도의 목적을 해치고 위험발생의 우발성을 파괴하며 다수의 선량한 보험가입자들의 희생을 초래하여 보험제도의 근간을 해치게 되므로, / 이와 같은 보험계약은 민법 제103조 소정의 선량한 풍속 기타 사회질서에 반하여 무효이다(대판 2005. 7. 28. 2005다23858).

> **민법 제103조(반사회질서의 법률행위)**
> 선량한 풍속 기타 사회질서에 위반한 사항을 내용으로 하는 법률행위는 무효로 한다.

⑤ (×) 공동상속인 중 1인이 제3자에게 상속 부동산을 매도한 뒤 그 앞으로 소유권이전등기가 경료되기 전에 그 매도인과 다른 공동상속인들 간에 그 부동산을 매도인 외의 다른 상속인 1인의 소유로 하는 내용의 상속재산 협의분할이 이루어져 그 앞으로 소유권이전등기를 한 경우에, / 그 상속재산 협의분할은 상속개시된 때에 소급하여 효력이 발생하고 등기를 경료하지 아니한 제3자는 민법 제1015조 단서 소정의 소급효가 제한되는 제3자에 해당하지 아니하는바, / 이 경우 상속재산 협의분할로 부동산을 단독으로 상속한 자가 협의분할 이전에 공동상속인 중 1인이 그 부동산을 제3자에게 매도한 사실을 알면서도 상속재산 협의분할을 하였을 뿐 아니라, 그 매도인의 배임행위(또는 배신행위)를 유인, 교사하거나 이에 협력하는 등 적극적으로 가담한 경우에는 그 상속재산 협의분할 중 그 매도인의 법정상속분에 관한 부분은 민법 제103조 소정의 반사회질서의 법률행위에 해당한다(대판 1996. 4. 26. 95다54426·54433).

> **민법 제1015조(분할의 소급효)**
> 상속재산의 분할은 상속개시된 때에 소급하여 그 효력이 있다. 그러나 제3자의 권리를 해하지 못한다.

22
답 ④

| 해설 |

① (○) 피해당사자가 궁박, 경솔 또는 무경험의 상태에 있었다고 하더라도 그 상대방 당사자에게 그와 같은 피해당사자 측의 사정을 알면서 이를 이용하려는 의사, 즉 폭리행위의 악의가 없었다거나 또는 객관적으로 급부와 반대급부 사이에 현저한 불균형이 존재하지 아니한다면 불공정 법률행위는 성립하지 않는다(대판 2002. 10. 22. 2002다38927). / 불공정 법률행위가 성립하려면, 피해당사자의 궁박, 경솔 또는 무경험의 상태, 상대방 당사자의 피해당사자 측의 사정을 알면서 이를 이용하려는 의사, 즉 폭리행위의 악의, 객관적으로 급부와 반대급부 사이에 현저한 불균형 등이 있어야 한다.

② (○) 매매계약이 약정된 매매대금의 과다로 말미암아 민법 제104조에서 정하는 '불공정한 법률행위'에 해당하여 무효인 경우에도 무효행위의 전환에 관한 민법 제138조가 적용될 수 있다. / 따라서 당사자 쌍방이 위와 같은 무효를 알았더라면 대금을 다른 액으로 정하여 매매계약에 합의하였을 것이라고 예외적으로 인정되는 경우에는, 그 대금액을 내용으로 하는 매매계약이 유효하게 성립한다고 할 것이다. / 이때 당사자의 의사는 매매계약이 무효임을 계약 당시에 알았다면 의욕하였을 가정적(假定的) 효과의사로서, 당사자 본인이 계약 체결시와 같은 구체적 사정 아래 있다고 상정하는 경우에 거래관행을 고려하여 신의성실의 원칙에 비추어 결단하였을 바를 의미한다. / 이와 같이 여기서는 어디까지나 당해 사건의 제반 사정 아래서 각각의 당사자가 결단하였을 바가 탐구되어야 하는 것이므로, 계약 당시의 시가와 같은 객관적 지표는 그러한 가정적 의사의 인정에 있어서 하나의 참고자료로 삼을 수는 있을지언정 그것이 일응의 기준이 된다고도 쉽사리 말할 수 없다. / 이와 같이 가정적 의사에 기한 계약의 성립 여부 및 그 내용을 발굴·구성하여 제시하게 되는 법원으로서는 그 '가정적 의사'를 함부로 추단하여 당사자가 의욕하지 아니하는 법률효과를 그에게 또는 그들에게 계약의 이름으로 불합리하게 강요하는 것이 되지 아니하도록 신중을 기하여야 한다(대판 2010.7.15. 2009다50308).

> **민법 제104조(불공정한 법률행위)**
> 당사자의 궁박, 경솔 또는 무경험으로 인하여 현저하게 공정을 잃은 법률행위는 무효로 한다.
>
> **민법 제138조(무효행위의 전환)**
> 무효인 법률행위가 다른 법률행위의 요건을 구비하고 당사자가 그 무효를 알았더라면 다른 법률행위를 하는 것을 의욕하였으리라고 인정될 때에는 다른 법률행위로서 효력을 가진다.

③ (○) 민법 제103조에 의하여 무효로 되는 반사회질서 행위는 법률행위의 목적인 권리의무의 내용이 선량한 풍속 기타 사회질서에 위반되는 경우뿐만 아니라, 그 내용 자체는 반사회질서적인 것이 아니라고 하여도 법률적으로 이를 강제하거나 법률행위에 반사회질서적인 조건 또는 금전적인 대가가 결부됨으로써 반사회질서적 성질을 띠게 되는 경우 및 표시되거나 상대방에게 알려진 법률행위의 동기가 반사회질서적인 경우를 포함한다. / 그리고 민법 제104조에 규정된 불공정한 법률행위는 객관적으로 급부와 반대급부 사이에 현저한 불균형이 존재하고, 주관적으로 그와 같이 균형을 잃은 거래가 피해 당사자의 궁박, 경솔 또는 무경험을 이용하여 이루어진 경우에 성립하는 것으로서, 약자적 지위에 있는 자의 궁박, 경솔 또는 무경험을 이용한 폭리행위를 규제하려는 데 그 목적이 있는바, 피해 당사자가 궁박, 경솔 또는 무경험의 상태에 있었다고 하더라도 그 상대방 당사자에게 위와 같은 피해 당사자 측의 사정을 알면서 이를 이용하려는 의사, 즉 폭리행위의 악의가 없었다면 불공정 법률행위는 성립하지 않는다(대판 2024.6.17. 2020다291531). / 결론적으로 제104조는 제103조의 예시규정에 해당하므로 제104조의 요건을 완전히 갖추고 있지 못한 행위라도 제103조에 위반하는 반사회적 행위가 될 수 있다.

④ (×) '무경험'이라 함은 일반적인 생활체험의 부족을 의미하는 것으로서 어느 특정영역에 있어서의 경험부족이 아니라 거래 일반에 대한 경험부족을 뜻하고, 당사자가 궁박 또는 무경험의 상태에 있었는지 여부는 그의 나이와 직업, 교육 및 사회경험의 정도, 재산상태 및 그가 처한 상황의 절박성의 정도 등 제반 사정을 종합하여 구체적으로 판단하여야 하며, 한편 피해당사자가 궁박, 경솔 또는 무경험의 상태에 있었다고 하더라도 그 상대방 당사자에게 그와 같은 피해당사자 측의 사정을 알면서 이를 이용하려는 의사, 즉 폭리행위의 악의가 없었다거나 또는 객관적으로 급부와 반대급부 사이에 현저한 불균형이 존재하지 아니한다면 불공정법률행위는 성립하지 않는다(대판 2002.10.22. 2002다38927).

⑤ (○) 대리인에 의하여 법률행위가 이루어진 경우 그 법률행위가 민법 제104조의 불공정한 법률행위에 해당하는지 여부를 판단함에 있어서 경솔과 무경험은 대리인을 기준으로 하여 판단하고, 궁박은 본인의 입장에서 판단하여야 한다(대판 2002.10.22. 2002다38927).

23   답 ⑤

해설

① (×) 구 상호신용금고법(2000.1.28. 법률 제6203호로 개정되기 전의 것) 소정의 계약이전은 금융거래에서 발생한 계약상의 지위가 이전되는 사법상의 법률효과를 가져오는 것이므로, / 계약이전을 받은 금융기관은 계약이전을 요구받은 금융기관과 대출채무자 사이의 통정허위표시에 따라 형성된 법률관계를 기초로 하여 새로운 법률상 이해관계를 가지게 된 민법 제108조 제2항의 제3자에 해당하지 않는다(대판 2004.1.15. 2002다31537). / 즉, <u>허위표시의 당사자로부터 계약상 지위를 이전받은 자는 민법 제 108조 제2항의 제3자에 해당하지 않는다.</u>

② (×) 통정 허위표시를 원인으로 한 부동산에 관한 가등기 및 그 가등기에 기한 본등기로 인하여 甲의 소유권이전등기가 말소된 후 다시 그 본등기에 터잡아 乙이 부동산을 양수하여 소유권이전등기를 마친 경우, <u>乙이 통정 허위표시자로부터 실질적으로 부동산을 양수하고 또 이를 양수함에 있어 통정허위표시자 명의의 각 가등기 및 이에 기한 본등기의 원인이 된 각 의사표시가 허위표시임을 알지 못하였다면, 甲은 선의의 제3자인 乙에 대하여는 그 각 가등기 및 본등기의 원인이 된 각 허위표시가 무효임을 주장할 수 없고,</u> / 따라서 乙에 대한 관계에서는 그 각 허위표시가 유효한 것이 되므로 그 각 허위표시를 원인으로 한 각 가등기 및 본등기와 이를 바탕으로 그 후에 이루어진 乙 명의의 소유권이전등기도 유효하다는 이유로, 乙이 선의라 하더라도 乙에 대하여 甲이 그 부동산의 소유권자임을 주장할 수 있다(대판 1996.4.26. 94다12074).

③ (×) 파산관재인은 파산채권자 전체의 공동의 이익을 위하여 선량한 관리자의 주의로써 직무를 행하여야 하는 지위에 있기 때문에 / 제108조 제2항의 제3자에 해당하므로, 그 선의·악의도 파산관재인 개인의 선의·악의를 기준으로 할 수는 없고 / <u>총파산채권자를 기준으로 하여 파산채권자 모두가 악의로 되지 않는 한 파산관재인은 선의의 제3자라고 할 수밖에 없다</u>(대판 2010.4.29. 2009다96083).

> **민법 제108조(통정한 허위의 의사표시)**
> ① 상대방과 통정한 허위의 의사표시는 무효로 한다.
> ② 전항의 의사표시의 무효는 선의의 제3자에게 대항하지 못한다.

④ (×) 실제로는 전세권설정계약을 체결하지 아니하였으면서도 임대차계약에 기한 임차보증금반환채권을 담보할 목적 또는 금융기관으로부터 자금을 융통할 목적으로 임차인과 임대인 사이의 합의에 따라 임차인 명의로 전세권설정등기를 경료한 경우, 위 전세권설정계약이 통정허위표시에 해당하여 무효라 하더라도 위 전세권설정계약에 의하여 형성된 법률관계에 기초하여 새로이 법률상 이해관계를 갖게 된 제3자에 대하여는 그 제3자가 그와 같은 사정을 알고 있었던 경우에만 그 무효를 주장할 수 있다. / 그리고 통정한 허위표시에 의하여 외형상 형성된 법률관계로 생긴 채권을 가압류한 경우 그 가압류권자는 허위표시에 기초하여 새로이 법률상 이해관계를 가지게 된 제3자에 해당하므로, / <u>그가 선의인 이상 위 통정허위표시의 무효를 그에 대하여 주장할 수 없다</u>(대판 2010.3.25. 2009다35743).

⑤ (○) 실제로는 전세권설정계약이 없음에도 불구하고 임대차계약에 기한 임차보증금반환채권을 담보할 목적으로 임차인과 임대인, 제3자 사이의 합의에 따라 제3자 명의로 전세권설정등기를 경료한 후 그 전세권에 대하여 근저당권이 설정된 경우, 가사 위 전세권설정계약만 놓고 보아 그것이 통정허위표시에 해당하여 무효라고 한다 하더라도, / 이로써 위 전세권설정계약에 의하여 형성된 법률관계를 토대로 별개의 법률원인에 의하여 새로운 법률상 이해관계를 갖게 된 근저당권자에 대해서는 그와 같은 사정을 알고 있었던 경우에만 그 무효를 주장할 수 있다(대판 1998.9.4. 98다20981).

24 답 ①

┃해설┃

① (×) 민법 제109조 제1항 단서는 의사표시의 착오가 표의자의 중대한 과실로 인한 때에는 그 의사표시를 취소하지 못한다고 규정하고 있는데, / 위 단서 규정은 표의자의 상대방의 이익을 보호하기 위한 것이므로, / <u>상대방이 표의자의 착오를 알고 이를 이용한 경우에는 착오가 표의자의 중대한 과실로 인한 것이라고 하더라도 표의자는 의사표시를 취소할 수 있다</u>(대판 2014.11.27. 2013다49794).

> **민법 제109조(착오로 인한 의사표시)**
> ① 의사표시는 법률행위의 내용의 중요부분에 착오가 있는 때에는 취소할 수 있다. 그러나 그 착오가 표의자의 중대한 과실로 인한 때에는 취소하지 못한다.
> ② 전항의 의사표시의 취소는 선의의 제3자에게 대항하지 못한다.

② (○) 민법 제733조에 의하면 화해계약은 착오를 이유로 하여 취소하지 못한다. 그러나 <u>화해당사자의 자격 또는 화해의 목적인 분쟁 이외의 사항에 착오가 있는 때에는 그러하지 아니하다.</u>

③ (○) 착오가 법률행위 내용의 중요부분에 있다고 하기 위하여는 표의자에 의하여 추구된 목적을 고려하여 합리적으로 판단하여 볼 때 / <u>표시와 의사의 불일치가 객관적으로 현저하여야 하고, 만일 그 착오로 인하여 표의자가 무슨 경제적인 불이익을 입은 것이 아니라고 한다면 이를 법률행위 내용의 중요부분의 착오라고 할 수 없다</u>(대판 2006.12.7. 2006다41457).

④ (○) <u>소취하합의의 의사표시 역시 민법 제109조에 따라 법률행위의 내용의 중요 부분에 착오가 있는 때에는 취소할 수 있을 것이다.</u> / 의사표시의 동기에 착오가 있는 경우에는 당사자 사이에 그 동기를 의사표시의 내용으로 삼았을 때에 한하여 의사표시의 내용의 착오가 되어 취소할 수 있는 것이며, / 법률행위의 중요 부분의 착오라 함은 표의자가 그러한 착오가 없었더라면 그 의사표시를 하지 않으리라고 생각할 정도로 중요한 것이어야 하고 보통 일반인도 표의자의 처지에 섰더라면 그러한 의사표시를 하지 않았으리라고 생각될 정도로 중요한 것이어야 한다. / 이때 착오를 이유로 의사표시를 취소하는 자는 법률행위의 내용에 착오가 있었다는 사실과 함께 착오가 의사표시에 결정적인 영향을 미쳤다는 점, 즉 만일 착오가 없었더라면 의사표시를 하지 않았을 것이라는 점을 증명하여야 한다(대판 2020.10.15. 2020다227523[본소]·2020다227530[반소]).

⑤ (○) 민법 제109조 제1항에 의하면 법률행위 내용의 중요 부분에 착오가 있는 경우 착오에 중대한 과실이 없는 표의자는 법률행위를 취소할 수 있고, / 민법 제580조 제1항, 제575조 제1항에 의하면 매매의 목적물에 하자가 있는 경우 하자가 있는 사실을 과실 없이 알지 못한 매수인은 매도인에 대하여 하자담보책임을 물어 계약을 해제하거나 손해배상을 청구할 수 있다. / 착오로 인한 취소 제도와 매도인의 하자담보책임 제도는 취지가 서로 다르고, 요건과 효과도 구별된다. / <u>따라서 매매계약 내용의 중요 부분에 착오가 있는 경우 매수인은 매도인의 하자담보책임이 성립하는지와 상관없이 착오를 이유로 매매계약을 취소할 수 있다</u>(대판 2018.9.13. 2015다78703).

> **민법 제575조(제한물권있는 경우와 매도인의 담보책임)**
> ① 매매의 목적물이 지상권, 지역권, 전세권, 질권 또는 유치권의 목적이 된 경우에 매수인이 이를 알지 못한 때에는 이로 인하여 계약의 목적을 달성할 수 없는 경우에 한하여 매수인은 계약을 해제할 수 있다. 기타의 경우에는 손해배상만을 청구할 수 있다.
>
> **민법 제580조(매도인의 하자담보책임)**
> ① 매매의 목적물에 하자가 있는 때에는 제575조 제1항의 규정을 준용한다. 그러나 매수인이 하자있는 것을 알았거나 과실로 인하여 이를 알지 못한 때에는 그러하지 아니하다.

25

답 ②

┃해설┃

① (○) 부부간의 일상가사대리권은 그 동거생활을 추지하기 위하여 각각 필요한 범위내의 법률행위에 국한되어야 할 것이고 / 아내가 남편 소유의 부동산을 매각하는 것과 같은 처분행위는 일상가사의 대리권에는 속하지 아니한다(대판 1966.7.19. 66다863).

② (×) 민법 제135조 제1항은 "타인의 대리인으로 계약을 한 자가 그 대리권을 증명하지 못하고 또 본인의 추인을 얻지 못한 때에는 상대방의 선택에 좇아 계약의 이행 또는 손해배상의 책임이 있다."고 규정하고 있다. / 위 규정에 따른 무권대리인의 상대방에 대한 책임은 무과실책임으로서 대리권의 흠결에 관하여 대리인에게 과실 등의 귀책사유가 있어야만 인정되는 것이 아니고, / 무권대리행위가 제3자의 기망이나 문서위조 등 위법행위로 야기되었다고 하더라도 책임은 부정되지 아니한다(대판 2014.2.27. 2013다213038).

③ (○) 다른 자의 대리인으로서 계약을 맺은 자가 그 대리권을 증명하지 못하고 또 본인의 추인을 받지 못한 경우에는 그는 상대방의 선택에 따라 계약을 이행할 책임 또는 손해를 배상할 책임이 있다(민법 제135조 제1항). / 이때 상대방이 계약의 이행을 선택한 경우 무권대리인은 계약이 본인에게 효력이 발생하였더라면 본인이 상대방에게 부담하였을 것과 같은 내용의 채무를 이행할 책임이 있다. 무권대리인은 마치 자신이 계약의 당사자가 된 것처럼 계약에서 정한 채무를 이행할 책임을 지는 것이다. / 무권대리인이 계약에서 정한 채무를 이행하지 않으면 상대방에게 채무불이행에 따른 손해를 배상할 책임을 진다. 위 계약에서 채무불이행에 대비하여 손해배상액의 예정에 관한 조항을 둔 때에는 특별한 사정이 없는 한 무권대리인은 조항에서 정한 바에 따라 산정한 손해액을 지급하여야 한다. / 이 경우에도 손해배상액의 예정에 관한 민법 제398조가 적용됨은 물론이다(대판 2018.6.28. 2018다210775).

> **민법 제398조(배상액의 예정)**
> ① 당사자는 채무불이행에 관한 손해배상액을 예정할 수 있다.
> ② 손해배상의 예정액이 부당히 과다한 경우에는 법원은 적당히 감액할 수 있다.
> ③ 손해배상액의 예정은 이행의 청구나 계약의 해제에 영향을 미치지 아니한다.
> ④ 위약금의 약정은 손해배상액의 예정으로 추정한다.
> ⑤ 당사자가 금전이 아닌 것으로써 손해의 배상에 충당할 것을 예정한 경우에도 전4항의 규정을 준용한다.

④ (○) 甲이 대리권 없이 乙 소유 부동산을 丙에게 매도하여 부동산 소유권이전등기등에 관한 특별조치법에 의하여 소유권이전등기를 마쳐주었다면 그 매매계약은 무효이고 이에 터잡은 이전등기 역시 무효가 되나, / 甲은 乙의 무권대리인으로서 민법 제135조 제1항의 규정에 의하여 매수인 丙에게 부동산에 대한 소유권이전등기를 이행할 의무가 있으므로 / 그러한 지위에 있는 甲이 乙로부터 부동산을 상속받아 그 소유자가 되어 소유권이전등기이행의무를 이행하는 것이 가능하게 된 시점에서 자신이 소유자라고 하여 자신으로부터 부동산을 전전매수한 丁에게 원래 자신의 매매행위가 무권대리행위여서 무효였다는 이유로 丁 앞으로 경료된 소유권이전등기가 무효의 등기라고 주장하여 그 등기의 말소를 청구하거나 부동산의 점유로 인한 부당이득금의 반환을 구하는 것은 금반언의 원칙이나 신의성실의 원칙에 반하여 허용될 수 없다(대판 1994.9.27. 94다20617).

> **민법 제135조(상대방에 대한 무권대리인의 책임)**
> ① 다른 자의 대리인으로서 계약을 맺은 자가 그 대리권을 증명하지 못하고 또 본인의 추인을 받지 못한 경우에는 그는 상대방의 선택에 따라 계약을 이행할 책임 또는 손해를 배상할 책임이 있다.
> ② 대리인으로서 계약을 맺은 자에게 대리권이 없다는 사실을 상대방이 알았거나 알 수 있었을 때 또는 대리인으로서 계약을 맺은 사람이 제한능력자일 때에는 제1항을 적용하지 아니한다.

⑤ (○) 부동산 매도를 위임받은 대리인이 자신의 채무 지급을 담보하기 위하여 그 부동산에 관하여 양도담보계약을 체결한 사안에서, 대리인이 소유권이전등기에 필요한 서류와 인감도장을 모두 교부받아 이를 상대방에게 제시하며 부동산을 처분할 대리권이 있음을 표명하였다면 상대방으로서는 대리권이 있다고 믿는 데에 정당한 이유가 있었다고 볼 수 있고, / 더 나아가 본인에 대해 직접 대리권 수여 유무를 확인해보아야만 하는 것은 아니다(대판 2009.11.12. 2009다46828). 따라서 인감도장과 등기권리증을 가지고 있다는 것만으로는 대리인의 부동산 처분행위가 표현대리에 해당한다고 할 수 없다.

26

답 ④

|해설|

① (O) 부동산의 소유자로부터 매매계약을 체결할 대리권을 수여받은 대리인은 특별한 다른 사정이 없는 한 그 매매계약에서 약정한 바에 따라 중도금이나 잔금을 수령할 수도 있다고 보아야 하고, / 매매계약의 체결과 이행에 관하여 포괄적으로 대리권을 수여받은 대리인은 특별한 다른 사정이 없는 한 상대방에 대하여 약정된 매매대금지급기일을 연기하여 줄 권한도 가진다고 보아야 할 것이다(대판 1992.4.14. 91다43107).

② (O) 민법 제126조의 표현대리는 대리인이 본인을 위한다는 의사를 명시 혹은 묵시적으로 표시하거나 대리의사를 가지고 권한 외의 행위를 하는 경우에 성립하고, / 사술을 써서 대리행위의 표시를 하지 아니하고 단지 본인의 성명을 모용하여 자기가 마치 본인인 것처럼 기망하여 본인 명의로 직접 법률행위를 한 경우에는 특별한 사정이 없는 한 위 법조 소정의 표현대리는 성립할 수 없다. / 본인으로부터 아파트에 관한 임대 등 일체의 관리권한을 위임받아 본인으로 가장하여 아파트를 임대한 바 있는 대리인이 다시 자신을 본인으로 가장하여 임차인에게 아파트를 매도하는 법률행위를 한 경우에는 권한을 넘은 표현대리의 법리를 유추적용하여 본인에 대하여 그 행위의 효력이 미친다고 볼 수 있다(대판 1993.2.23. 92다52436).

> **민법 제126조(권한을 넘은 표현대리)**
> 대리인이 그 권한 외의 법률행위를 한 경우에 제3자가 그 권한이 있다고 믿을 만한 정당한 이유가 있는 때에는 본인은 그 행위에 대하여 책임이 있다.

③ (O) 민법 제124조에 의하면 대리인은 본인의 허락이 없으면 본인을 위하여 자기와 법률행위를 하거나 동일한 법률행위에 관하여 당사자쌍방을 대리하지 못한다. 그러나 채무의 이행은 할 수 있다. 채무의 경우 기한이 미도래한 금전채권이나 다툼이 있는 채무의 이행 등에는 자기계약이 허용되지 아니한다.

④ (×) 표현대리의 법리는 거래의 안전을 위하여 어떠한 외관적 사실을 야기한 데 원인을 준 자는 그 외관적 사실을 믿음에 정당한 사유가 있다고 인정되는 자에 대하여는 책임이 있다는 일반적인 권리외관이론에 그 기초를 두고 있는 것인 점에 비추어 볼 때, / 대리인이 대리권 소멸 후 직접 상대방과 사이에 대리행위를 하는 경우는 물론 대리인이 대리권 소멸 후 복대리인을 선임하여 복대리인으로 하여금 상대방과 사이에 대리행위를 하도록 한 경우에도, 상대방이 대리권소멸사실을 알지 못하여 복대리인에게 적법한 대리권이 있는 것으로 믿었고 그와 같이 믿은 데 과실이 없다면 민법 제129조에 의한 표현대리가 성립할 수 있다(대판 1998.5.29. 97다55317).

> **민법 제129조(대리권소멸후의 표현대리)**
> 대리권의 소멸은 선의의 제3자에게 대항하지 못한다. 그러나 제3자가 과실로 인하여 그 사실을 알지 못한 때에는 그러하지 아니하다.

⑤ (O) 어떠한 계약의 체결에 관한 대리권을 수여받은 대리인이 수권된 법률행위를 하게 되면 그것으로 대리권의 원인된 법률관계는 원칙적으로 목적을 달성하여 종료하는 것이고, / 법률행위에 의하여 수여된 대리권은 그 원인된 법률관계의 종료에 의하여 소멸하는 것이므로(민법 제128조) / 그 계약을 대리하여 체결하였던 대리인이 체결된 계약의 해제 등 일체의 처분권과 상대방의 의사를 수령할 권한까지 가지고 있다고 볼 수는 없다(대판 2008.6.12. 2008다11276).

> **민법 제128조(임의대리의 종료)**
> 법률행위에 의하여 수여된 대리권은 전조의 경우 외에 그 원인된 법률관계의 종료에 의하여 소멸한다. 법률관계의 종료 전에 본인이 수권행위를 철회한 경우에도 같다.

27

답 ④

┃해설┃

① (○) 매매계약 체결 당시 일정한 기간 안에 토지거래허가를 받기로 약정하였다고 하더라도, / 그 약정된 기간 내에 토지거래허가를 받지 못할 경우 계약해제 등의 절차 없이 곧바로 매매계약을 무효로 하기로 약정한 취지라는 등의 특별한 사정이 없는 한, 이를 쌍무계약에서 이행기를 정한 것과 달리 볼 것이 아니므로 / 위 약정기간이 경과하였다는 사정만으로 곧바로 매매계약이 확정적으로 무효가 된다고 할 수 없다(대판 2009.4.23. 2008다50615).

② (○) 토지거래허가를 전제로 하는 매매계약의 경우 토지거래허가를 받기 전에는, 그 계약내용대로의 효력이 있을 수 없어 / 당사자는 그 계약내용에 따른 어떠한 의무도 부담하지 아니하고 어떠한 이행청구도 할 수 없으므로 / 그 계약내용에 따른 상대방의 채무불이행을 이유로 계약을 해제할 수 없다(대판 2010.2.11. 2008다88795·88801).

③ (○) 국토의 계획 및 이용에 관한 법률에 정한 토지거래계약에 관한 허가구역으로 지정된 구역 안의 토지에 관하여 매매계약이 체결된 후 계약금만 수수한 상태에서 당사자가 토지거래허가신청을 하고 이에 따라 관할관청으로부터 그 허가를 받았다 하더라도, / 그러한 사정만으로는 아직 이행의 착수가 있다고 볼 수 없어 매도인으로서는 민법 제565조에 의하여 계약금의 배액을 상환하여 매매계약을 해제할 수 있다(대판 2009.4.23. 2008다62427).

> **민법 제565조(해약금)**
> ① 매매의 당사자 일방이 계약당시에 금전 기타 물건을 계약금, 보증금등의 명목으로 상대방에게 교부한 때에는 당사자간에 다른 약정이 없는 한 당사자의 일방이 이행에 착수할 때까지 교부자는 이를 포기하고 수령자는 그 배액을 상환하여 매매계약을 해제할 수 있다.
> ② 제551조의 규정은 전항의 경우에 이를 적용하지 아니한다.

④ (×) 구 국토의 계획 및 이용에 관한 법률(2016.1.19. 법률 제13797호로 개정되기 전의 것, 이하 '구 국토계획법'이라고 한다)에서 정한 토지거래계약 허가구역 내 토지에 관하여 허가를 배제하거나 잠탈하는 내용으로 매매계약이 체결된 경우에는, 강행법규인 구 국토계획법 제118조 제6항에 따라 그 계약은 체결된 때부터 확정적으로 무효이다. / 계약체결 후 허가구역 지정이 해제되거나 허가구역 지정기간 만료 이후 재지정을 하지 아니한 경우라 하더라도 이미 확정적으로 무효로 된 계약이 유효로 되는 것이 아니다(대판 2019.1.31. 2017다228618).

⑤ (○) 국토이용관리법상의 토지거래규제구역 내의 토지에 관하여 관할관청의 허가 없이 체결된 매매계약이라고 하더라도, 거래당사자 사이에는 그 계약이 효력이 있는 것으로 완성될 수 있도록 서로 협력할 의무가 있어, / 그 매매계약의 쌍방당사자는 공동으로 관할관청의 허가를 신청할 의무가 있고, 이러한 의무에 위배하여 허가신청에 협력하지 아니하는 당사자에 대하여 상대방은 협력의무의 이행을 청구할 수 있는 것이므로, / 이와 같은 매수인이 매도인에 대하여 가지는 토지거래허가 신청절차의 협력의무의 이행청구권도 채권자대위권의 행사에 의하여 보전될 수 있는 채권에 해당한다(대판 1995.9.5. 95다22917).

28

답 ②

┃해설┃

① (×) 법률행위에 따라 권리가 이전되려면 권리자 또는 처분권한이 있는 자의 처분행위가 있어야 한다. / 무권리자가 타인의 권리를 처분한 경우에는 특별한 사정이 없는 한 권리가 이전되지 않는다. 그러나 이러한 경우에 권리자가 무권리자의 처분을 추인하는 것도 자신의 법률관계를 스스로의 의사에 따라 형성할 수 있다는 사적 자치의 원칙에 따라 허용된다. / 이러한 추인은 무권리자의 처분이 있음을 알고 해야 하고, 명시적으로 또는 묵시적으로 할 수 있으며, 그 의사표시는 무권리자나 그 상대방 어느 쪽에 해도 무방하다. / 권리자가 무권리자의 처분을 추인하면 무권대리에 대해 본인이 추인을 한 경우와 당사자들 사이의 이익상황이 유사하므로, 무권대리의 추인에 관한 민법 제130조, 제133조 등을 무권리자의 추인에 유추 적용할 수 있다. / 따라서 무권리자의 처분이 계약으로 이루어진 경우에 권리자가 이를 추인하면 원칙적으로 계약의 효과가 계약을 체결했을 때에 소급하여 권리자에게 귀속된다고 보아야 한다(대판 2017.6.8. 2017다3499).

> **민법 제130조(무권대리)**
> 대리권 없는 자가 타인의 대리인으로 한 계약은 본인이 이를 추인하지 아니하면 본인에 대하여 효력이 없다.
>
> **민법 제133조(추인의 효력)**
> 추인은 다른 의사표시가 없는 때에는 계약시에 소급하여 그 효력이 생긴다. 그러나 제3자의 권리를 해하지 못한다.

② (○) 채권자와 연대보증인 사이의 연대보증계약이 주채무자의 기망에 의하여 체결되어 적법하게 취소되었으나, 그 보증책임이 금전채무로서 채무의 성격상 가분적이고 연대보증인에게 보증한도를 일정 금액으로 하는 보증의사가 있었으므로, / 연대보증인의 연대보증계약의 취소는 그 일정 금액을 초과하는 범위 내에서만 효력이 생긴다(대판 2002.9.10. 2002다21509).

③ (×) 무효인 법률행위는 당사자가 무효임을 알고 추인할 경우 새로운 법률행위를 한 것으로 간주할 뿐이고 소급효가 없는 것이므로 / 무효인 가등기를 유효한 등기로 전용키로 한 약정은 그때부터 유효하고 이로써 위 가등기가 소급하여 유효한 등기로 전환될 수 없다(대판 1992.5.12. 91다26546).

④ (×) 무능력자의 책임을 제한하는 민법 제141조 단서는 부당이득에 있어 수익자의 반환범위를 정한 민법 제748조의 특칙으로서 무능력자의 보호를 위해 그 선의·악의를 묻지 아니하고 반환범위를 현존 이익에 한정시키려는 데 그 취지가 있으므로, / 의사능력의 흠결을 이유로 법률행위가 무효가 되는 경우에도 유추적용되어야 할 것이나, / 법률상 원인 없이 타인의 재산 또는 노무로 인하여 이익을 얻고 그로 인하여 타인에게 손해를 가한 경우에 그 취득한 것이 금전상의 이득인 때에는 그 금전은 이를 취득한 자가 소비하였는가의 여부를 불문하고 현존하는 것으로 추정되므로, / 위 이익이 현존하지 아니함은 이를 주장하는 자, 즉 의사무능력자 측에 입증책임이 있다(대판 2009.1.15. 2008다58367).

> **민법 제141조(취소의 효과)**
> 취소된 법률행위는 처음부터 무효인 것으로 본다. 다만, 제한능력자는 그 행위로 인하여 받은 이익이 현존하는 한도에서 상환(상환)할 책임이 있다.
>
> **민법 제748조(수익자의 반환범위)**
> ① 선의의 수익자는 그 받은 이익이 현존한 한도에서 전조의 책임이 있다.
> ② 악의의 수익자는 그 받은 이익에 이자를 붙여 반환하고 손해가 있으면 이를 배상하여야 한다.

⑤ (×) 무효행위의 추인은 그 무효원인이 소멸한 후에 하여야 그 효력이 있고, / 따라서 강박에 의한 의사표시임을 이유로 일단 유효하게 취소되어 당초의 의사표시가 무효로 된 후에 추인한 경우 그 추인이 효력을 가지기 위하여는 그 무효원인이 소멸한 후일 것을 요한다고 할 것인데, / 그 무효원인이란 바로 위 의사표시의 취소사유라 할 것이므로 결국 무효원인이 소멸한 후란 것은 당초의 의사표시의 성립과정에 존재하였던 취소의 원인이 종료된 후, 즉 강박상태에서 벗어난 후라고 보아야 한다(대판 1997.12.12. 95다38240).

29

답 ③

▮해설▮

① (×), ② (×) 기한이익 상실의 특약은 그 내용에 의하여 일정한 사유가 발생하면 채권자의 청구 등을 요함이 없이 당연히 기한의 이익이 상실되어 이행기가 도래하는 것으로 하는 정지조건부 기한이익 상실의 특약과 일정한 사유가 발생한 후 채권자의 통지나 청구 등 채권자의 의사행위를 기다려 비로소 이행기가 도래하는 것으로 하는 형성권적 기한이익 상실의 특약의 두 가지로 대별할 수 있고, / 기한이익 상실의 특약이 위의 양자 중 어느 것에 해당하느냐는 당사자의 의사해석의 문제이지만 / 일반적으로 기한이익 상실의 특약이 채권자를 위하여 둔 것인 점에 비추어 명백히 정지조건부 기한이익 상실의 특약이라고 볼 만한 특별한 사정이 없는 이상 형성권적 기한이익 상실의 특약으로 추정하는 것이 타당하다(대판 2002.9.4. 2002다28340).

③ (○) 법률행위에 붙은 부관이 조건인지 기한인지가 명확하지 않은 경우 법률행위의 해석을 통해서 이를 결정해야 한다. / 부관에 표시된 사실이 발생하지 않으면 채무를 이행하지 않아도 된다고 보는 것이 합리적인 경우에는 조건으로 보아야 한다. / 그러나 부관에 표시된 사실이 발생한 때에는 물론이고 반대로 발생하지 않는 것이 확정된 때에도 채무를 이행하여야 한다고 보는 것이 합리적인 경우에는 표시된 사실의 발생 여부가 확정되는 것을 불확정기한으로 정한 것으로 보아야 한다(대판 2018.6.28. 2018다201702).

④ (×) 상대방이 하도급 받은 부분에 대한 공사를 완공하여 준공필증을 제출하는 것을 정지조건으로 하여 공사대금채무를 부담하거나 위 채무를 보증한 사람은 위 조건의 성취로 인하여 불이익을 받을 당사자의 지위에 있다고 할 것이므로, / 이들이 위 공사에 필요한 시설을 해 주지 않았을 뿐만 아니라 공사장에의 출입을 통제함으로써 위 상대방으로 하여금 나머지 공사를 수행할 수 없게 하였다면, 그것이 고의에 의한 경우만이 아니라 과실에 의한 경우에도 신의성실에 반하여 조건의 성취를 방해한 때에 해당한다고 할 것이므로, / 그 상대방은 민법 제150조 제1항의 규정에 의하여 위 공사대금채무자 및 보증인에 대하여 그 조건이 성취된 것으로 주장할 수 있다(대판 1998.12.22. 98다42356).

> **민법 제150조(조건성취, 불성취에 대한 반신의행위)**
> ① 조건의 성취로 인하여 불이익을 받을 당사자가 신의성실에 반하여 조건의 성취를 방해한 때에는 상대방은 그 조건이 성취한 것으로 주장할 수 있다.
> ② 조건의 성취로 인하여 이익을 받을 당사자가 신의성실에 반하여 조건을 성취시킨 때에는 상대방은 그 조건이 성취하지 아니한 것으로 주장할 수 있다.

⑤ (×) 조건부 법률행위에 있어 조건의 내용 자체가 불법적인 것이어서 무효일 경우 또는 조건을 붙이는 것이 허용되지 아니하는 법률행위에 조건을 붙인 경우 / 그 조건만을 분리하여 무효로 할 수는 없고 그 법률행위 전부가 무효로 된다(대결 2005.11.8. 2005마541).

30 답 ④

해설

① (○) 원고가 채권자대위권에 기해 청구를 하다가 득해 피대위채권 자체를 양수하여 양수금청구로 소를 변경한 사안에서, 이는 청구원인의 교환적 변경으로서 채권자대위권에 기한 구 청구는 취하된 것으로 보아야 하나, / 그 채권자대위소송의 소송물은 채무자의 제3채무자에 대한 계약금반환청구권인데 위 양수금청구는 원고가 위 계약금반환청구권 자체를 양수하였다는 것이어서 양 청구는 동일한 소송물에 관한 권리의무의 특정승계가 있을 뿐 그 소송물은 동일한 점, 시효중단의 효력은 특정승계인에게도 미치는 점, 계속 중인 소송에 소송목적인 권리 또는 의무의 전부나 일부를 승계한 특정승계인이 소송참가하거나 소송인수한 경우에는 소송이 법원에 처음 계속된 때에 소급하여 시효중단의 효력이 생기는 점, 원고는 위 계약금반환채권을 채권자대위권에 기해 행사하다 다시 이를 양수받아 직접 행사한 것이어서 위 계약금반환채권과 관련하여 원고를 '권리 위에 잠자는 자'로 볼 수 없는 점 등에 비추어 볼 때, 당초의 채권자대위소송으로 인한 시효중단의 효력이 소멸하지 않는다(대판 2010.6.24. 2010다17284).

② (○) 기존 채권의 존재를 전제로 이를 포함하는 새로운 약정을 하고 그에 따른 권리를 재판상 청구의 방법으로 행사한 경우에는 기존 채권을 실현하고자 하는 뜻까지 포함하여 객관적으로 표명한 것이므로, / 새로운 약정이 무효로 되는 등의 사정으로 그에 근거한 권리행사가 저지됨에 따라 다시 기존 채권을 행사하게 되었다면, 기존 채권의 소멸시효는 새로운 약정에 의한 권리를 행사한 때에 중단되었다고 보아야 한다(대판 2016.10.27. 2016다25140).

③ (○) 민법 제174조에서 정한 시효중단 사유로서의 최고는 채무이행을 최고받은 채무자가 그 이행의무의 존부 등에 대하여 조사를 해 볼 필요가 있다는 이유로 채권자에 대하여 그 이행의 유예를 구한 경우에는 채권자가 그 회답을 받을 때까지 그 효력이 계속된다고 보아야 하므로, 같은 조에서 정한 6월의 기간은 채권자가 채무자로부터 회답을 받은 때로부터 기산된다. / 그러나 채무이행을 최고받은 채무자가 채권자에 대하여 그 이행의 유예를 구한 경우가 아니라면 특별한 사정이 없는 한 위 6월의 기간은 최고가 있은 때로부터 기산되는 것이라고 보아야 하고, / 이때 채무자가 채권자에 대하여 그 이행의 유예를 구하였는지에 관한 증명책임은 시효중단의 효력을 주장하는 채권자에게 있다(대판 2022.1.27. 2021다271947).

> **민법 174조(최고와 시효중단)**
> 최고는 6월내에 재판상의 청구, 파산절차참가, 화해를 위한 소환, 임의출석, 압류 또는 가압류, 가처분을 하지 아니하면 시효중단의 효력이 없다.

④ (×) 민법 제168조 제1호, 제170조 제1항에서 시효중단사유의 하나로 규정하고 있는 재판상의 청구란 통상적으로는 권리자가 원고로서 시효를 주장하는 자를 피고로 하여 소송물인 권리를 소의 형식으로 주장하는 경우를 가리키나, 이와 반대로 시효를 주장하는 자가 원고가 되어 소를 제기한 데 대하여 피고로서 응소하여 소송에서 적극적으로 권리를 주장하고 그것이 받아들여진 경우도 이에 포함되고, / 의와 같은 응소행위로 인한 시효중단의 효력은 피고가 현실적으로 권리를 행사하여 응소한 때에 발생하지만, / 권리자인 피고가 응소하여 권리를 주장하였으나 소가 각하되거나 취하되는 등의 사유로 본안에서 권리주장에 관한 판단 없이 소송이 종료된 경우에는 민법 제170조 제2항을 유추적용하여 그때부터 6월 이내에 재판상의 청구 등 다른 시효중단조치를 취한 경우에 한하여 응소 시에 소급하여 시효중단의 효력이 있다고 보아야 한다(대판 2012.1.12. 2011다78606).

> **민법 제168조(소멸시효의 중단사유)**
> 소멸시효는 다음 각호의 사유로 인하여 중단된다.
>   1. 청구
>   2. 압류 또는 가압류, 가처분
>   3. 승인
>
> **민법 제170조(재판상의 청구와 시효중단)**
> ① 재판상의 청구는 소송의 각하, 기각 또는 취하의 경우에는 시효중단의 효력이 없다.
> ② 전항의 경우에 6월내에 재판상의 청구, 파산절차참가, 압류 또는 가압류, 가처분을 한 때에는 시효는 최초의 재판상 청구로 인하여 중단된 것으로 본다.

⑤ (○) 형사소송은 피고인에 대한 국가형벌권의 행사를 그 목적으로 하는 것이므로, / 피해자가 형사소송에서 소송촉진 등에 관한 특례법에서 정한 배상명령을 신청한 경우를 제외하고는 / 단지 피해자가 가해자를 상대로 고소하거나 그 고소에 기하여 형사재판이 개시되어도 이를 가지고 소멸시효의 중단사유인 재판상의 청구로 볼 수는 없다(대판 1999.3.12. 98다18124).

31　　　　　　　　　　　　　　　　　　　　　　답 ⑤

해설

① (○) 어느 부동산에 관하여 등기가 경료되어 있는 경우 특별한 사정이 없는 한 그 원인과 절차에 있어서 적법하게 경료된 것으로 추정된다. / 전 등기명의인이 미성년자이고 당해 부동산을 친권자에게 증여하는 행위가 이해상반행위라 하더라도 일단 친권자에게 이전등기가 경료된 이상, 특별한 사정이 없는 한, 그 이전등기에 관하여 필요한 절차를 적법하게 거친 것으로 추정된다(대판 2002.2.5. 2001다72029).

② (○) 부동산등기법 제130조의 규정과 등기예규 제1026호에 의하면 소유권보존등기 명의인을 상대로 한 소유권보존등기 말소청구 소송을 제기하여 승소판결을 받은 원고가 그 판결에 기하여 기존의 소유권보존등기를 말소한 후 자신의 명의로 마친 소유권보존등기는 일단 적법한 절차에 따라 마쳐진 소유권보존등기라고 추정하여야 하고, / 위 판결이 공시송달 절차에 의하여 선고되었다고 하여 달리 볼 것이 아니다(대판 2006.9.8. 2006다17485).

③ (○) 신축된 건물의 소유권은 이를 건축한 사람이 원시취득하는 것이므로, / 건물소유권보존등기의 명의자가 이를 신축한 것이 아니라면 그 등기의 권리추정력은 깨어지고, / 등기명의자가 스스로 적법하게 그 소유권을 취득한 사실을 입증하여야 한다(대판 1996.7.30. 95다30734).

④ (○) 부동산에 관한 소유권이전등기는 권리의 추정력이 있으므로, / 이를 다투는 측에서 그 무효사유를 주장·입증하지 아니하는 한, / 등기원인사실에 관한 입증이 부족하다는 이유로 그 등기를 무효라고 단정할 수 없다(대판 1979.6.26. 79다741).

⑤ (×) 사망자 명의로 신청하여 이루어진 이전등기는 일단 원인무효의 등기라고 볼 것이어서 등기의 추정력을 인정할 여지가 없으므로, / 등기의 유효를 주장하는 자가 현재의 실체관계와 부합함을 증명할 책임이 있다(대판 2018.11.29. 2018다200730).

32

답 ④

┃해설┃

① (○) 부동산가압류의 기입등기는 채권자나 채무자가 직접 등기공무원에게 이를 신청하여 행할 수는 없고 반드시 법원의 촉탁에 의하여 행하여지는바, / 이와 같이 당사자가 신청할 수 없는 가압류의 기입등기가 법원의 촉탁에 의하여 말소된 경우에는 그 회복등기도 법원의 촉탁에 의하여 행하여져야 하므로, / 이 경우 <u>가압류채권자가 말소된 가압류기입등기의 회복등기절차의 이행을 소구할 이익은 없고,</u> / 다만 그 <u>가압류기입등기가 말소될 당시 그 부동산에 관하여 소유권이전등기를 경료하고 있는 자는 법원이 그 가압류기입등기의 회복을 촉탁함에 있어서 등기상 이해관계가 있는 제3자에 해당하므로, 가압류 채권자로서는 그 자를 상대로 하여 법원의 촉탁에 의한 그 가압류기입등기의 회복절차에 대한 승낙청구의 소를 제기할 수는 있다</u>고 본다(대판 2002. 4. 12. 2001다84367).

② (○) 부동산의 매매로 인한 소유권이전등기청구권은 물권의 이전을 목적으로 하는 매매의 효과로서 매도인이 부담하는 재산권이전의무의 한 내용을 이루는 것이고, / 매도인이 물권행위의 성립요건을 갖추도록 의무를 부담하는 경우에 발생하는 채권적 청구권으로 그 이행과정에 신뢰관계가 따르므로, 소유권이전등기청구권을 매수인으로부터 양도받은 양수인은 매도인이 그 양도에 대하여 동의하지 않고 있다면 매도인에 대하여 채권양도를 원인으로 하여 소유권이전등기절차의 이행을 청구할 수 없고, / 따라서 <u>매매로 인한 소유권이전등기청구권은 특별한 사정이 없는 이상 그 권리의 성질상 양도가 제한되고 그 양도에 채무자의 승낙이나 동의를 요한다고 할 것이므로</u> / 통상의 채권양도와 달리 양도인의 채무자에 대한 통지만으로는 채무자에 대한 대항력이 생기지 않으며 반드시 채무자의 동의나 승낙을 받아야 대항력이 생긴다(대판 2005. 3. 10. 2004다67653·67660).

③ (○) 부동산의 매수인이 그 부동산을 인도받은 이상 이를 사용·수익하다가 그 부동산에 대한 보다 적극적인 권리행사의 일환으로 다른 사람에게 그 부동산을 처분하고 그 점유를 승계하여 준 경우에도 그 이전등기청구권의 행사 여부에 관하여 그가 그 부동산을 스스로 계속 사용·수익만 하고 있는 경우와 특별히 다를 바 없으므로 / <u>두 어느 경우에나 이전등기청구권의 소멸시효는 진행되지 않는다고 보아야 한다</u>(대판[전합] 1999. 3. 18. 98다32175).

④ (×) 선등기명의자의 소유권이전등기가 원인무효라고 하더라도 그 이후의 최종 등기명의자가 등기부시효취득의 항변을 제출하여 법원에서 그것이 받아들여진 경우, 그 전의 등기명의자들이 최종 등기명의자의 시효취득 사실을 원용하여 원소유자의 소유권 상실을 주장하고 있다면 / <u>원소유자의 소유권에 기한 등기말소청구는 배척될 수밖에 없다고 본다</u>(대판 1995. 3. 3. 94다7348).

⑤ (○) 부동산의 공유자 중 한 사람은 공유물에 대한 보존행위로서 그 공유물에 관한 원인무효의 등기 전부의 말소를 구할 수 있고, / 진정명의회복을 원인으로 한 소유권이전등기청구권과 무효등기의 말소청구권은 어느 것이나 진정한 소유자의 등기명의를 회복하기 위한 것으로서 실질적으로 그 목적이 동일하고 두 청구권 모두 소유권에 기한 방해배제청구권으로서 그 법적 근거와 성질이 동일하므로, / <u>공유자 중 한 사람은 공유물에 경료된 원인무효의 등기에 관하여 각 공유자에게 해당 지분별로 진정명의회복을 원인으로 한 소유권이전등기를 이행할 것을 단독으로 청구할 수 있다</u>(대판 2005. 9. 29. 2003다40651).

33

답

┃해설┃

① (○) 점유의 승계가 있는 경우 전 점유자의 점유가 타주점유라 하여도 / <u>점유자의 승계인이 자기의 점유만을 주장하는 경우에는 현 점유자의 점유는 자주점유로 추정된다</u>(대판 2002. 2. 26. 99다72743).
② (○) <u>직접점유자가 임의로 점유를 타에 양도한 경우에는 점유이전이 간접점유자의 의사에 반한다 하더라도 간접점유자의 점유가 침탈된 경우에 해당하지 않으므로, / 간접점유자는 점유침탈을 원인으로 점유회수를 청구할 수 없다</u>(대판 1993. 3. 9. 92다5300).

③ (O) 민법 제203조 제2항에 의한 점유자의 회복자에 대한 유익비상환청구권은 점유자가 계약관계 등 적법하게 점유할 권리를 가지지 않아 소유자의 소유물반환청구에 응하여야 할 의무가 있는 경우에 성립되는 것으로서, / 점유자가 유익비를 지출할 당시 계약관계 등 적법한 점유의 권원을 가진 경우에 그 지출비용의 상환에 관하여는 그 계약관계를 규율하는 법조항이나 법리 등이 적용되는 것이어서, 점유자는 그 계약관계 등의 상대방에 대하여 해당 법조항이나 법리에 따른 비용상환청구권을 행사할 수 있을 뿐 / 계약관계 등의 상대방이 아닌 점유회복 당시의 소유자에 대하여 민법 제203조 제2항에 따른 지출비용의 상환을 구할 수는 없다(대판 2003.7.25. 2001다64752).

> **민법 제203조(점유자의 상환청구권)**
> ② 점유자가 점유물을 개량하기 위하여 지출한 금액 기타 유익비에 관하여는 그 가액의 증가가 현존한 경우에 한하여 회복자의 선택에 좇아 그 지출금액이나 증가액의 상환을 청구할 수 있다.

④ (×) 물건의 소유자는 적법한 점유 권한 없는 점유자를 상대로 물권적 청구권을 행사하여 반환을 청구할 수 있고(민법 제213조), / 점유자는 점유물을 반환하거나 그 반환을 청구받은 때에 회복자에 대하여 자기가 거기에 지출한 필요비나 유익비의 상환을 청구할 수 있다(대판 2022.6.30. 2020다209815).

> **민법 제213조(소유물반환청구권)**
> 소유자는 그 소유에 속한 물건을 점유한 자에 대하여 반환을 청구할 수 있다. 그러나 점유자가 그 물건을 점유할 권리가 있는 때에는 반환을 거부할 수 있다.

⑤ (O) 상대방으로부터 점유를 위법하게 침탈당한 점유자가 상대방으로부터 점유를 탈환하였을 경우(이른바 '점유의 상호침탈'), / 상대방의 점유회수청구가 받아들여지더라도 점유자가 상대방의 점유침탈을 문제 삼아 점유회수청구권을 행사함으로써 다시 자신의 점유를 회복할 수 있다면 상대방의 점유회수청구를 인정하는 것이 무용할 수 있다. / 따라서 이러한 경우 점유자의 점유탈환행위가 민법 제209조 제2항의 자력구제에 해당하지 않는다고 하더라도 특별한 사정이 없는 한 상대방은 자신의 점유가 침탈당하였음을 이유로 점유자를 상대로 민법 제204조 제1항에 따른 점유의 회수를 청구할 수 없다(대판 2003.7.25. 2001다64752).

> **민법 제204조(점유의 회수)**
> ① 점유자가 점유의 침탈을 당한 때에는 그 물건의 반환 및 손해의 배상을 청구할 수 있다.
>
> **민법 제209조(자력구제)**
> ② 점유물이 침탈되었을 경우에 부동산일 때에는 점유자는 침탈후 직시 가해자를 배제하여 이를 탈환할 수 있고 동산일 때에는 점유자는 현장에서 또는 추적하여 가해자로부터 이를 탈환할 수 있다.

34

답 ③

┃해설┃

① (×) 이른바 '진정한 등기명의의 회복을 원인으로 한 소유권이전등기청구'는 당해 부동산에 관하여 이미 자기의 명의로 소유권을 표상하는 등기가 되어 있었거나 법률에 의하여 소유권을 취득한 그 부동산의 진정한 소유자가 그의 등기명의를 회복하기 위한 방법으로 현재의 등기부상의 소유명의인을 상대로 소유권이전등기절차의 이행을 직접 청구하는 경우에 인정되는 것인바, / 가등기담보등에관한법률이 시행되기 전에 경료된 채권자 명의의 가등기에 기하여 소유권이전의 본등기가 경료된 경우 위 소유권이전등기가 비록 채권담보의 목적으로 경료된 것이라고 하더라도, 대외적인 관계에서는 그 소유권이 완전히 이전되는 것으로 볼 수밖에 없고, / 따라서 위 가등기에 기한 소유권이전의 본등기가 경료됨으로써 그 가등기가 경료된 다음에 경료된 제3취득자 명의의 소유권이전등기가 말소됨으로 말미암아 제3취득자는 그 소유권을 상실하게 되었다고 보아야 할 것이므로, / 그 후 채권자 명의의 위 가등기와 본등기의 원인이 그 피담보채무의 변제로 인하여 소멸하게 된다고 하더라도, 제3취득자로서는 채권자에게 진정한 등기명의의 회복을 원인으로 한 소유권이전등기청구를 할 수 있는 진정한 소유자의 지위에 있다고 볼 수 없다(대판 1992.1.21. 91다35175).

② (×) 소유권에 기한 물권적 방해배제청구로서 소유권등기의 말소를 구하는 소송이나 진정명의 회복을 원인으로 한 소유권이전등기절차의 이행을 구하는 소송 중에 그 소송물에 대하여 화해권고결정이 확정되면 상대방은 여전히 물권적인 방해배제의무를 지는 것이고, / 화해권고결정에 창설적 효력이 있다고 하여 그 청구권의 법적 성질이 채권적 청구권으로 바뀌지 아니한다(대판 2012.5.10. 2010다2558).

③ (○) 동일부동산에 관하여 등기명의인을 달리하여 중복된 소유권보존등기가 경료된 경우에는 먼저 이루어진 소유권보존등기가 원인무효가 되지 아니하는 한 뒤에 된 소유권보존등기는 비록 그 부동산의 매수인에 의하여 이루어진 경우에도 1부동산 1용지주의를 채택하고 있는 부동산등기법 아래에서는 무효라고 해석함이 상당하다 할 것인바, / 원고가 소외 망인으로부터 그 소유인 토지를 매수하고 이미 망인 명의로 소유권이전등기가 경료되어 있던 위 토지에 관하여 원고 명의의 소유권보존등기를 경료한 경우 망인 명의의 소유권이전등기의 토대가 된 소유권보존등기가 원인무효라고 볼 아무런 주장·입증이 없다면 원고가 위 망인으로부터 위 토지를 매수하였다고 하더라도 위 망인 명의의 소유권이전등기에 기하여 소유권이전등기를 경료하지 아니하고 소유권보존등기를 경료한 이상 뒤에 경료된 원고 명의의 소유권보존등기는 이중등기로서 무효라고 할 것이므로 / 원고는 위 망인의 상속인인 피고들을 상대로 위 부동산에 관하여 위 매매를 원인으로 한 소유권이전등기를 청구할 이익이 있다(대판[전합] 1990.11.27. 87다카2961·87다453).

④ (×) 진정한 등기명의의 회복을 위한 소유권이전등기청구는 자기 명의로 소유권의 등기가 되어 있었거나 법률에 의하여 소유권을 취득한 진정한 소유자가 현재의 등기명의인을 상대로 그 등기의 말소를 구하는 것에 갈음하여 소유권에 기하여 진정한 등기명의의 회복을 구하는 것이므로, / 자기 앞으로 소유권의 등기가 되어 있지 않았고 법률에 의하여 소유권을 취득하지도 않은 사람이 소유권자를 대위하여 현자의 등기명의인을 상대로 그 등기의 말소를 청구할 수 있을 뿐인 경우에는 진정한 등기명의의 회복을 위한 소유권이전등기청구를 할 수 없다(대판 2011.1.27. 2008다2807).

⑤ (×) 포괄적 유증을 받은 자는 민법 제187조에 의하여 법률상 당연히 유증받은 부동산의 소유권을 취득하게 되나, / 특정유증을 받은 자는 유증의무자에게 유증을 이행할 것을 청구할 수 있는 채권을 취득할 뿐이므로 / 특정유증을 받은 자는 유증받은 부동산의 소유권자가 아니어서 직접 진정한 등기명의의 회복을 원인으로 한 소유권이전등기를 구할 수 없다(대판 2003.5.27. 2000다73445).

> **민법 제187조(등기를 요하지 아니하는 부동산물권취득)**
> 상속, 공용징수, 판결, 경매 기타 법률의 규정에 의한 부동산에 관한 물권의 취득은 등기를 요하지 아니한다. 그러나 등기를 하지 아니하면 이를 처분하지 못한다.

35

답 ①

┃해설┃

① (×) 민법 제247조 제2항은 '소멸시효의 중단에 관한 규정은 점유로 인한 부동산소유권의 시효취득기간에 준용한다.'고 규정하고, 민법 제168조 제2호는 소멸시효 중단사유로 '압류 또는 가압류, 가처분'을 규정하고 있다. 점유로 인한 부동산소유권의 시효취득에 있어 취득시효의 중단사유는 종래의 점유상태의 계속을 파괴하는 것으로 인정될 수 있는 사유이어야 하는데, / 민법 제168조 제2호에서 정하는 '압류 또는 가압류'는 금전채권의 강제집행을 위한 수단이거나 그 보전수단에 불과하여 취득시효기간의 완성 전에 부동산에 압류 또는 가압류 조치가 이루어졌다고 하더라도 이로써 종래의 점유상태의 계속이 파괴되었다고는 할 수 없으므로 이는 취득시효의 중단사유가 될 수 없다(대판 2019.4.3. 2018다296878).

> **민법 제168조(소멸시효의 중단사유)**
> 소멸시효는 다음 각호의 사유로 인하여 중단된다.
> 1. 청구
> 2. 압류 또는 가압류, 가처분
> 3. 승인
>
> **민법 제247조(소유권취득의 소급효, 중단사유)**
> ① 전2조의 규정에 의한 소유권취득의 효력은 점유를 개시한 때에 소급한다.
> ② 소멸시효의 중단에 관한 규정은 전2조의 소유권취득기간에 준용한다.

② (○) 민법 제245조 제1항에 따라 취득시효 완성으로 토지의 소유권을 취득하기 위하여는 그로 인하여 소유권을 상실하게 되는 시효 완성 당시의 소유자를 상대로 소유권이전등기청구를 하는 방법에 의하여야 하는 것이지, / 제3자에 불과한 국가를 상대로 자기에게 소유권이 있음의 확인을 구할 이익은 없다. / 또한 취득시효기간이 완성되었다고 하더라도 그것만으로 바로 소유권취득의 효력이 생기는 것이 아니라, 이를 원인으로 하여 소유권취득을 위한 등기청구권이 발생하는 것에 불과하고, / 미등기 부동산의 경우라 하여 취득시효기간의 완성만으로 등기 없이도 점유자가 소유권을 취득한다고 볼 수 없다(대판 2013.9.13. 2012다5834).

> **민법 제245조(점유로 인한 부동산소유권의 취득기간)**
> ① 20년간 소유의 의사로 평온, 공연하게 부동산을 점유하는 자는 등기함으로써 그 소유권을 취득한다.
> ② 부동산의 소유자로 등기한 자가 10년간 소유의 의사로 평온, 공연하게 선의이며 과실없이 그 부동산을 점유한 때에는 소유권을 취득한다.

③ (○) 부동산에 대한 점유취득시효가 완성될 당시 부동산이 구 신탁법상의 신탁계약에 따라 수탁자 명의로 소유권이전등기와 신탁등기가 되어 있더라도 수탁자가 신탁재산에 대하여 대내외적인 소유권을 가지는 이상 점유자가 수탁자에 대하여 취득시효 완성을 주장하여 소유권이전등기청구권을 행사할 수 있지만, / 이를 등기하지 아니하고 있는 사이에 부동산이 제3자에게 처분되어 그 명의로 소유권이전등기가 마쳐짐으로써 점유자가 제3자에 대하여 취득시효 완성을 주장할 수 없게 되었다면 제3자가 다시 별개의 신탁계약에 의하여 동일한 수탁자 명의로 소유권이전등기와 신탁등기를 마침으로써 부동산의 소유권이 취득시효 완성 당시의 소유자인 수탁자에게 회복되는 결과가 되었더라도 수탁자는 특별한 사정이 없는 한 취득시효 완성 후의 새로운 이해관계인에 해당하므로 / 점유자는 그에 대하여도 취득시효 완성을 주장할 수 없다(대판 2016.2.18. 2014다61814).

④ (○) 부동산에 관하여 적법·유효한 등기를 마치고 소유권을 취득한 사람이 자기 소유의 부동산을 점유하는 경우에는 / 사실상태를 권리관계로 높여 보호할 필요가 없고, 부동산의 소유명의자는 부동산에 대한 소유권을 적법하게 보유하는 것으로 추정되어 소유권에 대한 증명의 곤란을 구제할 필요 역시 없으므로, / 그러한 점유는 취득시효의 기초가 되는 점유라고 할 수 없다. / 다만 그 상태에서 다른 사람 명의로 소유권이전등기가 되는 등으로 소유권의 변동이 있는 때에 비로소 취득시효의 요건인 점유가 개시된다고 볼 수 있을 뿐이다(대판 2016.10.27. 2016다224596).

⑤ (○) 부동산에 관한 취득시효가 완성된 후 시효취득을 주장하는 권리자가 취득시효를 주장하면서 소유권이전등기청구소송을 제기하여 그에 관한 입증까지 마쳤다면 부동산 소유자로서는 시효취득사실을 알 수 있다 할 것이고 / 이러한 경우에 소유자가 부동산을 제3자에게 처분하여 소유권이전등기를 넘겨줌으로써 취득시효완성을 원인으로 한 소유권이전등기의무가 이행불능에 빠짐으로써 시효취득을 주장하는 자가 손해를 입었다면 불법행위를 구성하고, / 부동산을 취득한 제3자가 부동산 소유자의 이와 같은 불법행위에 적극 가담하였다면 이는 사회질서에 반하는 행위로서 무효이다(대판 1993.2.9. 92다47392).

36

답 ⑤

해설

① (×) 과반수 지분의 공유자는 공유자와 사이에 미리 공유물의 관리방법에 관하여 협의가 없었다 하더라도 공유물의 관리에 관한 사항을 단독으로 결정할 수 있으므로 / 과반수 지분의 공유자는 그 공유물의 관리방법으로서 그 공유토지의 특정된 한 부분을 배타적으로 사용·수익할 수 있으나, 그로 말미암아 지분은 있으되 그 특정 부분의 사용·수익을 전혀 하지 못하여 손해를 입고 있는 소수지분권자에 대하여 그 지분에 상응하는 임료 상당의 부당이득을 하고 있다 할 것이므로 이를 반환할 의무가 있다 할 것이나, / 그 과반수 지분의 공유자로부터 다시 그 특정 부분의 사용·수익을 허락받은 제3자의 점유는 다수지분권자의 공유물관리권에 터잡은 적법한 점유이므로 그 제3자는 소수지분권자에 대하여도 그 점유로 인하여 법률상 원인 없이 이득을 얻고 있다고는 볼 수 없다(대판 2002.5.14. 2002다9738).

② (×) 공유물의 소수지분권자가 다른 공유자와 협의하지 않고 공유물의 전부 또는 일부를 독점적으로 점유하는 경우 다른 소수지분권자가 공유물의 보존행위로서 공유물의 인도를 청구할 수는 없다(대판[전합] 2020.5.21. 2018다287522).

③ (×) 공유자 사이에 공유물을 사용·수익할 구체적인 방법을 정하는 것은 공유물의 관리에 관한 사항으로서 공유자의 지분의 과반수로써 결정하여야 할 것이고, / 과반수 지분의 공유자는 다른 공유자와 사이에 미리 공유물의 관리방법에 관한 협의가 없었다 하더라도 공유물의 관리에 관한 사항을 단독으로 결정할 수 있으므로, / 과반수 지분의 공유자가 그 공유물의 특정 부분을 배타적으로 사용·수익하기로 정하는 것은 공유물의 관리방법으로서 적법하다(대판 2002.5.14. 2002다9738).

④ (×) 민법 제276조 제1항은 "총유물의 관리 및 처분은 사원총회의 결의에 의한다", 같은 조 제2항은 "각 사원은 정관 기타의 규약에 좇아 총유물을 사용·수익할 수 있다"라고 규정하고 있을 뿐 공유나 합유의 경우처럼 보존행위는 그 구성원 각자가 할 수 있다는 민법 제265조 단서 또는 제272조 단서와 같은 규정을 두고 있지 아니한바, / 이는 법인 아닌 사단의 소유형태인 총유가 공유나 합유에 비하여 단체성이 강하고 구성원 개인들의 총유재산에 대한 지분권이 인정되지 아니하는 데에서 나온 당연한 귀결이라고 할 것이므로, / 총유재산에 관한 소송은 법인 아닌 사단이 그 명의로 사원총회의 결의를 거쳐 하거나 또는 그 구성원 전원이 당사자가 되어 필수적 공동소송의 형태로 할 수 있을 뿐 그 사단의 구성원은 설령 그가 사단의 대표자라거나 사원총회의 결의를 거쳤다 하더라도 그 소송의 당사자가 될 수 없고, 이러한 법리는 총유재산의 보존행위로서 소를 제기하는 경우에도 마찬가지라 할 것이다(대판[전합] 2005.9.15. 2004다44971).

⑤ (○) 수인이 부동산을 공동으로 매수한 경우, 매수인들 사이의 법률관계는 공유관계로서 단순한 공동매수인에 불과할 수도 있고, 수인을 조합원으로 하는 동업체에서 매수한 것일 수도 있는데, 부동산의 공동매수인들이 전매차익을 얻으려는 '공동의 목적 달성'을 위하여 상호 협력한 것에 불과하고 이를 넘어 '공동사업을 경영할 목적'이 있었다고 인정되지 않는 경우 이들 사이의 법률관계는 공유관계에 불과할 뿐 민법상 조합관계에 있다고 볼 수 없다. / 공동매수의 목적이 전매차익의 획득에 있을 경우 그것이 공동사업을 위하여 동업체에서 매수한 것이 되려면, 적어도 공동매수인들 사이에서 매수한 토지를 공유가 아닌 동업체의 재산으로 귀속시키고 공동매수인 전원의 의사에 기하여 전원의 계산으로 처분한 후 이익을 분배하기로 하는 명시적 또는 묵시적 의사의 합치가 있어야만 하고, / 이와 달리 공동매수 후 매수인별로 토지에 관하여 공유에 기한 지분권을 가지고 각자 자유롭게 지분권을 처분하여 대가를 취득할 수 있도록 한 것이라면 이를 동업체에서 매수한 것으로 볼 수는 없다(대판 2012.8.30. 2010다39918).

37 답 ②

해설

① (×) 민법 제283조 제2항의 지상물매수청구권은, 지상권자의 갱신청구권에 대하여 지상권설정자가 계약의 갱신을 원하지 아니하는 때에 지상권자에게 인정되는 권리이므로, / <u>지상권자의 지료연체를 이유로 토지소유자가 그 지상권소멸청구를 하여 이에 터 잡아 지상권이 소멸된 경우에는 매수청구권이 인정되지 않는다</u>(대판 1993.6.29. 93다10781).

> **제283조(지상권자의 갱신청구권, 매수청구권)**
> ① 지상권이 소멸한 경우에 건물 기타 공작물이나 수목이 현존한 때에는 지상권자는 계약의 갱신을 청구할 수 있다.
> ② 지상권설정자가 계약의 갱신을 원하지 아니하는 때에는 지상권자는 상당한 가액으로 전항의 공작물이나 수목의 매수를 청구할 수 있다.

② (○) 법정지상권의 경우 당사자 사이에 지료에 관한 협의가 있었다거나 법원에 의하여 지료가 결정되었다는 아무런 입증이 없다면, 법정지상권자가 지료를 지급하지 않았다고 하더라도 지료지급을 지체한 것으로는 볼 수 없으므로, / <u>법정지상권자가 2년 이상의 지료를 지급하지 아니하였음을 이유로 하는 토지소유자의 지상권소멸청구는 이유가 없고, 지료액 또는 그 지급시기 등 지료에 관한 약정은 이를 등기하여야만 제3자에게 대항할 수 있는 것이고,</u> / 법원에 의한 지료의 결정은 당사자의 지료결정청구에 의하여 형식적 형성소송인 지료결정판결로 이루어져야 제3자에게도 그 효력이 미친다(대판 2001.3.13. 99다17142).

③ (×) 취득시효형 분묘기지권은 당사자의 합의에 의하지 않고 성립하는 지상권 유사의 권리이고, 그로 인하여 토지 소유권이 사실상 영구적으로 제한될 수 있다. / 따라서 시효로 분묘기지권을 취득한 사람은 일정한 범위에서 토지소유자에게 토지 사용의 대가를 지급할 의무를 부담한다고 보는 것이 형평에 부합하며, / <u>시효로 분묘기지권을 취득한 사람은 토지소유자가 분묘기지에 관한 지료를 청구하면 그 청구한 날부터의 지료를 지급하여야 한다</u>(대판[전합] 2021.4.29. 2017다228007).

④ (×) 분묘의 기지인 토지가 분묘의 수호·관리권자 아닌 다른 사람의 소유인 경우에 그 토지 소유자가 분묘 수호·관리권자에 대하여 분묘의 설치를 승낙한 때에는 그 분묘의 기지에 관하여 분묘기지권을 설정한 것으로 보아야 한다. / 이와 같이 <u>승낙에 의하여 성립하는 분묘기지권의 경우 성립 당시 토지 소유자와 분묘의 수호·관리자가 지료 지급의무의 존부나 범위 등에 관하여 약정을 하였다면 그 약정의 효력은 분묘 기지의 승계인에 대하여도 미친다.</u> / 자기 소유 토지에 분묘를 설치한 사람이 그 토지를 양도하면서 분묘를 이장하겠다는 특약을 하지 않음으로써 분묘기지권을 취득한 경우, 특별한 사정이 없는 한 분묘기지권자는 분묘기지권이 성립한 때부터 토지 소유자에게 그 분묘의 기지에 대한 토지사용의 대가로서 지료를 지급할 의무가 있다(대판 2021.9.16. 2017다271834[본소]·2017다271841[반소]).

⑤ (×) 민법 제287조에 의하면, 지상권자가 그 권리의 목적이 된 토지의 특정한 소유자에 대하여 2년분 이상의 지료를 지불하지 아니한 경우에 그 특정의 소유자는 선택에 따라 지상권의 소멸을 청구할 수 있으나, / <u>지상권자의 지료지급 연체가 토지소유권의 양도 전후에 걸쳐 이루어진 경우 토지양수인에 대한 연체기간이 2년이 되지 않는다면 양수인은 지상권소멸청구를 할 수 없다</u>(대판 2001.3.13. 99다17142).

> **민법 제287조(지상권소멸청구권)**
> 지상권자가 2년 이상의 지료를 지급하지 아니한 때에는 지상권설정자는 지상권의 소멸을 청구할 수 있다.

38

답 ③

| 해설 |

① (O) 전세권설정등기를 마친 민법상의 전세권은 그 성질상 용익물권적 성격과 담보물권적 성격을 겸비한 것으로서, / 전세권의 존속기간이 만료되면 전세권의 용익물권적 권능은 전세권설정등기의 말소 없이도 당연히 소멸하고 단지 전세금반환채권을 담보하는 담보물권적 권능의 범위 내에서 전세금의 반환시까지 그 전세권설정등기의 효력이 존속하고 있다 할 것인데, / 이와 같이 존속기간의 경과로서 본래의 용익물권적 권능이 소멸하고 담보물권적 권능만 남은 전세권에 대해서도 그 피담보채권인 전세금반환채권과 함께 제3자에게 이를 양도할 수 있다 할 것이지만 / 이 경우에는 민법 제450조 제2항 소정의 확정일자 있는 증서에 의한 채권양도절차를 거치지 않는 한 위 전세금반환채권의 압류·전부 채권자 등 제3자에게 위 전세보증금반환채권의 양도사실로써 대항할 수 없다(대판 2005.3.25. 2003다35659).

② (O) 전세권이 용익물권적 성격과 담보물권적 성격을 겸비하고 있다는 점 / 및 목적물의 인도는 전세권의 성립요건이 아닌 점 등에 비추어 볼 때, / 당사자가 주로 채권담보의 목적으로 전세권을 설정하였고, 그 설정과 동시에 목적물을 인도하지 아니한 경우라 하더라도, 장차 전세권자가 목적물을 사용·수익하는 것을 완전히 배제하는 것이 아니라면, 그 전세권의 효력을 부인할 수는 없다(대판 1995.2.10. 94다18508).

③ (×) 전세권저당권자가 전세금반환채권에 대하여 물상대위를 행사한 경우, 종전 저당권의 효력은 물상대위의 목적이 된 전세금반환채권에 존속하여 저당권자가 그 전세금반환채권으로부터 다른 일반채권자보다 우선변제를 받을 권리가 있으므로, / 설령 전세금반환채권이 '압류된 때'에 전세권설정자가 전세권자에 대하여 반대채권을 가지고 있고 그 반대채권과 전세금반환채권이 상계적상에 있다고 하더라도 그러한 사정만으로 전세권설정자가 전세권저당권자에게 상계로써 대항할 수는 없다. / 그러나 전세금반환채권은 전세권이 성립하였을 때부터 이미 발생이 예정되어 있다고 볼 수 있으므로, '전세권저당권이 설정된 때'에 이미 전세권설정자가 전세권자에 대하여 반대채권을 가지고 있고 그 반대채권의 변제기가 장래 발생할 전세금반환채권의 변제기와 동시에 또는 그보다 먼저 도래하는 경우와 같이 전세권설정자에게 합리적 기대 이익을 인정할 수 있는 경우에는 전세권설정자는 그 반대채권을 자동채권으로 하여 전세금반환채권과 상계함으로써 전세권저당권자에게 대항할 수 있다고 본다(대판 2014.10.27. 2013다91672).

④ (O) 전세권에 대하여 저당권이 설정된 경우 그 저당권의 목적물은 물권인 전세권 자체이지 전세금반환채권은 그 목적물이 아니고, 전세권의 존속기간이 만료되면 전세권은 소멸하므로 더 이상 전세권 자체에 대하여 저당권을 실행할 수 없게 되고, / 이러한 경우에는 민법 제370조, 제342조 및 민사소송법 제733조에 의하여 저당권의 목적물인 전세권에 갈음하여 존속하는 것으로 볼 수 있는 전세금반환채권에 대하여 압류 및 추심명령 또는 전부명령을 받거나 제3자가 전세금반환채권에 대하여 실시한 강제집행절차에서 배당요구를 하는 등의 방법으로 자신의 권리를 행사하여 비로소 전세권설정자에 대해 전세금의 지급을 구할 수 있게 된다는 점, / 원래 동시이행항변권은 공평의 관념과 신의칙에 입각하여 각 당사자가 부담하는 채무가 서로 대가적 의미를 가지고 관련되어 있을 때 그 이행에 있어서 견련관계를 인정하여 당사자 일방은 상대방이 채무를 이행하거나 이행의 제공을 하지 아니한 채 당사자 일방의 채무의 이행을 청구할 때에는 자기의 채무이행을 거절할 수 있도록 하는 제도인 점, / 전세권을 목적물로 하는 저당권의 설정은 전세권의 목적물 소유자의 의사와는 상관없이 전세권자의 동의만 있으면 가능한 것이고, 원래 전세권에 있어 전세권설정자가 부담하는 전세금반환의무는 전세금반환채권에 대한 제3자의 압류 등이 없는 한 전세권자에 대해 전세금을 지급함으로써 그 의무이행을 다할 뿐이라는 점에 비추어 볼 때, / 전세권저당권이 설정된 경우에도 전세권이 기간만료로 소멸되면 전세권설정자는 전세금반환채권에 대한 제3자의 압류 등이 없는 한 전세권자에 대하여만 전세금반환의무를 부담한다고 보아야 한다(대판 1999.9.17. 98다31301).

⑤ (O) 임대차계약에 따른 임대차보증금반환채권을 담보할 목적으로 임대인과 임차인 사이의 합의에 따라 임차인 명의로 전세권설정등기를 마친 경우, 그 전세금의 지급은 이미 지급한 임대차보증금으로 대신한 것이고, 장차 전세권자가 목적물을 사용·수익하는 것을 완전히 배제하는 것도 아니므로, 그 전세권설정등기는 유효하다. / 이때 임대인과 임차인이 그와 같은 전세권설정등기를 마치기 위하여 전세권설정계약을 체결하여도, 임대차보증금은 임대차계약이 종료된 후 임차인이 목적물을 인도할 때까지 발생하는 차임 및 기타 임차인의 채무를 담보하는 것이므로, 임대인과 임차인이 위와 같이 임대차보증금반환채권을 담보할 목적으로 전세권을 설정하기 위하여 전세권설정계약을 체결하였다면, 임대차보증금에서 연체차임 등을 공제하고 남은 돈을 전세금으로 하는 것이 임대인과 임차인의 합치된 의사라고 볼 수 있다. / 그러나 그 전세권설정계약은 외관상으로는 그 내용에 차임지급 약정이 존재하지 않고 이에 따라 전세금이 연체차임으로 공제되지 않는 등 임대인과 임차인의 진의와 일치하지 않는 부분이 존재한다. 따라서 그러한 전세권설정계약은 위와 같이 임대차계약과 양립할 수 없는 범위에서 통정허위표시에 해당하여 무효라고 봄이 타당하다. / 다만 그러한 전세권설정계약에 의하여 형성된 법률관계에 기초하여 새로이 법률상 이해관계를 가지게 된 제3자에 대하여는 그 제3자가 그와 같은 사정을 알고 있었던 경우에만 그 무효를 주장할 수 있다(대판 2021.12.30. 2013다268538).

39   답 ③

┃해설┃

① (○) 근질권의 목적이 된 금전채권에 대하여 근질권자가 아닌 제3자의 압류로 강제집행절차가 개시된 경우, 제3채무자가 그 절차의 전부명령이나 추심명령에 따라 전부금 또는 추심금을 제3자에게 지급하거나 채권자의 경합 등을 사유로 위 금전채권의 채권액을 법원에 공탁하게 되면 그 변제의 효력으로서 위 금전채권은 소멸하고 그 결과 바로 또는 그 후의 절차진행에 따라 종국적으로 근질권도 소멸하게 되므로, 근질권자는 위 강제집행절차에 참가하거나 아니면 근질권을 실행하는 방법으로 그 권리를 행사할 것이 요구된다. 이런 까닭에 위 강제집행절차가 개시된 때로부터 위와 같이 근질권이 소멸하게 되기까지의 어느 시점에서인가는 근질권의 피담보채권도 확정된다고 하지 않을 수 없다. 근질권자가 제3자의 압류 사실을 알고서도 채무자와 거래를 계속하여 추가로 발생시킨 채권까지 근질권의 피담보채권에 포함시킨다고 하면 그로 인하여 근질권자가 얻을 수 있는 실익은 별 다른 것이 없는 반면 제3자가 입게 되는 손해는 위 추가된 채권액만큼 확대되고 이는 사실상 채무자의 이익으로 귀속될 개연성이 높아 부당할 뿐 아니라, 경우에 따라서는 근질권자와 채무자가 그러한 점을 남용하여 제3자 등 다른 채권자의 채권 회수를 의도적으로 침해할 수 있는 여지도 제공하게 된다. 따라서 이러한 여러 사정을 적정·공평이란 관점에 비추어 보면, 근질권이 설정된 금전채권에 대하여 제3자의 압류로 강제집행절차가 개시된 경우 근질권의 피담보채권은 근질권자가 위와 같은 강제집행이 개시된 사실을 알게 된 때에 확정된다고 봄이 타당하다(대판 2009.10.15. 2009다43621).

② (○) 담보가 없는 채권에 질권을 설정한 다음 그 채권을 담보하기 위해 저당권을 설정한 경우에, 당사자 간 약정 등 특별한 사정이 있는 때에는 저당권이 질권의 목적이 되지 않을 수 있으므로, 질권의 효력이 저당권에 미치기 위해서는 질권의 부기등기를 하도록 함으로써 이를 공시할 필요가 있다. 따라서 담보가 없는 채권에 질권을 설정한 다음 그 채권을 담보하기 위해 저당권이 설정되더라도, 민법 제348조가 유추적용되어 저당권설정등기에 질권의 부기등기를 하지 않으면 질권의 효력이 저당권에 미친다고 볼 수 없다고 본다(대판 2020.4.29. 2016다235411).

> **민법 제348조(저당채권에 대한 질권과 부기등기)**
> 저당권으로 담보한 채권을 질권의 목적으로 한 때에는 그 저당권등기에 질권의 부기등기를 하여야 그 효력이 저당권에 미친다.

③ (×) 동산질권을 선의취득하기 위하여는 질권자가 평온, 공연하게 선의이며 과실 없이 질권의 목적동산을 취득하여야 하고, 그 취득자의 선의, 무과실은 동산질권자가 입증하여야 한다(대판 1981.12.22. 80다2910). 따라서 甲이 X동산의 선의취득에 필요한 요건을 갖추었다면, 甲은 그 질권을 취득할 수 있다.

④ (○) 질권은 원본, 이자, 위약금, 질권실행의 비용, 질물보존의 비용 및 채무불이행 또는 질물의 하자로 인한 손해배상의 채권을 담보한다. 그러나 다른 약정이 있는 때에는 그 약정에 의한다(민법 제334조).

⑤ (○) 구 주택임대차보호법(2013.8.13. 법률 제12043호로 개정되기 전의 것, 이하 '구 주택임대차법'이라고 한다) 제3조 제3항은 같은 조 제1항이 정한 대항요건을 갖춘 임대차의 목적이 된 임대주택의 양수인은 임대인의 지위를 승계한 것으로 본다고 규정하고 있다. / 이는 법률상의 당연승계규정으로 보아야 하므로, 임대주택이 양도된 경우에 양수인은 주택의 소유권과 결합하여 임대인의 임대차계약상 권리·의무 일체를 그대로 승계한다. / 그 결과 양수인이 임대차보증금반환채무를 면책적으로 인수하고, 양도인은 임대차관계에서 탈퇴하여 임차인에 대한 임대차보증금반환채무를 면하게 된다. 이는 임차인이 임대차보증금반환채권에 질권을 설정하고 임대인이 그 질권설정을 승낙한 후에 임대주택이 양도된 경우에도 마찬가지라고 보아야 한다. / 따라서 이 경우에도 임대인은 구 주택임대차법 제3조 제3항에 의해 임대차관계에서 탈퇴하고 임차인에 대한 임대차보증금반환채무를 면하게 된다.(대판 2018.6.9. 2018다201610).

40

답 ⑤

┃해설┃

① (×) 물상보증인이 근저당권의 채무자의 계약상의 지위를 인수한 것이 아니라 다만 그 채무만을 면책적으로 인수하고 이를 원인으로 하여 근저당권 변경의 부기등기가 경료된 경우, / 특별한 사정이 없는 한 그 변경등기는 당초 채무자가 근저당권자에 대하여 부담하고 있던 것으로서 물상보증인이 인수한 채무만을 그 대상으로 하는 것이지, / 그 후 채무를 인수한 물상보증인이 다른 원인으로 근저당권자에 대하여 부담하게 된 새로운 채무까지 담보하는 것으로 볼 수는 없다(대판 1999.9.3. 98다40657).

② (×) 근저당권자의 경매신청 등의 사유로 인하여 근저당권의 피담보채권이 확정되었을 경우, / 확정 이후에 새로운 거래관계에서 발생한 원본채권은 그 근저당권에 의하여 담보되지 아니하지만, / 확정 전에 발생한 원본채권에 관하여 확정 후에 발생하는 이자나 지연손해금채권은 채권최고액의 범위 내에서 근저당권에 의하여 여전히 담보되는 것이다(대판 2007.4.26. 2005다38300).

③ (×) 동일한 당사자가 동일 목적물에 관하여 동일 거래관계로 인하여 발생되는 채무를 담보하기 위하여 순위가 다른 여러 개의 근저당권을 설정한 경우에 있어서도 그 각 근저당권은 모두 그 설정계약에서 정한 거래관계로 인하여 발생된 여러 개의 채무 전액을 각 그 한도 범위 안에서 담보하는 것이라 할 것이므로 / 그 담보물의 경매대금이 채무 전액을 만족시키지 못할 때에는 변제충당의 방법으로 그 경매대금 수령으로 인하여 소멸할 채무를 정할 것이지 위 경매대금을 선순위근저당권 설정 시에 발생된 채무에 우선적으로 변제충당할 것은 아니다(대판 1987.5.26. 86다카2950).

④ (×) 어느 한 사람이 같은 채권의 담보를 위하여 연대보증계약과 물상보증계약을 체결한 경우 / 부종성을 인정할 특별한 사정이 없는 한 위 두 계약은 별개의 계약이므로 보증책임의 범위가 담보부동산의 가액범위 내로 제한된다고 할 수 없다(대판 1990.1.25. 88다카26406).

⑤ (○) 근저당권이라 함은 그 담보할 채권의 최고액만을 정하고 채무의 확정을 장래에 유보하여 설정하는 저당권을 말하고, / 이 경우 그 피담보채무가 확정될 때까지의 채무의 소멸 또는 이전은 근저당권에 영향을 미치지 아니하므로, 근저당부동산에 대하여 소유권을 취득한 제3자는 피담보채무가 확정된 이후에 그 확정된 피담보채무를 채권최고액의 범위 내에서 변제하고 근저당권의 소멸을 청구할 수 있다고 할 것이며, / 피담보채무는 근저당권설정계약에서 근저당권의 존속기간을 정하거나 근저당권으로 담보되는 기본적인 거래계약에서 결산기를 정한 경우에는 원칙적으로 존속기간이나 결산기가 도래한 때에 확정되지만, / 이 경우에도 근저당권에 의하여 담보되는 채권이 전부 소멸하고 채무자가 채권자로부터 새로이 금원을 차용하는 등 거래를 계속할 의사가 없는 경우에는, 그 존속기간 또는 결산기가 경과하기 전이라 하더라도 근저당권설정자는 계약을 해지하고 근저당권설정등기의 말소를 구할 수 있고, / 한편 존속기간이나 결산기의 정함이 없는 때에는 근저당권의 피담보채무의 확정방법에 관한 다른 약정이 있으면 그에 따르되 이러한 약정이 없는 경우라면 근저당권설정자가 근저당권자를 상대로 언제든지 해지의 의사표시를 함으로써 피담보채무를 확정시킬 수 있다(대판 2002.5.24. 2002다7176).

3교시 자연과학개론

문제편 047p

01	02	03	04	05	06	07	08	09	10	11	12	13	14	15	16	17	18	19	20
⑤	④	⑤	③	⑤	④	③	④	①	④	③	④	⑤	④	⑤	⑤	③	④	④	①
21	22	23	24	25	26	27	28	29	30	31	32	33	34	35	36	37	38	39	40
③	②	①	④	⑤	④	⑤	③	⑤	③	③	①	③	③	④	③	⑤	⑤	①	③

01
답 ⑤

해설

⑤ (×) 전하가 받는 힘의 크기는 qvB이다.

02
답 ④

해설

④ (○) $\frac{13}{4}R$

$$3N = \frac{mv_A^2}{R}, \quad N + mg = \frac{mv_B^2}{R}$$

$$mg(h - 2R) = \frac{1}{2mv_B^2} = \frac{1}{2R(N+mg)}$$

$$mg(h - R) = \frac{1}{2mv_A^2} = \frac{3}{2NR}$$

연립해서 정리하면, $h = \frac{13}{4}R$

03
답 ⑤

해설

⑤ (○) 쪼개지기 전 물체의 정지질량은 3kg이다.

04

답 ③

해설

③ (×) 길이는 $\frac{5}{13}L$으로 수축한다.

05

답 ⑤

해설

⑤ (○) 45Ω

$V_{\max}^2 = V_R^2 + (V_L - V_c)^2$

$50^2 = 40^2 + (V_L - 15)^2$

$2500 = 1600 + (V_L - 15)^2$

$V_L = 45V$

$I_{\max} = \dfrac{V_R}{R}$

$I_{\max} = \dfrac{40V}{40\Omega} = 1A$

$X_L = \dfrac{V_L}{I_{\max}} = \dfrac{45V}{1A} = 45\Omega$

06

답 ④

해설

④ (○) $2mg - 16\sqrt{3}\,\dfrac{mv^2}{l}$

$T\cos 60° = \dfrac{2m(2v)^2}{\dfrac{l}{2}}$

$T = \dfrac{32mv^2}{l}$

$T\sin 60° = 16\sqrt{3}\,\dfrac{mv^2}{l}$

그러므로 (가)에서 A에 작용하는 수직항력의 크기는 $2mg - T\sin 60° = 2mg - 16\sqrt{3}\,\dfrac{mv^2}{l}$이다.

07 답 ③

|해설|

③ (○) $2f_a$
$3hf_a - hf_a = 2hf_a = 4hf_a - hf_x$

08 답 ④

|해설|

④ (○) $\frac{2}{3}$

09 답 ①

|해설|

① (○) 2eV
$E_n = \frac{h^2}{8mL^2}n^2$ 에서 c소거(h와 m에 관한 관계식) n은 에너지준위이므로 $9-1=8$,
n 앞의 식은 0.25eV로 정리되므로 방출에너지는 2eV이다.

10 답 ④

|해설|

ㄴ. (○), ㄷ. (○)

11 답 ③

|해설|

③ (○) 0.6
$t=0$에서 $p=1.60$, $t=6$에서 $p=2.40$ 중간인 $t=3$에서 p는 산술평균값인 2.00
$p_A(3\min) = 2p_0 - p(3) = 1.2\text{atm}$
A의 소비량 $= 1.6 - 1.2 = 0.4\text{mol}$
B의 생성량 $= \frac{3}{2} \times$ A의 소비량 $= 0.6\text{mol}$

12
답 ④

│해설│

④ (○) $\dfrac{49}{36}$

300K에서 A는 1atm, B는 0.5atm

400K일 때 A는 $\dfrac{4}{3}$atm, B는 $\dfrac{2}{3}$atm이다.

A의 분해반응이 발생하여 $\dfrac{4}{3}-x$가 A의 분압, $\dfrac{2}{3}+3x$가 B의 분압이고, 전체 기체의 압력이 $\dfrac{7}{3}$atm이므로 x는 $\dfrac{1}{3}$이다.

이를 대입하여 각 기체의 분압을 구하여 평형상수를 계산하면 $\dfrac{49}{36}$이다.

13
답 ⑤

│해설│

ㄱ. (○), ㄴ. (○), ㄷ. (○)

14
답 ④

│해설│

ㄱ. (○), ㄷ. (○) X-N, Y-O, Z-C

15
답 ⑤

│해설│

⑤ (○) 1mol

$2Fe^{2+}(aq) + H_2O_2(aq) + 2H^+ \rightarrow 2Fe^{3+}(aq) + 2H_2O(l)$

16

답 ⑤

┃해설┃

⑤ (×) Hexane은 C_6H_{14}이다.

17

답 ③

┃해설┃

ㄱ. (O) $[MCl_4]^{2-} \to M^{2+}(d^6/d^7/d^8)$, 정사면체 고스핀. $d^8(Ni^{2+})$만 홀전자 2개

ㄴ. (×) $[M(H_2O)_6]^{3+} \to M^{3+}$, 약리간드라 고스핀 경향. $d^6(Fe^{3+})$, $d^7(Co^{3+})$, $d^8(Ni^{3+})$ 모두 홀전자 존재 → 반자성 아님

ㄷ. (O) 정사면체 d^8 전자배치 $e^4 t_2^4$ → $CFSE = 4(-0.6\Delta_t) + 4(+0.4\Delta_t) = -0.8\Delta_t$ → 절댓값 $0.8\Delta_t$

18

답 ④

┃해설┃

④ (O) 12
비공유전자쌍-2개, 시그마 결합-10개

19

답 ④

┃해설┃

④ (O) 28

평형 Ⅰ에서 $[Cl^-] = 2[Y^{2+}]$, $K_{sp} = [Cl^-][Y^{2+}]^2 = 4v^3$

$v = \left(\dfrac{K_{sp}}{4}\right)^{\frac{1}{3}}$

평형 Ⅱ에서 $K_a = \dfrac{[H^+][Cl^-]}{[HCl]}$

$\omega = \dfrac{[H^+]}{K_a} = 7$

용해후 총 염소원자보존 $2t = [Cl^-] + [HCl] = [Cl^-](1+\omega)$

$[Cl^-] = \dfrac{2t}{1+\omega}$ 에서 $t = \left(\dfrac{K_{sp}(1+\omega)^2}{4}\right)^{\frac{1}{3}}$

$\dfrac{\omega \times t}{v} = \omega(1+\omega)^{\frac{2}{3}} = 28$

20

답 ①

해설

① (○) 12

평형 I에서, $y_A = y_B = \dfrac{1-x}{2}$, $y_C = x$

$K_{p,1} = 9 = \dfrac{x^2}{\left(\dfrac{1-x}{2}\right)^2}$, 정리하면 $x = \dfrac{3}{4}$

평형 II에서, $y_C = \dfrac{2}{3}$, $y_A = y_B = \dfrac{1}{6}$

$a = K_{p,1} = \dfrac{y_C^2}{y_A y_B} = 16$

$\dfrac{3}{4} \times 16 = 12$

21

답 ③

해설

① (×) 젖산발효에서는 피루브산이 직접 젖산으로 환원되고, 아세트알데하이드를 거치지 않는다.
② (×) 알코올발효에서는 피루브산이 아세트알데하이드로 전환된 뒤 에탄올로 환원되며, 이때 NAD^+가 재생된다. 젖산이 생성되지 않는다.
③ (○) 젖산발효는 탈탄산반응이 없고, 최종 전자수용체는 피루브산이다.
④ (×) 알코올발효에서도 해당과정에서 기질수준 인산화로 ATP가 생성된다.
⑤ (×) 두 발효 모두 무산소 조건에서 일어나며, ATP는 해당과정에서 생성된다.

22

답 ②

해설

① (×) 실제 tRNA의 종류는 코돈 수보다 적다(흔들림 가설 때문에 여러 코돈을 하나의 tRNA가 인식).
② (○) 아미노산은 tRNA의 3′ 말단의 CCA 서열에 결합한다.
③ (×) mRNA는 리보솜의 작은 소단위체와 먼저 결합한다.
④ (×) 펩타이드 결합을 촉매하는 리보자임은 큰 소단위체에 있다.
⑤ (×) 첫 번째 펩타이드 결합은 개시 단계에서 이미 형성된다.

23   답 ①

해설

① (○) 셀룰로오스 합성 효소는 막단백질이므로 조면소포체에서 합성 후 수송 소낭을 통해 골지체로 이동, 가공 및 포장된 뒤 분비 소낭에 담겨 세포막으로 운반된다.
② (×), ③ (×), ④ (×) 리소좀은 단백질 분해와 관련된다.
⑤ (×) 자유리보솜은 세포질 내 단백질 합성에 관여하며 분비 경로와 무관하다.

24   답 ④

해설

① (○) 속씨식물(Angiosperms)은 씨앗이 자방 속에, 겉씨식물(Gymnosperms)은 씨앗이 드러나 있다.
② (○) 속씨식물은 꽃이 있고, 겉씨식물은 꽃이 없다.
③ (○) 속씨식물의 배젖은 이중수정으로 형성되며 보통 3배체, 겉씨식물은 1배체 배젖을 형성한다.
④ (×) 속씨식물이 겉씨식물보다 종 수가 훨씬 많다.
⑤ (○) 이중수정은 속씨식물의 특징이다.

25   답 ⑤

해설

ㄱ. (○) 세균 DNA 복제는 반보존적 복제 방식을 따른다(한 가닥은 기존 DNA, 한 가닥은 새로 합성됨).
ㄴ. (○) 프라이머는 RNA 프라이메이스가 합성하며, 복제 시작점에서 필요하다.
ㄷ. (○) 지연가닥은 불연속적으로 합성되어 오카자키 절편이 형성된다.

26   답 ④

해설

① (○) 대장은 영양분 흡수보다는 수분과 무기염류 재흡수에 특화되어 있다.
② (○) 흡수된 수분은 혈관망을 통해 전신으로 이동한다.
③ (○) 장내 미생물(대장균 등)이 합성한 비타민 K, 일부 B군 비타민이 흡수된다.
④ (×) 단백질은 대부분 소장에서 흡수되며, 대장에서는 거의 흡수되지 않는다.
⑤ (○) 대장은 소장에서 넘어온 내용물에서 상당한 양의 수분을 재흡수할 수 있다.

27

답 ⑤

┃해설┃
① (○) 배아줄기세포는 모든 세포 유형으로 분화 가능하다(전능성 또는 다능성).
② (○) 성체줄기세포는 조직 특이성을 띠며, 다능성이 아닌 경우가 많다.
③ (○) 전능성은 수정란 및 초기 배아에서 나타난다.
④ (○) iPS 세포는 유전자 재프로그래밍을 통해 만든 인공 줄기세포이다.
⑤ (×) 성체줄기세포는 일반적으로 조직 특이적 세포로만 분화 가능하다.

28

답 ③

┃해설┃
③ (○) $\frac{112}{225}$
현재 $p=0.5$, $q=0.5$
초기 유전자형 빨간색 0.25, 분홍색 0.5, 흰색 0.25
생존율 적용 빨간색 0.1, 분홍색 0.5, 흰색 0.15
정규화 합 0.75 빨간색 $\frac{2}{15}$, 분홍색 $\frac{2}{3}$, 흰색 $\frac{1}{5}$
다음세대 $p'=\frac{7}{15}$
분홍색 비율 $2p'q'=\frac{112}{225}$

29

답 ⑤

┃해설┃
ㄱ. (○) 대부분의 양서류는 올챙이에서 성체로 변태하는 과정을 거친다.
ㄴ. (○) 피부가 얇고 습해 피부 호흡이 가능하다.
ㄷ. (○) 양서류에는 개구리·두꺼비·도롱뇽·맹꽁이 등이 포함된다.

30

답 ③

┃해설┃
ㄱ. (○) Western blot은 특정 단백질을 항체로 검출하므로 발현 유무와 상대적 발현량을 확인할 수 있다.
ㄴ. (○) 전기영동을 거치므로 분자량(상대적 크기)에 대한 정보를 제공한다.
ㄷ. (×) DNA 검출은 Southern blot의 역할이다.

31

답 ③

해설

ㄱ. (○) P파는 종파(밀고 당기는 파)로 입자 진동이 진행 방향과 평행, 고체·액체·기체를 통과하며 가장 빠르다.
ㄴ. (○) S파는 전단파(가로진동)로 입자 진동이 진행 방향과 수직, 액체(예 : 외핵)에서는 전파되지 않고 P파보다 느리다.
ㄷ. (×) 진원에서 멀수록 S파가 더 늦게 도달하므로 PS시는 증가한다. 따라서 ㄷ은 옳지 않다.

32

답 ①

해설

태양광을 평행으로 가정하면 두 도시의 태양 고도 차 = 지구 중심각 θ가 된다. 두 도시 사이의 거리 d(가능한 한 같은 경선상)를 알면 지구 둘레 $C = \frac{360°}{\theta} \times d$로 계산 가능하다. 경도 차나 고도 절대값은 필요하지 않다.

33

답 ③

해설

ㄱ. (○) 점이층리(graded bedding)는 아래 조립-위 세립.
ㄴ. (○) 건열(mud crack)은 얕은 환경에서 노출·건조 시 형성, 위로 벌어짐.
ㄷ. (×) 사층리(cross-bedding)는 일방향 흐름(하천, 사구 등)에서 매우 흔하며 파랑에만 한정되지 않는다.

34

답 ③

해설

ㄱ. (○) 상층 지균풍에서 기압경도력은 저기압 쪽으로, 전향력은 바람의 오른쪽(남쪽)으로 작용해 서로 평형을 이룬다.
ㄴ. (○) 지균풍 $V_g = \frac{1}{\rho f} \frac{\Delta p}{\Delta n}$. 등압선 간격이 넓어지면 $\frac{\Delta p}{\Delta n}$이 작아져 속도 감소.
ㄷ. (×) $f = 2\Omega \sin\phi$이므로 위도 ↑ → f ↑ → V_g 감소한다.

35

답 ④

┃해설┃

거리$(d) = \dfrac{1}{p''}$ 가장 가까운 별은 A

$\mu = m - M = 5\log_{10} d/10$

A : 7, C : -2

36

답 ③

┃해설┃

ㄱ. (○) 내행성이 태양의 동쪽에 있으면 해진 뒤 ㅅ쪽 하늘에서 보이는 '저녁별'(동방이각).
ㄴ. (○) 합삭 부근의 달은 태양과 거의 함께 떠서 밤에는 보기 어렵다.
ㄷ. (×) 내행성(금성)은 자정에 하늘에 있을 수 없다.(항상 태양 근처에 있어 해 지고 몇 시간 이내에 진다).

37

답 ⑤

┃해설┃

① (○), ② (○), ③ (○), ④ (○) 베게너가 제시한 고전적 증거(해안선 맞물림, 빙하 흔적, 동일 화석 분포, 산맥·지층의 연속성)이다.
⑤ (×) 해저 자기 줄무늬는 해저 확장설(1960년대)로 확립된 후대의 판구조론 증거이지, 베게너가 사용한 증거는 아니다.

38 답 ⑤

┃해설┃

⑤ (×) 남반구의 아열대 환류는 일반적으로 반시계 방향(예 : 페루·브라질·벵겔라·서오스트레일리아 해류)이지만, 쿠로시오는 북태평양 시계 방향 환류의 서안계 해류이다.

39 답 ①

┃해설┃

초승달(삭 이후의 waxing crescent)은 해가 진 직후 서쪽 하늘(대체로 남서쪽)에서 보인다. 그림에서 초승달에 해당하는 위치는 C(합삭 위치 오른쪽 아래, 초승달 → 상현달로 진행하는 구간)이다.

40 답 ③

┃해설┃

ㄱ. (○) 대류권은 일반적으로 고도↑ → 기온↓
ㄴ. (×) 성층권은 안정층으로 대류가 약하며, 오존층이 자외선을 흡수해 상층으로 갈수록 기온이 상승한다.
ㄷ. (○) 중간권에서는 다시 고도↑ → 기온↓

전과목 최종점검 FINAL 모의고사
제2회 정답 및 해설

1교시   산업재산권법

2교시   민법개론

3교시   자연과학개론

1교시 산업재산권법

01	02	03	04	05	06	07	08	09	10	11	12	13	14	15	16	17	18	19	20
②	①	④	⑤	③	④	①	④	⑤	②	①	⑤	③	①	④	⑤	②	②	③	⑤
21	22	23	24	25	26	27	28	29	30	31	32	33	34	35	36	37	38	39	40
①	③	⑤	①	④	②	③	④	⑤	④	①	②	⑤	④	①	③	①	④	⑤	②

01 답 ②

해설

① (×) 후출원특허의 기술방법이 선출원특허의 그것과 동일한 경우에도 새 종균을 이용하여 제조하는 경우에는 신규의 발명이 된다(대판 1963.11.28. 63후34).

② (○) 선행발명과 후발명이 구 특허법(1990.1.13. 법률 제4207호로 전문 개정되기 전의 것) 제45조 제3항 소정의 이용관계에 있는 경우에는 후발명은 선행발명특허의 권리범위에 속하게 되고, / 이러한 이용관계는 후발명이 선행발명의 특허요지에 새로운 기술적 요소를 가하는 것으로서 후발명이 선행발명의 요지를 전부 포함하고 이를 그대로 이용하게 되면 성립된다(대판 1995.12.5. 92후1660).

③ (×) 선택발명의 진보성이 부정되지 않기 위해서는, 선택발명에 포함되는 하위개념들 모두가 선행발명이 갖는 효과와 질적으로 다른 효과를 갖고 있거나, / 질적인 차이가 없더라도 양적으로 현저한 차이가 있어야 한다. / 이때 선택발명의 명세서 중 발명의 상세한 설명에는 선행발명에 비하여 위와 같은 효과가 있음을 명확히 기재하여야 하는데, 이러한 기재가 있다고 하려면 발명의 상세한 설명에 질적인 차이를 확인할 수 있는 구체적인 내용이나 양적으로 현저한 차이가 있음을 확인할 수 있는 정량적 기재가 있어야 한다(대판 2017.5.11. 2014후1631).

④ (×) 구 특허법(1990.1.13 법률 제4207호로 개정되기 전의 것) 제57조에 의하면 특허권의 권리범위 내지 실질적인 보호범위는 특허명세서의 "특허청구의 범위"에 기재된 사항에 의하여 정하여진다 할 것이나, / 특허명세서의 기재 중 "특허청구의 범위"의 항의 기재만으로는 특허의 기술구성을 알 수 없거나 설사 알 수는 있더라도 그 기술적 범위를 확정할 수 없는 경우, "특허청구의 범위"에 발명의 상세한 설명이나 도면 등 명세서의 다른 기재부분을 보충하여 명세서 전체로서 특허의 기술적 범위 내지 그 권리범위를 실질적으로 확정하여야 한다. / 촉매의 사용이 특허출원 당시 이미 공지된 것이어서 그 기술분야에 종사하는 자라면 용이하게 예측할 수 있는 것이었다 하더라도 특허청구의 범위나 상세한 설명에 그 촉매의 사용에 관한 언급이 없었던 이상, 그 특허가 촉매의 사용을 당연한 전제로 하고 있었던 것이라고 할 수 없다(대판 1991.11.26. 90후1499).

⑤ (×) 특허법 제2조 제1호는 자연법칙을 이용한 기술적 사상의 창작으로서 고도한 것을 '발명'으로 정의하고 있으므로, 출원발명이 자연법칙을 이용한 것이 아닌 때에는 구 특허법(2006.3.3. 법률 제7871호로 개정되기 전의 것, 이하 같다) 제29조 제1항 본문의 '산업상 이용할 수 있는 발명'의 요건을 충족하지 못함을 이유로 그 특허출원이 거절되어야 하는바, / 특히 정보 기술을 이용하여 영업방법을 구현하는 이른바 영업방법(business method) 발명에 해당하기 위해서는 컴퓨터상에서 소프트웨어에 의한 정보처리가 하드웨어를 이용하여 구체적으로 실현되고 있어야 하고, / 한편 출원발명이 자연법칙을 이용한 것인지 여부는 청구항 전체로서 판단하여야 하므로, 청구항에 기재된 발명의 일부에 자연법칙을 이용하고 있는 부분이 있더라도 청구항 전체로서 자연법칙을 이용하고 있지 않다고 판단될 때에는 특허법상의 발명에 해당하지 않는다(대판 2008.12.11. 2007후494).

02

답 ①

해설

① (×) 특허법 제219조 제3항에 의하면 최초의 공시송달은 특허공보에 게재한 날부터 2주일이 지나면 그 효력이 발생한다. 다만, 같은 당사자에 대한 이후의 공시송달은 특허공보에 게재한 날의 다음 날부터 효력이 발생한다.

> **특허법 제219조(공시송달)**
> ③ 최초의 공시송달은 특허공보에 게재한 날부터 2주일이 지나면 그 효력이 발생한다. 다만, 같은 당사자에 대한 이후의 공시송달은 특허공보에 게재한 날의 다음 날부터 효력이 발생한다.

② (○) 특허법 제15조 제2항에 의하면 법정기간은 법으로 정해진 기간이어서 단축할 수 없으나, 지정기간은 지식재산처장 등에 의하여 지정되므로, 당사자의 청구에 의하여 단축 가능하다.

> **특허법 제15조(기간의 연장 등)**
> ② 지식재산처장·특허심판원장·심판장 또는 제57조 제1항에 따른 심사관(이하 "심사관"이라 한다)은 이 법에 따라 특허에 관한 절차를 밟을 기간을 정한 경우에는 청구에 따라 그 기간을 단축 또는 연장하거나 직권으로 그 기간을 연장할 수 있다. 이 경우 지식재산처장 등은 그 절차의 이해관계인의 이익이 부당하게 침해되지 아니하도록 단축 또는 연장 여부를 결정하여야 한다.

③ (○) 특허법 제16조 제1항 본문에 의하면 지식재산처장 또는 특허심판원장은 제46조에 따른 보정명령을 받은 자가 지정된 기간에 그 보정을 하지 아니하면 특허에 관한 절차를 무효로 할 수 있다.

> **특허법 제16조(절차의 무효)**
> ① 지식재산처장 또는 특허심판원장은 제46조에 따른 보정명령을 받은 자가 지정된 기간에 그 보정을 하지 아니하면 특허에 관한 절차를 무효로 할 수 있다. 다만, 제82조 제2항에 따른 심사청구료를 내지 아니하여 보정명령을 받은 자가 지정된 기간에 그 심사청구료를 내지 아니하면 특허출원서에 첨부한 명세서에 관한 보정을 무효로 할 수 있다.

④ (○) 특허법 제14조 제4호에 의하면 특허에 관한 절차에서 기간의 마지막 날이 공휴일에 해당하면 기간은 그 다음 날로 만료한다. 국내우선권주장에 있어서 "선출원의 취하로 보는 시점"에 관한 기간은 특허에 관한 절차에 관한 기간이 아니다. 특허법 제14조 제4호의 취지는 절차를 수행할 수 없었던 사유가 있다면, 이를 보완하여 절차적 권리를 보호하고자 함에 있다. 선출원의 취하로 보는 시점을 계산함에 있어서, 출원인이 제출할 것이 있지 않으므로, 출원인의 절차적 권리를 보호할 이유 없다.

> **특허법 제14조(기간의 계산)**
> 이 법 또는 이 법에 따른 명령에서 정한 기간의 계산은 다음 각 호에 따른다.
> 4. 특허에 관한 절차에서 기간의 마지막 날이 공휴일(「근로자의날제정에관한법률」에 따른 근로자의 날 및 토요일을 포함한다)에 해당하면 기간은 그 다음 날로 만료한다.

⑤ (○) 특허법 제28조 제1항에 의하면 이 법 또는 이 법에 따른 명령에 따라 지식재산처장 또는 특허심판원장에게 제출하는 출원서, 청구서, 그 밖의 서류(물건을 포함한다. 이하 이 조에서 같다)는 지식재산처장 또는 특허심판원장에게 도달한 날부터 제출의 효력이 발생한다.

03

답 ④

해설

① (○) 어느 특허발명의 특허청구범위에 기재된 청구항이 복수의 구성요소로 되어 있는 경우에는 각 구성요소가 유기적으로 결합한 전체로서의 기술사상이 진보성 판단의 대상이 되는 것이지 각 구성요소가 독립하여 진보성 판단의 대상이 되는 것은 아니므로, / 그 특허발명의 진보성 여부를 판단함에 있어서는 청구항에 기재된 복수의 구성을 분해한 후 각각 분해된 개별 구성요소들이 공지된 것인지 여부만을 따져서는 안 되고, 특유의 과제 해결원리에 기초하여 유기적으로 결합된 전체로서의 구성의 곤란성을 따져 보아야 할 것이며, 이 때 결합된 전체 구성으로서의 발명이 갖는 특유한 효과도 함께 고려하여야 한다(대판 2007.11.29. 2006후2097).

② (○) 특허발명의 진보성을 판단할 때는 비교대상발명에 그 인용되는 기술을 결합하여 당해 특허발명에 이를 수 있다는 암시·동기 등이 나타나 있지 않다고 하더라도 당해 특허발명의 출원 당시의 기술수준, 기술상식, 해당 기술분야의 기술적 과제, 발전경향, 해당 업계의 요구 등에 비추어 보아 그 기술분야에서 통상의 지식을 가진 자(이하 '통상의 기술자'라 한다)가 용이하게 당해 특허발명에 이를 수 있다면 그 진보성이 부정된다(대판 2009.12.24. 2008후4738).

③ (○) 제시된 선행문헌을 근거로 어떤 발명의 진보성이 부정되는지를 판단하기 위해서는 진보성 부정의 근거가 될 수 있는 일부 기재만이 아니라 선행문헌 전체에 의하여 통상의 기술자가 합리적으로 인식할 수 있는 사항을 기초로 대비·판단하여야 한다(대판 2022.1.13. 2019후12094).

④ (×) 발명의 진보성 부정 여부를 판단할 때에는 적어도 선행 기술의 범위와 내용, 진보성 판단의 대상이 된 발명과 선행 기술의 차이, 그 발명이 속하는 기술분야에서 통상의 지식을 가진 사람(이하 '통상의 기술자'라 한다)의 기술수준에 대하여 증거 등 기록에 나타난 자료에 기초하여 파악한 다음, 통상의 기술자가 특허출원 당시의 기술수준에 비추어 진보성 판단의 대상이 된 발명이 선행 기술과 차이가 있는데도 그러한 차이를 극복하고 선행 기술로부터 쉽게 발명할 수 있는지를 살펴보아야 한다. / 이 경우 진보성 판단의 대상이 된 발명의 명세서에 개시되어 있는 기술을 알고 있음을 전제로 사후적으로 통상의 기술자가 쉽게 발명할 수 있는지를 판단해서는 안 된다(대판 2025.7.16. 2022후10524).

⑤ (○) 특허법은 특허가 일정한 사유에 해당하는 경우에 별도로 마련한 특허의 무효심판절차를 거쳐 무효로 할 수 있도록 규정하고 있으므로, 특허는 일단 등록이 되면 비록 진보성이 없어 당해 특허를 무효로 할 수 있는 사유가 있더라도 특허무효심판에 의하여 무효로 한다는 심결이 확정되지 않는 한 다른 절차에서 그 특허가 무효임을 전제로 판단할 수는 없다. / 나아가 특허법이 규정하고 있는 권리범위확인심판은 심판청구인이 그 청구에서 심판의 대상으로 삼은 확인대상발명이 특허권의 효력이 미치는 객관적인 범위에 속하는지 여부를 확인하는 목적을 가진 절차이므로, 그 절차에서 특허발명의 진보성 여부까지 판단하는 것은 특허법이 권리범위확인심판 제도를 두고 있는 목적을 벗어나고 그 제도의 본질에 맞지 않다. / 특허법이 심판이라는 동일한 절차 안에 권리범위확인심판과는 별도로 특허무효심판을 규정하여 특허발명의 진보성 여부가 문제 되는 경우 특허무효심판에서 이에 관하여 심리하여 진보성이 부정되면 그 특허를 무효로 하도록 하고 있음에도 진보성 여부를 권리범위확인심판에서까지 판단할 수 있게 하는 것은 본래 특허무효심판의 기능에 속하는 것을 권리범위확인심판에 부여함으로써 특허무효심판의 기능을 상당 부분 약화시킬 우려가 있다는 점에서도 바람직하지 않다. 따라서 권리범위확인심판에서는 특허발명의 진보성이 부정된다는 이유로 그 권리범위를 부정하여서는 안 된다(대판[전합] 2014.3.20. 2012후4162).

04

답 ⑤

해설

① (○) 확대된 선출원에 관한 구 특허법(2006.3.3. 법률 제7871호로 개정되기 전의 것) 제29조 제3항에서 규정하는 발명의 동일성은 발명의 진보성과는 구별되는 것으로서 / 두 발명의 기술적 구성이 동일한가 여부에 의하되 발명의 효과도 참작하여 판단할 것인데, 기술적 구성에 차이가 있더라도 그 차이가 과제해결을 위한 구체적 수단에서 주지·관용기술의 부가·삭제·변경 등에 지나지 아니하여 새로운 효과가 발생하지 않는 정도의 미세한 차이에 불과하다면 두 발명은 서로 실질적으로 동일하다고 할 것이나, / 두 발명의 기술적 구성의 차이가 위와 같은 정도를 벗어난다면 설사 그 차이가 해당 발명이 속하는 기술분야에서 통상의 지식을 가진 사람이 쉽게 도출할 수 있는 범위 내라고 하더라도 두 발명을 동일하다고 할 수 없다(대판 2011.4.28. 2010후2179).

> **특허법 제29조(특허요건)**
> ③ 특허출원한 발명이 다음 각 호의 요건을 모두 갖춘 다른 특허출원의 출원서에 최초로 첨부된 명세서 또는 도면에 기재된 발명과 동일한 경우에 그 발명은 제1항에도 불구하고 특허를 받을 수 없다. 다만, 그 특허출원의 발명자와 다른 특허출원의 발명자가 같거나 그 특허출원을 출원한 때의 출원인과 다른 특허출원의 출원인이 같은 경우에는 그러하지 아니하다.
> 1. 그 특허출원일 전에 출원된 특허출원일 것
> 2. 그 특허출원 후 제64조에 따라 출원공개되거나 제87조 제3항에 따라 등록공고된 특허출원일 것

② (○) 구 특허법(1998.9.23. 법률 제5576호로 개정되기 전의 것) 제29조 제3항은 "특허 출원한 발명이 당해 출원을 한 날 전에 특허출원 또는 실용신안등록출원을 하여 당해 특허출원을 한 날 후에 출원공개 또는 등록공고된 타 특허출원 또는 실용신안등록출원의 출원서에 최초로 첨부한 명세서 또는 도면에 기재된 발명 또는 고안과 동일한 경우에 그 발명에 대하여는 제1항의 규정에 불구하고 특허를 받을 수 없다. … "고 규정하고 있는바, / 위 규정의 취지는 같은 법 제36조 소정의 선원주의가 특허청구의 범위에 기재된 발명만을 기준으로 선후원의 동일성 여부를 판단하므로, / 선원의 특허청구범위에는 기재되지 아니하였으나 발명의 상세한 설명이나 도면에는 기재된 기술내용에 대하여 아무런 발명적 기여도 없는 제3자가 후출원으로 특허를 받을 수 있는 경우가 생길 수 있어 그러한 부분을 누구나 자유롭게 실시할 수 있는 공공의 영역으로 두려는 선원자의 의사에 반하여 부당하고, 출원공개기간이 길어짐으로써 발명적 업적이 없는 자가 특허를 받게 되는 불공평이 초래될 우려도 있으므로, 선원의 범위를 확대하여 선원이 출원공개 또는 출원공고된 경우 최초 명세서 및 도면에 기재된 발명내용 전부에 비추어 동일성이 있다고 판단되면 특허를 받을 수 없도록 한 것이므로, / 어떠한 발명이 같은 법 제29조 제3항에 해당하는지를 판단하기 위하여는 그 전제로서 선원의 존재와 그 선원이 출원공개 또는 출원공고될 것이 요구되고, 그 경우 대비되는 발명은 후에 보정되었는지에 관계없이 선원의 최초 명세서 및 도면에 기재된 발명이다(특허법원 1999.5.28. 98허7110).

③ (○) 특허법 제29조 제3항에 의하면 특허출원한 발명이 다음 각 호의 요건(1. 그 특허출원일 전에 출원된 특허출원일 것 2. 그 특허출원 후 제64조에 따라 출원공개되거나 제87조 제3항에 따라 등록공고된 특허출원일 것)을 모두 갖춘 다른 특허출원의 출원서에 최초로 첨부된 명세서 또는 도면에 기재된 발명과 동일한 경우에 그 발명은 제1항에도 불구하고 특허를 받을 수 없다. 다만, 그 특허출원의 발명자와 다른 특허출원의 발명자가 같거나 그 특허출원을 출원한 때의 출원인과 다른 특허출원의 출원인이 같은 경우에는 그러하지 아니하다.

④ (○) 특허법 제202조 제3항 제1호에 의하면 선출원이 국제특허출원인 경우 "출원서에 최초로 첨부된 명세서 또는 도면"은 "국제출원일까지 제출된 국제출원의 발명의 설명, 청구범위 또는 도면"으로 본다.

> **특허법 제202조(특허출원 등에 의한 우선권 주장의 특례)**
> ③ 제55조 제1항, 같은 조 제3항부터 제5항까지 및 제56조 제1항을 적용할 때 선출원이 국제특허출원 또는 「실용신안법」 제34조 제2항에 따른 국제실용신안등록출원인 경우에는 다음 각 호에 따른다.
>   1. 제55조 제1항 각 호 외의 부분 본문, 같은 조 제3항 및 제5항 각 호 외의 부분 중 "출원서에 최초로 첨부된 명세서 또는 도면"은 다음 각 목의 구분에 따른 것으로 본다.
>   가. 선출원이 국제특허출원인 경우 : "국제출원일까지 제출된 국제출원의 발명의 설명, 청구범위 또는 도면"
>   나. 선출원이 「실용신안법」 제34조 제2항에 따른 국제실용신안등록출원인 경우 : "국제출원일까지 제출된 국제출원의 고안의 설명, 청구범위 또는 도면"

⑤ (×) 미완성 발명이란 통상의 기술자가 반복 실시하여 목적하는 기술적 효과를 얻을 수 있을 정도까지 구체적·객관적으로 구성되어 있지 아니한 발명으로서, / 그 판단은 특허출원의 명세서에 기재된 발명의 목적, 구성 및 작용효과 등을 전체적으로 고려하여 출원 당시의 기술수준에 입각하여 판단하여야 할 것이다. / <u>미완성발명은 본건 발명에 대한 선원의 지위가 없다</u>(특허법원 1999.5.28. 98허7110).

05

│해설│

① (O) 특허법 제42조 제4항에 의하면 제2항에 따른 청구범위에는 보호받으려는 사항을 적은 항(이하 "청구항"이라 한다)이 하나 이상 있어야 하며, 그 청구항은 다음 각 호의 요건(1. 발명의 설명에 의하여 뒷받침될 것 2. 발명이 명확하고 간결하게 적혀 있을 것)을 모두 충족하여야 한다.

② (O) 특허법 제42조 제4항 제1호는 청구범위에 보호받으려는 사항을 적은 청구항이 발명의 설명에 의하여 뒷받침될 것을 규정하고 있는데, 이는 특허출원서에 첨부된 명세서의 발명의 설명에 기재되지 아니한 사항이 청구항에 기재됨으로써 출원자가 공개하지 아니한 발명에 대하여 특허권이 부여되는 부당한 결과를 막기 위한 것이다. / 청구항이 발명의 설명에 의하여 뒷받침되고 있는지 여부는 출원 당시의 기술 수준을 기준으로 하여 통상의 기술자의 입장에서 청구범위에 기재된 사항과 대응되는 사항이 발명의 설명에 기재되어 있는지 여부에 의하여 판단하여야 한다. / <u>출원 시의 기술상식에 비추어 보더라도 발명의 설명에 개시된 내용을 청구범위에 기재된 발명의 범위까지 확장 내지 일반화할 수 없는 경우에는 그 청구범위는 발명의 설명에 의하여 뒷받침된다고 볼 수 없다</u>(대판 2024.10.8. 2021후10886).

③ (×) 특허법 제42조 제4항 제1호는 특허청구범위에 보호받고자 하는 사항을 기재한 청구항이 발명의 상세한 설명에 의하여 뒷받침될 것을 규정하고 있는데, 이는 특허출원서에 첨부된 명세서의 발명의 상세한 설명에 기재되지 아니한 사항이 청구항에 기재됨으로써 출원자가 공개하지 아니한 발명에 대하여 특허권이 부여되는 부당한 결과를 막으려는 데에 취지가 있다. 따라서 특허법 제42조 제4항 제1호가 정한 위와 같은 명세서 기재요건을 충족하는지 여부는, 위 규정 취지에 맞게 특허출원 당시의 기술수준을 기준으로 하여 그 발명이 속하는 기술 분야에서 통상의 지식을 가진 자(이하 '통상의 기술자'라 한다)의 입장에서 특허청구범위에 기재된 사항과 대응되는 사항이 발명의 상세한 설명에 기재되어 있는지 여부에 의하여 판단하여야 하고, / <u>규정 취지를 달리하는 특허법 제42조 제3항 제1호가 정한 것처럼 발명의 상세한 설명에 통상의 기술자가 그 발명을 쉽게 실시할 수 있도록 명확하고 상세하게 기재되어 있는지 여부에 의하여 판단하여서는 아니 된다</u>(대판 2014.9.4. 2012후832).

④ (O) 특허법 제42조 제4항 제1호는 특허청구범위에 보호받고자 하는 사항을 기재한 청구항이 발명의 상세한 설명에 의하여 뒷받침될 것을 규정하고 있는데, 이는 특허출원서에 첨부된 <u>명세서의 발명의 상세한 설명에 기재되지 아니한 사항이 청구항에 기재됨으로써 출원자가 공개하지 아니한 발명에 대하여 특허권이 부여되는 부당한 결과를 막으려는 데에 취지가 있다</u>(대판 2014.9.4. 2012후832).

⑤ (O) 특허법 제42조 제4항 제2호는 청구범위에는 발명이 명확하고 간결하게 적혀야 한다고 규정하고 있다. 그리고 특허법 제97조는 특허발명의 보호범위는 청구범위에 적혀 있는 사항에 의하여 정하여진다고 규정하고 있다(2007.1.3. 법률 제8197호로 개정되기 전의 구 특허법에도 자구는 다르지만 동일한 취지로 규정되어 있다). 따라서 청구항에는 명확한 기재만이 허용되고, 발명의 구성을 불명료하게 표현하는 용어는 원칙적으로 허용되지 않는다. / 또한 발명이 명확하게 적혀 있는지는 그 발명이 속하는 기술분야에서 통상의 지식을 가진 사람이 발명의 설명이나 도면 등의 기재와 출원 당시의 기술상식을 고려하여 청구범위에 기재된 사항으로부터 특허를 받고자 하는 발명을 명확하게 파악할 수 있는지에 따라 개별적으로 판단하여야 하고, / 단순히 청구범위에 사용된 용어만을 기준으로 하여 일률적으로 판단하여서는 안 된다(대판 2017.4.7. 2014후1563).

06

답 ④

해설

① (O) 특허발명의 청구항이 '어떤 구성요소들을 포함하는 것을 특징으로 하는 방법(물건)'이라는 형식으로 기재된 경우, 그 특허발명의 청구항에 명시적으로 기재된 구성요소 전부에 더하여 기재되어 있지 아니한 요소를 추가하여 실시하는 경우에도 그 기재된 구성요소들을 모두 포함하고 있다는 사정은 변함이 없으므로 그와 같은 실시가 그 특허발명의 권리범위에 속함은 물론이며, 나아가 위와 같은 형식으로 기재된 청구항은 명시적으로 기재된 구성요소뿐 아니라 다른 요소를 추가하여 실시하는 경우까지도 예상하고 있는 것이다. / 특허발명의 청구항에 '발명이 명확하고 간결하게 기재될 것'을 요구하는 특허법 제42조 제4항 제2호의 취지는 같은 법 제97조의 규정에 비추어 청구항에는 명확한 기재만이 허용되는 것으로서 발명의 구성을 불명료하게 표현하는 용어는 원칙적으로 허용되지 않으며, / 나아가 특허청구범위의 해석은 명세서를 참조하여 이루어지는 것에 비추어 특허청구범위에는 발명의 상세한 설명에서 정의하고 있는 용어의 정의와 다른 의미로 용어를 사용하는 등 결과적으로 청구범위를 불명료하게 만드는 것도 허용되지 않는다는 것이다(대판 2006.11.24. 2003후2072).

> **특허법 제97조(특허발명의 보호범위)**
> 특허발명의 보호범위는 청구범위에 적혀 있는 사항에 의하여 정하여진다

② (O) 구 특허법(1990.1.13. 법률 제4207호로 전문 개정되기 전의 것) 제8조 제3항·제4항[(註) 현행법 제42조 제3항·제4항]의 취지는 특허출원된 발명의 내용을 제3자에게 공표하여 그 기술적 범위를 명확하게 하기 위한 것이므로 특허출원 당시의 기술 수준을 기준으로 하여 그 발명과 관련된 기술분야에서 평균적 기술능력을 가진 자라면 누구든지 출원된 발명의 내용을 명확하게 이해하고 이를 재현할 수 있는 정도의 기재가 있으면 충분하다. / 동일한 발명사상의 내용이 청구항을 달리하여 중복하여 기재되어 있다고 하더라도 특허청구의 범위가 명확하고 간결하게 기재되어 있어 당해 기술분야에서 통상의 지식을 가진 자가 그 내용을 명확하게 이해하고 인식하여 재현할 수 있다면 그 명세서의 기재는 적법하다(대판 1995.9.26. 94후1558).

③ (O) 특허청구범위가 기능, 효과, 성질 등에 의한 물건의 특정을 포함하는 경우, 그 발명이 속하는 기술분야에서 통상의 지식을 가진 자가 발명의 상세한 설명이나 도면 등의 기재와 출원 당시의 기술상식을 고려하여 특허청구범위에 기재된 사항으로부터 특허를 받고자 하는 발명을 명확하게 파악할 수 있다면 그 특허청구범위의 기재는 적법하다. / 독립항과 이를 한정하는 종속항 등 여러 항으로 이루어진 특허발명 청구항의 기술내용을 파악함에 있어서, 특별한 사정이 없는 한 광범위하게 규정된 독립항의 기술내용을 독립항보다 구체적으로 한정하고 있는 종속항의 기술구성이나 발명의 상세한 설명에 나오는 특정의 실시례로 제한하여 해석할 수는 없다(대판 2007.9.6. 2005후1486).

④ (×) 조성물 발명의 구성을 명확하게 하기 위해서는 그 구성 성분의 조성비 등이 명확하게 기재되어 있어야 하는바, / 발명을 특정하기 위한 사항인 조성비의 기재가 모든 경우에 각 성분의 임계치를 취하여 정확히 100%를 만족시킬 필요는 없는 것이지만, 모든 성분의 최대성분량의 합이 100%에 미달하는 경우, 모든 성분의 최저성분량의 합이 100%를 초과하는 경우, 하나의 최대성분량과 나머지 최저성분량의 합이 100%를 초과하는 경우, 하나의 최저성분량과 나머지 최대성분량의 합이 100%에 미달하는 경우 등과 같이 조성비의 기술적인 결함이나 모순이 있는 경우에는 발명의 구성이 명확하게 기재되어 있다고 할 수 없다. / 명칭을 "원적외선 훈열제 및 그 제조방법"으로 하는 특허발명의 일부 청구항과 상세한 설명에는 조성물의 조성비를 기재하였으나 그 구성 성분 중 최대성분량과 나머지 성분들의 최저성분량의 합이 100중량%를 초과하게 기재하고 있고, 다른 청구항에는 그 조성비를 일정한 수치로 특정할 수 있음에도 불구하고 단지 "소정의 비율로 혼합한다."고만 기재하고 있는 등록발명에 대하여 그 청구항들 모두가 명확하게 기재되어 있지 않다는 이유로 무효라고 판단한 사례(특허법원 2007.3.28. 2006허4765).

⑤ (○) 의약의 용도발명에 있어서는 특정 물질이 가지고 있는 의약의 용도가 발명의 구성요건에 해당하므로 발명의 특허청구범위에는 특정 물질의 의약용도를 대상 질병 또는 약효로 명확히 기재하는 것이 원칙이나, / 특정 물질의 의약용도가 약리기전만으로 기재되어 있다 하더라도 발명의 상세한 설명 등 명세서의 다른 기재나 기술상식에 의하여 의약으로서의 구체적인 용도를 명확하게 파악할 수 있는 경우에는 특허법 제42조 제4항 제2호가 정한 청구항의 명확성 요건을 충족하는 것으로 볼 수 있다(대판 2009.11.12. 2007후5215).

07

답 ①

해설

① (×) 성기구 내지 성보조기구는 단순한 성적인 만족이나 쾌락을 위한 경우뿐만 아니라 신체적 장애 등의 이유로 이를 필요로 하는 사람이 있을 수 있고, 매우 사적인 공간에서 이용되므로, 음란한 물건에 해당하는지 또는 선량한 풍속을 문란하게 할 염려가 있는지를 판단함에 있어 일반적인 성적인 표현물보다는 더 엄격하게 판단해야 할 것으로 보이는 점, / 출원발명의 실시가 공연한 음란행위를 필연적으로 수반할 것이 예상된다고 보기도 어려운 점, / 이 사건 출원발명에 대하여 공중의 위생을 해할만한 특별한 사정도 엿보이지 않는 점 등을 종합하면, 이 사건 출원발명은 공공의 질서 또는 선량한 풍속을 문란하게 하거나 공중의 위생을 해할 염려가 있는 발명에 해당한다고 보기 어렵다(특허법원 2014.12.4. 2014허4555).

② (○) 특허법 제32조는 '공공의 질서 또는 선량한 풍속에 어긋나거나 공중의 위생을 해칠 우려가 있는 발명은 특허를 받을 수 없다.'고 규정하는데, 여기서 '공공의 질서'는 국가사회의 일반적 이익을 의미하고, '선량한 풍속'은 사회의 일반적·도덕적 관념을 가리킨다. / 위 조항에 따라 특허를 받을 수 없는 발명은, 발명의 본래 목적이 공서양속을 해치는 경우뿐 아니라, 해당 발명의 공개 또는 사용이 공서양속에 반하는 경우도 포함한다고 할 것이나, / 발명이 본래 목적을 벗어나 부당하게 사용된 결과 공서양속을 해칠 염려가 있는 경우까지 포함하는 것은 아니라고 해석된다. / 지식재산처 '특허·실용신안심사기준'도, '어떤 기구가 부정행위에 제공될 수도 있지만 순수한 오락용으로 제공될 수도 있을 때, 본래 목적 이외의 부당한 사용으로 인하여 공서양속을 문란하게 하는 경우'는 특허법 제32조에 해당하지 않는다(특허법원 2024.7.11. 2023나11047).

> **특허법 제29조(특허요건)**
> ① 산업상 이용할 수 있는 발명으로서 다음 각 호의 어느 하나에 해당하는 것을 제외하고는 그 발명에 대하여 특허를 받을 수 있다.
>   1. 특허출원 전에 국내 또는 국외에서 공지(公知)되었거나 공연(公然)히 실시된 발명
>   2. 특허출원 전에 국내 또는 국외에서 반포된 간행물에 게재되었거나 전기통신회선을 통하여 공중(公衆)이 이용할 수 있는 발명
>
> **특허법 제32조(특허를 받을 수 없는 발명)**
> 공공의 질서 또는 선량한 풍속에 어긋나거나 공중의 위생을 해칠 우려가 있는 발명에 대해서는 제29조 제1항에도 불구하고 특허를 받을 수 없다.

③ (○) 학술서보다 국내외 관청의 공식적인 공익 판단이 우선된다.
④ (○) 특허법은 제32조에서 공공의 질서 또는 선량한 풍속을 문란하게 하거나 공중의 위생을 해할 염려가 있는 발명 즉, 공서양속에 반하는 발명은 신규성과 진보성이 인정되더라도 특허거절사유로 하고 있고, 만약 등록되더라도 특허법 제133조 1항 1호에서 등록무효사유로 하고 있다. / 그러나 특허법 제32조는 발명의 출원 당시의 기술 수준과 사회적 환경에 따라 신축적으로 적용되는 일반조항이자 특허요건에 대한 예외규정이므로 엄격하게 해석하여야 할 것인바, / 만약 어떤 발명의 목적이나 기술사상이 공서양속을 해할 염려가 없고, 다만 사용방법에 따라 유해할 수 있는데 그치는 경우에는 위 규정의 적용이 없다고 보는 것이 타당하다(특허법원 2009.5.20. 2008허7850).
⑤ (○) 특허법은 제32조에서 공공의 질서 또는 선량한 풍속을 문란하게 하거나 공중의 위생을 해할 염려가 있는 발명 즉, 공서양속에 반하는 발명은 신규성과 진보성이 인정되더라도 특허거절사유로 하고 있고, 만약 등록되더라도 특허법 제133조 1항 1호에서 등록무효사유로 하고 있다. / 그러나 특허법 제32조는 발명의 출원 당시의 기술 수준과 사회적 환경에 따라 신축적으로 적용되는 일반조항이자 특허요건에 대한 예외규정이므로 엄격하게 해석하여야 할 것인바, / 만약 어떤 발명의 목적이나 기술사상이 공서양속을 해할 염려가 없고, 다만 사용방법에 따라 유해할 수 있는데 그치는 경우에는 위 규정의 적용이 없다고 보는 것이 타당하다(특허법원 2009.5.20. 2008허7850).

08

답 ④

┃해설┃

① (○) 특허발명의 청구범위에 '발명이 명확하고 간결하게 기재될 것'을 요구하는 특허법 제42조 제4항 제2호의 취지는 특허법 제97조가 특허발명의 보호범위는 청구범위에 기재된 사항에 의하여 정하여진다고 규정하고 있음에 비추어, / 청구항에는 명확한 기재만이 허용되는 것으로서 발명의 구성을 불명료하게 표현하는 용어는 원칙적으로 허용되지 아니하며, / 나아가 청구범위의 해석은 명세서를 참조하여 이루어지는 것임에 비추어 청구범위에는 발명의 설명에서 정의하고 있는 용어의 정의와 다른 의미로 용어를 사용하는 등 결과적으로 청구범위를 불명료하게 만드는 것도 허용되지 않는다는 것이다(대판 2006.11.24. 2003후2072).

② (○) 특허법 제42조 제3항 제1호에서 통상의 기술자가 그 발명을 쉽게 실시할 수 있도록 기재해야 한다는 것은 특허출원된 발명의 내용을 제3자가 명세서만으로 쉽게 알 수 있도록 공개하여 특허권으로 보호받고자 하는 기술적 내용과 범위를 명확하게 하기 위한 것이므로, / 위 조항에서 요구하는 명세서 기재의 정도는 통상의 기술자가 출원 시의 기술수준으로 보아 과도한 실험이나 특수한 지식을 부가하지 아니하고서도 명세서의 기재에 의하여 당해 발명을 정확하게 이해할 수 있고 동시에 재현할 수 있는 정도를 말한다(대판 2012.11.29. 2012후2586).

③ (○) 구 특허법 제42조 제4항 제1호[(註) 현행법 제42조 제4항 제1호]는 청구범위에 보호받고자 하는 사항을 기재한 청구항이 발명의 상세한 설명에 의하여 뒷받침될 것을 규정하고 있는데, / 이는 특허출원서에 첨부된 명세서의 발명의 상세한 설명에 기재되지 아니한 사항이 청구항에 기재됨으로써 출원자가 공개하지 아니한 발명에 대하여 특허권이 부여되는 부당한 결과를 막으려는 데에 취지가 있다. / 따라서 구 특허법 제42조 제4항 제1호[(註) 현행법 제42조 제4항 제1호]가 정한 명세서 기재요건을 충족하는지는 위 규정 취지에 맞게 특허출원 당시의 기술수준을 기준으로 하여 통상의 기술자의 입장에서 청구범위에 기재된 발명과 대응되는 사항이 발명의 상세한 설명에 기재되어 있는지에 의하여 판단하여야 하므로, / 특허출원 당시의 기술수준에 비추어 발명의 상세한 설명에 개시된 내용을 청구범위에 기재된 발명의 범위까지 확장 또는 일반화할 수 있다면 청구범위는 발명의 상세한 설명에 의하여 뒷받침된다(대판 2020.8.27. 2017후2864, 2016.5.26. 2014후2061).

④ (×) 특허법 제42조 제4항 제1호는 특허청구범위에 보호받고자 하는 사항을 기재한 청구항이 발명의 상세한 설명에 의하여 뒷받침될 것을 규정하고 있는데, / 이는 특허출원서에 첨부된 명세서의 발명의 상세한 설명에 기재되지 아니한 사항이 청구항에 기재됨으로써 출원자가 공개하지 아니한 발명에 대하여 특허권이 부여되는 부당한 결과를 막으려는 데에 취지가 있다. / 따라서 특허법 제42조 제4항 제1호가 정한 위와 같은 명세서 기재요건을 충족하는지 여부는, 위 규정 취지에 맞게 특허출원 당시의 기술수준을 기준으로 하여 그 발명이 속하는 기술 분야에서 통상의 지식을 가진 자(이하 '통상의 기술자'라 한다)의 입장에서 특허청구범위에 기재된 사항과 대응되는 사항이 발명의 상세한 설명에 기재되어 있는지 여부에 의하여 판단하여야 하고, / 규정 취지를 달리하는 특허법 제42조 제3항 제1호가 정한 것처럼 발명의 상세한 설명에 통상의 기술자가 그 발명을 쉽게 실시할 수 있도록 명확하고 상세하게 기재되어 있는지 여부에 의하여 판단하여서는 아니 된다(대판 2014.9.4. 2012후832).

⑤ (○) 특허출원된 발명의 내용을 제3자에게 공표하여 그 기술적 범위를 명확하게 하기 위한 것이므로 특허출원 당시의 기술수준을 기준으로 하여 그 발명과 관련된 기술분야에서 평균적 기술능력을 가진 자라면 누구든지 출원된 발명의 내용을 명확하게 이해하고 이를 재현할 수 있는 정도의 기재가 있으면 충분하다 할 것이고, / 특허발명의 범위는 특허청구의 범위에 기재된 것 뿐 아니라 발명의 상세한 설명과 도면의 간단한 설명의 기재 전체를 일체로 하여 그 발명의 성질과 목적을 밝히고 이를 참작하여 그 발명의 범위를 실질적으로 판단하여야 할 것이므로 / 특허출원된 발명의 내용이 당해 기술분야에서 통상의 지식을 가진 자에 의하여 용이하게 이해되고 재현될 수 있다면 부분적으로 불명확한 부분이 있다고 하더라도 적법한 청구범위의 기재라고 보아야 할 것이다(대판 1995.10.13. 94후944).

09

답 ⑤

∥해설∥

① (O) 구 특허법(1997.4.10. 법률 제5329호로 개정되기 전의 것) 제47조[(註) 현행법 제47조], 제48조[(註) 현행법 삭제]에 의하면, 특허출원인은 명세서 등의 서류에 흠결이 있거나 불비한 점이 있는 경우에 이를 명료하게 정정하여 명세서 등의 명확화를 기하기 위하여 출원공고결정등본의 송달 전 일정한 기간 내에 그 요지를 변경하지 아니하는 범위 안에서 특허출원서에 첨부된 명세서 또는 도면을 보정할 수 있는바 / 여기서 요지의 변경이라 함은 최초 출원명세서 또는 도면에 기재된 사항의 범위를 벗어나 특허청구범위를 증가·감소 또는 변경하는 것을 말한다 할 것이고, / 또한 최초 출원명세서 또는 도면에 기재된 사항에는 명시적으로 기재된 사항뿐만 아니라 출원시에 있어서 그 기술분야에서 통상의 지식을 가진 자라면 그 명세서에 기재되어 있는 기술 내용으로 보아 기재하고 있었다고 인정할 수 있을 정도로 자명한 사항도 포함된다. / 보정에 의하여 특허청구범위의 기술적 사항에 실질적 변화를 가져왔다 할 것이어서 그 명세서의 보정은 그 요지를 변경한 경우에 해당한다 할 것이다(대판 2002.9.27. 2000후2781).

> **특허법 제47조(특허출원의 보정)**
> ① 특허출원인은 제66조에 따른 특허결정의 등본을 송달하기 전까지 특허출원서에 첨부한 명세서 또는 도면을 보정할 수 있다. 다만, 제63조 제1항에 따른 거절이유통지(이하 "거절이유통지"라 한다)를 받은 후에는 다음 각 호의 구분에 따른 기간(제3호의 경우에는 그 때)에만 보정할 수 있다.
>   1. 거절이유통지(거절이유통지에 대한 보정에 따라 발생한 거절이유에 대한 거절이유통지는 제외한다)를 최초로 받거나 제2호의 거절이유통지가 아닌 거절이유통지를 받은 경우 : 해당 거절이유통지에 따른 의견서 제출기간
>   2. 거절이유통지(제66조의3 제2항에 따른 통지를 한 경우에는 그 통지 전의 거절이유통지는 제외한다)에 대한 보정에 따라 발생한 거절이유에 대하여 거절이유통지를 받은 경우 : 해당 거절이유통지에 따른 의견서 제출기간
>   3. 제67조의2에 따른 재심사를 청구하는 경우 : 청구할 때
> ② 제1항에 따른 명세서 또는 도면의 보정은 특허출원서에 최초로 첨부한 명세서 또는 도면에 기재된 사항의 범위에서 하여야 한다. 이 경우, 외국어특허출원에 대한 보정은 최종 국어번역문(제42조의3 제6항 전단에 따른 정정이 있는 경우에는 정정된 국어번역문을 말한다) 또는 특허출원서에 최초로 첨부한 도면(도면 중 설명부분은 제외한다)에 기재된 사항의 범위에서도 하여야 한다.
> ③ 제1항 제2호 및 제3호에 따른 보정 중 청구범위에 대한 보정은 다음 각 호의 어느 하나에 해당하는 경우에만 할 수 있다.
>   1. 청구항을 한정 또는 삭제하거나 청구항에 부가하여 청구범위를 감축하는 경우
>   2. 잘못 기재된 사항을 정정하는 경우
>   3. 분명하지 아니하게 기재된 사항을 명확하게 하는 경우
>   4. 제2항에 따른 범위를 벗어난 보정에 대하여 그 보정 전 청구범위로 되돌아가거나 되돌아가면서 청구범위를 제1호부터 제3호까지의 규정에 따라 보정하는 경우
> ④ 제1항 제1호 또는 제2호에 따른 기간에 보정을 하는 경우에는 각각의 보정절차에서 마지막 보정 전에 한 모든 보정은 취하된 것으로 본다.
> ⑤ 외국어특허출원인 경우에는 제1항 본문에도 불구하고 제42조의3 제2항에 따라 국어번역문을 제출한 경우에만 명세서 또는 도면을 보정할 수 있다.

② (○) 구 특허법(1997. 4. 10. 법률 제5329호로 개정되기 전의 것) 제47조[(註) 현행법 제47조], 제48조[(註) 현행법 삭제], 제49조[(註) 현행법 삭제]에 의하면, 특허출원인은 명세서 등의 서류에 흠결이 있거나 불비한 점이 있는 경우에 이를 명료하게 정정하여 명세서 등의 명확화를 기하기 위하여 출원공고결정등본의 송달 전 일정한 기간 내에 그 요지를 변경하지 아니하는 범위 안에서 특허출원서에 첨부된 명세서 또는 도면을 보정할 수 있는 것이고, / 위와 같은 보정이 명세서 또는 도면의 요지를 변경하는 것으로 특허권의 설정등록이 있은 후에 인정된 때에는 그 특허출원 전체의 출원일이 그 보정서를 제출한 때로 늦추어지게 되는 것인바, / 여기서 요지의 변경이라 함은 최초 출원명세서 또는 도면에 기재된 사항의 범위를 벗어나 특허청구범위를 증가·감소 또는 변경하는 것을 말한다 할 것이고, / 또한 최초 출원명세서 또는 도면에 기재된 사항에는 명시적으로 기재된 사항뿐만 아니라 출원시에 있어서 그 기술분야에서 통상의 지식을 가진 자라면 그 명세서에 기재되어 있는 기술 내용으로 보아 기재하고 있었다고 인정할 수 있을 정도로 자명한 사항도 포함된다(대판 2003. 2. 28. 2001후638·645).

③ (○) 특허법 제51조 제1항 본문에 의하면 심사관은 제47조 제1항 제2호 및 제3호에 따른 보정이 같은 조 제2항 또는 제3항을 위반하거나 그 보정(같은 조 제3항 제1호 및 제4호에 따른 보정 중 청구항을 삭제하는 보정은 제외한다)에 따라 새로운 거절이유가 발생한 것으로 인정하면 결정으로 그 보정을 각하하여야 한다.

> **특허법 제51조(보정각하)**
> ① 심사관은 제47조 제1항 제2호 및 제3호에 따른 보정이 같은 조 제2항 또는 제3항을 위반하거나 그 보정(같은 조 제3항 제1호 및 제4호에 따른 보정 중 청구항을 삭제하는 보정은 제외한다)에 따라 새로운 거절이유가 발생한 것으로 인정하면 결정으로 그 보정을 각하하여야 한다. 다만, 다음 각 호의 어느 하나에 해당하는 보정인 경우에는 그러하지 아니하다.
> 1. 제66조의2에 따른 직권보정을 하는 경우 : 그 직권보정 전에 한 보정
> 2. 제66조의3에 따른 직권 재심사를 하는 경우 : 취소된 특허결정 전에 한 보정
> 3. 제67조의2에 따른 재심사의 청구가 있는 경우 : 그 청구 전에 한 보정

④ (○) 심사관이 '발명이 명확하고 간결하게 기재되지 아니하여 특허법 제42조 제4항 제2호의 명세서 기재요건을 구비하지 못한 기재불비가 있다'는 거절이유를 통지함에 따라 이를 해소하기 위한 보정이 이루어졌는데, 보정 이후 발명에 대한 심사 결과 신규성이나 진보성 부정의 거절이유가 발견된다고 하더라도, 그러한 거절이유는 보정으로 청구항이 신설되거나 실질적으로 신설에 준하는 정도로 변경됨에 따라 비로소 발생한 경우와 같은 특별한 사정이 없는 한 보정으로 새롭게 발생한 것이라고 할 수 없으므로, 심사관으로서는 보정에 대한 각하결정을 하여서는 아니 되고, / 위와 같은 신규성이나 진보성 부정의 거절이유를 출원인에게 통지하여 의견제출 및 보정의 기회를 부여하여야 한다(대판 2014. 7. 10. 2012후3121).

⑤ (×) 특허거절결정에 대한 불복심판청구를 기각한 심결의 취소소송에서 법원은 특허거절결정을 유지한 심결의 위법성 여부를 판단하는 것일 뿐 특허출원에 대하여 직접 특허결정 또는 특허거절결정을 하는 것은 아니다. / 따라서 심사관이 특허출원의 보정에 대한 각하결정을 한 후 '보정 전의 특허출원'에 대하여 거절결정을 하였고, 그에 대한 불복심판 절차에서 위 보정각하결정 및 거절결정이 적법하다는 이유로 심판청구를 기각하는 특허심판원의 심결이 있었던 경우, 심결취소소송에서 법원은 위 보정각하결정이 위법하다면 그것만을 이유로 곧바로 심결을 취소하여야 하는 것이지, 심사관 또는 특허심판원이 하지도 아니한 '보정 이후의 특허출원'에 대한 거절결정의 위법성 여부까지 스스로 심리하여 이 역시 위법한 경우에만 심결을 취소할 것은 아니다(대판 2014. 7. 10. 2012후3121).

10 답 ②

┃해설┃

① (○) 특허법 제82조 제2항에 의하면 특허출원인이 아닌 자가 출원심사의 청구를 한 후 그 특허출원서에 첨부한 명세서를 보정하여 청구범위에 적은 청구항의 수가 증가한 경우에는 그 증가한 청구항에 관하여 내야 할 <u>심사청구료는 특허출원인이 내야 한다</u>.

> **특허법 제82조(수수료)**
> ① 특허에 관한 절차를 밟는 자는 수수료를 내야 한다.
> ② 특허출원인이 아닌 자가 출원심사의 청구를 한 후 그 특허출원서에 첨부한 명세서를 보정하여 청구범위에 적은 청구항의 수가 증가한 경우에는 그 증가한 청구항에 관하여 내야 할 심사청구료는 특허출원인이 내야 한다.
> ③ 제1항에 따른 수수료, 그 납부방법 및 납부기간, 그 밖에 필요한 사항은 총리령으로 정한다.

② (×) 특허법 제84조 제1항 제3호에 의하면 특허권의 존속기간의 연장등록을 무효로 한다는 심결이 확정된 경우 특허권의 존속기간의 연장등록을 무효로 한다는 <u>심결이 확정된 해의 "다음 해부터의" 특허료 해당분</u>은 납부한 자의 청구에 의하여 반환한다.

> **특허법 제84조(특허료 등의 반환)**
> ① 납부된 특허료 및 수수료는 다음 각 호의 어느 하나에 해당하는 경우에만 납부한 자의 청구에 의하여 반환한다.
>   1. 잘못 납부된 특허료 및 수수료
>   3. 특허권의 존속기간의 연장등록을 무효로 한다는 심결이 확정된 해의 다음 해부터의 특허료 해당분

③ (○) 특허법 제84조 제3항에 의하면 제1항에 따른 특허료 및 수수료의 반환청구는 제2항에 따른 <u>통지를 받은 날부터 5년</u>이 지나면 할 수 없다.

> **특허법 제84조(특허료 등의 반환)**
> ③ 제1항에 따른 특허료 및 수수료의 반환청구는 제2항에 따른 통지를 받은 날부터 5년이 지나면 할 수 없다.

④ (○) 특허법 제80조 제1항에 의하면 이해관계인은 특허료를 내야 할 자의 의사와 관계없이 특허료를 낼 수 있다.

> **특허법 제80조(이해관계인에 의한 특허료의 납부)**
> ① 이해관계인은 특허료를 내야 할 자의 의사와 관계없이 특허료를 낼 수 있다.
> ② 이해관계인은 제1항에 따라 특허료를 낸 경우에는 내야 할 자가 현재 이익을 얻는 한도에서 그 비용의 상환을 청구할 수 있다.

⑤ (○) 특허법 제84조 제1항 제1호에 의하면 납부된 특허료 및 수수료가 잘못 납부된 특허료 및 수수료에 해당하는 경우 납부한 자의 청구에 의하여 반환한다.

11 답 ①

해설

① (×) 존속기간이 연장된 특허권의 효력에 대해 구 특허법 제95조는 '그 연장등록의 이유가 된 허가등의 대상물건(그 허가등에 있어 물건이 특정의 용도가 정하여져 있는 경우에 있어서는 그 용도에 사용되는 물건)에 관한 그 특허발명의 실시 외의 행위에는 미치지 아니한다.'라고 규정하고 있다. 특허법은 이와 같이 존속기간이 연장된 특허권의 효력이 미치는 범위를 규정하면서 청구범위를 기준으로 하지 않고 '그 연장등록의 이유가 된 허가 등의 대상물건에 관한 특허발명의 실시'로 규정하고 있을 뿐, 허가 등의 대상 '품목'의 실시로 제한하지는 않았다. / 이러한 법령의 규정과 제도의 취지 등에 비추어 보면, 존속기간이 연장된 의약품 특허권의 효력이 미치는 범위는 특허발명을 실시하기 위하여 약사법에 따라 품목허가를 받은 의약품과 특정 질병에 대한 치료효과를 나타낼 것으로 기대되는 특정 유효성분, 치료효과 및 용도가 동일한지 여부를 중심으로 판단해야 한다. / 특허권자가 약사법에 따라 품목허가를 받은 의약품과 특허침해소송에서 상대방이 생산 등을 한 의약품(이하 '침해제품'이라 한다)이 약학적으로 허용 가능한 염 등에서 차이가 있더라도 발명이 속하는 기술분야에서 통상의 지식을 가진 사람이라면 쉽게 이를 선택할 수 있는 정도에 불과하고, 인체에 흡수되는 유효성분의 약리작용에 의해 나타나는 치료효과나 용도가 실질적으로 동일하다면 존속기간이 연장된 특허권의 효력이 침해제품에 미치는 것으로 보아야 한다(대판 2019.1.17. 2017다245798).

> **특허법 제95조(허가등에 따른 존속기간이 연장된 경우의 특허권의 효력)**
> 제90조 제4항에 따라 특허권의 존속기간이 연장된 특허권의 효력은 그 연장등록의 이유가 된 허가등의 대상물건(그 허가등에 있어 물건에 대하여 특정의 용도가 정하여져 있는 경우에는 그 용도에 사용되는 물건)에 관한 그 특허발명의 실시 행위에만 미친다.

② (○) 식품의약품안전처의 의약품 제조판매·수입품목 허가는 그 허가신청에 대하여 구 약사법 시행규칙(2011.5.6. 보건복지부령 제52호로 개정되기 전의 것) 제24조 제1항에서 정한 사항별로 해당 심사부서에서 심사를 진행하고 이에 따라 보완요구를 비롯한 구체적인 심사 절차도 해당 심사부서의 내부 사정에 따라 진행된다. / 그런데 위 규정은 심사사항별로 분리심사를 허용하고 있고, 해당 심사부서별 심사는 식품의약품안전처 내의 업무 분장에 불과하며, 또한 그 심사 등의 절차가 모두 종결되어야 허가가 이루어질 수 있다. / 결국 심사부서별 심사 등의 절차 진행은 최종 허가에 이르는 중간 과정으로서, 전체적으로 허가를 위한 하나의 절차로 평가할 수 있다. 이러한 사정에 비추어 보면, 식품의약품안전처 내 어느 심사부서에서 보완요구가 이루어지고 그 결과 보완자료를 제출할 때까지 그 보완요구 사항에 대한 심사가 진행되지 못하였다 하더라도, 그동안 식품의약품안전처의 다른 심사부서에서 그 의약품의 제조판매·수입품목 허가를 위한 심사 등의 절차가 계속 진행되고 있었던 경우에는 다른 특별한 사정이 없는 한 그 기간 역시 허가를 위하여 소요된 기간으로 볼 수 있으므로, / 이를 가지고 허가 등을 받은 자의 귀책사유로 인하여 허가 등의 절차가 지연된 기간이라고 단정할 수 없다(대판 2017.11.29. 2017후882·899).

③ (○) 구 특허법 제134조 제1항 제2호가 연장등록의 무효사유로서 '등록된 통상실시권을 가진 자가 제89조의 허가 등을 받지 아니한 출원에 대하여 연장등록이 된 경우'라고 규정한 것은, / 특허권 존속기간의 연장등록을 받는 데에 필요한 허가 등을 신청할 수 있는 자의 범위에 통상실시권자도 포함되지만, / 그 통상실시권의 등록이 연장등록출원서의 필수적 기재사항 및 증명자료임에 비추어 그것이 누락된 채로 연장등록이 이루어진 경우에는 적법한 연장등록 요건을 갖추지 못한 것이므로 그 등록을 무효로 하겠다는 취지라고 해석함이 상당하다. / 이와 달리 위 법률 조항이 허가 등을 신청한 통상 실시권자가 그 신청 당시부터 통상실시권의 등록을 마치고 있어야만 한다는 취지를 규정한 것이라고 볼 수는 없다. / 한국아스텔라스제약이 위 수입품목허가 신청 당시 이 사건 특허발명을 적법하게 실시할 수 있는 통상실시권자의 지위에 있었고, 지식재산처 심사관의 이 사건 연장등록결정 등본 송달 전에 통상실시권 등록 및 그에 대한 증명자료 제출이 모두 이루어졌으므로, 이 사건 연장등록에는 등록무효사유가 없다(대판 2017.11.29. 2017후844·2017후851·2017후868·2017후875).

④ (○) 특허법 제44조에 의하면 특허를 받을 수 있는 권리가 공유인 경우에는 공유자 모두가 공동으로 특허출원을 하여야 한다.

> **특허법 제44조(공동출원)**
> 특허를 받을 수 있는 권리가 공유인 경우에는 공유자 모두가 공동으로 특허출원을 하여야 한다.

⑤ (○) 특허법 제92조 제2항에 의하면 지식재산처장은 제1항에 따른 연장등록결정을 한 경우에는 특허권의 존속기간의 연장을 특허원부에 등록하여야 한다.

> **특허법 제92조(허가등에 따른 특허권의 존속기간의 연장등록결정 등)**
> ② 지식재산처장은 제1항에 따른 연장등록결정을 한 경우에는 특허권의 존속기간의 연장을 특허원부에 등록하여야 한다.

12

답 ⑤

해설

① (○) 화학관련 심판사건에 있어서 화학분야를 전공하지 아니한 심판관이 심판에 관여하였다는 재심주장 사유는 구 특허법(1990.1.13. 법률 제4207호로 전문 개정되기 전의 것) 제136조 제2항[註] 현행법 제178조 제2항]에 의하여 준용되는 민사소송법 제422조 제1항 제2호에 해당하지 않을 뿐만 아니라, 민사소송법 제422조 제1항 각 호의 어디에도 해당하지 아니한다. / 소송(심판)요건에 흠결 등이 있어서 본안에 들어가 판단을 할 수 없는 경우에 있어서는 그 소송(심판)은 부적법하다 하여 각하하여야 하고 본안에 대하여는 판단을 할 수 없으므로, / 이러한 경우에 본안에 대한 판단이 없다 하여 이를 판결(심결)결과에 영향이 있는 판단유탈이라고 할 수 없다(대판 1997.6.27. 97후235).

> **특허법 제178조(재심의 청구)**
> ① 당사자는 확정된 특허취소결정 또는 확정된 심결에 대하여 재심을 청구할 수 있다.
> ② 제1항의 재심청구에 관하여는 「민사소송법」 제451조 및 제453조를 준용한다.
>
> **민사소송법 제451조(재심사유)**
> ① 다음 각 호 가운데 어느 하나에 해당하면 확정된 종국판결에 대하여 재심의 소를 제기할 수 있다. 다만, 당사자가 상소에 의하여 그 사유를 주장하였거나, 이를 알고도 주장하지 아니한 때에는 그러하지 아니하다.
>   2. 법률상 그 재판에 관여할 수 없는 법관이 관여한 때

② (○) 특허법 제180조 제2항에 의하면 대리권의 흠을 이유로 재심을 청구하는 경우에 제1항의 기간은 청구인 또는 법정대리인이 특허취소결정등본 또는 심결등본의 송달에 의하여 특허취소결정 또는 심결이 있는 것을 안 날의 다음 날부터 기산한다.

> **특허법 제180조(재심청구의 기간)**
> ① 당사자는 특허취소결정 또는 심결 확정 후 재심사유를 안 날부터 30일 이내에 재심을 청구하여야 한다.
> ② 대리권의 흠을 이유로 재심을 청구하는 경우에 제1항의 기간은 청구인 또는 법정대리인이 특허취소결정등본 또는 심결등본의 송달에 의하여 특허취소결정 또는 심결이 있는 것을 안 날의 다음 날부터 기산한다.

③ (○) 특허법 제183조 제1항에 의하면 제138조 제1항 또는 제3항에 따라 통상실시권을 허락한다는 심결이 확정된 후 재심에서 그 심결과 상반되는 심결이 확정된 경우에는 재심청구 등록 전에 선의로 국내에서 그 발명의 실시사업을 하고 있는 자 또는 그 사업을 준비하고 있는 자는 원(原)통상실시권의 사업목적 및 발명의 범위에서 그 특허권 또는 재심의 심결이 확정된 당시에 존재하는 전용실시권에 대하여 통상실시권을 가지고, 제2항에 의하면 제1항에 따라 통상실시권을 가진 자는 특허권자 또는 전용실시권자에게 상당한 대가를 지급하여야 한다.

④ (○) 특허법 제181조 제1항 제4호에 의하면 취소된 특허권이 재심에 의하여 회복된 경우에 특허권의 효력은 해당 특허취소결정 또는 심결이 확정된 후 재심청구 등록 전에 선의로 수출 또는 수입하거나 국내에서 생산 또는 취득한 물건에는 미치지 아니한다.

> **특허법 제181조(재심에 의하여 회복된 특허권의 효력 제한)**
> ① 다음 각 호의 어느 하나에 해당하는 경우에 특허권의 효력은 해당 특허취소결정 또는 심결이 확정된 후 재심청구 등록 전에 선의로 수출 또는 수입하거나 국내에서 생산 또는 취득한 물건에는 미치지 아니한다.
> 4. 취소된 특허권이 재심에 의하여 회복된 경우

⑤ (×) 특허의 무효심판사건이 상고심에 계속 중 당해 특허의 정정심결이 확정된 경우에, 그 특허발명은 정정 후의 명세서대로 특허출원이 되고 특허권의 설정등록이 된 것이므로 정정 전의 특허발명을 대상으로 하여 무효 여부를 판단한 원심판결에 민사소송법 제451조 제1항 제8호 소정의 재심사유가 있게 되는 수가 있지만, / 특허무효심판이 상고심에 계속 중 당해 특허의 정정심결이 이루어지고 확정되어 특허발명의 명세서가 정정되었다고 하더라도 정정된 사항이 특허무효사유의 유무를 판단하는 전제가 된 사실인정에 영향을 미치는 것이 아니라면 위와 같은 재심사유가 있다고 할 수 없다(대판 2007.11.30. 2007후3394).

13 답 ③

해설

① (○) 특허발명의 출원과정에서 어떤 구성이 청구범위에서 의식적으로 제외된 것인지 여부는 명세서뿐만 아니라 출원에서부터 특허될 때까지 지식재산처 심사관이 제시한 견해 및 출원인이 출원과정에서 제출한 보정서와 의견서 등에 나타난 출원인의 의도, 보정이유 등을 참작하여 판단하여야 한다. / 따라서 출원과정에서 청구범위의 감축이 이루어졌다는 사정만으로 감축 전의 구성과 감축 후의 구성을 비교하여 그 사이에 존재하는 모든 구성이 청구범위에서 의식적으로 제외되었다고 단정할 것은 아니고, 거절이유통지에 제시된 선행기술을 회피하기 위한 의도로 그 선행기술에 나타난 구성을 배제하는 감축을 한 경우 등과 같이 보정이유를 포함하여 출원과정에 드러난 여러 사정을 종합하여 볼 때 출원인이 어떤 구성을 권리범위에서 제외하려는 의사가 존재한다고 볼 수 있을 때에 이를 인정할 수 있다(대판 2017.4.26. 2014후638).

② (○) 당사자가 제조 등을 하는 제품 또는 사용하는 방법(이하 '침해제품 등'이라 한다)이 특허발명의 특허권을 침해한다고 하기 위해서는 특허발명의 청구범위에 기재된 각 구성요소와 그 구성요소 간의 유기적 결합관계가 침해제품 등에 그대로 포함되어 있어야 한다. / 침해제품 등이 특허발명을 이용하는 경우에는 특허발명에 대한 특허권 침해에 해당하는데, 이러한 이용관계는 침해제품 등이 특허발명의 구성에 새로운 기술적 요소를 부가하는 것으로서 침해제품 등이 특허발명의 요지를 전부 포함하고 이를 그대로 이용하면서 침해제품 등 내에 특허발명이 발명으로서의 일체성을 유지하는 경우에 성립한다(대판 2024.10.31. 2023다289508).

③ (×) 특허권침해소송의 상대방이 제조하는 제품 또는 사용하는 방법 등(이하 '침해제품 등'이라고 한다)이 특허권을 침해한다고 하기 위해서는 특허발명의 청구범위에 기재된 각 구성요소와 그 구성요소 간의 유기적 결합관계가 침해제품 등에 그대로 포함되어 있어야 한다. / 침해제품 등에 특허발명의 청구범위에 기재된 구성 중 변경된 부분이 있는 경우에도, 특허발명과 과제해결원리가 동일하고, 특허발명에서와 실질적으로 동일한 작용효과를 나타내며, 그와 같이 변경하는 것이 그 발명이 속하는 기술분야에서 통상의 지식을 가진 사람 누구나 쉽게 생각해 낼 수 있는 정도라면, 특별한 사정이 없는 한 침해제품 등은 특허발명의 청구범위에 기재된 구성과 균등한 것으로서 여전히 특허권을 침해한다고 보아야 한다(대판 2022.10.14. 2022다223358).

④ (O) 특허발명의 보호범위는 청구범위에 기재된 사항에 의하여 정하여지는 것이 원칙이고, / 다만 그 기재만으로 특허발명의 기술적 구성을 알 수 없거나 알 수는 있더라도 기술적 범위를 확정할 수 없는 경우에는 명세서의 다른 기재에 의한 보충을 할 수는 있으나, / 그 경우에도 명세서의 다른 기재에 의하여 청구범위의 확장 해석은 허용되지 아니함은 물론 청구범위의 기재만으로 기술적 범위가 명백한 경우에는 명세서의 다른 기재에 의하여 청구범위의 기재를 제한 해석할 수 없다(대판 2021.1.14. 2017다231829).

⑤ (O) 작용효과가 실질적으로 동일한지 여부는 선행기술에서 해결되지 않았던 기술과제로서 특허발명이 해결한 과제를 특허권침해소송의 상대방이 제조 등을 하는 제품 또는 사용하는 방법(이하 '침해제품 등'이라고 한다)도 해결하는지를 중심으로 판단하여야 한다. / 따라서 발명의 상세한 설명의 기재와 출원 당시의 공지기술 등을 참작하여 파악되는 특허발명에 특유한 해결수단이 기초하고 있는 기술사상의 핵심이 침해제품 등에서도 구현되어 있다면 작용효과가 실질적으로 동일하다고 보는 것이 원칙이다. / 그러나 위와 같은 기술사상의 핵심이 특허발명의 출원 당시에 이미 공지되었거나 그와 다름없는 것에 불과한 경우에는 이러한 기술사상의 핵심이 특허발명에 특유하다고 볼 수 없고, 특허발명이 선행기술에서 해결되지 않았던 기술과제를 해결하였다고 말할 수도 없다. / 이러한 때에는 특허발명의 기술사상의 핵심이 침해제품 등에서 구현되어 있는지를 가지고 작용효과가 실질적으로 동일한지 여부를 판단할 수 없고, 균등 여부가 문제 되는 구성요소의 개별적 기능이나 역할 등을 비교하여 판단하여야 한다(대판 2019.1.31. 2018다267252).

14

답 ①

해설

① (×) 특허등록의 무효심판을 청구할 수 있는 이해관계인이라 함은 당해 특허발명의 권리존속으로 인하여 그 권리자로부터 권리의 대항을 받거나 받을 염려가 있어 그 피해를 받는 직접적이고도 현실적인 이해관계가 있는 사람을 말하고, / 이에는 당해 특허발명과 같은 종류의 물품을 제조·판매하거나 제조·판매할 자도 포함되며, 이해관계인에 해당하는지 여부는 심결 당시를 기준으로 판단하여야 한다(대판 2008.9.10. 2007후4625).

② (O) 특허무효심판절차 또는 특허이의신청절차에서 정정청구가 있는 경우 정정의 인정 여부는 무효심판절차 또는 이의신청에 대한 결정절차에서 함께 심리되는 것이므로, / 독립된 정정심판청구의 경우와 달리 정정만이 따로 확정되는 것이 아니라 무효심판의 심결이 확정되거나 이의신청에 대한 결정이 확정되는 때에 함께 확정된다(대판 2008.6.26. 2006후2912).

③ (O) 특허권의 권리범위는 명세서의 특허청구범위에 기재된 사항에 의하여 정하여지는 것이 원칙이고, / 다만 그 기재만으로 특허의 기술적 구성을 알 수 없거나 알 수는 있더라도 권리범위를 확정할 수 없는 경우에는 발명의 상세한 설명이나 도면 등 명세서의 다른 기재에 의하여 보충하여 명세서 전체로서 권리범위를 확정하여야 하는 것이지만 그 경우에도 명세서의 다른 기재에 의하여 권리범위를 확장하여 해석하거나 제한하여 해석하는 것은 허용되지 않는 것이므로, / 권리범위확인 심판청구의 대상이 되는 확인대상발명도 특허청구범위에 대응하여 구체적으로 구성을 기재한 확인대상발명의 설명 부분을 기준으로 파악하여야 하고, 확인대상발명의 설명서에 첨부된 도면에 의하여 위 설명 부분을 변경하여 파악하는 것은 허용되지 아니한다(대판 2005.11.25. 2004후3478).

④ (O) 일사부재리의 원칙을 정한 구 특허법(2001.2.3. 제6411호로 개정되기 전의 것) 제163조는 "심판의 심결이 확정 등록되거나 판결이 확정된 때에는 누구든지 동일사실 및 동일증거에 의하여 그 심판을 청구할 수 없다."고 하여 일사부재리의 원칙을 규정하고 있으나, / 확정된 심결의 결론을 번복할 만한 유력한 증거가 새로이 제출된 경우에는 위와 같은 일사부재리의 원칙에 저촉되지 아니한다. 동일사실에 의한 동일한 심판청구에 대하여 전에 확정된 심결의 증거에 대한 해석을 다르게 하는 등으로 그 심결의 기본이 된 이유와 실질적으로 저촉되는 판단을 하는 것은 구 특허법(2001.2.3. 법률 제6411호로 개정되기 전의 것) 제163조가 정한 일사부재리 원칙의 취지에 비추어 허용되지 않으나, / 전에 확정된 심결의 증거를 그 심결에서 판단하지 않았던 사항에 관한 증거로 들어 판단하거나 그 증거의 선행기술을 확정된 심결의 결론을 번복할 만한 유력한 증거의 선행기술에 추가적, 보충적으로 결합하여 판단하는 경우 등과 같이 후행 심판청구에 대한 판단 내용이 확정된 심결의 기본이 된 이유와 실질적으로 저촉된다고 할 수 없는 경우에는, 확정된 심결과 그 결론이 결과적으로 달라졌다고 하더라도 일사부재리 원칙에 반한다고 할 수 없다(대판 2013.9.13. 2012후1057).

> **특허법 제163조(일사부재리)**
> 이 법에 따른 심판의 심결이 확정되었을 때에는 그 사건에 대해서는 누구든지 동일 사실 및 동일 증거에 의하여 다시 심판을 청구할 수 없다. 다만, 확정된 심결이 각하심결인 경우에는 그러하지 아니하다.

⑤ (○) 특허권자가 심판을 청구하는 확인대상 발명이 특허권의 권리범위에 속한다는 내용의 적극적 권리범위 확인심판을 청구한 경우, 심판청구인이 특정한 확인대상 발명과 피심판청구인이 실시하고 있는 발명 사이에 동일성이 인정되지 아니하면, 확인대상발명이 특허권의 권리범위에 속한다는 심결이 확정된다고 하더라도, 그 심결은 심판청구인이 특정한 확인대상 발명에 대하여만 효력을 미칠 뿐 실제 피심판청구인이 실시하고 있는 발명에 대하여는 아무런 효력이 없다. / 이와 같이 피심판청구인이 실시하지 않고 있는 발명을 대상으로 한 적극적 권리범위 확인심판청구는 확인의 이익이 없어 부적법하여 각하되어야 한다. / <u>확인대상 발명과 피심판청구인이 실시하고 있는 발명의 동일성은 피심판청구인이 확인대상발명을 실시하고 있는지 여부라는 사실 확정에 관한 것이므로 이들 발명이 사실적 관점에서 같다고 보이는 경우에는 그 동일성을 인정할 수 있다</u>(대판 2025.9.11. 2024후10436).

15

 ④

┃해설┃

① (○) <u>특정의 이해관계인이</u> 특허권리자와 간에 특허에 관한 분쟁을 일체 아니하기로 화해한 경우에는, 그들 간에는 다툼이 없어져 그 이해관계인이 특허권리자로부터 그 권리의 대항을 받을 염려나 그 특허의 발명을 사용하리라는 추측이 없는 경우가 되었다고 일응 볼 수 있으므로 / <u>동인의 그 특허에 관하여 무효심판을 청구할 이해관계인의 지위를 상실한 결과가 된다고도 볼 수 있다</u>(대판 1979.3.13. 77후50).

② (○) 특허법 제135조가 규정하고 있는 권리범위확인심판은 특허권 침해에 관한 민사소송(이하 '침해소송'이라 한다)과 같이 침해금지청구권이나 손해배상청구권의 존부와 같은 분쟁 당사자 사이의 권리관계를 최종적으로 확정하는 절차가 아니고, / 그 절차에서의 판단이 침해소송에 기속력을 미치는 것도 아니지만, / 간이하고 신속하게 확인대상발명이 특허권의 객관적인 효력범위에 포함되는지를 판단함으로써 당사자 사이의 분쟁을 사전에 예방하거나 조속히 종결시키는 데에 이바지한다는 점에서 고유한 기능을 가진다. / 특허법 제164조 제1항은 심판장이 소송절차가 완결될 때까지 심판절차를 중지할 수 있다고 규정하고, 제2항은 법원은 특허에 관한 심결이 확정될 때까지 소송절차를 중지할 수 있다고 규정하며, 제3항은 법원은 침해소송이 제기되거나 종료되었을 때에 그 취지를 특허심판원장에게 통보하도록 규정하고, 제4항은 특허심판원장은 제3항에 따른 특허권 또는 전용실시권의 침해에 관한 소에 대응하여 그 특허권에 관한 무효심판 등이 청구된 경우에는 그 취지를 제3항에 해당하는 법원에 통보하여야 한다고 규정하고 있다. 이와 같이 특허법이 권리범위확인심판과 소송절차를 각 절차의 개시 선후나 진행경과 등과 무관하게 별개의 독립된 절차로 인정됨을 전제로 규정하고 있는 것도 앞서 본 권리범위확인심판 제도의 기능을 존중하는 취지로 이해할 수 있다. / 이와 같은 권리범위확인심판 제도의 성질과 기능, 특허법의 규정 내용과 취지 등에 비추어 보면, <u>침해소송이 계속 중이어서 그 소송에서 특허권의 효력이 미치는 범위를 확정할 수 있더라도 이를 이유로 침해소송과 별개로 청구된 권리범위확인심판의 심판청구의 이익이 부정된다고 볼 수는 없다</u>(대판 2018.2.8. 2016후328).

> **특허법 제135조(권리범위 확인심판)**
> ① 특허권자 또는 전용실시권자는 자신의 특허발명의 보호범위를 확인하기 위하여 특허권의 권리범위 확인심판을 청구할 수 있다.
> ② 이해관계인은 타인의 특허발명의 보호범위를 확인하기 위하여 특허권의 권리범위 확인심판을 청구할 수 있다.
> ③ 제1항 또는 제2항에 따른 특허권의 권리범위 확인심판을 청구하는 경우에 청구범위의 청구항이 둘 이상인 경우에는 청구항마다 청구할 수 있다.

> **특허법 제164조(소송과의 관계)**
> ① 심판장은 심판에서 필요하면 직권 또는 당사자의 신청에 따라 그 심판사건과 관련되는 특허취소신청에 대한 결정 또는 다른 심판의 심결이 확정되거나 소송절차가 완결될 때까지 그 절차를 중지할 수 있다.
> ② 법원은 소송절차에서 필요하면 직권 또는 당사자의 신청에 따라 특허취소신청에 대한 결정이나 특허에 관한 심결이 확정될 때까지 그 소송절차를 중지할 수 있다.
> ③ 법원은 특허권 또는 전용실시권의 침해에 관한 소가 제기된 경우에는 그 취지를 특허심판원장에게 통보하여야 한다. 그 소송절차가 끝났을 때에도 또한 같다.
> ④ 특허심판원장은 제3항에 따른 특허권 또는 전용실시권의 침해에 관한 소에 대응하여 그 특허권에 관한 무효심판 등이 청구된 경우에는 그 취지를 제3항에 해당하는 법원에 통보하여야 한다. 그 심판청구서의 각하결정, 심결 또는 청구의 취하가 있는 경우에도 또한 같다.

③ (○) 재심은 확정된 종국판결에 대하여 판결의 효력을 인정할 수 없는 중대한 하자가 있는 경우 예외적으로 판결의 확정에 따른 법적 안정성을 후퇴시켜 그 하자를 시정함으로써 구체적 정의를 실현하고자 마련된 것이다. / 행정소송법 제8조에 따라 심결취소소송에 준용되는 민사소송법 제451조 제1항 제8호는 '판결의 기초로 된 행정처분이 다른 행정처분에 의하여 변경된 때'를 재심사유로 규정하고 있다. 이는 판결의 심리·판단 대상이 되는 행정처분 그 자체가 그 후 다른 행정처분에 의하여 확정적·소급적으로 변경된 경우를 말하는 것이 아니고, 확정판결에 법률적으로 구속력을 미치거나 또는 그 확정판결에서 사실인정의 자료가 된 행정처분이 다른 행정처분에 의하여 확정적·소급적으로 변경된 경우를 말하는 것이다. / 여기서 '사실인정의 자료가 되었다'는 것은 그 행정처분이 확정판결의 사실인정에서 증거자료로 채택되었고 그 행정처분의 변경이 확정판결의 사실인정에 영향을 미칠 가능성이 있는 경우를 말한다. / 이에 따르면 특허권자가 정정심판을 청구하여 특허무효심판에 대한 심결취소소송의 사실심 변론종결 이후에 특허발명의 명세서 또는 도면(이하 '명세서 등'이라 한다)에 대하여 정정을 한다는 심결(이하 '정정심결'이라 한다)이 확정되더라도 정정 전 명세서 등으로 판단한 원심판결에 민사소송법 제451조 제1항 제8호가 규정한 재심사유가 있다고 볼 수 없다(대판[전합] 2020.1.22. 2016후2522).

④ (×) 구 의장법(1997.8.22. 법률 제5354호로 개정되기 전의 것) 제68조 제1항[註: 현행법 제133조 제1항]의 규정에 의하면, 의장등록 무효심판은 이해관계인 및 심사관에 한하여 이를 청구할 수 있는바, 여기서 말하는 이해관계인이라 함은 무효심판의 청구대상이 되는 등록의장이 유효하게 존속함으로 말미암아 그 권리의 대항을 받을 염려가 있어 현재 업무상 손해를 받거나 후일 손해를 받을 염려가 있는 자를 뜻한다 할 것이고, / 심판청구 당시 이해관계가 있었던 당사자라 하더라도 심판 계속중에 그 심판에 관하여 당사자 사이에 다투지 아니하기로 하는 합의가 있었다면 특별한 사정이 없는 한 그 이해관계는 소멸된다고 해석하여야 한다. / 등록의장의 의장권자 甲과 그로부터 의장권 침해의 고소를 당한 乙 사이의 합의서에 乙이 의장등록 제품을 제작한 것에 대하여 사과하고, 추후 의장등록 제품을 제작하지 않겠으며, 기존 의장등록 제품을 폐기하겠다는 내용만 포함되어 있을 뿐 당시 계속중이던 의장등록 무효심판청구사건의 처리에 관하여는 아무런 기재가 없는 경우, 위 합의의 내용과 경위를 고려할 때, 위 합의는 乙이 자신이 제작하였던 물품이 甲의 등록의장권의 권리범위에 속한다는 사실을 인정한 것일 뿐 그 등록의장권의 효력에 대하여도 무효심판절차를 통하여 일체 다투지 않겠다는 취지까지 포함된 것으로 보기 어렵고, 의장등록 무효심판의 공익적 성격을 고려하여 위와 같은 합의만으로 그 무효심판을 유지할 이해관계가 소멸하였다고 단정할 수 없다(대판 2001.6.29. 99후1331).

⑤ (○) 특허나 실용신안의 등록무효심판청구에 관하여 종전에 확정된 심결이 있더라도 종전 심판에서 청구원인이 된 무효사유 외에 다른 무효사유가 추가된 경우에는 새로운 심판청구는 그 자체로 동일사실에 의한 것이 아니어서 일사부재리의 원칙에 위배되지는 아니한다. / 그러나 모순·저촉되는 복수의 심결이 발생하는 것을 방지하고자 하는 일사부재리 제도의 취지를 고려하면, 위와 같은 경우에도 종전에 확정된 심결에서 판단이 이루어진 청구원인과 공통되는 부분에 대해서는 일사부재리의 원칙 위배 여부의 관점에서 확정된 심결을 번복할 수 있을 정도로 유력한 증거가 새로이 제출되었는지를 따져 종전 심결에서와 다른 결론을 내릴 것인지를 판단하여야 한다(대판[전합] 2017.1.19. 2013후37).

16   답 ⑤

해설

① (○) 비록 정정심판에 있어서 그 일부 항에 정정불허사유가 존재하는 한 전체로서의 모든 정정이 허용될 수 없다고는 하더라도, 이는 하나의 기술사상에 기초한 특허발명에 대한 정정사건에서 일부에 대하여는 정정을 허용하고 일부에 대하여는 정정을 불허하는 심결을 할 수 없다는 취지에 지나지 않아 특허발명의 특허청구범위의 일부 항이 등록무효로 되어 그 무효로 된 특허청구범위의 정정 가능 여부에 관하여는 실체판단에 나아갈 필요가 없어서, 일부에 대하여는 정정을 허용하고 일부에 대하여는 정정을 불허하는 문제가 발생되지 아니하는 경우에까지 일체로서 판단하여야 하는 것은 아니어서 정정의 소 전부가 부적법하다고 볼 수는 없다(특허법원 2003.8.29. 2002허4989).

② (○) 특허의 정정제도는 종전 특허발명과 실질적 동일성을 유지하는 것을 전제로 하는 것으로 정정사항은 정정 후 명세서 등의 내용을 구성하고, 정정심결이 심결취소소송의 사실심 변론종결 전에 이루어진 경우 그와 같이 정정된 명세서 등이 사실심 법원의 심리·판단의 대상이 된다. 정정심결은 심판청구인인 특허권자에게 송달됨으로써 확정되지만, 이해관계인이나 심사관은 그때부터 정정의 무효심판을 청구할 수 있게 된다. 이러한 이유로 특허의 정정은 특허무효 절차에서 특허권자의 주된 방어방법으로 활용되고 있고, 특허무효 분쟁은 필연적으로 정정의 무효심판절차까지 이어지게 마련이다. 결국 정정 전의 명세서 등에 따른 특허의 무효 여부는 여전히 특허권자와 제3자 사이에는 계속하여 특허무효 분쟁의 대상으로 남아 있는 것이므로, 정정을 인정하는 내용의 심결이 확정되었다고 하여, 정정 전의 명세서 등에 따른 특허발명의 내용이 그에 따라 '확정적으로' 변경되었다고 단정할 수는 없다(대판[전합] 2020.1.22. 2016후2522).

③ (○) 특허법 제132조의3 제1항에 의하면 특허취소신청절차가 진행 중인 특허에 대한 특허권자는 제136조 제1항 각 호의 어느 하나에 해당하는 경우에만 제132조의13 제2항에 따라 지정된 기간에 특허발명의 명세서 또는 도면에 대하여 정정청구를 할 수 있다.

> **특허법 제132조의3(특허취소신청절차에서의 특허의 정정)**
> ① 특허취소신청절차가 진행 중인 특허에 대한 특허권자는 제136조 제1항 각 호의 어느 하나에 해당하는 경우에만 제132조의13 제2항에 따라 지정된 기간에 특허발명의 명세서 또는 도면에 대하여 정정청구를 할 수 있다.

④ (○) 특허법 제178조 제2항에 의하여 준용하는 민사소송법 제451조 제2항에 의하면 제1항 제4호 내지 제7호의 경우에는 처벌받을 행위에 대하여 유죄의 판결이나 과태료부과의 재판이 확정된 때 또는 증거부족 외의 이유로 유죄의 확정판결이나 과태료부과의 확정재판을 할 수 없을 때에만 재심의 소를 제기할 수 있다.

> **특허법 제178조(재심의 청구)**
> ① 당사자는 확정된 특허취소결정 또는 확정된 심결에 대하여 재심을 청구할 수 있다.
> ② 제1항의 재심청구에 관하여는 「민사소송법」 제451조 및 제453조를 준용한다.
>
> **민사소송법 제451조(재심사유)**
> ② 제1항 제4호 내지 제7호의 경우에는 처벌받을 행위에 대하여 유죄의 판결이나 과태료부과의 재판이 확정된 때 또는 증거부족 외의 이유로 유죄의 확정판결이나 과태료부과의 확정재판을 할 수 없을 때에만 재심의 소를 제기할 수 있다.

⑤ (×) 부적법한 심판청구로서 흠을 보정할 수 없을 때에는 심판장은 심판합의체에 심판을 청구하지 아니하고, <u>결정으로 그 심판청구를 각하할 수 있다.</u> / 각하결정에 대한 불복은 해당 법률에서 정한 절차(예 : 행정소송 제기)에 따라 정해진 기간 내에 할 수 있다.

17　　　　　　　　　　　　　　　　　　　　　　　　　　답 ②

┃해설┃

① (○) 상표권의 공유자가 그 상표권의 효력에 관한 심판에서 패소한 경우에 제기할 심결취소소송은 공유자 전원이 공동으로 제기하여야만 하는 고유필수적 공동소송이라고 할 수 없고, / 공유자의 1인이라도 당해 상표등록을 무효로 하거나 권리 행사를 제한·방해하는 심결이 있는 때에는 그 권리의 소멸을 방지하거나 그 권리행사방해배제를 위하여 단독으로 그 심결의 취소를 구할 수 있다(대법원 2004.12.9. 2002후567). / 특허법 제139조 제2항은 "공유인 특허권의 특허권자에 대하여 심판을 청구하는 때에는 공유자 전원을 피청구인으로 청구하여야 한다."고 규정하고 있고 또 같은 법 제139조 제3항은 "특허권 또는 특허를 받을 수 있는 권리의 공유자가 그 공유인 권리에 관하여 심판을 청구하는 때에는 공유자 전원이 공동으로 청구하여야 한다."고 규정함으로써 / 공유인 실용신안권 등에 관한 심판은 공유자 전원에 대하여 합일적으로 확정될 것을 반드시 요구하고 있는 점에 비추어 / 공유자 중 일부 당사자에 대하여 분리하여 심결을 하는 것은 허용되지 않는다고 할 것이고, 나아가 공유인 실용신안권 등에 관한 심결에 관하여 실용신안권자 등을 상대로 심결취소소송을 제기할 때에도 공유자 전원을 피고로 하여야 할 것이다(특허법원 2005.4.22. 2004허4693).

> **특허법 제139조(공동심판의 청구 등)**
> ① 동일한 특허권에 관하여 제133조 제1항, 제134조 제1항·제2항 또는 제137조 제1항의 무효심판이나 제135조 제1항·제2항의 권리범위 확인심판을 청구하는 자가 2인 이상이면 모두가 공동으로 심판을 청구할 수 있다.
> ② 공유인 특허권의 특허권자에 대하여 심판을 청구할 때에는 공유자 모두를 피청구인으로 하여야 한다.
> ③ 특허권 또는 특허를 받을 수 있는 권리의 공유자가 그 공유인 권리에 관하여 심판을 청구할 때에는 공유자 모두가 공동으로 청구하여야 한다.
> ④ 제1항 또는 제3항에 따른 청구인이나 제2항에 따른 피청구인 중 1인에게 심판절차의 중단 또는 중지의 원인이 있으면 모두에게 그 효력이 발생한다.

② (×) 지식재산처가 출원인의 명세서 등에 대한 보정을 각하하는 경우에는 거절결정의 경우와 달리 그 결정 이전에 출원인에게 그 이유를 통지하여 의견제출 및 보정의 기회를 주도록 하는 특허법 규정이 없고, / 심결취소소송 단계에 이르러 지식재산처가 보정각하결정이나 심판절차에서 다루지 아니한 다른 사유를 내세워 보정이 부적법함을 주장하더라도 출원인으로서는 이에 대응하여 소송절차에서 그 심리의 방식에 따라 충분히 그 다른 사유와 관련하여 보정의 적법 여부에 관하여 다툴 수 있으므로 출원인의 방어권 또는 절차적 이익이 침해된다고 할 수 없어, / 지식재산처는 거절결정에 대한 심결취소소송 단계에서 보정각하결정에 붙이거나 심판절차에서 다루지 아니한 다른 이유를 들어 보정의 부적법을 주장할 수 있다(특허법원 2007.7.11. 2006허9197).

③ (○) 심판 사이의 기능 배분 원칙에 따라 권리범위확인심판에서 등록권리의 효력을 부정하는 결과가 되는 주장에 관하여는 원칙적으로 심리가 제한되고, 이와 같은 원칙은 심판청구의 적법 요건과 관련하여서도 그대로 적용된다. / 이에 대법원은 '후 출원에 의하여 등록된 발명을 확인대상발명으로 하여 선 출원에 의한 등록발명의 권리범위에 속한다는 확인을 구하는 적극적 권리범위확인심판은 후 등록된 권리에 대한 무효심판의 확정 전에 그 권리의 효력을 부정하는 결과가 되므로 원칙적으로 허용되지 아니한다.'고 판시한 바 있다(특허법원 2025.7.24. 2024허15011). 즉, 각하한다.

④ (○) 심판은 특허심판원에서의 행정절차이며 심결은 행정처분에 해당하고, 그에 대한 불복의 소송인 심결취소소송은 항고소송에 해당하여 그 소송물은 심결의 실체적, 절차적 위법성 여부라 할 것이므로 / 당사자는 심결에서 판단되지 않은 처분의 위법사유도 심결취소소송단계에서 주장·입증할 수 있고 심결취소소송의 법원은 특별한 사정이 없는 한 제한 없이 이를 심리·판단하여 판결의 기초로 삼을 수 있는 것이며 / 이와 같이 본다고 하여 심급의 이익을 해한다거나 당사자에게 예측하지 못한 불의의 손해를 입히는 것이 아니다(대판 2002.6.25. 2000후1290).

⑤ (○) 특허출원인으로부터 특허를 받을 수 있는 권리를 양수한 특정승계인은 특허출원인변경신고를 하지 않은 상태에서는 그 양수의 효력이 발생하지 않아서 특허심판원의 거절결정 불복심판 심결에 대하여 취소의 소를 제기할 수 있는 당사자 등에 해당하지 아니하므로, 그가 제기한 취소의 소는 부적법하다. / 특정승계인이 취소의 소를 제기한 후 특허출원인변경신고를 하였더라도, 그 변경신고 시기가 취소의 소 제기기간이 지난 후라면 제기기간 내에 적법한 취소의 소 제기는 없었던 것이므로, 취소의 소가 부적법하기는 마찬가지이다(대법원 2017.11.23. 선고 2015후321).

18

답 ②

┃해설┃

① (×) 구 특허법(2001.2.3. 법률 제6411호로 개정되기 전의 것) 제224조의2는 특허요건 등에 관한 판단에 고도의 전문지식이 필요하다는 점에서 그 불복을 행정심판법이 아닌 특허법이 정하는 바에 따라 전문기관인 특허심판원 및 특허법원에서 처리하기 위하여 마련한 규정이고, 한편 구 특허법은 제132조의3에서 "거절사정을 받은 자가 불복이 있는 때에는 심판을 청구할 수 있다"고 규정하고 있으나 특허사정을 받은 자에게는 별도의 불복절차를 두지 않고 있는바, 이는 특허사정이 그 출원인에게 불이익이 없기 때문이다. 이러한 구 특허법의 태도에 비추어 보면, 지식재산처에 제출된 특허출원과 같은 내용으로 특허사정을 받은 특허출원인은 특별한 사정이 없는 한 그 특허사정의 취소를 구할 법률상 이익이 없다. / <u>출원인이 원출원의 일부를 2개의 특허출원(분할출원 1, 분할출원 2)으로 분할하는 과정에서 출원인의 착오로 2개의 출원이 동일한 출원이 되었으나, 출원인의 보정 등에 의하여 결국 원출원과 보정된 분할출원 1, 그리고 분할출원 2에 대하여 각각 특허사정이 이루어졌다면, 출원인은 분할출원 2에 대한 특허사정의 취소를 구할 법률상 이익이 없다</u>(대판 2006.10.26. 2004두14274).

> **특허법 제224조의2(불복의 제한)**
> ① 보정각하결정, 특허여부결정, 특허취소결정, 심결이나 특허취소신청서·심판청구서·재심청구서의 각하결정에 대해서는 다른 법률에 따른 불복을 할 수 없으며, 이 법에 따라 불복할 수 없도록 규정되어 있는 처분에 대해서는 다른 법률에 따라 불복을 할 수 없다.
> ② 제1항에 따른 처분 외의 처분의 불복에 대해서는 「행정심판법」 또는 「행정소송법」에 따른다.

② (○) 특허발명의 신규성 또는 진보성 판단과 관련하여 특허발명의 구성요소가 출원 전에 공지된 것인지는 사실인정의 문제이고, 공지사실에 관한 증명책임은 신규성 또는 진보성이 부정된다고 주장하는 당사자에게 있다. / 따라서 권리자가 자백하거나 법원에 현저한 사실로서 증명을 필요로 하지 않는 경우가 아니라면, 공지사실은 증거에 의하여 증명되어야 하는 것이 원칙이다(대판[전합] 2017.1.19. 2013후37).

③ (×) 상소는 자기에게 불이익한 재판에 대하여 자기에게 유리하도록 그 취소·변경을 구하는 것이므로 / <u>전부 승소한 원심판결에 대한 상고는 상고를 제기할 이익이 없어 허용될 수 없고, 이 경우 비록 그 판결의 이유에 불만이 있더라도 특별한 사정이 없는 한 상고의 이익이 없다</u>(대판 2021.10.28. 2020후11752).

④ (×) 당사자는 심결에서 판단되지 않은 처분의 위법사유도 심결취소소송단계에서 주장·입증할 수 있고, <u>심결취소소송의 법원은 특별한 사정이 없는 한 제한 없이 이를 심리·판단하여 판결의 기초로 삼을 수 있다</u>(대판 2002.6.25. 2000후1290).

⑤ (×) 특허법 제135조가 규정하고 있는 권리범위확인심판은 특허권 침해에 관한 민사소송(이하 '침해소송'이라 한다)과 같이 침해금지청구권이나 손해배상청구권의 존부와 같은 분쟁 당사자 사이의 권리관계를 최종적으로 확정하는 절차가 아니고, 그 절차에서의 판단이 침해소송에 기속력을 미치는 것도 아니지만, 간이하고 신속하게 확인대상발명이 특허권의 객관적인 효력범위에 포함되는지를 판단함으로써 당사자 사이의 분쟁을 사전에 예방하거나 조속히 종결시키는 데에 이바지한다는 점에서 고유한 기능을 가진다. / 특허법 제164조 제1항은 심판장이 소송절차가 완결될 때까지 심판절차를 중지할 수 있다고 규정하고, 제2항은 법원은 특허에 관한 심결이 확정될 때까지 소송절차를 중지할 수 있다고 규정하며, 제3항은 법원은 침해소송이 제기되거나 종료되었을 때에 그 취지를 특허심판원장에게 통보하도록 규정하고, 제4항은 특허심판원장은 제3항에 따른 특허권 또는 전용실시권의 침해에 관한 소에 대응하여 그 특허권에 관한 무효심판 등이 청구된 경우에는 그 취지를 제3항에 해당하는 법원에 통보하여야 한다고 규정하고 있다. 이와 같이 특허법이 권리범위확인심판과 소송절차를 각 절차의 개시 선후나 진행경과 등과 무관하게 별개의 독립된 절차로 인정됨을 전제로 규정하고 있는 것도 앞서 본 권리범위확인심판 제도의 기능을 존중하는 취지로 이해할 수 있다. / 이와 같은 권리범위확인심판 제도의 성질과 기능, 특허법의 규정 내용과 취지 등에 비추어 보면, <u>침해소송이 계속 중이어서 그 소송에서 특허권의 효력이 미치는 범위를 확정할 수 있더라도 이를 이유로 침해소송과 별개로 청구된 권리범위확인심판의 심판청구의 이익이 부정된다고 볼 수는 없다</u>(대판 2018.2.8. 2016후328).

19

답 ③

┃해설┃

① (○) 우리나라에서 먼저 특허출원을 한 후 이를 우선권 주장의 기초로 하여 그로부터 1년 이내에 특허협력조약(Patent Cooperation Treaty, 이하 'PCT'라 한다.)이 정한 국제출원(이하 'PCT 국제출원'이라 한다)을 할 때 지정국을 우리나라로 할 수 있다(이하 'PCT 자기지정출원'이라 한다). 이 경우 우선권 주장의 조건 및 효과는 우리나라의 법령이 정하는 바에 의한다[PCT 제8조 (2)(b)](대판 2019.10.17. 2017후1274).

② (○) 특허를 받으려는 사람은 자신이 특허를 받을 수 있는 권리를 가진 특허출원으로 먼저 한 출원(이하 '선출원'이라 한다)의 출원서에 최초 첨부된 명세서 또는 도면에 기재된 발명을 기초로 그 특허출원한 발명에 관하여 우선권을 주장할 수 있다(특허법 제55조 제1항). 우선권 주장을 수반하는 특허출원된 발명 중 해당 우선권 주장의 기초가 된 선출원의 최초 명세서 등에 기재된 발명(이하 '선출원 발명'이라 한다)과 같은 발명에 관하여 신규성, 진보성 등의 일정한 특허요건을 적용할 때에는 그 특허출원은 그 선출원을 한 때(이하 '우선권 주장일'이라 한다)에 한 것으로 본다(같은 조 제3항)(대판 2019.10.17. 2017후1274).

> **특허법 제55조(특허출원 등을 기초로 한 우선권 주장)**
> ① 특허를 받으려는 자는 자신이 특허나 실용신안등록을 받을 수 있는 권리를 가진 특허출원 또는 실용신안등록출원으로 먼저 한 출원(이하 "선출원"이라 한다)의 출원서에 최초로 첨부된 명세서 또는 도면에 기재된 발명을 기초로 그 특허출원한 발명에 관하여 우선권을 주장할 수 있다. 다만, 다음 각 호의 어느 하나에 해당하는 경우에는 그러하지 아니하다.
> 1. 그 특허출원이 선출원의 출원일부터 1년이 지난 후에 출원된 경우
> 2. 선출원이 제52조 제2항(「실용신안법」제11조에 따라 준용되는 경우를 포함한다)에 따른 분할출원 또는 제52조의2 제2항(「실용신안법」제11조에 따라 준용되는 경우를 포함한다)에 따른 분리출원이거나 제53조 제2항 또는 「실용신안법」제10조 제2항에 따른 변경출원인 경우
> 3. 그 특허출원을 할 때에 선출원이 포기·무효 또는 취하된 경우
> 4. 그 특허출원을 할 때에 선출원이 설정등록되었거나 특허거절결정, 실용신안등록거절결정 또는 거절한다는 취지의 심결이 확정된 경우
> ② 제1항에 따른 우선권을 주장하려는 자는 특허출원을 할 때 특허출원서에 그 취지와 선출원의 표시를 하여야 한다.
> ③ 제1항에 따른 우선권 주장을 수반하는 특허출원된 발명 중 해당 우선권 주장의 기초가 된 선출원의 출원서에 최초로 첨부된 명세서 또는 도면에 기재된 발명과 같은 발명에 관하여 제29조 제1항·제2항, 같은 조 제3항 본문, 같은 조 제4항 본문, 제30조 제1항, 제36조 제1항부터 제3항까지, 제96조 제1항 제3호, 제98조, 제103조, 제105조 제1항·제2항, 제129조 및 제136조 제5항(제132조의3 제3항 또는 제133조의2 제4항에 따라 준용되는 경우를 포함한다), 「실용신안법」제7조 제3항·제4항 및 제25조, 「디자인보호법」제95조 및 제103조 제3항을 적용할 때에는 그 특허출원은 그 선출원을 한 때에 특허출원한 것으로 본다.

③ (×) 발명을 한 자 또는 그 승계인은 특허법에서 정하는 바에 의하여 특허를 받을 수 있는 권리를 갖고(특허법 제33조 제1항 본문), 특허를 받을 수 있는 권리는 이전할 수 있으므로(특허법 제37조 제1항). / 후출원의 출원인이 후출원 시에 '특허를 받을 수 있는 권리'를 승계하였다면 우선권 주장을 할 수 있고, 후출원 시에 선출원에 대하여 특허출원인변경신고를 마쳐야만 하는 것은 아니다. / 특허출원 후 특허를 받을 수 있는 권리의 승계는 상속 기타 일반승계의 경우를 제외하고는 특허출원인변경신고를 하지 아니하면 그 효력이 발생하지 아니한다고 / 규정한 특허법 제38조 제4항은 특허에 관한 절차에서 참여자와 특허를 등록받을 자를 쉽게 확정함으로써 출원심사의 편의성 및 신속성을 추구하고자 하는 규정으로 우선권주장에 관한 절차에 적용된다고 볼 수 없다. / 따라서 후 출원의 출원인이 선출원의 출원인과 다르더라도 특허를 받을 수 있는 권리를 승계받았다면 우선권 주장을 할 수 있다고 보아야 한다(대판 2019.10.17. 2017후1274).

> **특허법 제33조(특허를 받을 수 있는 자)**
> ① 발명을 한 사람 또는 그 승계인은 이 법에서 정하는 바에 따라 특허를 받을 수 있는 권리를 가진다. 다만, 지식재산처 직원 및 특허심판원 직원은 상속이나 유증(遺贈)의 경우를 제외하고는 재직 중 특허를 받을 수 없다.
>
> **특허법 제37조(특허를 받을 수 있는 권리의 이전 등)**
> ① 특허를 받을 수 있는 권리는 이전할 수 있다.
>
> **특허법 제38조(특허를 받을 수 있는 권리의 승계)**
> ④ 특허출원 후에는 특허를 받을 수 있는 권리의 승계는 상속, 그 밖의 일반승계의 경우를 제외하고는 특허출원인변경신고를 하여야만 그 효력이 발생한다.

④ (○) 특허법 제47조 제2항에서 최초로 첨부된 명세서 또는 도면(이하 '최초 명세서 등'이라 한다)에 기재된 사항이란 <u>최초 명세서 등에 명시적으로 기재되어 있는 사항이거나 또는 명시적인 기재가 없더라도 그 발명이 속하는 기술분야에서 통상의 지식을 가진 사람이라면 출원시의 기술상식에 비추어 보아 보정된 사항이 최초 명세서 등에 기재되어 있는 것과 마찬가지라고 이해할 수 있는 사항</u>이어야 한다(대판 2007.2.8. 2005후3130).

> **특허법 제47조(특허출원의 보정)**
> ② 제1항에 따른 명세서 또는 도면의 보정은 특허출원서에 최초로 첨부한 명세서 또는 도면에 기재된 사항의 범위에서 하여야 한다. 이 경우, 외국어특허출원에 대한 보정은 최종 국어번역문(제42조의3 제6항 전단에 따른 정정이 있는 경우에는 정정된 국어번역문을 말한다) 또는 특허출원서에 최초로 첨부한 도면(도면 중 설명부분은 제외한다)에 기재된 사항의 범위에서도 하여야 한다.

⑤ (○) 특허법 제203조 제1항 제4호에 의하면 국제특허출원의 출원인은 국내서면제출기간에 발명자의 성명 및 주소의 사항을 적은 서면을 지식재산처장에게 제출하여야 한다.

> **특허법 제203조(서면의 제출)**
> ① 국제특허출원의 출원인은 국내서면제출기간에 다음 각 호의 사항을 적은 서면을 지식재산처장에게 제출하여야 한다. 이 경우 국제특허출원을 외국어로 출원한 출원인은 제201조 제1항에 따른 국어번역문을 함께 제출하여야 한다.
> 1. 출원인의 성명 및 주소(법인인 경우에는 그 명칭 및 영업소의 소재지)
> 2. 출원인의 대리인이 있는 경우에는 그 대리인의 성명 및 주소나 영업소의 소재지[대리인이 특허법인·특허법인(유한)인 경우에는 그 명칭, 사무소의 소재지 및 지정된 변리사의 성명]
> 3. 발명의 명칭
> 4. 발명자의 성명 및 주소
> 5. 국제출원일 및 국제출원번호

20

답 ⑤

해설

① (○) 공동출원인에 대하여 특허법 제219조 제1항에 의한 공시송달을 실시하기 위해서는 '공동출원인 전원의 주소 또는 영업소가 불분명하여 송달받을 수 없는 때'에 해당하여야 하고, / 이러한 공시송달 요건이 구비되지 않은 상태에서 공동출원인 중 1인에 대하여 이루어진 공시송달은 부적법하고 그 효력이 발생하지 않는다(대판 2005.5.27. 2003후182).

> **특허법 제219조(공시송달)**
> ① 서류를 송달받을 자의 주소나 영업소가 분명하지 아니하여 송달할 수 없는 경우에는 공시송달(公示送達)을 하여야 한다.

② (○) 특허법 제33조 제2항, 제44조, 제132조의3, 제139조 제3항, 제140조 제2항에 의하면, 특허거절결정을 받은 자가 불복이 있는 때에는 그 결정등본을 송달받은 날로부터 30일 이내에 심판을 청구할 수 있고, 특허를 받을 수 있는 권리가 공유인 경우에는 공유자 전원이 공동으로 특허출원을 하여야 하고, 특허를 받을 수 있는 권리의 공유자가 그 공유인 권리에 관하여 심판을 청구하는 때에는 공유자 전원이 공동으로 청구하여야 하며, 심판청구서의 보정은 청구의 이유를 제외하고는 요지를 변경할 수 없다 할 것이므로, / 공동출원인 중 일부만이 심판청구를 제기한 경우 그 심판의 계속중 나머지 공동출원인을 심판청구인으로 추가하는 보정은 요지의 변경으로서 허용할 수 없음이 원칙이나, 아직 심판청구기간이 도과되기 전이라면 나머지 공동출원인을 추가하는 보정을 허용하여 그 하자가 치유될 수 있도록 함이 당사자의 권리구제 및 소송경제견에서 타당하다(대판 2005.5.27. 2003후182).

③ (○) 특허법 제224조의4 제5항에 의하면 비밀유지명령을 취소하는 재판을 한 법원은 즉시 그 결정서를 그 신청을 한 자 및 상대방에게 송달하여야 한다.

> **특허법 제224조의4(비밀유지명령의 취소)**
> ⑤ 비밀유지명령을 취소하는 재판을 한 법원은 비밀유지명령의 취소신청을 한 자 또는 상대방 외에 해당 영업비밀에 관한 비밀유지명령을 받은 자가 있는 경우에는 그 자에게 즉시 비밀유지명령의 취소 재판을 한 사실을 알려야 한다.

④ (○) 산업기술의 유출방지 및 보호에 관한 법률(이하 '산업기술보호법'이라 한다) 제36조 제2항, 제14조 제2호는 대상기관의 임·직원 또는 대상기관과의 계약 등에 따라 산업기술에 대한 비밀유지의무가 있는 자가 부정한 이익을 얻거나 그 대상기관에게 손해를 가할 목적으로 유출하거나 그 유출한 산업기술을 사용 또는 공개하거나 제3자가 사용하게 하는 행위를 하면 처벌하도록 규정하고 있다. 위 비밀유지의무의 대상인 산업기술은 제품 또는 용역의 개발·생산·보급 및 사용에 필요한 제반 방법 내지 기술상의 정보 중에서 관계중앙행정기관의 장이 소관 분야의 산업경쟁력 제고 등을 위하여 법률 또는 해당 법률에서 위임한 명령에 따라 지정·고시·공고·인증하는 산업기술보호법 제2조 제1호 각 목에 해당하는 기술을 말하고, / 부정경쟁방지 및 영업비밀보호에 관한 법률에서의 영업비밀과 달리 비공지성(비밀성), 비밀유지성(비밀관리성), 경제적 유용성의 요건을 요구하지 않는다. / 산업기술보호법 제2조 제1호 각 목의 어느 하나의 요건을 갖춘 산업기술은 특별한 사정이 없는 한 비밀유지의무의 대상이 되고, 그 산업기술과 관련하여 특허등록이 이루어져 산업기술의 내용 일부가 공개되었다고 하더라도 그 산업기술이 전부 공개된 것이 아닌 이상 비밀유지의무의 대상에서 제외되는 것은 아니다(대판 2013.12.12. 2013도12266).

⑤ (×) 특허법 제5조 제1항, 특허법시행규칙 제11조 제1항 제6호에 의하면, 재외자는 특허관리인에 의하지 아니하면 특허에 관한 절차를 밟을 수 없고, 지식재산처장은 재외자가 특허관리인에 의하지 아니하고 제출한 서류를 반려할 수 있다고 되어 있으나, / 특허관리인제도는 지식재산처가 국내에 거주하지 않는 자와 직접 절차를 수행함에 따른 번잡과 절차지연을 피함으로써 원활한 절차수행이 가능하도록 하기 위한 그 의의가 있는 점, 특허법 제5조 제1항에 의하면 재외자라 하더라도 국내에 체재하는 경우에는 직접 절차를 밟을 수 있는 점, / 특허법 제62조, 제133조 제1항에는 재외자가 특허관리인에 의하지 아니하고 그 절차를 밟은 경우에 이를 특허거절사유나 특허무효사유로는 하고 있지 않은 점 등에 비추어 볼 때, / 지식재산처장은 특허관리인에 의하지 아니한 채 제출된 서류를 반려하지 아니하고 이를 수리하여 특허에 관한 절차를 진행한 이후에는 특허법 제5조 제1항에 위반된다는 이유로 제출된 서류의 절차상 하자를 주장할 수는 없다(대판 2005.5.27. 2003후132).

> **특허법 제5조(재외자의 특허관리인)**
> ① 국내에 주소 또는 영업소가 없는 자(이하 "재외자"라 한다)는 재외자(법인의 경우에는 그 대표자)가 국내에 체류하는 경우를 제외하고는 그 재외자의 특허에 관한 대리인으로서 국내에 주소 또는 영업소가 있는 자(이하 "특허관리인"이라 한다)에 의해서만 특허에 관한 절차를 밟거나 이 법 또는 이 법에 따른 명령에 따라 행정청이 한 처분에 대하여 소(訴)를 제기할 수 있다.
> ② 특허관리인은 위임된 권한의 범위에서 특허에 관한 모든 절차 및 이 법 또는 이 법에 따른 명령에 따라 행정청이 한 처분에 관한 소송에서 본인을 대리한다.
>
> **특허법 시행규칙 제11조(부적법한 출원서류 등의 반려)**
> ① 지식재산처장 또는 특허심판원장은 법 제42조·제90조·제92조의3·제132조의4·제140조 또는 제140조의2에 따른 특허출원, 특허권의 존속기간의 연장등록출원, 특허취소신청 또는 심판에 관한 서류·견본이나 그 밖의 물건(이하 "출원서류등"이라 한다)이 다음 각 호의 어느 하나에 해당하는 경우에는 법령에 특별한 규정이 있는 경우를 제외하고는 적법한 출원서류등으로 보지 아니한다.
> 6. 국내에 주소 또는 영업소를 가지지 아니하는 자가 법 제5조 제1항에 따른 특허관리인에 의하지 아니하고 제출한 출원서류등인 경우

21   답

┃해설┃

① (×) 상표에서 요부는 다른 구성 부분과 상관없이 그 부분만으로 일반 수요자에게 두드러지게 인식되는 독자적인 식별력 때문에 다른 상표와 유사 여부를 판단할 때 대비의 대상이 되는 것이므로, / <u>상표에서 요부가 존재하는 경우에는 그 부분이 분리관찰이 되는지를 따질 필요 없이 요부만으로 대비함으로써 상표의 유사 여부를 판단할 수 있다.</u> / 그리고 상표의 구성 부분이 요부인지는 그 부분이 주지·저명하거나 일반 수요자에게 강한 인상을 주는 부분인지, 전체 상표에서 높은 비중을 차지하는 부분인지 등의 요소를 따져 보되, 여기에 다른 구성 부분과 비교한 상대적인 식별력 수준이나 그와의 결합상태와 정도, 지정상품과의 관계, 거래실정 등까지 종합적으로 고려하여 판단하여야 한다(대판 2017.2.9. 2015후1690).

② (○) 상표의 유사 여부는 상표의 외관·호칭·관념을 일반 수요자의 입장에서 전체적, 객관적, 이격적으로 관찰하여 상품의 출처에 관하여 오인·혼동을 일으킬 우려가 있는지 여부에 의하여 판단하여야 하므로, / <u>외관·호칭·관념 중에서 어느 하나가 유사하다 하더라도 전체로서의 상표가 일반 수요자가 상표에 대하여 느끼는 직관적 인식을 기준으로 하여 명확히 출처의 오인·혼동을 피할 수 있는 경우에는 유사한 것이라고 할 수 없다</u>(대판 2016.7.22. 2015후178).

③ (○) 상표의 구성 중 식별력이 없거나 미약한 부분과 동일한 표장이 거래사회에서 오랜 기간 사용된 결과 상표의 등록 또는 지정상품 추가등록 전부터 수요자 간에 누구의 업무에 관련된 상품을 표시하는 것인가 현저하게 인식되어 있는 경우에는 그 부분은 사용된 상품에 관하여 식별력 있는 요부로 보아 상표의 유사 여부를 판단할 수 있으나, / 그렇다고 하더라도 <u>그 부분이 사용되지 아니한 상품에 대해서까지 당연히 식별력 있는 요부가 됨을 전제로 하여 상표의 유사 여부를 판단할 수 없다</u>(대판 2008.5.15. 2005후2977).

④ (○) 도형상표들에서 상표의 유사 여부 판단은 두 개의 상표 자체를 나란히 놓고 대비하는 것이 아니라 / <u>때와 장소를 달리하여 두 개의 상표를 대하는 일반 수요자에게 상품 출처에 관하여 오인·혼동을 일으킬 우려가 있는지의 관점에서 이루어져야 한다</u>(대판 2016.7.14. 2015후1348).

⑤ (○) 상표의 유사 판단에 있어서 외국어로 이루어진 상표의 호칭은 우리나라의 거래자나 수요자의 대부분이 그 외국어를 보고 특별한 어려움 없이 자연스럽게 하는 발음에 의하여 정하여짐이 원칙이고, / <u>우리나라의 거래자나 수요자가 그 외국어 상표를 특정한 한국어로 표기하고 있는 등의 구체적인 사용실태가 인정되는 경우에는 그와 같은 구체적인 사용실태를 고려하여 외국어 상표의 호칭을 정하여야 한다</u>(대판 2005.11.10. 2004후2093).

22

답 ③

┃해설┃

① (×) 상표법 제34조 제1항 제6호에 의하면 저명한 연예인 이름, 연예인 그룹 명칭, 스포츠선수 이름, 기타 국내외 유명인사 등의 이름이나 이들의 약칭을 포함하는 상표를 출원한 경우에는 지정 상품과 관계없이 제34조 제1항 제6호를 적용한다.

> **상표법 제34조(상표등록을 받을 수 없는 상표)**
> ① 제33조에도 불구하고 다음 각 호의 어느 하나에 해당하는 상표에 대해서는 상표등록을 받을 수 없다.
>   6. 저명한 타인의 성명·명칭 또는 상호·초상·서명·인장·아호(雅號)·예명(藝名)·필명(筆名) 또는 이들의 약칭을 포함하는 상표. 다만, 그 타인의 승낙을 받은 경우에는 상표등록을 받을 수 있다.

② (×) 상표법 제34조 제1항 제7호 단서의 괄호에 의하면 동일한 상표로서 그 지정상품과 동일한 상품에 사용하는 상표에 대하여 동의를 받은 경우는 제외한다.

> **상표법 제34조(상표등록을 받을 수 없는 상표)**
> ① 제33조에도 불구하고 다음 각 호의 어느 하나에 해당하는 상표에 대해서는 상표등록을 받을 수 없다.
>   7. 선출원(先出願)에 의한 타인의 등록상표(등록된 지리적 표시 단체표장은 제외한다)와 동일·유사한 상표로서 그 지정상품과 동일·유사한 상품에 사용하는 상표. 다만, 그 타인으로부터 상표등록에 대한 동의를 받은 경우(동일한 상표로서 그 지정상품과 동일한 상품에 사용하는 상표에 대하여 동의를 받은 경우는 제외한다)에는 상표등록을 받을 수 있다.

③ (○) 구 상표법(1973.12.31 법률 제2659호) 제8조 제1항 제4호는 현저한 지리적 명칭, 그 약어 또는 지도만으로 된 상표는 상표등록을 받을 수 없는 상표라고 규정하고 있는 바 그 취지는 그 상품의 식별력이 없음은 물론 어느 특정인에게 지리적 명칭 등을 독점 배타적으로 사용케 할 수 없다는 데 있고 / 또 같은 제3호에 그 상품의 산지를 보통으로 사용하는 방법으로 표시한 포장만으로 된 상표 역시 상표등록을 받을 수 없다고 규정하고 있는 점에 비추어 / 이에 지리적 명칭이라 함은 단순히 지리적, 지역적 명칭을 말하는 것일 뿐 특정상품과 지리적인 명칭을 연관하여 그 지방의 특산물의 산지표시로서의 지리적 명칭임을 요하지 않는다(대판 1984.5.15. 83후90).

④ (×) 상표등록을 받을 수 없는 상표를 규정하고 있는 상표법 제7조 제1항 제11호[(註) 현행법 제34조 제1항 제12호] 후단의 취지는 이미 특정인의 상표로 인식된 선사용상표를 사용하는 상품의 출처 등에 관한 일반 수요자의 오인·혼동을 방지하여 이에 대한 신뢰를 보호하려는 것이므로, / 어떤 출원상표가 위 규정의 '수요자를 기만할 염려가 있는 상표'에 해당한다고 하기 위하여는 출원상표와 대비되는 선사용상표의 권리자는 출원인 이외의 타인이어야 한다. / 여기서 선사용상표의 권리자가 누구인지는 선사용상표의 선택과 사용을 둘러싼 관련 당사자 사이의 구체적인 내부관계 등을 종합적으로 살펴 판단하여야 하고, 선사용상표의 사용자 외에 사용허락계약 등을 통하여 선사용상표 사용자의 상표사용을 통제하거나 선사용상표를 사용하는 상품의 성질이나 품질을 관리하여 온 자가 따로 있는 경우에는 그를 선사용상표의 권리자로 보아야 하며 선사용상표 사용자를 권리자로 볼 것은 아니다(대판 2013.3.14. 2011후1159).

> **상표법 제34조(상표등록을 받을 수 없는 상표)**
> ① 제33조에도 불구하고 다음 각 호의 어느 하나에 해당하는 상표에 대해서는 상표등록을 받을 수 없다.
>   12. 상품의 품질을 오인하게 하거나 수요자를 기만할 염려가 있는 상표

⑤ (×) 등록상표가 상표법 제34조 제1항 제13호에 해당하려면 출원 당시에 등록상표와 대비되는 선사용상표가 국내 또는 외국의 수요자들에게 특정인의 상품을 표시하는 것이라고 인식되어 있어야 하고, 등록상표의 출원인이 선사용상표와 동일 또는 유사한 상표를 부정한 목적을 가지고 사용하여야 한다(대판 2021.12.30. 2020후11431).

> **상표법 제34조(상표등록을 받을 수 없는 상표)**
> ① 제33조에도 불구하고 다음 각 호의 어느 하나에 해당하는 상표에 대해서는 상표등록을 받을 수 없다.
>   13. 국내 또는 외국의 수요자들에게 특정인의 상품을 표시하는 것이라고 인식되어 있는 상표(지리적 표시는 제외한다)와 동일·유사한 상표로서 부당한 이익을 얻으려 하거나 그 특정인에게 손해를 입히려고 하는 등 부정한 목적으로 사용하는 상표

23 답 ⑤

┃해설┃

① (○) 타인의 명칭 등이 저명한지는 그 사용기간, 방법, 태양, 사용량 및 거래의 범위와 상품거래의 실정을 고려하여 사회통념상 또는 지정상품과 관련한 거래사회에서 타인의 명칭 등이 널리 인식될 수 있는 정도에 이르렀는지 여부에 따라 판단해야 한다(대판 2013.10.31. 2012후1033).

② (○) 상표법 제9조 제1항 제6호[(註) 현행법 제34조 제1항 제6호] 소정의 상호의 저명성은 동조항 제9호 소정의 주지성 현저성보다도 훨씬 당해 상호의 주지도가 높을 뿐 아니라 나아가 오랜 전통 내지 명성을 지닌 경우를 가리킨다고 볼 것이다(대판 1984.1.24. 83후34).

> **상표법 제34조(상표등록을 받을 수 없는 상표)**
> ① 제33조에도 불구하고 다음 각 호의 어느 하나에 해당하는 상표에 대해서는 상표등록을 받을 수 없다.
>   6. 저명한 타인의 성명·명칭 또는 상호·초상·서명·인장·아호(雅號)·예명(藝名)·필명(筆名) 또는 이들의 약칭을 포함하는 상표. 다만, 그 타인의 승낙을 받은 경우에는 상표등록을 받을 수 있다.

③ (○) 등록 전 제34조 제1항 제6호를 위반하면 거절이유(제54조 제3호), 정보제공이유(제49조), 이의신청이유(제60조 제1항)에 해당한다. 등록 후 제34조 제1항 제6호를 위반하면 무효사유가 된다.

④ (○) 타인의 명칭 등이 저명한지는 그 사용기간, 방법, 태양, 사용량 및 거래의 범위와 상품거래의 실정을 고려하여 사회통념상 또는 지정상품과 관련한 거래사회에서 타인의 명칭 등이 널리 인식될 수 있는 정도에 이르렀는지 여부에 따라 판단해야 한다(대판 2013.10.31. 2012후1033).

⑤ (×) 타인은 생존하는 자연인, 현존하는 법인, 법인격 없는 단체, 외국인을 포함한다.

24

답 ①

∥해설∥

① (○) 상표법 제33조 제1항 제5호·제6호·제7호에 해당하는 상표들을 상표법 제33조 제1항 다른 각 호의 상표들과 구분하여 취급할 만한 특별한 사정이 없다고 보여지므로, 상표법 제90조 제1항 제2호 내지 제4호는 식별력 없는 상표들을 예시적으로 규정한 것이라고 봄이 상당하고, 상표법 제33조 제1항 제5호 내지 제7호의 상표에도 등록상표권의 효력이 미치지 아니한다 (특허법원 2013.7.11. 선고 2013허709).

② (×) 전체뿐만 아니라 그중 분리인식될 수 있는 일부만이 상표법 제51조 제1항[(註) 현행법 제90조 제1항] 각 호에 해당하더라도 거기에 상표권의 효력은 미치지 아니하는 것이고, / 이처럼 상표권의 효력이 미치지 아니하는 부분이 확인대상표장에 포함되어 있다면 확인대상표장 중 그 부분을 제외한 나머지 부분에 의하여 등록상표와 사이에 상품출처 오인·혼동 염려가 있는지를 기준으로 등록상표의 권리범위에 속하는지 여부를 판단해야 한다(대판 2013.12.12. 2013후2446).

> **상표법 제90조(상표권의 효력이 미치지 아니하는 범위)**
> ① 상표권(지리적 표시 단체표장권은 제외한다)은 다음 각 호의 어느 하나에 해당하는 경우에는 그 효력이 미치지 아니한다.
> 1. 자기의 성명·명칭 또는 상호·초상·서명·인장 또는 저명한 아호·예명·필명과 이들의 저명한 약칭을 상거래 관행에 따라 사용하는 상표
> 2. 등록상표의 지정상품과 동일·유사한 상품의 보통명칭·산지·품질·원재료·효능·용도·수량·형상·가격 또는 생산방법·가공방법·사용방법 및 시기를 보통으로 사용하는 방법으로 표시하는 상표
> 3. 입체적 형상으로 된 등록상표의 경우에는 그 입체적 형상이 누구의 업무에 관련된 상품을 표시하는 것인지 식별할 수 없는 경우에 등록상표의 지정상품과 동일·유사한 상품에 사용하는 등록상표의 입체적 형상과 동일·유사한 형상으로 된 상표
> 4. 등록상표의 지정상품과 동일·유사한 상품에 대하여 관용하는 상표와 현저한 지리적 명칭 및 그 약어 또는 지도로 된 상표
> 5. 등록상표의 지정상품 또는 그 지정상품 포장의 기능을 확보하는 데 불가결한 형상, 색채, 색채의 조합, 소리 또는 냄새로 된 상표

③ (×) 등록상표를 알고 있었다는 사실만으로 부족하며, 침해자의 상표 선정의 동기, 피침해상표를 알고 있었는지 여부 등 주관적 사정과 상표의 유사성, 피침해상표의 신용상태, 영업목적의 유사성 및 영업활동의 지역적 인접성, 침해자의 사용상태 등 객관적 사정을 고려하여 판단해야 한다(특허법원 2024.4.4. 2023허12527).

④ (×) 보통으로 사용하는 방법으로 표시된 포장으로 한정하지 아니하고 있으므로, 현저한 지리적 명칭과 관용표장을 보통으로 사용하는 방법과 달리 도안화되거나 다른 문자 또는 도형과 결합된 것이라 하더라도, 그 도안된 부분이나 추가적으로 결합된 문자나 도형 부분이 특히 일반의 주의를 끌만한 것이 아니어서 전체적, 객관적, 종합적으로 보아 지리적 명칭이나 관용표장 또는 그 결합표장에 흡수되어 불가분의 일체를 구성하고 있다면, 본 호에 해당하여 상표권의 효력이 미치지 아니한다(대판 1999.11.26. 98후1518).

⑤ (×) 수요자가 그 부분의 구체적 의미(기술적 의미)를 직감하기 어렵다 하여도 사용상표의 전체적인 구성 혹은 그 사용태양에 비추어 보아 그 부분이 '품질 등을 나타내는 기술적 표장'으로 사용되었음을 직감할 수 있다면 그 적용이 있다(대판 2008.4.24. 2006후1131).

25 답 ④

┃해설┃

① (×) 상표의 등록이 자타상품 식별 목적으로 한 것이 아니고, 국내에서 널리 인식된 타인의 상표가 등록되어 있지 않음을 알고, 일반 수요자로 하여금 타인의 상품과 혼동을 일으키게 하여 이익을 얻을 목적으로 형식상 상표권을 취득한 경우에는 그 상표등록출원 자체가 부정경쟁행위를 목적으로 하는 것으로서, / 가사 권리행사의 외형을 갖추었다고 하더라도 상표법을 악용 또는 남용한 것으로서 적법한 권리의 행사라고 인정할 수 없으며, 부정경쟁방지법 제15조에 해당하여 같은 법 제2조의 적용이 배제된다고 할 수 없다(대판 1993.1.19. 92도2054).

② (×) 상표 출원·등록한 목적과 경위, 상표권 행사에 이른 구체적·개별적 사정에 비추어, 상표권의 행사가 상표사용자의 업무상의 신용유지와 수요자의 이익보호를 목적으로 하는 상표제도의 목적이나 기능을 일탈하여 공정한 경쟁질서와 상거래질서를 어지럽히고 수요자 사이에 혼동을 초래하거나 상대방에 대한 관계에서 신의성실의 원칙에 위배되는 등 법적으로 보호받을 만한 가치가 없다고 인정되는 경우에는, 가사 권리행사의 외형을 갖추었다 하더라도 권리를 남용하는 것으로서 허용될 수 없고, / 상표권 행사의 목적이 오직 상대방에게 고통을 주고 손해를 입히려는 데 있을 뿐 이를 행사하는 사람에게는 아무런 이익이 없어야 한다는 주관적 요건을 반드시 필요로 하는 것은 아니다(대판 2007.1.25. 2005다67223).

③ (×) 국내에서 등록되지 않는 외국상표에 관한 지위를 양도한 자가 스스로 그와 유사한 모방상표를 먼저 등록한 출원이 자타상품 식별을 위한 것이 아니라, 외국 제품의 독점적 수입판매권을 부여받는 내용의 계약을 강제하거나 그러한 계약을 맺는 과정에서 유리한 입지를 확보하여 부당한 이익을 얻기 위한 부정적 의도 하에 출원된 것으로 보이고, / 독점수입판매권과 함께 영업을 양도하였으므로 적어도 계약기간 동안에는 제품에 대한 수입판매권이 유지·보장될 수 있도록 협력하고 이를 방해해서는 안 되며, 양도인으로서 일정 기간동안 동종업에 관한 경업금지의무를 부담한다고 할 것인데, / 이러한 동일·유사한 상표를 출원·등록하는 것은 신의칙 내지 사회질서에 반하는 것으로서 상표권을 남용한 권리의 행사이다(대결 2006.2.24.자 2004마101).

④ (○) 등록취소사유가 있다 하더라도 그 등록취소심결 등에 의하여 취소가 확정될 때까지는 여전히 유효한 권리로서 보호받을 수 있으므로, 그 상표권에 기한 금지청구가 권리남용 또는 신의칙 위반에 해당된다고 볼 수 없다.

⑤ (×) 상표권의 유사 범위를 정당한 이유 없이 사용한 결과 그 사용상표가 국내의 일반 수요자들에게 알려지게 되었다 하더라도, 사용상표와 관련하여 얻은 신용과 고객흡인력은 등록상표의 상표권을 침해하는 행위에 의한 것으로서 보호받을 만한 가치가 없고 그러한 상표의 사용을 용인한다면 우리 상표법이 취하고 있는 등록주의 원칙의 근간을 훼손하게 되므로, / 위와 같은 상표 사용으로 시장에서 형성된 일반 수요자들의 인식만을 근거로 하여 상표 사용자를 상대로 한 등록상표의 상표권에 기초한 침해금지 또는 손해배상 등의 청구가 권리남용에 해당한다고 볼 수는 없다(대판 2014.8.20. 2012다6059).

26 답 ②

┃해설┃

① (○) 상표권의 존재 및 내용은 공보 또는 등록원부 등에 의해 공시되어 일반 공중도 통상의 주의를 기울이면 이를 알 수 있고, / 업으로서 상표를 사용하는 사업자에게 상표권 침해에 대한 주의의무를 부과하는 것이 부당하다고 할 수 없으며, / 특허권, 실용실안권, 디자인권을 침해한 자는 과실이 추정되는데 상표권을 침해한 자에 대하여만 달리 보아야 할 합리적인 이유가 없다는 점에서 / 상표권을 침해한 자에게도 침해행위에 대하여 과실이 있는 것으로 추정된다(대판 2013.7.25. 2013다21666).

② (×) 침해자에게 과실이 없다고 하기 위해서는, 상표권의 존재를 알지 못하였다는 점을 정당화할 수 있는 사정이 있다거나 자신이 사용하는 상표가 등록상표의 권리범위에 속하지 아니한다고 믿은 점을 정당화 할 수 있는 사정이 있다는 것을 주장·증명해야 한다(대판 2013.7.25. 2013다21666).

③ (○) 타인의 상표권을 침해한 자에게 과실이 없다고 하기 위해서는 타인의 상표권의 존재를 알지 못하였다는 점을 정당화할 수 있는 사정이 있다거나 자신이 실시하는 기술이 타인의 상표권의 효력이 미치지 않는다고 믿은 점을 정당화할 수 있다는 사정이 있다는 것을 주장·입증하여야 할 것인데, / 원고가 피고 상표에 대한 등록무효심판을 제기하여 결국 위 상표의 등록을 무효로 하는 심결이 내려진 사실은 앞서 본 바와 같고, 이에 따라 피고 상표가 등록되었더라도 그 상표권은 처음부터 없었던 것으로 보게 되므로, / 피고가 자신의 상표를 위와 같은 등록된 권리로서 사용한 것이라고 믿었더라도 그러한 점만으로는 원고 상표의 효력이 피고 상표에 미치지 않는다고 믿었던 점을 정당화할 수 있는 사정에 해당한다고는 할 수 없다(대구지방법원 서부지원 2011.9.15. 2008가합1164).

④ (○) 상표법 제110조 제3항의 규정은 상표권자 등이 상표권 등의 침해로 인하여 입은 손해의 배상을 청구하는 경우에 그 손해의 액을 입증하는 것이 곤란한 점을 감안하여 권리를 침해한 자가 그 침해행위에 의하여 이익을 받은 때에는 그 이익액을 상표권자 등이 입은 손해액으로 추정하는 것일 뿐이고, 상표권 등의 침해가 있는 경우에 그로 인한 손해의 발생까지를 추정하는 취지라고 볼 것은 아니므로, / 상표권자가 위 규정의 적용을 받기 위하여는 스스로 업으로 등록상표를 사용하고 있고 또한 그 상표권에 대한 침해행위에 의하여 실제로 영업상의 손해를 입은 것을 주장·입증할 필요가 있다고 할 것이나, / 위 규정의 취지에 비추어 보면, 위와 같은 손해의 발생에 관한 주장·입증의 정도에 있어서는 손해 발생의 염려 내지 개연성의 존재를 주장·입증하는 것으로 족하다고 보아야 할 것이고, / 따라서 상표권자가 침해자와 동종의 영업을 하고 있는 것을 증명한 경우라면 특별한 사정이 없는 한 상표권 침해에 의하여 영업상의 손해를 입었음이 사실상 추정된다(서울중앙지방법원 2022.9.16. 2019가합557353).

> **상표법 제110조(손해액의 추정 등)**
> ③ 제109조에 따른 손해배상을 청구하는 경우 권리를 침해한 자가 그 침해행위에 의하여 이익을 받은 경우에는 그 이익액을 상표권자 또는 전용사용권자가 받은 손해액으로 추정한다.

⑤ (○) 구 상표법(1990.1.13. 법률 제4210호로 전문 개정되기 전의 것) 제37조 제2항에 의하면 상표권자가 상표권 침해자에 대하여 손해배상을 청구하는 경우 그 자가 침해행위에 의하여 이익을 받았을 때에는 그 이익의 액은 상표권자가 받은 손해액으로 추정되므로 / 상표권자는 상표권 침해자가 취득한 이익을 입증하면 되고 그 밖에 침해행위와 손해의 발생 간의 인과관계에 대하여는 이를 입증할 필요가 없다(대판 1992.2.25. 91다23776).

27 답 ③

해설

> **상표법 제119조(상표등록의 취소심판)**
> ① 등록상표가 다음 각 호의 어느 하나에 해당하는 경우에는 그 상표등록의 취소심판을 청구할 수 있다.
> 1. 상표권자가 고의로 지정상품에 등록상표와 유사한 상표를 사용하거나 지정상품과 유사한 상품에 등록상표 또는 이와 유사한 상표를 사용함으로써 수요자에게 상품의 품질을 오인하게 하거나 타인의 업무와 관련된 상품과 혼동을 불러일으키게 한 경우

① (○) 상표권자가 등록상표의 변형이 용이하도록 상표를 제작한 경우 - 상표권자가 자신의 등록상표가 타인의 상표와 동일·유사하게 변형 사용되는 것을 적극적으로 희망하여 의도적으로 그 변형이 용이하도록 상표를 제작·부착하고, 그 상표가 부착된 상품의 판매자나 수요자에게 그 상표의 변형 방법을 주지시키고, 이로 말미암아 실제로 등록상표가 상표권자의 의도대로 상품의 판매자나 수요자들에 의하여 인용상표들과 동일·유사하게 변형되어 유통·사용되었다면, 이는 상표권자가 직접 등록상표에 변형을 가한 경우와 마찬가지로 봄이 상당하다(대판 1999.9.17. 98후423).

② (○) 상표권자가 오인·혼동을 일으킬 만한 대상상표의 존재를 알면서 그 대상상표와 동일·유사한 실사용상표를 사용하면 상표 부정사용의 고의가 있다 할 것이고, / 특히 그 대상상표가 주지·저명한 상표인 경우에는 그 대상상표나 그 상품의 존재를 인식하지 못하였다는 등의 특별한 사정이 없는 한 고의의 존재를 추정할 수 있다(대판 2012.10.11. 2012후2227).

③ (×) 복수의 유사상표를 사용하다가 그 중 일부만 등록한 상표권자가 미등록의 사용상표를 계속 사용하는 경우에도, / 그로 인하여 타인의 상표와의 관계에서 등록상표만 사용한 경우에 비하여 수요자가 상품 출처를 오인·혼동할 우려가 더 커지게 되었다면, 이러한 사용도 위 조항에 규정된 등록상표와 유사한 상표의 사용으로 볼 수 있다(대판 2016.8.18. 2016후663).

④ (○) 대상상표는 오인·혼동의 염려가 있는 한 등록상표의 권리범위에 속하거나 상표법상의 등록상표일 것을 요하지 않고, 나아가 반드시 주지·저명할 것을 요하지 않는다. / 다만 대상상표가 되기 위해서는 구체적인 출처의 오인·혼동 염려가 있어야 하므로 대상상표는 실제로 사용되어 수요자에게 어느 정도 알려져(국내에서 특정인의 상표로 인식) 있어야 한다(대판 2020.2.13. 2017후2178).

⑤ (○) 실사용상표와 타인의 대상상표 사이의 혼동 유무를 판단함에 있어, 각 상표의 외관·칭호·관념등을 객관적·전체적으로 관찰하되, / 그 궁극적 판단 기준은 실사용상표가 등록상표로부터 변형된 정도 및 대상상표와 근사한 정도, 실사용상표와 대상상표가 상품에 사용되는 형태 및 사용상품 간의 관련성, 각 상표의 기간과 실적 및 주지도 등에 비추어 출처오인·혼동 염려가 객관적으로 존재하는지 판단한다(대판 2012.10.11. 2012후2227).

28   답 ④

해설

> **상표법 제119조(상표등록의 취소심판)**
> ① 등록상표가 다음 각 호의 어느 하나에 해당하는 경우에는 그 상표등록의 취소심판을 청구할 수 있다.
>   3. 상표권자·전용사용권자 또는 통상사용권자 중 어느 누구도 정당한 이유 없이 등록상표를 그 지정상품에 대하여 취소심판청구일 전 계속하여 3년 이상 국내에서 사용하고 있지 아니한 경우

① (○) 상표권자가 외국에서 등록상표를 표시했을 뿐 국내에서 직접 대리인을 통하여 등록상표를 사용한 적이 없다고 하더라도, 그 상품이 제3자에 의해 우리나라로 수입되어 상표권자가 등록상표를 표시한 그대로 국내의 정상적인 거래에서 양도, 전시되는 등의 방법으로 유통되고, 그에 따라 국내 수요자에게 그 상표가 상표권자의 업무에 관련된 상품을 표시하는 것으로 사회 통념상 인식되는 경우에는 특단의 사정이 없는 한 상표권자가 국내에서 상표를 사용한 것으로 보아야 한다(대판 2012.4.12. 2012후177).

② (○) 상표의 불사용에 정당한 이유가 없을 것의 '정당한 이유'란 질병 기타 천재지변 등의 불가항력에 의해 영업을 할 수 없는 경우뿐만 아니라 법률 규제, 판매금지 또는 국가의 수입제한조치 등에 의해 부득이 등록상표의 지정상품이 국내에서 일반적, 정상적으로 거래할 수 없는 경우와 같이 상표권자의 귀책사유로 인하지 아니한 불사용의 경우도 포함된다(대판 1990.6.26. 89후599).

③ (○) 불사용 상태가 상당기간 계속된 등록상표의 이전이 있는 경우, 불사용에 대한 '정당한 이유'를 판단함에 있어서 그 이전등록의 이전의 불사용에 대한 정당한 이유를 고려하여야 한다(대판 2000.4.25. 97후3920).

④ (×) 등록상표가 광고 등에 표시되었다고 하더라도 상품의 출처표시로서 사용된 것이 아니거나, 그 지정상품이 국내에서 정상적으로 유통되고 있거나 유통될 것을 예정하고 있지 아니한 상태에서 단순히 등록상표에 대한 불사용취소를 면하기 위하여 명목상으로 등록상표에 대한 광고행위를 한 데에 그친 경우에는 등록상표를 정당하게 사용하였다고 할 수 없다(대판 2017.6.29. 2015후2006).

⑤ (○) 영문과 단순 음역이 결합된 상표를 등록받은 뒤, 그 중 어느 한 부분을 생략한 채 사용한 경우, / 영문과 단순 음역의 결합으로 인해 어느 한 부분과는 다른 새로운 관념이 형성되지 않고, 영문과 단순 음역이 결합된 표장과 어느 한 부분으로만 이루어진 표장을 보았을 때, 수요자들은 동일하게 호칭할 것이라는 점을 근거로 등록상표와 실사용상표 간의 동일성을 인정한다(대판[전합] 2013.9.26. 2012후2463).

29 답 ⑤

┃해설┃

① (○) 상표등록무효심판을 청구할 수 있는 이해관계인에는 현재 등록된 상표의 지정상품과 동일 또는 유사상품에 동일 또는 유사상표를 사용하고 있는 경우는 물론 / 그와 같은 상품에 상표를 사용하리라고 추측이 갈 수 있는 관계에 있는 자도 포함되는 것이다(대판 1987.4.28. 84후21).

② (○) 국내 또는 외국의 수요자 간에 특정인의 상표라고 현저하게 인식되어 있는 상표가 국내에서 등록되어 있지 않음을 기화로 제3자가 이를 모방한 상표를 등록하여 사용함으로써 주지상표에 화체된 영업상의 신용이나 고객흡인력 등의 무형의 가치에 손상을 입히거나 주지상표권자의 국내에서의 영업을 방해하는 등의 방법으로 주지상표권자에게 손해를 가하거나 이러한 모방상표를 이용하여 부당한 이익을 얻을 목적으로 사용하는 상표는 그 등록을 허용하지 않는다는 것이므로, / 어떤 상표가 위 규정에 해당하기 위해서는 그 대상상표가 국내 또는 외국의 수요자 간에 특정인의 상표라고 현저하게 인식되어 있는 주지상표이어야 하고, 대상상표가 주지상표인가의 여부는 그 등록상표의 출원 당시를 기준으로 판단하여야 한다(대판 2004.5.14. 2002후1362).

③ (○) 상표등록의 무효심판을 청구할 수 있는 이해관계인에는 등록상표와 동일 또는 유사한 상표를 사용한 바 있거나 / 현재 사용하고 있는 자, / 그와 같은 상표를 사용한 일이 없더라도 동일 또는 유사상표를 먼저 등록한 자 등이 포함된다(특허법원 2000.1.21. 99허4125).

④ (○) 거절결정불복심판청구 기각 심결의 취소소송에서 지식재산처장은 거절결정의 이유 외에 심사나 심판 단계에서 의견서 제출의 기회를 부여한 사유 및 이와 주요한 취지가 부합하는 사유는 해당 심결의 결론을 정당하게 하는 사유로 주장할 수 있다(대판 2016.4.15. 2016후199).

⑤ (×) 확정된 심결에 대한 재심을 청구할 수 있는 제3자는 사해심결로 인하여 "직접적으로 권리 또는 이익을 침해당한 자"로 한정하는 것이 적절하다(특허법원 2004.11.4. 2004허3980).

30 답 ④

┃해설┃

① (○) 수 개의 등록상표에 대하여 상표법 제230조의 상표권 침해행위가 계속하여 이루어진 경우에는 등록상표마다 포괄하여 1개의 범죄가 성립한다. / 그러나 하나의 유사상표 사용행위로 수 개의 등록상표를 동시에 침해하였다면 각각의 상표법 위반죄는 상상적 경합의 관계에 있다. / 피고인 甲 주식회사의 대표이사인 피고인 乙이 丙 주식회사의 등록상표(이하 차례로 '제1, 2 등록상표'라 한다)와 유사한 상표를 그 지정상품과 동일한 상품에 부착하여 인터넷 쇼핑몰 등에서 판매함으로써 丙 회사의 상표권을 침해하였다는 공소사실이 원심에서 유죄로 인정된 사안에서, 공소사실 중 제1 등록상표의 침해로 인한 상표법 위반죄와 제2 등록상표의 침해로 인한 상표법 위반죄는 각각 포괄일죄의 관계에 있고, 피고인 乙은 하나의 유사상표 사용행위로 제1 등록상표와 제2 등록상표를 동시에 침해하였으므로 이 들 포괄일죄 상호 간에는 상상적 경합범 관계가 성립한다(대판 2020.11.12. 2019도11688).

> **상표법 제230조(침해죄)**
> 상표권 또는 전용사용권의 침해행위를 한 자는 7년 이하의 징역 또는 1억원 이하의 벌금에 처한다.

② (○) 상표권자 또는 그의 동의를 얻은 자가 국내에서 등록상표가 표시된 상품을 양도한 경우에는 해당 상품에 대한 상표권은 그 목적을 달성한 것으로서 소진되고, / 그로써 상표권의 효력은 해당 상품을 사용, 양도 또는 대여한 행위 등에는 미치지 않는다(대판 2020.1.30. 2018도14446).

③ (O) 상표법 제231조 제1항에 의하면 국내외에서 정당한 사유 없이 비밀유지명령을 위반한 자는 5년 이하의 징역 또는 5천만원 이하의 벌금에 처하고, 제2항에 의하면 제1항의 죄에 대해서는 비밀유지명령을 신청한 자의 고소가 있어야 공소를 제기할 수 있다.

> **상표법 제231조(비밀유지명령 위반죄)**
> ① 국내외에서 정당한 사유 없이 비밀유지명령을 위반한 자는 5년 이하의 징역 또는 5천만원 이하의 벌금에 처한다.
> ② 제1항의 죄에 대해서는 비밀유지명령을 신청한 자의 고소가 있어야 공소를 제기할 수 있다.

④ (×) 지정상품, 존속기간, 지역 등 통상사용권의 범위는 통상사용권계약에 따라 부여되는 것이므로 / 이를 넘는 통상사용권자의 상표 사용행위는 상표권자의 동의를 받지 않은 것으로 볼 수 있다. / 하지만 통상사용권자가 계약상 부수적인 조건을 위반하여 상품을 양도한 경우까지 일률적으로 상표권자의 동의를 받지 않은 양도행위로서 권리소진의 원칙이 배제된다고 볼 수는 없고, / 계약의 구체적인 내용, 상표의 주된 기능인 상표의 상품출처표시 및 품질보증 기능의 훼손 여부, 상표권자가 상품 판매로 보상을 받았음에도 추가적인 유통을 금지할 이익과 상품을 구입한 수요자 보호의 필요성 등을 종합하여 상표권의 소진 여부 및 상표권이 침해되었는지 여부를 판단하여야 한다(대판 2020.1.30. 2018도14446).

⑤ (O) 상품과 서비스 사이의 동종·유사성은 서비스와 상품간의 밀접한 관계 유무, 상품의 제조·판매와 서비스의 제공이 동일 사업자에 의하여 이루어지는 것이 일반적인가, 그리고 일반인이 그와 같이 생각하는 것이 당연하다고 인정되는가, 상품과 서비스의 용도가 일치하는가, 상품의 판매장소와 서비스의 제공장소가 일치하는가, 수요자의 범위가 일치하는가, 유사한 표장을 사용할 경우 출처의 혼동을 초래할 우려가 있는가 하는 점 등을 따져 보아 거래사회의 통념에 따라 이를 인정하여야 한다(대판 1999.2.23. 98후1587).

31 답 ①

해설

① (O) 구 디자인보호법(2013.5.28. 법률 제11848호로 전부 개정되기 전의 것. 이하 '구 디자인보호법'이라고 한다) 제7조 제1항[註] 현행법 제35조 제1항]은 "디자인권자 또는 디자인등록출원인은 자기의 등록디자인 또는 디자인등록출원한 디자인(이하 '기본디자인'이라고 한다)에만 유사한 디자인(이하 '유사디자인'이라고 한다)에 대하여는 유사디자인만으로 디자인등록을 받을 수 있다"고 규정하고 있고, / 구 디자인보호법 제68조 제1항 제1호[註] 현행법 제121조 제1항 제2호]는 디자인등록이 구 디자인보호법 제7조 제1항에 위반된 경우에는 무효심판을 청구할 수 있다고 규정하고 있으므로, 디자인등록출원인이 자기의 기본디자인에만 유사한 디자인에 대하여 유사디자인이 아닌 단독의 디자인으로 디자인등록을 받은 경우에는 그 디자인등록은 무효로 되어야 한다(대판 2022.12.16. 2021후10992).

> **디자인보호법 제35조(관련디자인)**
> ① 디자인권자 또는 디자인등록출원인은 자기의 등록디자인 또는 디자인등록출원한 디자인(이하 "기본디자인"이라 한다)과만 유사한 디자인(이하 "관련디자인"이라 한다)에 대하여는 그 기본디자인의 디자인등록출원일부터 3년 이내에 디자인등록출원된 경우에 한하여 제33조 제1항 각 호 및 제46조 제1항·제2항에도 불구하고 관련디자인으로 디자인등록을 받을 수 있다. 다만, 해당 관련디자인의 디자인권을 설정등록할 때에 기본디자인의 디자인권이 설정등록되어 있지 아니하거나 기본디자인의 디자인권이 취소, 포기 또는 무효심결 등으로 소멸한 경우에는 그러하지 아니하다.

> **디자인보호법 제121조(디자인등록의 무효심판)**
> ① 이해관계인(제1호 본문의 경우에는 디자인등록을 받을 수 있는 권리를 가진 자만 해당한다) 또는 심사관은 디자인등록이 다음 각 호의 어느 하나에 해당하는 경우에는 무효심판을 청구할 수 있다. 이 경우 제41조에 따라 복수디자인등록출원된 디자인등록에 대하여는 각 디자인마다 청구하여야 한다.
>   1. 제3조 제1항 본문에 따른 디자인등록을 받을 수 있는 권리를 가지지 아니하거나 제39조를 위반한 경우. 다만, 제96조의2 제2항에 따라 이전등록된 경우는 제외한다.
>   2. 제3조 제1항 단서에 따라 디자인등록을 받을 수 없는 경우이거나 제27조, 제33조부터 제35조까지 및 제46조 제1항·제2항에 위반된 경우
>   3. 조약에 위반된 경우
>   4. 디자인등록된 후 그 디자인권자가 제27조에 따라 디자인권을 누릴 수 없는 자로 되거나 그 디자인등록이 조약에 위반된 경우

② (×) 구 디자인보호법 제7조 제1항[(註) 현행법 제35조 제1항]의 규정 내용과 유사디자인 제도의 특성 및 출원인의 귀책사유와 제3자의 신뢰 등을 고려할 때, 같은 출원인이 유사한 2개의 디자인을 각각 단독의 디자인으로 디자인등록을 받은 경우 그 중 어느 하나의 등록이 무효로 되었다 / 는 사정만으로는 다른 하나의 디자인권에 대하여 그 하자가 치유된다거나 구 디자인보호법 제68조 제1항 제1호[(註) 현행법 제121조 제1항 제2호]의 무효사유에 해당하지 않게 된다고 볼 수 없다(대판 2022.12.16. 2021후10992).

③ (×) 디자인보호법 제35조 제3항에 의하면 기본디자인의 디자인권에 제97조에 따른 전용실시권(이하 "전용실시권"이라 한다)이 설정되어 있는 경우에는 그 기본디자인에 관한 관련디자인에 대하여는 제1항에도 불구하고 디자인등록을 받을 수 없다.

> **디자인보호법 제35조(관련디자인)**
> ③ 기본디자인의 디자인권에 제97조에 따른 전용실시권(이하 "전용실시권"이라 한다)이 설정되어 있는 경우에는 그 기본디자인에 관한 관련디자인에 대하여는 제1항에도 불구하고 디자인등록을 받을 수 없다.
>
> **디자인보호법 제97조(전용실시권)**
> ① 디자인권자는 그 디자인권에 대하여 타인에게 전용실시권을 설정할 수 있다. 다만, 기본디자인의 디자인권과 관련디자인의 디자인권에 대한 전용실시권은 같은 자에게 동시에 설정하여야 한다.
> ② 전용실시권을 설정받은 전용실시권자는 그 설정행위로 정한 범위에서 그 등록디자인 또는 이와 유사한 디자인을 업으로서 실시할 권리를 독점한다.
> ③ 전용실시권자는 실시사업(實施事業)과 같이 이전하는 경우 또는 상속이나 그 밖의 일반승계의 경우를 제외하고는 디자인권자의 동의를 받지 아니하면 그 전용실시권을 이전할 수 없다.
> ④ 전용실시권자는 디자인권자의 동의를 받지 아니하면 그 전용실시권을 목적으로 하는 질권을 설정하거나 통상실시권을 허락할 수 없다.
> ⑤ 전용실시권에 관하여는 제96조 제2항부터 제4항까지의 규정을 준용한다.
> ⑥ 기본디자인의 디자인권이 취소, 포기 또는 무효심결 등으로 소멸한 경우 그 기본디자인에 관한 2 이상의 관련디자인의 전용실시권을 설정하려면 같은 자에게 함께 설정하여야 한다.

④ (×) 디자인보호법 제96조 제1항 단서에 의하면 기본디자인의 디자인권과 관련디자인의 디자인권은 같은 자에게 함께 이전하여야 한다.

> **디자인보호법 제96조(디자인권의 이전 및 공유 등)**
> ① 디자인권은 이전할 수 있다. 다만, 기본디자인의 디자인권과 관련디자인의 디자인권은 같은 자에게 함께 이전하여야 한다.

⑤ (×) 관련디자인등록출원의 물품의 명칭이 기본디자인의 물품의 명칭보다 더 정당한 경우에는 기본디자인의 물품의 명칭에 일치시킬 필요가 없다.

32 🛑 ②

┃해설┃
① (○) 복수디자인등록출원의 성립요건은 형식적 요건에 불과하기 때문이다.
② (×) 디자인보호법 제38조 제4항에 의하면 지식재산처장은 제2항에 따른 보완명령을 받은 자가 지정기간 내에 디자인등록출원을 보완한 경우에는 그 절차보완서가 지식재산처장에게 도달한 날을 출원일로 본다. 다만, 제41조에 따라 복수디자인등록출원된 디자인 중 일부 디자인에만 보완이 필요한 경우에는 그 일부 디자인에 대한 절차보완서가 지식재산처장에게 도달한 날을 복수디자인 전체의 출원일로 본다. 디자인보호법 제38조 제5항에 의하면 지식재산처장은 제2항에 따른 보완명령을 받은 자가 지정기간 내에 보완을 하지 아니한 경우에는 <u>그 디자인등록출원을 부적법한 출원으로 보아 반려할 수 있다</u>. 제41조에 따라 복수디자인등록출원된 디자인 중 일부 디자인만 보완하지 아니한 경우에도 같다.

> **디자인보호법 제38조(디자인등록출원일의 인정 등)**
> ④ 지식재산처장은 제2항에 따른 보완명령을 받은 자가 지정기간 내에 디자인등록출원을 보완한 경우에는 그 절차보완서가 지식재산처장에게 도달한 날을 출원일로 본다. 다만, 제41조에 따라 복수디자인등록출원된 디자인 중 일부 디자인에만 보완이 필요한 경우에는 그 일부 디자인에 대한 절차보완서가 지식재산처장에게 도달한 날을 복수디자인 전체의 출원일로 본다.
> ⑤ 지식재산처장은 제2항에 따른 보완명령을 받은 자가 지정기간 내에 보완을 하지 아니한 경우에는 그 디자인등록출원을 부적법한 출원으로 보아 반려할 수 있다. 제41조에 따라 복수디자인등록출원된 디자인 중 일부 디자인만 보완하지 아니한 경우에도 같다.
>
> **디자인보호법 제41조(복수디자인등록출원)**
> 디자인등록출원을 하려는 자는 제40조 제1항에도 불구하고 총리령으로 정하는 물품류 구분에서 같은 물품류에 속하는 물품에 대하여는 100 이내의 디자인을 1디자인등록출원(이하 "복수디자인등록출원"이라 한다)으로 할 수 있다. 이 경우 1 디자인마다 분리하여 표현하여야 한다.

③ (○) 디자인보호법 제96조 제5항에 의하면 각 디자인권마다 분리하여 이전할 수 있다. 그 이유는 복수디자인출원된 디자인이 설정등록되면 디자인마다 독립된 디자인권이 발생되기 때문이다. 따라서 권리별 처분·소멸이 가능하고, 각 디자인마다 이의신청 또는 무효심판청구의 대상이 될 수 있다.

> **디자인보호법 제96조(디자인권의 이전 및 공유 등)**
> ⑤ 복수디자인등록된 디자인권은 각 디자인권마다 분리하여 이전할 수 있다.

④ (○) 디자인보호법 제43조 제1항에 의하면 디자인등록출원인은 디자인권의 설정등록일부터 3년 이내의 기간을 정하여 그 디자인을 비밀로 할 것을 청구할 수 있다. 이 경우 <u>복수디자인등록출원된 디자인에 대하여는 출원된 디자인의 전부 또는 일부에 대하여 청구할 수 있다</u>.

> **디자인보호법 제43조(비밀디자인)**
> ① 디자인등록출원인은 디자인권의 설정등록일부터 3년 이내의 기간을 정하여 그 디자인을 비밀로 할 것을 청구할 수 있다. 이 경우 복수디자인등록출원된 디자인에 대하여는 출원된 디자인의 전부 또는 일부에 대하여 청구할 수 있다.

⑤ (O) 디자인보호법 제61조 제2항에 의하면 지식재산처장은 복수디자인등록출원에 대하여 제1항에 따라 우선심사를 하는 경우에는 제1항 각 호의 어느 하나에 해당하는 일부 디자인만 우선하여 심사하게 할 수 있다.

> **디자인보호법 제61조(우선심사)**
> ② 지식재산처장은 다음 각 호의 어느 하나에 해당하는 디자인등록출원에 대하여는 심사관에게 다른 디자인등록출원에 우선하여 심사하게 할 수 있다.
>   1. 제52조에 따른 출원공개 후 디자인등록출원인이 아닌 자가 업으로서 디자인등록출원된 디자인을 실시하고 있다고 인정되는 경우
>   2. 대통령령으로 정하는 디자인등록출원으로서 긴급하게 처리할 필요가 있다고 인정되는 경우
> ② 지식재산처장은 복수디자인등록출원에 대하여 제1항에 따라 우선심사를 하는 경우에는 제1항 각 호의 어느 하나에 해당하는 일부 디자인만 우선하여 심사하게 할 수 있다.

33

답 ⑤

해설

① (O) 디자인보호법 제126조 제2항 단서와 제3호에 의하면 적극적 권리범위확인심판에서 확인대상디자인의 도면에 대하여 피청구인이 자신이 실제로 실시하고 있는 디자인과 다르다고 주장하는 경우에 청구인이 피청구인의 실시 디자인과 같게 하기 위하여 심판청구서의 확인대상디자인의 도면을 보정하는 것은 금지되는 요지변경에 해당하지 않는다.

> **디자인보호법 제126조(심판청구방식)**
> ② 제1항에 따라 제출된 심판청구서를 보정하는 경우에는 그 요지를 변경할 수 없다. 다만, 다음 각 호의 어느 하나에 해당하는 경우에는 그러하지 아니하다.
>   1. 제1항 제1호에 따른 당사자 중 디자인권자의 기재를 바로잡기 위하여 보정(추가하는 것을 포함한다)하는 경우
>   2. 제1항 제4호에 따른 청구의 이유를 보정하는 경우
>   3. 디자인권자 또는 전용실시권자가 제122조에 따라 청구한 권리범위 확인심판에서 심판청구서의 확인대상디자인(청구인이 주장하는 피청구인의 디자인을 말한다)의 도면에 대하여 피청구인이 자신이 실제로 실시하고 있는 디자인과 비교하여 다르다고 주장하는 경우에 청구인이 피청구인의 실시 디자인과 같게 하기 위하여 심판청구서의 확인대상 디자인의 도면을 보정하는 경우

② (O) 복수디자인의 경우 출원디자인의 일부를 삭제 보정하는 경우에는 요지변경이 아닌 일부취하에 해당하지만, 출원서에 적힌 디자인수에 맞춰 도면을 추가로 제출하는 것은 요지변경이다.

③ (O) 디자인보호법 제119조에 의하면 보정각하결정을 받은 자가 그 결정에 불복할 때에는 그 결정등본을 송달받은 날부터 3개월 이내에 심판을 청구할 수 있다.

> **디자인보호법 제119조(보정각하결정에 대한 심판)**
> 제49조 제1항에 따른 보정각하결정을 받은 자가 그 결정에 불복할 때에는 그 결정등본을 송달받은 날부터 3개월 이내에 심판을 청구할 수 있다.

④ (○) 디자인보호법 제48조 제5항에 의하면 제1항부터 제3항까지의 규정에 따른 보정이 최초의 디자인등록출원의 요지를 변경하는 것으로 디자인권의 설정등록 후에 인정된 경우에는 그 디자인등록출원은 그 보정서를 제출한 때에 디자인등록출원을 한 것으로 본다.

> **디자인보호법 제48조(출원의 보정과 요지변경)**
> ⑤ 제1항부터 제3항까지의 규정에 따른 보정이 최초의 디자인등록출원의 요지를 변경하는 것으로 디자인권의 설정등록 후에 인정된 경우에는 그 디자인등록출원은 그 보정서를 제출한 때에 디자인등록출원을 한 것으로 본다.

⑤ (×) 특허법 제140조 제2항에서 심판청구서의 보정은 그 요지를 변경할 수 없도록 규정하고 있는 취지는 요지의 변경을 쉽게 인정할 경우 심판절차의 지연을 초래하거나 피청구인의 방어권 행사를 곤란케 할 염려가 있기 때문이다. / 따라서 심판청구서의 보정이 요지변경에 해당하지 않으려면, 그 보정의 정도가 청구인의 발명에 관하여 심판청구서에 첨부된 도면 및 설명서의 명백한 오기를 바로잡거나 도면 및 설명서에 표현된 구조의 불명확한 부분을 구체화하는 것, 또는 처음부터 당연히 있어야 할 구성부분을 부가한 것에 지나지 아니하여 심판청구의 전체적인 취지에 비추어 볼 때 그 발명의 동일성이 유지되는 것으로 인정되어야 한다. / 확인대상발명에 대한 보정이 요지변경에 해당하는지 여부는, 대비되는 특허발명과의 관계를 고려할 것이 아니고 보정 전후의 확인대상발명 자체가 발명의 동일성이 유지되는지를 기준으로 하여 그 보정이 요지변경에 해당하는지를 판단하여야 하며, / 확인대상발명이 대비되는 특허발명의 권리범위에 속하는지의 결론에 영향을 미치는 사항이나 특허발명의 보호범위에 관련되는 사항이 변경되는 보정에 한정하여 요지변경에 해당하는 것은 아니다(특허법원 2007.1.19. 2006허6310).

34

답 ④

해설

① (○) 디자인보호법 제51조 제1항에 의하면 조약에 따라 대한민국 국민에게 출원에 대한 우선권을 인정하는 당사국의 국민이 그 당사국 또는 다른 당사국에 출원한 후 동일한 디자인을 대한민국에 디자인등록출원하여 우선권을 주장하는 경우에는 제33조 및 제46조를 적용할 때 그 당사국 또는 다른 당사국에 출원한 날을 대한민국에 디자인등록출원한 날로 본다. 대한민국 국민이 조약에 따라 대한민국 국민에게 출원에 대한 우선권을 인정하는 당사국에 출원한 후 동일한 디자인을 대한민국에 디자인등록출원한 경우에도 또한 같다.
② (○) 디자인보호법 제51조 제2항에 의하면 제1항에 따라 우선권을 주장하려는 자는 우선권주장의 기초가 되는 최초의 출원일부터 6개월 이내에 디자인등록출원을 하지 아니하면 우선권을 주장할 수 없다.
③ (○) 디자인보호법 제51조 제3항에 의하면 제1항에 따라 우선권을 주장하려는 자는 디자인등록출원 시 디자인등록출원서에 그 취지와 최초로 출원한 국명 및 출원연월일을 적어야 한다.
④ (×) 디자인보호법 제51조의2 제1항에 의하면 제51조 제1항부터 제3항까지에 따라 <u>우선권 주장을 한 자</u>는 디자인등록출원일부터 3개월 이내에 해당 우선권 주장을 보정하거나 추가할 수 있다.
⑤ (○) 디자인보호법 제51조 제5항에 의하면 제3항에 따라 우선권을 주장한 자가 정당한 사유로 제4항의 기간 내에 같은 항에 규정된 서류 또는 서면을 제출할 수 없었던 경우에는 그 기간의 만료일부터 2개월 이내에 같은 항에 규정된 서류 또는 서면을 지식재산처장에게 제출할 수 있다.

35 답 ①

해설

① (×) 특허출원의 일부 취하는 취하하고자 하는 부분을 제외한 나머지 부분만으로 특허출원을 감축하여 그 효과를 특허출원시에 소급시킴으로써 감축된 부분만을 특허출원으로 삼고자 하는 것인바(대법원 2003.3.25. 2001후1044), 즉 출원의 취하란 출원의 계속을 해제하는 것을 말한다. 출원이 취하되면 그 출원은 처음부터 없었던 것으로 취급된다. 반면에 출원의 포기란 출원절차를 종료시키는 법률효과를 발생시키는 것을 말한다. 포기는 장래를 향하여 그 효력이 상실된다.

② (○) 디자인등록출원인은 자신의 권리처분권이 당연히 있으므로 출원의 취하와 포기를 당연히 할 수 있다. 다만 대리인은 디자인보호법 제7조 제2호와 제3호에 의하여 대리인(디자인관리인을 포함한다. 이하 같다)은 특별히 권한을 위임받지 아니하면 취하를 할 수 없다.

> **디자인보호법 제7조(대리권의 범위)**
> 국내에 주소 또는 영업소가 있는 자로부터 디자인에 관한 절차를 밟을 것을 위임받은 대리인(디자인관리인을 포함한다. 이하 같다)은 특별히 권한을 위임받지 아니하면 다음 각 호의 행위를 할 수 없다.
> 1. 디자인등록출원의 포기·취하, 디자인권의 포기
> 2. 신청의 취하
> 3. 청구의 취하
> 4. 제119조 또는 제120조에 따른 심판청구
> 5. 복대리인의 선임

③ (○) 인용상표에 관하여 등록사정이 이루어지고 상표등록까지 된 이상, 이제는 인용상표에 관한 상표등록출원의 포기·취하란 있을 수 없고 / 그 상표등록출원이 무효가 되거나 또는 그 상표등록출원에 대한 거절사정 및 이에 대한 심결의 확정도 있을 수 없으므로, / 인용상표에 대하여 상표법 제8조 제3항이 적용되어 그 상표등록출원이 처음부터 없었던 것으로는 볼 수 없다(특허법원 1998.9.17. 98허5331).

④ (○) 특허출원의 일부 취하는 취하하고자 하는 부분을 제외한 나머지 부분만으로 특허출권을 감축하여 그 효과를 특허출원시에 소급시킴으로써 감축된 부분만을 특허출원으로 삼고자 하는 것인바, / 특허법에는 이와 같은 목적을 달성하기 위한 절차로 특허출원서에 첨부된 명세서와 도면의 보정이라는 제도 및 그 보정의 시기와 범위를 제한하는 규정을 두고 있을 뿐 특허사정이 되기 전에 특허출원의 일부를 취하할 수 있다고 규정해 놓은 바 없으며, / 특허법에 정해진 보정기간 경과 후에도 특허출원의 일부 취하를 허용하는 것은 특허출원의 보정에 엄격한 시기적 제한을 두고 있는 특허법의 취지에도 반하므로 / 특허출원인이 출원의 일부 취하라는 이름의 서류를 제출하였다고 하더라도 보정과 같은 목적을 달성하고자 하는 것이라면 특허법상 보정과 마찬가지로 보아야 한다(대판 2003.3.25. 2001후1044).

⑤ (○) 디자인보호법 제46조 제3항에 의하면 디자인등록출원이 무효·취하·포기되거나 제62조에 따른 디자인등록거절결정 또는 거절한다는 취지의 심결이 확정된 경우 그 디자인등록출원은 제1항 및 제2항을 적용할 때에는 처음부터 없었던 것으로 본다. 다만, 제2항 후단에 해당하여 제62조에 따른 디자인등록거절결정이나 거절한다는 취지의 심결이 확정된 경우에는 그러하지 아니하다.

> **디자인보호법 제46조(선출원)**
> ③ 디자인등록출원이 무효·취하·포기 되거나 제62조에 따른 디자인등록거절결정 또는 거절한다는 취지의 심결이 확정된 경우 그 디자인등록출원은 제1항 및 제2항을 적용할 때에는 처음부터 없었던 것으로 본다. 다만, 제2항 후단에 해당하여 제62조에 따른 디자인등록거절결정이나 거절한다는 취지의 심결이 확정된 경우에는 그러하지 아니하다.

36 답 ③

∎해설∎

① (○) 디자인보호법 제53조 제2항에 의하면 디자인등록출원인은 제1항에 따라 경고를 받거나 제52조에 따라 출원공개된 디자인임을 알고 그 디자인등록출원된 디자인 또는 이와 유사한 디자인을 업으로서 실시한 자에게 그 경고를 받거나 제52조에 따라 출원공개된 디자인임을 안 때부터 디자인권의 설정등록 시까지의 기간 동안 그 등록디자인 또는 이와 유사한 디자인의 실시에 대하여 합리적으로 받을 수 있는 금액에 상당하는 보상금의 지급을 청구할 수 있다.

> **디자인보호법 제53조(출원공개의 효과)**
> ② 디자인등록출원인은 제1항에 따라 경고를 받거나 제52조에 따라 출원공개된 디자인임을 알고 그 디자인등록출원된 디자인 또는 이와 유사한 디자인을 업으로서 실시한 자에게 그 경고를 받거나 제52조에 따라 출원공개된 디자인임을 안 때부터 디자인권의 설정등록 시까지의 기간 동안 그 등록디자인 또는 이와 유사한 디자인의 실시에 대하여 합리적으로 받을 수 있는 금액에 상당하는 보상금의 지급을 청구할 수 있다.

② (○) 디자인보호법 제53조 제3항에 의하면 제2항에 따른 청구권은 그 디자인등록출원된 디자인에 대한 디자인권이 설정등록된 후가 아니면 행사할 수 없다.

> **디자인보호법 제53조(출원공개의 효과)**
> ③ 제2항에 따른 청구권은 그 디자인등록출원된 디자인에 대한 디자인권이 설정등록된 후가 아니면 행사할 수 없다.

③ (×) 디자인보호법 제53조 제6항 제1호에 의하면 디자인등록출원이 제52조에 따라 출원공개된 후 디자인등록출원이 포기·무효 또는 취하된 경우에는 제2항에 따른 청구권은 처음부터 발생하지 아니한 것으로 본다.

> **디자인보호법 제53조(출원공개의 효과)**
> ⑥ 디자인등록출원이 제52조에 따라 출원공개된 후 다음 각 호의 어느 하나에 해당하는 경우에는 제2항에 따른 청구권은 처음부터 발생하지 아니한 것으로 본다.
> 1. 디자인등록출원이 포기·무효 또는 취하된 경우

④ (○) 디자인보호법 제53조 제4항에 의하면 제2항에 따른 청구권의 행사는 디자인권의 행사에 영향을 미치지 아니한다.

> **디자인보호법 제53조(출원공개의 효과)**
> ④ 제2항에 따른 청구권의 행사는 디자인권의 행사에 영향을 미치지 아니한다.

⑤ (○) 디자인보호법 제52조 제2항에 의하면 지식재산처장은 제1항에 따른 공개신청이 있는 경우에는 그 디자인등록출원에 관하여 제212조에 따른 디자인공보(이하 "디자인공보"라 한다)에 게재하여 출원공개를 하여야 한다. 다만, 디자인등록출원된 디자인이 제34조 제2호에 해당하는 경우에는 출원공개를 하지 아니할 수 있다.

> **디자인보호법 제52조(출원공개)**
> ② 지식재산처장은 제1항에 따른 공개신청이 있는 경우에는 그 디자인등록출원에 관하여 제212조에 따른 디자인공보(이하 "디자인공보"라 한다)에 게재하여 출원공개를 하여야 한다. 다만, 디자인등록출원된 디자인이 제34조 제2호에 해당하는 경우에는 출원공개를 하지 아니할 수 있다.

37

답 ①

┃해설┃

① (×) 디자인보호법 제73조 제3항에 의하면 심사관합의체는 디자인일부심사등록 이의신청이 이유 있다고 인정될 때에는 그 등록디자인을 취소한다는 취지의 결정(이하 "디자인등록취소결정"이라 한다)을 하여야 한다. 그리고 제6항에 의하면 디자인일부심사등록 이의신청에 대한 각하결정 및 이의신청기각결정에 대하여는 불복할 수 없다. 즉, 반대해석을 해 보면, 디자인일부심사등록 이의신청이 이유 있다고 인정될 때에는 그 등록디자인을 취소한다는 취지의 결정을 하여야 하며, 그 결정에는 불복할 수 있다.

> **디자인보호법 제73조(디자인일부심사등록 이의신청에 대한 결정)**
> ③ 심사관합의체는 디자인일부심사등록 이의신청이 이유 있다고 인정될 때에는 그 등록디자인을 취소한다는 취지의 결정(이하 "디자인등록취소결정"이라 한다)을 하여야 한다.
> ⑥ 디자인일부심사등록 이의신청에 대한 각하결정 및 이의신청기각결정에 대하여는 불복할 수 없다.

② (○) 원고의 출원은 적어도 이 사건 심결시를 기준으로 볼 때 단독디자인 출원에서 유사디자인 출원으로 변경된 것으로 봄이 상당하다고 할 것이다. / 따라서, 특허심판원은 원고의 출원이 단독디자인 출원에서 유사디자인 출원으로 변경된 것으로 보고 이 사건 출원디자인이 유사디자인으로서 등록을 받을 수 있는지 여부에 대하여 심리하여 판단하였어야 함에도 불구하고 / 이 사건 출원디자인이 보정 전의 단독디자인으로서 등록을 받을 수 있는지 여부에 대하여만 심리, 판단하였으므로, 이 사건 심결에는 판단유탈의 위법이 있다고 할 것이다(특허법원 2007.6.7. 2006허11527).

③ (○) 디자인보호법 제73조 제6항에 의하면 디자인일부심사등록 이의신청에 대한 각하결정 및 이의신청기각결정에 대하여는 불복할 수 없다.

④ (○) 디자인보호법 제62조 제6항에 의하면 복수디자인등록출원에 대하여 일부 디자인에만 거절이유가 있으면 그 일부 디자인에 대하여만 디자인등록거절결정을 할 수 있다.

> **디자인보호법 제62조(디자인등록거절결정)**
> ⑥ 복수디자인등록출원에 대하여 제1항부터 제5항까지에 따라 디자인등록거절결정을 할 경우 일부 디자인에만 거절이유가 있으면 그 일부 디자인에 대하여만 디자인등록거절결정을 할 수 있다.

⑤ (○) 디자인보호법 제66조 제1항에 의하면 심사관은 디자인등록결정을 할 때에 디자인등록출원서 또는 도면에 적힌 사항이 명백히 잘못된 경우에는 직권으로 보정(이하 "직권보정"이라 한다)을 할 수 있다. 제2항에 의하면 제1항에 따라 심사관이 직권보정을 한 경우에는 디자인등록결정 등본의 송달과 함께 그 직권보정 사항을 디자인등록출원인에게 알려야 한다.

> **디자인보호법 제66조(직권보정)**
> ① 심사관은 제65조에 따른 디자인등록결정을 할 때에 디자인등록출원서 또는 도면에 적힌 사항이 명백히 잘못된 경우에는 직권으로 보정(이하 "직권보정"이라 한다)을 할 수 있다. 이 경우 직권보정은 제48조 제1항에 따른 범위에서 하여야 한다.
> ② 제1항에 따라 심사관이 직권보정을 한 경우에는 제67조 제2항에 따른 디자인등록결정 등본의 송달과 함께 그 직권보정 사항을 디자인등록출원인에게 알려야 한다.

38

답 ④

해설

① (O) 디자인보호법 제126조 제3항에 의하면 제122조에 따른 권리범위 확인심판을 청구할 때에는 등록디자인과 대비할 수 있는 도면을 첨부하여야 한다.

> **디자인보호법 제122조(권리범위 확인심판)**
> 디자인권자·전용실시권자 또는 이해관계인은 등록디자인의 보호범위를 확인하기 위하여 디자인권의 권리범위 확인심판을 청구할 수 있다. 이 경우 제41조에 따라 복수디자인등록출원된 디자인등록에 대하여는 각 디자인마다 청구하여야 한다.
>
> **디자인보호법 제126조(심판청구방식)**
> ③ 제122조에 따른 권리범위 확인심판을 청구할 때에는 등록디자인과 대비할 수 있는 도면을 첨부하여야 한다.

② (O) 디자인의 유사 여부는 이를 구성하는 각 요소를 분리하여 개별적으로 대비할 것이 아니라 그 외관을 전체적으로 대비 관찰하여 보는 사람으로 하여금 상이한 심미감을 느끼게 하는지의 여부에 따라 판단하여야 하므로, / 그 지배적인 특징이 유사하다면 세부적인 점에 다소 차이가 있을지라도 유사하다고 보아야 한다. / 한편 대비되는 디자인의 대상 물품들이 다 같이 그 기능 내지 속성상 사용에 의하여 당연히 형태의 변화가 일어나는 경우에 그 디자인의 유사 여부는 형태의 변화 전후에 따라 서로 같은 상태에서 각각 대비한 다음 이를 전체적으로 판단하여야 한다(대판 2010.9.30. 2010다23739).

③ (O) 디자인권의 권리범위확인심판의 청구는 현존하는 디자인권의 범위를 확정하려는 데 그 목적이 있으므로, / 일단 적법하게 발생한 디자인권이라 할지라도 그 권리가 소멸된 이후에는 그에 대한 권리범위확인을 구할 이익이 없어진다(대판 2019.9.9. 2019후10746).

④ (×) 디자인권은 물품의 신규성이 있는 형상, 모양, 색채의 결합에 부여되는 것으로서 공지의 형상과 모양을 포함한 출원에 의하여 디자인등록이 되었다 하더라도 공지부분에까지 독점적이고 배타적인 권리를 인정할 수는 없으므로 / 디자인권의 권리범위를 정함에 있어 공지부분의 중요도를 낮게 평가하여야 하고, 따라서 등록디자인과 그에 대비되는 디자인이 서로 공지부분에서 동일·유사하다고 하더라도 등록디자인에서 공지 부분을 제외한 나머지 특징적인 부분과 이에 대비되는 디자인의 해당 부분이 서로 유사하지 않다면 대비되는 디자인은 등록디자인의 권리범위에 속한다고 할 수 없다(대판 2012.4.13. 2011후3568).

⑤ (O) 디자인보호법 제94조 제2항에 의하면 글자체디자인에서 타자·조판 또는 인쇄 등의 통상적인 과정에서 글자체를 사용하는 경우에는 디자인권의 효력이 미치지 않는다.

> **디자인보호법 제94조(디자인권의 효력이 미치지 아니하는 범위)**
> ② 글자체가 디자인권으로 설정등록된 경우 그 디자인권의 효력은 다음 각 호의 어느 하나에 해당하는 경우에는 미치지 아니한다.
> 1. 타자·조판 또는 인쇄 등의 통상적인 과정에서 글자체를 사용하는 경우
> 2. 제1호에 따른 글자체의 사용으로 생산된 결과물인 경우

39

답 ⑤

┃해설┃

① (○) 구 특허법(1990.1.13. 법률 제4207호로 개정되기 전의 것) 제64조 소정의 "침해로 보는 행위"(강학상의 간접침해행위)에 대하여 특허권 침해의 민사책임을 두과하는 외에 같은 법 제158조 제1항 제1호[(註) 현행법 제225조 제1항 제1호]에 의한 형사처벌까지 가능한가가 문제될 수 있는데, 확장해석을 금하는 죄형법정주의의 원칙이나, 특허권 침해의 미수범에 대한 처벌규정이 없어 특허권 직접침해의 미수범은 처벌되지 아니함에도 / 특허권 직접침해의 예비단계행위에 불과한 간접침해행위를 특허권 직접침해의 기수범과 같은 원칙에 의하여 처벌할 때 초래되는 형벌의 불균형성 등에 비추어 볼 때, / 제64조의 (강학상의 간접침해행위)규정은 특허권자 등을 보호하기 위하여 특허권의 간접침해자에게도 민사책임을 부과시키는 정책적 규정일 뿐 이를 특허권 침해행위를 처벌하는 형벌법규의 구성요건으로서까지 규정한 취지는 아니다(대판 1993.2.23. 92도3350).

> **특허법 제127조(침해로 보는 행위)**
> 다음 각 호의 구분에 따른 행위를 업으로서 하는 경우에는 특허권 또는 전용실시권을 침해한 것으로 본다.
> 1. 특허가 물건의 발명인 경우 : 그 물건의 생산에만 사용하는 물건을 생산·양도·대여·수출 또는 수입하거나 그 물건의 양도 또는 대여의 청약을 하는 행위
> 2. 특허가 방법의 발명인 경우 : 그 방법의 실시에만 사용하는 물건을 생산·양도·대여·수출 또는 수입하거나 그 물건의 양도 또는 대여의 청약을 하는 행위
>
> **특허법 제225조(침해죄)**
> ① 특허권 또는 전용실시권을 침해한 자는 7년 이하의 징역 또는 1억원 이하의 벌금에 처한다.
> ② 제1항의 죄는 피해자의 명시적인 의사에 반하여 공소(公訴)를 제기할 수 없다.

② (○) 디자인보호법 제116조 제1항에 의하면 타인의 디자인권 또는 전용실시권을 침해한 자는 그 침해행위에 대하여 과실이 있는 것으로 추정한다. 다만, 제43조 제1항에 따라 비밀디자인으로 설정등록된 디자인권 또는 전용실시권의 침해에 대하여는 그러하지 아니하다.

> **디자인보호법 제116조(과실의 추정)**
> ① 타인의 디자인권 또는 전용실시권을 침해한 자는 그 침해행위에 대하여 과실이 있는 것으로 추정한다. 다만, 제43조제1항에 따라 비밀디자인으로 설정등록된 디자인권 또는 전용실시권의 침해에 대하여는 그러하지 아니하다.

③ (○) 디자인보호법 제115조 제2항 제1호에 의하면 제1항에 따라 손해배상을 청구하는 경우 그 권리를 침해한 자가 그 침해행위를 하게 한 물건을 양도하였을 때에는 그 물건의 양도수량(디자인권자 또는 전용실시권자가 그 침해행위 외의 사유로 판매할 수 없었던 사정이 있는 경우에는 그 침해행위 외의 사유로 판매할 수 없었던 수량을 뺀 수량) 중 디자인권자 또는 전용실시권자가 생산할 수 있었던 물건의 수량에서 실제 판매한 물건의 수량을 뺀 수량을 넘지 아니하는 수량에 디자인권자 또는 전용실시권자가 그 침해행위가 없었다면 판매할 수 있었던 물건의 단위수량당 이익액을 곱한 금액을 디자인권자 또는 전용실시권자가 입은 손해액으로 할 수 있다.

> **디자인보호법 제115조(손해의 추정 등)**
> ② 제1항에 따라 손해배상을 청구하는 경우 그 권리를 침해한 자가 그 침해행위를 하게 한 물건을 양도하였을 때에는 다음 각 호에 해당하는 금액의 합계액을 디자인권자 또는 전용실시권자가 입은 손해액으로 할 수 있다.
> 1. 그 물건의 양도수량(디자인권자 또는 전용실시권자가 그 침해행위 외의 사유로 판매할 수 없었던 사정이 있는 경우에는 그 침해행위 외의 사유로 판매할 수 없었던 수량을 뺀 수량) 중 디자인권자 또는 전용실시권자가 생산할 수 있었던 물건의 수량에서 실제 판매한 물건의 수량을 뺀 수량을 넘지 아니하는 수량에 디자인권자 또는 전용실시권자가 그 침해행위가 없었다면 판매할 수 있었던 물건의 단위수량당 이익액을 곱한 금액

④ (○) 구 디자인보호법 제3조 제1항 본문은 "디자인을 창작한 자 또는 그 승계인은 이 법에서 정하는 바에 따라 디자인등록을 받을 수 있는 권리를 가진다."라고 규정하고, / 같은 법 제68조 제1항 제2호[(註) 현행법 제121조 제1항 제1호]는 "제3조 제1항 본문의 규정에 의한 디자인등록을 받을 수 있는 권리를 가지지 아니한 경우"를 등록무효사유의 하나로 규정하였다. / 여기서 디자인등록을 출원하여 등록받은 사람이 그 디자인을 창작한 사람 또는 그 승계인에 해당하지 않는다는 점에 대한 증명책임은 그 디자인등록의 무효를 주장하는 사람에게 있다(특허법원 2021.11.19. 2021나1381).

디자인보호법 제3조(디자인등록을 받을 수 있는 자)
① 디자인을 창작한 사람 또는 그 승계인은 이 법에서 정하는 바에 따라 디자인등록을 받을 수 있는 권리를 가진다. 다만, 지식재산처 또는 특허심판원 직원은 상속 또는 유증(遺贈)의 경우를 제외하고는 재직 중 디자인등록을 받을 수 없다.

디자인보호법 제121조(디자인등록의 무효심판)
① 이해관계인(제1호 본문의 경우에는 디자인등록을 받을 수 있는 권리를 가진 자만 해당한다) 또는 심사관은 디자인등록이 다음 각 호의 어느 하나에 해당하는 경우에는 무효심판을 청구할 수 있다. 이 경우 제41조에 따라 복수디자인등록출원된 디자인등록에 대하여는 각 디자인마다 청구하여야 한다.
1. 제3조 제1항 본문에 따른 디자인등록을 받을 수 있는 권리를 가지지 아니하거나 제39조를 위반한 경우. 다만, 제96조의2 제2항에 따라 이전등록된 경우는 제외한다.

⑤ (×) 국내에 등록된 상표와 동일·유사한 상표가 부착된 그 지정상품과 동일·유사한 상품을 수입하는 행위가 그 등록상표권의 침해 등을 구성하지 않는다고 하기 위해서는, 외국의 상표권자 내지 정당한 사용권자가 그 수입된 상품에 상표를 부착하였어야 하고, 그 외국 상표권자와 우리나라의 등록상표권자가 법적 또는 경제적으로 밀접한 관계에 있거나 그 밖의 사정에 의하여 위와 같은 수입상품에 부착된 상표가 우리나라의 등록상표와 동일한 출처를 표시하는 것으로 볼 수 있는 경우이어야 하며, 아울러 그 수입된 상품과 우리나라의 상표권자가 등록상표를 부착한 상품 사이에 품질에 있어 실질적인 차이가 없어야 할 것이다(대판 2010.5.27. 2010도790).

40 답 ②

해설
① (○) 디자인보호법 제176조에 의하면 국제출원서, 그 출원에 필요한 서류 및 제177조 제2항에 따른 서류는 지식재산처장에게 도달한 날부터 그 효력이 발생한다. 우편으로 제출된 경우에도 또한 같다.
② (×) 디자인보호법 제174조에 의하면 지식재산처를 통한 국제출원을 할 수 있는 자는 다음 각 호의 어느 하나[1. 대한민국 국민 2. 대한민국에 주소(법인인 경우에는 영업소를 말한다)가 있는 자 3. 그 밖에 총리령으로 정하는 바에 따라 대한민국에 거소가 있는 자]에 해당하여야 한다. 2인 이상이 공동으로 출원하는 경우에는 각자 모두가 다음 각 호의 어느 하나[1. 대한민국 국민 2. 대한민국에 주소(법인인 경우에는 영업소를 말한다)가 있는 자 3. 그 밖에 총리령으로 정하는 바에 따라 대한민국에 거소가 있는 자]에 해당하여야 한다. 즉, 그 밖에 총리령으로 정하는 바에 따라 대한민국에 거소가 있는 자도 국제출원을 할 수 있는 자이다.
③ (○) 디자인보호법 제177조 제3항에 의하면 제2항에 따른 제출명령을 받은 자가 지정기간 내에 대체서류를 제출한 경우에는 그 대체서류가 지식재산처장에게 도달한 날을 국제출원서가 도달한 날로 본다.
④ (○) 디자인보호법 제178조 제2항에 의하면 송달료, 그 납부방법·납부기간, 그 밖에 필요한 사항은 총리령으로 정한다.
⑤ (○) 디자인보호법 제178조 제3항에 의하면 지식재산처장은 지식재산처를 통한 국제출원을 하려는 자가 송달료를 내지 아니한 경우에는 상당한 기간을 정하여 보정을 명하여야 한다. 또한 제4항에 의하면 지식재산처장은 제3항에 따른 보정명령을 받은 자가 지정된 기간에 송달료를 내지 아니한 경우에는 해당 절차를 무효로 할 수 있다.

2교시 민법개론

문제면 091p

01	02	03	04	05	06	07	08	09	10	11	12	13	14	15	16	17	18	19	20
⑤	①	②	③	⑤	①	①	④	②	①	③	③	④	⑤	①	①	④	③	①	①
21	22	23	24	25	26	27	28	29	30	31	32	33	34	35	36	37	38	39	40
④	④	⑤	①	②	①	④	②	③	④	⑤	④	④	③	①	⑤	②	③	③	⑤

01

답 ⑤

해설

① (×) 강행법규인 국토이용관리법 제21조의3 제1항, 제7항을 위반하였을 경우에 있어서 위반한 자 스스로가 무효를 주장함이 신의성실의 원칙에 위배되는 권리의 행사라는 이유로서 이를 배척한다면 투기거래계약의 효력발생을 금지하려는 국토이용관리법의 입법취지를 완전히 몰각시키는 결과가 되므로, / 거래당사자 사이의 약정 내용과 취득 목적대로 관할 관청에 토지거래허가신청을 하였을 경우에 그 신청이 국토이용관리법 소정의 허가기준에 적합하여 허가를 받을 수 있었으나 다른 급박한 사정으로 이러한 절차를 회피하였다고 볼 만한 특단의 사정이 엿보이지 아니하는 한, 그러한 주장이 신의성실의 원칙에 반한다고는 할 수 없다(대판 1993.12.24. 93다44319·93다44326).

② (×) 권리남용이 인정되더라도 원칙적으로 권리자의 권리행사가 저지되어 권리가 실현되지 않는 것에 불과하며, 권리 그 자체가 박탈·소멸되는 것은 아니다. 다만, 친권이 남용된 경우 가정법원은 일정한 자의 청구에 의하여 친권의 상실 또는 일시 정지를 선고할 수 있다(민법 제924조 제1항).

③ (×) 판결이 확정되면 기판력에 의하여 대상이 된 청구권의 존재가 확정되고 그 내용에 따라 집행력이 발생한다. / 다만 확정판결에 의한 권리라 하더라도 신의에 좇아 성실히 행사되어야 하고 판결에 기한 집행이 권리남용이 되는 경우에는 허용되지 않으므로 집행채무자는 청구이의의 소에 의하여 집행의 배제를 구할 수 있다. / 이처럼 확정판결의 내용이 실체적 권리 관계에 배치되어 판결에 의한 집행이 권리남용에 해당된다고 하기 위해서는 판결에 의하여 집행할 수 있는 것으로 확정된 권리의 성질과 내용, 판결의 성립 경위 및 판결 성립 후 집행에 이르기까지의 사정, 집행이 당사자에게 미치는 영향 등 제반 사정을 종합하여 볼 때, 확정판결에 기한 집행이 현저히 부당하고 상대방으로 하여금 집행을 수인하도록 하는 것이 정의에 반함이 명백하여 사회생활상 용인할 수 없다고 인정되는 경우이어야 한다. / 그리고 위와 같이 확정판결에 기한 집행이 권리남용에 해당하여 청구이의의 소에 의하여 집행의 배제를 구할 수 있는 정도의 경우라면 그러한 판결금 채권에 기초한 다른 권리의 행사, 예를 들어 판결금 채권을 피보전채권으로 하여 채권자취소권을 행사하는 것 등도 허용될 수 없다고 보아야 한다. / 甲이 乙로부터 乙의 丙에 대한 공사대금채권을 양도받아 丙을 상대로 양수금 청구소송을 제기하여 일부 승소판결이 확정되었는데, 丙이 건물 소유권을 취득하여 丁 등에게 근저당권을 설정하여 주자 甲이 판결금 채권을 피보전채권으로 하여 丁 등을 상대로 채권자취소소송을 제기한 사안에서, 甲과 乙의 채권양도가 소송신탁에 해당하여 무효로 보인다는 사정만으로 甲의 채권자취소권 행사가 허용될 수 없다고 본 원심판결에 법리오해의 위법이 있다(대판 2014.2.21. 2013다75717).

④ (×) 회사의 이사가 채무액과 변제기가 특정되어 있는 회사채무에 대하여 보증계약을 체결한 경우에는 / 계속적 보증이나 포괄근보증의 경우와는 달리 이사직 사임이라는 사정변경을 이유로 보증인인 이사가 일방적으로 보증계약을 해지할 수 없다(대판 1999.12.28. 99다25938).

⑤ (○) 유효하게 성립한 계약상의 책임을 공평의 이념 또는 신의칙과 같은 일반원칙에 의하여 제한하는 것은 사적 자치의 원칙이나 법적 안정성에 대한 중대한 위험이 될 수 있으므로, / 채권자가 유효하게 성립한 계약에 따른 급부의 이행을 청구하는 때에 법원이 급부의 일부를 감축하는 것은 원칙적으로 허용되지 않는다(대판 2016.12.1. 2016다240543).

02

답 ①

해설

① (×) 민법 제27조의 문언이나 규정의 체계 및 취지 등에 비추어, 그 제2항에서 정하는 "사망의 원인이 될 위난"이라고 함은 화재·홍수·지진·화산 폭발 등과 같이 일반적·객관적으로 사람의 생명에 명백한 위험을 야기하여 사망의 결과를 발생시킬 가능성이 현저히 높은 외부적 사태 또는 상황을 가리킨다. / 甲이 잠수장비를 착용한 채 바다에 입수하였다가 부상하지 아니한 채 행방불명되었다 하더라도, 이는 "사망의 원인이 될 위난"이라고 할 수 없다는 원심판단이 정당하다(대결 2011.1.31.자 2010스165).

② (○) 호적부의 기재사항은 이를 번복할 만한 명백한 반증이 없는 한 진실에 부합하는 것으로 추정되고, 특히 호적부의 사망기재는 쉽게 번복할 수 있게 해서는 안되며, / 그 기재내용을 뒤집기 위해서는 사망신고 당시에 첨부된 서류들이 위조 또는 허위조작된 문서임이 증명되거나 신고인이 공정증서원본불실기재죄로 처단되었거나 또는 사망으로 기재된 본인이 현재 생존해 있다는 사실이 증명되고 있을 때, 또는 이에 준하는 사유가 있을 때 등에 한해서 호적상의 사망기재의 추정력을 뒤집을 수 있을 뿐이고, 그러한 정도에 미치지 못한 경우에는 그 추정력을 깰 수 없다 할 것이므로, / 호적상 이미 사망한 것으로 기재되어 있는 자는 그 호적상 사망기재의 추정력을 뒤집을 수 있는 자료가 없는 한 그 생사가 불분명한 자라고 볼 수 없어 실종선고를 할 수 없다(대결 1997.11.27. 97스4).

③ (○) 민법 제27조의 실종선고를 청구할 수 있는 이해관계인이라 함은 법률상 뿐만 아니라 경제적 또는 신분적 이해관계인이어야 할 것인 바, / 같은 취지에서 원심이 거시 소명자료를 종합하여 소외 부재자의 외손녀인 이 사건 상대방을 위 부재자의 제1순위 재산상속인으로 인정한 다음 제4순위 상속에 불과한 재항고인(위 소외 부재자의 5촌당질)은 위 부재자에 대한 실종선고를 청구할 이해관계인이 될 수 없다고 판단하였음은 정당하다(대결 1980.9.8. 80스27).

④ (○) 실종선고를 받은 자는 실종기간이 만료한 때에 사망한 것으로 간주되는 것이므로, / 실종선고로 인하여 실종기간 만료시를 기준으로 하여 상속이 개시된 이상 설사 이후 실종선고가 취소되어야 할 사유가 생겼다고 하더라도 실제로 실종선고가 취소되지 아니하는 한, 임의로 실종기간이 만료하여 사망한 때로 간주되는 시점과는 달리 사망시점을 정하여 이미 개시된 상속을 부정하고 이와 다른 상속관계를 인정할 수는 없다(대판 1994.9.27. 94다21542).

⑤ (○) 부재자의 생사가 일정기간동안 분명하지 아니하여 이해관계인이나 검사의 청구에 의하여 법원에서 실종선고를 받은 때에는 그 실종기간이 만료하는 때에 사망한 것으로 보는 것인바, / 소송계속중에 당사자가 사망한 때에는 그 당사자에게 소송대리인이 선임되어 있지 아니하는 한 소송절차는 중단되고 / 이 경우에는 상속인, 상속재산관리인, 기타 법률에 의하여 소송을 속행할 수 있는 자가 소송절차를 수계하여야 하며 소송절차의 중단중에는 소송수계인에 의하여 적법한 소송수계가 있을 때까지 소송절차가 정지되어 그 기간중에는 유효한 소송행위를 할 수 없는 것이고, / 부재자의 재산관리인에 의하여 소송절차가 진행되던중 부재자 본인에 대한 실종선고가 확정되면 그 재산관리인으로서의 지위는 종료되는 것이므로 / 그 경우에도 상속인 등에 의한 적법한 소송수계가 있을 때까지 소송절차가 중단되는 법리는 다를 바 없다 할 것이다(대판 1987.3.24. 85다카1151).

03

답 ②

| 해설 |

① (×) 민법 제35조 제1항은 "법인은 이사 기타 대표자가 그 직무에 관하여 타인에게 가한 손해를 배상할 책임이 있다"라고 정한다. / 여기서 '법인의 대표자'에는 그 명칭이나 직위 여하, 또는 대표자로 등기되었는지 여부를 불문하고 당해 법인을 실질적으로 운영하면서 법인을 사실상 대표하여 법인의 사무를 집행하는 사람을 포함한다고 해석함이 상당하다(대판 2011.4.28. 2008다15438).

② (○) 법인이 그 대표자의 불법행위로 인하여 손해배상의무를 지는 것은 그 대표자의 직무에 관한 행위로 인하여 손해가 발생한 것임을 요한다 할 것이나, / 그 직무에 관한 것이라는 의미는 행위의 외형상 법인의 대표자의 직무행위라고 인정할 수 있는 것이라면 설사 그것이 대표자 개인의 사리를 도모하기 위한 것이었거나 혹은 법령의 규정에 위배된 것이었다 하더라도 위의 직무에 관한 행위에 해당한다고 보아야 한다(대판 2004.2.27. 2003다15280).

③ (×) 민법 제35조 법인의 불법행위책임은 대표기관의 행위가 민법 제750조의 일반불법행위요건을 갖출 것을 요한다.

> **민법 제35조(법인의 불법행위능력)**
> ① 법인은 이사 기타 대표자가 그 직무에 관하여 타인에게 가한 손해를 배상할 책임이 있다. 이사 기타 대표자는 이로 인하여 자기의 손해배상책임을 면하지 못한다.
> ② 법인의 목적범위외의 행위로 인하여 타인에게 손해를 가한 때에는 그 사항의 의결에 찬성하거나 그 의결을 집행한 사원, 이사 및 기타 대표자가 연대하여 배상하여야 한다.
>
> **민법 제750조(불법행위의 내용)**
> 고의 또는 과실로 인한 위법행위로 타인에게 손해를 가한 자는 그 손해를 배상할 책임이 있다.

④ (×) 법인의 대표자의 행위가 직무에 관한 행위에 해당하지 아니함을 피해자 자신이 알았거나 또는 중대한 과실로 인하여 알지 못한 경우에는 법인에게 손해배상책임을 물을 수 없다고 할 것이고, / 여기서 중대한 과실이라 함은 거래의 상대방이 조금만 주의를 기울였더라면 대표자의 행위가 그 직무권한 내에서 적법하게 행하여진 것이 아니라는 사정을 알 수 있었음에도 만연히 이를 직무권한 내의 행위라고 믿음으로써 일반인에게 요구되는 주의의무에 현저히 위반하는 것으로 거의 고의에 가까운 정도의 주의를 결여하고, 공평의 관점에서 상대방을 구태여 보호할 필요가 없다고 봄이 상당하다고 인정되는 상태를 말한다(대판 2004.3.26. 2003다34045).

⑤ (×) 비법인사단의 대표자가 직무에 관하여 타인에게 손해를 가한 경우 그 사단은 민법 제35조 제1항의 유추적용에 의하여 그 손해를 배상할 책임이 있고, / 비법인사단의 대표자의 행위가 대표자 개인의 사리를 도모하기 위한 것이었거나 혹은 법령의 규정에 위배된 것이었다 하더라도 외관상, 객관적으로 직무에 관한 행위라고 인정할 수 있다면 민법 제35조 제1항의 직무에 관한 행위에 해당한다 할 것이나, / 한편 그 대표자의 행위가 직무에 관한 행위에 해당하지 아니함을 피해자 자신이 알았거나 또는 중대한 과실로 인하여 알지 못한 경우에는 비법인사단에게 손해배상책임을 물을 수 없다(대판 2008.1.18. 2005다34711).

04

답 ③

┃해설┃

① (×) 신폐수처리시설과 구폐수처리시설은 그 기능면에 있어서는 전체적으로 결합하여 유기적으로 작용함으로써 하나의 폐수처리장을 형성하고 그 기능을 수행한다 할 것이나, / 이 사건 신폐수처리시설이 구폐수처리시설 그 자체의 경제적 효용을 다하게 하는 시설이라고 할 수는 없을 것이므로 이 사건 신폐수처리시설이 구폐수처리시설의 종물이라고 할 수 없다(대판 1997.10.10. 97다3750).

② (×) 저당권의 효력이 미치는 저당부동산의 종물은 민법 제100조가 규정하는 종물과 같은 의미인바, / 어느 건물이 주된 건물의 종물이기 위하여는 주물의 상용에 이바지하는 관계에 있어야 하고 이는 주물 자체의 경제적 효용을 다하게 하는 것을 말하는 것이므로, / 주물의 소유자나 이용자의 사용에 공여되고 있더라도 주물 자체의 효용과 관계없는 물건은 종물이 아니다. / 피해자 소유의 축사 건물 및 그 부지를 임의경매절차에서 매수한 사람이 위 부지 밖에 설치된 피해자 소유 소독시설을 통로로 삼아 위 축사건물에 출입한 사안에서, 위 소독시설은 축사출입차량의 소독을 위하여 설치한 것이기는 하나 별개의 토지 위에 존재하는 독립한 건조물로서 축사 자체의 효용에 제공된 종물이 아니므로, 위 출입행위는 건조물침입 죄를 구성한다(대판 2007.12.13. 2007도7247).

> **민법 제100조(주물, 종물)**
> ① 물건의 소유자가 그 물건의 상용에 공하기 위하여 자기소유인 다른 물건을 이에 부속하게 한 때에는 그 부속물은 종물이다.
> ② 종물은 주물의 처분에 따른다.

③ (○) 백화점 건물의 지하 2층 기계실에 설치되어 있는 전화교환설비가 건물의 원소유자가 설치한 부속시설이며, 위 건물은 당초부터 그러한 시설을 수용하는 구조로 건축되었고, 위 시설들은 볼트와 전선 등으로 위 건물에 고정되어 각 층, 각 방실까지 이어지는 전선 등에 연결되어 있을 뿐이어서 과다한 비용을 들이지 않고도 분리할 수 있고, 분리하더라도 독립한 동산으로서 가치를 지니며, 그 자리에 다른 것으로 대체할 수 있는 것이라면, 위 전화교환설비는 독립한 물건이기는 하나, / 그 용도, 설치된 위치와 그 위치에 해당하는 건물의 용도, 건물의 형태, 목적, 용도에 대한 관계를 종합하여 볼 때, 위 건물에 연결되거나 부착하는 방법으로 설치되어 위 건물인 10층 백화점의 효용과 기능을 다하기에 필요불가결한 시설들 로서, 위 건물의 상용에 제공된 종물이라 할 것이다(대판 1993.8.13. 92다43142).

④ (×) 종물은 주물의 처분에 수반된다는 민법 제100조 제2항은 임의규정이므로, / 당사자는 주물을 처분할 때에 특약으로 종물을 제외할 수 있고 종물만을 별도로 처분할 수도 있다(대판 2012.1.26. 2009다76546).

⑤ (×) 이자채권은 원본채권에 대하여 종속성을 갖고 있으나 이미 변제기에 도달한 이자채권은 원본채권과 분리하여 양도할 수 있고 원본채권과 별도로 변제할 수 있으며 시효로 인하여 소멸되기도 하는 등 어느 정도 독립성을 갖게 되는 것이므로, / 원본채권이 양도된 경우 이미 변제기에 도달한 이자채권은 원본채권의 양도당시 그 이자채권도 양도한다는 의사표시가 없는 한 당연히 양도되지는 않는다(대판 1989.3.28. 88다카12803).

05

답 ⑤

┃해설┃

① (×) 민법 제359조 전문은 "저당권의 효력은 저당부동산에 대한 압류가 있은 후에 저당권설정자가 그 부동산으로부터 수취한 과실 또는 수취할 수 있는 과실에 미친다."라고 규정하고 있는데, / 위 규정상 '과실'에는 천연과실뿐만 아니라 법정과실도 포함되므로, / 저당부동산에 대한 압류가 있으면 압류 이후의 저당권설정자의 저당부동산에 관한 차임채권 등에도 저당권의 효력이 미친다. / 다만 저당부동산에 대한 경매절차에서 저당부동산에 관한 차임채권 등을 관리하면서 이를 추심하거나 저당부동산과 함께 매각할 수 있는 제도가 마련되어 있지 아니하므로, 저당권의 효력이 미치는 차임채권 등에 대한 저당권의 실행이 저당부동산에 대한 경매절차에 의하여 이루어질 수는 없고, 그 저당권의 실행은 저당권의 효력이 존속하는 동안에 채권에 대한 담보권의 실행에 관하여 규정하고 있는 민사집행법 제273조에 따른 채권집행의 방법으로 저당부동산에 대한 경매절차와 별개로 이루어질 수 있을 뿐이다(대판 2016.7.27. 2015다230020).

> **민법 제359조(과실에 대한 효력)**
> 저당권의 효력은 저당부동산에 대한 압류가 있은 후에 저당권설정자가 그 부동산으로부터 수취한 과실 또는 수취할 수 있는 과실에 미친다. 그러나 저당권자가 그 부동산에 대한 소유권, 지상권 또는 전세권을 취득한 제3자에 대하여는 압류한 사실을 통지한 후가 아니면 이로써 대항하지 못한다.

② (×) 법정과실은 수취할 권리의 존속기간일수의 비율로 취득하는데(민법 제102조 제2항), 이 규정은 임의규정이므로 당사자가 이와 다른 약정을 하는 것도 가능하다.

> **민법 제102조(과실의 취득)**
> ① 천연과실은 그 원물로부터 분리하는 때에 이를 수취할 권리자에게 속한다.
> ② 법정과실은 수취할 권리의 존속기간일수의 비율로 취득한다.

③ (×) 상속개시 후에 인지되거나 재판이 확정되어 공동상속인이 된 자도 그 상속재산이 아직 분할되거나 처분되지 아니한 경우에는 당연히 다른 공동상속인들과 함께 분할에 참여할 수 있을 것이나, / 인지 기전에 다른 공동상속인이 이미 상속재산을 분할 내지 처분한 경우에는 인지의 소급효를 제한하는 민법 제860조 단서가 적용되어 사후의 피인지자는 다른 공동상속인들의 분할 기타 처분의 효력을 부인하지 못하게 되는바, / 민법 제1014조는 그와 같은 경우에 피인지자가 다른 공동상속인들에 대하여 그의 상속분에 상당한 가액의 지급을 청구할 수 있도록 하여 상속재산의 새로운 분할에 갈음하는 권리를 인정함으로써 피인지자의 이익과 기존의 권리관계를 합리적으로 조정하는 데 그 목적이 있는 것이다. / 따라서 인지 이전에 공동상속인들에 의해 이미 분할되거나 처분된 상속재산은 민법 제860조 단서가 규정한 인지의 소급효 제한에 따라 이를 분할받은 공동상속인이나 공동상속인들의 처분행위에 의해 이를 양수한 자에게 그 소유권이 확정적으로 귀속되는 것이며, 상속재산의 소유권을 취득한 자는 민법 제102조에 따라 그 과실을 수취할 권능도 보유한다고 할 것이므로, 피인지자에 대한 인지 이전에 상속재산을 분할한 공동상속인이 그 분할받은 상속재산으로부터 발생한 과실을 취득하는 것은 피인지자에 대한 관계에서 부당이득이 된다고 할 수 없다(대판 2007.7.26. 2006다83796).

> **민법 제860조(인지의 소급효)**
> 인지는 그 자의 출생시에 소급하여 효력이 생긴다. 그러나 제3자의 취득한 권리를 해하지 못한다.
>
> **민법 제1014조(분할후의 피인지자 등의 청구권)**
> 상속개시후의 인지 또는 재판의 확정에 의하여 공동상속인이 된 자가 상속재산의 분할을 청구할 경우에 다른 공동상속인이 이미 분할 기타 처분을 한 때에는 그 상속분에 상당한 가액의 지급을 청구할 권리가 있다.

④ (×) 종물이 제3자의 소유임에도 민법 제100조 제2항에 따라 주물과 종물이 법률적 운명을 같이한다면 제3자의 권리가 침해되므로, / 주물의 소유자 아닌 사람의 소유에 속하는 물건은 종물이 될 수 없다(대판 2008.5.8. 2007다36933·36940).
⑤ (○) 돼지를 양도담보의 목적물로 하여 소유권을 양도하되 점유개정의 방법으로 양도담보설정자가 계속하여 점유·관리하면서 무상으로 사용·수익하기로 약정한 경우, / 양도담보 목적물로서 원물인 돼지가 출산한 새끼 돼지는 천연과실에 해당하고 / 그 천연과실의 수취권은 원물인 돼지의 사용·수익권을 가지는 양도담보설정자에게 귀속되므로, / 다른 특별한 약정이 없는 한 천연과실인 새끼 돼지에 대하여는 양도담보의 효력이 미치지 않는다(대판 1996.9.10. 96다25463).

06

답 ①

해설

① (×) 민법상 대리는 행위자 아닌 자에게 법률행위의 효력을 귀속시키는 제도로서 / 의사표시를 요소로 하는 법률행위에서 인정되는 것이 원칙이지만, / '의사 또는 관념의 통지'와 같은 준법률행위에 대하여도 대리에 관한 규정이 유추적용된다(대판 2024.1.4. 2023다225580).
② (○) 대리인이 본인을 위한 대리행위라는 의사의 표시(현명)는 방식을 불문할 뿐만 아니라 반드시 명시적으로만 할 필요가 없이 묵시적으로도 할 수 있는 것이고, / 현명을 하지 아니한 경우라도 그 행위를 둘러싼 여러 사정에 비추어 대리행위로서 이루어진 것임을 상대방이 알았거나 알 수 있었을 때에는 적법한 대리행위로서 효력이 인정된다(대판 2024.1.4. 2023다225580).
③ (○) 어떠한 계약의 체결에 관한 대리권을 수여받은 대리인이 수권된 법률행위를 하게 되면 그것으로 대리권의 원인된 법률관계는 원칙적으로 목적을 달성하여 종료하는 것이고, / 법률행위에 의하여 수여된 대리권은 그 원인된 법률관계의 종료에 의하여 소멸하는 것이므로(민법 제128조), / 그 계약을 대리하여 체결하였던 대리인이 체결된 계약의 해제 등 일체의 처분권과 상대방의 의사를 수령할 권한까지 가지고 있다고 볼 수는 없다(대판 2008.6.12. 2008다11276).

> **민법 제128조(임의대리의 종료)**
> 법률행위에 의하여 수여된 대리권은 전조의 경우외에 그 원인된 법률관계의 종료에 의하여 소멸한다. 법률관계의 종료전에 본인이 수권행위를 철회한 경우에도 같다.

④ (○) 일반적으로 법률행위에 의하여 수여된 대리권은 그 원인된 법률관계의 종료에 의하여 소멸하는 것이므로 / 특별한 다른 사정이 없는 한, 본인을 대리하여 금전소비대차 내지 그를 위한 담보권설정계약을 체결할 권한을 수여받은 대리인에게 본래의 계약관계를 해제할 대리권까지 있다고는 볼 수 없는 것이 원칙이며, / 따라서 사채알선업자인 소외 2가 금전 소비대차 내지 그 담보권설정계약을 알선 소개하고 피고들을 대리하여 이 사건 소비대차 등 계약을 체결하였다 하더라도 곧바로 그에게 피고들을 대리하여 위 소비대차에 따른 계약의 해제 등 일체의 처분권과 상대방의 의사를 수령할 권한까지 가지고 있었다고 볼 수는 없기 때문이다(대판 1993.1.15. 92다39365).
⑤ (○) 부동산 소유권이전등기 말소등기절차 이행청구나 인도청구는 보전행위에 불과한 것이므로 / 법원에 의하여 선임된 부재자재산관리인은 법원의 허가 없이 이를 할 수 있다 할 것이고 / 본법 제950조 소정의 후견인의 권한범위와는 다르다 할 것이다(대판 1964.7.23. 64다108).

07

답 ①

|해설|

① (×) 대리의 목적인 법률행위의 성질상 대리인 자신에 의한 처리가 필요하지 아니한 경우에는 본인이 복대리 금지의 의사를 명시하지 아니하는 한 복대리인의 선임에 관하여 묵시적인 승낙이 있는 것으로 보는 것이 타당함은 원심이 판시한 바와 같다. / 그러나 이 사건 대리의 목적이 된 오피스텔의 분양업무는 분양을 위임받은 자가 광고를 내거나 그 직원 또는 주변의 부동산중개인을 동원하여 분양사실을 널리 알리고, 분양사무실을 찾아온 사람들에게 오피스텔의 분양가격, 교통 등 입지조건, 오피스텔의 용도, 관리방법 등 분양에 필요한 제반사항을 설명하고 청약을 유인함으로써 분양계약을 성사시키는 것으로서 분양업자의 능력에 따라 건축주인 피고의 분양사업의 성공 여부가 결정되는 것이므로 사무처리의 주체가 별로 중요하지 아니한 경우에 해당한다고 보기 어렵다(대판 1996.1.26. 94다30690).

② (○) 甲이 채권자를 특정하지 아니한 채 부동산을 담보로 제공하여 금원을 차용해 줄 것을 乙에게 위임하였고, 乙은 이를 다시 丙에게 위임하였으며, 丙은 丁에게 위 부동산을 담보로 제공하고 금원을 차용하여 乙에게 교부하였다면, / 乙에게 위 사무를 위임한 甲의 의사에는 '복대리인 선임에 관한 승낙'이 포함되어 있다고 봄이 타당하다(대판 1993.8.27. 93다21156).

③ (○) 대리인이 사자 내지 임의로 선임한 복대리인을 통하여 권한 외의 법률행위를 한 경우, / 상대방이 그 행위자를 대리권을 가진 대리인으로 믿었고 또한 그렇게 믿는 데에 정당한 이유가 있는 때에는, 복대리인 선임권이 없는 대리인에 의하여 선임된 복대리인의 권한도 기본대리권이 될 수 있을 뿐만 아니라, / 그 행위자가 사자라고 하더라도 대리행위의 주체가 되는 대리인이 별도로 있고 그들에게 본인으로부터 기본대리권이 수여된 이상, 민법 제126조를 적용함에 있어서 기본대리권의 흠결 문제는 생기지 않는다(대판 1998.3.27. 97다48982).

> **민법 제126조(권한을 넘은 표현대리)**
> 대리인이 그 권한 외의 법률행위를 한 경우에 제3자가 그 권한이 있다고 믿을 만한 정당한 이유가 있는 때에는 본인은 그 행위에 대하여 책임이 있다.

④ (○) 대리권이 법률행위에 의하여 부여된 경우에는 대리인은 본인의 승낙이 있거나 부득이한 사유있는 때가 아니면 복대리인을 선임하지 못한다(민법 제120조). / 전조의 규정에 의하여 대리인이 복대리인을 선임한 때에는 본인에게 대하여 그 선임감독에 관한 책임이 있다(민법 제121조 제1항).

> **민법 제121조(임의대리인의 복대리인선임의 책임)**
> ① 전조의 규정에 의하여 대리인이 복대리인을 선임한 때에는 본인에게 대하여 그 선임감독에 관한 책임이 있다.
> ② 대리인이 본인의 지명에 의하여 복대리인을 선임한 경우에는 그 부적임 또는 불성실함을 알고 본인에게 대한 통지나 그 해임을 태만한 때가 아니면 책임이 없다.

⑤ (○) 소외 甲이 이 사건 부동산에 관한 소유권이전등기 소요서류를 원고를 위하여 보관하고 있었고 또 원고로부터 이 사건 부동산의 관리권을 수여받았다 하더라도 / 다른 특별한 사정이 없는 이상 이러한 사실만 가지고서는 소외 甲이 원고로부터 이 사건 부동산의 처분에 관한 대리권을 수여받는 것이라고 볼 수 없다 할 것이다(대판 1969.10.14. 69다1384).

08

답 ④

┃해설┃

① (○) 허가받을 것을 전제로 하는 거래계약은 허가를 받을때까지는 법률상 미완성의 법률행위로서 소유권 등 권리의 이전 또는 설정에 관한 거래의 효력이 전혀 발생하지 않으나 일단 허가를 받으면 그 계약은 소급하여 유효한 계약이 되고, 이와 달리 불허가가 된 때에 무효로 확정되므로 허가를 받기까지는 유동적 무효의 상태에 있다고 볼 것인바, 허가를 받을 것을 전제로 한 거래계약은 허가 받기 전의 상태에서는 거래계약의 채권적 효력도 전혀 발생하지 않으므로 권리의 이전 또는 설정에 관한 어떠한 내용의 이행청구도 할 수 없고, 그러한 거래계약의 당사자로서는 허가받기 전의 상태에서 상대방의 거래계약상 채무불이행을 이유로 거래계약을 해제하거나 그로 인한 손해배상을 청구할 수 없다(대판 1997.7.25. 97다4357 · 4364).

② (○) 관할 관청의 불허가처분이 있을 때뿐만 아니라 당사자 쌍방이 허가신청협력의무의 이행거절 의사를 명백히 표시한 경우에는 허가 전 거래계약관계, 즉 계약의 유동적 무효 상태가 더 이상 지속된다고 볼 수 없으므로, 계약관계는 확정적으로 무효가 된다고 할 것이고, 그와같은 법리는 거래계약상 일방의 채무가 이행불능임이 명백하고 나아가 상대방이 거래계약의 존속을 더 이상 바라지 않고 있는 경우에도 마찬가지라고 보아야 하며, 거래계약이 확정적으로 무효가 된 경우에는 거래계약이 확정적으로 무효로 됨에 있어서 귀책사유가 있는 자라고 하더라도 그 계약의 무효를 주장할 수 있다(대판 1997.7.25. 97다4357 · 4364).

③ (○) 민법 제109조 제1항 단서는 의사표시의 착오가 표의자의 중대한 과실로 인한 때에는 그 의사표시를 취소하지 못한다고 규정하고 있는데, 위 단서규정은 표의자의 상대방의 이익을 보호하기 위한 것이므로, 상대방이 표의자의 착오를 알고 이를 이용한 경우에는 착오가 표의자의 중대한 과실로 인한 것이라고 하더라도 표의자는 의사표시를 취소할 수 있다(대판 2014.11.27. 2013다49794).

> **민법 제109조(착오로 인한 의사표시)**
> ① 의사표시는 법률행위의 내용의 중요부분에 착오가 있는 때에는 취소할 수 있다. 그러나 그 착오가 표의자의 중대한 과실로 인한 때에는 취소하지 못한다.
> ② 전항의 의사표시의 취소는 선의의 제3자에게 대항하지 못한다.

④ (×) 추인은 취소의 원인이 소멸된 후에 하여야만 효력이 있으나, 법정대리인의 경우에는 취소의 원인이 소멸된지 여부에 상관없이 추인할 수 있다(민법 제144조).

> **민법 제144조(추인의 요건)**
> ① 추인은 취소의 원인이 소멸된 후에 하여야만 효력이 있다.
> ② 제1항은 법정대리인 또는 후견인이 추인하는 경우에는 적용하지 아니한다.

⑤ (○) 법률행위의 취소는 상대방에 대한 의사표시로 하여야 하나 그 취소의 의사표시는 특별히 재판상 행하여짐이 요구되는 경우 이외에는 특정한 방식이 요구되는 것이 아니고, 취소의 의사가 상대방에 의하여 인식될 수 있다면 어떠한 방법에 의하더라도 무방하다고 할 것이고, 법률행위의 취소를 당연한 전제로 한 소송상의 이행청구나 이를 전제로 한 이행거절 가운데는 취소의 의사표시가 포함되어 있다고 볼 수 있다(대판 1993.9.14. 93다13162).

09

답 ②

┃해설┃

① (×) 판결이 확정된 채권의 소멸시효기간의 경과가 임박하였는지 여부에 따라 시효중단을 위한 후소의 권리보호이익을 달리 보는 취지와 채권의 소멸시효 완성이 갖는 효과 등을 고려해 보면, 시효중단을 위한 후소를 심리하는 법원으로서는 전소 판결이 확정된 후 소멸시효가 중단된 적이 있어 그 중단사유가 종료한 때로부터 새로이 진행된 소멸시효기간의 경과가 임박하지 않아 시효중단을 위한 재소(再訴)의 이익을 인정할 수 없다는 등의 특별한 사정이 없는 한, / 후소가 전소 판결이 확정된 후 10년이 지나 제기되었다 하더라도 곧바로 소의 이익이 없다고 하여 소를 각하해서는 아니 되고, 채무자인 피고의 항변에 따라 원고의 채권이 소멸시효 완성으로 소멸하였는지에 관한 본안판단을 하여야 한다(대판 2019.1.17. 2018다24349).

② (○) 동일한 채권자와 채무자 사이에 다수의 채권이 존재하는 경우 채무자가 변제를 충당하여야 할 채무를 지정하지 않고 모든 채무를 변제하기에 부족한 금액을 변제한 때에는 특별한 사정이 없는 한 그 변제는 모든 채무에 대한 승인으로서 소멸시효를 중단하는 효력을 가진다. / 채무자는 자신이 계약당사자로 있는 다수의 계약에 기초를 둔 채무들이 존재한다는 사실을 인식하고 있는 것이 통상적이므로, 변제 시에 충당할 채무를 지정하지 않고 변제를 하였으면 특별한 사정이 없는 한 다수의 채무 전부에 대하여 그 존재를 알고 있다는 것을 표시했다고 볼 수 있기 때문이다(대판 2021.9.30. 2021다239745).

③ (×) 시효중단의 효력은 당사자 및 그 승계인 간에만 미치는 바, 여기서 당사자라 함은 중단행위에 관여한 당사자를 가리키고 시효의 대상인 권리 또는 청구권의 당사자는 아니며, / 승계인이라 함은 '시효중단에 관여한 당사자로부터 중단의 효과를 받는 권리를 그 중단효과 발생 이후에 승계한 자'를 뜻하며, 포괄승계인은 물론 특정승계인도 이에 포함된다(대판 1997.4.25. 96다46484).

④ (×) 소멸시효는 객관적으로 권리가 발생하여 그 권리를 행사할 수 있는 때로부터 진행하고 그 권리를 행사할 수 없는 동안만은 진행하지 않는바, '권리를 행사할 수 없는' 경우란, 권리자가 권리의 존재나 권리행사 가능성을 알지 못하였다는 등의 사실상 장애사유가 있는 경우가 아니라, 법률상의 장애사유, 예컨대 기간의 미도래나 조건불성취 등이 있는 경우를 말하는데, / 건물에 관한 소유권이전등기청구권에 있어서 그 목적물인 건물이 완공되지 아니하여 이를 행사할 수 없었다는 사유는 법률상의 장애사유에 해당한다(대판 2007.8.23. 2007다28024·28031).

⑤ (×) 채권자와 주채무자 사이의 확정판결에 의하여 주채무가 확정되어 그 소멸시효기간이 10년으로 연장되었다 할지라도 그 보증채무까지 당연히 단기소멸시효의 적용이 배제되어 10년의 소멸시효기간이 적용되는 것은 아니고, / 채권자와 연대보증인 사이에 있어서 연대보증채무의 소멸시효기간은 여전히 종전의 소멸시효기간에 따른다(대판 2006.8.24. 2004다26287·26294).

10

답 ①

┃해설┃

① (○) 취득시효는 당해 부동산을 오랫동안 계속하여 점유한다는 사실상태를 일정한 경우에 권리관계로 높이려고 하는 데에 그 존재이유가 있는 점에 비추어 보면, / 시효취득의 목적물은 타인의 부동산임을 요하지 않고 자기 소유의 부동산이라도 시효취득의 목적물이 될 수 있다고 할 것이고, / 취득시효를 규정한 민법 제245조가 '타인의 물건인 점'을 규정에서 빼놓은 것도 / 같은 취지에서라고 할 것이다(대판 2001.7.13. 2001다17572). 즉 유효한 명의신탁에서 명의신탁자의 점유와 같이 소유권의 관계적 귀속이 인정되어 대내적으로는 자기소유이지만, 대외적으로는 타인소유이었던 기간 동안의 점유는 점유취득시효의 기초로서의 점유에 해당한다.

> **민법 제245조(점유로 인한 부동산소유권의 취득기간)**
> ① 20년간 소유의 의사로 평온, 공연하게 부동산을 점유하는 자는 등기함으로써 그 소유권을 취득한다.
> ② 부동산의 소유자로 등기한 자가 10년간 소유의 의사로 평온, 공연하게 선의이며 과실없이 그 부동산을 점유한 때에는 소유권을 취득한다.

② (×) 부동산점유취득시효는 원시취득에 해당하므로 / 특별한 사정이 없는 한 원소유자의 소유권에 가하여진 각종 제한에 의하여 영향을 받지 아니하는 완전한 내용의 소유권을 취득하는 것이지만, / 진정한 권리자가 아니었던 채무자 또는 물상보증인이 채무담보의 목적으로 채권자에게 부동산에 관하여 저당권설정등기를 경료해 준 후 그 부동산을 시효취득하는 경우에는, 채무자 또는 물상보증인은 피담보채권의 변제의무 내지 책임이 있는 사람으로서 이미 저당권의 존재를 용인하고 점유하여 온 것이므로, 저당목적물의 시효취득으로 저당권자의 권리는 소멸하지 않는다(대판 2015.2.26. 2014다21649).

③ (×) 건축주의 사정으로 건축공사가 중단되었던 미완성의 건물을 인도받아 나머지 공사를 마치고 완공한 경우, 건물이 공사가 중단된 시점에서 사회통념상 독립한 건물이라고 볼 수 있는 형태와 구조를 갖추고 있었다면 / 원래의 건축주가 그 건물의 소유권을 원시취득한다(대판 1997.5.9. 96다54867).

④ (×) 부동산에 대한 취득시효 제도의 존재이유는 부동산을 점유하는 상태가 오랫동안 계속된 경우 권리자로서의 외형을 지닌 사실상태를 존중하여 이를 진실한 권리관계로 높여 보호함으로써 법질서의 안정을 기하고, 장기간 지속된 사실상태는 진실한 권리관계와 일치될 개연성이 높다는 점을 고려하여 권리관계에 관한 분쟁이 생긴 경우 점유자의 증명곤란을 구제하려는 데에 있다. / 그런데 부동산에 관하여 적법·유효한 등기를 마치고 소유권을 취득한 사람이 자기 소유의 부동산을 점유하는 경우에는 특별한 사정이 없는 한 사실상태를 권리관계로 높여 보호할 필요가 없고, / 부동산의 소유명의자는 부동산에 대한 소유권을 적법하게 보유하는 것으로 추정되어 소유권에 대한 증명의 곤란을 구제할 필요 역시 없으므로, / 그러한 점유는 취득시효의 기초가 되는 점유라고 할 수 없다. / 다만 그 상태에서 다른 사람 명의로 소유권이전등기가 되는 등으로 소유권의 변동이 있는 때에 비로소 취득시효의 요건인 점유가 개시된다고 볼 수 있을 뿐이다(대판 2016.10.27. 2016다224596).

⑤ (×) 원소유자가 취득시효의 완성 이후 그 등기가 있기 전에 그 토지를 제3자에게 처분하거나 제한물권의 설정, 토지의 현상 변경 등 소유자로서의 권리를 행사하였다 하여 시효취득자에 대한 관계에서 불법행위가 성립하는 것이 아님은 물론 / 위 처분행위를 통하여 그 토지의 소유권이나 제한물권 등을 취득한 제3자에 대하여 취득시효의 완성 및 그 권리취득의 소급효를 들어 대항할 수도 없다 할 것이니, / 이 경우 시효취득자로서는 원소유자의 적법한 권리행사로 인한 현상의 변경이나 제한물권의 설정 등이 이루어진 그 토지의 사실상 혹은 법률상 현상 그대로의 상태에서 등기에 의하여 그 소유권을 취득하게 된다. / 따라서 시효취득자가 원소유자에 의하여 그 토지에 설정된 근저당권의 피담보채무를 변제하는 것은 시효취득자가 용인하여야 할 그 토지상의 부담을 제거하여 완전한 소유권을 확보하기 위한 것으로서 그 자신의 이익을 위한 행위라 할 것이니, / 위 변제액 상당에 대하여 원소유자에게 대위변제를 이유로 구상권을 행사하거나 부당이득을 이유로 그 반환청구권을 행사할 수는 없다(대판 2006.5.12. 2005다75910).

11   답 ③

┃해설┃

① (○) 민법 제249조의 동산 선의취득제도는 동산을 점유하는 자의 권리외관을 중시하여 이를 신뢰한 자의 소유권 취득을 인정하고 진정한 소유자의 추급을 방지함으로써 거래의 안전을 확보하기 위하여 법이 마련한 제도이므로, / 위 법조 소정의 요건이 구비되어 동산을 선의취득한 자는 권리를 취득하는 반면 종전 소유자는 소유권을 상실하게 되는 법률효과가 법률의 규정에 의하여 발생되므로, / 선의취득자가 임의로 이와 같은 선의취득 효과를 거부하고 종전 소유자에게 동산을 반환받아 갈 것을 요구할 수 없다(대판 1998.6.12. 98다6800).

> **민법 제249조(선의취득)**
> 평온, 공연하게 동산을 양수한 자가 선의이며 과실없이 그 동산을 점유한 경우에는 양도인이 정당한 소유자가 아닌 때에도 즉시 그 동산의 소유권을 취득한다.

② (○) 동산의 선의취득에 필요한 점유의 취득은 현실적 인도가 있어야 하고 / 점유개정에 의한 점유취득만으로서는 그 요건을 충족할 수 없다(대판 1978.1.17. 77다1872).

③ (×) 민법 제249조가 규정하는 선의 무과실의 기준시점은 물권행위가 완성되는 때인 것이므로 / 물권적 합의가 동산의 인도보다 먼저 행하여지면 인도된 때를, 인도가 물권적 합의보다 먼저 행하여지면 물권적 합의가 이루어진 때를 기준으로 해야 한다(대판 1991.3.22. 91다70).

④ (○) 채무자 이외의 자의 소유에 속하는 동산을 경매한 경매절차에서 그 동산을 경락받아 경락대금을 납부하고 이를 인도받은 경락인이 동산의 소유권을 선의취득한 사안에서 / 그 동산의 매득금은 채무자의 것이 아니어서 채권자가 이를 배당 받았다고 하더라도 채권은 소멸하지 않고 계속 존속하므로, 배당을 받은 채권자는 이로 인하여 법률상 원인 없는 이득을 얻고 소유자는 경매에 의하여 소유권을 상실하는 손해를 입게 되었다고 할 것이니 / 그 동산의 소유자는 배당을 받은 채권자에 대하여 부당이득으로서 배당받은 금원의 반환을 청구할 수 있다(대판 1998.6.12. 98다6800).

⑤ (○) 양도인이 소유자로부터 보관을 위탁받은 동산을 제3자에게 보관시킨 경우에 양도인이 그 제3자에 대한 반환청구권을 양수인에게 양도하고 지명채권양도의 대항요건을 갖추었을 때에는 / 동산의 선의취득에 필요한 점유의 취득 요건을 충족한다(대판 1999.1.26. 97다48906).

12 답 ③

해설

① (○) 민법 제267조는 "공유자가 그 지분을 포기하거나 상속인 없이 사망한 때에는 그 지분은 다른 공유자에게 각 지분의 비율로 귀속한다"라고 규정하고 있다. / 여기서 공유지분의 포기는 법률행위로서 상대방 있는 단독행위에 해당하므로, 부동산공유자의 공유지분 포기의 의사표시가 다른 공유자에게 도달하더라도 이로써 곧바로 공유지분 포기에 따른 물권변동의 효력이 발생하는 것은 아니고, / 다른 공유자는 자신에게 귀속될 공유지분에 관하여 소유권이전등기청구권을 취득하며, 이후 민법 제186조에 의하여 등기를 하여야 공유지분 포기에 따른 물권변동의 효력이 발생한다. / 그리고 부동산공유자의 공유지분 포기에 따른 등기는 해당 지분에 관하여 다른 공유자 앞으로 소유권이전등기를 하는 형태가 되어야 한다(대판 2016.10.27. 2015다52978).

> **민법 제186조(부동산물권변동의 효력)**
> 부동산에 관한 법률행위로 인한 물권의 득실변경은 등기하여야 그 효력이 생긴다.
>
> **민법 제267조(지분포기 등의 경우의 귀속)**
> 공유자가 그 지분을 포기하거나 상속인없이 사망한 때에는 그 지분은 다른 공유자에게 각 지분의 비율로 귀속한다.

② (○) 부동산에 부합된 물건이 사실상 분리복구가 불가능하여 거래상 독립한 권리의 객체성을 상실하고 그 부동산과 일체를 이루는 부동산의 구성부분이 된 경우에는 타인이 권원에 의하여 이를 부합시켰더라도 그 물건의 소유권은 부동산의 소유자에게 귀속되어 부동산의 소유자는 방해배제청구권에 기하여 부합물의 철거를 청구할 수 없지만, / 부합물이 위와 같은 요건을 충족하지 못해 그 물건의 소유권이 부동산의 소유자에게 귀속되었다고 볼 수 없는 경우에는 부동산의 소유자는 방해배제청구권에 기하여 부합물의 철거를 청구할 수 있다(대판 2020.4.9. 2018다264307).

③ (×) 근저당권자가 소유권을 취득하면 그 근저당권은 혼동에 의하여 소멸하지만 / 그 뒤 그 소유권 취득이 무효인 것이 밝혀지면 소멸하였던 근저당권은 당연히 부활한다(대판 1971.8.31. 71다1386).

④ (○) 부동산의 소유자는 그 부동산에 부합한 물건의 소유권을 취득하지만, 타인의 권원에 의하여 부속된 것은 그러하지 아니하다(민법 제256조). / 토지 위에 식재된 입목은 토지의 구성부분으로 토지의 일부일 뿐 독립한 물건으로 볼 수 없으므로 특별한 사정이 없는 한 토지에 부합하고, 토지의 소유자는 식재된 입목의 소유권을 취득한다. / 토지 위에 식재된 입목을 그 토지와 독립하여 거래의 객체로 하기 위해서는 '입목에 관한 법률'에 따라 입목을 등기하거나 명인방법을 갖추어야 한다. / 물권변동에 관한 성립요건주의를 채택하고 있는 민법에서 명인방법은 부동산의 등기 또는 동산의 인도와 같이 입목에 대하여 물권변동의 성립요건 또는 효력발생요건에 해당하므로 / 식재된 입목에 대하여 명인방법을 실시해야 그 토지와 독립하여 소유권을 취득한다. 이는 토지와 분리하여 입목을 처분하는 경우뿐만 아니라, 입목의 소유권을 유보한 채 입목이 식재된 토지의 소유권을 이전하는 경우에도 마찬가지이다(대판 2021.8.19. 2020다266375).

> **민법 제256조(부동산에의 부합)**
> 부동산의 소유자는 그 부동산에 부합한 물건의 소유권을 취득한다. 그러나 타인의 권원에 의하여 부속된 것은 그러하지 아니하다.

⑤ (○) 어떠한 물건에 대한 소유권과 다른 물권이 동일한 사람에게 귀속한 경우 그 제한물권은 혼동에 의하여 소멸하는 것이 원칙이지만, / 본인 또는 제3자의 이익을 위하여 그 제한물권을 존속시킬 필요가 있다고 인정되는 경우에는 민법 제191조 제1항 단서의 해석에 의하여 혼동으로 소멸하지 않는다(대판 1998.7.10. 98다18643).

13 답 ④

해설

① (○) 분할 또는 토지의 일부 양도로 인하여 공로에 통하지 못하는 토지가 생긴 경우에 분할 또는 일부 양도 전의 종전 토지 소유자가 그 포위된 토지를 위하여 인정한 통행사용권은 직접 분할자, 일부 양도의 당사자 사이에만 적용되므로, / 포위된 토지 또는 피통행지의 특정승계인의 경우에는 주위토지통행권에 관한 일반원칙으로 돌아가 그 통행권의 범위를 따로 정하여야 한다. / 주위토지통행권의 범위는 통행권을 가진 자에게 필요할 뿐 아니라 이로 인한 주위토지 소유자의 손해가 가장 적은 장소와 방법의 범위 내에서 인정되어야 하며, 그 범위는 결국 사회통념에 비추어 쌍방 토지의 지형적, 위치적 형상 및 이용관계, 부근의 지리상황, 상린지 이용자의 이해득실 기타 제반 사정을 참작한 뒤 구체적 사례에 응하여 판단하여야 하는 것인바, / 통상적으로는 사람이 주택에 출입하여 다소의 물건을 공로로 운반하는 등의 일상생활을 영위하는 데 필요한 범위의 노폭까지 인정되고, 또 현재의 토지의 용법에 따른 이용의 범위에서 인정되는 것이지 더 나아가 장차의 이용상황까지 미리 대비하여 통행로를 정할 것은 아니다(대판 1996.11.29. 96다33433·33440).

② (○) 주위토지통행권은 통행을 위한 지역권과는 달리 그 통행로가 항상 특정한 장소로 고정되어 있는 것은 아니고, / 주위토지통행권확인청구는 변론종결시에 있어서의 민법 제219조에 정해진 요건에 해당하는 토지가 어느 토지인가를 확정하는 것이므로, / 주위토지 소유자가 그 용법에 따라 기존 통행로로 이용되던 토지의 사용방법을 바꾸었을 때에는 대지 소유자는 그 주위토지 소유자를 위하여 보다 손해가 적은 다른 장소로 옮겨 통행할 수밖에 없는 경우도 있다(대판 2009.6.11. 2008다75300·75317·75324).

> **민법 제219조(주위토지통행권)**
> ① 어느 토지와 공로사이에 그 토지의 용도에 필요한 통로가 없는 경우에 그 토지소유자는 주위의 토지를 통행 또는 통로로 하지 아니하면 공로에 출입할 수 없거나 과다한 비용을 요하는 때에는 그 주위의 토지를 통행할 수 있고 필요한 경우에는 통로를 개설할 수 있다. 그러나 이로 인한 손해가 가장 적은 장소와 방법을 선택하여야 한다.
> ② 전항의 통행권자는 통행지소유자의 손해를 보상하여야 한다.

③ (○) 동일인 소유 토지의 일부가 양도되어 공로에 통하지 못하는 토지가 생긴 경우에 포위된 토지를 위한 주위토지통행권은 일부 양도 전의 양도인 소유의 종전 토지에 대하여간 생기고 다른 사람 소유의 토지에 대하여는 인정되지 아니하며, / 또 무상의 주위토지통행권이 발생하는 토지의 일부 양도라 함은 1필의 토지의 일부가 양도된 경우뿐만 아니라 일단으로 되어 있던 동일인 소유의 수필지의 토지 중의 일부가 양도된 경우도 포함된다(대판 1995.2.10. 94다45869·45876).

④ (×) 민법 제219조 소정의 주위토지통행권은 어느 토지와 공로 사이에 그 토지의 용도에 필요한 통로가 없는 경우에, 그 토지 소유자가 주위의 토지를 통행 또는 통로로 하지 아니하면 공로에 전혀 출입할 수 없는 경우뿐 아니라 과다한 비용을 요하는 때에도 인정할 수 있고, / 이미 기존의 통로가 있더라도 그것이 당해 토지의 이용에 부적합하여 실제로 통로로서의 충분한 기능을 하지 못하고 있는 경우에도 인정된다(대판 2025.7.18. 2024다287080).

⑤ (○) 민법 제219조는 어느 토지와 공로 사이에 그 토지의 용도에 필요한 통로가 없는 경우에 그 토지소유자에게 그 주위의 토지통행권을 인정하면서 그 통행권자로 하여금 통행지소유자의 손해를 보상하도록 규정하고 있는 것이므로 / 통행권자의 허락을 얻어 사실상 통행하고 있는 자에게는 그 손해의 보상을 청구할 수 없다(대판 1991.9.10. 91다19623).

14 답 ⑤

|해설|

① (○) 소유자는 그 소유에 속한 물건을 점유한 자에 대하여 반환을 청구할 수 있다. 그러나 점유자가 그 물건을 점유할 권리가 있는 때에는 반환을 거부할 수 있다(민법 제213조). / 여기서 반환을 거부할 수 있는 권리에는 임차권, 임치, 도급 등과 같이 점유를 수반하는 채권도 포함되고, / 소유자에 대하여 이러한 채권을 갖는 자가 소유자의 승낙이나 소유자와의 약정 등에 기초하여 제3자에게 점유할 권리를 수여할 수 있는 경우에는 그로부터 점유 내지 보관을 위탁받거나 그 밖에 점유할 권리를 취득한 제3자는 특별한 사정이 없는 한 자신에게도 점유할 권리가 있음을 들어 소유자의 소유물반환청구를 거부할 수 있다(대판 2020.5.28. 2020다211085).

> **민법 제213조(소유물반환청구권)**
> 소유자는 그 소유에 속한 물건을 점유한 자에 대하여 반환을 청구할 수 있다. 그러나 점유자가 그 물건을 점유할 권리가 있는 때에는 반환을 거부할 수 있다.

② (○) 소유자는 제3자에게 그 물건을 제3자의 소유로 처분할 수 있는 권한을 유효하게 수여할 수 있다고 할 것인데, / 그와 같은 이른바 '처분수권'의 경우에도 그 수권에 기하여 행하여진 제3자의 처분행위(부동산의 경우에 처분행위가 유효하게 성립하려면 단지 양도 기타의 처분을 한다는 의사표시만으로는 부족하고, 처분의 상대방 앞으로 그 권리 취득에 관한 등기가 있어야 한다. 민법 제186조 참조)가 대세적으로 효력을 가지게 되고 그로 말미암아 소유자가 소유권을 상실하거나 제한받게 될 수는 있다고 하더라도, / 그러한 제3자의 처분이 실제로 유효하게 행하여지지 아니하고 있는 동안에는 소유자는 처분수권이 제3자에게 행하여 졌다는 것만으로 그가 원래 가지는 처분권능에 제한을 받지 아니한다. / 따라서 그는, 처분권한을 수여받은 제3자와의 관계에서 처분수권의 원인이 된 채권적 계약관계 등에 기하여 채권적인 책임을 져야 하는 것을 별론으로 하고, 자신의 소유물을 여전히 유효하게 처분할 수 있고, 또한 소유권에 기하여 소유물에 대한 방해 등을 배제할 수 있는 민법 제213조, 제214조의 물권적 청구권을 가진다(대판 2014.3.13. 2009다105215).

> **민법 제186조(부동산물권변동의 효력)**
> 부동산에 관한 법률행위로 인한 물권의 득실변경은 등기하여야 그 효력이 생긴다.
>
> **민법 제214조(소유물방해제거, 방해예방청구권)**
> 소유자는 소유권을 방해하는 자에 대하여 방해의 제거를 청구할 수 있고 소유권을 방해할 염려있는 행위를 하는 자에 대하여 그 예방이나 손해배상의 담보를 청구할 수 있다.

③ (○) 부동산의 매수인이 그 부동산을 인도받은 이상 이를 사용·수익하다가 그 부동산에 대한 보다 적극적인 권리행사의 일환으로 다른 사람에게 그 부동산을 처분하고 <u>그 점유를 승계하여 준 경우</u>에도 그 이전등기청구권의 행사 여부에 관하여 그가 그 부동산을 <u>스스로 계속 사용·수익만 하고 있는 경우</u>와 특별히 다를 바 없으므로 / 위 두 어느 경우에나 이전등기청구권의 소멸시효는 진행되지 않는다고 보아야 한다(대판[전합] 1999.3.18. 98다32175).

④ (○) 건물의 소유자가 그 건물의 소유를 통하여 타인소유의 토지를 점유하고 있다고 하더라도 그 토지소유자로서는 그 <u>건물의 철거와 그 대지부분의 인도를 청구할 수 있을 뿐,</u> / 자기 소유의 건물을 점유하고 있는 자에 대하여 그 건물에서 퇴거할 것을 청구할 수는 없다(대판 1999.7.9. 98다57457·57464).

⑤ (×) 피고가 원고 소유의 대지 일부를 소유의 의사로 평온, 공연하게 20년간 점유하였다면 피고는 원고에게 소유권이전등기절차의 이행을 청구할 수 있고, 원고는 이에 응할 의무가 있으므로 / <u>피고가 위 대지에 관하여 소유권이전등기를 경료하지 못한 상태에 있다고 해서 원고가 피고에 대하여 그 대지에 대한 불법점유임을 이유로 그 지상건물의 철거와 대지의 인도를 청구할 수는 없다</u>(대판 1988.5.10. 87다카1979).

15

 ①

┃해설┃

① (×) 토지소유권을 명의신탁하면서 수탁자의 임의처분을 방지하기 위해 신탁자명의 소유권이전등기 청구권보전의 가등기를 함께 경료해 둔 후 수탁자가 위 명의신탁중 동 토지상에 건물을 신축하고 그 후 명의신탁이 해지되어 소유권회복의 방법으로 신탁자명의로 위 가등기에 기한 본등기가 경료된 경우, / 위 명의수탁자는 신탁자와의 대내적 관계에 있어서 그 토지가 자기소유에 속하는 것이었다고 주장할 수 없고 따라서 위 건물은 어디까지나 명의신탁자 소유의 토지 위에 지은 것이라 할 것이므로 / <u>그 후 소유명의가 신탁자명의로 회복될 당시 위 수탁자가 신탁자들에 대하여 지상건물의 소유를 위한 관습상의 지상권을 취득하였다고 주장할 수 없다</u>(대판 1986.5.27. 86다카62). / 반면 원고와 피고가 1필지의 대지를 공동으로 매수하여 같은 평수로 사실상 분할한 다음 각자 자기의 돈으로 자기 몫의 대지 위에 건물을 신축하여 점유하여 왔다면 비록 위 대지가 등기부상으로는 원·피고 사이의 공유로 되어 있다 하더라도 그 대지의 소유관계는 처음부터 구분소유적 공유관계에 있다 할 것이고, / 따라서 피고 소유의 건물과 그 대지는 원고와의 내부관계에 있어서 피고의 단독소유로 되었다 할 것이므로 / <u>피고는 그 후 이 사건 대지의 피고지분만을 경락취득한 원고에 대하여 그 소유의 위 건물을 위한 관습상의 법정지상권을 취득하였다고 할 것이다</u>(대판 1990.6.26. 89다카24094).

② (○) 가사 명의신탁관계가 인정된다 하더라도 <u>여러 사람에 대한 부동산의 명의신탁에 있어 수탁자 상호간의 소유형태는 단순한 공유관계라 할 것이다</u>(대판 1982.11.23. 81다39).

③ (○) 부동산 실권리자명의 등기에 관한 법률(이하 '부동산실명법')이 적용되어 양자 간 명의신탁 약정이 무효인 경우(부동산실명법 제4조 제1항) <u>소유권자는 대내적·대외적으로 신탁자이므로</u>(부동산실명법 제4조 제2항 본문) 신탁자 甲이 <u>명의신탁해지를 원인으로 수탁자 乙을 상대로 소유권이전등기를 청구할 수는 없다.</u> 다만 <u>진정명의회복을 원인으로 한 소유권이전등기절차를 청구할 수는 있다.</u>

> **부동산실명법 제4조(명의신탁약정의 효력)**
> ① 명의신탁약정은 무효로 한다.
> ② 명의신탁약정에 따른 등기로 이루어진 부동산에 관한 물권변동은 무효로 한다. 다만, 부동산에 관한 물권을 취득하기 위한 계약에서 명의수탁자가 어느 한쪽 당사자가 되고 상대방 당사자는 명의신탁약정이 있다는 사실을 알지 못한 경우에는 그러하지 아니하다.
> ③ 제1항 및 제2항의 무효는 제3자에게 대항하지 못한다.

④ (○) 부동산 실권리자명의 등기에 관한 법률 제4조 제2항 단서는 부동산거래의 상대방을 보호하기 위한 것으로 상대방이 명의신탁약정이 있다는 사실을 알지 못한 채 물권을 취득하기 위한 계약을 체결한 경우 그 계약과 그에 따른 등기를 유효라고 한 것이다. / 명의신탁자와 명의수탁자가 계약명의신탁약정을 맺고 명의수탁자가 당사자가 되어 매도인과 부동산에 관한 매매계약을 체결하는 경우 그 계약과 등기의 효력은 매매계약을 체결할 당시 매도인의 인식을 기준으로 판단해야 하고, 매도인이 계약체결 이후에 명의신탁약정사실을 알게 되었다고 하더라도 위 계약과 등기의 효력에는 영향이 없다. / 매도인이 계약체결 이후 명의신탁약정사실을 알게 되었다는 우연한 사정으로 인해서 위와 같이 유효하게 성립한 매매계약이 소급적으로 무효로 된다고 볼 근거가 없다. 만일 매도인이 계약체결 이후 명의신탁약정사실을 알게 되었다는 사정을 들어 매매계약의 효력을 다툴 수 있도록 한다면 매도인의 선택에 따라서 매매계약의 효력이 좌우되는 부당한 결과를 가져올 것이다(대판 2018.4.10. 2017다257715).

⑤ (○) 부동산 실권리자명의 등기에 관한 법률 소정의 유예기간 경과에 의하여 기존 명의신탁약정과 그에 의한 등기가 무효로 되면 명의신탁부동산은 매도인 소유로 복귀하므로 / 매도인은 명의수탁자에게 무효인 명의수탁자 명의의 등기의 말소를 구할 수 있게 되고, / 한편 같은 법은 매도인과 명의신탁자 사이의 매매계약의 효력을 부정하는 규정을 두고 있지 아니하여 위 유예기간 경과 후로도 매도인과 명의신탁자 사이의 매매계약은 여전히 유효하므로, / 명의신탁자는 위 매매계약에 기한 매도인에 대한 소유권이전등기청구권을 보전하기 위하여 매도인을 대위하여 명의수탁자에게 무효인 명의수탁자 명의의 등기의 말소를 구할 수 있다(대판 1999.9.17. 99다21738).

16 답 ①

해설

① (×) 지역권은 요역지소유권에 부종하여 이전하므로(민법 제292조 제1항 본문), 요역지소유권의 이전등기가 경료된 경우에는 지역권의 이전등기 없이도 지역권 이전의 효력이 생긴다.

> **민법 제292조(부종성)**
> ① 지역권은 요역지소유권에 부종하여 이전하며 또는 요역지에 대한 소유권이외의 권리의 목적이 된다. 그러나 다른 약정이 있는 때에는 그 약정에 의한다.
> ② 지역권은 요역지와 분리하여 양도하거나 다른 권리의 목적으로 하지 못한다.

② (○) 피고가 피고 소유의 토지에 도로를 개설하여 원고로 하여금 영구히 사용케 한다고 약정하고 그 대금을 수령한 경우 / 위 약정은 지역권 설정에 관한 합의라고 봄이 상당하다(대판 1980.1.29. 79다1704).

③ (○) 지역권자는 일정한 목적을 위하여 타인의 토지(이하 '승역지'라 한다)를 자기토지(이하 '요역지'라 한다)의 편익에 이용할 권리가 있다(민법 제291조). / 토지의 분할이나 일부 양도의 경우에는 지역권은 요역지의 각 부분을 위하여 또는 그 승역지의 각 부분에 존속하나, 지역권이 토지의 일부분에만 관한 것인 때에는 다른 부분에 대하여는 그러하지 아니하다(민법 제293조 제2항)(대판 2025.6.12. 2024다288915).

민법 제291조(지역권의 내용)
지역권자는 일정한 목적을 위하여 타인의 토지를 자기토지의 편익에 이용하는 권리가 있다.

민법 제293조(공유관계, 일부양도와 불가분성)
① 토지공유자의 1인은 지분에 관하여 그 토지를 위한 지역권 또는 그 토지가 부담한 지역권을 소멸하게 하지 못한다.
② 토지의 분할이나 토지의 일부양도의 경우에는 지역권은 요역지의 각 부분을 위하여 또는 그 승역지의 각부분에 존속한다. 그러나 지역권이 토지의 일부분에만 관한 것인 때에는 다른 부분에 대하여는 그러하지 아니하다.

④ (○) 통로의 개설이 없는 일정한 장소를 오랜 시일 통행한 사실이 있다거나 또는 토지의 소유자가 다만 이웃하여 사는 교분으로 통행을 묵인하여 온 사실이 있다고 하더라도 그러한 사실만으로는 지역권을 취득할 수 없고 / 본조에 의하여 지역권을 취득함에 있어서는 요역지의 소유자가 승역지상에 통로를 개설하여 승역지를 항시 사용하고 있는 객관적 상태가 민법 제235조에 규정된 기간 계약한 사실이 있어야 한다(대판 1966.9.6. 65다2305·2306).

민법 제294조(지역권취득기간)
지역권은 계속되고 표현된 것에 한하여 제245조의 규정을 준용한다.

민법 제245조(점유로 인한 부동산소유권의 취득기간)
① 20년간 소유의 의사로 평온, 공연하게 부동산을 점유하는 자는 등기함으로써 그 소유권을 취득한다.
② 부동산의 소유자로 등기한 자가 10년간 소유의 의사로 평온, 공연하게 선의이며 과실없이 그 부동산을 점유한 때에는 소유권을 취득한다.

⑤ (○) 위요지통행권이나 통행지역권은 모두 인접한 토지의 상호 이용의 조절에 기한 권리로서 토지의 소유자 또는 지상권자 전세권자 등 토지사용권을 가진 자에게 인정되는 권리라 할 것이므로 / 위와 같은 권리자가 아닌 토지의 불법점유자는 토지소유권의 상린관계로서 위요지통행권의 주장이나 통행지역권의 시효취득주장을 할 수 없다(대판 1976.10.29. 76다1694).

17
답 ④

해설

① (×) 민법 제348조는 저당권으로 담보한 채권을 질권의 목적으로 한 때에는 그 저당권설정등기에 질권의 부기등기를 하여야 그 효력이 저당권에 미친다고 정한다. / 저당권에 의하여 담보된 채권에 질권을 설정하였을 때 저당권의 부종성으로 인하여 등기 없이 성립하는 권리질권이 당연히 저당권에도 효력이 미친다고 한다면, 공시의 원칙에 어긋나고 그 저당권에 의하여 담보된 채권을 양수하거나 압류한 사람, 저당부동산을 취득한 제3자 등에게 예측할 수 없는 질권의 부담을 줄 수 있어 거래의 안전을 해할 수 있다. / 이에 따라 민법 제348조는 저당권설정등기에 질권의 부기등기를 한 때에만 질권의 효력이 저당권에 미치도록 한 것이다. 이는 민법 제186조에서 정하는 물권변동에 해당한다. / 이러한 민법 제348조의 입법 취지에 비추어 보면, '담보가 없는 채권에 질권을 설정한 다음 그 채권을 담보하기 위해서 저당권을 설정한 경우'에도 '저당권으로 담보한 채권에 질권을 설정한 경우'와 달리 볼 이유가 없다. 담보가 없는 채권에 질권을 설정한 다음 그 채권을 담보하기 위해 저당권을 설정한 경우에, 당사자 간 약정 등 특별한 사정이 있는 때에는 저당권이 질권의 목적이 되지 않을 수 있으므로, 질권의 효력이 저당권에 미치기 위해서는 질권의 부기등기를 하도록 함으로써 이를 공시할 필요가 있다. / 따라서 담보가 없는 채권에 질권을 설정한 다음 그 채권을 담보하기 위해 저당권이 설정되었더라도, 민법 제348조가 유추적용되어 저당권설정등기에 질권의 부기등기를 하지 않으면 질권의 효력이 저당권에 미친다고 볼 수 없다(대판 2020.4.29. 2016다235411).

② (×) 타인에 대한 채무의 담보로 제3채무자에 대한 채권에 대하여 권리질권을 설정한 경우 질권설정자는 질권자의 동의 없이 질권의 목적된 권리를 소멸하게 하거나 질권자의 이익을 해하는 변경을 할 수 없다(민법 제352조). 이는 질권자가 질권의 목적인 채권의 교환가치에 대하여 가지는 배타적 지배권능을 보호하기 위한 것이다. / 따라서 질권설정자가 제3채무자에게 질권설정의 사실을 통지하거나 제3채무자가 이를 승낙한 때에는 제3채무자가 질권자의 동의 없이 질권의 목적인 채무를 변제하더라도 이로써 질권자에게 대항할 수 없고, 질권자는 민법 제353조 제2항에 따라 여전히 제3채무자에 대하여 직접 채무의 변제를 청구할 수 있다. / 제3채무자가 질권자의 동의 없이 질권설정자와 상계합의를 함으로써 질권의 목적인 채무를 소멸하게 한 경우에도 마찬가지로 질권자에게 대항할 수 없고, 질권자는 여전히 제3채무자에 대하여 직접 채무의 변제를 청구할 수 있다(대판 2018.12.27. 2016다235689).

> **민법 제353조(질권의 목적이 된 채권의 실행방법)**
> ① 질권자는 질권의 목적이 된 채권을 직접 청구할 수 있다.
> ② 채권의 목적물이 금전인 때에는 질권자는 자기채권의 한도에서 직접 청구할 수 있다.
> ③ 전항의 채권의 변제기가 질권자의 채권의 변제기보다 먼저 도래한 때에는 질권자는 제삼채무자에 대하여 그 변제금액의 공탁을 청구할 수 있다. 이 경우에 질권은 그 공탁금에 존재한다.
> ④ 채권의 목적물이 금전 이외의 물건인 때에는 질권자는 그 변제를 받은 물건에 대하여 질권을 행사할 수 있다.

③ (×) 민법 제361조는 "저당권은 그 담보한 채권과 분리하여 타인에게 양도하거나 다른 채권의 담보로 하지 못한다"라고 정하고 있을 뿐 피담보채권을 저당권과 분리해서 양도하거나 다른 채권의 담보로 하지 못한다고 정하고 있지 않다. 채권담보라고 하는 저당권 제도의 목적에 비추어 특별한 사정이 없는 한 피담보채권의 처분에는 저당권의 처분도 당연히 포함된다고 볼 것이지만, 피담보채권의 처분이 있으면 언제나 저당권도 함께 처분된다고는 할 수 없다. 따라서 저당권으로 담보된 채권에 질권을 설정한 경우 원칙적으로는 저당권이 피담보채권과 함께 질권의 목적이 된다고 보는 것이 합리적이지만, 질권자와 질권설정자가 피담보채권만을 질권의 목적으로 하고 저당권은 질권의 목적으로 하지 않는 것도 가능하고 이는 저당권의 부종성에 반하지 않는다. 이는 저당권과 분리해서 피담보채권만을 양도한 경우 양도인이 채권을 상실하여 양도인 앞으로 된 저당권이 소멸하게 되는 것과 구별된다(대판 2020.4.29. 2016다235411).

④ (○) 민법 제352조가 질권설정자는 질권자의 동의 없이 질권의 목적된 권리를 소멸하게 하거나 질권자의 이익을 해하는 변경을 할 수 없다고 규정한 것은 질권자가 질권의 목적인 채권의 교환가치에 대하여 가지는 배타적 지배권능을 보호하기 위한 것이므로, / 질권설정자와 제3채무자가 질권의 목적된 권리를 소멸하게 하는 행위를 하였다고 하더라도 이는 질권자에 대한 관계에 있어 무효일 뿐이어서 특별한 사정이 없는 한 질권자 아닌 제3자가 그 무효의 주장을 할 수는 없다(대판 1997.11.11. 97다35375).

⑤ (×) 제3채무자가 질권설정사실을 승낙한 후 질권설정계약이 합의해지된 경우 질권설정자가 해지를 이유로 제3채무자에게 원래의 채권으로 대항하려면 질권자가 제3채무자에게 해지사실을 통지하여야 하고, 만일 질권자가 제3채무자에게 질권설정계약의 해지사실을 통지하였다면, 설사 아직 해지가 되지 아니하였다고 하더라도 선의인 제3채무자는 질권설정자에게 대항할 수 있는 사유로 질권자에게 대항할 수 있다고 봄이 타당하다. / 그리고 위와 같은 해지통지가 있었다면 해지사실은 추정되고, 그렇다면 해지통지를 믿은 제3채무자의 선의 또한 추정된다고 볼 것이어서 제3채무자가 악의라는 점은 선의를 다투는 질권자가 증명할 책임이 있다. / 그리고 위와 같은 해지사실의 통지는 질권자가 질권설정계약이 해제되었다는 사실을 제3채무자에게 알리는 이른바 관념의 통지로서, 통지는 제3채무자에게 도달됨으로써 효력이 발생하고, 통지에 특별한 방식이 필요하지는 않다(대판 2014.4.10. 2013다76192).

18   답 ③

해설

① (○) 피담보채권을 저당권과 함께 양수한 자는 저당권 이전의 부기등기를 마치고 저당권 실행의 요건을 갖추고 있는 한 채권양도의 대항요건을 갖추고 있지 아니하더라도 경매신청을 할 수 있으며, / 채무자는 경매절차의 이해관계인으로서 채권양도의 대항요건을 갖추지 못하였다는 사유를 들어 경매개시결정에 대한 이의나 즉시항고절차에서 다툴 수 있고, 이 경우는 신청채권자가 대항요건을 갖추었다는 사실을 증명하여야 할 것이나, / 이러한 절차를 통하여 채권 및 근저당권의 양수인의 신청에 의하여 개시된 경매절차가 실효되지 아니한 이상 그 경매절차는 적법한 것이고, 또한 그 경매신청인은 양수채권의 변제를 받을 수도 있다(대판 2005.6.23. 2004다29279).

② (○) 피담보채권과 근저당권을 함께 양도하는 경우에 채권양도는 당사자 사이의 의사표시만으로 양도의 효력이 발생하지만 근저당권 이전은 이전등기를 하여야 하므로 / 채권양도와 근저당권이전등기 사이에 어느 정도 시차가 불가피한 이상 피담보채권이 먼저 양도되어 일시적으로 피담보채권과 근저당권의 귀속이 달라진다고 하여 근저당권이 무효로 된다고 볼 수는 없으나, / 위 근저당권은 그 피담보채권의 양수인에게 이전되어야 할 것에 불과하고, 근저당권의 명의인은 피담보채권을 양도하여 결국 피담보채권을 상실한 셈이므로 집행채무자로부터 변제를 받기 위하여 배당표에 자신에게 배당하는 것으로 배당표의 경정을 구할 수 있는 지위에 있다고 볼 수 없다(대판 2003.10.10. 2001다77888).

③ (×) 공동저당권이 설정되어 있는 수개의 부동산 중 일부는 채무자 소유이고 일부는 물상보증인의 소유인 경우 위 각 부동산의 경매대가를 동시에 배당하는 때에는, / 물상보증인이 민법 제481조, 제482조의 규정에 의한 변제자 대위에 의하여 채무자 소유 부동산에 대하여 담보권을 행사할 수 있는 지위에 있는 점 등을 고려할 때, / "동일한 채권의 담보로 수개의 부동산에 저당권을 설정한 경우에 그 부동산의 경매대가를 동시에 배당하는 때에는 각 부동산의 경매대가에 비례하여 그 채권의 분담을 정한다"고 규정하고 있는 민법 제368조 제1항은 적용되지 아니한다고 봄이 상당하다. / 따라서 이러한 경우 경매법원으로서는 채무자 소유 부동산의 경매대가에서 공동저당권자에게 우선적으로 배당을 하고, 부족분이 있는 경우에 한하여 물상보증인 소유 부동산의 경매대가에서 추가로 배당을 하여야 한다(대판 2010.4.15. 2008다41475).

> **민법 제481조(변제자의 법정대위)**
> 변제할 정당한 이익이 있는 자는 변제로 당연히 채권자를 대위한다.
>
> **민법 제482조(변제자대위의 효과, 대위자간의 관계)**
> ① 전2조의 규정에 의하여 채권자를 대위한 자는 자기의 권리에 의하여 구상할 수 있는 범위에서 채권 및 그 담보에 관한 권리를 행사할 수 있다.
> ② 전항의 권리행사는 다음 각호의 규정에 의하여야 한다.
>   1. 보증인은 미리 전세권이나 저당권의 등기에 그 대위를 부기하지 아니하면 전세물이나 저당물에 권리를 취득한 제3자에 대하여 채권자를 대위하지 못한다.
>   2. 제3취득자는 보증인에 대하여 채권자를 대위하지 못한다.
>   3. 제3취득자 중의 1인은 각 부동산의 가액에 비례하여 다른 제3취득자에 대하여 채권자를 대위한다.
>   4. 자기의 재산을 타인의 채무의 담보로 제공한 자가 수인인 경우에는 전호의 규정을 준용한다.
>   5. 자기의 재산을 타인의 채무의 담보로 제공한 자와 보증인간에는 그 인원수에 비례하여 채권자를 대위한다. 그러나 자기의 재산을 타인의 채무의 담보로 제공한 자가 수인인 때에는 보증인의 부담부분을 제외하고 그 잔액에 대하여 각 재산의 가액에 비례하여 대위한다. 이 경우에 그 재산이 부동산인 때에는 제1호의 규정을 준용한다.

④ (○) 부동산의 소유자 겸 채무자가 채권자인 저당권자에게 당해 저당권설정등기에 의하여 담보되는 채무를 모두 변제함으로써 저당권이 소멸된 경우 그 저당권설정등기 또한 효력을 상실하여 말소되어야 할 것이나, / 그 부동산의 소유자가 새로운 제3의 채권자로부터 금원을 차용함에 있어 그 제3자와 사이에 새로운 차용금채무를 담보하기 위하여 잔존하는 종전 채권자 명의의 저당권설정등기를 이용하여 이에 터 잡아 새로운 제3의 채권자에게 저당권 이전의 부기등기를 경료하기로 하는 내용의 저당권등기 유용의 합의를 하고 실제로 그 부기등기를 경료하였다면, / 그 저당권이전등기를 경료받은 새로운 제3의 채권자로서는 언제든지 부동산의 소유자에 대하여 그 등기유용의 합의를 주장하여 저당권설정등기의 말소청구에

대항할 수 있다고 할 것이고, / 다만 그 저당권 이전의 부기등기 이전에 등기부상 이해관계를 가지게 된 자에 대하여는 위 등기유용의 합의사실을 들어 위 저당권설정등기 및 그 저당권 이전의 부기등기의 유효를 주장할 수는 없다(대판 1998.3.24. 97다56242).

⑤ (O) 담보권의 수반성이란 피담보채권의 처분이 있으면 언제나 담보권도 함께 처분된다는 것이 아니라 채권담보라고 하는 담보권제도의 존재목적에 비추어 볼 때 특별한 사정이 없는 한 피담보채권의 처분에는 담보권의 처분도 당연히 포함된다고 보는 것이 합리적이라는 것일 뿐이므로, / 피담보채권의 처분이 있음에도 불구하고, 담보권의 처분이 따르지 않는 특별한 사정이 있는 경우에는 채권양수인은 담보권이 없는 무담보의 채권을 양수한 것이 되고 채권의 처분에 따르지 않은 담보권은 소멸한다(대판 2004.4.28. 2003다61542).

19   답 ①

해설

① (O) 건물의 임대차에 있어서 임차인의 임대인에게 지급한 임차보증금반환청구권이나 임대인이 건물시설을 아니하기 때문에 임차인에게 건물을 임차목적대로 사용 못 한 것을 이유로 하는 손해배상청구권은 모두 민법 제320조 소정의 소위 그 건물에 관하여 생긴 채권이라 할 수 없다(대법원 1976.5.11. 선고 75다1305). / 따라서 건물임차인은 임대인에게 지급한 보증금의 반환을 위하여 그 임차목적물에 대해 유치권을 주장할 수 없다.

> **민법 제320조(유치권의 내용)**
> ① 타인의 물건 또는 유가증권을 점유한 자는 그 물건이나 유가증권에 관하여 생긴 채권이 변제기에 있는 경우에는 변제를 받을 때까지 그 물건 또는 유가증권을 유치할 권리가 있다.
> ② 전항의 규정은 그 점유가 불법행위로 인한 경우에 적용하지 아니한다.

② (×) 유치권은 타물권인 점에 비추어 볼 때 수급인의 재료와 노력으로 건축되었고 독립한 건물에 해당되는 기성부분은 수급인의 소유라 할 것이므로 / 수급인은 공사대금을 지급받을 때까지 이에 대하여 유치권을 가질 수 없다(대판 1993.3.26. 91다14116).

③ (×) 부동산에 관한 강제경매 또는 담보권 실행을 위한 경매절차에서의 매수인은 유치권자에게 그 유치권으로 담보하는 채권을 변제할 책임이 있고(민사집행법 제91조 제5항, 제268조), / 유치권에 의한 경매절차는 목적물에 대하여 강제경매 또는 담보권 실행을 위한 경매절차가 개시된 경우에는 정지되도록 되어 있으므로(민사집행법 제274조 제2항), / 유치권에 의한 경매절차가 정지된 상태에서 그 목적물에 대한 강제경매 또는 담보권 실행을 위한 경매절차가 진행되어 매각이 이루어졌다면, 유치권에 의한 경매절차가 소멸주의를 원칙으로 하여 진행된 경우와는 달리 그 유치권은 소멸하지 않는다고 봄이 상당하다(대판 2011.8.18. 2011다35593).

④ (×) 유치권이 성립된 부동산의 매수인은 피담보채권의 소멸시효가 완성되면 시효로 인하여 채무가 소멸되는 결과 직접적인 이익을 받는 자에 해당하므로 소멸시효의 완성을 원용할 수 있는 지위에 있다고 할 것이나, / 매수인은 유치권자에게 채무자의 채무와는 별개의 독립된 채무를 부담하는 것이 아니라 단지 채무자의 채무를 변제할 책임을 부담하는 점 등에 비추어 보면, / 유치권의 피담보채권의 소멸시효기간이 확정판결 등에 의하여 10년으로 연장된 경우 매수인은 그 채권의 소멸시효기간이 연장된 효과를 부정하고 종전의 단기 소멸시효기간을 원용할 수는 없다(대판 2009.9.24. 2009다39530).

⑤ (×) 채무자 소유의 건물 등 부동산에 강제경매개시결정의 기입등기가 경료되어 압류의 효력이 발생한 이후에 채무자가 위 부동산에 관한 공사대금 채권자에게 그 점유를 이전함으로써 그로 하여금 유치권을 취득하게 한 경우, / 그와 같은 점유의 이전은 목적물의 교환가치를 감소시킬 우려가 있는 처분행위에 해당하여 / 민사집행법 제92조 제1항, 제83조 제4항에 따른 압류의 처분금지효에 저촉되므로 점유자로서는 위 유치권을 내세워 그 부동산에 관한 경매절차의 매수인에게 대항할 수 없다(대판 2005.8.19. 2005다22688).

20

답 ①

┃해설┃

① (○) 가등기담보 등에 관한 법률 제14조는 "담보가등기를 마친 부동산에 대하여 강제경매 등의 개시결정이 있는 경우에 그 경매의 신청이 청산금을 지급하기 전에 행하여진 경우(청산금이 없는 경우에는 청산기간이 지나기 전)에는 담보가등기권리자는 그 가등기에 따른 본등기를 청구 할 수 없다."라고 규정하고 있다. 이러한 가등기담보법 규정의 문언 형식과 내용 및 체계에 더하여 담보목적 부동산에 대한 경매절차가 개시된 경우 그 경매절차에 참가할 수 있을 것이라는 후순위권리자 등의 기대를 보호할 필요가 있는 점 등을 고려하면, 담보가등기권리자가 담보목적부동산의 경매를 청구하는 방법을 선택하여 그 경매절차가 진행 중인 때에는 특별한 사정이 없는 한 가등기담보법 제3조에 따른 담보권을 실행할 수 없으므로 그 가등기에 따른 본등기를 청구 할 수 없다(대판 2022.11.30. 2017다232167[본소]·2017다232174[반소]).

② (×) 가등기담보권의 사적 실행에 있어서 채권자가 청산금의 지급 이전에 본등기와 담보목적물의 인도를 받을 수 있다거나 청산기간이나 동시이행관계를 인정하지 아니하는 '처분정산'형의 담보권실행은 가등기담보법상 허용되지 아니한다(대판 2002.4.23. 2001다81856).

③ (×) 가등기담보법은 차용물의 반환에 갈음하여 다른 재산권을 이전할 것을 예약한 경우에 적용되는 것으로서, '매매대금의 지급'을 담보하기 위하여 부동산의 소유권을 이전하는 경우에는 적용되지 아니한다(대판 2001.1.5. 2000다47682).

④ (×) 채권자가 청산기간이 지나기 전에 청산금을 지급한 경우에는, 이로써 후순위권리자에게 대항하지 못한다(가등기담보 등에 관한 법률 제7조 제2항).

⑤ (×) 가등기담보 등에 관한 법률 제3조, 제4조에 의하면 가등기담보권자가 담보계약에 따른 담보권을 실행하여 담보목적부동산의 소유권을 취득하기 위해서는 채권의 변제기 후에 청산금의 평가액을 채무자 등에게 통지하여야 한다. 여기서 말하는 청산금의 평가액은 통지 당시의 담보목적부동산의 가액에서 그 당시의 피담보채권액(원본, 이자, 위약금, 지연배상금, 실행비용)을 뺀 금액을 의미하므로, 가등기담보권자가 담보권 실행을 통하여 우선변제받게 되는 이자나 지연배상금 등 피담보채권의 범위는 통지 당시를 기준으로 확정된다. 채권자는 주관적으로 평가한 청산금의 평가액을 통지하면 족하고, 채권자가 주관적으로 평가한 청산금의 액수가 정당하게 평가된 청산금의 액수에 미치지 못하더라도 담보권 실행의 통지로서의 효력에는 아무런 영향이 없다.(대판 2016.6.23. 2015다13171)

21

답 ④

┃해설┃

① (×) 양도담보설정자가 채권을 담보하기 위하여 그 소유의 동산을 채권자에게 양도한 경우 담보목적물을 누가 사용·수익할 수 있는지는 당사자의 합의로 정할 수 있지만 반대의 특약이 없는 한 양도담보설정자가 동산에 대한 사용·수익권을 가진다 (대판 2018.5.30. 2018다201429).

② (×) 동산 양도담보권자는 양도담보 목적물이 소실되어 양도담보 설정자가 보험회사에 대하여 화재보험계약에 따른 보험금청구권을 취득한 경우 담보물 가치의 변형물인 화재보험금청구권에 대하여 양도담보권에 기한 물상대위권을 행사할 수 있는데, / 동산 양도담보권자가 물상대위권 행사로 양도담보 설정자의 화재보험금청구권에 대하여 압류 및 추심명령을 얻어 추심권을 행사하는 경우 특별한 사정이 없는 한 제3채무자인 보험회사는 양도담보 설정 후 취득한 양도담보 설정자에 대한 별개의 채권을 가지고 상계로써 양도담보권자에게 대항할 수 없다. / 그리고 이는 보험금청구권과 본질이 동일한 공제금청구권에 대하여 물상대위권을 행사하는 경우에도 마찬가지이다(대판 2014.9.25. 2012다58609).

③ (×) 채권담보를 위하여 소유권이전등기를 경료한 양도담보권자는 채무자가 변제기를 도과하여 피담보채무의 이행지체에 빠졌을 때에는 담보계약에 의하여 취득한 목적 부동산의 처분권을 행사하기 위한 환가절차의 일환으로서 즉, 담보권의 실행으로서 채무자에 대하여 그 목적 부동산의 인도를 구할 수 있고 / 제3자가 채무자로부터 적법하게 목적 부동산의 점유를 이전받아 있는 경우에는 그 목적 부동산의 인도청구를 할 수도 있다 할 것이나 / 직접 소유권에 기하여 그 인도를 구할 수는 없다(대판 1991.11.8. 91다21770).

④ (○) 유동집합물에 대한 양도담보계약의 목적물을 선의취득하지 못한 양수인이 그 양도담보의 효력이 미치는 목적물에다 자기 소유인 동종의 물건을 섞어 관리함으로써 당초의 양도담보의 효력이 미치는 목적물의 범위를 불명확하게 한 경우에는 / 양수인으로 하여금 그 양도담보의 효력이 미치지 아니하는 물건의 존재와 범위를 입증하도록 하는 것이 공평의 원칙에 부합한다(대판 2004.11.12. 2004다22858).

⑤ (×) 금전채무를 담보하기 위하여 채무자가 그 소유의 동산을 채권자에게 양도하되 점유개정에 의하여 채무자가 이를 계속 점유하기로 한 경우 특별한 사정이 없는 한 동산의 소유권은 신탁적으로 이전됨에 불과하여 / 채권자와 채무자 사이의 대내적 관계에서 채무자는 의연히 소유권을 보유하나 대외적인 관계에 있어서 채무자는 동산의 소유권을 이미 채권자에게 양도한 무권리자가 되는 것이어서 / 다시 다른 채권자와의 사이에 양도담보설정계약을 체결하고 점유개정의 방법으로 인도를 하더라도 선의취득이 인정되지 않는 한 나중에 설정계약을 체결한 채권자는 양도담보권을 취득할 수 없는데, / 현실의 인도가 아닌 점유개정으로는 선의취득이 인정되지 아니하므로, 결국 뒤의 채권자는 양도담보권을 취득할 수 없다(대판 2004.10.28. 2003다30463).

22

답 ④

해설

① (×) 민법 제400조는 채권자지체에 관하여 "채권자가 이행을 받을 수 없거나 받지 아니한 때에는 이행의 제공 있는 때로부터 지체책임이 있다."라고 정하고 있다. / 채무의 내용인 급부가 실현되기 위하여 채권자의 수령 그 밖의 협력행위가 필요한 경우에, 채무자가 채무의 내용에 따른 이행제공을 하였는데도 채권자가 수령 그 밖의 협력을 할 수 없거나 하지 않아 급부가 실현되지 않는 상태에 놓이면 채권자지체가 성립한다. / 채권자지체의 성립에 채권자의 귀책사유는 요구되지 않는다. / 민법은 채권자지체의 효과로서 채권자지체 중에는 채무자는 고의 또는 중대한 과실이 없으면 불이행으로 인한 모든 책임이 없고(제401조), 이자 있는 채권이라도 채무자는 이자를 지급할 의무가 없으며(제402조), 채권자지체로 인하여 그 목적물의 보관 또는 변제의 비용이 증가된 때에는 그 증가액은 채권자가 부담하는 것으로 정한다(제403조). / 나아가 채권자의 수령지체 중에 당사자 쌍방의 책임 없는 사유로 채무를 이행할 수 없게 된 때에는 채무자는 상대방의 이행을 청구할 수 있다(제538조 제1항). 이와 같은 규정 내용과 체계에 비추어 보면, 채권자지체가 성립하는 경우 그 효과로서 원칙적으로 채권자에게 민법 규정에 따른 일정한 책임이 인정되는 것 외에, 채무자가 채권자에 대하여 일반적인 채무불이행 책임과 마찬가지로 손해배상이나 계약 해제를 주장할 수는 없다(대판 2021.10.28. 2019다293036).

② (×) 계약 당사자가 명시적·묵시적으로 채권자에게 급부를 수령할 의무 또는 채무자의 급부 이행에 협력할 의무가 있다고 약정한 경우, 또는 구체적 사안에서 신의칙상 채권자에게 위와 같은 수령의무나 협력의무가 있다고 볼 특별한 사정이 있다고 인정되는 경우에는 그러한 의무 위반에 대한 책임이 발생할 수 있다. / 채권자에게 계약상 의무로서 수령의무나 협력의무가 인정되는 경우, 그 수령의무나 협력의무가 이행되지 않으면 계약 목적을 달성할 수 없거나 채무자에게 계약의 유지를 더 이상 기대할 수 없다고 볼 수 있는 때에는 채무자는 수령의무나 협력의무 위반을 이유로 계약을 해제할 수 있다(대판 2021.10.28. 2019다293036).

③ (×) 지연손해금은 금전채무의 이행지체에 따른 손해배상으로서 기한이 없는 채무에 해당하므로, 확정된 지연손해금에 대하여 채권자가 이행청구를 하면 채무자는 그에 대한 지체책임을 부담하게 된다. / 판결에 의해 권리의 실체적인 내용이 바뀌는 것은 아니므로, 이행판결이 확정된 지연손해금의 경우에도 채권자의 이행청구에 의해 지체책임이 생긴다(대판 2022.3.11. 2021다232331).

④ (○) 소송촉진 등에 관한 특례법(이하 '소송촉진법'이라고 한다) 제3조의 입법 취지는, 금전채무의 이행을 구하는 소가 제기되었는데도 정당한 이유 없이 이행하지 않는 채무자에게 가중된 법정이율에 따른 지연손해금을 물림으로써 채무불이행 상태가 계속되거나 소송이 불필요하게 지연되는 것을 막고자 하는 데 있다. / 소송촉진법 제3조의 문언을 보아도, '금전채무의 이행을 명하는 판결을 선고할 경우'에 '그 금전채무의 이행을 구하는 소장이 송달된 다음 날'부터 지체책임에 관하여 가중된 법정이율을 적용하되, '그 이행의무가 있음을 선언하는 사실심 판결이 선고되기 전까지 채무자가 그 이행의무에 관하여 항쟁하는 것이 타당한 범위'에서 위 법정이율을 적용하지 않을 수 있다고 되어 있으므로, 금전채무 원본의 이행청구가 소송물일 때 그 이행을 명하면서 동시에 그에 덧붙는 지연손해금에 관하여 적용되는 규정임을 알 수 있다. 그러므로 지연손해금 발생의 원인이 된 원본에 관하여 이행판결을 선고하지 않는 경우에는 소송촉진법 제3조에 따른 법정이율을 적용할 수 없다(대판 2022.3.11. 2021다232331).

⑤ (×) 쌍무계약의 당사자 일방이 먼저 한 번 현실의 제공을 하고 상대방을 수령지체에 빠지게 하였다 하더라도 / 그 이행의 제공이 계속되지 않은 경우는 과거에 이행의 제공이 있었다는 사실만으로 상대방이 가진 동시이행의 항변권이 소멸한다고 볼 수 없다(대판 1972.11.14. 72다1513[본소]·1514[반소]).

23 답 ⑤

해설

① (×) 사해행위 이후 그 부동산에 관하여 제3자가 저당권을 취득한 경우에는, 그 피담보채권액은 사해행위 당시 일반 채권자들의 공동담보였던 부분에 속하므로 채권자취소권의 행사에 따른 원상회복의 범위에서 이를 공제할 수 없고, 이를 포함한 전부가 가액배상 등 원상회복의 범위에 포함된다할 것인데, / 이는 채무자의 부동산에 관하여 증여 등 사해행위로 수익자에게 그 소유권이 이전된 후 경매의 실행으로 배당절차가 진행된 경우에도 마찬가지로, 그 부동산 가액 중 수익자의 채권자가 배당절차에 참여하여 취득한 배당액 상당은 사해행위 당시 채무자의 일반 채권자들의 공동담보였으므로 가액배상 등 원상회복의 범위에서 공제하여 산정할 것은 아니고, 수익자의 채권자가 채무자의 일반채권자에 해당하는 지위를 겸하고 있다고 하여 달리 볼 것도 아니다(대판 2023.6.29. 2022다244928).

② (×) 채권압류명령 등 당시 피압류채권이 이미 제3자에 대한 대항요건을 갖추어 양도되어 그 명령이 효력이 없는 것이 되었다면, / 그 후의 사해행위취소소송에서 위 채권양도계약이 취소되어 채권이 원채권자에게 복귀하였다고 하더라도 이미 무효로 된 채권압류명령 등이 다시 유효로 되는 것은 아니다(대판 2022.12.1. 2022다247521).

③ (×) 원심은 이 사건 영업의 양수인은 소외 1이고, 피고는 소외 1(양수인)에게 이 사건 영업과 관련하여 명의만 빌려준 것일 뿐, / 사해행위인 이 사건 영업 양도양수계약을 통해 채무자인 소외 2로부터 일탈된 책임재산을 취득한 수익자라고 보기 어렵다는 취지에서 / 피고가 수익자임을 전제로 하는 원고의 사해행위취소청구를 기각하였다. / 관련 법리와 기록에 비추어 살펴보면, 이러한 원심의 판단은 정당하고, 거기에 상고이유 주장과 같이 사해행위의 수익자에 관한 법리오해, 심리미진, 석명의무 위반 등의 잘못이 없다(대판 2022.10.27. 2017다278330).

④ (×) 채권자취소권을 특정물에 대한 소유권이전등기청구권을 보전하기 위하여 행사하는 것은 허용되지 않으므로, / 부동산의 제1양수인은 자신의 소유권이전등기청구권 보전을 위하여 양도인과 제3자 사이에서 이루어진 이중양도행위에 대하여 채권자취소권을 행사할 수 없다(대판 1999.4.27. 98다56690).

⑤ (○) 채무자의 재산이 채무의 전부를 변제하기에 부족한 경우에 채무자가 그의 유일한 재산을 어느 특정 채권자에게 대물변제로 제공하는 행위는 다른 특별한 사정이 없는 한 다른 채권자들에 대한 관계에서 사해행위가 되지만, / 채권자들의 공동담보가 되는 채무자의 총재산에 대하여 다른 채권자에 우선하여 변제를 받을 수 있는 권리를 가지는 채권자는 처음부터 채무자의 재산에 대한 환가절차에서 다른 채권자에 우선하여 배당을 받을 수 있는 지위에 있으므로, 그와 같은 우선변제권 있는 채권자에 대한 대물변제의 제공행위는 특별한 사정이 없는 한 다른 채권자들의 이익을 해한다고 볼 수 없어 사해행위가 되지 않는다. / 저당권이 설정되어 있는 재산이 사해행위로 양도된 경우에 그 사해행위는 그 재산의 가액, 즉 시가에서 저당권의 피담보채권액을 공제한 잔액의 범위 내에서 성립하고, 피담보채권액이 그 재산의 가액을 초과하는 때에는 당해 재산의 양도는 사해행위에 해당한다고 할 수 없다. / 이와 같은 법리는 채권자들 중에 그 채무자에 대하여 경매 등의 환가절차에서 저당권에 의하여 담보되는 채권보다 우선하여 배당을 받을 수 있는 채권자가 있는 경우에도 마찬가지라고 할 것이므로, 피담보채권액이 그 재산의 가액을 초과하는 재산의 양도행위가 저당권의 피담보채권보다 우선하여 배당받을 수 있는 채권자에 대한 관계에서는 사해행위가 된다고 할 수도 없다(대판 2008.2.14. 2006다33357).

24

답 ①

│해설│

① (×) 어느 공동불법행위자를 위하여 보증인이 된 사람이 피보증인을 위하여 손해배상채무를 변제한 경우, 그 보증인은 피보증인이 아닌 다른 공동불법행위자에 대하여 그 부담 부분에 한하여 구상권을 행사할 수 있고, / 이러한 법리는 어느 공동불법행위자를 위하여 그가 위 손해배상채무를 변제한 보증인에 대하여 부담하는 구상채무를 보증한 구상보증인이 피보증인을 위하여 그 구상채무를 변제한 경우에도 마찬가지여서 / <u>그 구상보증인은 피보증인이 아닌 다른 공동불법행위자에 대하여 그 부담 부분에 한하여 구상권을 행사할 수 있다</u>(대판 2008.7.24. 2007다37530). 민법 제447조에 의하면 어느 연대채무자를 위하여 보증인이 된 자는 보증한 연대채무자에 대하여 전액의 구상을 할 수 있지만, 다른 연대채무자에 대하여 '각자의 부담부분'에 한하여 구상권을 가진다. / 甲의 부담부분이 3,000만 원이므로 戊의 초과 출재금액은 3,000만원이고, 乙과 丙의 부담 부분은 균등하므로 戊는 乙과 丙에 대하여 각 1,500만원씩을 구상할 수 있다.

> **민법 제447조(연대, 불가분채무의 보증인의 구상권)**
> 어느 연대채무자나 어느 불가분채무자를 위하여 보증인이 된 자는 다른 연대채무자나 다른 불가분채무자에 대하여 그 부담부분에 한하여 구상권이 있다.

② (○) 수인의 보증인이 있는 경우에는 그 사이에 분별의 이익이 있는 것이 원칙이지만, 그 수인이 연대보증인일 때에는 각자가 별개의 법률행위로 보증인이 되었고 또한 보증인 상호간에 연대의 특약(보증연대)이 없었더라도 채권자에 대하여는 분별의 이익을 갖지 못하고 각자의 채무의 전액을 변제하여야 하나, / 연대보증인들 상호간의 내부관계에서는 주채무에 대하여 출재를 분담하는 일정한 금액을 의미하는 부담부분이 있고, 그 부담부분의 비율, 즉 분담비율에 관하여는 그들 사이에 특약이 있으면 당연히 그에 따르되 그 특약이 없는 한 각자 평등한 비율로 부담을 지게 된다. / 그러므로 연대보증인 가운데 한 사람이 자기의 부담부분을 초과하여 변제하였을 때에는 다른 연대보증인에 대하여 구상을 할 수 있는데, 다만 다른 연대보증인 가운데 이미 자기의 부담부분을 변제한 사람에 대하여는 구상을 할 수 없으므로 그를 제외하고 아직 자기의 부담부분을 변제하지 아니한 사람에 대하여만 구상권을 행사하여야 한다. / <u>연대보증인 가운데 한 사람이 자기의 부담부분을 초과하여 변제하여 다른 연대보증인에 대하여 구상을 하는 경우의 부담부분은 수인의 연대보증이 성립할 당시 주채무액에 분담비율을 적용하여 산출된 금액으로 일단 정하여지지만, 그 후 주채무자의 변제 등으로 주채무가 소멸하면 부종성에 따라 각 연대보증인의 부담부분이 그 소멸액만큼 분담비율에 따라 감소하고 또한 연대보증인의 변제가 있으면 당해 연대보증인의 부담부분이 그 변제액만큼 감소하게 된다</u>(대판 2009.6.25. 2007다70155). / 연대보증인 丁의 6,000만원 변제는 丁의 부담부분 3,000만원을 초과 출재하였고, 그로 인하여 乙과 丙의 부담부분 3,000만원의 공동면책이 있었으므로 丁은 乙에 대하여 3,000만원의 구상권을 취득한다. 다만, 丙은 이미 3,000만원을 변제하여 자신의 부담부분에 관한 면책이 있었으므로 丁의 변제에 의하여 丙이 비로소 면책된 것은 아니므로 丁은 丙에게는 구상권을 행사할 수 없다.

③ (○) 수인의 채권자에게 금전채권이 불가분적으로 귀속되는 경우에, 불가분채권자들 중 1인을 집행채무자로 한 압류 및 전부명령이 이루어지면 그 불가분채권자의 채권은 전부채권자에게 이전되지만, / 그 압류 및 전부명령은 집행채구자가 아닌 다른 불가분채권자에게 효력이 없으므로, 다른 불가분채권자의 채권의 귀속에 변경이 생기는 것은 아니다. / 따라서 <u>다른 불가분채권자는 모든 채권자를 위하여 채무자에게 불가분채권 전부의 이행을 청구할 수 있고, 채무자는 모든 채권자를 위하여 다른 불가분채권자에게 전부를 이행할 수 있다.</u> / 이러한 법리는 불가분채권의 목적이 금전채권인 경우 그 일부에 대하여만 압류 및 전부명령이 이루어진 경우에도 마찬가지이다(대판 2023.3.30. 2021다264253). / 채권자 甲이 채무자 丙에게 이행을 청구하여 丙이 이행지체에 빠진 경우 乙은 乙에게도 이행지체 책임을 진다.

④ (○) 수탁보증인이 민법 제442조에 의하여 주채무자에 대하여 미리 구상권을 행사하는 경우에 <u>사전구상으로서 청구할 수 있는 범위는 주채무인 원금과 사전구상에 응할 때까지 이미 발생한 이자와 기한 후의 지연손해금, 피할 수 없는 비용 기타의 손해액이 포함될 뿐이고, / 주채무인 원금에 대한 완제일까지의 지연손해금은 사전구상권의 범위에 포함될 수 없으며, 또한 사전구상권은 장래의 변제를 위하여 자금의 제공을 청구하는 것이므로 수탁보증인이 아직 지출하지 아니한 금원에 대하여 지연손해금을 청구할 수도 없다</u>(대판 2004.7.9. 2003다46758). / 주채무인 원금(5,000만원)과 사전구상에 응할 때까지 이미 발생한 이자(1,000만원)와 기한 후의 지연손해금(50만원)인 6,050만원의 사전구상금액을 청구할 수 있다.

> **민법 제442조(수탁보증인의 사전구상권)**
> ① 주채무자의 부탁으로 보증인이 된 자는 다음 각호의 경우에 주채무자에 대하여 미리 구상권을 행사할 수 있다.
>   1. 보증인이 과실없이 채권자에게 변제할 재판을 받은 때
>   2. 주채무자가 파산선고를 받은 경우에 채권자가 파산재단에 가입하지 아니한 때
>   3. 채무의 이행기가 확정되지 아니하고 그 최장기도 확정할 수 없는 경우에 보증계약후 5년을 경과한 때
>   4. 채무의 이행기가 도래한 때
> ② 전항 제4호의 경우에는 보증계약후에 채권자가 주채무자에게 허여한 기한으로 보증인에게 대항하지 못한다.

⑤ (○) 2인 이상의 불가분채무자 또는 연대채무자(이하 '불가분채무자 등'이라 한다)가 있는 금전채권의 경우에, / 그 불가분채무자 등 중 1인을 제3채무자로 한 채권압류 및 추심명령이 이루어지면 그 채권압류 및 추심명령을 송달받은 불가분채무자 등에 대한 피압류채권에 관한 이행의 소는 추심채권자만이 제기할 수 있고 / 추심채무자는 그 피압류채권에 대한 이행소송을 제기할 당사자적격을 상실하지만, / 그 채권압류 및 추심명령의 제3채무자가 아닌 나머지 불가분채무자 등에 대하여는 추심채권자가 여전히 채권자로서 추심권한을 가지므로 나머지 불가분채무자 등을 상대로 이행을 청구할 수 있고, / 이러한 법리는 위 금전채권 중 일부에 대하여만 채권압류 및 추심명령이 이루어진 경우에도 마찬가지이다(대판 2013.10.31. 2011다98426). 그러므로 甲은 丙에 대해 이행을 청구할 수 있다.

25 ②

┃해설┃

① (×) 보증서의 보증금액은 보증인이 보증책임을 지게 될 주채무에 관한 한도액을 정한 것으로서 한도액에는 주채무자의 채권자에 대한 원금과 이자 및 지연손해금이 모두 포함되고 합계액이 보증의 한도액을 초과할 수 없지만, / 보증채무는 주채무와는 별개의 채무이기 때문에 보증채무 자체의 이행지체로 인한 지연손해금은 보증의 한도액과는 별도로 부담하여야 하고, / 이때 보증채무의 연체이율에 관하여 특별한 약정이 없는 경우라면 거래행위의 성질에 따라 상법 또는 민법에서 정한 법정이율에 따라야 한다. / 그리고 선급금 반환사유가 발생하였을 경우 선급금 잔액에 대하여 선급금 지급 시부터 이자를 가산하여 반환할지는 주계약 당사자 사이의 약정에 따라야 한다(대판 2016.1.28. 2013다74110).

② (○) 임대차보증금은 임대차 존속 중의 차임뿐만 아니라 임대차 종료 후 건물 명도에 이르기까지 발생한 손해배상채권 등 임대차계약에 의하여 임대인이 임차인에 대하여 갖는 일체의 채권을 담보하는 것으로서 / 임대차 종료 후에 임차건물을 임대인에게 명도할 때 연체차임 등 모든 피담보채무를 공제한 잔액이 있을 것을 조건으로 하여 그 잔액에 대하여서만 임차인의 보증금반환청구권이 발생하는 것이다. / 따라서 보증인이 임대인의 보증금반환채무를 보증한 후에 임대인과 임차인 간에 임대차계약과 관계없는 다른 채권으로써 연체차임을 상계하기로 약정하는 것은 보증인에게 불리한 것으로 보증인에 대하여는 그 효력을 주장할 수 없다(대판 1999.3.26. 98다22918·22925).

③ (×) 보증인 보호를 위한 특별법 제5조 제1항에 의하면 채권자는 주채무자가 원본, 이자 그 밖의 채무를 3개월 이상 이행하지 아니하는 경우 또는 주채무자가 이행기에 이행할 수 없음을 미리 안 경우에는 지체 없이 보증인에게 그 사실을 알려야 한다. 그리고 동조 제4항에 의하면 채권자가 제1항부터 제3항까지의 규정에 따른 의무를 위반한 경우에는 보증인은 그로 인하여 손해를 입은 한도에서 채무를 면한다.

④ (×) 보증채무는 주채무에 대한 부종성 또는 수반성이 있어서 주채무자에 대한 채권이 이전되면 당사자 사이에 별도의 특약이 없는 한 보증인에 대한 채권도 함께 이전하고, / 이 경우 채권양도의 대항요건도 주채권의 이전에 관하여 구비하면 족하고, 별도로 보증채권에 관하여 대항요건을 갖출 필요는 없다. / 주채권과 보증인에 대한 채권의 귀속주체를 달리하는 것은, 주채무자의 항변권으로 채권자에게 대항할 수 있는 보증인의 권리가 침해되는 등 보증채무의 부종성에 반하고, 주채권을 가지지 않는 자에게 보증채권만을 인정할 실익도 없기 때문에 / 주채권과 분리하여 보증채권만을 양도하기로 하는 약정은 그 효력이 없다(대판 2002.9.10. 2002다21509).

⑤ (×) 보증채무에 대한 소멸시효가 중단되는 등의 사유로 완성되지 아니하였다고 하더라도 주채무에 대한 소멸시효가 완성된 경우에는 시효완성 사실로써 주채무가 당연히 소멸되므로 보증채무의 부종성에 따라 보증채무 역시 당연히 소멸된다. / 그리고 주채무에 대한 소멸시효가 완성되어 보증채무가 소멸된 상태에서 보증인이 보증채무를 이행하거나 승인하였다고 하더라도, 주채무자가 아닌 보증인의 행위에 의하여 주채무에 대한 소멸시효 이익의 포기 효과가 발생된다고 할 수 없으며, / 주채무의 시효소멸에도 불구하고 보증채무를 이행하겠다는 의사를 표시한 경우 등과 같이 부종성을 부정하여야 할 다른 특별한 사정이 없는 한 보증인은 여전히 주채무의 시효소멸을 이유로 보증채무의 소멸을 주장할 수 있다고 보아야 한다. / 甲이 주채무자 乙 주식회사의 채권자 丙 주식회사에 대한 채무를 연대보증하였는데, 乙 회사의 주채무가 소멸시효 완성으로 소멸한 상태에서 丙 회사가 甲의 보증채무에 기초하여 甲 소유 부동산에 관한 강제경매를 신청하여 경매절차에서 배당금을 수령하는 것에 대하여 甲이 아무런 이의를 제기하지 않은 사안에서, 변제 충당 등에 따른 보증채무에 대한 소멸시효 이익의 포기 효과가 발생할 수 있다는 사정만으로는 주채무에 대한 소멸시효 이익의 포기 효과가 발생하였다거나 甲이 주채무의 시효소멸에도 불구하고 보증채무를 이행하겠다는 의사를 표시한 것으로 보기 부족하고 달리 보증채무의 부종성을 부정하여야 할 특별한 사정도 없으므로, / 甲이 여전히 보증채무의 부종성에 따라 주채무의 소멸시효 완성을 이유로 보증채무의 소멸을 주장할 수 있다(대판 2012.7.12. 2010다51192).

26   답 ①

|해설|

ㄱ. (×) 부동산의 매매로 인한 소유권이전등기청구권은 물권의 이전을 목적으로 하는 매매의 효과로서 매도인이 부담하는 재산권이전의무의 한 내용을 이루는 것이고, / 매도인이 물권행위의 성립요건을 갖추도록 의무를 부담하는 경우에 발생하는 채권적 청구권으로 그 이행과정에 신뢰관계가 따르므로, 소유권이전등기청구권을 매수인으로부터 양도받은 양수인은 매도인이 그 양도에 대하여 동의하지 않고 있다면 매도인에 대하여 채권양도를 원인으로 하여 소유권이전등기절차의 이행을 청구할 수 없고, / 따라서 매매로 인한 소유권이전등기청구권은 특별한 사정이 없는 이상 그 권리의 성질상 양도가 제한되고 그 양도에 채무자의 승낙이나 동의를 요한다고 할 것이므로 / 통상의 채권양도와 달리 양도인의 채무자에 대한 통지만으로는 채무자에 대한 대항력이 생기지 않으며 반드시 채무자의 동의나 승낙을 받아야 대항력이 생긴다(대판 2001.10.9. 2000다51216). 그러므로 丁은 甲에 대하여 직접 소유권이전등기절차의 이행을 청구할 수 있다는 표현은 옳지 않다.

ㄴ. (×) 채권양도에 있어서 채무자가 양도인에게 이의를 보류하지 아니하고 승낙을 하였다는 사정이 없거나 또는 이의를 보류하지 아니하고 승낙을 하였더라도 양수인이 악의 또는 중과실의 경우에 해당하는 한, 채무자의 승낙 당시까지 양도인에 대하여 생긴 사유로써 양수인에게 대항할 수 있다고 할 것인데, / 승낙 당시 이미 상계를 할 수 있는 원인이 있었던 경우에는 아직 상계적상에 있지 아니하였다 하더라도 그 후에 상계적상이 생기면 채무자는 양수인에 대하여 상계로 대항할 수 있다(대판 1999.8.20. 99다18039). / 그러므로 乙은 甲으로부터 소유권이전등기의무의 이행제공이 없었음을 이유로 丁의 청구를 거절할 수 없다는 표현은 옳지 않다.

ㄷ. (×) 양도인이 지명채권을 제1양수인에게 1차로 양도한 다음 제1양수인이 그에 따라 확정일자 있는 증서에 의한 대항요건을 적법하게 갖추었다면 이로써 채권이 제1양수인에게 이전하고 양도인은 채권에 대한 처분권한을 상실하므로, / 그 후 양도인이 동일한 채권을 제2양수인에게 양도하였더라도 제2양수인은 채권을 취득할 수 없다. / 이 경우 양도인이 다른 채무를 담보하기 위하여 제1차 양도계약을 하였더라도 대외적으로 채권이 제1양수인에게 이전되어 제1양수인이 채권을 취득하게 되므로 그 후에 이루어진 제2차 양도계약에 따라 제2양수인이 채권을 취득하지 못하게 됨은 마찬가지이다. / 또한 제2차 양도계약 후 양도인과 제1양수인이 제1차 양도계약을 합의해지한 다음 제1양수인이 그 사실을 채무자에게 통지함으로써 채권이 다시 양도인에게 귀속하게 되었더라도 특별한 사정이 없는 한 양도인이 처분권한 없이 한 제2차 양도계약이 채권양도로서 유효하게 될 수는 없으므로, / 그로 인하여 제2양수인이 당연히 채권을 취득하게 된다고 볼 수는 없다(대판 2016.7.14. 2015다46119). / 그러므로 합의해지 사실을 丁이 乙에게 통지하였다면 특별한 사정이 없는 한 戊는 乙에 대한 매매대금채권을 취득한다는 표현은 옳지 않다.

ㄹ. (O) 보증채무는 주채무에 대한 부종성 또는 수반성이 있어서 주채무자에 대한 채권이 이전되면 당사자 사이에 별도의 특약이 없는 한 보증인에 대한 채권도 함께 이전하고, / 이 경우 채권양도의 대항요건도 주채권의 이전에 관하여 구비하면 족하고, 별도로 보증채권에 관하여 대항요건을 갖출 필요는 없다. / 주채권과 보증인에 대한 채권의 귀속주체를 달리하는 것은, 주채무자의 항변권으로 채권자에게 대항할 수 있는 보증인의 권리가 침해되는 등 보증채무의 부종성에 반하고, 주채권을 가지지 않는 자에게 보증채권만을 인정할 실익도 없기 때문에 주채권과 분리하여 보증채권만을 양도하기로 하는 약정은 그 효력이 없다(대판 2002.9.10. 2002다21509). / 그러므로 乙에 대한 채권뿐만 아니라 丙에 대한 채권도 丁에게 함께 이전된다는 표현은 옳다.

ㅁ. (O) 당사자의 의사표시에 의한 채권양도금지 특약은 제3자가 악의인 경우는 물론 제3자가 채권양도금지 특약을 알지 못한 데에 중대한 과실이 있는 경우에도 채권양도금지 특약으로써 대항할 수 있고, / 제3자의 악의 내지 중과실은 채권양도금지 특약으로 양수인에게 대항하려는 자가 이를 주장・증명하여야 한다. / 그리고 민법 제449조 제2항 단서는 채권양도금지 특약으로써 대항할 수 없는 자를 '선의의 제3자'라고만 규정하고 있어 채권자로부터 직접 양수한 자만을 가리키는 것으로 해석할 이유는 없으므로, 악의의 양수인으로부터 다시 선의로 양수한 전득자도 위 조항에서의 선의의 제3자에 해당한다. / 또한 선의의 양수인을 보호하고자 하는 위 조항의 입법 취지에 비추어 볼 때, 이러한 선의의 양수인으로부터 다시 채권을 양수한 전득자는 선의・악의를 불문하고 채권을 유효하게 취득한다(대판 2015.4.9. 2012다118020). / 그러므로 甲과 乙 사이의 약정 사실을 알지 못하는 戊에게 매매대금채권을 양도하고 乙에게 이를 통지한 경우, 乙은 채권양도금지특약이 있었음을 이유로 戊에게 대항할 수 없다는 표현은 옳다.

> **민법 제449조(채권의 양도성)**
> ① 채권은 양도할 수 있다. 그러나 채권의 성질이 양도를 허용하지 아니하는 때에는 그러하지 아니하다.
> ② 채권은 당사자가 반대의 의사를 표시한 경우에는 양도하지 못한다. 그러나 그 의사표시로써 선의의 제3자에게 대항하지 못한다.

27 답 ④

해설

① (O) 채권자의 고의나 과실로 담보가 상실 또는 감소된 경우, 민법 제485조에 의하여 법정대위자가 책임을 면하는지 여부는 담보가 상실 또는 감소된 시점을 표준시점으로 하여 판단하여야 한다. / 채권자가 자신의 채권이나 담보권을 행사할지 여부는 채권자가 자유롭게 선택할 수 있는 영역에 속하는 것이므로 / 채권자가 제3자에 대하여 자신의 채권이나 담보권을 성실하게 행사하여야 할 의무를 부담하는 특단의 사정이 없는 한 채권자가 자신의 채권이나 담보권을 행사하지 않거나 포기하였다고 하여 이를 불법행위에 해당한다고 할 수는 없는 것이고, / 대위변제의 정당한 이익을 갖는 자가 채권자의 담보상실 또는 감소 행위를 들어 민법 제485조 소정의 면책을 주장할 수 있음은 별론으로 하더라도 대위변제의 정당한 이익을 갖는 자가 있다는 사정만으로 채권자가 자신의 채권이나 담보권을 성실히 행사하여야 할 의무를 부담한다고는 할 수 없다(대판 2001.12.24. 2001다42677).

> **민법 제485조(채권자의 담보상실, 감소행위와 법정대위자의 면책)**
> 제481조의 규정에 의하여 대위할 자가 있는 경우에 채권자의 고의나 과실로 담보가 상실되거나 감소된 때에는 대위할 자는 그 상실 또는 감소로 인하여 상환을 받을 수 없는 한도에서 그 책임을 면한다.

② (○) 변제에 의한 대위 또는 대위변제는 제3자 또는 공동채무자의 한 사람이 채무자 또는 다른 공동채무자에 대하여 가지는 구상권의 실현을 확보하는 것을 목적으로 하는 제도이므로, 구상권이 없으면 대위는 성립하지 않는다고 할 것이고, / 위와 같은 구상권 발생의 근거로는 먼저 불가분채무자, 연대채무자, 보증인, 물상보증인, 담보물의 제3취득자, 후순위 담보권자가 구상권을 가짐은 민법의 개별적 규정에 의하여 분명하고, 제3자가 채무자의 부탁으로 채무자를 위하여 변제하는 경우에는 민법 제688조 소정의 위임사무처리비용의 상환청구권에 의하여, 제3자가 사무관리에 의하여 채무자를 위하여 변제하는 경우에는 민법 제739조 소정의 사무관리비용의 상환청구권에 의하여 구상권을 취득하는 수가 있을 수 있다(대판 1994.12.9. 94다38106).

> **민법 제688조(수임인의 비용상환청구권 등)**
> ① 수임인이 위임사무의 처리에 관하여 필요비를 지출한 때에는 위임인에 대하여 지출한 날 이후의 이자를 청구할 수 있다.
> ② 수임인이 위임사무의 처리에 필요한 채무를 부담한 때에는 위임인에게 자기에 갈음하여 이를 변제하게 할 수 있고 그 채무가 변제기에 있지 아니한 때에는 상당한 담보를 제공하게 할 수 있다.
> ③ 수임인이 위임사무의 처리를 위하여 과실없이 손해를 받은 때에는 위임인에 대하여 그 배상을 청구할 수 있다.
>
> **민법 제739조(관리자의 비용상환청구권)**
> ① 관리자가 본인을 위하여 필요비 또는 유익비를 지출한 때에는 본인에 대하여 그 상환을 청구할 수 있다.
> ② 관리자가 본인을 위하여 필요 또는 유익한 채무를 부담한 때에는 제688조 제2항의 규정을 준용한다.
> ③ 관리자가 본인의 의사에 반하여 관리한 때에는 본인의 현존이익의 한도에서 전2항의 규정을 준용한다.

③ (○) 변제할 정당한 이익이 있는 자가 채무자를 위하여 채권의 일부를 대위변제할 경우에 대위변제자는 변제한 가액의 범위 내에서 종래 채권자가 가지고 있던 채권 및 담보에 관한 권리를 법률상 당연히 취득하게 되는 것이므로, / 채권자가 부동산에 대하여 근저당권을 가지고 있는 경우에는, 채권자는 대위변제자에게 일부 대위변제에 따른 저당권의 일부 이전의 부기등기를 경료해 주어야 할 의무가 있다 할 것이나, / 이 경우에도 채권자는 일부 변제자에 대하여 우선변제권을 가지고 있다 할 것이고, / 근저당권이라고 함은 계속적인 거래관계로부터 발생하고 소멸하는 불특정다수의 장래채권을 결산기에 계산하여 잔존하는 채무를 일정한 한도액의 범위 내에서 담보하는 저당권이어서, 거래가 종료하기까지 채권은 계속적으로 증감변동하는 것이므로, 근저당 거래관계가 계속중인 경우 즉, 근저당권의 피담보채권이 확정되기 전에 그 채권의 일부를 양도하거나 대위변제한 경우 근저당권이 양수인이나 대위변제자에게 이전할 여지는 없다 할 것이나, / 그 근저당권에 의하여 담보되는 피담보채권이 확정되게 되면, 그 피담보채권액이 그 근저당권의 채권최고액을 초과하지 않는 한 그 근저당권 내지 그 실행으로 인한 경락대금에 대한 권리 중 그 피담보채권액을 담보하고 남는 부분은 저당권의 일부이전의 부기등기의 경료 여부와 관계없이 대위변제자에게 법률상 당연히 이전된다(대판 2002.7.26. 2001다53929). / 그러므로 근저당권의 피담보채권의 일부를 대위변제한 경우, 피담보채권이 확정되기 전이라면 대위변제자는 채권자를 대위할 수 없다는 표현은 옳다.

④ (×) 민법 제482조 제2항 제1호와 제2호에서 보증인에게 대위권을 인정하면서도 제3취득자는 보증인에 대하여 채권자를 대위할 수 없다고 규정한 까닭은, 제3취득자는 등기부상 담보권의 부담이 있음을 알고 권리를 취득한 자로서 그 담보권의 실행으로 인하여 예기치 못한 손해를 입을 염려가 없고, / 또한 저당부동산에 대하여 소유권, 지상권 또는 전세권을 취득한 제3자는 저당권자에게 그 부동산으로 담보된 채권을 변제하고 저당권의 소멸을 청구할 수 있으며(민법 제364조), / 저당물의 제3취득자가 그 부동산의 보존, 개량을 위하여 필요비 또는 유익비를 지출한 때에는 저당물의 경매대가에서 우선상환을 받을 수 있도록(민법 제367조) 하는 등 그 이익을 보호하는 규정도 마련되어 있으므로, 변제자대위와 관련해서는 제3취득자보다는 보증인을 보호할 필요가 있기 때문이다. / 그러나 저당부동산에 대하여 후순위 근저당권을 취득한 제3자는 민법 제364조에서 정한 저당권소멸청구권을 행사할 수 있는 제3취득자에 해당하지 아니하고, / 달리 선순위 근저당권의 실행으로부터 그의 이익을 보호하는 규정이 없으므로 변제자대위와 관련해서 후순위 근저당권자보다 보증인을 더 보호할 이유가 없으며, / 나아가 선순위 근저당권의 피담보채무에 대하여 직접 보증책임을 지는 보증인과 달리 선순위 근저당권의 피담보채무에 대한 직접 변제책임을 지지 않는 후순위 근저당권자는 보증인에 대하여 채권자를 대위할 수 있다고 봄이 타당하므로, / 민법 제482조 제2항 제2호의 제3취득자에 후순위 근저당권자는 포함되지 아니한다(대판 2013.2.15. 2012다48855). / 그러므로 저당부동산에 대하여 후순위 근저당권을 취득한 제3자는 민법 제364조에서 정한 저당권소멸청구권을 행사할 수 있는 제3취득자에 해당한다는 표현은 옳지 않다.

> **민법 제364조(제3취득자의 변제)**
> 저당부동산에 대하여 소유권, 지상권 또는 전세권을 취득한 제3자는 저당권자에게 그 부동산으로 담보된 채권을 변제하고 저당권의 소멸을 청구할 수 있다.
>
> **민법 제367조(제3취득자의 비용상환청구권)**
> 저당물의 제3취득자가 그 부동산의 보존, 개량을 위하여 필요비 또는 유익비를 지출한 때에는 제203조 제1항·제2항의 규정에 의하여 저당물의 경매대가에서 우선상환을 받을 수 있다.
>
> **민법 제482조(변제자대위의 효과, 대위자간의 관계)**
> ① 전2조의 규정에 의하여 채권자를 대위한 자는 자기의 권리에 의하여 구상할 수 있는 범위에서 채권 및 그 담보에 관한 권리를 행사할 수 있다.
> ② 전항의 권리행사는 다음 각호의 규정에 의하여야 한다.
>   1. 보증인은 미리 전세권이나 저당권의 등기에 그 대위를 부기하지 아니하면 전세물이나 저당물에 권리를 취득한 제3자에 대하여 채권자를 대위하지 못한다.
>   2. 제3취득자는 보증인에 대하여 채권자를 대위하지 못한다.
>   3. 제3취득자 중의 1인은 각 부동산의 가액에 비례하여 다른 제삼취득자에 대하여 채권자를 대위한다.
>   4. 자기의 재산을 타인의 채무의 담보로 제공한 자가 수인인 경우에는 전호의 규정을 준용한다.
>   5. 자기의 재산을 타인의 채무의 담보로 제공한 자와 보증인간에는 그 인원수에 비례하여 채권자를 대위한다. 그러나 자기의 재산을 타인의 채무의 담보로 제공한 자가 수인인 때에는 보증인의 부담부분을 제외하고 그 잔액에 대하여 각 재산의 가액에 비례하여 대위한다. 이 경우에 그 재산이 부동산인 때에는 제1호의 규정을 준용한다.

⑤ (○) 채무를 변제할 이익이 있는 자가 채무를 대위변제한 경우에 통상 채무자에 대하여 구상권을 가짐과 동시에 민법 제481조에 의하여 당연히 채권자를 대위하나, / 위 구상권과 변제자대위권은 그 원본, 변제기, 이자, 지연손해금의 유무 등에 있어서 그 내용이 다른 별개의 권리이므로, / 대위변제자와 채무자 사이에 구상금에 관한 지연손해금 약정이 있더라도 이 약정은 구상금을 청구하는 경우에 적용될 뿐, 변제자대위권을 행사하는 경우에는 적용될 수 없다(대판 2009.2.26. 2005다32418).

> **민법 제481조(변제자의 법정대위)**
> 변제할 정당한 이익이 있는 자는 변제로 당연히 채권자를 대위한다.

28

답 ②

｜해설｜

① (O) 금전채권에 대한 압류 및 전부명령이 있는 때에는 압류된 채권은 동일성을 유지한 채로 압류채무자로부터 압류채권자에게 이전되고, / 제3채무자는 채권이 압류되기 전에 압류채무자에게 대항할 수 있는 사유로써 압류채권자에게 대항할 수 있는 것이므로, / 제3채무자의 압류채무자에 대한 자동채권이 수동채권인 피압류채권과 동시이행의 관계에 있는 경우에는, 압류명령이 제3채무자에게 송달되어 압류의 효력이 생긴 후에 자동채권이 발생하였다고 하더라도 제3채무자는 동시이행의 항변권을 주장할 수 있다. / 이 경우에 자동채권이 발생한 기초가 되는 원인은 수동채권이 압류되기 전에 이미 성립하여 존재하고 있었던 것이므로, 그 자동채권은 민법 제498조의 '지급을 금지하는 명령을 받은 제3채무자가 그 후에 취득한 채권'에 해당하지 않는다고 봄이 상당하고, / 제3채무자는 그 자동채권에 의한 상계로 압류채권자에게 대항할 수 있다(대판 2010.3.25. 2007다35152).

> **민법 제498조(지급금지채권을 수동채권으로 하는 상계의 금지)**
> 지급을 금지하는 명령을 받은 제3채무자는 그 후에 취득한 채권에 의한 상계로 그 명령을 신청한 채권자에게 대항하지 못한다.

② (×) 민법 제496조는 고의의 불법행위로 인한 손해배상채권을 수동채권으로 한 상계에 관한 것이고 고의의 채무불이행으로 인한 손해배상채권에는 적용되지 않는다. / 다만 고의에 의한 행위가 불법행위를 구성함과 동시에 채무불이행을 구성하여 불법행위로 인한 손해배상채권과 채무불이행으로 인한 손해배상채권이 경합하는 경우에는 이 규정을 유추적용할 필요가 있다. / 이러한 경우에 고의의 채무불이행으로 인한 손해배상채권을 수동채권으로 한 상계를 허용하면 이로써 고의의 불법행위로 인한 손해배상채권까지 소멸하게 되어 고의의 불법행위에 의한 손해배상채권은 현실적으로 만족을 받아야 한다는 이 규정의 입법 취지가 몰각될 우려가 있기 때문이다. / 따라서 이러한 예외적인 경우에는 민법 제496조를 유추적용하여 고의의 채무불이행으로 인한 손해배상채권을 수동채권으로 하는 상계를 한 경우에도 채무자가 상계로 채권자에게 대항할 수 없다고 보아야 한다(대판 2017.2.15. 2014다19776[본소] · 2014다19783[반소]).

> **민법 제496조(불법행위채권을 수동채권으로 하는 상계의 금지)**
> 채무가 고의의 불법행위로 인한 것인 때에는 그 채무자는 상계로 채권자에게 대항하지 못한다.

③ (O) 채권의 일부양도가 이루어지면 특별한 사정이 없는 한 각 분할된 부분에 대하여 독립한 분할채권이 성립하므로 / 그 채권에 대하여 양도인에 대한 반대채권으로 상계하고자 하는 채무자로서는 양도인을 비롯한 각 분할채권자 중 어느 누구도 상계의 상대방으로 지정하여 상계할 수 있고, / 그러한 채무자의 상계 의사표시를 수령한 분할채권자는 제3자에 대한 대항요건을 갖춘 양수인이라 하더라도 양도인 또는 다른 양수인에 귀속된 부분에 대하여 먼저 상계되어야 한다거나 각 분할채권액의 채권 총액에 대한 비율에 따라 상계되어야 한다는 이의를 할 수 없다(대판 2002.2.8. 2000다50596).

④ (O) 상계의 경우에도 민법 제499조에 의하여 민법 제476조, 제477조에 규정된 변제충당의 법리가 준용된다. / 따라서 여러 개의 자동채권이 있고 수동채권의 원리금이 자동채권의 원리금 합계에 미치지 못하는 경우에는 우선 자동채권의 채권자가 상계의 대상이 되는 자동채권을 지정할 수 있고, 다음으로 자동채권의 채무자가 이를 지정할 수 있으며, 양 당사자가 모두 지정하지 아니한 때에는 법정변제충당의 방법으로 상계충당이 이루어지게 된다(대판 2011.8.25. 2011다24814).

> **민법 제476조(지정변제충당)**
> ① 채무자가 동일한 채권자에 대하여 같은 종류를 목적으로 한 수개의 채무를 부담한 경우에 변제의 제공이 그 채무전부를 소멸하게 하지 못하는 때에는 변제자는 그 당시 어느 채무를 지정하여 그 변제에 충당할 수 있다.
> ② 변제자가 전항의 지정을 하지 아니할 때에는 변제받는 자는 그 당시 어느 채무를 지정하여 변제에 충당할 수 있다. 그러나 변제자가 그 충당에 대하여 즉시 이의를 한 때에는 그러하지 아니하다.
> ③ 전2항의 변제충당은 상대방에 대한 의사표시로써 한다.
>
> **민법 제477조(법정변제충당)**
> 당사자가 변제에 충당할 채무를 지정하지 아니한 때에는 다음 각호의 규정에 의한다.
>   1. 채무중에 이행기가 도래한 것과 도래하지 아니한 것이 있으면 이행기가 도래한 채무의 변제에 충당한다.
>   2. 채무전부의 이행기가 도래하였거나 도래하지 아니한 때에는 채무자에게 변제이익이 많은 채무의 변제에 충당한다.
>   3. 채무자에게 변제이익이 같으면 이행기가 먼저 도래한 채무나 먼저 도래할 채무의 변제에 충당한다.
>   4. 전2호의 사항이 같은 때에는 그 채무액에 비례하여 각 채무의 변제에 충당한다.
>
> **민법 제499조(준용규정)**
> 제476조 내지 제479조의 규정은 상계에 준용한다.

⑤ (○) 상계의 의사표시는 일방적으로 철회할 수는 없는 것이지만, / 상계의 의사표시 후에 상계자와 상대방이 상계가 없었던 것으로 하기로 한 약정은 제3자에게 손해를 미치지 않는 한 계약자유의 원칙상 유효하다(대판 1995.6.16. 95다11146).

29

답 ③

┃해설┃

① (○) 계약의 내용이 된 채무를 이행하는 것이 계약 당시부터 이미 사실상·법률상 불가능한 상태였다면 그 계약은 원시적으로 불능이어서 무효이다. 채무의 이행이 불가능하다는 것은 절대적·물리적으로 불가능한 경우만이 아니라 사회생활상 경험칙이나 거래상의 관념에 비추어 볼 때 채권자가 채무자의 이행 실현을 기대할 수 없는 경우도 포함한다. 계약이 원시적으로 불능인 경우 무효라는 법리는 불능인 급부의무가 계약 내용에 편입되어 있음을 전제로 한다(대판 2020.12.10. 2019다201785).

② (○) 쌍무계약에서 계약 체결 후에 당사자 쌍방의 귀책사유 없이 채무의 이행이 불가능하게 된 경우 채무자는 급부의무를 면함과 더불어 반대급부도 청구하지 못하므로, / 쌍방 급부가 없었던 경우에는 계약관계는 소멸하고, 이미 이행한 급부는 법률상 원인 없는 급부가 되어 부당이득의 법리에 따라 반환청구할 수 있다(대판 2009.5.28. 2008다98655·98662 참조). / 한편 계약 당시에 이미 채무의 이행이 불가능했다면 특별한 사정이 없는 한 채권자가 그 이행을 구하는 것은 허용되지 않고, / 이미 이행한 급부는 법률상 원인 없는 급부가 되어 부당이득의 법리에 따라 반환청구할 수 있으며, 나아가 민법 제535조에서 정한 계약체결상의 과실책임을 추궁하는 등으로 권리를 구제받을 수 있다(대판 2017.10.12. 2016다9643).

> **민법 제535조(계약체결상의 과실)**
> ① 목적이 불능한 계약을 체결할 때에 그 불능을 알았거나 알 수 있었을 자는 상대방이 그 계약의 유효를 믿었음으로 인하여 받은 손해를 배상하여야 한다. 그러나 그 배상액은 계약이 유효함으로 인하여 생길 이익액을 넘지 못한다.
> ② 전항의 규정은 상대방이 그 불능을 알았거나 알 수 있었을 경우에는 적용하지 아니한다.

③ (×) 계약이 의사의 불합치로 성립하지 아니한 경우 그로 인하여 손해를 입은 당사자가 상대방에게 부당이득반환청구 또는 불법행위로 인한 손해배상청구를 할 수 있는지는 별론으로 하고, / 상대방이 계약이 성립되지 아니할 수 있다는 것을 알았거나 알 수 있었음을 이유로 민법 제535조를 유추적용하여 계약체결상의 과실로 인한 손해배상청구를 할 수는 없다(대판 2017.11.14. 2015다10929[반소]). 그 이유는 계약체결상의 과실이란 계약의 불성립이 아니라 계약내용의 이행이 원시적 불능임을 의미하기 때문이다.

④ (○) 박물관을 건립한 甲 주식회사가 乙 주식회사와, 乙 회사가 박물관을 위탁관리하면서 통일전망대와 박물관 입장이 모두 가능한 단일입장권을 발행하여 입장료를 통합 징수한 다음 박물관 입장료에 해당하는 부분에서 박물관 관리운영비를 공제한 나머지를 甲 회사에 지급하기로 하는 내용의 위탁관리계약을 체결한 사안에서, 통일전망대 입장료는 폐기물관리법 등 관계 법령에 따라 청소비 명목의 입장료를 징수하는 것이지만 박물관의 입장료는 민간 기업이 운영하는 박물관의 입장료로서 법적 성질을 달리하는 점 등에 비추어 통일전망대 입장료를 징수하면서 박물관에 대한 입장료를 통합 징수할 목적으로 단일입장권을 발행하는 것은 계약 당시부터 사실상·법률상 불가능한 상태였으므로 / 위 계약은 원시적으로 불능이어서 무효이고, / 乙 회사는 계약 체결 당시 그 불능을 알았거나 알 수 있었다고 보아야 하므로 甲 회사에 민법 제535조 제1항에 따라 신뢰이익 상당의 손해를 배상하여야 한다(대판 2011.7.28. 2010다1203·1210).

⑤ (○) 신뢰이익 상당의 손해배상청구는 성질상 목적이 불능한 계약을 체결한 경우이거나(민법 제535조 제1항 본문) 유효하게 성립한 계약이 해지 또는 해제되는 경우에 인정되는 것이어서, / 계약이 유효함으로 인하여 생기는 이익(민법 제535조 제1항 단서)인 이행이익 상당의 손해배상청구와는 성립 요건이나 산정방법을 달리하고, / 중복배상은 허용되지 않으나 신뢰이익의 배상과 별도로 제반 비용을 공제한 순이익에 한하여 일실이익, 즉 이행이익의 배상이 허용될 수 있으므로, / 乙이 이행이익 상당의 손해배상청구 외에 신뢰이익 상당의 손해배상청구를 선택적으로 한 것으로 볼 여지가 있고, 설령 乙의 손해배상에 관한 주장에 불분명한 면이 있다고 하더라도 원심으로서는 종전 준비서면의 진술에 의하여 반소장에서 주장하였던 이행이익 상당의 손해에 관한 주장을 철회하고 반소 청구취지를 감축하는 취지인지 등 을의 주장의 의미를 보다 분명히 밝히도록 촉구하는 방법으로 석명권을 행사하여 그에 따라 심리하였어야 한다(대판 2023.7.27. 2023다223171[본소]·2023다223188[반소]).

30

답 ④

해설

① (○) 쌍무계약에서 당사자 일방이 부담하는 채무가 채무자의 귀책사유로 이행할 수 없는 경우에는 채무불이행책임을 지지만, / 당사자 쌍방의 귀책사유 없이 이행할 수 없는 경우에는 위험부담에 관한 민법 제537조가 적용되고 채권자의 귀책사유로 이행할 수 없는 경우 등에는 민법 제538조가 적용된다. / 따라서 쌍무계약에서 당사자 쌍방의 귀책사유 없이 채무를 이행할 수 없게 된 경우 채무자는 민법 제537조에 따라 자신의 채무를 이행할 의무를 면함과 더불어 상대방의 이행도 청구하지 못한다. / 쌍방 채무의 이행이 없었던 경우에는 계약상 의무의 이행을 청구하지 못하고 이미 이행한 급부는 법률상 원인 없는 급부가 되어 부당이득 법리에 따라 반환을 청구할 수 있다(대판 2021.5.27. 2017다254228).

> **민법 제537조(채무자위험부담주의)**
> 쌍무계약의 당사자 일방의 채무가 당사자쌍방의 책임없는 사유로 이행할 수 없게 된 때에는 채무자는 상대방의 이행을 청구하지 못한다.
>
> **민법 제538조(채권자귀책사유로 인한 이행불능)**
> ① 쌍무계약의 당사자 일방의 채무가 채권자의 책임있는 사유로 이행할 수 없게 된 때에는 채무자는 상대방의 이행을 청구할 수 있다. 채권자의 수령지체 중에 당사자쌍방의 책임없는 사유로 이행할 수 없게 된 때에도 같다.
> ② 전항의 경우에 채무자는 자기의 채무를 면함으로써 이익을 얻은 때에는 이를 채권자에게 상환하여야 한다.

② (○) 민법 제537조는 채무자위험부담주의를 채택하고 있는바, 쌍무계약에서 당사자 쌍방의 귀책사유 없이 채무가 이행불능된 경우 채무자는 급부의무를 면함과 더불어 반대급부도 청구하지 못하므로, / 쌍방 급부가 없었던 경우에는 계약관계는 소멸하고 이미 이행한 급부는 법률상 원인 없는 급부가 되어 부당이득의 법리에 따라 반환청구할 수 있다. / 매매 목적물이 경매절차에서 매각됨으로써 당사자 쌍방의 귀책사유 없이 이행불능에 이르러 매매계약이 종료된 사안에서, 위험부담의 법리에 따라 매도인은 이미 지급받은 계약금을 반환하여야 하고 매수인은 목적물을 점유·사용함으로써 취득한 임료 상당의 부당이득을 반환할 의무가 있다(대판 2009.5.28. 2008다98655·98662).

③ (○) 민법 제538조 제1항 소정의 '채권자의 책임 있는 사유'라고 함은 채권자의 어떤 작위나 부작위가 채무자의 이행의 실현을 방해하고 그 작위나 부작위는 채권자가 이를 피할 수 있었다는 점에서 신의칙상 비난받을 수 있는 경우를 의미한다. / 민법 제400조 소정의 채권자지체가 성립하기 위해서는 민법 제460조 소정의 채무자의 변제 제공이 있어야 하고, / 변제 제공은 원칙적으로 현실 제공으로 하여야 하며 다만 채권자가 미리 변제받기를 거절하거나 채무의 이행에 채권자의 행위를 요하는 경우에는 구두의 제공으로 하더라도 무방하고, 채권자가 변제를 받지 아니할 의사가 확고한 경우(이른바, 채권자의 영구적 불수령)에는 구두의 제공을 한다는 것조차 무의미하므로 그러한 경우에는 구두의 제공조차 필요 없다고 할 것이지만, 그러한 구두의 제공조차 필요 없는 경우라고 하더라도, 이는 그로써 채무자가 채무불이행책임을 면한다는 것에 불과하고, / 민법 제538조 제1항 제2문 소정의 '채권자의 수령지체 중에 당사자 쌍방의 책임 없는 사유로 이행할 수 없게 된 때'에 해당하기 위해서는 현실 제공이나 구두 제공이 필요하다(대판 2004.3.12. 2001다79013). 즉 채권자를 이행지체에 빠뜨리는 채무자 측의 현실제공이나 구두제공이 필요하다는 의미이다.

> **민법 제400조(채권자지체)**
> 채권자가 이행을 받을 수 없거나 받지 아니한 때에는 이행의 제공있는 때로부터 지체책임이 있다.
>
> **민법 제460조(변제제공의 방법)**
> 변제는 채무내용에 좇은 현실제공으로 이를 하여야 한다. 그러나 채권자가 미리 변제받기를 거절하거나 채무의 이행에 채권자의 행위를 요하는 경우에는 변제준비의 완료를 통지하고 그 수령을 최고하면 된다.

④ (×) 계약상의 급부가 계약의 상대방뿐만 아니라 제3자의 이익으로 된 경우에 급부를 한 계약당사자가 계약 상대방에 대하여 계약상의 반대급부를 청구할 수 있는 이외에 그 제3자에 대하여 직접 부당이득반환청구를 할 수 있다고 보면, 자기 책임하에 체결된 계약에 따른 위험부담을 제3자에게 전가시키는 것이 되어 계약법의 기본원리에 반하는 결과를 초래할 뿐만 아니라, 채권자인 계약당사자가 채무자인 계약 상대방의 일반채권자에 비하여 우대받는 결과가 되어 일반채권자의 이익을 해치게 되고, 수익자인 제3자가 계약 상대방에 대하여 가지는 항변권 등을 침해하게 되어 부당하므로, / 위와 같은 경우 계약상의 급부를 한 계약당사자는 이익의 귀속 주체인 제3자에 대하여 직접 부당이득반환을 청구할 수는 없다고 보아야 한다(대판 2002.8.23. 99다66564·66571). / 그 이유는 첫째, 자기 책임하에 체결된 계약에 따른 위험부담을 제3자에게 전가시키는 것이 되어 계약법의 기본원리에 반하는 결과를 초래한다는 점, 둘째, 채권자인 계약당사자가 채무자인 계약 상대방의 일반채권자에 비하여 우대받는 결과가 되어 일반채권자의 이익을 해치게 된다는 점, 셋째, 수익자인 제3자가 계약 상대방에 대하여 가지는 항변권 등을 침해하게 되어 부당하다는 점 때문이다.

⑤ (○) 쌍무계약에서 당사자 쌍방의 귀책사유 없이 채무를 이행할 수 없게 된 경우 채무자는 민법 제537조에 따라 자신의 채무를 이행할 의무를 면함과 더불어 상대방의 이행도 청구하지 못한다. 쌍방 채무의 이행이 없었던 경우에는 계약상 의무의 이행을 청구하지 못하고 이미 이행한 급부는 법률상 원인 없는 급부가 되어 부당이득 법리에 따라 반환을 청구할 수 있다(대판 2021.5.27. 2017다254228).

31 답 ⑤

해설

① (○) 제3자를 위한 계약에서, 제3자가 민법 제539조 제2항에 따라 수익의 의사표시를 함으로써 제3자에게 권리가 확정적으로 귀속된 경우에는, / 요약자와 낙약자의 합의에 의하여 제3자의 권리를 변경·소멸시킬 수 있음을 미리 유보하였거나 제3자의 동의가 있는 경우가 아니면 계약의 당사자인 요약자와 낙약자는 제3자의 권리를 변경·소멸시키지 못하고(민법 제541조), / 만일 계약의 당사자가 제3자의 권리를 임의로 변경·소멸시키는 행위를 한 경우 이는 제3자에 대하여 효력이 없다(대판 2022.1.14. 2021다271183).

> **민법 제539조(제3자를 위한 계약)**
> ① 계약에 의하여 당사자 일방이 제3자에게 이행할 것을 약정한 때에는 그 제3자는 채무자에게 직접 그 이행을 청구할 수 있다.
> ② 전항의 경우에 제3자의 권리는 그 제3자가 채무자에 대하여 계약의 이익을 받을 의사를 표시한 때에 생긴다.

② (○) 계약이 적법하게 해제되면 그 효력이 소급적으로 소멸하므로 그 계약상 의무에 기하여 실행된 급부는 원상회복을 위하여 부당이득으로 반환되어야 하고, 그 계약의 이행으로 변동이 되었던 물권은 당연히 그 계약이 없었던 상태로 복귀한다(민법 제548조 제1항 본문). / 다만 이와 같은 계약해제의 소급효는 제3자의 권리를 해할 수 없으므로, 계약해제 이전에 계약으로 인하여 생긴 법률효과를 기초로 하여 새로운 권리를 취득한 제3자가 있을 때에는 그 계약해제의 소급효는 제한을 받아 그 제3자의 권리를 해하지 아니하는 한도에서만 생긴다(민법 제548조 제1항 단서). / 이때 계약해제의 소급효가 제한되는 제3자는 일반적으로 그 해제된 계약으로부터 생긴 법률효과를 기초로 하여 해제 전에 새로운 이해관계를 가졌을 뿐만 아니라 등기, 인도 등으로 권리를 취득한 사람을 말한다. / 나아가 제3자를 위한 계약에서도 낙약자와 요약자 사이의 법률관계(기본관계)에 기초하여 수익자가 요약자와 원인관계(대가관계)를 맺음으로써 해제 전에 새로운 이해관계를 갖고 그에 따라 등기, 인도 등을 마쳐 권리를 취득하였다면, 수익자는 민법 제548조 제1항 단서에서 말하는 계약해제의 소급효가 제한되는 제3자에 해당한다고 봄이 타당하다(대판 2021.8.19. 2018다244976).

> **민법 제548조(해제의 효과, 원상회복의무)**
> ① 당사자 일방이 계약을 해제한 때에는 각 당사자는 그 상대방에 대하여 원상회복의 의무가 있다. 그러나 제3자의 권리를 해하지 못한다.
> ② 전항의 경우에 반환할 금전에는 그 받은 날로부터 이자를 가하여야 한다.

③ (○) 甲이 乙과의 사이에 乙이 戊의 甲에 대한 채무를 대위변제하는 것을 조건으로 주택에 대한 전세권을 乙에게 양도하기로 하는 약정을 체결하면서 乙의 요구에 따라 그 수취인을 丙으로 하는 전세권양도확인서를 작성하여 준 사안에서, / 이는 甲이 乙과 위 약정을 체결하면서 그 조건의 성취로 발생하는 전세권양도의무를 계약의 당사자인 乙이 아니라 제3자인 丙에게 이행하기로 합의하고 이를 위하여 위 전세권양도확인서를 작성해 준 것이라고 봄이 상당하므로, / 丙은 甲과 위 전세권양도확인서에 따른 계약을 체결한 당사자가 아니라 甲과 乙 사이에 체결된 '조건부 제3자를 위한 계약'의 수익자에 불과하다(대판 2010.3.25. 2009다99914).

④ (○) 제3자를 위한 계약에 있어서 낙약자의 제3자에 대한 급부의 내용에는 제한이 없어 낙약자가 제3자에 대하여 가지는 청구권을 행사하지 않도록 하는 것도 급부에 해당하고, / 이 경우 제3자는 낙약자의 청구에 대해 청구권불행사의 합의(부제소특약)가 있었다는 항변권을 행사할 수 있으며, / 제3자를 위한 계약에 있어서의 제3자는 계약의 당사자는 아니지만 낙약자가 제3자에 대하여 직접 급부의무를 부담하게 되고, 그 급부의무의 기초에는 요약자와 제3자 사이의 원인관계(대가관계)가 존재한다는 점에서 제3자의 의사나 사정은 요약자를 통해 계약의 내용에 반영되어 있다고 보아야 할 것이므로 / 제3자를 위한 계약의 내용을 해석할 때에는 제3자의 의사나 사정도 고려하여야 할 것이다(대판 2006.1.12. 2004다46922).

⑤ (×) 제3자를 위한 계약의 당사자가 아닌 수익자는 계약의 해제권이나 해제를 원인으로 한 원상회복청구권이 있다고 볼 수 없다. / 제3자를 위한 계약에 있어서 수익의 의사표시를 한 수익자는 낙약자에게 직접 그 이행을 청구할 수 있을 뿐만 아니라 요약자가 계약을 해제한 경우에는 낙약자에게 자기가 입은 손해의 배상을 청구할 수 있는 것이므로, / 수익자가 완성된 목적물의 하자로 인하여 손해를 입었다면 수급인은 그 손해를 배상할 의무가 있다(대판 1994.8.12. 92다41559).

32

답 ④

┃해설┃

① (○) 수증자가 증여자에 대하여 증여자 또는 그 배우자나 직계혈족에 대한 범죄행위가 있는 때에는 증여자는 그 증여를 해제할 수 있으나(민법 제556조 제1항 제1호), 그 해제는 이미 이행한 부분에 대하여는 영향을 미치지 아니한다(민법 제558조).

> **민법 제556조(수증자의 행위와 증여의 해제)**
> ① 수증자가 증여자에 대하여 다음 각호의 사유가 있는 때에는 증여자는 그 증여를 해제할 수 있다.
>   1. 증여자 또는 그 배우자나 직계혈족에 대한 범죄행위가 있는 때
>   2. 증여자에 대하여 부양의무있는 경우에 이를 이행하지 아니하는 때
> ② 전항의 해제권은 해제원인있음을 안 날로부터 6월을 경과하거나 증여자가 수증자에 대하여 용서의 의사를 표시한 때에는 소멸한다.
>
> **민법 제558조(해제와 이행완료부분)**
> 전3조의 규정에 의한 계약의 해제는 이미 이행한 부분에 대하여는 영향을 미치지 아니한다.

② (○) 민법 제47조 제1항에 의하여 생전처분으로 재단법인을 설립하는 때에 준용되는 민법 제555조는 "증여의 의사가 서면으로 표시되지 아니한 경우에는 각 당사자는 이를 해제할 수 있다."고 함으로써 서면에 의한 증여(출연)의 해제를 제한하고 있으나, / 그 해제는 민법 총칙상의 취소와는 요건과 효과가 다르므로 / 서면에 의한 출연이더라도 민법 총칙규정에 따라 출연자가 착오에 기한 의사표시라는 이유로 출연의 의사표시를 취소할 수 있고, 상대방 없는 단독행위인 재단법인에 대한 출연행위라고 하여 달리 볼 것은 아니다(대판 1999.7.9. 98다9045).

> **민법 제47조(증여, 유증에 관한 규정의 준용)**
> ① 생전처분으로 재단법인을 설립하는 때에는 증여에 관한 규정을 준용한다.
> ② 유언으로 재단법인을 설립하는 때에는 유증에 관한 규정을 준용한다.
>
> **민법 제555조(서면에 의하지 아니한 증여와 해제)**
> 증여의 의사가 서면으로 표시되지 아니한 경우에는 각 당사자는 이를 해제할 수 있다.

③ (○) 민법 제555조(서면에 의하지 아니한 증여와 해제)에서 말하는 증여계약의 해제는 민법 제543조 이하에서 규정한 본래 의미의 해제와는 달리 형성권의 제척기간의 적용을 받지 않는 특수한 철회로서, / 10년이 경과한 후에 이루어졌다 하더라도 원칙적으로 적법하다(대판 2009.9.24. 2009다37831).

④ (×) 민법 제555조는 "증여의 의사가 서면으로 표시되지 아니한 경우에는 각 당사자는 이를 해제할 수 있다."라고 정하고, / 민법 제561조는 "상대부담있는 증여에 대하여는 본절의 규정 외에 쌍무계약에 관한 규정을 적용한다."라고 정한다. / 이처럼 부담부증여에도 민법 제3편 제2장 제2절(제554조부터 제562조까지)의 증여에 관한 일반 조항들이 그대로 적용되므로, 증여의 의사가 서면으로 표시되지 않은 경우 각 당사자는 원칙적으로 민법 제555조에 따라 부담부증여계약을 해제할 수 있다. / 그러나 부담부증여계약에서 증여자의 증여 이행이 완료되지 않았더라도 수증자가 부담의 이행을 완료한 경우에는, 그러한 부담이 의례적·명목적인 것에 그치거나 그 이행에 특별한 노력과 비용이 필요하지 않는 등 실질적으로는 부담 없는 증여가 이루어지는 것과 마찬가지라고 볼 만한 특별한 사정이 없는 한, 각 당사자가 서면에 의하지 않은 증여임을 이유로 증여계약의 전부 또는 일부를 해제할 수는 없다고 봄이 타당하다(대판 2022.9.29. 2021다299976[본소]·2021다299983[반소]).

⑤ (○) 민법 제555조는 '증여의 의사가 서면으로 표시되지 아니한 경우에는 각 당사자는 이를 해제할 수 있다.'고 하고, / 제558조는 '위 규정에 의한 계약의 해제는 이미 이행한 부분에 대하여는 영향을 미치지 아니한다.'고 규정하고 있는바, / 부동산 증여의 경우에 이행이 되었다고 함은 그 부동산의 인도만으로써는 부족하고 이에 대한 소유권이전등기절차까지 마친 것을 의미한다(대판 2012.6.14. 2011다56873).

33 답 ④

┃해설┃

① (○) 매매당사자 사이에 수수된 계약금에 대하여 매수인이 위약하였을 때에는 이를 무효로 하고 매도인이 위약하였을 때에는 그 배액을 상환할 뜻의 약정이 있는 경우에는 특별한 사정이 없는 한 그 계약금은 민법 제398조 제1항 소정의 손해배상액의 예정의 성질을 가질 뿐 아니라 민법 제565조 소정의 해약금의 성질도 가진 것으로 볼 것이다(대판 1992.5.12. 91다2151).

> **민법 제398조(배상액의 예정)**
> ① 당사자는 채무불이행에 관한 손해배상액을 예정할 수 있다.
> ② 손해배상의 예정액이 부당히 과다한 경우에는 법원은 적당히 감액할 수 있다.
> ③ 손해배상액의 예정은 이행의 청구나 계약의 해제에 영향을 미치지 아니한다.
> ④ 위약금의 약정은 손해배상액의 예정으로 추정한다.
> ⑤ 당사자가 금전이 아닌 것으로써 손해의 배상에 충당할 것을 예정한 경우에도 전4항의 규정을 준용한다.
>
> **민법 제565조(해약금)**
> ① 매매의 당사자 일방이 계약당시에 금전 기타 물건을 계약금, 보증금등의 명목으로 상대방에게 교부한 때에는 당사자간에 다른 약정이 없는 한 당사자의 일방이 이행에 착수할 때까지 교부자는 이를 포기하고 수령자는 그 배액을 상환하여 매매계약을 해제할 수 있다.
> ② 제551조의 규정은 전항의 경우에 이를 적용하지 아니한다.

② (○) 계약이 일단 성립한 후에는 당사자의 일방이 이를 마음대로 해제할 수 없는 것이 원칙이고, 다만 주된 계약과 더불어 계약금계약을 한 경우에는 민법 제565조 제1항의 규정에 따라 임의 해제를 할 수 있기는 하나, / 계약금계약은 금전 기타 유가물의 교부를 요건으로 하므로 단지 계약금을 지급하기로 약정만 한 단계에서는 아직 계약금으로서의 효력, 즉 위 민법 규정에 의해 계약해제를 할 수 있는 권리는 발생하지 않는다고 할 것이다. / 따라서 당사자가 계약금의 일부만을 먼저 지급하고 잔액은 나중에 지급하기로 약정하거나 계약금 전부를 나중에 지급하기로 약정한 경우, 교부자가 계약금의 잔금이나 전부를 약정대로 지급하지 않으면 상대방은 계약금 지급의무의 이행을 청구하거나 채무불이행을 이유로 계약금약정을 해제할 수 있고, 나아가 위 약정이 없었더라면 주계약을 체결하지 않았을 것이라는 사정이 인정된다면 주계약도 해제할 수도 있을 것이나, / 교부자가 계약금의 잔금 또는 전부를 지급하지 아니하는 한 계약금계약은 성립하지 아니하므로 당사자가 임의로 주계약을 해제할 수는 없다 할 것이다(대판 2008.3.13. 2007다73611).

③ (○) 매도인이 '계약금 일부만 지급된 경우 지급받은 금원의 배액을 상환하고 매매계약을 해제할 수 있다'고 주장한 사안에서, / '실제 교부받은 계약금'의 배액만을 상환하여 매매계약을 해제할 수 있다면 이는 당사자가 일정한 금액을 계약금으로 정한 의사에 반하게 될 뿐 아니라, / 교부받은 금원이 소액일 경우에는 사실상 계약을 자유로이 해제할 수 있어 계약의 구속력이 약화되는 결과가 되어 부당하기 때문에, / 계약금 일부만 지급된 경우 수령자가 매매계약을 해제할 수 있다고 하더라도 해약금의 기준이 되는 금원은 '실제 교부받은 계약금'이 아니라 '약정 계약금'이라고 봄이 타당하므로, / 매도인이 계약금의 일부로서 지급받은 금원의 배액을 상환하는 것으로는 매매계약을 해제할 수 없다(대판 2015.4.23. 2014다231378).

④ (×) 계약이 일단 성립한 후에는 당사자의 일방이 이를 마음대로 해제할 수 없는 것이 원칙이고, 다만 주된 계약과 더불어 계약금계약을 한 경우에는 민법 제565조 제1항의 규정에 따라 임의 해제를 할 수 있기는 하나, / 계약금계약은 금전 기타 유가물의 교부를 요건으로 하므로 단지 계약금을 지급하기로 약정만 한 단계에서는 아직 계약금으로서의 효력, 즉 위 민법 규정에 의해 계약해제를 할 수 있는 권리는 발생하지 않는다고 할 것이다. / 따라서 당사자가 계약금의 일부만을 먼저 지급하고 잔액은 나중에 지급하기로 약정하거나 계약금 전부를 나중에 지급하기로 약정한 경우, 교부자가 계약금의 잔금이나 전부를 약정대로 지급하지 않으면 상대방은 계약금 지급의무의 이행을 청구하거나 채무불이행을 이유로 계약금약정을 해제할 수 있고, 나아가 위 약정이 없었더라면 주계약을 체결하지 않았을 것이라는 사정이 인정된다면 주계약도 해제할 수도 있을 것이나, / 교부자가 계약금의 잔금 또는 전부를 지급하지 아니하는 한 계약금계약은 성립하지 아니하므로 당사자가 임의로 주계약을 해제할 수는 없다 할 것이다(대판 2008.3.13. 2007다73611).

⑤ (○) 매도인이 민법 제565조에 의하여 계약금의 배액을 상환하고 계약을 해제하려면 매수인이 이행에 착수할 때까지 하여야 할 것인 바, / 여기에서 이행에 착수한다는 것은 객관적으로 외부에서 인식할 수 있는 정도로 채무의 이행행위의 일부를 하거나 또는 이행을 하기 위하여 필요한 전제행위를 하는 경우를 말하는 것으로서, 단순히 이행의 준비를 하는 것만으로는 부족하나 반드시 계약내용에 들어맞는 이행의 제공의 정도에까지 이르러야 하는 것은 아니라 할 것이고, / 그와 같은 경우에 이행기의 약정이 있다 하더라도 당사자가 채무의 이행기 전에는 착수하지 아니하기로 하는 특약을 하는 등 특별한 사정이 없는 한 그 이행기 전에 이행에 착수할 수도 있다(대판 2002.11.26. 2002다46492).

34

 ③

┃해설┃

① (×) 민법 제108조 제2항의 제3자는 허위표시의 당사자 및 포괄승계인 이외의 자로서 허위표시에 의하여 형성된 법률관계를 토대로 실질적으로 이해관계를 갖는 자를 말하므로, / 가장소비대차의 계약상 지위를 선의로 이전받은 자는 민법 제108조 제2항의 제3자에 해당하지 않는다(대판 2004.1.15. 2002다31537).

> **민법 제108조(통정한 허위의 의사표시)**
> ① 상대방과 통정한 허위의 의사표시는 무효로 한다.
> ② 전항의 의사표시의 무효는 선의의 제3자에게 대항하지 못한다.

② (×) 무상임치(민법 제693조)의 경우 임치인(채권자)이 기한의 이익을 갖으나, 무이자부 소비대차의 경우에는 차주(채무자)가 기한의 이익을 갖는다.

> **민법 제693조(임치의 의의)**
> 임치는 당사자 일방이 상대방에 대하여 금전이나 유가증권 기타 물건의 보관을 위탁하고 상대방이 이를 승낙함으로써 효력이 생긴다.

③ (○) 민법 제449조 제2항이 채권양도 금지의 특약은 선의의 제3자에게 대항할 수 없다고만 규정하고 있어서 그 문언상 제3자의 과실의 유무를 문제 삼고 있지는 아니하지만, / 제3자의 중대한 과실은 악의와 같이 취급되어야 하므로, 양도금지특약의 존재를 알지 못하고 채권을 양수한 경우에 있어서 그 알지 못함에 중대한 과실이 있는 때에는 악의의 양수인과 같이 양도에 의한 채권을 취득할 수 없다고 해석하는 것이 상당하다(대판 1996.6.28. 96다18281).

> **민법 제449조(채권의 양도성)**
> ① 채권은 양도할 수 있다. 그러나 채권의 성질이 양도를 허용하지 아니하는 때에는 그러하지 아니하다.
> ② 채권은 당사자가 반대의 의사를 표시한 경우에는 양도하지 못한다. 그러나 그 의사표시로써 선의의 제3자에게 대항하지 못한다.

④ (×) 구 이자제한법(2011.7.25. 법률 제10925호로 개정되기 전의 것, 이하 같다) 제2조 제1항·제3항·제4항 및 구「이자제한법 제2조 제1항의 최고이자율에 관한 규정」(2014.6.11. 대통령령 제25376호로 개정되기 전의 것)에 의하면, 금전대차에 관한 계약상의 최고이자율은 연 30%이고, 계약상의 이자로서 최고이자율을 초과하는 부분은 무효이며, / 채무자가 최고이자율을 초과하는 이자를 임의로 지급한 경우에는 초과 지급된 이자 상당 금액은 원본에 충당되고, / 이러한 초과 지급된 이자 상당 금액에 대하여 준소비대차계약 또는 경개계약을 체결하더라도 그 금액 부분에 대하여는 효력이 발생하지 아니한다(대판 2015.1.15. 2014다223506).

⑤ (×) 대물변제의 예약이나 분양계약 등은 낙성계약이므로 그 계약서의 작성일자가 불분명하다거나 소급하여 작성되었다고 하여 그 계약의 성립 자체가 부정되어야만 하는 것은 아니다. / 한편, 대물변제의 예약을 원인으로 한 소유권이전등기청구와 분양계약을 원인으로 한 소유권이전등기청구는 청구원인을 달리하는 별개의 소송물이므로 그 판단기준이 같을 수는 없다. / 그리고 채무자가 채권자에 대하여 소비대차 등으로 인한 채무를 부담하고 이를 담보하기 위하여 대물변제의 예약을 한 후에 다시 같은 채권자로부터 추가로 채무를 지게 되는 경우에는 특별한 사정이 없는 한 추가되는 채무 역시 기왕에 한 대물변제예약의 대상이 되는 채무 범위에 포함된다고 봄이 상당하다(대판 2010.4.29. 2009다16896).

35 답 ①

해설

① (×) 민법 제684조 제1항은 "수임인은 위임사무의 처리로 인하여 받은 금전 기타의 물건 및 그 수취한 과실을 위임인에게 인도하여야 한다."라고 규정하고 있다. / 이때 인도 시기는 당사자 간에 특약이 있거나 위임의 본뜻에 반하는 경우 등과 같은 특별한 사정이 없는 한 위임계약이 종료된 때이고, 수임인이 반환할 금전의 범위도 위임 종료 시를 기준으로 정하여진다. / 甲이 乙과 공유하는 상가와 아파트에 관하여 상가의 임대 등 관리와 아파트의 매도를 乙에게 위임하였고, 이후 乙이 아파트의 매도를 완료하였는데, 甲이 상가의 임대 등 관리에 관한 위임을 해지하고, 乙을 상대로 甲의 지분 비율에 따른 상가의 임대수익금과 아파트에 대한 매매대금 및 그각에 관한 위임 종료 시부터 다 갚는 날까지 지연손해금의 지급을 구한 사안에서, 각 위임계약이 종료되었다면 乙은 위임사무의 처리로 취득한 임대수익금, 매매대금 중 甲 지분에 해당하는 금액을 甲에게 인도하여야 하므로, 각 위임계약이 종료된 때 임대수익금, 매매대금 인도의무의 이행기가 도래하였다고 볼 수 있는데, 이와 달리 乙이 甲으로부터 이행청구를 받은 때로부터 그에 대한 지체책임을 부담한다고 본 원심판단에 법리오해의 잘못이 있다(대판 2024.11.14. 2021다285060).

> **민법 제684조(수임인의 취득물 등의 인도, 이전의무)**
> ① 수임인은 위임사무의 처리로 인하여 받은 금전 기타의 물건 및 그 수취한 과실을 위임인에게 인도하여야 한다.
> ② 수임인이 위임인을 위하여 자기의 명의로 취득한 권리는 위임인에게 이전하여야 한다.

② (○) 변호사에게 계쟁사건의 처리를 위임함에 있어서 보수지급 및 수액에 관하여 명시적인 약정을 아니하였다 하여도, / 무보수로 한다는 등 특별한 사정이 없는 한 응분의 보수를 지급할 묵시의 약정이 있는 것으로 봄이 상당하다(대판 1993.2.12. 92다42941).

③ (○) 민법 제693조의 임치는 금전이나 유가증권 기타 물건의 보관을 목적으로 하는 계약이고, / 여기서 보관이란 수치인이 목적물의 점유를 취득하여 자기의 지배하에 두면서 멸실·훼손을 방지하고 원상을 유지하는 것을 말한다. / 따라서 위임 등의 계약에 수반하여 그에 따른 사무처리 등에 '사용'할 목적으로 금전이나 물건이 교부된 경우에는 '보관'을 주된 목적으로 하는 것이 아니므로, 다른 특별한 사정이 없는 한 해당 금전 등에 관한 임치계약이 별도로 성립한다고 할 수 없다(대판 2025.5.15. 2023다258504).

> **민법 제693조(임치의 의의)**
> 임치는 당사자 일방이 상대방에 대하여 금전이나 유가증권 기타 물건의 보관을 위탁하고 상대방이 이를 승낙함으로써 효력이 생긴다.

④ (○) 소송위임계약과 관련하여 위임사무 처리 도중에 수임인의 귀책사유로 신뢰관계가 훼손되어 더 이상 소송위임사무를 처리하지 못하게 됨에 따라 계약이 종료되었다 하더라도, 위임인은, 수임인이 계약종료 당시까지 이행한 사무처리 부분에 관해서 수임인이 처리한 사무의 정도와 난이도, 사무처리를 위하여 수임인이 기울인 노력의 정도, 처리된 사무에 대하여 가지는 위임인의 이익 등 여러 사정을 참작하여 상당하다고 인정되는 보수 금액 및 상당하다고 인정되는 사무처리비용을 지급할 의무가 있다. / 아파트 입주자대표회의가 아파트를 건축·분양한 사업주체 등을 상대로 하자보수에 관한 소송을 제기하기 위하여 변호사 甲과 소송위임계약을 체결하였는데, 위임사무 처리 도중 입주자대표회의가 세대전수하자조사 미흡 및 하자조사보고서 부실 작성 등을 이유로 甲에게 위임계약의 해지를 통보하자, 甲이 입주자대표회의를 상대로 그때까지 지출한 소송비용과 하자진단비의 지급을 구한 사안에서, 甲의 귀책사유로 위임계약이 종료되었다 하더라도 위 소송비용과 하자진단비는 甲이 위임계약 종료 당시까지 이행한 사무처리를 위하여 필요한 상당한 비용이므로 입주자대표회의가 민법 제688조 제1항에 따라 甲에게 이를 지급할 의무가 있다(대판 2019.8.14. 2016다200538).

> **민법 제688조(수임인의 비용상환청구권 등)**
> ① 수임인이 위임사무의 처리에 관하여 필요비를 지출한 때에는 위임인에 대하여 지출한 날 이후의 이자를 청구할 수 있다.
> ② 수임인이 위임사무의 처리에 필요한 채무를 부담한 때에는 위임인에게 자기에 갈음하여 이를 변제하게 할 수 있고 그 채무가 변제기에 있지 아니한 때에는 상당한 담보를 제공하게 할 수 있다.
> ③ 수임인이 위임사무의 처리를 위하여 과실없이 손해를 받은 때에는 위임인에 대하여 그 배상을 청구할 수 있다.

⑤ (○) 수임인이 위임계약상의 채무를 제대로 이행하지 아니하였다 하여 위임인이 언제나 최고 없이 바로 그 채무불이행을 이유로 하여 위임계약을 해제할 수 있는 것은 아니고, / 아직도 수임인이 위임계약상의 채무를 이행하는 것이 가능하다면 위임인은 수임인에 대하여 상당한 기간을 정하여 그 이행을 최고하고, 수임인이 그 기간 내에 이를 이행하지 아니할 때에 한하여 계약을 해제할 수 있다(대판 1996.11.26. 96다27148).

36

답 ⑤

해설

① (○) 민법 제733조의 규정에 의하면, 화해계약은 화해당사자의 자격 또는 화해의 목적인 분쟁 이외의 사항에 착오가 있는 경우를 제외하고는 착오를 이유로 취소하지 못하지만, / 화해계약이 사기로 인하여 이루어진 경우에는 화해의 목적인 분쟁에 관한 사항에 착오가 있는 때에도 민법 제110조에 따라 이를 취소할 수 있다고 할 것이다(대판 2008.9.11. 2008다15278).

> **민법 제110조(사기, 강박에 의한 의사표시)**
> ① 사기나 강박에 의한 의사표시는 취소할 수 있다.
> ② 상대방있는 의사표시에 관하여 제3자가 사기나 강박을 행한 경우에는 상대방이 그 사실을 알았거나 알 수 있었을 경우에 한하여 그 의사표시를 취소할 수 있다.
> ③ 전2항의 의사표시의 취소는 선의의 제3자에게 대항하지 못한다.
>
> **민법 제733조(화해의 효력과 착오)**
> 화해계약은 착오를 이유로 하여 취소하지 못한다. 그러나 화해당사자의 자격 또는 화해의 목적인 분쟁 이외의 사항에 착오가 있는 때에는 그러하지 아니하다.

② (O) 환자가 의료과실로 사망한 것으로 전제하고 의사가 유족들에게 손해배상금을 지급하기로 하는 합의가 이루어졌으나 / 그 사인이 진료와는 관련이 없는 것으로 판명되었다면 위 합의는 그 목적이 다른 강인의 사인에 관한 착오로 이루어진 화해이므로 착오를 이유로 취소할 수 있다(대판 1991.1.25. 90다12526).

③ (O) 계약이 합의해제 되기 위하여는 일반적으로 계약이 성립하는 경우와 마찬가지로 계약의 청약과 승낙이라는 서로 대립하는 의사표시가 합치될 것을 그 요건으로 하는 것이지만, / 계약의 합의해제는 명시적인 경우뿐만 아니라 묵시적으로도 이루어질 수 있는 것이므로 / 계약 후 당사자 쌍방의 계약 실현 의사의 결여 또는 포기가 쌍방 당사자의 표시행위에 나타난 의사의 내용에 의하여 객관적으로 일치하는 경우에는, 그 계약은 계약을 실현하지 아니할 당사자 쌍방의 의사가 일치됨으로써 묵시적으로 해제되었다고 해석함이 상당하다(대판 1998.1.20. 97다43499).

④ (O) 도로건설공사의 현장책임자가 공사로 인한 양계장의 피해보상을 요구하는 양계업자와 사이에 민사상의 소를 취하하는 대신 환경분쟁조정위원회의 결정에 승복하기로 합의한 경우, / 그 합의는 화해계약에 해당한다(대판 2004.6.25. 2003다32797).

⑤ (×) 화해계약이 유효히 성립된 이상 그 화해로서 해결할라고 하는 분쟁의 대상이 된 기본사항에 대하여 착오가 있었다 하더라도 그 착오를 이유로 화해계약의 두효를 주장할 수 없고 / 다만 화해당사자의 자격 또는 화해의 목적이 된 분쟁이외의 사항으로서 그 화해계약의 요소가 된 사항에 관한 착오가 있을 시에 한하여 그 착오를 이유로 화해계약의 효력을 다툴 수 있고 / 또 취소 사유가 있을 시는 그 취소를 주장할 수 있다 할 것인 바, 원고가 주장하는 착오는 '피고가 화해계약에서 약정한 금원을 원고에 지불할 의사가 없음에도 불구하고 그 의사가 있은 것 같이 원고를 기망하여 원고는 당해 피고의 기망을 오신하고 본건 화해계약을 체결한 것'이라 주장하고 이를 취소한다라고 하나 이러한 착오는 의사표시의 연유의 착오는 될 지언정 요소의 착오라 할 수 없을 뿐 아니라 취소사유에도 해당된다고 할 수 없다(대판 1960.8.25. 4293민상101).

37

답 ②

해설

① (×) 채권의 지연손해금을 별도로 등기부에 기재하지 않았더라도 근저당권부 질권의 피 담보채권의 범위가 등기부에 기재된 약정이자에 한정된다고 볼 수 없다. / 채무자를 위하여 변제한 자는 변제와 동시에 채권자의 승낙을 얻어 채권자를 대위할 수 있다(민법 제480조 제1항). / 제3자가 채무자를 위하여 채무를 변제함으로써 채무자에 대하여 구상권을 취득하는 경우, 그 구상권의 범위 내에서 종래 채권자가 가지고 있던 채권과 그 담보에 관한 권리는 동일성을 유지한 채 법률상 당연히 변제자에게 이전한다(대판 2023.1.12. 2020다296840).

> **민법 제480조(변제자의 임의대위)**
> ① 채무자를 위하여 변제한 자는 변제와 동시에 채권자의 승낙을 얻어 채권자를 대위할 수 있다.
> ② 전항의 경우에 제450조 내지 제452조의 규정을 준용한다.

② (O) 대물변제는 본래 채무의 이행에 갈음하여 다른 급여를 현실적으로 하는 때에 성립하는 계약이므로, / 다른 급여가 부동산의 소유권이전인 경우 등기를 완료하면 대물변제가 성립되어 기존채무가 소멸한다. / 한편 대물변제도 유상계약이므로 목적물에 하자가 있을 경우 매도인의 담보책임에 관한 민법 조항이 준용된다. / 甲 주식회사가 다세대주택 신축공사의 전기공사를 乙 합자회사에 하도급 주면서 공사대금을 다세대주택 구분건물로 대물변제하기로 약정하고, 이후 乙 회사가 구분건물에 관하여 소유권이전등기를 넘겨받은 사안에서, 乙 회사가 당초의 약정대로 하도급 공사대금에 대한 대물변제를 원인으로 구분건물에 관하여 소유권이전등기를 마친 이상 甲 회사는 본래 채무에 갈음하여 이행하기로 한 다른 급여를 현실적으로 한 것으로 보아야 하고, / 구분건물이 아직 사용승인을 받지 않았으며 대지지분에 제한물권이 설정되어 있다는 사정은 대물변제 목적물의 하자로서 담보책임을 물을 수 있는 사유가 될 뿐이다(대판 2023.2.2. 2022다276789).

③ (×) 채무자가 채권자에게 채무변제에 '갈음하여' 다른 채권을 양도하기로 한 경우에는 특별한 사정이 없는 한 채권양도의 요건을 갖추어 대체급부가 이루어짐으로써 원래의 채무는 소멸하는 것이고 / 그 양수한 채권의 변제까지 이루어져야만 원래의 채무가 소멸한다고 할 것은 아니다. / 이 경우 대체급부로서 채권을 양도한 양도인은 양도 당시 양도대상인 채권의 존재에 대해서는 담보책임을 지지만 당사자 사이에 별도의 약정이 있다는 등 특별한 사정이 없는 한 그 채무자의 변제자력까지 담보하는 것은 아니다(대판 2013.5.9. 2012다40998).

④ (×) 민법 제607조, 제608조에 의하여, 대물변제의 예약이 무효인 것이 되느냐 아니되느냐는, 대물변제 예약당시의 대물의 가액과 차용물의 변제기까지의 원리금을 비교하여 정하여야 할 것이지, / 변제기 이후의 지연손해금까지 합친액을 기준으로 할 것은 아니다(대판 1966.5.31. 66다638).

> **민법 제607조(대물반환의 예약)**
> 차용물의 반환에 관하여 차주가 차용물에 갈음하여 다른 재산권을 이전할 것을 예약한 경우에는 그 재산의 예약당시의 가액이 차용액 및 이에 붙인 이자의 합산액을 넘지 못한다.
>
> **민법 제608조(차주에 불이익한 약정의 금지)**
> 전2조의 규정에 위반한 당사자의 약정으로서 차주에 불리한 것은 환매 기타 여하한 명목이라도 그 효력이 없다.

⑤ (×) 채무자가 채권자에 대하여 소비대차 등으로 인한 채무를 부담하고 이를 담보하기 위하여 대물변제의 예약을 한 후에 다시 같은 채권자로부터 추가로 채무를 지게 되는 경우에는 특별한 사정이 없는 한 추가되는 채무 역시 기왕에 한 대물변제예약의 대상이 되는 채무범위에 포함된다고 봄이 상당하다(대판 2010.4.29. 2009다16896).

38

│해설│

① (○) 채무의 일부변제공탁은 그 채무를 변제함에 있어서 일부의 제공이 유효한 제공이라고 시인할 수 있는 특별한 사정이 있는 경우를 제외하고는 채권자가 이를 수락하지 아니하는 한 유효한 변제공탁이라고 할 수 없다(대판 1992.7.28. 91다13380).

② (○) 변제공탁의 목적인 채무는 현존하는 확정채무여야 하지만, / 그 의미는 장래의 채무나 불확정채무는 원칙적으로 변제공탁의 목적이 되지 못한다는 것일 뿐, 채무자에 대한 각 채권자의 채권이 동일한 채권이어야 한다는 의미는 아니다(대판 2014.12.24. 2014다207245·207252).

③ (×) 채무자는 현실제공에 의한 변제뿐 아니라 변제의 목적물을 공탁하여서도 그 채무를 면할 수 있으나(민법 제487조) / 공탁 자체가 부적법하여 무효인 경우에는 변제의 효력은 발생하지 않는다. / 한편 근저당권이라 함은 그 담보할 채권의 최고액만을 정하고 채무의 확정을 장래에 유보하여 설정하는 저당권을 말하는 것이므로 그 피담보채무가 확정될 때까지의 채무의 소멸 또는 이전은 근저당권에 영향을 미치지 않는다. / 그리고 근저당부동산에 대하여 소유권, 전세권 등의 권리를 취득한 제3자는 피담보채무가 확정된 이후에 채권최고액의 범위 내에서 그 확정된 피담보채무를 변제하고 근저당권의 소멸을 청구할 수 있으나, / 채무자가 그 부동산의 소유자 겸 근저당설정자인 경우에는 그 피담보채무는 채무자가 채권자인 근저당권자에 대하여 부담하는 채무 전액으로 보아야 하므로 / 채무자로서는 채권최고액이 아니라 확정된 피담보채무액 전액을 변제공탁하지 않는 한 적법한 변제공탁이 될 수 없다(대판 2011.7.28. 2010다88507).

> **민법 제487조(변제공탁의 요건, 효과)**
> 채권자가 변제를 받지 아니하거나 받을 수 없는 때에는 변제자는 채권자를 위하여 변제의 목적물을 공탁하여 그 채무를 면할 수 있다. 변제자가 과실없이 채권자를 알 수 없는 경우에도 같다.

④ (○) 채무금액에 다툼이 있는 채권에 관하여 채무자가 채무전액의 변제임을 공탁원인중에 밝히고 공탁한 경우 채권자가 그 공탁금을 수령할 때 채권의 일부로서 수령한다는등 별단의 유보의사표시를 하지 않은 이상 그 수령이 채권의 전액에 대한 변제공탁의 효력을 인정한 것으로 해석함이 상당하다(대판 1983.6.28. 83다카88·89).

⑤ (○) 민법 제490조에 의하면 변제의 목적물이 공탁더 적당하지 아니하거나 멸실 또는 훼손될 염려가 있거나 공탁에 과다한 비용을 요하는 경우에는 변제자는 법원의 허가를 얻어 그 물건을 경매하거나 시가로 방매하여 대금을 공탁할 수 있다.

> **민법 제490조(자조매각금의 공탁)**
> 변제의 목적물이 공탁에 적당하지 아니하거나 멸실 또는 훼손될 염려가 있거나 공탁에 과다한 비용을 요하는 경우에는 변제자는 법원의 허가를 얻어 그 물건을 경매하거나 시가로 방매하여 대금을 공탁할 수 있다.

39 답 ③

해설

① (○) 사무관리가 성립하기 위하여는 우선 그 사무가 타인의 사무이고 타인을 위하여 사무를 처리하는 의사, 즉 관리의 사실상의 이익을 타인에게 귀속시키려는 의사가 있어야 하며, 나아가 그 사무의 처리가 본인에게 불리하거나 본인의 의사에 반한다는 것이 명백하지 아니할 것을 요한다. / 여기에서 '타인을 위하여 사무를 처리하는 의사'는 관리자 자신의 이익을 위한 의사와 병존할 수 있고, 반드시 외부적으로 표시될 필요가 없으며, 사무를 관리할 당시에 확정되어 있을 필요가 없다. / 채무자가 다른 상속인과 공동으로 부동산을 상속받은 경우에는 채무자의 상속지분에 관하여서만 상속등기를 하는 것이 허용되지 아니하고 공동상속인 전원에 대하여 상속으로 인한 소유권이전등기를 신청하여야 한다. / 그리고 채권자가 자신의 채권을 보전하기 위하여 채무자가 다른 상속인과 공동으로 상속받은 부동산에 관하여 위와 같이 공동상속등기를 대위신청하여 그 등기가 행하여지는 것과 같이 채권자에 의한 채무자 권리의 대위행사의 직접적인 내용이 제3자의 법적 지위를 보전·유지하는 것이 되는 경우에는, 채권자는 자신의 채무자가 아닌 제3자에 대하여도 다른 특별한 사정이 없는 한 사무관리에 기하여 그 등기에 소요된 비용의 상환을 청구할 수 있다고 할 것이다(대판 2013.8.22. 2013다30882).

② (○) 계약상 급부가 계약 상대방뿐 아니라 제3자에게 이익이 된 경우에 급부를 한 계약당사자는 계약 상대방에 대하여 계약상 반대급부를 청구할 수 있는 이외에 제3자에 대하여 직접 부당이득반환청구를 할 수는 없다고 보아야 하고, / 이러한 법리는 급부가 사무관리에 의하여 이루어진 경우에도 마찬가지이다. / 따라서 의무 없이 타인을 위하여 사무를 관리한 자는 타인에 대하여 민법상 사무관리 규정에 따라 비용상환 등을 청구할 수 있는 외에 사무관리에 의하여 결과적으로 사실상 이익을 얻은 다른 제3자에 대하여 직접 부당이득반환을 청구할 수는 없다(대판 2013.6.27. 2011다17106).

③ (×) 사무관리는 의무 없이 타인을 위하여 사무를 관리한다는 사실만 있으면 성립되는 것이고 / 의사표시를 요소로 하는 법률행위가 아니므로 본인이 사무관리의 목적이었던 사무를 직접 관리하려면 사무관리자에게 그 관리를 종료하여 줄 것을 내용으로 하는 의사표시를 하여야 하는 것이 아니고 본인 자신이 직접 관리하겠다는 의사가 외부적으로 명백히 표현된 경우에는 사무관리는 그 이상 성립할 수 없는 것이다(대판 1975.4.8. 75다254).

④ (○) 채무의 변제는 제3자도 할 수 있다. 그러나 채무의 성질 또는 당사자의 의사표시로 제3자의 변제를 허용하지 아니하는 때에는 그러하지 아니하다(민법 제469조 제1항). / 이해관계 없는 제3자는 채무자의 의사에 반하여 변제하지 못한다(같은 조 제2항). / 제3자가 유효하게 채무자가 부담하는 채무를 변제한 경우에 채무자와 계약관계가 있으면 그에 따라 구상권을 취득하고, 그러한 계약관계가 없으면 특별한 사정이 없는 한 민법 제734조 제1항에서 정한 사무관리가 성립하여 민법 제739조에 정한 사무관리비용의 상환청구권에 따라 구상권을 취득한다(대판 2022.3.17. 2021다276539).

> **민법 제469조(제3자의 변제)**
> ① 채무의 변제는 제3자도 할 수 있다. 그러나 채무의 성질 또는 당사자의 의사표시로 제3자의 변제를 허용하지 아니하는 때에는 그러하지 아니하다.
> ② 이해관계 없는 제3자는 채무자의 의사에 반하여 변제하지 못한다.
>
> **민법 제739조(관리자의 비용상환청구권)**
> ① 관리자가 본인을 위하여 필요비 또는 유익비를 지출한 때에는 본인에 대하여 그 상환을 청구할 수 있다.
> ② 관리자가 본인을 위하여 필요 또는 유익한 채무를 부담한 때에는 제688조 제2항의 규정을 준용한다.
> ③ 관리자가 본인의 의사에 반하여 관리한 때에는 본인의 현존이익의 한도에서 전2항의 규정을 준용한다.

⑤ (O) 사무관리가 성립하기 위하여는 우선 그 사무가 타인의 사무이고 타인을 위하여 사무를 처리하는 의사, 즉 관리의 사실상의 이익을 타인에게 귀속시키려는 의사가 있어야 함은 물론 나아가 그 사무의 처리가 본인에게 불리하거나 본인의 의사에 반한다는 것이 명백하지 아니할 것을 요한다. / 여기에서 <u>타인을 위하여 사무를 처리하는 의사는 관리자 자신의 이익을 위한 의사와 병존할 수 있고, 반드시 외부적으로 표시될 필요가 없으며, 사무를 관리할 당시에 확정되어 있을 필요도 없는 것이다</u>(대판 2010.6.10. 2010다25124).

40

해설

① (×) 미등기건물을 양수하여 건물에 관한 <u>사실상의 처분권을 보유하게 됨으로써 그 양수인이 건물 부지 역시 아울러 점유하고 있다고 볼 수 있는 경우에는 미등기건물에 관한 사실상의 처분권자도 건물 부지의 점유·사용에 따른 부당이득반환의무를 부담한다.</u> 이러한 경우 미등기건물의 원시취득자와 사실상의 처분권자가 토지 소유자에 대하여 부담하는 부당이득반환의무는 동일한 경제적 목적을 가진 채무로서 부진정연대채무관계에 있다(대판 2022.9.29. 2018다243133[본소]·2018다243140[반소]).

② (×) 부동산에 대한 취득시효가 완성되면 점유자는 소유명의자에 대하여 취득시효완성을 원인으로 한 소유권이전등기절차의 이행을 청구할 수 있고 소유명의자는 이에 응할 의무가 있으므로 / <u>점유자가 그 명의로 소유권이전등기를 경료하지 아니하여 아직 소유권을 취득하지 못하였다고 하더라도 소유명의자는 점유자에 대하여 점유로 인한 부당이득반환청구를 할 수 없다</u>(대판 1993.5.25. 92다51280).

③ (×) 금전채권의 질권자가 민법 제353조 제1항·제2항에 의하여 자기채권의 범위 내에서 직접청구권을 행사하는 경우 질권자는 질권설정자의 대리인과 같은 지위에서 입질채권을 추심하여 자기채권의 변제에 충당하고 그 한도에서 질권설정자에 의한 변제가 있었던 것으로 보므로, / 위 범위 내에서는 제3채무자의 질권자에 대한 금전지급으로써 제3채무자의 질권설정자에 대한 급부가 이루어질 뿐만 아니라 질권설정자의 질권자에 대한 급부도 이루어진다. / <u>이러한 경우 입질채권의 발생원인인 계약관계에 무효 등의 흠이 있어 입질채권이 부존재한다고 하더라도 제3채무자는 특별한 사정이 없는 한 상대방 계약당사자인 질권설정자에 대하여 부당이득반환을 구할 수 있을 뿐이고 질권자를 상대로 직접 부당이득반환을 구할 수 없다</u>고 본다(대판 2015.5.29. 2012다92258).

> **민법 제353조(질권의 목적이 된 채권의 실행방법)**
> ① 질권자는 질권의 목적이 된 채권을 직접 청구할 수 있다.
> ② 채권의 목적물이 금전인 때에는 질권자는 자기채권의 한도에서 직접 청구할 수 있다.
> ③ 전항의 채권의 변제기가 질권자의 채권의 변제기보다 먼저 도래한 때에는 질권자는 제3채무자에 대하여 그 변제금액의 공탁을 청구할 수 있다. 이 경우에 질권은 그 공탁금에 존재한다.
> ④ 채권의 목적물이 금전 이외의 물건인 때에는 질권자는 그 변제를 받은 물건에 대하여 질권을 행사할 수 있다.

④ (×) 집합건물에서 전유부분 면적 비율에 상응하는 적정 대지지분을 가진 구분소유자는 그 대지 전부를 용도에 따라 사용·수익할 수 있는 적법한 권원을 가지므로, / 구분소유자 아닌 대지 공유자는 그 대지 공유지분권에 기초하여 적정 대지지분을 가진 구분소유자를 상대로는 대지의 사용·수익에 따른 부당이득반환을 청구할 수 없다고 봄이 타당하다(대판[전합] 2022.8.25. 2017다257067).

⑤ (○) 법률상 원인 없이 타인의 재산 또는 노무로 인하여 이익을 얻고 이로 인하여 타인에게 손해를 가한 경우 선의의 수익자는 받은 이익이 현존하는 한도에서 반환책임이 있고(민법 제748조 제1항), / 부당이득 반환의무자가 악의의 수익자라는 점에 대하여는 이를 주장하는 측에서 증명책임을 진다. / 수익자가 취득한 것이 금전상의 이득인 때에는 그 금전은 이를 취득한 자가 소비하였는지 여부를 불문하고 현존하는 것으로 추정되나, 수익자가 급부자의 지시나 급부자와의 합의에 따라 그 금전을 사용하거나 지출하는 등의 사정이 있다면 위 추정은 번복될 수 있다(대판 2022.10.14. 2018다244488).

> **민법 제748조(수익자의 반환범위)**
> ① 선의의 수익자는 그 받은 이익이 현존한 한도에서 전조의 책임이 있다.
> ② 악의의 수익자는 그 받은 이익에 이자를 붙여 반환하고 손해가 있으면 이를 배상하여야 한다.

3교시 자연과학개론

01	02	03	04	05	06	07	08	09	10	11	12	13	14	15	16	17	18	19	20
⑤	④	①	④	③	④	③	①	②	③	②	④	⑤	③	④	③	②	④	⑤	③
21	22	23	24	25	26	27	28	29	30	31	32	33	34	35	36	37	38	39	40
①	⑤	④	③	③	①	②	⑤	③	②	③	⑤	④	③	⑤	①	③	④	④	③

01   답 ⑤

해설

ㄱ. (O), ㄴ. (O), ㄷ. (O)

주기는 t에 계수의 역수로 계산된다.

$y_P y_Q = 0$인 각 범위의 우변값의 최소공배수를 계산하면 $x=0$일 때 t, $t=0$일 때 x값 도출된다.

02   답 ④

해설

④ (O) $I_1 = 0.6A$, $I_2 = 1.05A$

윗부분의 좌, 우 노드에 전위를 각 V_L, V_R이라 하자. 키르히호프법칙을 활용하여 그 값을 도출하면,

$$\frac{V_L - 2}{2} + V_L + \frac{V_L - V_R}{\frac{1}{4}} = 0, \quad \frac{V_R - 4}{3} + V_R + \frac{V_R - V_L}{\frac{1}{4}} = 0$$

정리하면 $V_L = 0.8V$, $V_R = 0.85V$

$$I_1 = \frac{2 - 0.8}{2} = 0.6A, \quad I_2 = \frac{4 - 0.85}{3} = 1.05A$$

03   답 ①

해설

① (O) $E_\gamma = 2.0 \times 10^2 eV$, $E_e = 5.0 \times 10^2 eV$

광자에너지 $E_\gamma = \frac{hc}{\lambda} = \frac{1.24 \times 10^3}{6.2} = 2.0 \times 10^2 eV$

전자 $\lambda = \frac{h}{p}$, $E_e = \frac{p^2}{2m_e} = \frac{\left(\frac{hc}{\lambda}\right)^2}{2m_e c^2} = 5.0 \times 10^{-2} eV$

04

답 ④

|해설|

④ (○) $\frac{3}{4}f_0$

직접음 $f_1 = f_0 \dfrac{v_0}{v_0 + v_A}$, 간접음 $f_2 = f_0 \dfrac{v_0}{v_0 - v_A}$

맥놀이 진동수 $= |f_1 - f_2|$, 정리하면 $\dfrac{3}{4}f_0$

05

답 ③

|해설|

③ (○) $\dfrac{3}{4}$

이 문제에서 밀도는 잠긴 부피의 역수에 비례한다.

06

답 ④

|해설|

④ (○) 200 nm

빛이 공기와 박막의 경계에서 고정단 반사, 박막과 기단 사이에서 자유단 반사가 되어 위상이 π 차이가 나게 된다. 소멸간섭의 조건은 광 경로차가 반파장의 짝수배가 된다.

$2n_f d = m\lambda_0$ 에서 소멸조건의 최소인 $m = 1$ 상태에서의 두께 d를 구하면

$d = \dfrac{\lambda_0}{2n_f} = 200 \,\text{nm}$

07

답 ③

해설

부하병렬의 등가저항 $R = \dfrac{R_1 R'}{R_1 + R'} = r = 4.0\Omega$

$R_1 = 5$이므로 $R' = 20\Omega$

최대 전력 $P = \dfrac{V^2}{4r}$

전류 $I = \dfrac{V}{(r+R)}$

부하전압 $V' = \dfrac{V}{(r+R)} \times R$

부하전력 $P = \left\{\dfrac{V}{(r+R)}\right\}^2 R$

$\dfrac{\partial P}{\partial R} = 0$으로 정리하면 $R = r$에서 전력 최대. 정리하면 최대전력은 $P = \dfrac{V^2}{4r}$

08

답 ①

해설

① (O) $K = hc\left(\dfrac{1}{\lambda} - \dfrac{1}{\lambda'}\right)$

전자의 운동에너지는 $K = E\gamma - E\gamma' = hc\left(\dfrac{1}{\lambda} - \dfrac{1}{\lambda'}\right)$

09

답 ②

해설

② (O) $C_A \varepsilon$

병렬 연결된 두 축전기에 걸리는 전압은 동일, 병렬연결된 회로에서 최종 전압은 ε로 고정. 따라서 축전기 C_A에 저장된 최종 전하 $Q_A = C_A \varepsilon$이며 초기 전하는 최종 분포에 영향을 주지 않음.

10

답 ③

┃해설┃

① (○) 파장 $\lambda_n = \dfrac{2L}{n}$ 이므로 옳다.

② (○) $n=2$에서 파동함수는 $x=\dfrac{L}{2}$를 기준으로 대칭이며 양 구간의 적분값은 $\dfrac{1}{2}$로 동일하다.

③ (×) $n=3$에서 파동함수에 x대입 0이 아니므로 틀린 지문이다.

④ (○) 에너지 간격 $E_{n+1} - E_n = \dfrac{h^2}{8mL^2}(2n+1)$에서 n이 커질수록 증가하므로 옳다.

⑤ (○) 무한 장벽에서 경계조건은 0이므로 옳다.

11

답 ②

┃해설┃

② (○) 2.0×10^{-4}

$CaF_2(s) \leftrightarrow Ca^{2+} + 2F^-$, $K_{sp} = [Ca^{2+}][F^-]^2$

NaF 용액에서의 용해도를 s'라 하면 $[Ca^{2+}] = s$, $[F^-] = 2s$

$K_{sp} = 4s^3 = 3.2 \times 10^{-11}$, $s = 2.0 \times 10^{-4}$M

12

답 ④

┃해설┃

ㄱ. (○) 그림 (가)의 상태에 대한 정리를 해보면,
총 압력 1atm $H_2O(g)$의 부분압력 0.4atm (가)의 부피가 $2V$이므로
$p_{He}(2V) = n_{He}RT_1$에서 $RT_1 = 1.2V$

수증기의 몰수를 도출하면 $n_{H_2O} = \dfrac{p_{H_2O} \times 2V}{RT_1} = \dfrac{2}{3}$ mol 이다.

ㄷ. (○) 그림 (나)의 상태에 대한 정리를 해보면,
총 몰수 $n_{tot} = 2$mol

$p_{tot} = \dfrac{n_{tot}RT_2}{3V} = \dfrac{1}{2}$에서 $RT_2 = 0.75V$

$\dfrac{T_2}{T_1} = \dfrac{RT_2}{RT_1} = 0.625$이다.

ㄴ. (○) He의 부분압 $p_{He} = \dfrac{n_{He}RT_2}{3V} = \dfrac{RT_2}{3V} = 0.25$atm 이다.

ㄹ. (×) H_2O의 부분압 $p_{H_2O} = p_{tot} - p_{He} = 0.25$atm 이다.

13

답 ⑤

해설

ㄱ. (○) Co^{3+}의 전자배치 [Ar] $3d^6$
$[Co(CN)_6]^{3-}$의 경우 CN^-는 강한 장 리간드이므로 저준위 궤도에서 전자가 짝을 이룬다.
d^6 저스핀 구간에 홀전자가 없게 되므로 반자성 상태이다.

ㄴ. (○) $[Co(H_2O)_6]^{3+}$의 경우 H_2O는 약한 장 리간드이므로 작은 결정장, 고스핀궤도에서 전자가 존재한다. d^6 고스핀 4개의 홀전자가 존재하므로 상자성 상태이다.

ㄷ. (○) 두 착이온 모두 중심 금속 이온은 Co^{3+} 산화수 +3이다.

14

답 ③

해설

ㄱ. (○) 전극반응에서 수소이온은 전자를 받아 환원하므로 산화제이다.

ㄴ. (○) 네른스트식을 통해 전지전위 도출하면,

$E_H = 0 - 0.06/2 \log\left(\dfrac{0.1}{0.1^2}\right) = -0.03V$

$E_A = E° - 0.06/3 \log \dfrac{1}{0.001} = E° - 0.06$

$E_{cell} = -0.03 - (E° - 0.06) = 0.82$

따라서 표준환원전위는 -0.79이다.

ㄷ. (×) pH = 2에서 H^+(0.01M)를 활용하여 수소전위 $E_H = -0.09V$, A 전극 전위는 동일하게 $-0.85V$, 전지 전위는 $-0.79V$이므로 $-0.82V$보다 작아진다.

15

답 ④

해설

X = N, Y = O

ㄱ. (×) XY가 NO라면 전자수는 15개, 결합차수는 2.5이다.

ㄴ. (×) Y는 산소이다. Y_2^+에서 전자는 17개이므로 홀전자가 존재하여 상자기성이다.

ㄷ. (○) NO와 O_2^+는 전자수가 15개로 같다.

16 답 ③

┃해설┃

ㄱ. (○) B → C는 융해구간으로 열은 분자 간 수소결합을 파괴하며 고체격자구조를 끊는다.
ㄴ. (○) C → D는 액체상태에서 온도상승, 분자운동의 자유도가 증가하며 엔트로피가 증가한다..
ㄷ. (×) 액체의 mol 비열은 수증기 상태도다 크다.

17 답 ②

┃해설┃

② (○) (가)의 경우 대칭성이 유지되어 이성질체가 존재하지 않는다. (나)의 경우 cis형태에서는 phen, H_2O, Br^- 이 서로 다른 평면과 축조합으로 구성되어 대칭성이 깨지며 광학활성 이성질체가 존재한다. 이에 반해 trans형에서는 대칭성이 존재하며 광학비활성 상태이다.

18 답 ④

┃해설┃

④ (○) 수산화나트륨은 수용액에서 완전해리된다. 따라서 $[Na^+] = 1.0 \times 10^{-8} M$, 수산화 이온은 물의 자동이온화가 포함되어 약 $1.1 \times 10^{-7} M$만큼, 수소이온은 $1.0 \times 10^{-7} M$만큼이므로 생성 농도를 비교하면 $[Na^+] < [H^+] < [OH^-]$이다.

19 답 ⑤

┃해설┃

ㄱ. (○) 벤젠과 1, 3-부타디엔은 공액결합으로 구성된다.
ㄴ. (○) 벤젠은 모든 원자가 sp^2로 평면구조이다.
ㄷ. (○) 사이클로핵산은 모든 탄소가 sp^3로 단일결합만 존재한다.

20 답 ③

┃해설┃
ㄱ. (○) 그래프가 A농도의 역수에 관한 시간평면에서 직선이므로 2차 반응이다.
ㄴ. (○) 2차 반응에서 직선의 기울기는 속도상수와 같다. 기울기가 큰 선이 k값(속도상수)가 더 크고 온도가 더 높다. 그래프에서 (가)의 온도는 $1.5TK$ (나)의 온도는 TK이다.
ㄷ. (×) 아레니우스 식을 통해 속도상수비를 도출하면 $\ln\left(\dfrac{k_2}{k_1}\right) = \dfrac{E_a}{R}\left(\dfrac{1}{T_1} - \dfrac{1}{T_2}\right)$ 에서 $T_1 = T$, $T_2 = 1.5T$, $E_a = 4b\text{Tln}2$, $R = b$ 를 식에 대입
$\dfrac{k_2}{k_1} = 2^{\frac{3}{4}}$

21 답 ①

┃해설┃
① (○) 광계 I의 반응 중심은 P700, 광계 II의 반응 중심은 P680이다.
② (×) 물의 광분해는 광계 II에서 일어나며, 산소 발생과 관련된다.
③ (×) NADPH 합성에 필요한 전자는 광계 II에서 출발하지만, 최종적으로는 광계 I을 거쳐 전달된다.
④ (×) 순환적 전자 흐름은 광계 I에서만 가능하다.
⑤ (×) 광계는 틸라코이드 막에 존재하며 기질(stroma) 전용은 아니다.

22 답 ⑤

┃해설┃
① (○) 형질전환(Transformation), 환경에 존재하는 나체 DNA(파편・플라스미드 등)를 유능 상태(competence)의 세균이 흡수해 재조합하거나 플라스미드로 자율 복제하면 새로운 형질이 나타난다.
② (○) 형질도입(Transduction)은 박테리오파지가 매개한다.
③ (○) 접합(Conjugation)은 성선모(필리)로 세포가 직접 연결되고, F 플라스미드 등의 접합성 플라스미드가 rolling-circle 방식으로 전달된다.
④ (○) 세균의 수평적 유전자 이동(HGT)은 무성분열(이분법)과 별개로 일어나는 유전 현상이며, 감수분열・생식세포와 무관하다.
⑤ (×) 세균에는 생식세포 자체가 없고 감수분열도 하지 않는다.

23 답 ④

해설

① (×) 동형전환 : B세포에서 항체 종류를 바꾸는 과정, 세포 제거와 무관하다.
② (×) 세포괴사 : 외부 자극으로 세포가 파괴되는 비정상적 죽음, 면역학적 제거 기전과 구분된다.
③ (×) 세포자멸사 : 자기반응성 림프구 제거 같은 내인성 세포 죽음, 항체−보체 반응과는 무관하다.
④ (○) 보체활성화 : 항체가 세포 표면 항원에 결합하면 보체가 활성화되어 막공격복합체(MAC)를 형성 → 세포 용해.
⑤ (×) 양성선택 : 흉선에서 T세포가 자기 MHC를 인식할 수 있는지 판별하는 과정, 세포 제거 기전이 아니다.

24 답 ③

해설

ㄱ. 꽃을 가진 종자식물 → 속씨식물
ㄴ. 씨방이 없어 밑씨가 노출됨 → 겉씨식물
ㄷ. 타가수분으로 유전적 다양성 증가 → 속씨식물도 포함됨
ㄹ. 중복수정 → 속씨식물의 특징 (겉씨식물에는 없음)

25 답 ③

해설

① (×) 해당과정은 세포질에서 일어나며, 미토콘드리아는 원핵세포에 존재하지 않는다.
② (×) 해당과정은 무산소 조건에서도 진행된다.
③ (○) 해당과정은 ATP를 소모하지만 그보다 많은 ATP를 생성하므로 순생산 ATP가 발생한다.
④ (×) 원핵세포도 해당과정을 통해 포도당을 분해한다.
⑤ (×) 원핵세포에서도 생성된 NADH는 세포막에 존재하는 전자전달계로 전달 가능하다.

26 답 ①

해설

① (○) 산화적 인산화(호흡계) : 해당과정과 TCA 회로에서 생성된 NADH, $FADH_2$가 전자공여체 역할을 한다. (대표적 : NADH)
  광합성 명반응 : 전자의 출발점은 물(H_2O)이며, 광계 Ⅱ에서 물이 광분해되어 전자를 제공한다.

27
답 ②

해설

① (○) 유리한 형질을 가진 개체가 더 잘 생존하고 번식 → 그 형질이 퍼짐.
② (×) 무작위로 일어나는 건 유전자 부동(genetic drift)이지, 자연선택은 환경과의 상호작용에 따라 선택 압력이 생기는 비무작위적 과정이다.
③ (○) 환경에 맞는 형질이 선택되므로 방향성이 있다.
④ (○) 여러 세대를 거쳐 집단의 대립유전자 빈도 변화 → 진화.
⑤ (○) 자연선택은 집단이 환경에 더 잘 적응하도록 하는 핵심 메커니즘이다.

28
답 ⑤

해설

ㄱ. (○) 선인장, 파인애플은 대표적인 CAM 식물이다.
ㄴ. (○) 수분 손실을 막기 위해 밤에 기공을 열어 CO_2 흡수한다.
ㄷ. (○) 밤에 고정된 CO_2는 말산 형태로 저장 후 낮에 방출 → 칼빈회로로 들어간다.

29
답 ③

해설

A와 B가 같은 염색체 → 가능한 생식세포 : AB, ab (교차 없음) → 따라서 AaBb가 될 확률 $=\frac{1}{2}$

C → Cc 될 확률 $=\frac{1}{2}$

D → Dd 될 확률 $=\frac{1}{2}$

따라서 전체 확률 $=\left(\frac{1}{2}\right)\times\left(\frac{1}{2}\right)\times\left(\frac{1}{2}\right)=\frac{1}{8}$

30
답 ②

해설

① (×) 후구동물은 원구에서 항문이 형성되고, 입은 나중에 생긴다. 입이 먼저 생기는 것은 선구동물이다.
② (○) 대표적인 후구동물로는 극피동물(Echinodermata), 반삭동물(Hemichordata), 척삭동물(Chordata)이 있다.
③ (×) 후구동물도 모두 삼배엽성 동물이다.
④ (×) 후구동물은 진체강동물(참체강 동물)이다.
⑤ (×) 외골격은 절지동물(선구동물)의 특징이지, 후구동물 공통 특징은 아니다.

31
답 ③

해설
ㄷ. (×) 안데스 산맥은 해양판과 대륙판의 수렴으로 형성되었다.

32
답 ⑤

해설
ㄱ. (○) 브라질 해류 → 남대서양 환류의 일원이다. (시계 방향 흐름, 서안 난류)
ㄴ. (×) 벵겔라 해류 → 남대서양 환류의 일원이나 남반구에서 반시계 방향 환류의 한 축이다. (서안 한류)
ㄷ. (○) 북적도 해류 → 북대서양·북태평양 환류의 일부이다. (시계 방향 흐름, 저위도 난류)

33
답 ④

해설
ㄴ. (×) 헤일로는 주로 나이 많은 별·구상성단·암흑물질로 구성되어 있다.
ㄷ. (×) 나선 팔에는 젊은 별·성운·산개성단이 주로 분포한다.

34
답 ③

해설
ㄱ. (○) A의 잔존량 50% → 반감기 1억 년이므로 A의 절대 연령은 약 1억 년이다.
ㄴ. (○) 응회암은 화산재가 굳어 형성된 화산 쇄설성 퇴적암이다.
ㄷ. (×) 지층의 생성순서는 C → B → D → A이다. C는 B가 관입한 뒤 부정합이 일어났고, 그 뒤에 D가 퇴적되었다. 마지막으로 A가 관입하였으며 다시 부정합이 일어났다.

35
답 ⑤

해설
① (×), ② (×) 내핵은 고체, 외핵은 액체이다.
③ (×) 하부 맨틀은 고압 광물(페로브스카이트류 등)이 주성분이고, 상부 맨틀은 감람암질 암석으로 구성되어 있다.
④ (×) 해양지각은 현무암과 반려암으로 구성되어 있다. 유문암질 암석은 대륙지각을 구성하는 암석이다.
⑤ (○) 대륙지각은 화강암질 암석, 해양지각은 현무암질 암석으로 구성되어 있기 때문에 지각의 평균 SiO_2 함량은 대륙지각이 해양지각보다 많다.

36 　답 ①

해설

ㄱ. (○) LCL(구름 발생 고도) : $\Delta T = 22 - 14 = 8℃$, $10 - 2 = 8℃/km$만큼 차이가 줄어드니 $8 \div 8 = 1.0/km$ → $B = 1.0/km$
ㄴ. (×) C에서의 기온 : A → (1.0km) 동안 건단랭 : $22 - 10 \times 1.0 = 12℃$, B → (0.6km) 동안 습단랭 : $12 - 6 \times 0.6 = 8.4℃ \approx 8℃$
ㄷ. (×) D에서의 기온 : C(1.6km)에서 하강 시 건조가열 $+10 \times 1.6 = -16℃$ → $8.4 + 16 = 24.4℃$, A(22℃)보다 높음

37 　답 ③

해설

③ (○) $H_0 = \dfrac{70}{3 \times 10^{19}} s^{-1} \approx 2.3 \times 10^{-18} s^{-1}$

$H_0^{-1} \approx 4.3 \times 10^{17} s$

$\dfrac{4.3 \times 10^{17} s}{3 \times 10^7 s/yr} \approx 1.4 \times 10^{10}$ 년

38 　답 ④

해설

ㄹ. (×) 열권은 고도가 높아짐에 따라 태양의 고에너지 입자를 흡수하며 기온 급격히 상승한다.

39 　답 ④

해설

① (○) 불연속 반응계열 순서로 옳다.
② (○) 연속 반응계열에서 사장석은 Ca → Na 성분으로 변화한다.
③ (○) 낮은 온도 → 석영·장석류 → 밝은 색, SiO_2 많다.
④ (×) 화강암은 저온에서 정출된 석영, 장석, 흑운모가 주요 조암 광물이지, 감람석·휘석(고온 광물)과는 관련 없다.
⑤ (○) 고온 → 감람석·휘석 등 Fe, Mg 풍부 / 저온 → 장석, 석영 등 K, Na, Si 풍부

40 　답 ③

해설

ㄱ. (○) 오르도비스기 말 멸종 → 빙하기, 해수면 하강
ㄴ. (×) 데본기 말 멸종은 빙하기와 해양 무산소 사건이 주요 원인이지, 운석 충돌·파충류 멸종과는 무관하다.
ㄷ. (○) 백악기 말 멸종 → 운석 충돌 + 화산 활동 → 공룡 멸종

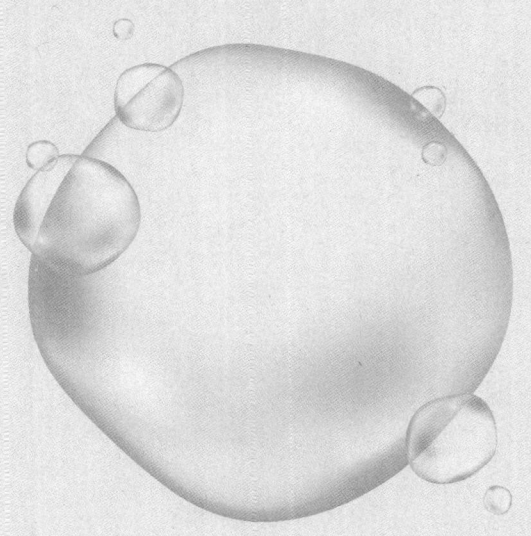

당신이 저지를 수 있는 가장 큰 실수는,
실수를 할까 두려워하는 것이다.

- 앨버트 하버드 -

관찰하는데 있어서는 준비된 자에게만
기회가 온다.

- 루이 파스퇴르 -

2026 시대에듀 변리사 1차 전과목 최종점검 FINAL 모의고사

초 판 발 행	2025년 12월 15일(인쇄 2025년 11월 12일)
발 행 인	박영일
책 임 편 집	이해욱
저 자	시대지적재산연구소
편 집 진 행	심정은
표지디자인	박종우
편집디자인	임창규 · 윤준하
발 행 처	(주)시대고시기획
출 판 등 록	제10-1521호
주 소	서울시 마포구 큰우물로 75 [도화동 538 성지 B/D] 9F
전 화	1600-3600
팩 스	02-701-8823
홈 페 이 지	www.sdedu.co.kr
I S B N	979-11-434-0331-5 (13360)
정 가	20,000원

※ 이 책은 저작권법의 보호를 받는 저작물이므로 동영상 제작 및 무단전재와 배포를 금합니다.
※ 잘못된 책은 구입하신 서점에서 바꾸어 드립니다.

2026 PATENT ATTORNEY

시대에듀
변리사 1차

가장 확실한 변리사 합격 지름길!
반복되는 기출지문! 변리사 1차 기출 완벽분석!

시대에듀 변리사 1차 전과목 5개년 기출문제해설

산업재산권법 | 민법개론 | 자연과학개론

※ 도서의 이미지 및 세부사항은 변경될 수 있습니다.

변리사 동영상 강의도 합격특강 역시 시대에듀!

현직 변리사와 과목별 전문 교수진의 collaboration!

| 1차 민법 김동진 교수 | 1차 물리 김학균 교수 | 1차 화학 김경순 교수 | 1차 생물 조효진 교수 | 1차 지구과학 정낙훈 교수 |

| 1·2차 특허법 정은석 변리사 | 1·2차 상표법 이유정 변리사 | 1·2차 디자인보호법 좌승서 변리사 | 2차 민사소송법 차상명 교수 |

변리사 한끝 기본서의 핵심 개념정리와 판례 + 최적화 학습 패키지!
과목별 최고 전문가의 명품강의와 합격 노하우 대방출!

※ 강사구성 및 커리큘럼은 변경될 수 있습니다.

변리사 1·2차 시험도 한 방 합격!

**변리사 기출이 충실히 반영된 기본서!
단기합격을 위한 최적의 변리사 시리즈!**

변리사 1차
한권으로 끝내기 시리즈 3종

- 산업재산권법 한권으로 끝내기
- 민법개론 한권으로 끝내기
- 자연과학개론 한권으로 끝내기

변리사 2차
한권으로 끝내기 시리즈 4종

- 특허법 한권으로 끝내기
- 상표법 한권으로 끝내기
- 민사소송법 한권으로 끝내기
- 디자인보호법 한권으로 끝내기

개정법령 관련 대처법을 소개합니다!

01 정오표
도서출간 이후 발견된 오류는 그 즉시 해당 내용을 확인한 후 수정하여 정오표 게시판에 업로드합니다.

※ 시대에듀 : 홈 ≫ 학습자료실 ≫ 정오표

02 추록(최신 개정법령)
도서출간 이후 법령개정사항은 도서의 내용에 맞게 수정하여 도서업데이트 게시판에 업로드합니다.

※ 시대에듀 : 홈 ≫ 학습자료실 ≫ 최신개정법령

※ 도서의 이미지 및 세부사항은 변경될 수 있습니다.

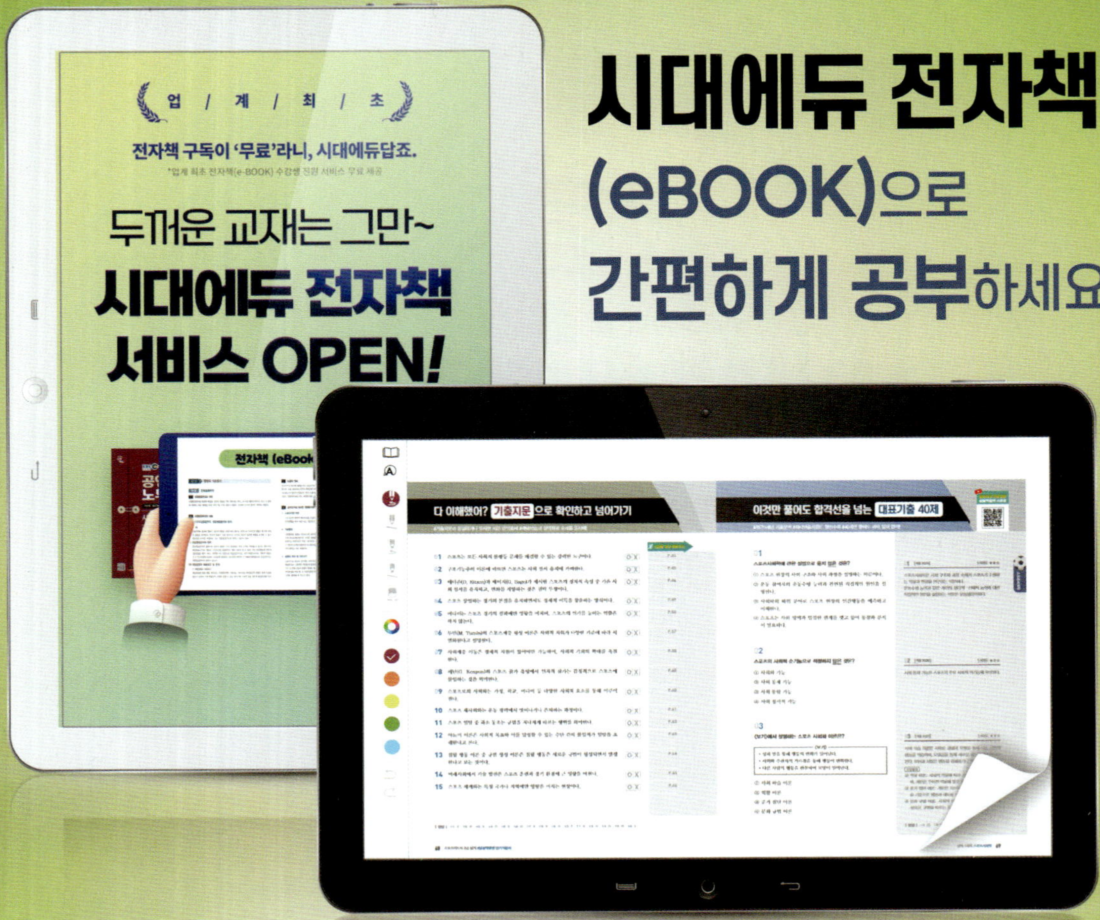

시대에듀 전자책 (eBOOK)으로 간편하게 공부하세요

학습 효율은 높아지고, 불편함은 사라지는 합리적 선택!

#활용성 #편의성 #올인원 학습

늘어나는 학습량만큼 쌓여가는 교재 그 무게를 덜기 위해, 시대에듀가 먼저 바꿨습니다.
가방은 가볍게, 공부는 더 똑똑하게 이제, 시대에듀 전자책으로 새로운 학습을 시작해보세요.

시대에듀(eBOOK)전자책 이용방법

1 시대에듀 회원가입 **2** 전자책(eBOOK) 신청 **3** 무료로 이용 시작

시대에듀 전자책 무료구독 GO!

*. 업계 최초 전자책(eBOOK) 수강생 전원 서비스 무료 제공

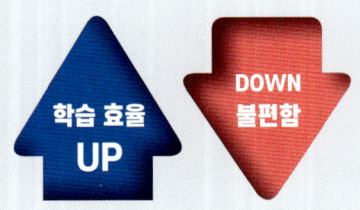